Statistical Package for the Social Sciences

이훈영 교수의

SPSS를 이용한

제2판

Statistical Package for the Social Sciences

데이터분석

도서출판 청람

■ 「SPSS를 이용한 데이터분석 제2판」을 출간하며……

모든 것이 빠르게 변하고 있다. 빠르게 변하는 것들 중에 하나는 통계분석 패키지가 아닌가 한다. 최근에는 거의 매년 새로운 버전이 나오고 있다. 따라서 통계패키지를 이용한 데이터분석 책을 업데이트하는 것은 빠르게 지나가는 세월을 잡는 것과 흡사한 것 같아서 몇 번이고 주저하곤 했다. 그러나 지난 책에서 사용한 SPSS 패키지의 버전이 너무 낮아서 새로운 버전에 맞는 책이 필요하다는 주위사람들의 말씀을 받아들이기로 했다. 즉, 'SPSS를 이용한 데이터분석'을 SPSS 20.0 패키지를 이용하여 새롭게 'SPSS를 이용한 데이터분석' 제2판을 출간하기로 했다. 그러나 새로 수정한 본 서의 내용은 처음 출간한 데이터분석 책과 거의 비슷하다. 다만 SPSS 20.0이라는 좀 더 새로운 환경에서 설명하며, 몇 가지 새로운 예들을 추가하였다.

저자가 항상 주장하듯이 모든 학습은 암기가 아니라 이해하여야 한다. 그러나 SPSS 20.0을 이용한 데이터분석은 이해도 아니고 암기도 아닌, 정확하고 쉬운 실습에 초점을 맞추었다. 즉, 책에서 단계별로 자세하게 제시하는 프로세스를 따라서 하기만 하면 쉽게 SPSS를 이용한 데이터분석을 할 수 있다. 책에서 실습하는 분석방법에 대하여 좀 더 충분한 이해가 필요한 독자들은 저자가 쓴 다른 책들을 참조하여 학습하기 바란다.

마지막으로 수정본 출판에 도움을 준 차재빈, 정진우, 김승민 조교들에게 고맙다는 말을 전하고 싶다. 또한 수정본 출판을 꾸준히 독려해 주신 도서출판 청람의 이수영 사장님에게 이 기회를 빌어 감사의 말씀을 드리고자 한다.

2013년 가을에 전망이 좋은 연구실에서……
저 자

■ 「SPSS를 이용한 데이터분석」을 마치며……

이 책은 저자가 집필한 4번째 책이 된다. 책이라기보다는 실습교안 정도로 보는 것이 맞지 않나 한다. 2002년 온 나라가 월드컵의 열기로 뜨거운 여름에 「e-마케팅플러스」라는 무거운 책을 출간함으로써 저자의 집필활동이 시작되었다. 다음으로 「통계학」 그리고 「마케팅조사론」을 연이어서 출간하였다. 또한 이 모든 집필활동을 집대성한 「조사방법론」의 출판을 목전에 두고, 먼저 이 책을 마무리하게 되었다. 왜냐하면 「마케팅조사론」을 강의하다 보니 책에 있는 내용을 이론적으로 숙지함과 더불어 실제 데이터와 통계분석 프로그램을 이용해서 실습하는 것이 절실하게 필요함을 느끼게 되었기 때문이다. 따라서 지금까지 「통계학」이나 「마케팅조사론」을 강의할 때 실습용으로 사용해온 내용을 정리하여 책으로 엮어낸 것이 바로 「SPSS를 이용한 데이터분석」이다.

이 책은 저자가 집필한 「마케팅조사론」에서 설명하는 내용을 그대로 실습할 수 있도록 구성되어 있다. 또한 「마케팅조사론」과 중복해서 설명하는 내용을 최소화하기 위하여 실습에 관한 내용만을 중점적으로 다루었다. 따라서 실습과정에서 필요로 하는 추가적인 통계 지식이나 분석방법에 관한 이론을 숙지하고자 한다면 「마케팅조사론」을 참조하기 바란다.

책과 함께 제공되는 CD에 있는 데이터를 이용하여 각 단계별로 따라서 하기만 하면 실습을 성공적으로 마칠 수 있다. 또한 실습한 내용을 이용해서 새로운 데이터를 분석하고자 하는 경우에는 CD에서 제공되는 실습데이터 대신에 별도로 구하거나 새롭게 조사한 데이터를 입력데이터로 사용해서 분석하면 큰 어려움이 없을 것으로 생각된다.

이 책의 가장 큰 특징은 저자가 집필한 다른 모든 책들에서와 같이 시각적 그래프와 단계별로 실행하여야 할 구체적인 실습내용을 간결하고 명확하게 설명한 점이다. 즉, 많은 그림이나 그래프를 이용해서 내용을 요약하고, 독자가 실습을 위해 따라 해야 할 부분을 순서대로 번호를 부여해 가며 명확하게 설명함으로써 독자의 이해를 돕고 시각적으로도 시원하게 구성하였다. 특히 다차원척도법에서는 비교적 다양한 프로그램과 사례가 제시되고 있다. 가능하면 SPSS에서 제공되는 프로그램들을 이용해서 인지도맵과 선호도맵 그리고 이들을 같이 나타내는 조인트스페이스맵을 그리는 방법을 소개하려 노력하였다. 그러나 SPSS만을 사용해서 구하기 힘든 맵들을 그리기 위해서는 별도의 DOS용 프로그램이 필요하다. 이들 프로그램은 도서출판 청람의 홈페이지

(www.crbooks.co.kr)에서 다운로드받아 사용할 수 있다.

이 책이 나오기까지 많은 사람의 인내와 노력이 필요하였다. 우선 미국에서의 학생신분에서부터 시작하여 오늘에 이르기까지 거의 매일 같이 밤이 되어야 돌아오는 저자를 이해해주고 따뜻하게 격려를 해준 가족에게 고마운 마음을 조금이나마 전하고 싶다. 물론 알고 시작한 일이나 강단에 선다는 것이 이처럼 어려운 과정인지 아니면 본 저자에게만 그러한지는 쉽게 판단하기 어렵다. 매사에 능력은 못 미쳐도 가능한 한 완벽을 기하려는 저자의 성격 탓이려니 생각하고 싶다. 또한 까다로운 지도교수를 묵묵히 도와준 안성식(박사과정), 한용준, 류치훈, 오경석, 서상윤 조교들에게도 고마움을 표현하고 싶다. 또한 어려운 출판환경과 여러 가지 무리한 부탁에도 불구하고 흔쾌히 응해주신 도서출판 청람의 이수영 사장님과 임직원분들 그리고 민하의 이정민 사장님께도 감사의 말씀을 드리고자 한다.

2006년 10월 연구실에서
저 자

■ 차 례

Chapter 01

윈도우용 SPSS의 기본기능에 대한 이해

01 SPSS 소개

02 SPSS 데이터 파일관리

그대 가까이 2

이성복

자꾸만 발꿈치를 들어보아도
당신은 보이지 않습니다
때로 기다림이 길어지면
원망하는 생각이 들어요
까마득한 하늘에 새털구름이
떠가고 무슨 노래를 불러
당신의 귓가에 닿을 수 있을까요
우리는 만나지 않았으니
헤어질 리 없고 헤어지지
않았어도 손 잡을 수 없으니
이렇게 기다림이 깊어지면
원망하는 생각이 늘어납니다.

Chapter 01

윈도우용 SPSS의 기본기능에 대한 이해

01 SPSS 소개

SPSS(Statistical Package for the Social Sciences)는 광범위한 분야에 내한 네이터 입력, 데이터 관리 및 조사분석을 목적으로 만들어진 프로그램으로서 SAS(Statistical Analysis System)와 더불어 사회과학분야의 자료분석에 가장 많이 사용되는 통계패키지이다. 현재 SPSS는 이름에 명시되었듯이 경영학, 경제학, 사회학, 관광학, 심리학 등 사회과학분야의 조사분석에 가장 많이 사용되고 있으며, 물리학과 의학 등의 자연과학에도 많이 사용되고 있다.

SPSS는 과거 MS-DOS, 메인프레인급 등의 다양한 기종에 사용될 수 있도록 개발되어 있으며, 윈도우용 SPSS는 버전17.0, 19.0, 20.0 등으로 계속 발전하고 있다.

특히 윈도우용 SPSS는 모든 분석절차가 메뉴방식으로 구성되어 있어 사용자가 매우 쉽고 편하게 이용할 수 있다는 장점을 지니고 있으며, 다음과 같은 특징이 있다. 첫째, SPSS는 그래픽 환경하에서 작동되는 통계분석 및 자료처리시스템이다. 둘째, 메뉴판과 대화상자의 내용을 마우스로 선택하여 분석처리할 수 있다. 셋째, 스프레드시트 형태로 데이터를 입력한다. 넷째, 다양한 통계그래픽스와 대화형 그래픽스를 제공한다. 마지막으로, 다양한 통계분석절차를 사용한다.

본 교재에서 사용하는 한글 SPSS 20.0은 모든 분석절차가 한글 메뉴방식으로 구성되어 있고, 출력결과 또한 한글로 되어 있는 한글 윈도우용 SPSS를 사용함으로써 일반인들도 쉽고 편리하게 활용할 수 있도록 설명하였다.

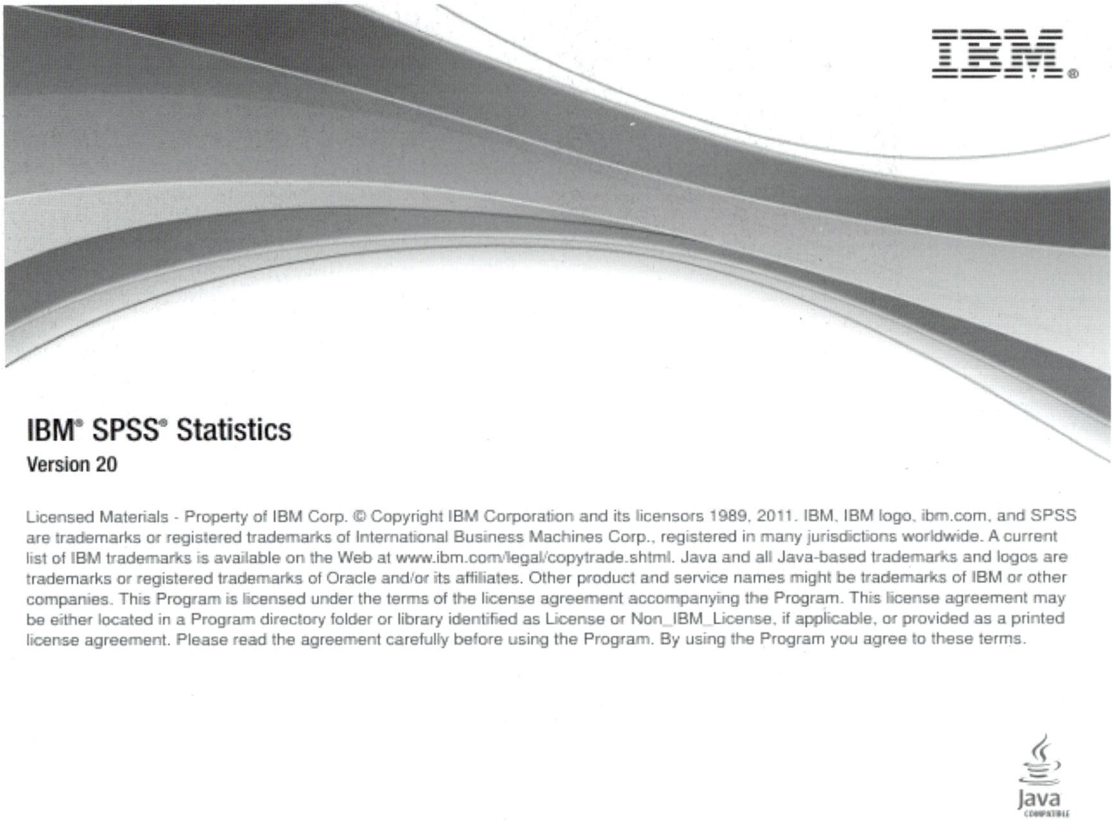

1.1 SPSS의 구성

한글 SPSS 20.0은 데이터의 입력과 수정 등의 작업을 수행하는 ① 데이터(data)창과 프로그램 명령어를 입력하는 ② 명령문(syntax)창 그리고 분석결과를 출력해 주는 ③ 분석결과(output)창 등 3개의 창(window)으로 구성되어 있다. 각 창(window)에 대한 세부적인 설명은 다음 그림을 살펴보면서 설명하기로 한다.

1) 데이터창

다음에 보이는 그림은 데이터의 입력과 수정 등의 작업을 수행하는 데이터(data)창이다. 여기서 사용하는 파일의 확장자명은 *.sav로 설정된다.

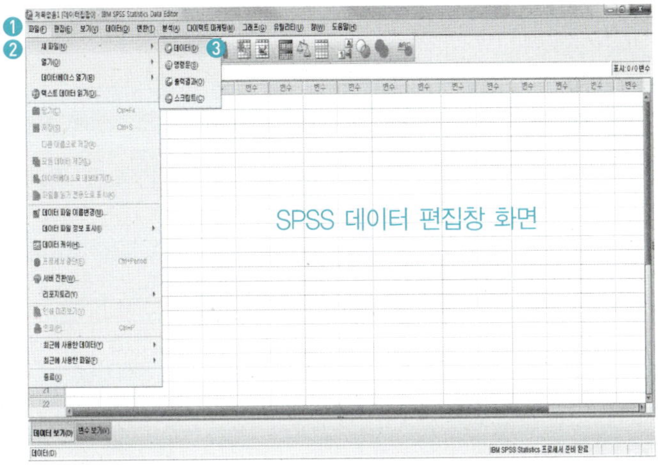

- ❶ [파일] → ❷ [새 파일] → ❸ [데이터] 순서를 따르게 되면 데이터 편집창 화면이 활성화된다.

2) 명령문창

다음은 프로그램 명령어를 입력하는 곳인 명령문(syntax)창이다. 이때 파일의 확장자명은 *.sps가 된다.

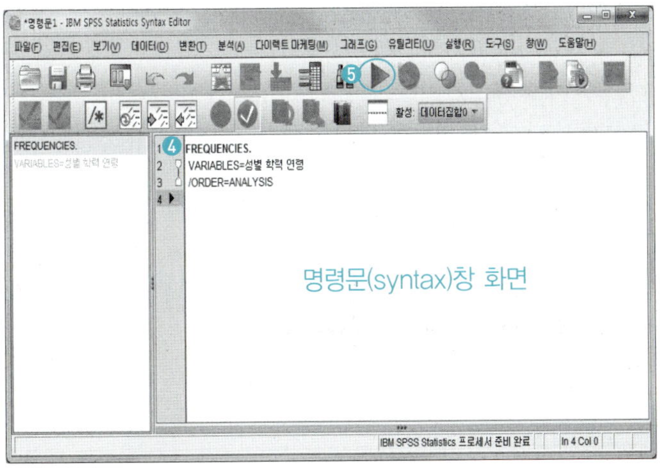

- ❶ [파일] → ❷ [새 파일] → ❸ [명령문] 순서를 따르게 되면 명령문창이 활성화된다.
- ❹ 도스(DOS)환경에서 사용하던 명령어를 직접 입력하여 ❺ 분석을 실행시키는 방법을 보여주고 있다.
  예) 빈도분석(Frequencies)
- 윈도우상에서 메뉴에 따라 수행할 작업을 지시한 후 [명령문] 버튼을 클릭하여 생성할 수도 있다.

3) 분석결과창

다음 그림은 결과물을 출력해 주는 분석결과(output)창으로서 SPSS에서 분석결과를 화면상에 보여주며, 파일의 확장자명은 *.spv로 설정된다.

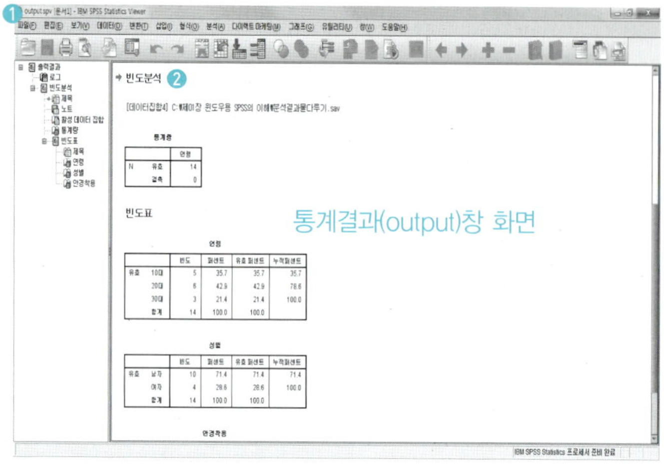

- ❶ 통계분석 명령을 실행시킨 결과 (output)창이 나타난다.
- ❷ 예) 빈도분석(Frequency)을 실시한 결과, 각 특징에 대한 통계량이 도출된다.

1.2 SPSS 메뉴구성

한글 SPSS 20.0은 앞서 말한 것과 같이 모든 메뉴가 한글로 되어 있어 일반사용자들도 쉽게 사용할 수 있도록 되어 있다. 여기에서는 SPSS의 주기능을 담당하고 있는 탑 메뉴(top menu)와 탑 메뉴에서도 유용한 기능을 시각화시켜 사용자에게 편리성을 제공하는 아이콘, 그리고 변수 보기창의 메뉴에 대해 알아보기로 한다.

먼저 SPSS에서 제공하는 탑 메뉴는 총 11가지의 메뉴로 구성되어 있으며, 데이터 및 파일관리에서부터 분석결과도출까지 모든 주요 기능을 담당하고 있다. 또한 탑 메뉴 바로 아래에 있는 아이콘들은 탑 메뉴에서도 가장 빈번하고 편리한 기능만을 시각화시켜 놓은 것으로서 SPSS에서는 총 19가지의 아이콘이 제공되고 있다. 마지막으로 변수 보기창의 메뉴는 변수의 이름과 유형, 변수설명, 값 등 변수에 대한 전반적인 정보에 대해 수정하거나 변경할 수 있다. 그럼 각각의 메뉴에 대해 그림을 보면서 구체적으로 살펴보도록 하자.

1) 데이터 보기의 기본적인 메뉴구성 – 탑 메뉴(top menu)

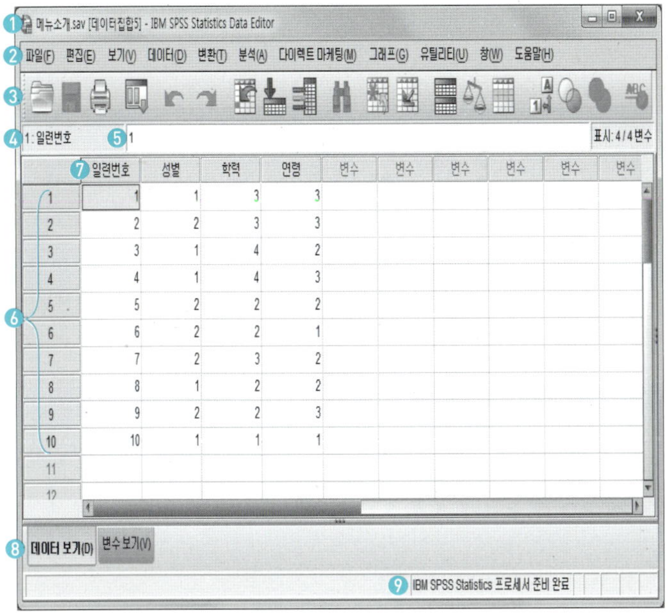

- ❶ 파일이름 : '메뉴소개.sav' 라는 파일명을 가지고 있다.
- ❷ 탑 메뉴(top menu) : [파일], [편집], [보기], [데이터], [변환], [분석] … 등의 하위메뉴를 가지고 있다.
- ❸ 아이콘
- ❹ 커서 위치 : 현재 셀의 위치는 '일련번호' 라는 변수열의 첫 번째 행(1 : 일련번호)으로 표시된다.
- ❺ 셀 값 : 커서가 위치한 셀값(1)을 나타낸다.
- ❻ 응답자수(케이스의 수) : 10개의 케이스를 가지고 있다.
- ❼ 변수명 : 데이터는 4개의 변수(일련번호, 성별, 학력, 연령)를 가지고 있다.
- ❽ [데이터 보기]창과 [변수 보기]창
- ❾ SPSS분석이 수행되는 현재상태가 표시된다.

(1) 탑 메뉴(top menu) – [파일]기능

SPSS에서 사용되는 다양한 유형의 파일을 불러오거나 저장할 때 이용되며 작업 중인 파일을 인쇄하거나 종료할 때에도 이용된다.

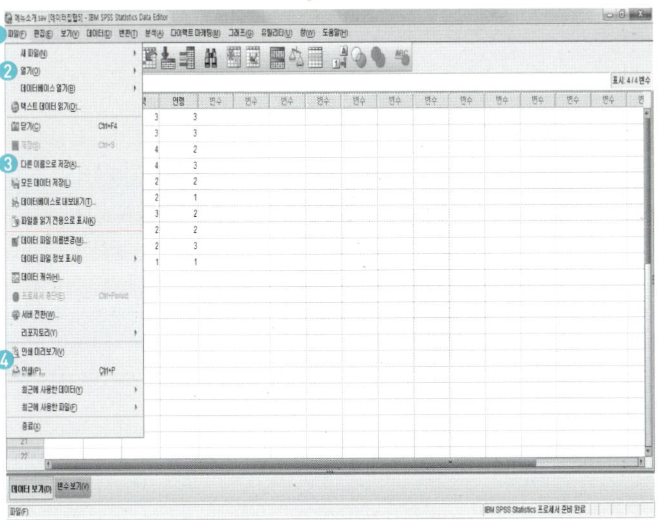

- ❶ [파일]
- ❷ 새로운 자료를 입력하거나 기존 파일을 불러들일 경우 사용한다.
  → [*.xls], [*.txt], [*.hwp], [*.doc] 파일 등을 불러들일 수 있다.
- ❸ [파일저장]을 할 수 있고, 파일이름을 [다른 이름으로 저장]할 수 있다.
- ❹ 데이터 파일이나 분석결과를 출력하고자 할 경우에 사용한다.

(2) 탑 메뉴(top menu) – [편집]기능

데이터나 결과물을 편집할 때 이용되며, 데이터의 특정한 값을 찾거나 바꿀 때 사용된다.

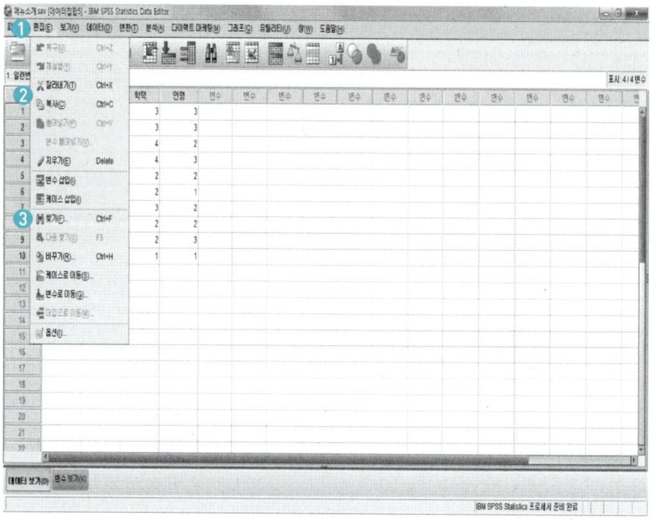

- ❶ [편집]
- ❷ 특정한 셀이나 열과 행의 데이터를 [잘라내기], [복사], [지우기]를 할 경우에 사용한다.
  → [명령문 편집기(syntax)]창의 내용을 수정하거나 복사할 때도 사용한다.
- ❸ [SPSS 데이터 편집기]창에서 특정 단어를 찾거나 찾은 단어를 바꿀 경우에 사용한다.

(3) 탑 메뉴(top menu) – [보기]기능

상태표시줄이나 도구모음 등을 숨기거나 나타낼 때 이용한다. 또한 글꼴을 바꾸거나, 데이터 편집기에서 셀의 변수값에 대한 설명을 나타내고자 할 경우에 사용된다.

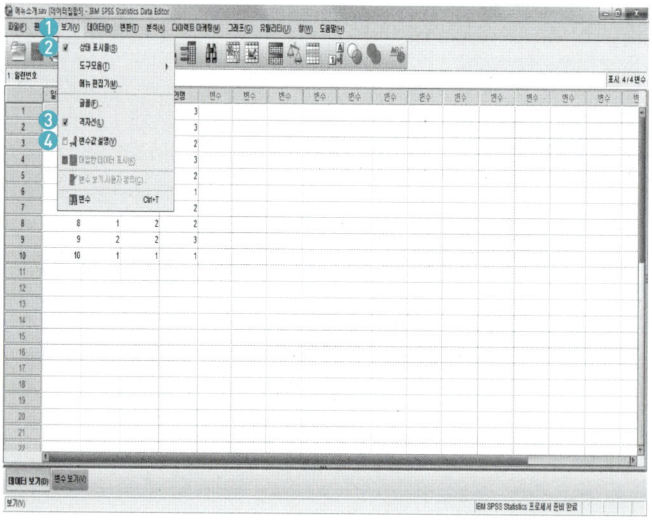

- ❶ [보기]
- ❷ [상태표시줄], [도구모음] 및 [글꼴]에 관한 기능을 수행할 경우에 사용한다.
- ❸ [SPSS 데이터 편집기]창에서 선을 제거하거나 나타낼 경우에 사용한다.
- ❹ 변수값들에 대해 부연설명하고자 할 경우에 사용한다.

(4) 탑 메뉴(top menu) – [데이터]기능

변수나 케이스에 대한 모든 작업을 하고자 할 경우에 사용한다.

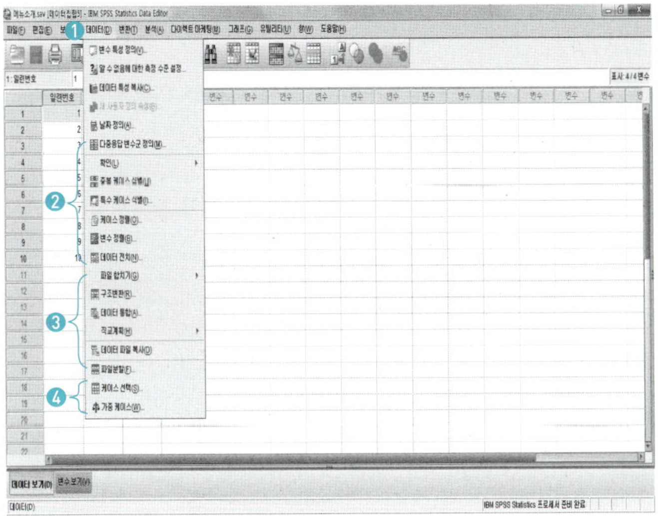

- ❶ [데이터]
- ❷ 분석에서 사용되는 자료 중에서 특정 변수와 케이스를 [삽입], [이동], [정렬], [전치]시킬 경우에 사용한다.
- ❸ [파일 합치기], [파일통합], [데이터 통합], [직교계획], [파일분할] 등 특정한 데이터 준비기능을 수행할 경우에 사용한다.
- ❹ 조건을 만족하는 케이스만을 선택하여 통계분석을 할 수 있다.

(5) 탑 메뉴(top menu) – [변환]기능

기존 변수를 새로운 변수로 생성하거나 현재의 코딩내용을 변경하는 등 데이터를 가공하는 경우에 사용한다.

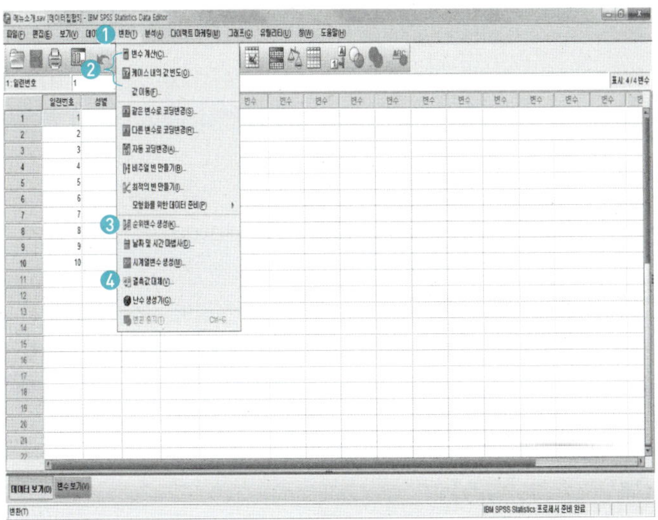

- ❶ [변환]
- ❷ 원본 데이터(raw data) 파일상의 특정한 변수값들을 조사목적에 맞게 다시 [변수계산]하거나 [코딩변경]할 경우에 사용한다.
- ❸ 특정한 변수값을 순위변수로 변환할 경우에 [순위변수 생성]을 사용한다.
- ❹ 변수값들이 잘못 입력되었거나 결측치가 있을 경우 이 값들을 다른 값들로 대체할 경우에 사용한다.

(6) 탑 메뉴(top menu) – [분석]기능

SPSS의 가장 중요한 메뉴로서 분석에 관련된 모든 작업을 하고자 할 경우에 사용한다.

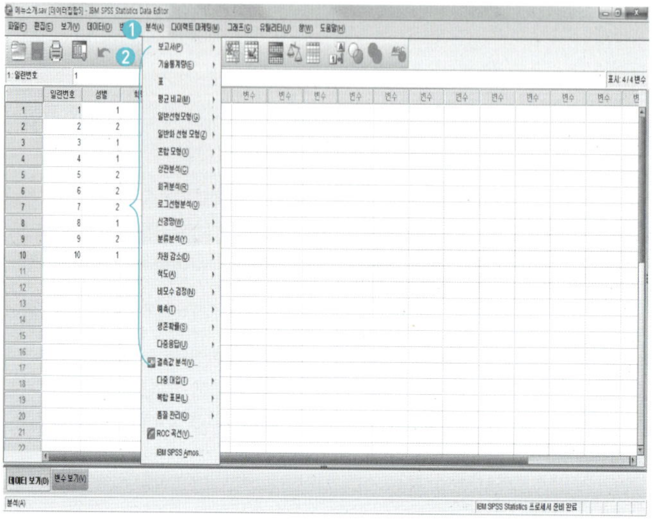

- ❶ [분석]
  → SPSS의 통계분석 대부분이 [분석] 기능을 통해 이루어진다.
- ❷ 데이터의 일반적인 특징을 살펴보기 위한 [기술통계량]분석에는 [빈도분석], [기술통계], [데이터 탐색], [교차분석]과 [비율]이 있고 집단 간의 [평균비교] 분석에는 [t]검정과 [분산분석(ANOVA)]이 있다.
  2개 변수 간의 연관관계는 [상관분석]으로, 독립변수와 종속변수 간의 영향 관계는 [회귀분석]으로 분석할 수 있다.

(7) 탑 메뉴(top menu) – [그래프]기능

분석한 결과를 다양한 그래프로 나타내고자 할 경우에 사용한다.

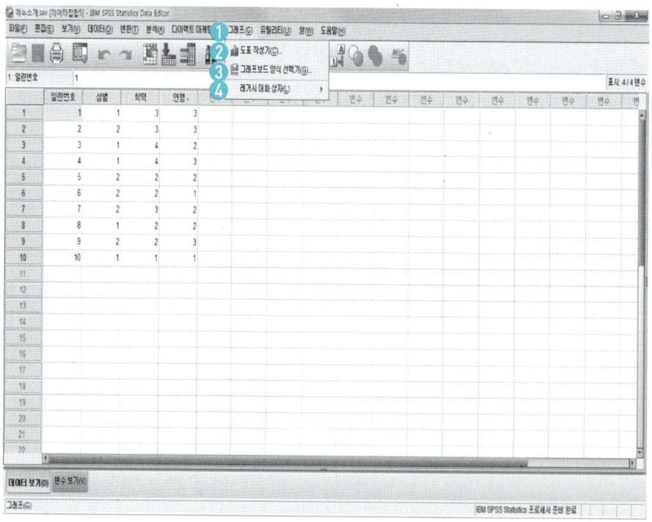

- ❶ [그래프]
  → 계량적으로만 표시되는 자료들을 시각적인 그래프로 나타내기 위해서 사용한다.
- ❷ [도표 작성기], ❸ [그래프보드 양식 선택기], ❹ [레거시 대화상자] 등 다양한 도표를 그릴 때 사용한다.
- 또한 사용자의 정의에 의해 만들어진 도표를 새로운 형태 및 차원으로 재편집 할 경우에 사용한다.

(8) 탑 메뉴(top menu) – [유틸리티]기능

변수나 파일의 정보를 찾거나 변수군을 정의하거나 사용하고자 할 경우 사용한다. 또한 스크립트를 실행하거나 메뉴를 편집하고자 할 경우에도 사용한다.

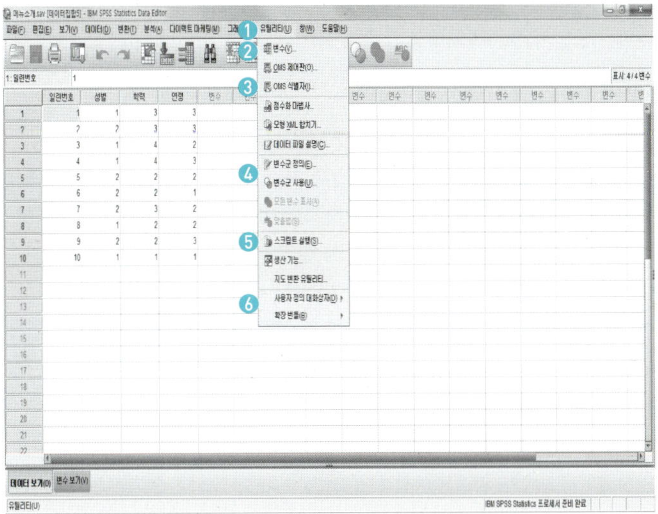

- ❶ [유틸리티]
- ❷ 데이터 파일에 관한 [변수정보]와
- ❸ [데이터 파일 설명]을 살펴보기 위해 사용한다.
- ❹ [변수군 정의]와 [변수군 사용], 그리고
- ❺ [스크립트 실행], [생산 작업] 등을 사용할 수 있다.
- ❻ [사용자 정의 대화상자 작성기]를 사용할 수 있다.

(9) 탑 메뉴(top menu) – [창]기능

SPSS의 창(window)의 이동이나 크기를 조절하고자 하는 경우에 사용한다.

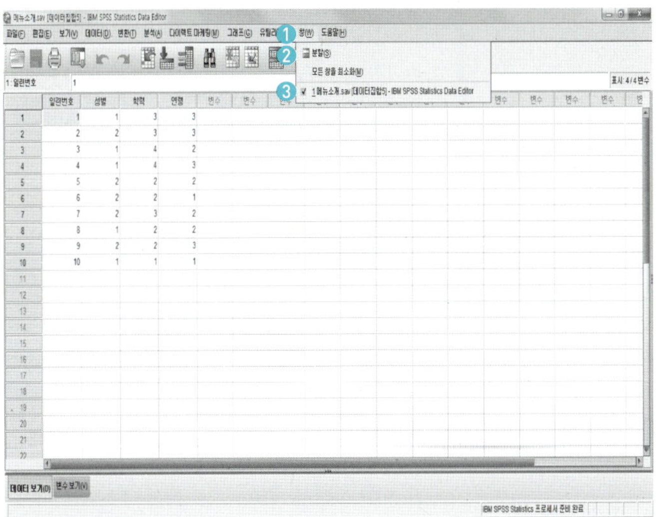

- ❶ [창]
- ❷ 여러 [창]들의 속성을 배열, 선택 또는 통제할 때 사용한다.
- ❸ 특정한 데이터 파일이나 명령문 파일 혹은 분석결과로 얻은 파일을 살펴보고자 할 경우에 사용한다.

(10) 탑 메뉴(top menu) – [도움말]기능

SPSS의 제품정보와 사용법을 볼 수 있으며, SPSS 홈페이지와 연동됨으로써 구입한 제품을 등록할 수 있다.

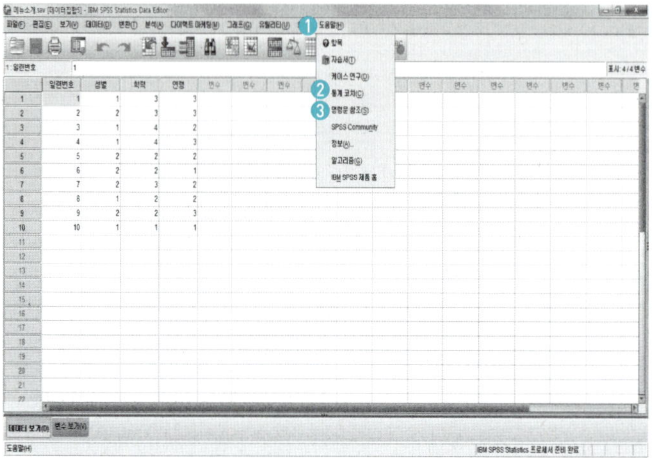

- ❶ [도움말]
- ❷ 통계처리 시 명령문(syntax)을 통해 분석하고자 할 경우, 이에 관한 상세한 내용과 설명을 구할 수 있다.
- ❸ SPSS를 사용하는 방법에 대한 도움을 얻고자 할 경우에 사용한다.

2) 데이터 보기의 기본적인 메뉴구성 – 아이콘(icon)

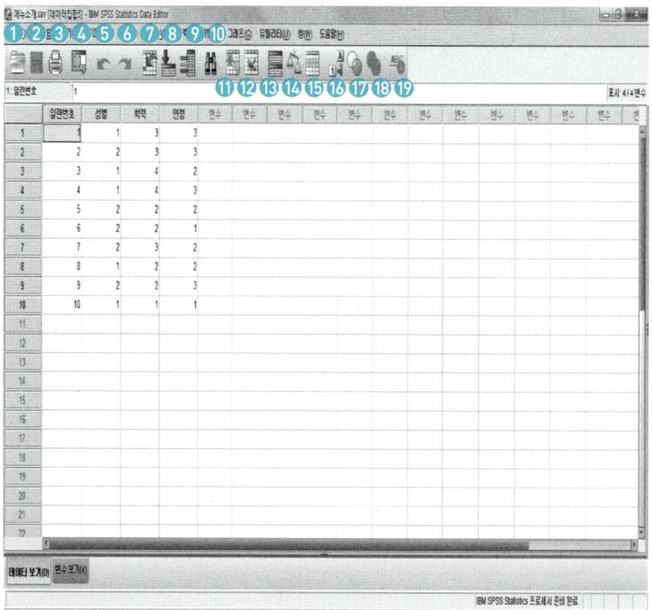

- ❶ 파일 열기
- ❷ 파일 저장하기
- ❸ 인쇄하기
- ❹ 최근 실행한 통계분석이나 명령문의 대화창 다시 불러오기
- ❺ 최종 실행한 명령의 실행취소(복구)
- ❻ 취소된 최종 실행명령의 재실행
- ❼ 케이스로 이동하기
- ❽ 변수로 이동
- ❾ 변수
- ❿ 찾기
- ⓫ 새로운 케이스를 추가로 삽입하기
- ⓬ 새로운 변수를 추가로 삽입하기
- ⓭ 파일 분할하기
- ⓮ 케이스에 가중치 부여하기
- ⓯ 케이스에 조건부 선택
- ⓰ 변수값에 설명 붙이기
- ⓱ 변수군 사용
- ⓲ 모든 변수 표시
- ⓳ 맞춤법 검사

3) 변수 보기의 기본적인 메뉴구성

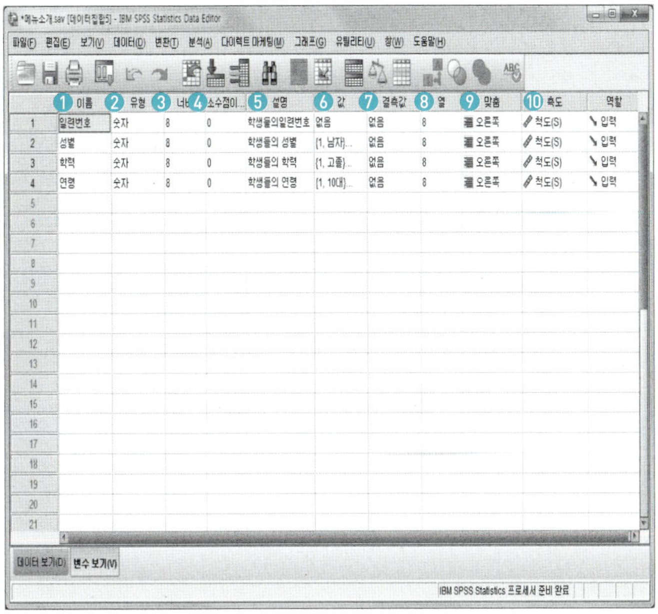

- ❶ 변수의 [이름]을 지정할 경우에 사용한다.
  → 특수문자(&, % 등)를 사용할 수 없다.
- ❷ 변수의 [유형]을 지정할 경우에 사용한다.
- ❸ 변수의 [자릿수]를 지정한다.
- ❹ 변수가 숫자인 경우에 [소수점이하 자릿수]를 지정한다.
- ❺ 변수에 대한 구체적인 설명이나 내용을 입력한다.
- ❻ 변수가 가질 수 있는 값에 대한 구체적인 설명이나 내용을 입력한다.
- ❼ 무응답이나 변수의 결측값을 지정할 수 있다.
- ❽ 셀(cell)의 간격을 지정할 경우에 사용한다.
- ❾ 셀(cell) 내에서 변수와 데이터의 위치를 지정한다.
- ❿ 변수의 측정척도를 지정할 경우에 사용된다.
  → 명목, 순서(서열), 척도(등간, 비율)의 3가지 종류

02 SPSS 데이터 파일관리

SPSS 20.0을 이용한 분석을 실시하기 위해서는 응답자들이 응답한 결과들이 데이터 파일로 작성되어 있어야 한다. 여기에서는 엑셀에서 자료를 입력하듯이 SPSS 데이터 보기창에 자료를 직접 입력하여 분석하는 경우와 엑셀 등을 이용하여 이미 작성된 데이터를 불러와 분석하는 경우에 대해 알아보도록 한다.

2.1 데이터 불러오기와 저장하기

일반적으로 분석을 위한 자료는 설문지의 응답결과를 엑셀에 코딩해서 사용하는 경우가 많다. 그러나 엑셀뿐만 아니라 자료를 텍스트 파일에 입력한 다음 이를 SPSS에서 불러오는 경우도 있

다. 먼저 텍스트 파일을 SPSS상에 불러오는 방법에 대해 알아보기로 하자.

1) 데이터 불러오기

(1) Text

일반적으로 용량이 크거나 다른 데이터베이스 프로그램으로부터 추출된 자료는 텍스트 파일로 저장되는 경우가 많다. 또한 한글이나 워드를 이용해서 데이터 파일을 작성한 경우에는 반드시 텍스트 파일(*.txt)의 형태로 저장해야만 이를 SPSS에서 데이터로 불러올 수 있다.

■ 고정형

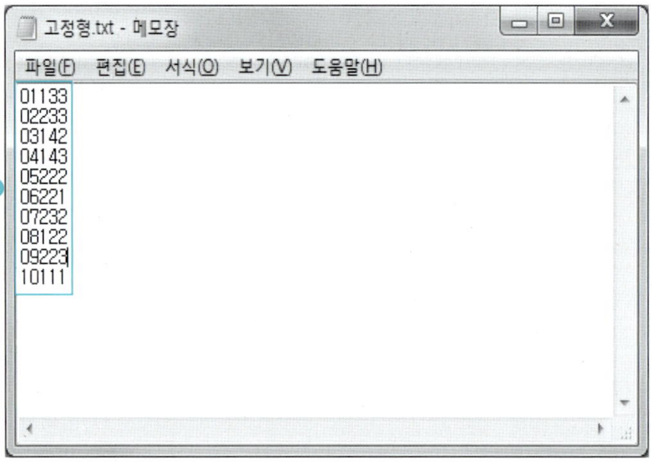

• ❶ [고정형.txt]
→ 각 변수들이 일정한 열을 차지하고 입력된 형태를 말한다.

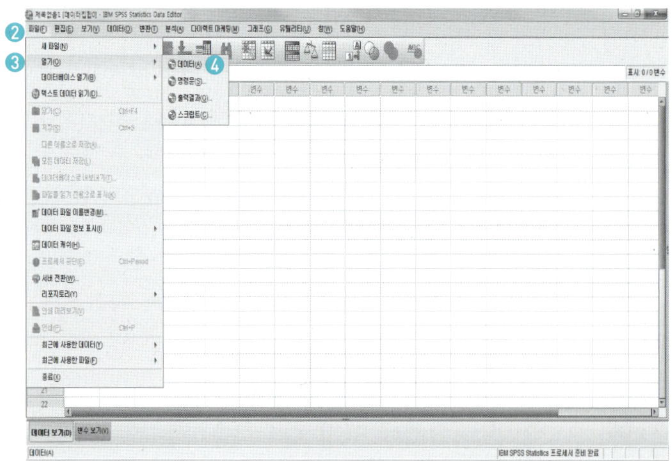

• ❷ [파일] → ❸ [열기] → ❹ [데이터] 고정형 [*.txt] 파일 불러오기

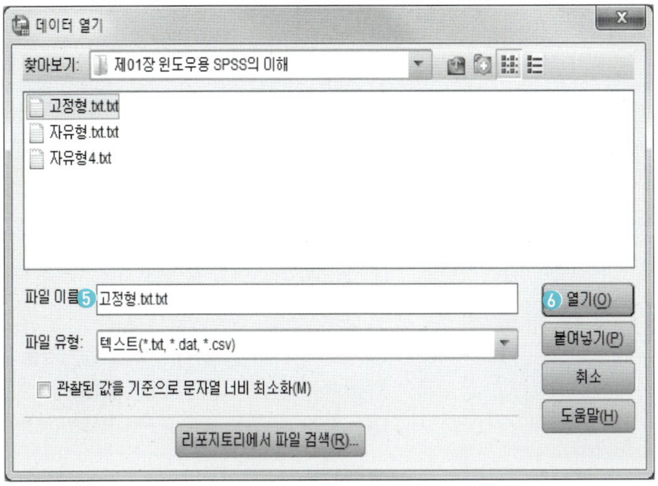

- ❺ [파일이름]란에 불러오려는 고정형 [*.txt] 자료파일을 선택한다.
- ❻ [열기] 버튼을 클릭한다.

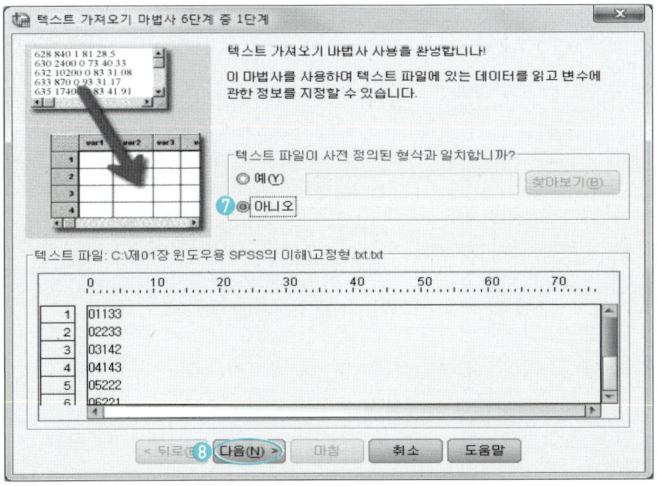

- ❼ '텍스트 파일이 사전 정의된 형식과 일치합니까?' 라는 질문에 [아니오]를 선택한다.
- ❽ [다음] 버튼을 클릭한다.

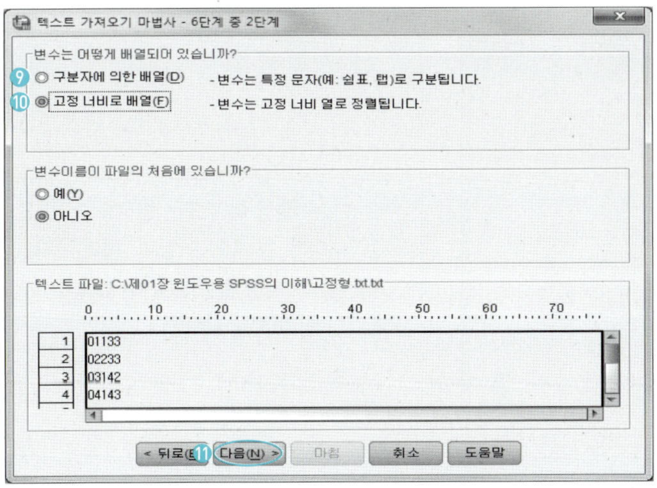

- ❾ [구분자에 의한 배열]
  → 이것은 텍스트 파일에서 변수들이 배열되어 있는 형식에 관한 것으로 코딩자료 형태가 [자유형식]의 경우에 해당되며, 특수문자(콤마, 탭 등)로 구분한다.
- ❿ [고정너비로 배열]
  → 이것은 [고정형식]의 경우에 해당하며, 일정한 너비, 즉 변수끼리 일정한 거리를 유지하면서 띄어져 있는 자료를 [불러오기]할 때 사용한다.
- ⓫ [다음] 버튼을 클릭한다.

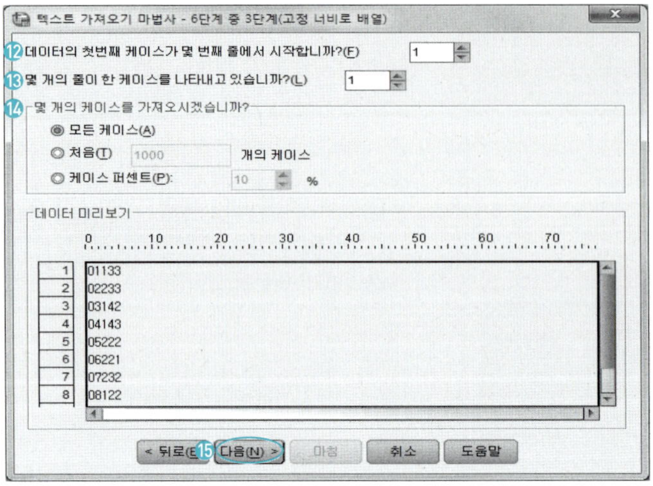

- ⑫ [고정형]으로 되어 있는 [*. txt] 파일의 첫 번째 입력자료가 몇 번째 줄에서부터 시작되는지를 지정한다.
  예) 본 예제는 1줄부터 시작
- ⑬ 하나의 케이스(1명의 응답자 자료)가 몇 줄(row)로 되어 있는지를 지정한다.
  예) 본 예제는 1명의 응답자 자료가 1줄로 입력된다.
- ⑭ 몇 개의 케이스를 가지고 올 것인가를 지정한다.
- ⑮ [다음] 버튼을 클릭한다.

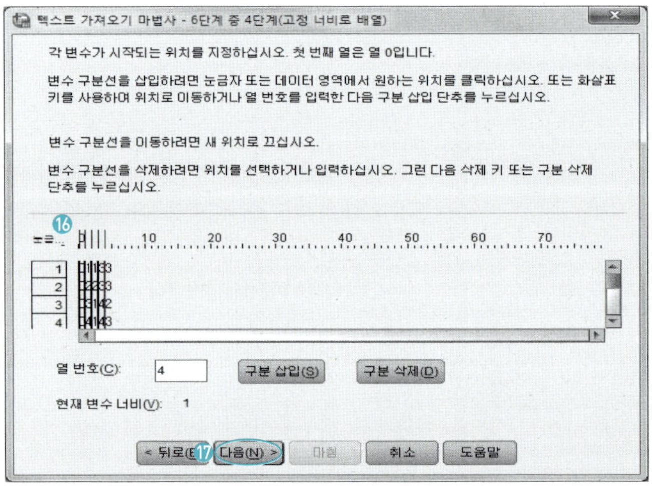

- ⑯ 한 칸의 셀(cell)에 하나의 입력자료가 들어갈 수 있도록 화살표를 이용하여 변수를 구분한다.
- ⑰ [다음] 버튼을 클릭한다.

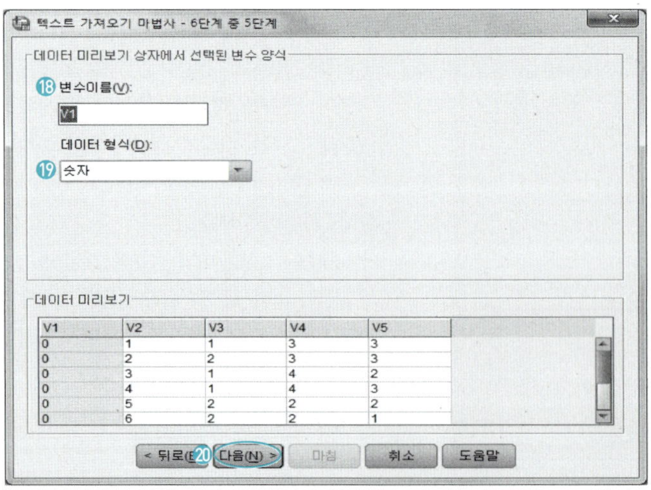

- ⑱ 변수이름을 확인 또는 변경할 수 있다.
- ⑲ 데이터 형식(숫자, 날짜, 콤마, 문자, 시간 등)을 지정 및 변경할 수 있다.
- ⑳ [다음] 버튼을 클릭한다.

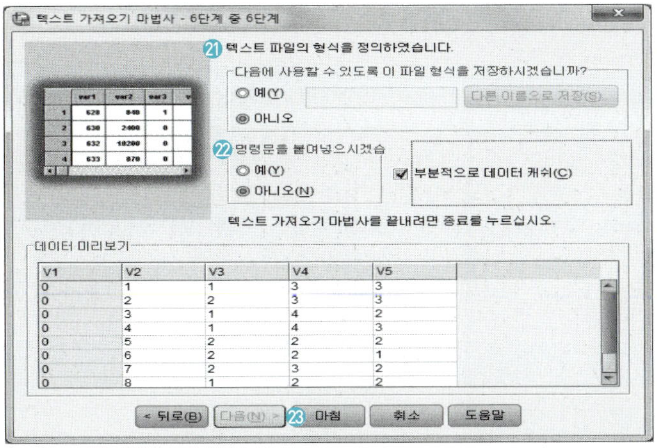

- ㉑ 텍스트 파일형식을 정의해 준다.
  → '현재 파일형식을 저장하십니까?' 라는 안내문에 [아니오]라고 대답한다.
- ㉒ 명령문이 필요한 경우는 [예], 그렇지 않을 경우 [아니오]라고 대답한다.
- ㉓ [마침] 버튼을 클릭한다.

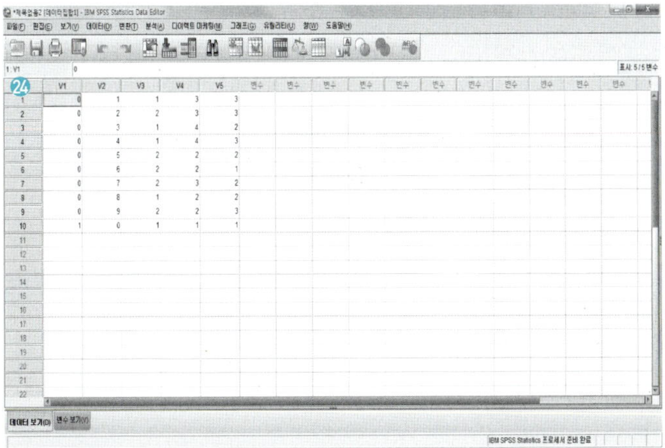

- ㉔ 고정형 [*.txt] 파일이 SPSS [데이터 편집기]창으로 성공적으로 [불러오기] 되었음을 알 수 있다.

■ 자유형

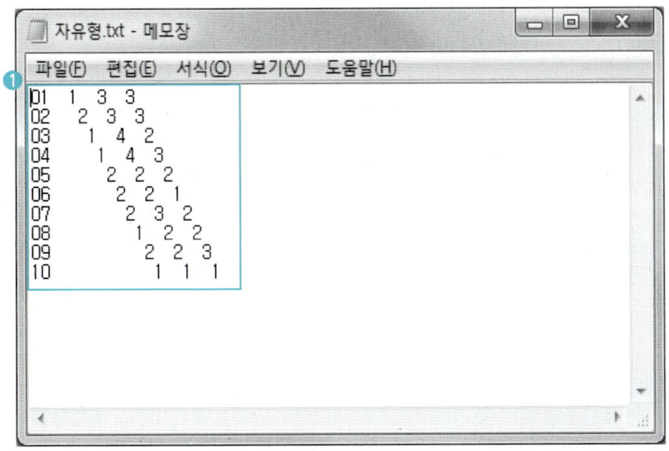

- ❶ [자유형.txt]
  → 변수들이 '공백', '쉼표', '세미콜론' 등으로 구분되도록 입력된 형태를 말한다.

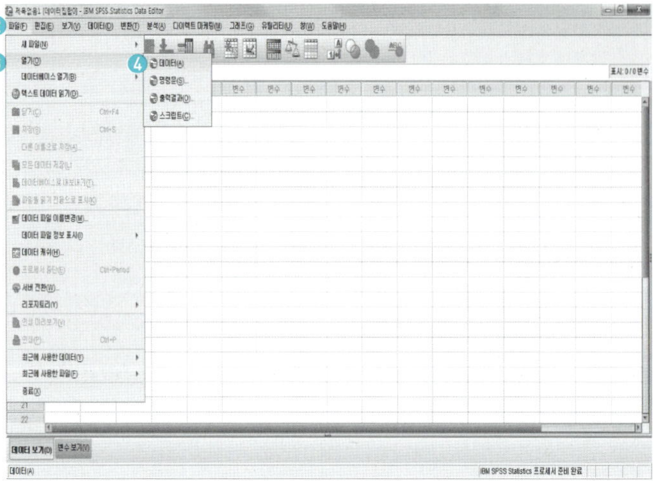

- ❷ [파일] → ❸ [열기] → ❹ [데이터]를 선택한다.

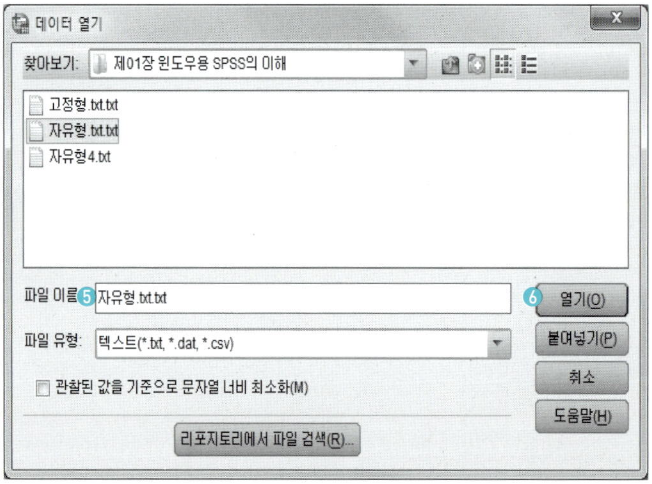

- ❺ [파일이름]란에 불러오려는 자유형 [*.txt] 자료파일을 선택한다.
- ❻ [열기] 버튼을 클릭한다.

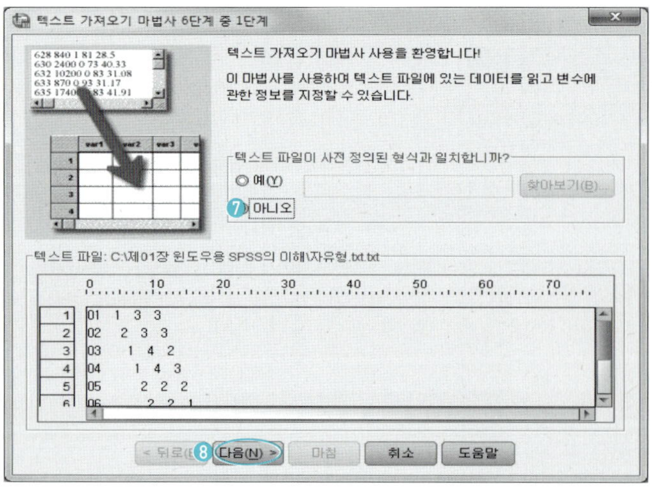

- ❼ '텍스트 파일이 사전 정의된 형식과 일치합니까?' 라는 질문에 [아니오]를 선택한다.
- ❽ [다음] 버튼을 클릭한다.

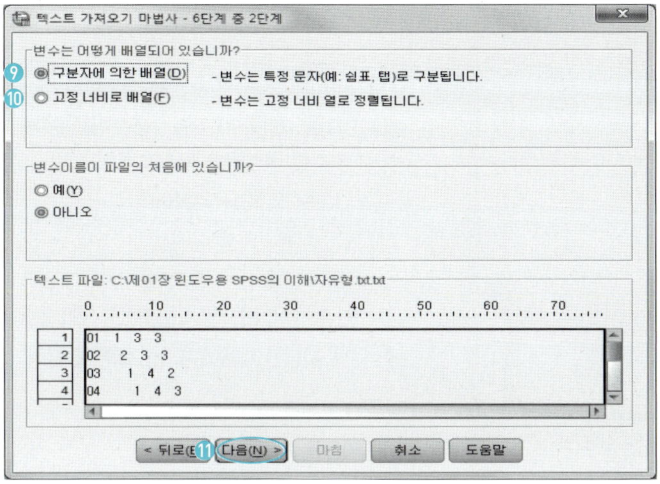

- ⑨ [구분자에 의한 배열]
  → 이것은 텍스트 파일에서 변수들이 배열되어 있는 형식에 관한 것으로 코딩자료 형태가 [자유형식]인 경우에 해당되며, 특수문자(콤마, 탭 등)로 구분되어 있는 경우를 말한다.
- ⑩ [고정너비로 배열]
  → 이것은 [고정형식]의 경우에 해당하며, 일정한 너비, 즉 변수끼리 일정한 거리를 유지하면서 띄어져 있는 자료를 불러오고자 할 때 사용한다.
- ⑪ [다음] 버튼을 클릭한다.

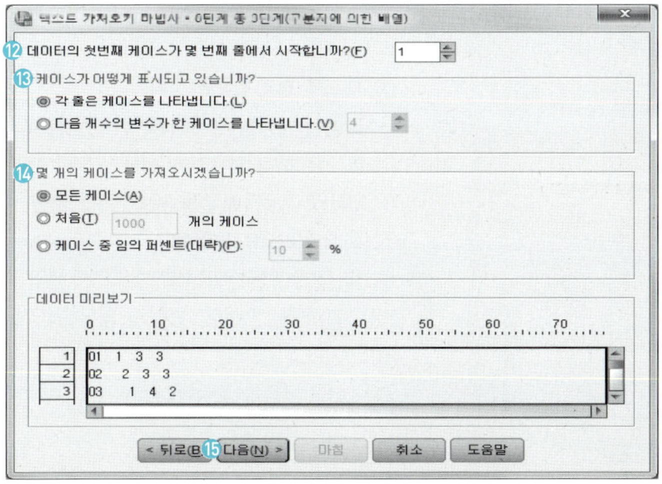

- ⑫ [자유형]으로 되어 있는 [*.txt] 파일의 첫 번째 입력자료가 몇 번째 줄에서부터 시작되는지를 지정한다.
  예) 본 예제는 1줄부터 시작하였다.
- ⑬ 하나의 케이스(1명의 응답자 자료)가 몇 줄로 되어 있는지를 지정한다.
  예) 본 예제는 1명의 응답자 자료가 1줄로 입력되었다.
- ⑭ 몇 개의 케이스를 가지고 올 것인가를 정한다.
- ⑮ [다음] 버튼을 클릭한다.

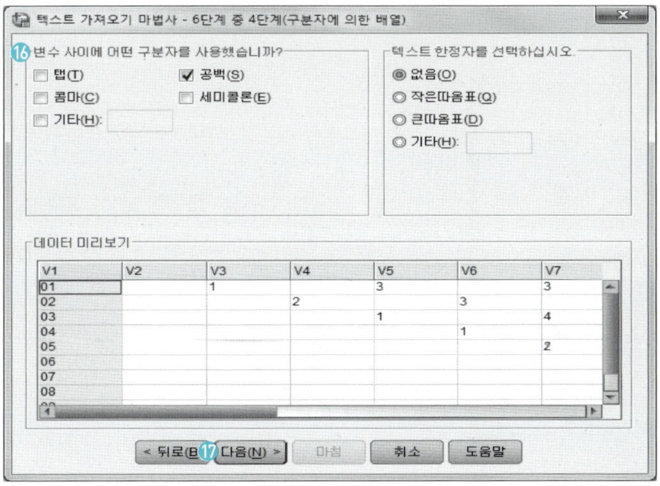

- 한칸의 셀(cell)에 하나의 입력자료가 삽입될 수 있도록 한다.
- [자유형]의 파일은 변수들을 '탭', '공백', '콤마', '세미콜론' 등으로 구분하여 입력된 형태를 의미한다.
- ⑯ 이 단계에서 [자유형] 자료의 변수 구분 형태를 지정해 준다.
  → 본 예제는 '공백'으로 구분되어 있다.
- ⑰ [다음] 버튼을 클릭한다.

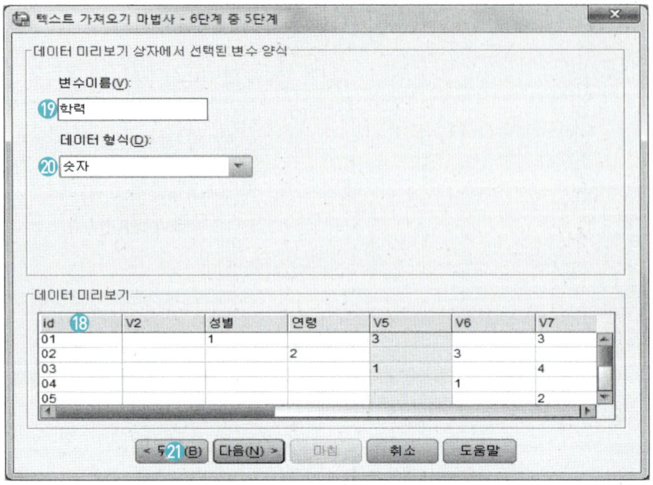

- [열기]한 데이터의 변수명을 정의한다.
- ⑱ [V1]을 클릭하고 ⑲ [변수이름]란에 [V1] 변수의 변수명을 지정하고
- ⑳ [데이터 형식]을 지정한다.
  예) [V1] : [변수이름] → id
  [데이터 형식] → 문자열
- ㉑ 모든 변수의 [변수이름]과 [데이터 형식]을 지정한 다음에 [다음] 버튼을 클릭한다.

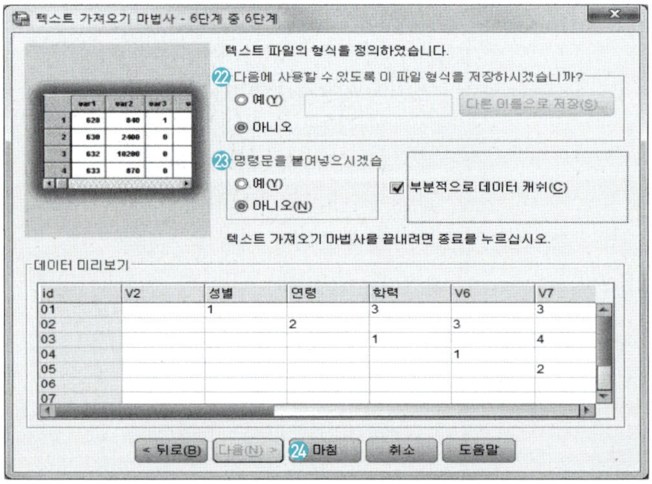

- ㉒ 텍스트 파일형식을 정의한다.
  → [다음에 사용할 수 있도록 이 파일형식을 저장하시겠습니까?]라는 안내문에 저장의 필요 여부에 따라 [예] 혹은 [아니오]라고 대답한다.
- ㉓ 나중에 명령문이 필요하다고 생각되는 경우에는 [예]로, 그렇지 않은 경우 [아니오]라고 답한다.
- ㉔ [마침] 버튼을 클릭한다.

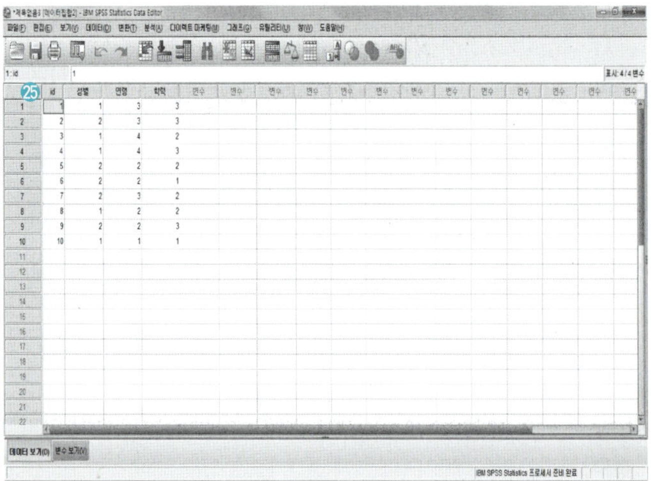

- ㉕ 자유형 텍스트 파일[*.txt]이 SPSS [데이터 편집기]창으로 불러오기 되었음을 알 수 있다.

(2) 엑셀파일(*.xls) 데이터 불러오기

앞에서 텍스트파일(*.txt)로 저장된 데이터를 SPSS 데이터창으로 불러오는 방법에 대하여 설명하였다. 그러나 데이터 저장파일로 가장 많이 사용되는 파일의 형식은 엑셀파일의 형식이다. 따라서 어느 통계패키지를 이용하든 간에 통계분석을 하기 위해서는 엑셀에 대한 지식이 필요하다. 일반적으로 엑셀에 설문자료를 코딩하여 엑셀파일(*.xls)로 저장한 다음 SPSS로 불러오는 방법이 주로 사용되나, 경우에 따라서는 엑셀 스프레드시트상에서 자료를 직접 복사해 옮기거나 다른 파일, 예를 들어 로터스파일, 데이터베이스파일 등으로 저장하여 불러오는 방법이 있다.

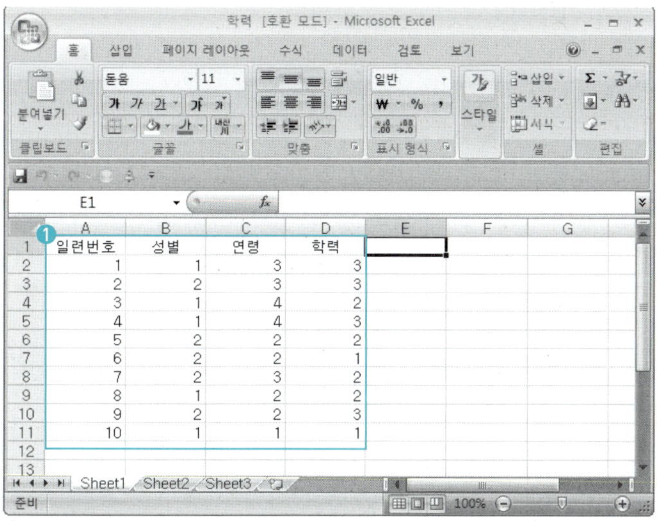

• ① 엑셀파일 형식[*.xls]
→ 엑셀에 설문자료를 입력하여 SPSS로 불러오는 방법으로는 엑셀상의 자료를 직접 복사해 옮기거나 자료를 엑셀파일(*.xls)로 저장한 다음 SPSS상에서 저장된 데이터 파일을 불러오는 방법이 있다.

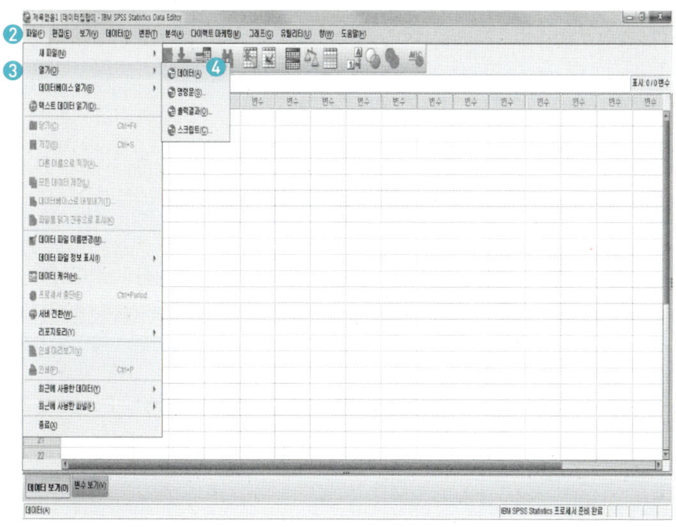

• ② [파일] → ③ [열기] → ④ [데이터]

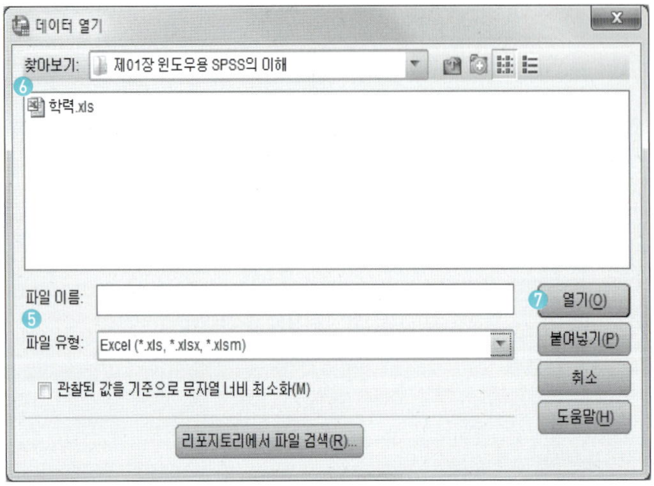

- ❺ [데이터 열기] 대화상자에서 [파일 유형]은 [모든 파일(*.*)] 또는 [Excel (*.xls)]을 선택한다.
- ❻ 열려고 하는 파일을 선택한다.
  예) 학력.xls
- ❼ [열기] 버튼을 클릭한다.

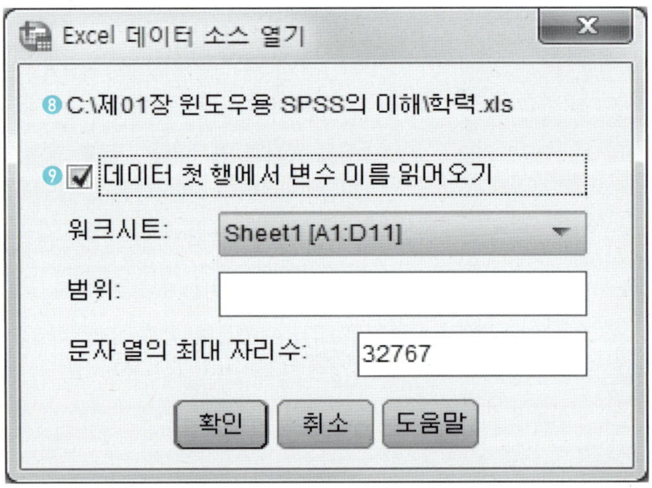

- ❽ 열려고 하는 [엑셀파일]의 경로가 나타난다.
- ❾ 불러오고자 하는 [엑셀파일]에 변수명이 입력되어 있다면 [데이터 첫 행에서 변수이름 읽어오기]를 체크한 후 [확인] 버튼을 클릭한다.
  그러나 만일 변수명이 입력되어 있지 않다면 바로 [확인] 버튼을 클릭한다.

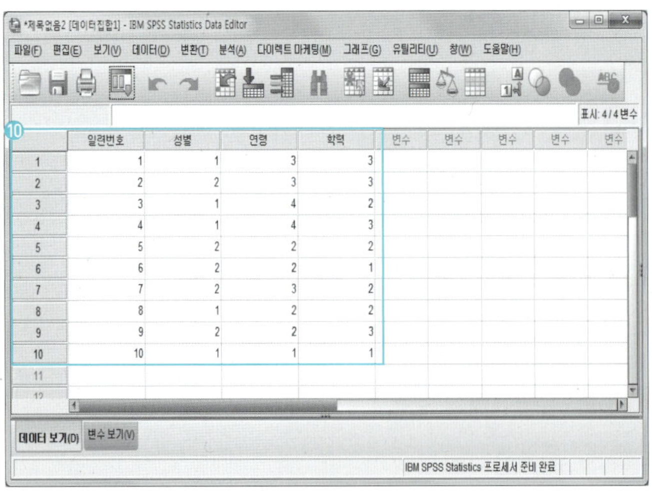

- ❿ [SPSS 데이터 편집기]창으로 엑셀파일이 성공적으로 변환되어 불러졌음을 알 수 있다.

2) 데이터 저장하기

(1) 파일 저장하기

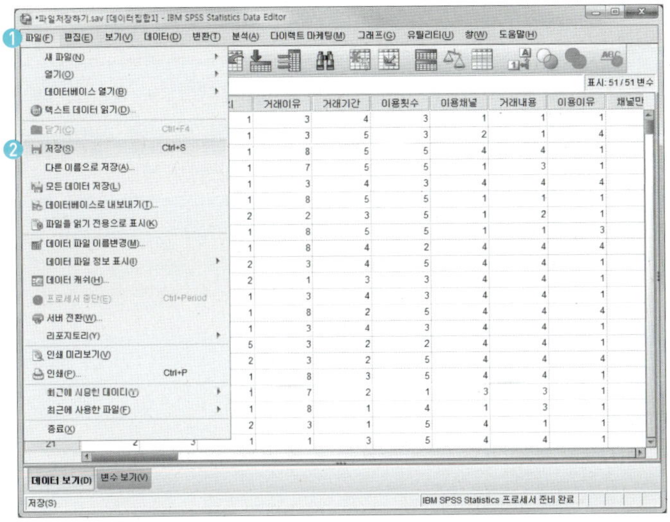

• ❶ [SPSS 데이터 편집기]창의 탑 메뉴에서 [파일]을 선택한 상태에서 ❷ [저장]을 선택하게 되면 다음과 같은 화면이 나타난다.

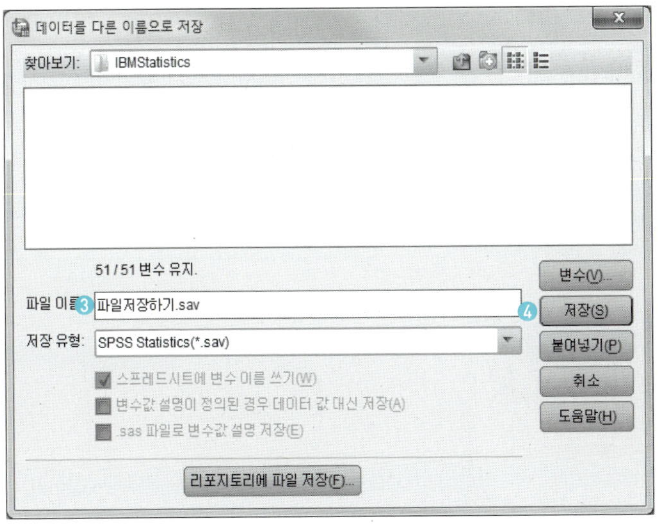

• ❸ 저장하기를 원하는 파일이름을 입력한 후

• ❹ [저장] 버튼을 클릭하면 파일이 저장된다.

→ 본 예제에서는 '파일저장하기'라는 파일명으로 저장한다.

(2) 명령문 저장하기

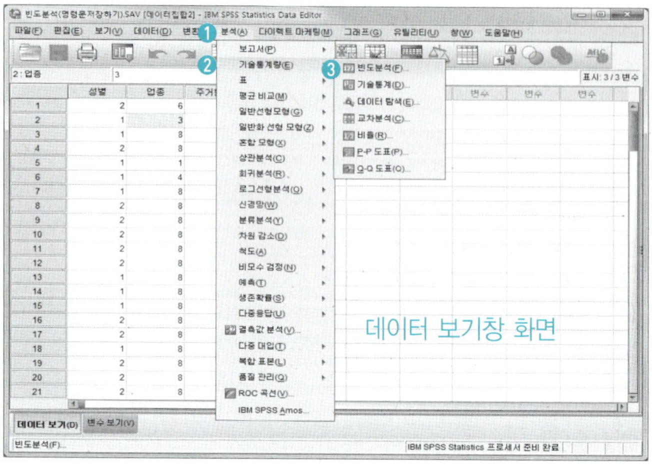

• 탑 메뉴에서 ❶ [분석] → ❷ [기술통계량] → ❸ [빈도분석]을 선택하게 되면 다음과 같은 화면이 나타난다.

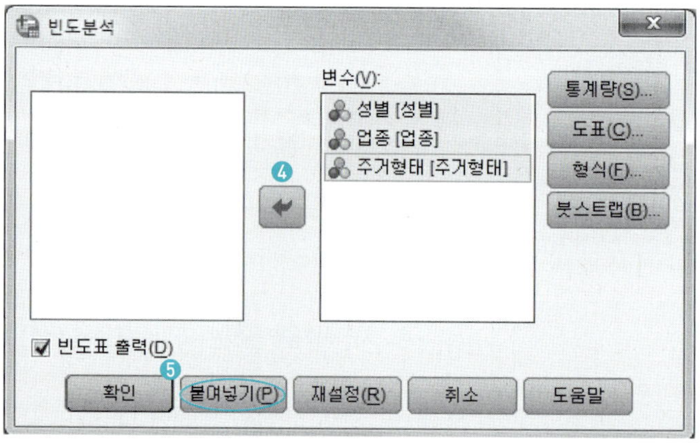

• [성별], [업종], [주거형태]라는 변수를 ❹ 버튼을 이용하여 우측에 있는 [변수(V)]의 창으로 이동시킨다.
• ❺ [SPSS 명령문 편집기]창에 실행하고자 하는 명령문을 나타나게 하기 위하여 [붙여넣기(P)]를 클릭한다.

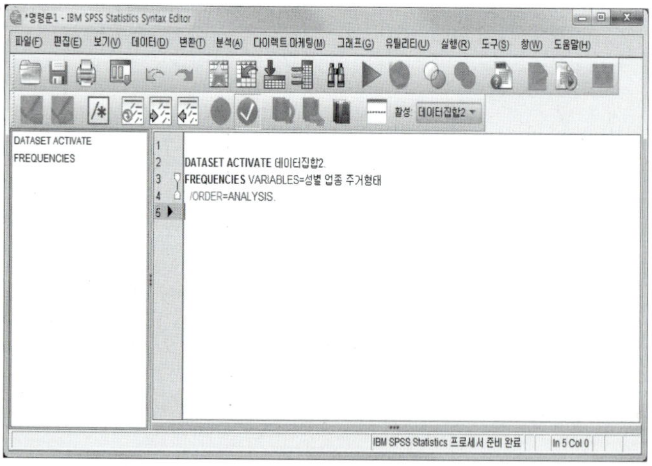

• 그림에서 보듯이 [SPSS 명령문 편집기]창이 나타나면서 지금까지 지시한 내용을 수행할 수 있는 명령문이 나열됨을 알 수 있다.

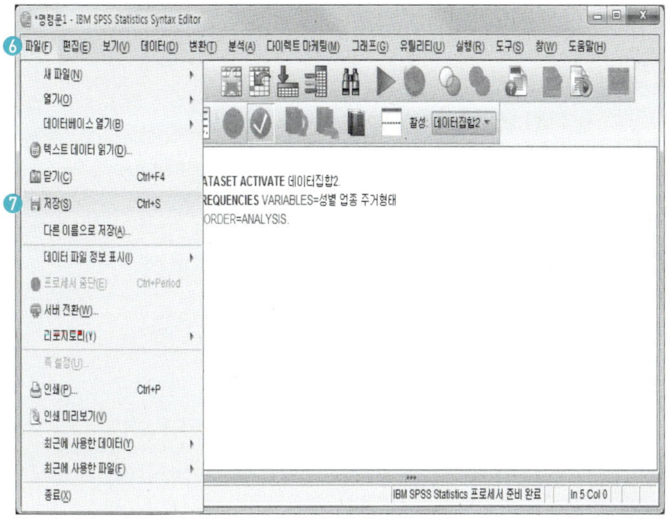

• 저장을 하기 위해서는 탑 메뉴에서 먼저 ❻ [파일]을 선택하고 ❼ [저장] 또는 [다른 이름으로 저장]을 선택한다.

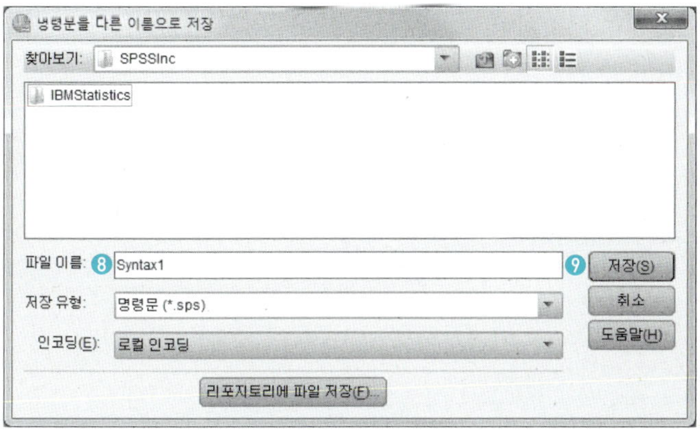

• 그림에서 보듯이 [다른 이름으로 저장]이라는 대화상자가 나타나면 ❽ 파일이름에 사용자가 원하는 파일이름을 지정하거나 다른 파일이름을 새로 입력한다.
• ❾ [저장] 버튼을 클릭한다.

2.2 데이터 편집하기

SPSS의 데이터창은 엑셀의 스프레드시트와 유사한 기능이 있으므로, 자료를 효율적으로 다루기 위해서는 엑셀에서와 같은 데이터 편집기능을 잘 알아두는 것이 좋다. 다음 예를 통하여 데이터를 편집하는 데에 사용되는 대표적인 기능에 대해 알아보도록 하자.

새로 오픈한 패밀리 레스토랑의 방문객 특성을 조사하기 위해 다음 설문문항과 같은 내용으로 설문조사를 수행하여 15명의 응답자로부터 자료를 수집하였다. 수집된 자료를 [데이터 편집기]장에 입력한 다음 이를 이용해서 대표적인 편집기능을 설명하고자 한다.

가. 통계처리를 위한 질문입니다.

1. 귀하의 성별은 어떻게 되십니까?
   ① 남자 ② 여자

2. 귀하의 연령은 어떻게 되십니까?
   ① 10세 이상~19세
   ② 20세 이상~29세
   ③ 30세 이상~39세
   ④ 40세 이상

3. 귀하의 최종학력은 무엇입니까?
   ① 중졸 이하 ② 고졸 ③ 전문대졸
   ④ 대졸 ⑤ 대학원졸 이상

4. 귀하께서는 결혼은 하셨습니까?
   ① 기혼 ② 미혼

1) 변수 정의

변수에 대한 정의는 변수이름, 유형, 설명, 자릿수 등을 지정하는 것을 말한다. 변수에 대한 정의를 내리거나 정보를 수정하기 위해서는 다음과 같은 방법을 사용한다.

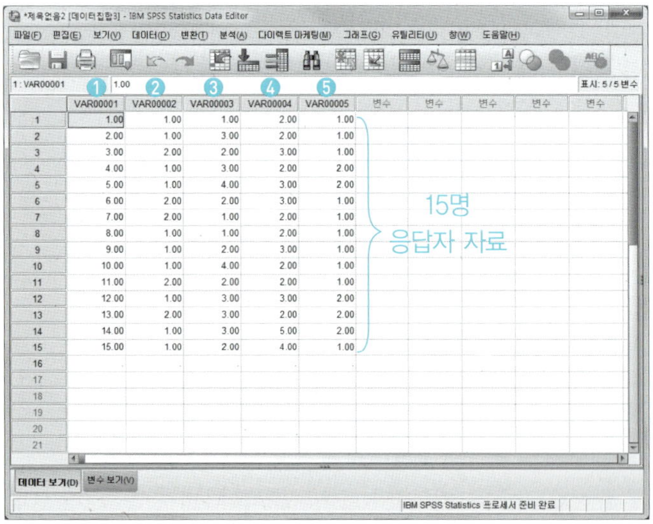

- ❶ 첫 번째 열에 각 응답자 [ID(고유번호)] 자료,
- ❷ 두 번째 열에 [성별] 자료,
- ❸ 세 번째 열에 [연령] 자료,
- ❹ 네 번째 열에 [최종학력] 자료,
- ❺ 다섯 번째 열에 [결혼유무] 자료를 입력한다.

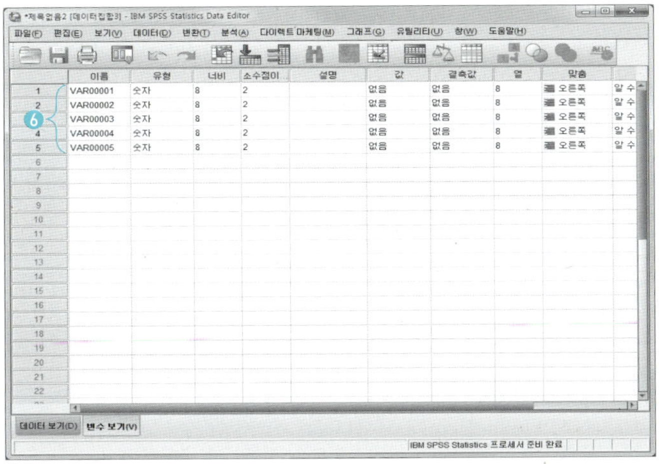

- ⑥ 새로운 변수명은 영어로 변수를 의미하는 variable의 앞 3글자를 의미하는 초기 지정 접두어 var에 연속되는 5자리의 아라비아숫자를 붙여서 형성된다.

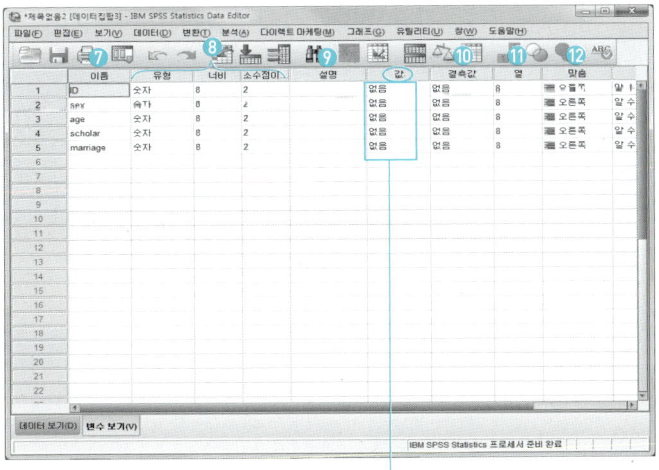

- ⑦ 사용하고자 하는 새로운 [변수이름]을 입력한다.
  → 그러나 특수문자(&, % 등)를 변수명으로 사용할 수는 없다.
- ⑧ [변수유형]과 [소수점이하 자릿수]를 지정한다. 또한 [자릿수]는 해당 변수의 셀에 입력될 수 있는 데이터의 자릿수를 의미한다.
- ⑨ [변수이름]에 대한 구체적인 [설명]이나 [내용]을 입력한다.
- ⑩ 잘못 입력되거나 응답하지 않아 결측된 값으로 인정할 변수값을 지정한다. 예를 들어, 학력의 결측값을 '9'로 지정할 경우 학력 변수값이 '9'이면 이는 응답자가 응답하지 않았기 때문에 알 수 없는 학력 값을 의미한다.
- ⑪ [열(변수)]에 대한 자릿수
- ⑫ 셀(cell) 내에 있는 변수와 데이터의 셀상의 위치와 변수의 척도를 지정한다.

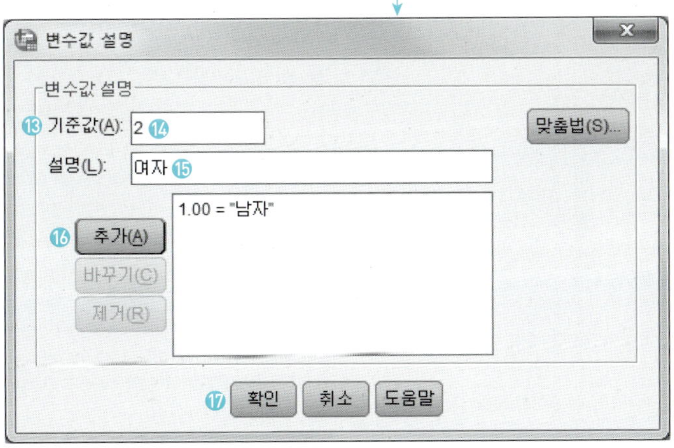

- ⑬ [기준값] 항목에 '1'을 입력하고, [변수값 설명] 항목에 '남자'라고 입력한 다음, ⑯ [추가] 버튼을 클릭한다.
- ⑭ [기준값] 항목에 '2'를 입력하고,
- ⑮ [기준값 설명]항목에 '여자'라고 입력한 다음, ⑯ [추가] 버튼을 클릭한다.
- ⑰ [확인] 버튼을 클릭한다.

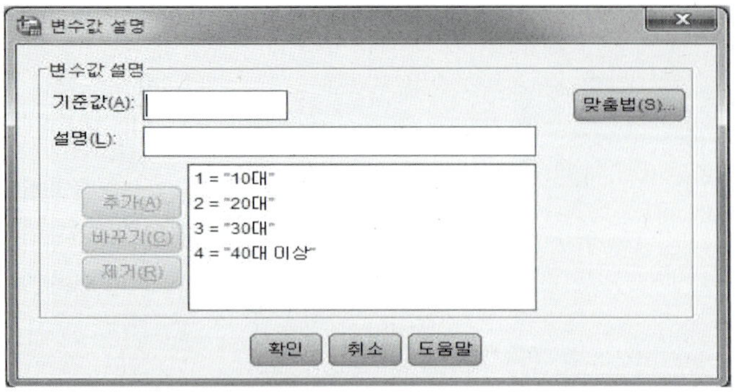

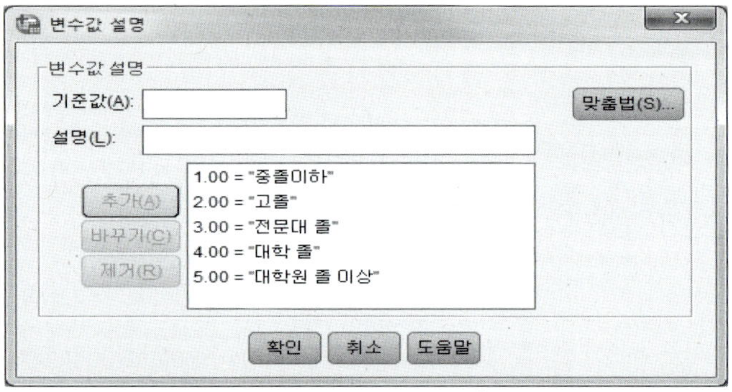

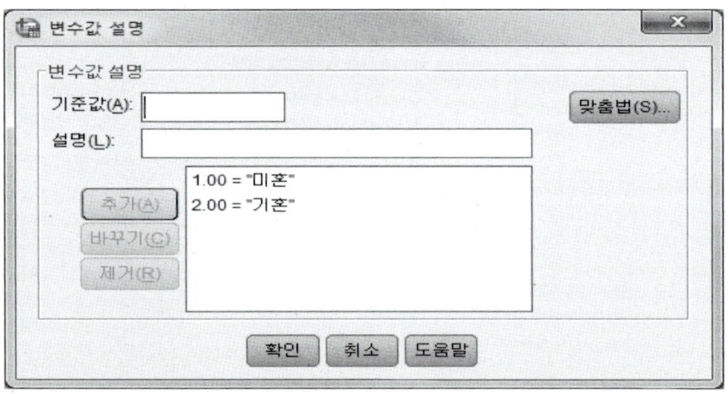

- [연령], [최종학력], [결혼유무] 변수도 동일한 방식으로 정의하고 설명한다. 변수들을 정의한 후 [데이터 보기]창을 클릭하면 이들이 ⑱처럼 변환된 것을 알 수 있다.
- 또한 탑 메뉴의 아이콘 중 ⑲ [변수값 설명] 아이콘을 클릭하면 ⑳ [데이터 편집기]창에서 새롭게 정의한 변수값들이 잘 반영되었음을 쉽게 확인할 수 있다.

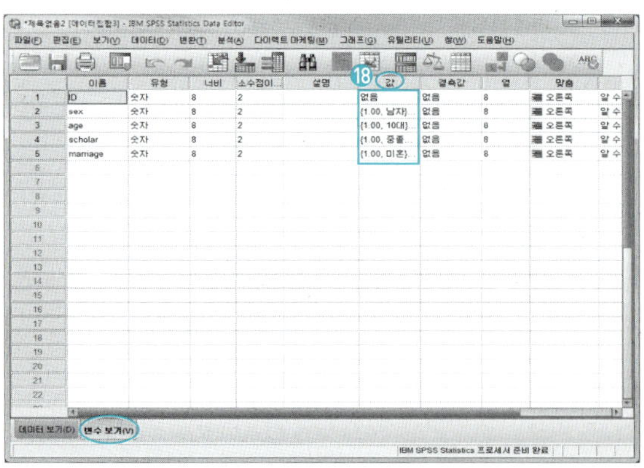

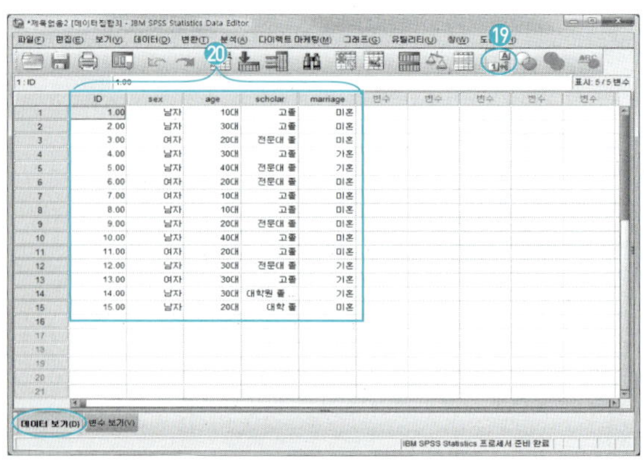

2) 데이터 생성

SPSS 데이터 편집기에서 데이터는 엑셀화면에서처럼 스프레드시트 형태로 직접 입력이 가능하며, 데이터창에서 [잘라내기], [복사], [붙여넣기] 등의 편집기능도 가능하다.

(1) 데이터 입력

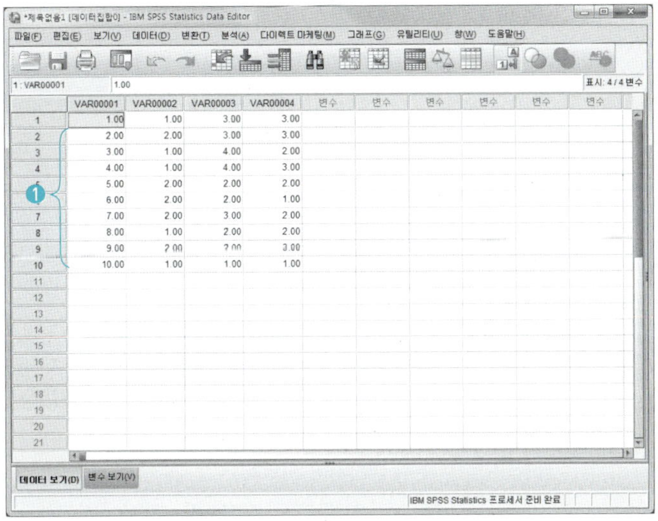

- ❶ 키보드를 이용하여 해당 자료를 직접 입력한다.
  커서를 아래 셀로 움직여 입력을 계속한다.
  해당 데이터를 전부 입력한 후 이것을 데이터 파일형식으로 저장한다.
  → 이때 저장되는 파일의 확장자명은 (*.sav)가 된다.

(2) 데이터 복사

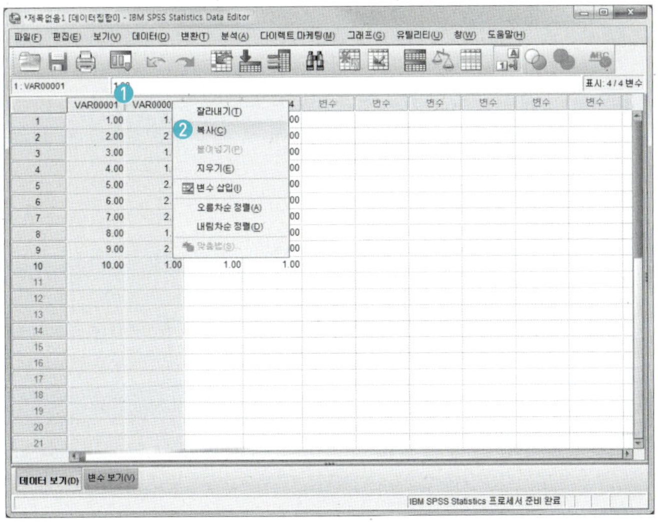

- ❶ 복사하려는 해당 데이터의 열을 선택하기 위하여 마우스 포인터를 변수명 위에 위치시킨 후 마우스의 왼쪽 버튼을 클릭하여 변수를 블록으로 지정한다.
- ❷ 마우스의 오른쪽 버튼을 클릭하여 나타난 메뉴 중에서 [복사]를 선택한다.

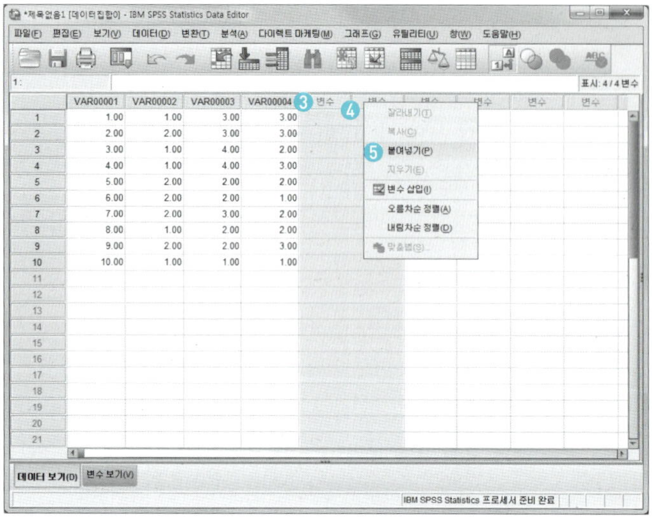

- ❸ 마우스 왼쪽 버튼을 클릭하여 복사한 내용을 붙여넣기 위한 공간을 확보한다.
- ❹ 블록이 설정된 상태에서 [붙여넣기]를 하고자 하는 열의 변수명에 마우스 포인터를 올려 놓고 [오른쪽 버튼]을 클릭한다.
- ❺ 여러 메뉴 중에서 [붙여넣기]를 선택한다.

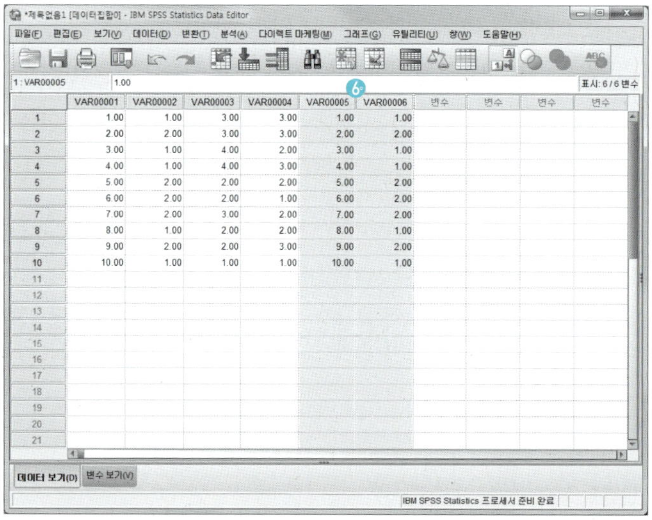

- ❻ 복사하고자 하는 데이터가 새로운 열에 [복사]된다.
- 데이터의 일부분을 복사하고자 하는 경우에도 동일한 방법으로 블록을 지정하고 마우스 오른쪽 버튼을 이용하면 [복사] 및 [붙여넣기]를 할 수 있다.

3) 케이스 추가 및 삭제

케이스는 화면상에서 보여지는 행을 말하는 것으로서, 설문응답자를 의미한다. 케이스 역시 추가와 삭제가 가능하다.

(1) 케이스 추가

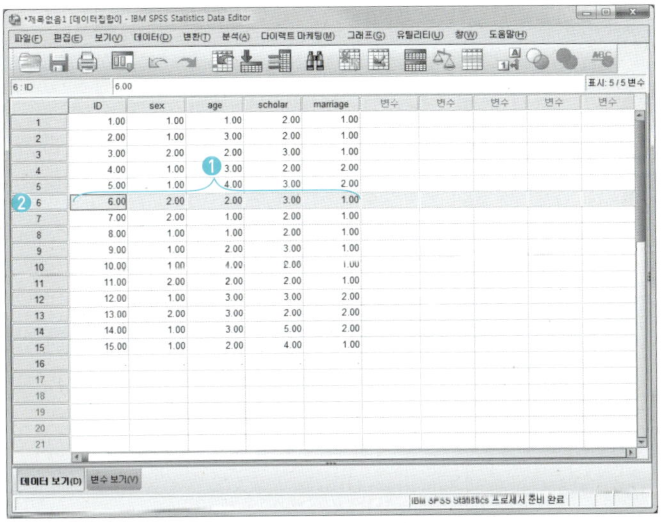

- ❶ 15명의 응답자에 대한 4가지 변수들(sex, age, scholar, marriage)을 입력한 데이터의 5행과 6행 사이에 새로운 응답자의 자료를 삽입해 보자.
- ❷ 6행 응답자 id 앞에 마우스 포인터를 올려 놓고 마우스 왼쪽 버튼을 클릭하여 블록을 설정한다.

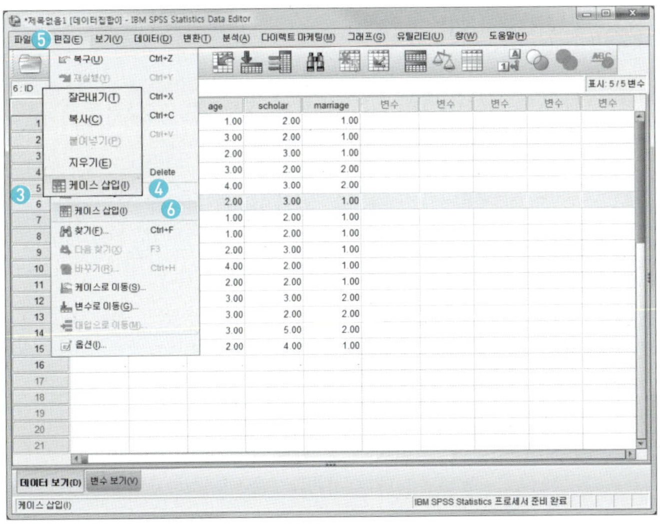

- ❸ 설정한 블록 위에 마우스 포인터를 위치시킨 후, [오른쪽 버튼]을 클릭하여
- ❹ [케이스 삽입]을 선택하거나
- ❺ [탑 메뉴]에서 [편집] 메뉴를 클릭한 후,
- ❻ [케이스 삽입]을 선택한다.

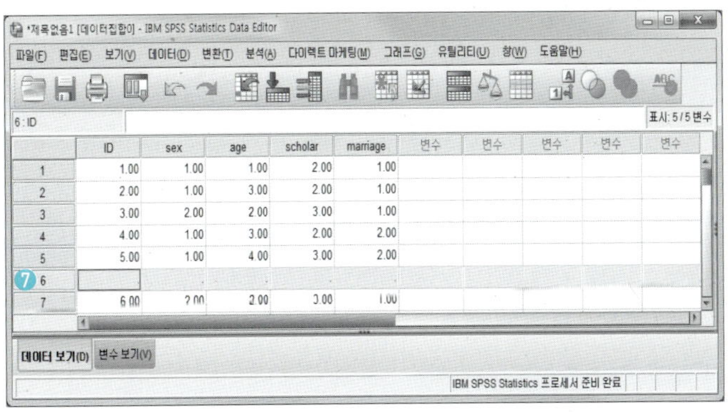

- [케이스 삽입] 선택 결과
- ❼과 같이 한 행이 아래로 밀리면서 6행에 데이터를 입력할 수 있는 셀(cell)이 확보된다.
- 이 셀에 추가하고자 하는 응답자의 데이터를 입력하면 된다.

(2) 케이스 삭제

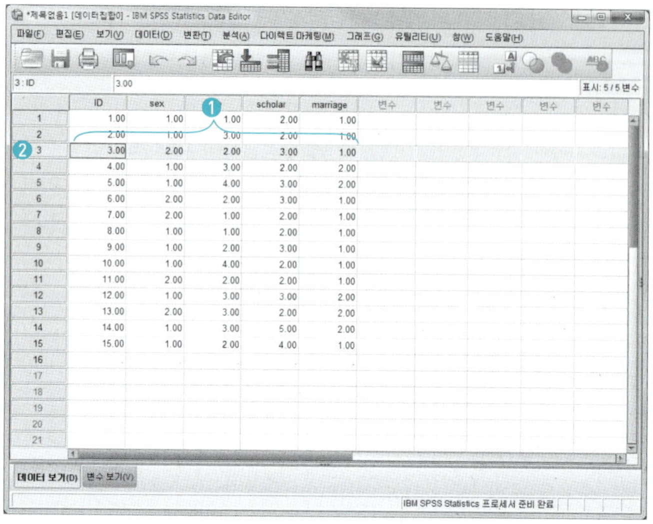

- ❶ 15명의 응답자에 대한 4가지 변수(sex, age, scholar, marriage)에 대한 데이터 중에서 3번째 행을 삭제해 보자.
- ❷ 3행에 있는 [응답자] id를 나타내는 셀의 왼쪽 ❷ 앞에 마우스 포인터를 위치시킨 후 마우스 [왼쪽 버튼]을 클릭하면 3행 전체가 블록으로 설정된다.

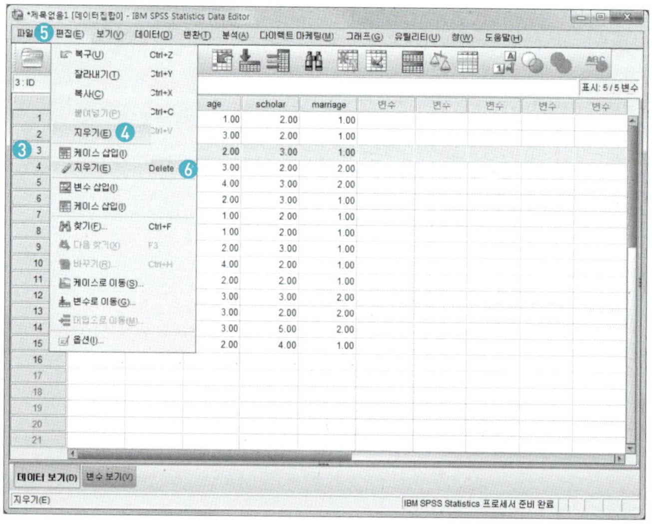

- ❸ 블록을 설정한 후 응답자 id를 나타내는 셀의 왼쪽 3행을 나타내는 ❸ 위에 마우스 포인터를 위치시킨 후 마우스의 [오른쪽 버튼]을 클릭하여 나온 메뉴 중에서
- ❹ [지우기]를 선택하거나
- ❺ [탑 메뉴] 중에서 [편집] 메뉴를 클릭한 다음
- ❻ [지우기]를 선택한다.

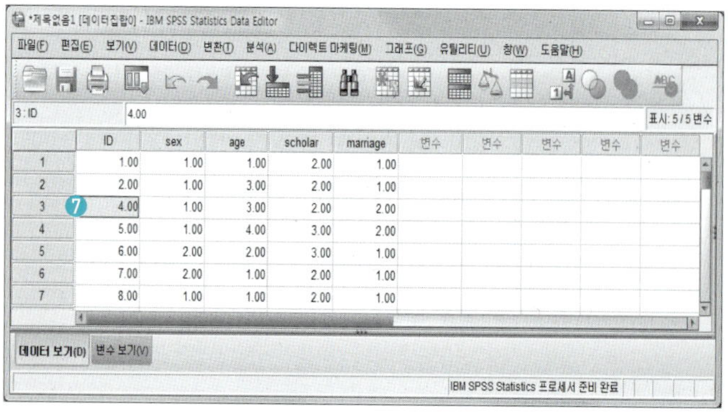

- [지우기] 메뉴 선택 결과
- ❼과 같이 한 행의 데이터가 삭제되어 밑에 있는 데이터가 한 행씩 위로 올라온 것을 확인할 수 있다.

4) 변수 추가 및 삭제

(1) 변수 추가

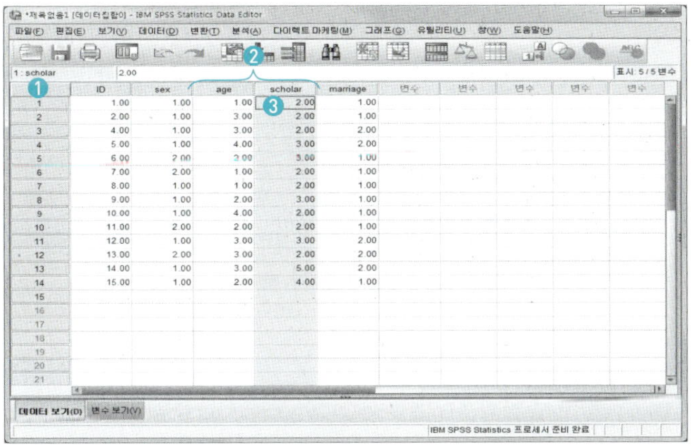

- ❶ 15명의 응답자에 대한 4가지 변수(sex, age, scholar, marriage)에 대한 데이터를 입력하였다.
- ❷ [age] 변수와 [scholar] 사이에 새로운 변수를 삽입해 보자.
- ❸ [scholar] 변수명 위에 마우스 포인터를 올려 놓고 마우스의 [왼쪽 버튼]을 클릭하여 블록을 설정한다.

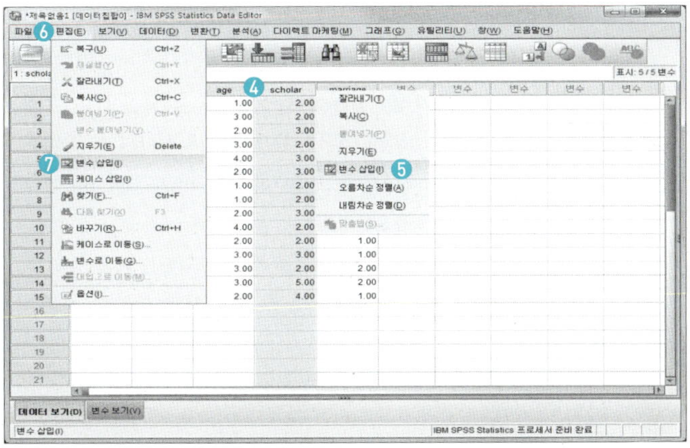

- ❹ [블록]을 설정한 후 [scholar] 변수 위에 마우스 포인터를 위치시킨 다음
- ❺ 오른쪽 버튼을 눌러 [변수 삽입] 메뉴를 선택하거나
- ❻ [편집] 메뉴를 선택한 다음
- ❼ [변수 삽입] 메뉴를 선택한다.

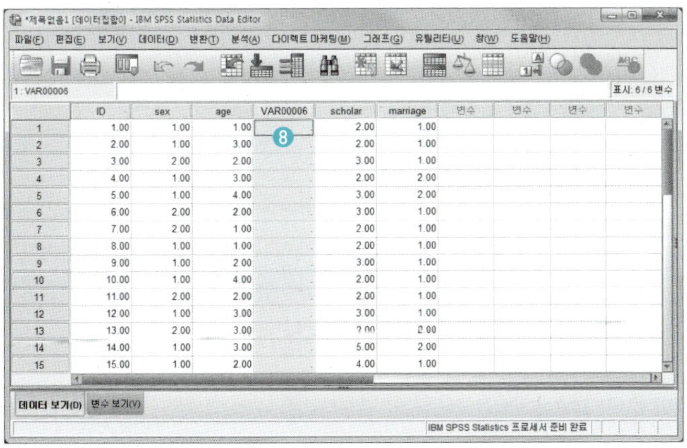

- [변수 삽입] 메뉴 선택 결과
- ❽과 같이 한 열이 생성되면서 변수값을 입력할 수 있는 셀(cell)이 확보된다.
- 이 열에 추가하고자 하는 변수 데이터를 입력하면 된다.

(2) 변수 삭제

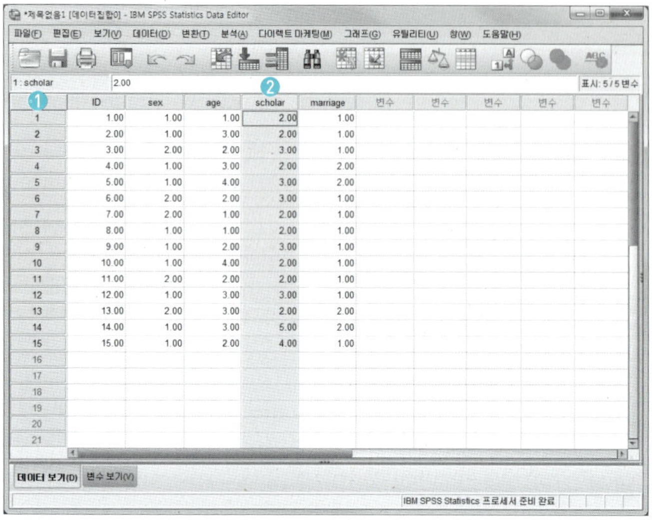

- ❶ 15명의 응답자에 대한 4가지 변수(sex, age, scholar, marriage)를 입력한 데이터에서 [scholar] 변수자료를 지워 보도록 하자.
- ❷ [scholar] 변수명에 마우스 포인터를 위치시킨 후 마우스 [왼쪽 버튼]을 클릭하여 그 열을 블록으로 설정한다.

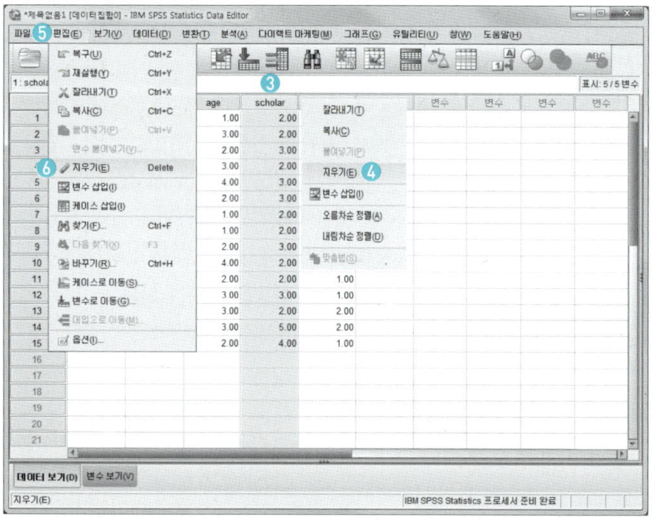

- ❸ 블록을 설정한 후 [scholar] 변수명 위에 마우스 포인터를 위치시킨 후 마우스 [오른쪽 버튼]을 클릭하여 나타낸 메뉴 중에
- ❹ [지우기]를 선택하거나
- ❺ [탑 메뉴] 중에서 [편집] 메뉴를 선택한 다음
- ❻ [지우기]를 선택한다.

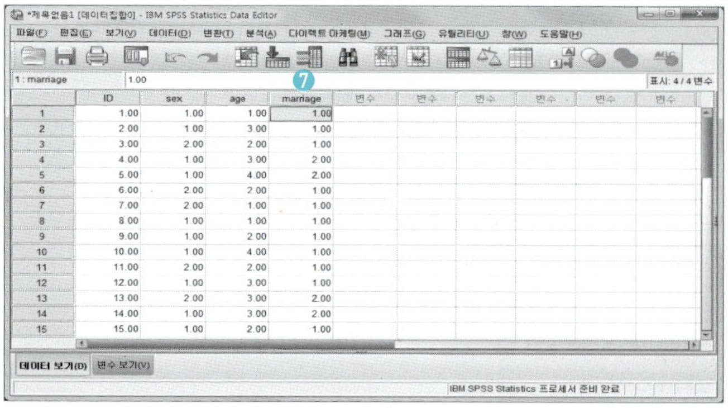

- [지우기] 메뉴 선택 결과
- ❼과 같이 [scholar] 변수의 열 데이터가 완전히 삭제되었음을 알 수 있다.

5) 코딩변경

원본 데이터(raw data)의 입력값 중에서 필요에 따라 일부 입력값들을 분석의 성격에 맞게 또는 사용자의 의도에 부합할 수 있도록 다른 값으로 변환해야 하는 경우가 있다. 이러한 방법에는 기존 변수명을 유지한 상태로 입력값을 수정하는 방법과 새로운 변수를 만들어 변경하는 두 가지의 경우가 있다.

(1) 같은 변수명으로 코딩변경

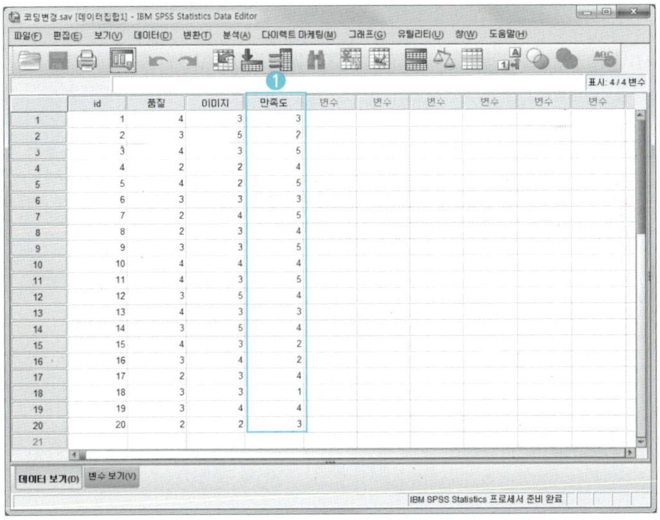

- ❶ '만족도'라는 변수의 입력값을 ['1' → '5'], ['2' → '4'], ['4' → '2'], ['5' → '1']로 다시 역코딩(reverse coding)하려고 한다.

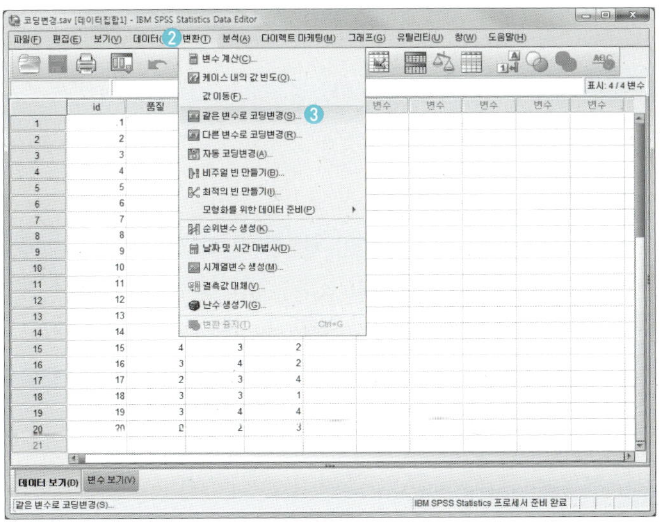

- 탑 메뉴에서 ❷ [변환] 메뉴를 선택한 후 ❸ [같은 변수로 코딩변경]을 클릭한다.

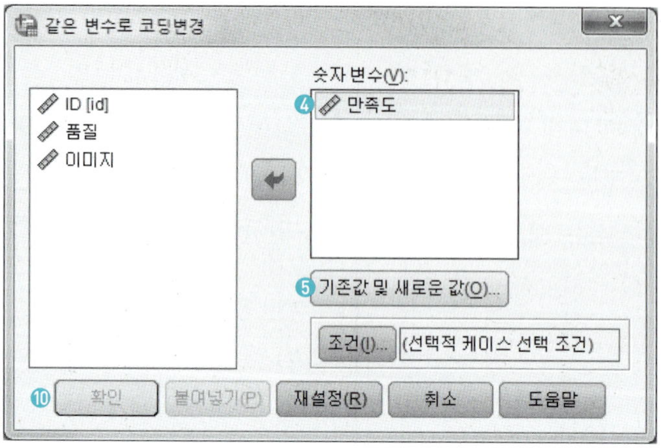

- [같은 변수로 코딩변경]이라는 대화상자가 나타난다.
- ❹ [만족도]라는 변수를 선택한 후 ➡ 버튼을 이용하여 그림과 같이 [숫자변수]란으로 이동시킨다.
- ❺ [기존값 및 새로운 값] 버튼을 클릭한다.

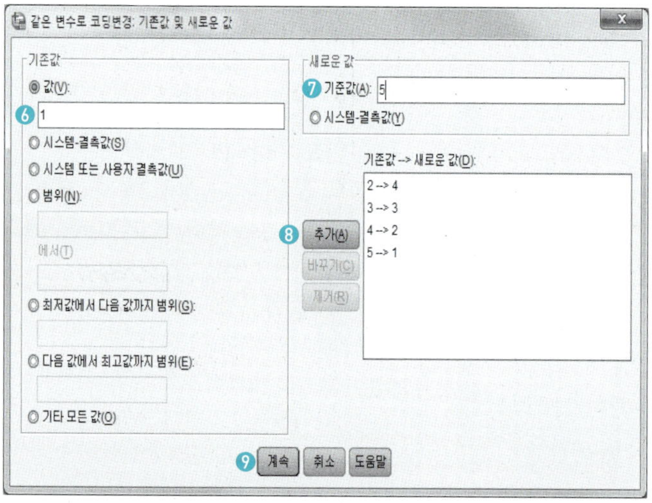

- 클릭한 결과 왼쪽 그림과 같은 대화상자가 나타난다.
- ❻ [기존값]의 '값' 란에 바꾸려고 하는 입력값 '1'을 넣는다.
- ❼ [새로운 값]의 '기준값' 란에는 바꿀 입력값 '5'를 넣는다.
  다른 값도 위의 절차대로 입력한다.
  ('2' → '4', '4' → '2', '5' → '1')
- 값을 입력하면 ❽ [추가] 버튼을 클릭한다.
- ❾ [계속] 버튼을 클릭한다.

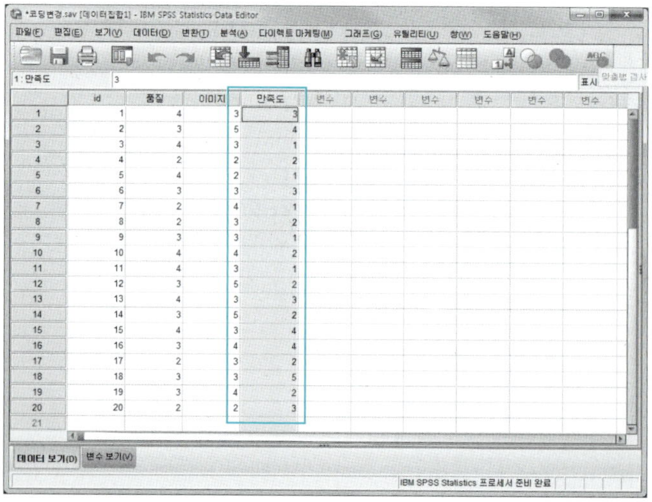

- [같은 변수로 코딩변경]의 창에서 ❿ [확인] 버튼을 클릭하면 [SPSS 데이터 편집기]창에서 [만족도]란 변수의 입력값이 변환되어 역코딩(reverse coding) 되어 있는 것을 확인할 수 있다.

(2) 새로운 변수명으로 코딩변경

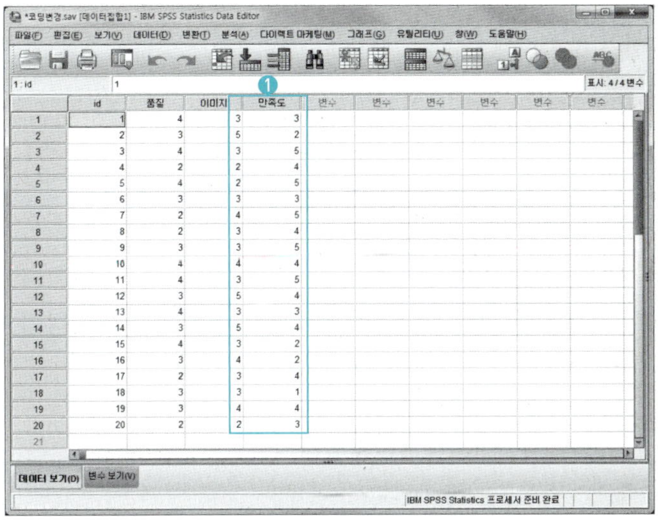

- ❶ '만족도'라는 변수의 입력값을 ['1' → '5'], ['2' → '4'], ['4' → '2'], ['5' → '1']로 다시 역코딩(reverse coding)하여 새로운 변수를 생성하려고 한다.

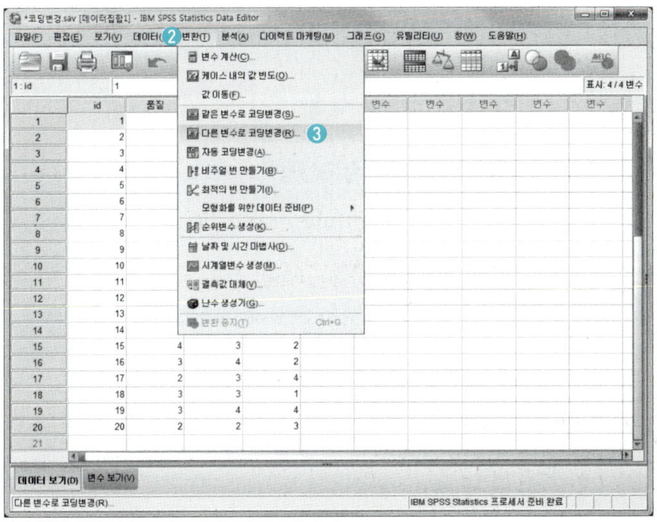

- 탑 메뉴의 ❷ [변환] 메뉴를 선택한 후 ❸ [다른 변수로 코딩변경]을 클릭한다.

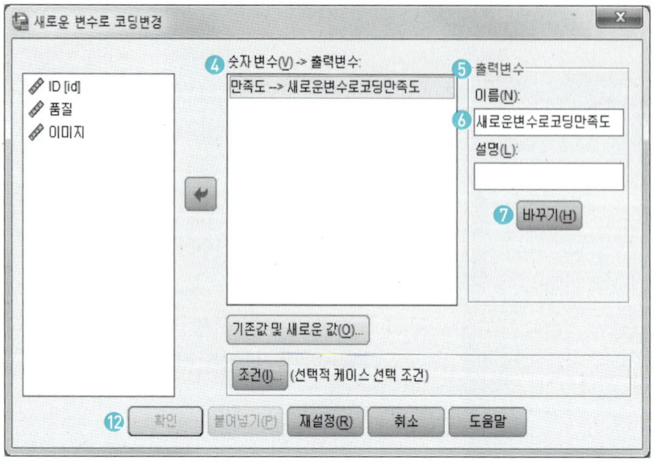

- [새로운 변수로 코딩변경]이라는 대화상자가 나타난다.
- ❹ [만족도]라는 변수를 선택한 후 그림과 같이 ❺ [숫자변수 → 출력변수란]으로 이동시킨다.
- [출력변수]의 ❻ [이름]란에 새롭게 생성할 변수이름을 입력한 후 ❼ [바꾸기]를 클릭하면 새롭게 변수가 생성되는 것을 확인할 수 있다.

  예) 새로운 변수로 코딩된 만족도

※ 여기서 주의할 점은 새로운 변수명은 띄어쓰기를 인정하지 않는다는 것이다.

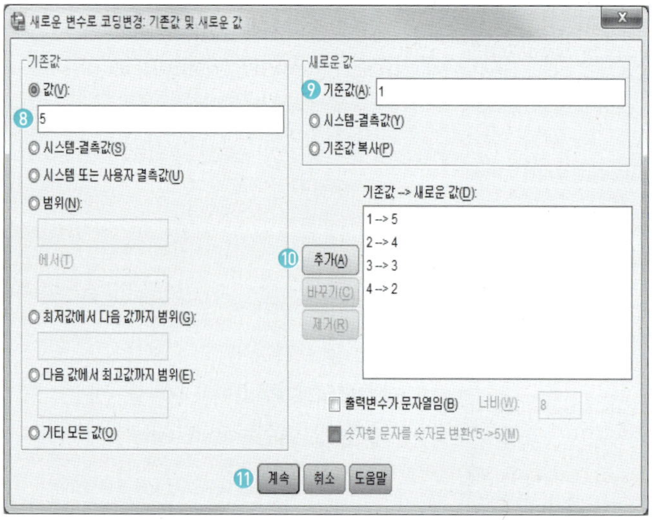

- 클릭한 결과 왼쪽 그림과 같은 대화상자가 나타난다.
- ❽ [기존값]의 [값]란에 바꾸려고 하는 입력값 '1'을 넣는다(예시는 '5').
- ❾ [새로운 값]의 [기준값]란에는 바꿀 입력값 '5'를 넣는다(예시는 '1').

  다른 값도 위의 절차대로 입력한다.

  ('2' → '4', '3' → '3', '4' → '2', '5' → '1')

※ 여기서 주의할 점은 새로운 변수를 생성할 때에는 같은 값으로 변환할지라도 반드시 입력해야 한다는 것이다.

- 값을 입력하면 ❿ [추가] 버튼을 클릭한다.
- ⓫ [계속] 버튼을 클릭한다.
- [새로운 변수로 코딩변경]이라는 대화상자가 다시 나타나면 ⓬ [확인] 버튼을 클릭한다.

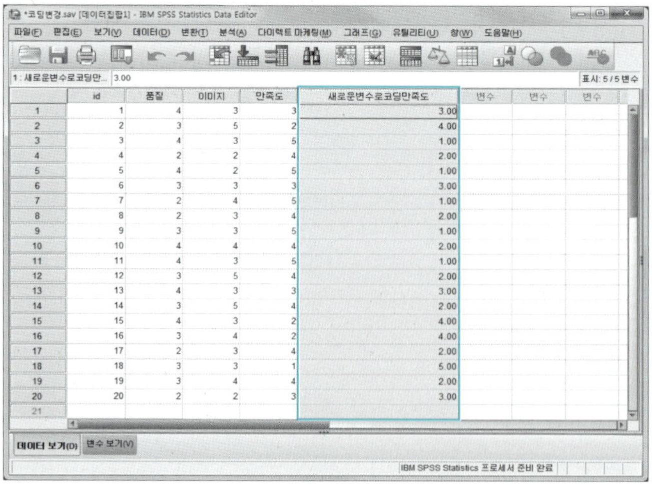

	id	품질	이미지	만족도	새로운변수로코딩만족도	변수	변수	변수
1	1	4	3	3	3.00			
2	2	3	5	2	4.00			
3	3	4	3	5	1.00			
4	4	2	2	4	2.00			
5	5	4	2	5	1.00			
6	6	3	3	3	3.00			
7	7	2	4	5	1.00			
8	8	2	3	4	2.00			
9	9	3	3	5	1.00			
10	10	4	4	4	2.00			
11	11	4	3	5	1.00			
12	12	3	5	4	2.00			
13	13	4	3	3	3.00			
14	14	3	5	4	2.00			
15	15	4	3	2	4.00			
16	16	3	4	2	4.00			
17	17	2	3	4	2.00			
18	18	3	3	1	5.00			
19	19	3	4	4	2.00			
20	20	2	2	3	3.00			
21								

- [만족도]란 변수의 입력값은 변하지 않았고, 새로운 변수명인 [새로운이름]으로 코딩된 [만족도]란 변수가 역코딩되어 새롭게 생성되었음을 확인할 수 있다.

6) 조건을 만족하는 케이스 선택

분석을 하다 보면 경우에 따라 사용자의 의도에 따라 조건에 맞는 케이스만을 이용하여 분석을 실시해야 하는 경우가 있다. 다음은 조건에 맞는 케이스만을 추출하여 분석하는 방법을 나타내고 있다.

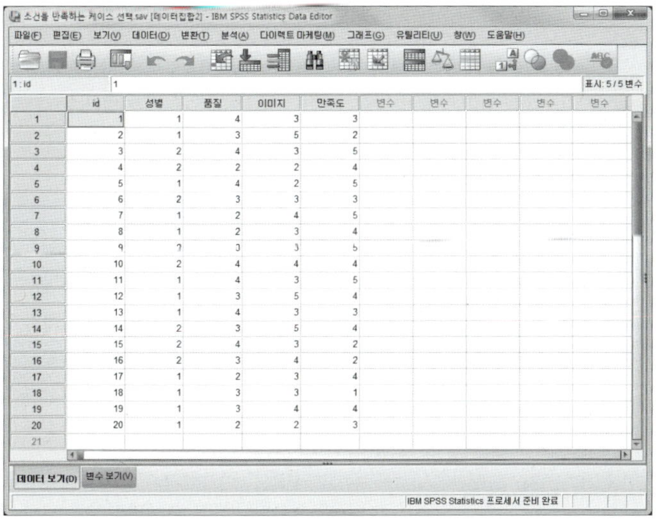

• [성별]이라는 변수를 이용해서 성별이 남자인 케이스만을 추출해서 분석하려고 하는 경우를 살펴보자.
→ 본 자료에는 남자는 '1'로, 여자는 '2'로 입력되어 있다.

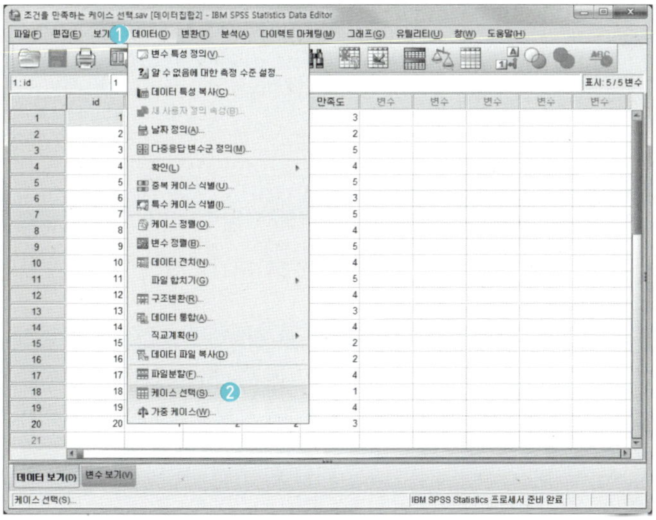

• 탑 메뉴 중에서 ❶ [데이터] 메뉴를 선택한 후 [데이터]의 하위 메뉴 중에서 ❷ [케이스선택]을 클릭한다.

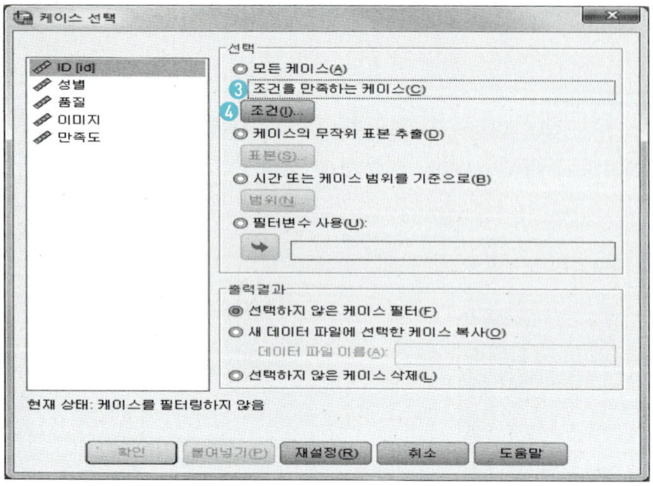

• [케이스 선택]이라는 대화상자가 나타나면 ❸ [조건을 만족하는 케이스]를 선택하고,
• ❹ [조건] 버튼을 클릭한다.

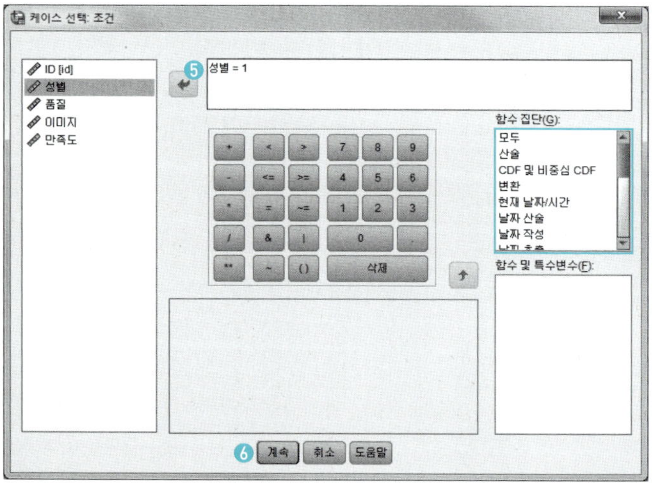

• [케이스 선택: 조건]의 창 왼쪽 BOX에서 추출하려는 조건을 가진 [성별]이라는 변수를 선택한 후 그림과 같이 오른쪽 BOX로 옮긴다.
• 남자인 케이스만을 추출하기 위한 조건으로 ❺ [성별 = 1]을 입력한다. 조건이 복잡하면 아래 보이는 수식편집기와 함수를 이용해서 조건을 명시한다.
• ❻ [계속] 버튼을 클릭해서 상위 메뉴로 이동한다.

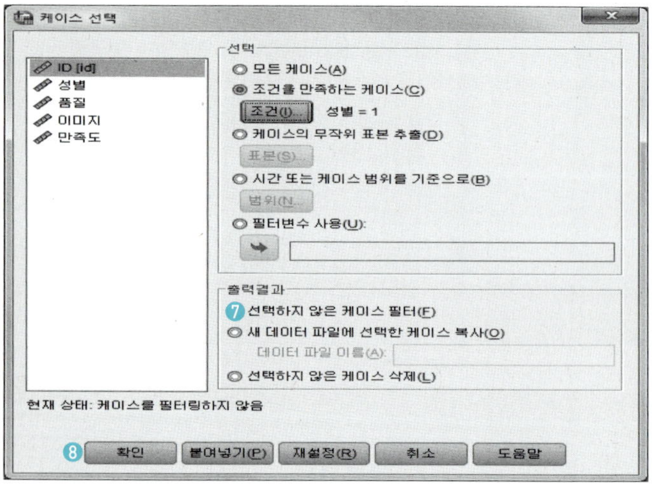

• ❼ [선택되지 않은 케이스]에서 [필터사용]과 [지우기] 중 필요에 맞는 것을 선택한다.
• [필터사용]을 선택하면 조건에 맞지 않는 케이스는 [데이터 편집기]창에서 데이터를 나타내는 열에 대각선 줄이 쳐진 상태에서 그대로 남게 된다. 그러나 [지우기]를 클릭하면 조건에 맞지 않는 케이스는 지워지고 조건에 맞는 케이스만 남게 된다.
• 본 예에서는 [필터사용]을 선택하고 ❽ [확인] 버튼을 클릭한다.

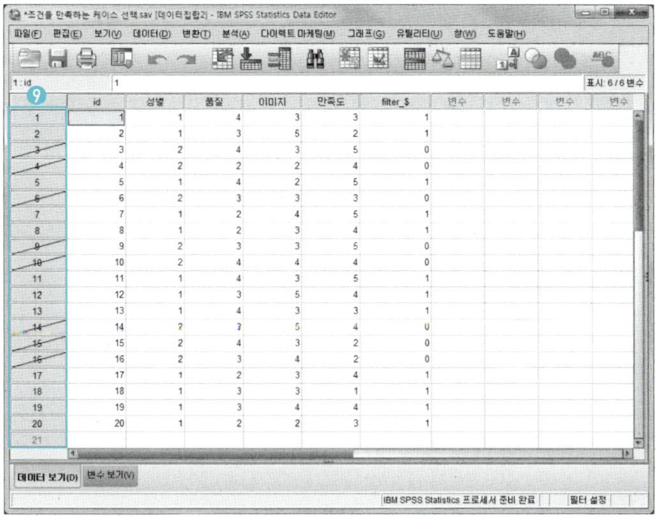

- ⑨ [선택되지 않은 케이스]에서 [필터 사용]을 선택했을 경우의 데이터 편집기 화면이다.
- 케이스에 대각선으로 표시된 것은 조건에 맞지 않아 사용하지 않는 케이스를 의미한다. 향후 분석에서 대각선으로 표시된 케이스는 제외된다.

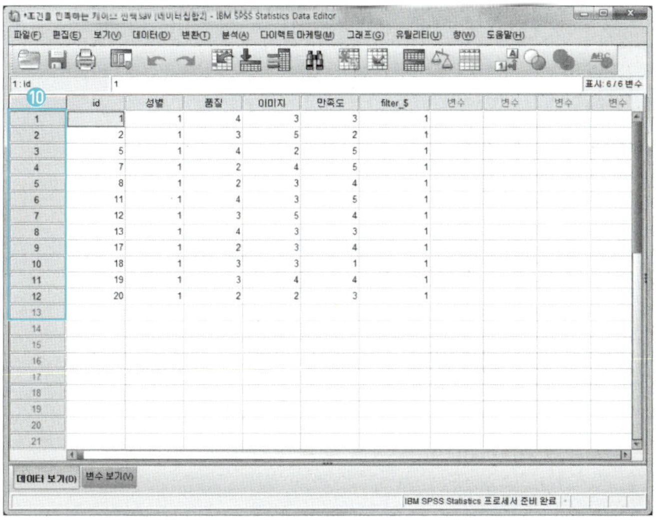

- ⑩ [선택되지 않은 케이스]창에서 [지우기]를 선택했을 경우의 [데이터 편집기] 화면이다.
- 조건에 맞는 [남자] 응답자들의 케이스만을 화면에 보여준다.

2.3 분석결과물 다루기

윈도우 SPSS에서 분석을 실행하고 나면 분석결과가 결과창에 나타나게 된다. 결과물을 해석하고 필요에 따라 결과물을 파일로 저장하기도 하지만, 경우에 따라서는 분석결과창에 결과물을 수정하거나 편집할 필요가 있다.

이러한 경우에 결과창에서 결과물을 직접 수정하여 편집하거나 피벗표 편집기 또는 도표 편집기창을 이용해서 편집할 수도 있다. 다음 예제를 통해서 분석결과를 수정하거나 편집하는 방법에 대해 알아보기로 하자.

1) 분석결과표 편집

다음은 응답자의 연령과 성별 그리고 안경착용 여부에 대한 데이터이다. 빈도분석으로 생성된 결과물을 이용해서 이를 편집하는 (1) 분석결과창에서 직접 수정하는 방법과 (2) 피벗테이블표를 이용해 수정하는 방법에 대해 설명하면 다음과 같다.

(1) 분석결과창에서 직접 수정하기

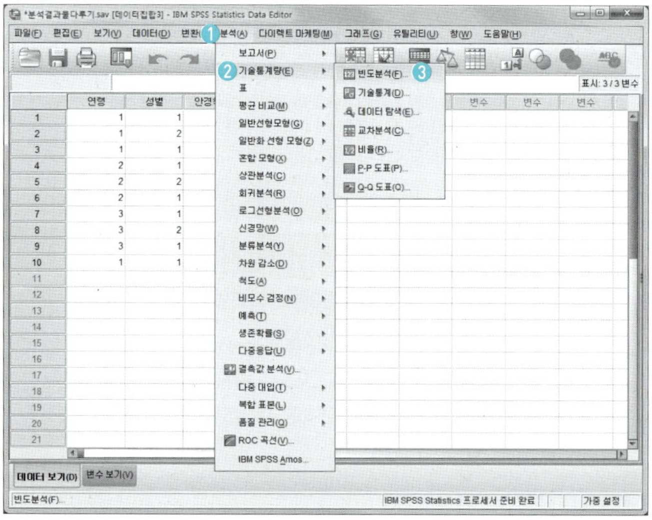

• ❶ [분석] → ❷ [기술통계량] → ❸ [빈도분석]을 클릭한다.

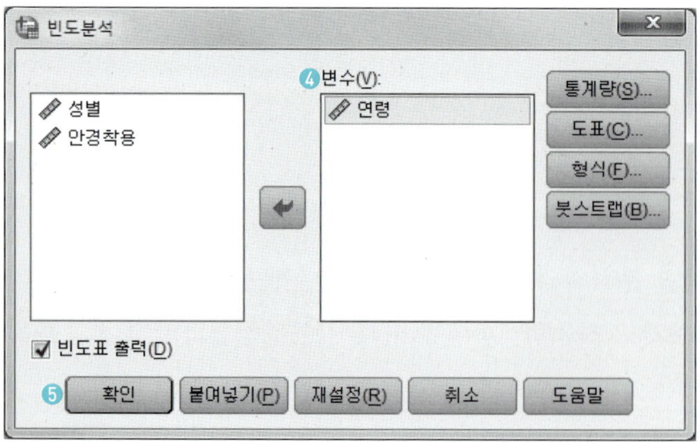

• [연령], [성별], [안경착용] 중에서 빈도분석을 하고자 하는 변수를 그림과 같이 ❹ [변수]란으로 이동시킨다.
• [연령]이라는 변수를 ➡ 버튼을 이용하여 [변수]창으로 이동시킨 후 ❺ [확인] 버튼을 클릭한다.

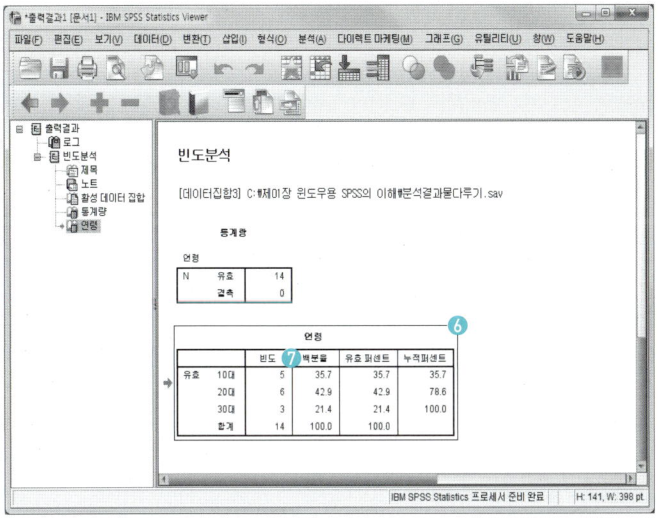

• ⑥ 분석결과 [연령]에 대한 통계량이 산출되었다.
결과물 테이블에서 '퍼센트'를 '백분율'로 변경하고자 한다면 [연령]이라는 표에 마우스 포인터를 대고 더블 클릭을 한다.
• 테이블을 변경할 수 있는 상태로 변환시킨 후 ⑦ '퍼센트'를 '백분율'로 변경하여 수정한다.

(2) 피벗테이블을 이용하여 수정하기

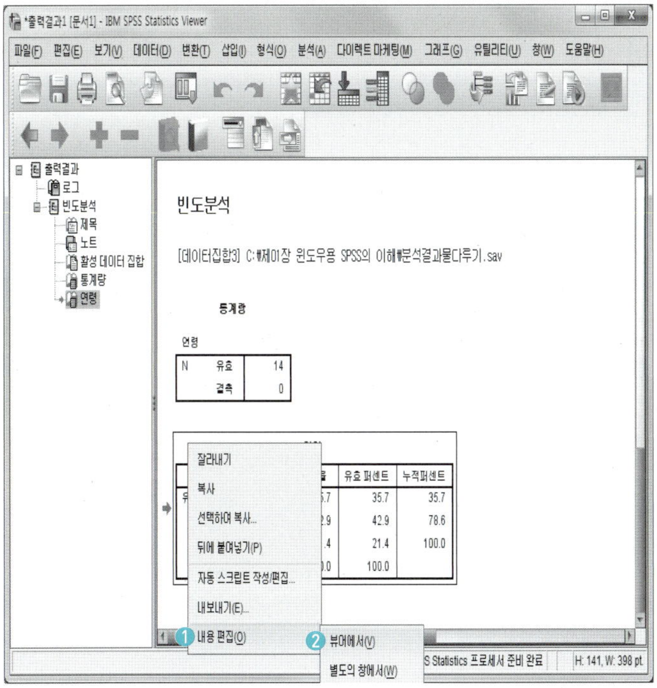

• 또 다른 방법으로는 빈도분석 결과로 생성된 [연령]에 대한 통계량표에 마우스 포인터를 위치시킨 후 오른쪽 버튼을 클릭하면 그림과 같은 메뉴가 나타나게 된다.
• 메뉴에서 ① [내용 편집]을 선택한 후 ② [뷰어에서]를 클릭한다.

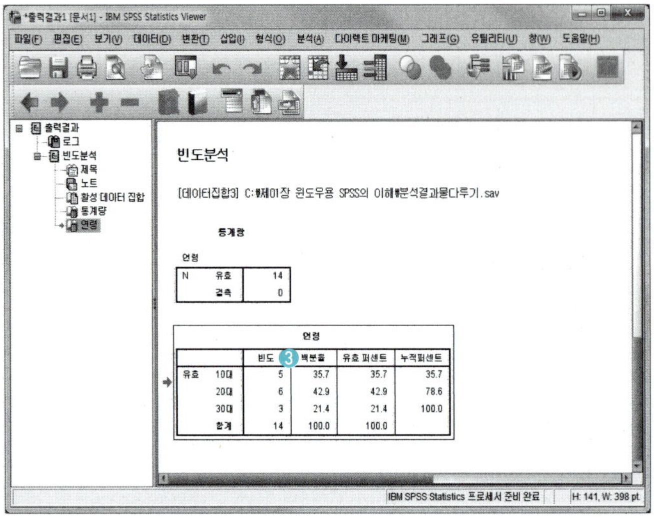

- [SPSS 피벗표개체]에서 [편집]을 선택하면 그림에서와 같이 테이블을 수정할 수 있는 상태가 된다.
- 이처럼 변환이 가능한 상태에서 ❸ '퍼센트'를 '백분율'로 고친다.

2) 도표 편집

출력된 결과물은 도표나 그래프로 나타낼 수 있다. 빈도분석을 통하여 산출된 결과물을 막대도표로 나타낸 다음 이를 편집하는 과정에 대하여 설명하면 다음과 같다.

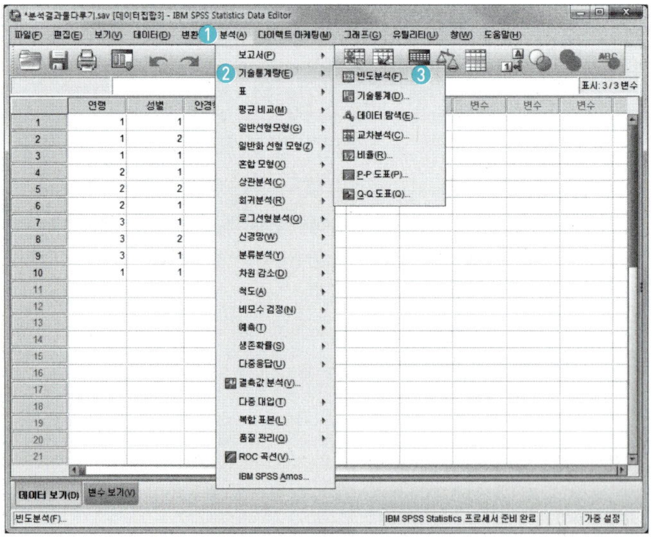

- ❶ [분석] → ❷ [기술통계량] → ❸ [빈도분석]을 클릭한다.

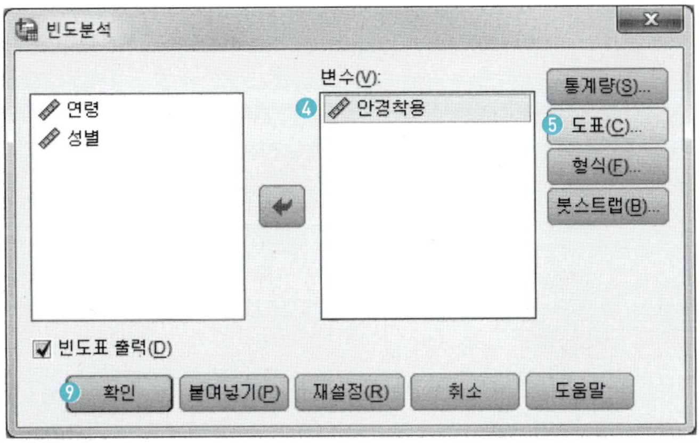

- ❹ [연령], [성별], [안경착용] 중 빈도분석을 하고자 하는 변수 [연령]을 버튼을 이용하여 그림과 같이 [변수]란으로 이동시킨다.
- ❺ [도표]를 클릭한다.

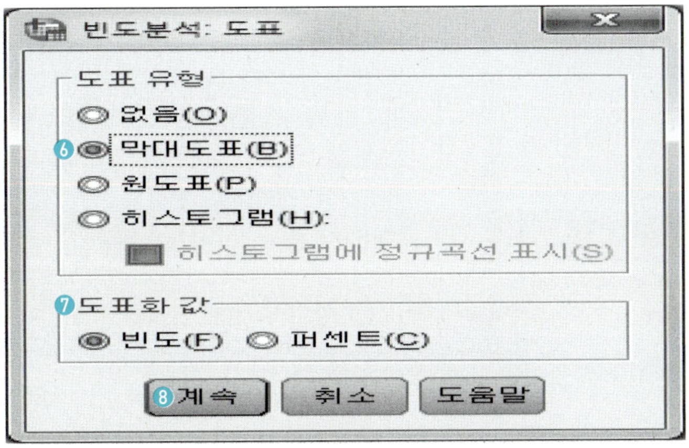

- [도표] 버튼를 클릭하면 그림과 같은 대화상자가 나타나고, 여기서 [도표유형]과 [도표화 값]을 설정한다.
- 본 예제에서는 [도표유형] 중 막대도표를 선택한다.
- ❼ [도표화 값]은 출력할 도표에 대해 빈도값과 퍼센트 중 어떤 것을 표시할 것인지를 의미한다.
- [도표유형]과 [도표화 값]을 선택한 후 결과를 보기 위해 ❽ [계속] 버튼을 클릭 후, ❾ [확인]을 클릭한다.

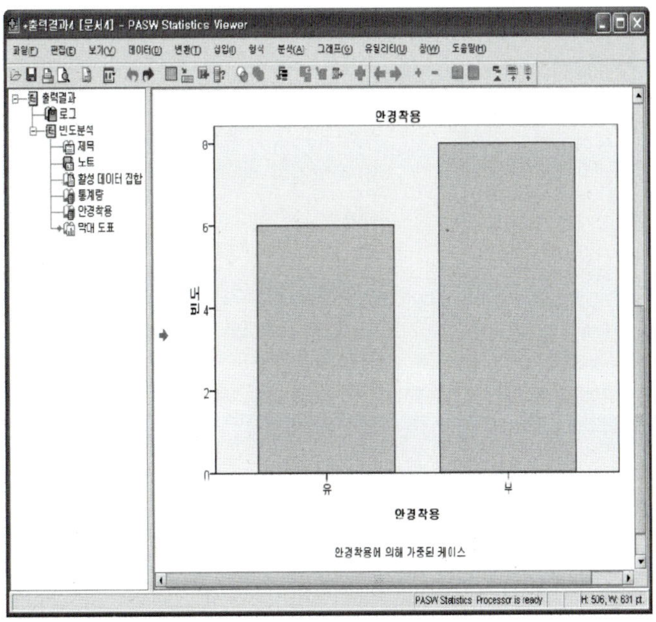

- 그림과 같이 선택한 막대도표가 나타난다.
- 앞서 테이블 수정에서 설명한 바와 같이 도표에 마우스 포인터를 위치시킨 후 마우스 왼쪽 버튼을 이용하여 더블클릭을 하거나, 오른쪽 마우스 버튼을 한 번 클릭하면 도표를 편집할 수 있는 메뉴를 선택해서 편집할 수 있다.

3) 결과물을 다른 프로그램에 응용하기

산출된 결과물은 편집기능을 이용하여 마이크로소프트 워드나 파워포인트 그리고 한글 등의 파일에 옮겨서 편집하거나 사용할 수 있다.

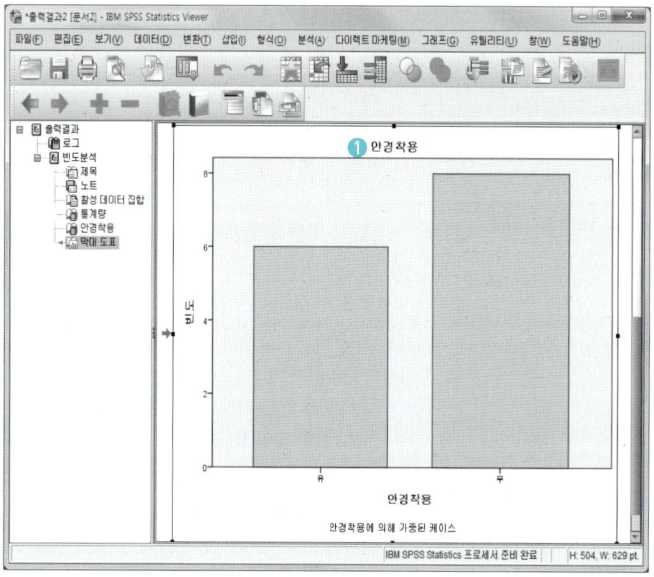

- 결과물을 옮기는 방법으로는 키보드의 [Ctrl] + C를 이용하여 복사한 후 붙이는 방법과 마우스 오른쪽 버튼을 이용하여 복사하는 두 가지 방법이 있다.
- 먼저 ❶ [안경착용]이라는 도표에 마우스를 포인터를 위치시킨 후 마우스 왼쪽 버튼을 클릭하여 결과물을 활성화시킨 다음 [Ctrl] + C를 누르면 복사가 된다.

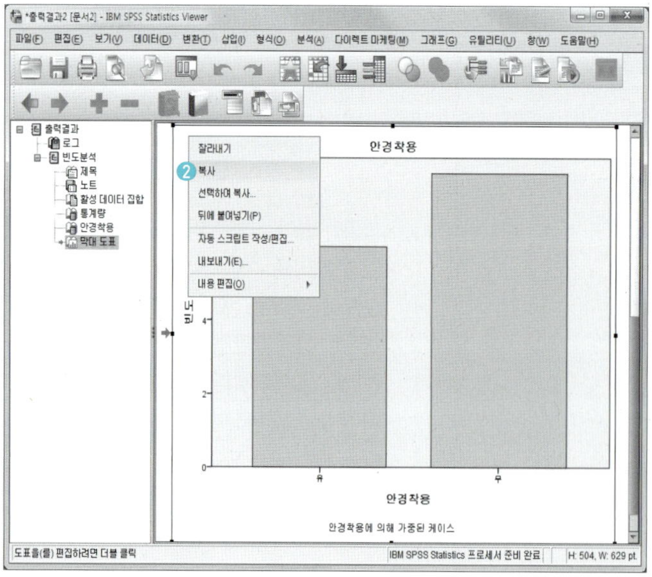

- 다른 방법으로 도표에 마우스 포인터를 위치시킨 후 마우스 오른쪽 버튼을 클릭하면 그림과 같은 편집용 메뉴가 나타나며,
- 메뉴에서 ❷ [잘라내기], [복사], [개체 복사]를 이용하면 파워포인트 슬라이드에 결과물을 옮겨 붙일 수 있다.
- 왼쪽 그림에서와 같이 편집 메뉴 중에 [복사]를 선택한다.

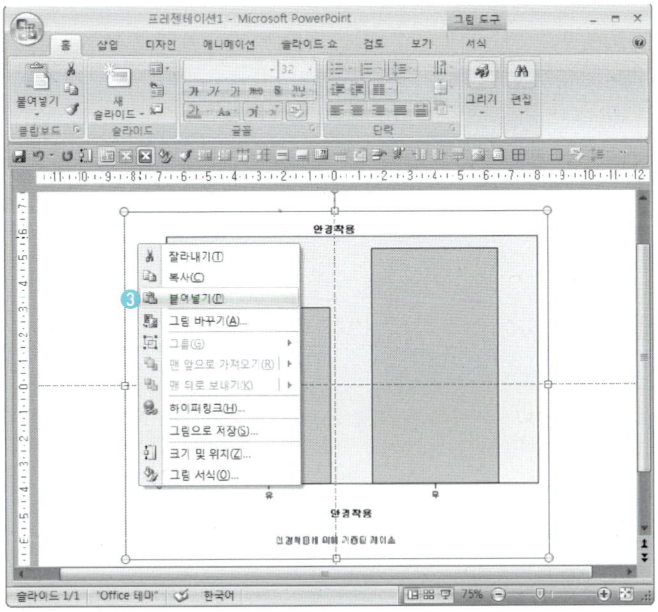

- 편집하고자 하는 파워포인트 파일을 열어 결과물을 붙이고자 하는 슬라이드에 마우스를 위치시킨 후 오른쪽 버튼을 클릭하여 ❸ [붙여넣기]를 선택하거나, 키보드를 이용하여 [Ctrl] + V를 누르면 그림과 같이 결과물이 파워포인트 파일의 슬라이드로 옮겨지게 된다.

Chapter 02

통계를 위한 기본지식과 기초통계분석

그 사람에게

신동엽

아름다운
하늘 밑
너도야 왔다 가는구나
쓸쓸한 세상세월
너도야 왔다 가는구나
다시는
못 만날지라도 먼 훗날
무덤 속 누워 추억하자
호젓한
산골길서 마주친
그날, 우리 왜
인사도 없이
지나쳤던가, 하고

Chapter 02

통계를 위한 기본지식과 기초통계분석

01 통계를 위한 기본지식

1.1 통계학의 정의와 종류

통계학은 자료를 의사결정에 도움이 되는 의미 있는 정보로 전환하는 방법에 관하여 연구하는 학문이다. 즉, 우리가 일상생활 혹은 기업의 경영활동에서 발생하는 다양한 자료를 효과적으로 측정하여 요약하거나 분석함으로써, 의사결정에 도움이 되는 의미 있는 형태, 즉 정보로 전환시

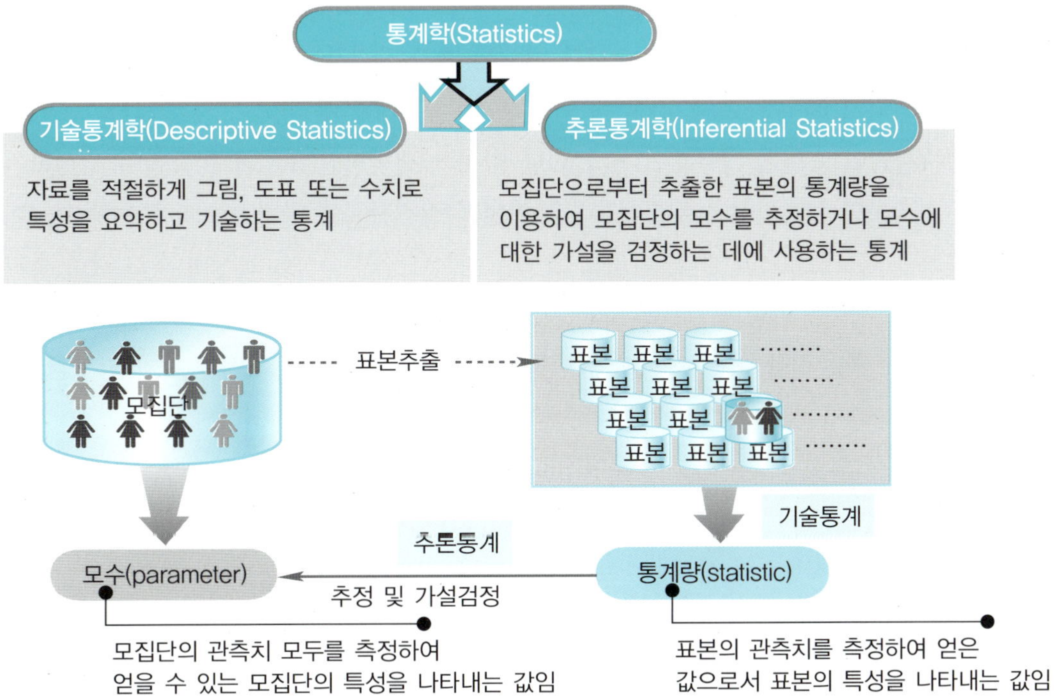

키는 방법을 연구하는 학문을 말한다.

통계를 크게 구분하여 보면 기술통계(descriptive statistics)와 추론통계(inferential statistics)로 구성된다. 수집된 자료를 이용하여 표본의 통계량을 구하거나 자료를 요약하여 정보로 만드는 데 사용되는 통계를 기술통계라 하며, 표본의 통계량을 이용하여 모집단의 특성을 나타내는 모수를 추정하거나 모수에 대한 가설을 검정하는 데 사용되는 통계를 추론통계라 한다. 다시 말하면 기술통계는 자료의 특성을 적절하게 그림이나 도표 또는 수치로 요약하여 기술함으로써 자료를 의사결정을 위한 정보로 바꾸는 과정에서 활용되는 통계를 말한다. 반면에 추론통계는 모집단에서 추출한 표본의 특성을 나타내는 통계량으로 모집단의 특성을 나타내는 모수를 추정하거나 모수에 대한 가설을 통계량으로 검정하는 데 사용하는 통계를 말한다.

1.2 척도와 변수

1) 척도

사람들이 일상생활에서 사용하는 '모델이 예쁘다' 나 '키가 매우 크다' 와 같은 표현들은 질적자료에 속한다. 그러나 이것을 키가 구체적으로 얼마인지 자를 이용하여 측정하고 그 값을 기록하면 양적자료가 된다. 따라서 자료는 수치화 여부에 따라 질적자료와 양적자료로 구분된다. 질적자료는 수치화되지 않은 자료의 상태, 즉 막연하게 '몸무게가 무겁다', '키가 크다', '참 예쁘다' 는 식의 주관적인 표현이 대부분이다. 그러나 이것을 객관적인 도구를 이용하여 측정하거나 평가하여 수치화하면 양적자료가 된다. 그리고 이렇게 질적자료를 양적자료로 전환시키는 데에 사용되는 규칙을 척도(scale)라 한다. 따라서 척도는 관찰대상의 속성을 측정하여 그 값을 숫자로 나타내는 일종의 규칙을 말한다. 즉, 질적인 자료를 양적인 자료로 전환시켜 주는 도구라 할 수 있다. 이러한 척도에는 이를 이용하여 측정한 결과로 나타나는 수치의 특성에 따라 명목척도, 서열척도, 등간척도, 비율척도의 4가지 종류가 있다.

척도를 이용하여 생성된 양적자료에는 변수(variable)와 상수(constant)가 있다. 앞에서도 언급했듯이, 상수는 변하지 않는 하나의 수치값만을 갖고, 변수는 서로 다른 2개 이상의 수치값을 갖는다. 또한, 변수는 질적변수와 양적변수로 나누어진다. 질적변수는 산술적인 사칙연산, 즉 가감승제(+, −, ×, ÷)하는 것이 의미가 없는 변수를 말하고, 양적변수는 사칙연산의 일부 혹은 모두가 의미 있는 변수를 말한다. 그러나 이러한 질적변수와 양적변수를 질적자료와 양적자료의 구분과 혼동해서는 안 된다. 질적자료는 수치로 표현되지 않은 자료이고, 양적자료는 수치로 표현된 자료로서, 양적자료 내에 질적변수와 양적변수가 있다. 즉, 변수는 수치로 표현되기 때문에 모두 양적자료에 속한다고 볼 수 있다. 또한 질적변수의 측정에 사용되는 척도를 질적척도라고 하고, 양적변수의 측정에 사용되는 척도를 양적척도라 한다. 질적척도로는 명목척도와 서열척도가 있으며, 양적척도로는 등간척도와 비율척도가 있다.

(1) 명목척도

명목척도(nominal scale)는 관찰대상이 갖는 속성에 따라 관찰대상을 상호 배타적인 범주로 구분하는 것으로서, 관찰대상을 단순히 범주로 분류하기 위한 목적으로 숫자를 사용하는 척도를 말한다. 예를 들어, 박찬호 선수의 등번호는 61번이고 홍명보 선수의 등번호는 20번이다. 이 경우 박찬호 선수의 등번호에서 홍명보 선수의 등번호를 빼면 41이 되는데, 이것으로 박찬호 선수가 홍명보 선수보다 41만큼 크다고 말할 수는 없다. 이러한 등번호 숫자는 단순히 박찬호 선수와 홍명보 선수를 다른 선수들과 구분하기 위하여 사용될 뿐이다. 설문지를 이용하여 분석하는 경우에도 남자는 1로 여자는 0으로 표기하기도 하는데, 이러한 숫자는 성별을 구분하기 위하여 사용하는 단순한 기호에 불과하다. 이와 같이 명목척도로 사용되는 숫자는 숫자로서의 양적 의미는 없고, 관찰대상을 서로 구별하기 위하여 사용된 단순한 기호에 불과하다.

(2) 서열척도

서열척도(ordinal scale)는 관찰대상이 가지고 있는 속성의 크기를 측정하여 크기 순서대로 대상의 순위를 나타내는 것으로서 명목척도와 마찬가지로 대상을 서로 구분할 수 있을 뿐만 아니라, 속성의 크기에 따라 대상의 순서를 정할 수 있다. 그러나 서열척도는 관찰대상의 속성을 비교하여 단순히 상대적인 순위만 구분할 뿐, 각 서열 간의 차이 정도를 측정하지 않는다. 따라서 서열척도는 서열 간의 구체적인 차이 정도에 관한 내용까지는 포함하지 않고 단순히 순서에 관한 정보만을 나타낸다. 예를 들어, 올림픽 마라톤대회의 경우를 살펴보면 황영조는 1992년 바르셀로나 올림픽 마라톤대회에서 우승을 하였고, 2위는 일본의 모리시다였으며, 3위는 독일의 스테판 티모였다. 이러한 순위에서 1위와 2위 간의 시간차이와 2위와 3위 간의 시간차이는 중요하게 고려되지 않았다. 이와 같이 서열척도는 서열 간의 차이, 즉 간격에 대해서는 측정하지 않고, 오직 대상들의 순서에 관한 정보만을 측정하는 데에 사용되는 척도이다. 그러나 서열척도는 순위정보뿐만 아니라 서열척도보다 단순한 척도인 명목척도가 가지고 있는 대상을 서로 구분하는 정보도 포함하고 있다. 따라서 마라톤의 예에서와 같이 서열척도로 측정된 변수는 1위는 황영조이고,

2위는 모리시다 그리고 3위는 스테판티모라라고 이들을 서로 구분할 뿐 아니라 이들의 순서정보를 내포하고 있다.

(3) 등간척도

등간척도(interval scale)는 속성 크기에 따른 관찰대상의 서열뿐 아니라 대상들 간에 어느 정도 차이가 있는가에 관한 정보도 포함하고 있다. 즉, 관찰대상들이 가지고 있는 속성의 상대적 크기를 측정하여 대상 간에 서로 비교할 수 있도록 하는 척도를 말한다. 등간척도는 대상이 지닌 속성의 상대적 크기와 차이를 측정하기 위하여 균일한 간격, 즉 등간격을 두고 분할한 길이를 이용하여 측정하는 척도이다. 따라서 등간척도를 이용하여 대상이 가지고 있는 속성의 크기를 측정하고자 할 경우에는 등간격을 표시하는 길이를 나타내는 그림을 제시하며 측정해야 한다. 즉, 일정한 길이의 선을 등간격으로 나누고 상대적 크기를 글이나 숫자로 표시한 척도가 등간척도이다.

등간척도를 이용하면 관심대상이 가지고 있는 속성의 크기에 따른 서열뿐만 아니라 크기의 상대적인 차이도 측정할 수 있다. 또한 등간척도로 측정한 속성 간의 상대적 차이를 나타내는 숫자를 더하거나 빼는(+, −) 산술적 계산이 가능하다. 따라서 등간척도로 측정된 값들의 평균을 구하여 사용할 수도 있다.

이러한 등간척도는 앞에서 설명한 명목척도와 서열척도가 제공할 수 있는 정보를 모두 포함하여 관찰대상이 가지고 있는 속성들의 상대적 크기를 나타내는 정보를 측정할 수 있다. 그러나 속성의 절대적 크기는 측정할 수 없으므로 사칙연산 중에서 가감(+, −)의 계산은 가능해도 비율처럼 곱하거나 나누는 승제(×, ÷)의 계산은 불가능하다. 예를 들어, 대표적인 등간척도에 속하는 온도의 경우 절대적인 기준이 없다. 섭씨에서 물이 얼음으로 변하는 온도를 0도로 하여 기준점이 있는 듯이 생각되나 물 이외의 다른 모든 물질들이 있음을 고려할 때, 하나의 특정한 물질에 불과한 물의 빙고점은 모든 물질에 적용할 수 있는 절대적인 기준점이 못 된다. 또한 또 다른 등간척도인 화씨에서는 32도가 빙점이 됨으로써 온도는 특정한 절대적 기준점이 존재한다고 볼 수 없다.

(4) 비율척도

마지막으로 절대적인 기준이 존재하는 척도로 비율척도(ratio scale)가 있다. 비율척도는 절대적인 기준을 가지고 속성의 상대적 크기 비교는 물론 절대적 크기까지 측정할 수 있도록 비율의 개념이 추가된 척도를 말한다. 일반적으로 절대적인 기준은 0으로 표시한다. 예를 들어, 무게에 있어서 절대적인 기준은 아무런 무게가 없는 0이 된다. 모든 관측대상의 무게는 이러한 절대기준을 바탕으로 평가할 수 있다. 예를 들어, 홍길동의 몸무게가 98kg이라면 다른 사람들과 비교하지 않아도 우리는 홍길동이 매우 무겁구나 하고 생각할 수 있는데, 이는 절대적인 기준점인 0으로부터 그 크기를 판단할 수 있기 때문이다.

예를 들어 설명하면 한라산의 높이는 1,950m로서 2,750m인 백두산 높이의 약 71%에 해당한다고 말할 수 있는데, 이는 해수면이라는 절대적인 기준점이 있어 이들을 측정한 높이를 서로 비교할 수 있기 때문이다. 즉, 2,750m인 백두산 높이에 0.71을 곱하면 한라산의 높이를 구할 수 있다. 이와 같이 비율척도로 측정된 값들은 서로 곱하거나 나누는 것이 가능하다. 따라서 비율척도로 측정된 값들이 가장 많은 정보를 포함하고 있다고 볼 수 있다. 즉, 순서에 관한 정보는 물론이고, 대상 간의 상대적인 크기를 비교할 수 있는 정보, 그리고 서로 다른 상황에서 각각 독립적으로 측정된 값들 간에도 절대적인 기준을 바탕으로 그 크기를 비교할 수 있는 비율정보까지 포함하고 있다. 그러나 등간척도는 절대적인 기준이 없이 같은 조사과정에서 일정한 크기의 척도로 측정된 값들 간의 상대적인 크기 비교만 가능하다. 예를 들어, 5점 등간척도로 측정된 값은 7점 등간척도로 측정된 값과 정확하게 비교하기는 어렵다. 또한 같은 5점 등간척도로 측정한 값이더라도 서로 다른 조사에서 측정된 값들이면 이들을 직접적으로 비교하기는 어렵다.

2) 변수

변수(variable)란 척도를 이용하여 관심대상이 되는 개체(item)의 속성을 측정한 값을 대표하여 일컫는 말이다. 즉, 변수는 연구대상이 되는 개체가 가지고 있는 속성 중에 연구자가 관심을 갖는 속성을 척도로 측정하여 수치로 표현한 것을 의미한다. 또한 변수는 그 값으로 2개 이상의 서로 다른 값들, 즉 다양하게 변하는 값들을 가져야 한다. 만일 변수가 갖는 값들이 모두 일정한 하나의 숫자라면 이것은 변수가 아니라 상수가 된다. 따라서 변수는 변화하는 서로 다른 값들을 가질 수 있어야 한다.

이러한 변수의 의미를 보다 실질적인 측면에서 살펴보면, 변수는 연구자가 관심을 가지고 있는 대상의 속성을 척도로 측정하여 수치로 계량화하는 규칙이라고 정의할 수 있다. 변수를 이와 같이 규정하면, 하나의 속성값을 측정하더라도 그 표현규칙을 다양하게 정의함에 따라 여러 개의 변수들을 생성할 수도 있다. 예를 들어, K대 학생들의 성별을 측정하고 그 값을 수치로 나타내는 경우를 생각해 보자. 남성은 1로 여성은 0으로 나타내는 규칙의 변수를 생각할 수 있고, 또한 남성은 61로 여성은 20으로 나타내는 또 다른 규칙의 변수를 생각해 볼 수 있다. 따라서 변수는 관심대상의 속성을 측정하여 그 값을 수치로 나타내는 하나의 규칙으로 보는 것이 보다 이해하기 쉽고 정확한 표현임을 알 수 있다.

일반적으로 변수는 연산이 가능한가에 따라 연산이 의미가 없는 질적변수(qualitative variable)와 연산이 의미가 있는 양적변수(quantitative variable)로 구분할 수 있다. 질적변수는 속성의 값을 나타내는 수치의 크기가 의미 없는 변수로서 비계량적 변수 혹은 논메트릭(non-metric)변수라고도 말한다. 예를 들어, 성별을 나타내는 변수의 경우 남성을 1로 하고 여성을 2라는 수치로 표시할 때 이들 변수값들 간의 가감(+, −)은 아무런 의미가 없다. 따라서 질적변수값은 숫자라기보다는 기호에 불과한 것으로 생각해도 무방하다. 성별 외에도 종교, 직업, 학력 등을 구분하기 위하여 숫자로 나타낼 경우도 숫자의 크기는 의미가 없으므로 이들은 질적변수에 속한다. 이러한 질적변수는 주로 명목척도와 서열척도를 이용하여 측정되는 것이 일반적이다.

반면에 계량적 변수 혹은 메트릭(metric)변수라고도 불리는 양적변수는 측정한 속성값을 연산이 가능한 의미 있는 수치로 나타낼 수 있다. 연산이 가능한 수치라는 것은 변수값들을 나타내는 숫자들 간에 적어도 가감(+, −)이, 경우에 따라서는 가감승제(+, −, ×, ÷)가 가능하다는 것을 의미한다. 이러한 양적변수의 예로는 만족도, 유사도, 시험점수, 몸무게, 판매금액 등이 있다. 이러한 변수들은 일반적으로 등간척도나 비율척도를 이용하여 측정된다. 또한 이러한 양적변수는 학생수나 자동차 판매대수와 같이 정수값만을 취할 수 있는 이산변수(discrete variable)와 몸무게나 키와 같이 연속적인 모든 실수값을 취할 수 있는 연속변수(continuous variable)로 나누어진다.

대부분의 경우 양적변수를 질적변수로 바꾸는 것은 가능하다. 예를 들어, 몸무게가 80kg 이상인 사람을 무겁다 하여 1로 표시하고, 80kg 이하인 사람을 0으로 표시하는 것은 양적변수를 질적변수로 변환시킨 것으로 볼 수 있다. 그러나 질적변수를 양적변수로 바꾸는 것은 거의 불가능하며, 가능한 경우에도 매우 제한적이고, 변환에 따른 적지 않은 오차의 발생을 감수해야 한다. 왜냐하면 양적변수가 질적변수보다 많은 정보량을 가지고 있기 때문에 정보량이 많은 것을 정보량이 적은 것으로 변경하는 것은 가능하나 적은 것을 많은 것으로 변환하는 것은 불가능하기 때문이다. 또한 사용되는 용도에 따라 변수를 독립변수(independent variable)와 종속변수(dependent variable)로 구분하기도 한다. 변수를 사용하는 상황에 따라 독립변수를 원인, 설명, 예측변수로, 그리고 종속변수를 결과, 목적, 타깃변수로 부르기도 한다. 명칭에서 알 수 있듯이 독립변수는 독립적으로 변하는 것이고, 종속변수는 독립변수에 종속되어 그 값을 갖게 되는 변수이다. 따라서 독립변수는 조사자에 의해 조작이 가능한 변수이고, 종속변수는 독립변수값에 따라 수동적으로 값이 주어지는 변수이다.

예를 들어, 특정한 상품에 대한 전반적인 만족도와 만족도에 영향을 미치는 상품 이미지, 품

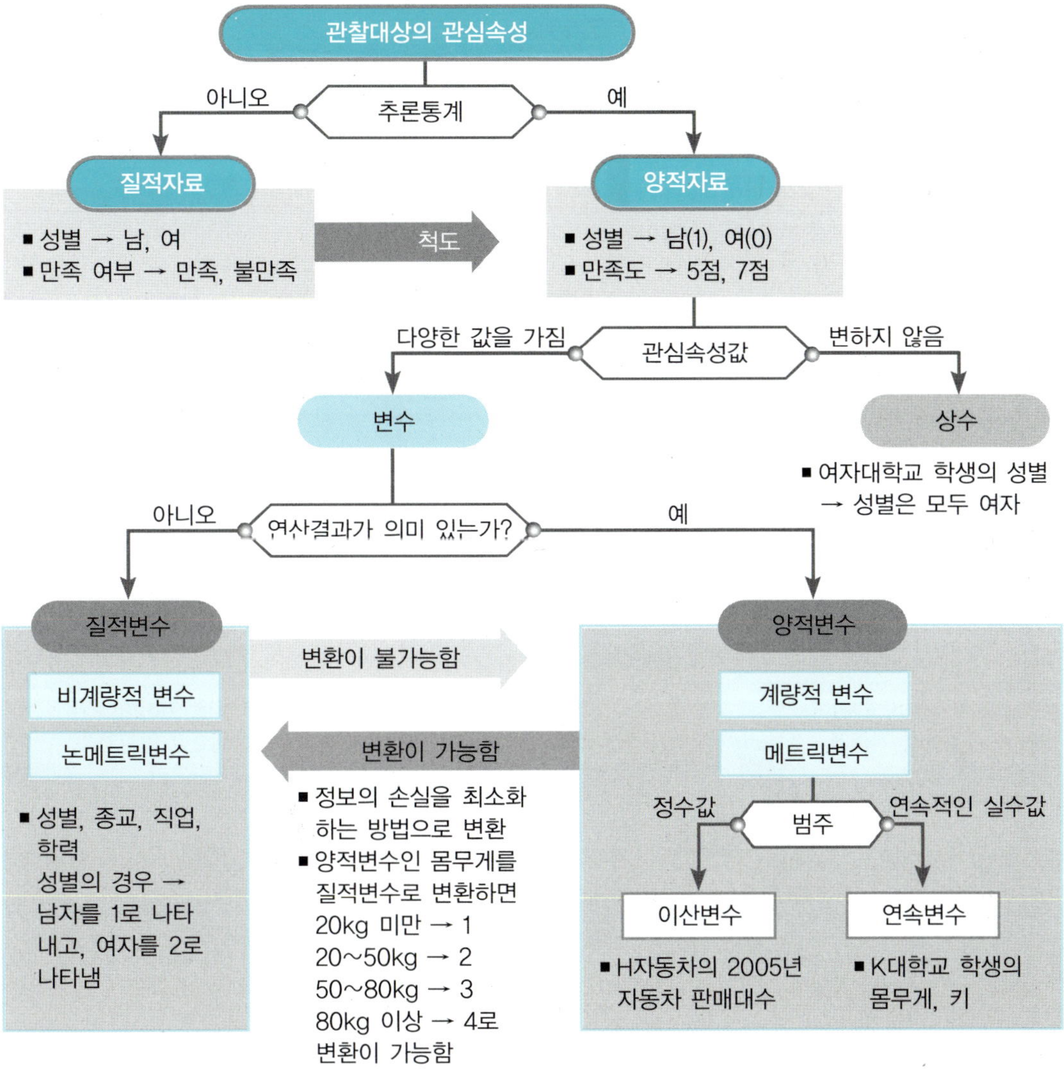

질, 색상, 디자인에 대한 의견을 조사하여 이들 간의 관계를 모형으로 개발하고자 하는 경우, 일반적으로 상품 이미지, 품질, 서비스수준, 가격은 독립변수가 되고 상품에 대한 전반적인 만족도는 종속변수가 된다.

02 가설검정

2.1 가설

가설(hypothesis)이란 두 개 이상의 변수 또는 현상 간의 관계를 검정가능한 형태로 서술한 문장으로 과학적 조사에 의하여 검정이 가능한 사실을 말한다. 가설에는 연구자가 새로이 주장하여 검정하고자 하는 연구가설(대립가설)과 이에 반하여 기존에 일반적인 사실로 받아들여지고 있는 내용을 나타내는 귀무가설이 있다. 일반적으로 귀무가설은 H_0로 표기하고, 연구가설은 H_1 혹은 H_a로 표시한다. 통상적으로 연구가설이 먼저 설정되면, 귀무가설은 연구가설에서 주장하는 내용과 반대되는 모든 내용을 포함하는 것이 된다. 그러나 경우에 따라서는 단순한 등식으로 인식하

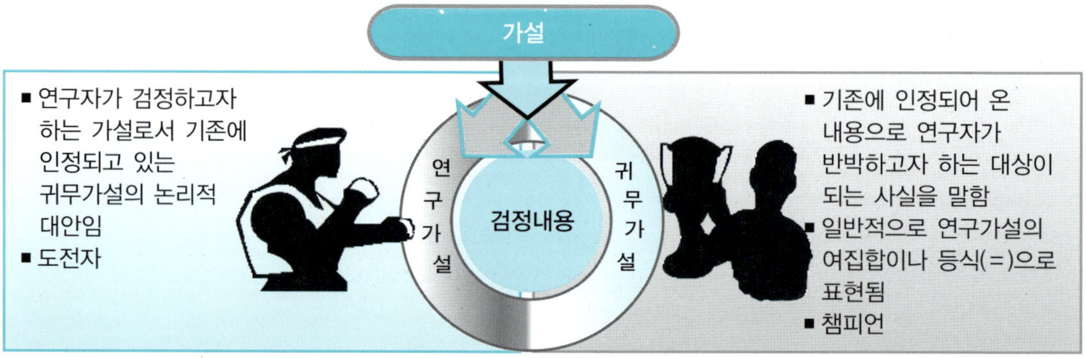

◎ 검정의 진행은 귀무가설이 기각되기 전까지는 항상 귀무가설이 옳다는 전제하에서 검정통계량이 산출되고 검정과정이 수행됨

◎ 귀무가설이 옳다는 전제하에서 어느 정도 극단적인 표본통계량이 나오면, 귀무가설을 기각하고 연구가설을 채택하겠는가?

◎ 극단적인 통계치를 얻게 될 최대한의 확률을 유의수준(α)이라 하며, 이 값은 대부분 0.1보다 작게 설정됨

◎ 도전자인 연구가설이 챔피언인 귀무가설을 이길 수 있는 확률은 귀무가설이 옳다는 전제하에서는 유의수준(α) 정도에 불과함

기도 한다.

일반적으로 새로운 주장(연구가설)은 그것이 객관적으로 명백하게 입증되지 않으면 쉽게 받아들여지지 않는다. 따라서 귀무가설을 기각하고 연구가설이 채택되기 위해서는 기존의 지식을 나타내는 귀무가설이 분명하게 잘못되었음을 입증하여야 한다. 이것은 권투시합에서 챔피언 타이틀 매치의 경우와 유사하다. 일반적으로 알려진 기존의 지식이나 상식을 나타내는 귀무가설이 챔피언이 되고, 새로이 입증하고자 하는 지식이나 주장을 나타내는 연구가설(대립가설)이 도전자가 된다. 챔피언 타이틀 매치에서는 모든 사람들이 객관적으로 평가하여 인정할 만큼 명백하게 차이가 나도록 도전자가 충분히 잘 싸워야만 승자가 될 수 있다. 그렇지 못한 대부분의 경우, 무승부의 경우에도 챔피언이 타이틀을 방어할 수 있다.

가설검정도 이와 유사하다. 귀무가설은 일반적으로 알려진 기존의 지식이나 당연하게 인정되는 사실로 권투에 있어서 챔피언에 해당한다. 챔피언은 도전자가 나타나지 않으면 계속 챔피언으로 남듯이, 귀무가설과 연구가설의 관계도 이와 유사하다. 연구자가 나타나서 기존의 귀무가설에 반하는 연구가설을 세우고 이를 입증하려고 하여야 비로소 도전자가 탄생하게 되는 것이다. 따라서 항상 연구가설이 먼저 설정되고, 연구가설에 대응하는 나머지 여집합이나 등식(=)이 귀무가설이 된다.

2.2 가설검정의 기본개념

일반적으로 가설검정(test of hypothesis)은 표본을 추출하여 얻은 표본통계량으로 모집단의 모수에 대한 새로운 예상과 가설 등이 옳다고 판단할 수 있는지를 평가하는 것을 말한다. 즉, 모집단의 모수에 대한 정보를 표본통계량으로 검정하는 것이다. 예를 들어, K대 학생의 평균키가 168cm로 알려져 있다. 그러나 연구자가 생각하기엔 요즘은 학생들의 영양상태도 좋아지고 어릴 때부터 발육도 빠르고 해서 K대 학생의 평균키가 168cm보다 클 것이다라고 생각하게 되었다.

이 경우 연구자가 입증하고자 하는 연구가설은 'K대 학생의 평균키는 168cm보다 크다' 이며, 귀무가설은 'K대 학생의 평균키는 168cm보다 작거나 같다' 혹은 'K대 학생의 평균키는 168cm이다' 가 된다. 이렇게 가설을 세우고 난 후, K대 학생을 대상으로 표본조사를 실시하여 가설의 통계적 유의성을 검정하는 것이 바로 가설검정이다.

가설검정은 모집단에 대해서 알려진 일반적인 정보나 상식을 나타내는 귀무가설이 옳다는 전제하에 이루어진다. 즉, 귀무가설이 기각되기 전까지는 귀무가설이 옳다는 전제하에서 모든 가설검정이 진행된다. 그러나 표본조사 결과로부터 얻은 통계량값이 귀무가설이 옳다는 전제하에서 쉽게 얻을 수 없는 매우 극단적이고 예외적인 값이 나오면, 무언가 귀무가설에서 주장하는 바가 잘못되었음을 짐작할 수 있다. 이러한 경우에야 비로소 귀무가설을 기각하고 연구가설을 채택한다. 만일 크게 예외적인 값이 아니면 대부분의 경우 귀무가설이 채택되고 연구가설이 기각된다. 이는 권투시합에서 무승부로 판정이 나면 챔피언이 타이틀을 방어할 수 있는 것과 유사하다.

위의 예에서도 K대 학생 중 표본으로 일부 학생들을 뽑아 얻은 평균키가 귀무가설에서 주장하는 168cm보다 어느 정도만 크면 귀무가설을 기각시킬 수 없다. 그러나 표본으로부터 산출된 값이 아주 극단적이고 예외적인 값, 즉 귀무가설이 옳다는 전제하에 이러한 표본통계량값이 나올 가능성이 최대한 10% 미만, 대부분의 경우 5% 미만인 경우에만 귀무가설을 기각시키고 연구가

가설검정	모수에 대한 새로운 가설이 옳다고 판단할 수 있는지를 표본통계량을 이용해서 평가하고 판단하는 과정

가설검정에서 사용되는 용어

유의수준(α)
- 귀무가설이 옳다는 전제하에서 어느 정도 극단적인 표본통계량값이 나오면 귀무가설이 잘못되었다고 판단하여 귀무가설을 기각할 최대한의 확률
- 귀무가설이 옳으나 귀무가설을 기각하고 연구가설을 채택할 1종 오류의 최대치

임계치
- 검정의 종류(양측, 단측)와 유의수준(α)을 고려해서 산출한 값으로 가설의 채택 여부를 결정짓는 경계값

검정통계량
- 표본으로부터 추출한 통계량이나 검정에서 사용할 분포에 따라 그에 맞는 값으로 치환한 통계량

p값(p-value)
- 표본으로부터 얻은 통계량 혹은 이를 치환한 검정통계량의 절대값보다 더 큰 절대값을 또 다른 표본으로부터 얻을 수 있는 확률(컴퓨터 패키지는 항상 양측검정을 기준으로 p값을 산출함)

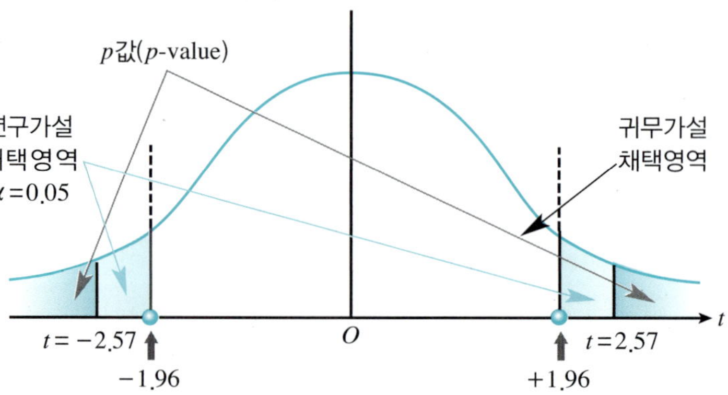

설을 채택한다. 즉, 귀무가설이 옳다는 전제하에서 극히 얻기 힘든 결과를 얻었을 경우에만 귀무가설이 잘못되었다고 기각하고 연구가설을 채택한다. 그러나 가설검정에서 단순히 표본의 통계량값만을 가지고 귀무가설을 기각하거나 채택해서는 안 된다. 즉, 위의 예에서 표본의 평균이 172cm가 되었다고 귀무가설을 기각할 수 있고, 반대로 172cm보다 작은 169cm가 나왔다고 귀무가설을 기각시킬 수 없다고 단정해서는 안 된다. 귀무가설의 기각과 채택은 모집단의 모수가 옳다는 전제하에 이와 같은 표본의 통계량값이 나올 가능성, 즉 확률을 가지고 판단하여야 한다. 이러한 확률값은 표본으로부터 얻은 통계치뿐만 아니라 표본의 크기(n)에 따라 크게 달라진다.

예를 들어, 169cm는 168cm와 큰 차이가 없으나 10,000명의 표본으로부터 산출된 값이고, 172cm는 10명의 표본으로부터 얻은 값이라면, 물론 표본의 분산에 따라 다르겠으나 169cm의 경우에는 귀무가설을 기각하고, 반대로 172cm의 경우에는 귀무가설을 기각할 수 없는 경우도 있을 수 있다. 따라서 단순히 표본의 통계량값만을 가지고 귀무가설의 기각 여부를 판단하기 어려우며 반드시 표본의 크기(n)를 동시에 고려한 확률값을 가지고 판단하여야 한다.

2.3 가설검정의 절차

1) 가설설정

가설검정의 절차는 먼저 연구자가 관심을 가지고 있는 일이나 사건 등에 대해 문제제기를 하면서 시작된다. 문제가 파악되면 연구자는 이를 바탕으로 새로이 입증하고자 하는 내용을 연구가설로 설정한다. 일단 연구가설이 설정되면, 이에 반대가 되는 나머지 내용을 포함하는, 즉 연구가설의 여집합 내용을 중심으로 귀무가설을 설정하게 된다.

이러한 가설설정과정에서 고려하여야 할 또 하나의 중요한 사항은 양측검정을 하기 위한 가설로 할 것인지 아니면 단측검정을 하기 위한 가설로 할 것인지를 결정하는 일이다.

양측검정과 단측검정의 차이에 대하여 보다 구체적으로 설명하면 다음과 같다. 양측검정은 귀무가설을 기각하고 연구가설을 채택할 수 있는 영역이 양쪽에 있는 경우를 말한다. 즉, 통계량으로 얻은 값이 예외적으로 크거나 작아서 귀무가설에서 주장하는 값과 통계적으로 유의하게 다르면 귀무가설을 기각하고 연구가설을 채택하는 식의 검정을 말한다. 이 경우 연구가설은 '모수는 어느 특정한 값인 a가 아니다' 가 되고 귀무가설은 '모수는 특정한 값인 a이다' 라는 식으로 표현된다.

반면에, 단측검정은 연구가설을 채택할 수 있는 영역이 한쪽에만 있는 경우를 말한다. 즉, '다르다(≠)' 가 아니라 '크다(>)' 나 '작다(<)' 와 같이 한쪽만을 검정하는 가설검정을 단측검정이라 한다. 이 경우 연구가설에서 주장하는 방향으로 매우 극단적인 임계치 밖의 통계량값을 표본으로부터 얻게 되면 연구가설을 채택하고 귀무가설을 기각한다. 연구가설에서 모수가 특정한 값보다 크다고 주장하면 표본통계량값이 임계치보다 더 큰지를 판단하여 검정(오른쪽꼬리검정)하고, 반대로 모수가 특정한 값보다 작다고 주장하면 표본통계량값이 작은 쪽의 임계치보다 더 작은지를 판단하여 검정(왼쪽꼬리검정)하게 된다. 이와 같이 단측검정에서는 연구가설에서 주장하는 방향만을 고려하여 검정을 한다.

2) 유의수준 결정

가설검정에서 귀무가설을 기각시키고 연구가설을 채택할 확률을 유의수준이라고 하며, α로 표시한다. 유의수준(α)은 표본으로부터 구한 통계량값이 귀무가설이 옳다는 전제하에서 어느 정도로 얻기 힘든 극단적인 값인가를 나타내는 확률수준을 의미한다. 예를 들어, 유의수준(α)을 0.05로 하여 가설검정한다는 것은 모집단으로부터 추출한 표본통계량값이 귀무가설이 옳다는 전제하에서는 매우 얻기 힘든, 즉 이러한 통계량값을 얻게 될 확률이 5% 미만인 극단적인 값일 경우에만 귀무가설이 잘못되었다고 판단하겠다는 것을 의미한다.

3) 임계치(critical value) 산출

다음으로 양측검정이나 단측검정과 같은 검정의 종류와 유의수준(α)을 고려하여 가설의 채택 여부 판단에 기준이 되는 임계치를 산출한다. 양측검정인 경우에는 유의수준 α를 반으로 나누어 분포의 좌우 꼬리로부터 $\frac{\alpha}{2}$에 해당하는 확률을 얻을 수 있는 경계값들인 2개의 임계치들을 산출한다. 따라서 좌우 임계치로부터 각각 플러스와 마이너스 무한대($+\infty$, $-\infty$)에 이르는 구간상의 확률분포함수를 적분하면, 각각 $\frac{\alpha}{2}$에 해당하는 확률이 되어 이를 합치면 유의수준 α가 된다.

반면에 단측검증의 경우, 연구가설에 따라 분포의 좌우 한쪽으로만 전체 유의수준 α에 해당하는 확률을 할당하게 됨으로써 임계치는 연구가설에서 주장하는 한쪽으로만 설정된다. 이 경우에도 임계치로부터 무한대에 이르는 구간상의 확률밀도함수를 적분하게 되면 유의수준 α에 해당하는 확률값을 얻을 수 있다.

일반적으로 연구가설의 채택 여부는 임계치와 표본으로부터 얻은 통계량값을 비교하여 판단한다. 따라서 임계치와 통계량은 같은 단위로 통일하여 서로 쉽게 비교할 수 있도록 하여야 한다. 그러나 대부분의 경우 표본통계량은 표본을 측정할 때 사용한 단위(예 : cm, kg)로 되어 있고, 반면에 임계치는 표본통계량의 분포와 유사한 잘 알려진 대표적인 분포상의 값으로 표현된다. 예를 들어, 평균에 대한 가설검정에서는 표준편차를 단위로 하는 t분포상의 t값이 임계치로 사용되고, 분산에 대한 검정에서는 카이제곱분포(χ^2)나 F분포상의 카이제곱값이나 F값이 임계치로 사용된다. 따라서 평균에 대한 검정에서는 t분포상의 임계치 t값을 표본을 측정한 단위로 변환하여 비교하거나, 반대로 표본통계량을 표준화하여 표준편차를 단위로 하는 t값으로 바꾸어 t분포상의 임계치와 비교하여 검정한다. 이 경우 표본통계량을 표준화하여 얻게 되는 t값도 역시 표본통계량으로 보아야 한다. 요약하면, 표본을 측정한 단위나 표준편차 단위 중에서 어느 쪽이든 임계치와 통계량의 단위를 통일시켜 이들을 서로 비교함으로써 검정을 수행한다.

대부분의 경우 표본통계량을 그대로 사용하여 검정하기보다는 이를 표준화하여 t통계량값으로 변환시킨 다음 이 값을 t분포상의 임계치와 비교하여 검정한다. 왜냐하면 표본통계량을 그대로 사용하는 경우에는 통계치의 크기가 측정단위에 따라 크게 달라지기 때문에 통계치만으로는 그 값이 어느 정도 극단적인 값인지 판단하기 어렵기 때문이다. 반면에 표준편차를 단위로 하는 경우에는 t통계량값만으로도 비교적 쉽게 통계량의 위치와 이러한 t통계량값을 얻을 수 있는 확률을 어느 정도 짐작할 수 있다. 예를 들어, t통계량값이 3이라고 하면, 평균으로부터 3개의 표준편차만큼 떨어진 값을 의미하므로 이러한 값을 얻을 수 있는 확률이 어느 정도인지 쉽게 짐작할 수 있기 때문에 굳이 임계치와 비교하지 않아도 가설의 채택 여부를 판단할 수 있다.

또한, 분산에 대한 가설검정의 경우에는 카이제곱(χ^2)값이나 F값으로 통계량을 변환시키는 것은 용이하나 반대로 카이제곱(χ^2)값이나 F값으로 나타난 임계치를 표본을 측정한 단위로 바꾸는 것은 쉽지 않다. 따라서 분산에 대한 검정에서는 표본으로부터 얻은 통계량을 카이제곱(χ^2)통계량값이나 F통계량값으로 치환한 다음 이를 임계치와 비교하여 가설의 채택 여부를 판단하는 것이 일반적이다.

4) 가설의 채택 여부 결정

검정의 종류(양측, 단측)와 유의수준(α)에 따라 임계치가 결정되면, 이를 표본으로부터 얻은 통계량값과 비교하여 채택할 가설과 기각할 가설을 결정한다. 일반적으로 표본을 측정한 단위로 된 통계량을 t값이나 카이제곱(χ^2)값 혹은 F값으로 치환하여 임계치와 비교함으로써 가설의 채택 여부를 판단한다. 귀무가설이 옳다는 가정하에서 표본으로부터 얻은 통계량값이 유의수준(α)에

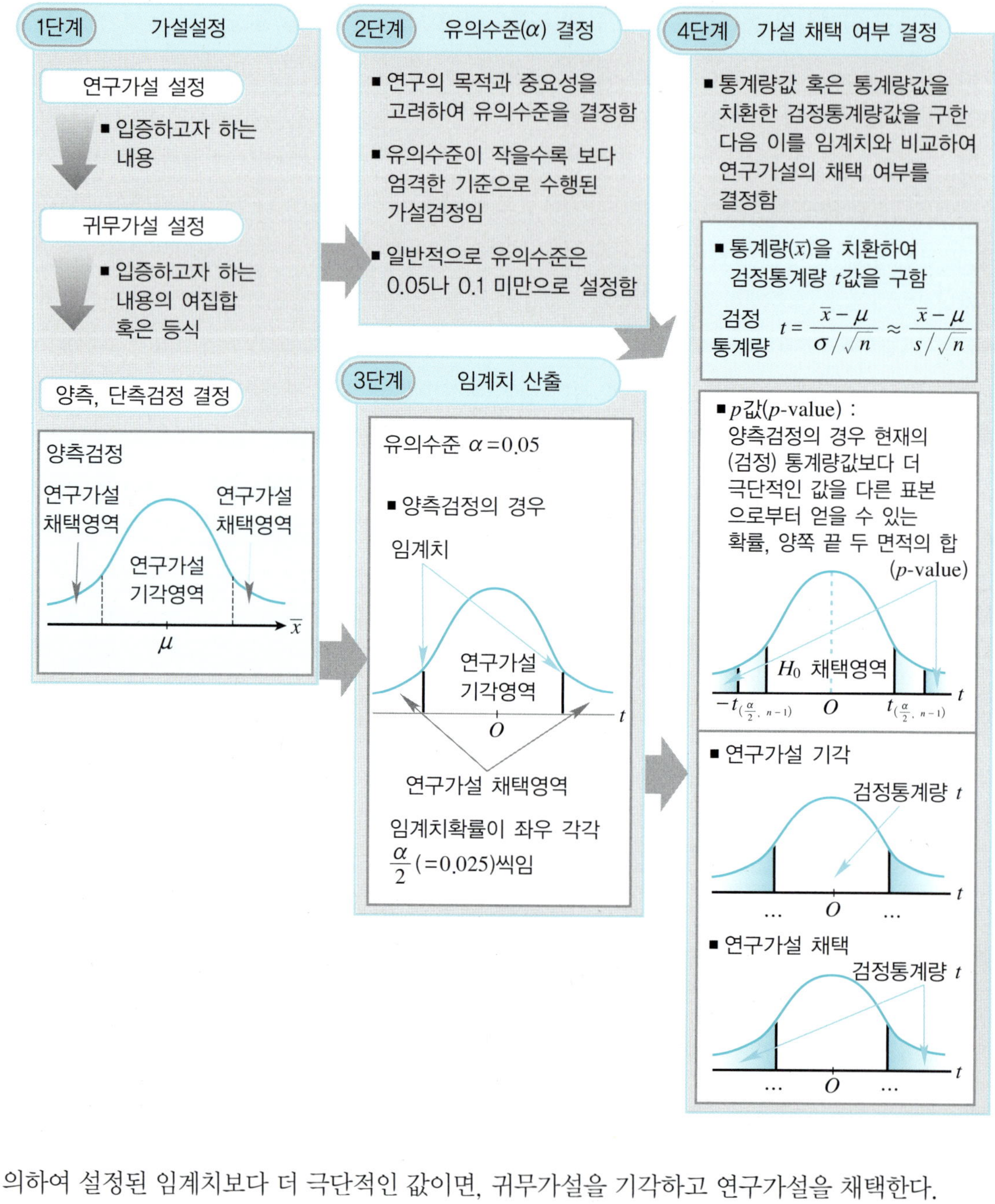

의하여 설정된 임계치보다 더 극단적인 값이면, 귀무가설을 기각하고 연구가설을 채택한다.

이때 산출된 통계치와 같거나 더 극단적인 값이 나올 확률을 p값(p-value)이라 한다. 즉, 모집단 평균에 대한 양측검정의 경우 p값은 귀무가설(H_0)이 옳다는 전제하에서 현재의 표본으로부터 구한 통계치보다 절대값으로 비교하여 같거나 더 큰 값을 갖는 통계량값을 또 다른 표본으로부터 얻을 수 있는 확률을 말한다. 예를 들어, 유의수준(α)을 0.05로 하는 양측검정인 경우 임계치는

± 1.96이 되며, 이때 t값으로 치환한 표본통계량값이 2.58로 나왔다면 p값은 모집단으로부터 또 다른 표본을 추출할 경우 그 표본으로부터 2.58보다 더 크거나 혹은 반대로 −2.58보다 더 작은 t통계량값을 얻게 될 확률을 말한다. 그러나 단측검정의 경우에는 한쪽 방향으로 현재 통계량값보다 더 크거나 작은 통계치를 얻을 확률을 말한다. 따라서 p값이 작다는 것은 표본조사를 통해서 얻은 통계치가 매우 극단적인 값이라는 것을 의미한다. 일반적으로 통계치의 p값이 유의수준(α)보다 작으면 귀무가설을 기각하고 연구가설을 채택한다. 즉, 귀무가설(H_0)이 옳다는 전제하에서는 얻기 힘든 상당히 극단적이고 예외적인 표본통계량값이 나왔다는 것은 귀무가설이 잘못될 수 있음을 의미한다.

또한 일반적인 통계패키지는 항시 양측검정을 전제로 하여 산출된 p값만을 제시하기 때문에 단측검정인 경우에는 제시된 p값이 이 단측검정에서의 진정한 p값임을 유의하여 가설의 채택 여부를 결정하여야 한다. 따라서 단측검정의 경우에는 통계패키지로부터 산출된 p값의 절반을 유의수준(α)과 비교하여 이 값$\left(\frac{p}{2}\right)$이 유의수준(α)보다 작으면 연구가설을 채택한다.

03 기초통계분석

3.1 빈도분석

빈도분석(frequency)은 이산형 변수 또는 여러 개의 범주로 구분된 범주형 변수에 대하여 각종 기술통계량을 산출하고 막대도표, 원도표 등의 그림을 제공하는 통계분석이다. 또한 빈도분석을 이용하면 자료의 중심성향과 산포경향을 알 수 있다. 다시 말해 우리가 관심 있어 하는 평균과 표준편차, 분산, 최대값과 최소값 등 자료의 전반적인 특징에 대해 알 수 있는 분석이다.

1) 1단계 : 빈도분석 실행

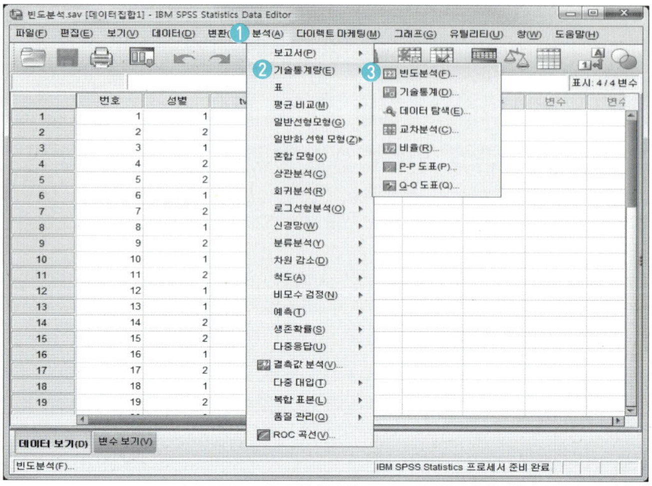

• ❶ [분석] → ❷ [기술통계량] → ❸ [빈도분석]을 클릭한다.

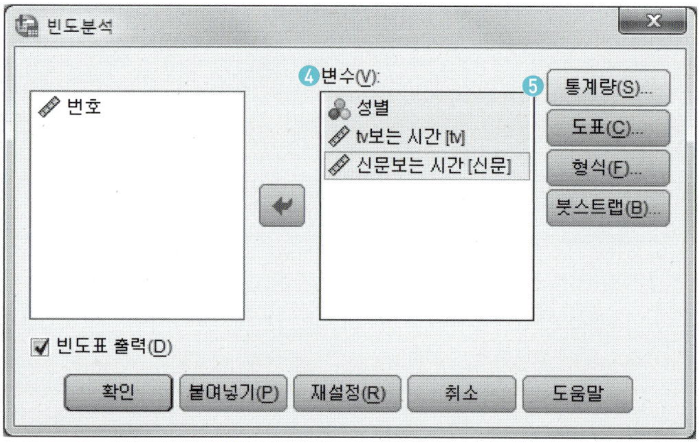

• 특징을 알아보려는 변수를 ❹ [변수(v)]로 단추를 통해 이동시킨다.

• ❺ [통계량(S)]을 누른다.

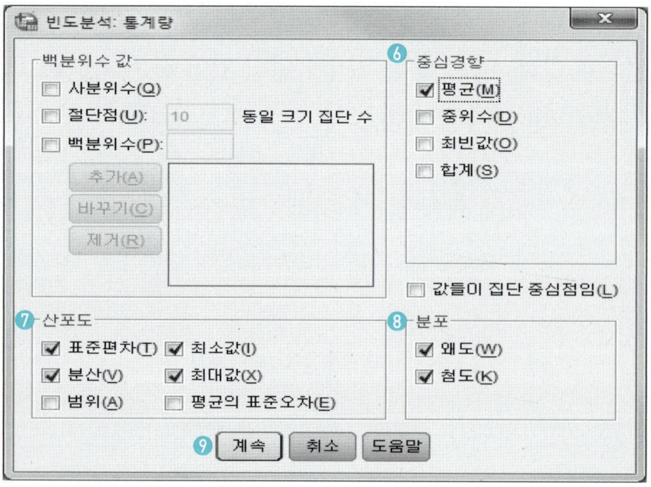

• ❻, ❼, ❽ 알고자 하는 통계량 Box에 체크한 후 ❾ [계속]을 누른다.

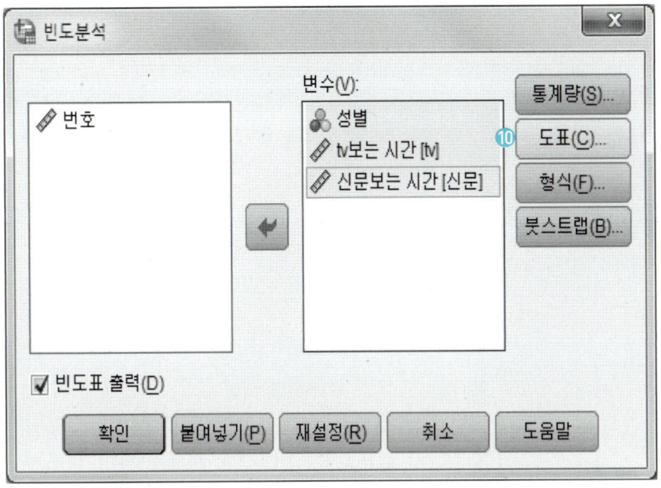

• [빈도분석]창이 다시 나타나면 ⑩ [도표] 버튼을 누른다.

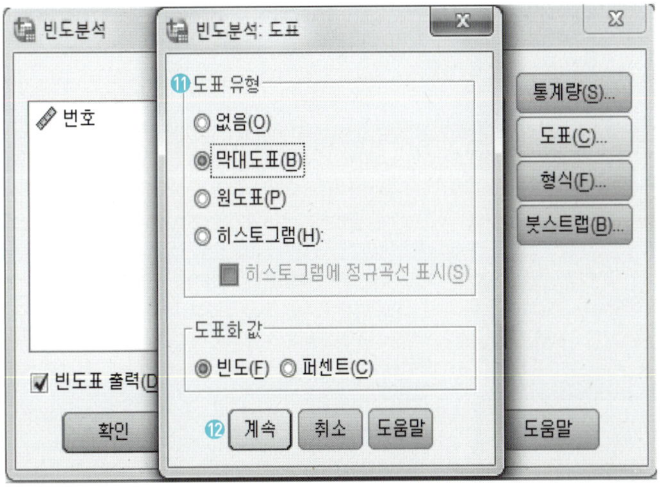

• [빈도분석: 도표]창이 나타나면
• ⑪ 그리고자 하는 [도표유형]을 선택한 후,
• ⑫ [계속] 버튼을 클릭해서 [빈도분석]창으로 돌아온다.

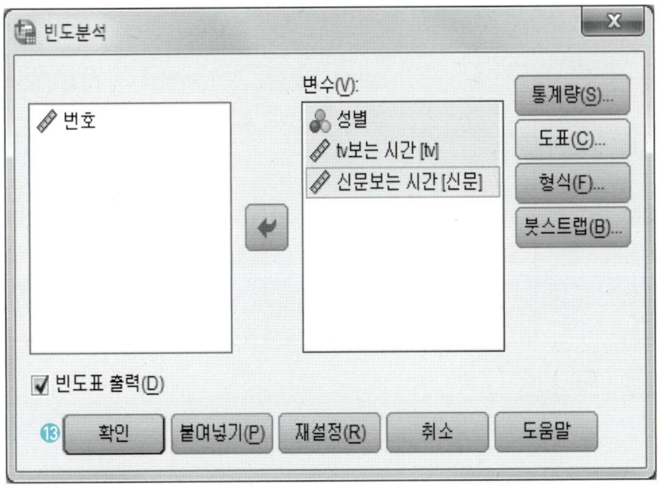

• [빈도분석]창이 다시 나타나면 ⑬ [확인] 버튼을 클릭해서 빈도분석을 실행한다.

2) 2단계 : 분석결과 및 해석

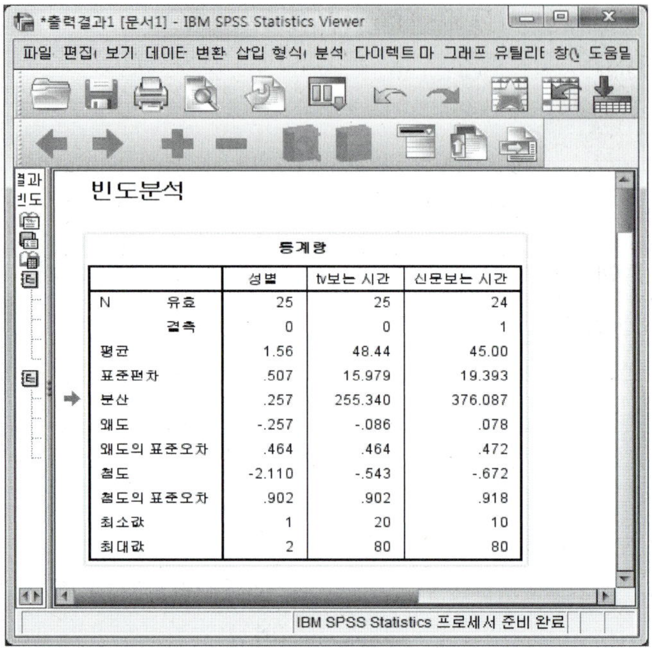

통계량

		성별	tv보는 시간	신문보는 시간
N	유효	25	25	24
	결측	0	0	1
평균		1.56	48.44	45.00
표준편차		.507	15.979	19.393
분산		.257	255.340	376.087
왜도		-.257	-.086	.078
왜도의 표준오차		.464	.464	.472
첨도		-2.110	-.543	-.672
첨도의 표준오차		.902	.902	.918
최소값		1	20	10
최대값		2	80	80

• 분석결과로 나타난 [통계량] 테이블을 보면 앞에서 선택한 평균, 표준편차, 분산, 왜도, 왜도의 표준오차, 첨도, 첨도의 표준오차, 최대값과 최소값 등이 변수별로 산출되었음을 볼 수 있다.

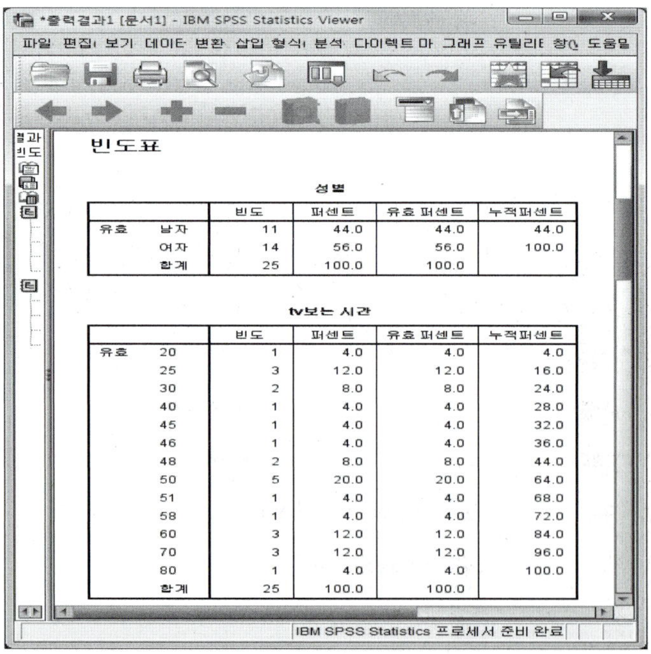

성별

		빈도	퍼센트	유효 퍼센트	누적퍼센트
유효	남자	11	44.0	44.0	44.0
	여자	14	56.0	56.0	100.0
	합계	25	100.0	100.0	

tv보는 시간

		빈도	퍼센트	유효 퍼센트	누적퍼센트
유효	20	1	4.0	4.0	4.0
	25	3	12.0	12.0	16.0
	30	2	8.0	8.0	24.0
	40	1	4.0	4.0	28.0
	45	1	4.0	4.0	32.0
	46	1	4.0	4.0	36.0
	48	2	8.0	8.0	44.0
	50	5	20.0	20.0	64.0
	51	1	4.0	4.0	68.0
	58	1	4.0	4.0	72.0
	60	3	12.0	12.0	84.0
	70	3	12.0	12.0	96.0
	80	1	4.0	4.0	100.0
	합계	25	100.0	100.0	

• [빈도표]에서는 각각의 변수별로 빈도값, 그리고 퍼센트, 유효퍼센트, 누적퍼센트 값이 계산되어 제시되고 있다.

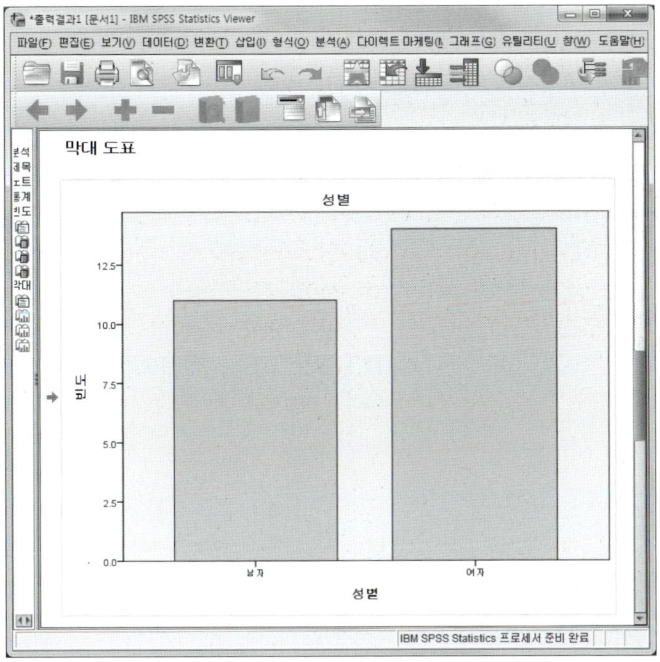

• [빈도분석: 도표]창에서 도표유형을 막대도표로 선택한 결과로 각각의 변수에 대한 빈도가 막대도표로 제시되고 있다.

3.2 기술통계분석

적합한 분석방법을 선택하기 위해서는 연속형 변수의 관측값이 가지고 있는 특성을 알아보고 평균, 분산 등의 각종 기술통계량들을 구해 보고 분석하는 것이 일반적이다. 그러나 자료가 특이점을 포함하고 있는 경우에는 평균, 분산과 같은 통계량들은 특이점에 의해 크게 영향을 받으므로 이러한 점들이 존재하는지를 미리 확인하여 적절한 조치를 취한 후 분석을 하는 것이 바람직하다.

1) 1단계 : 기술통계분석 실행

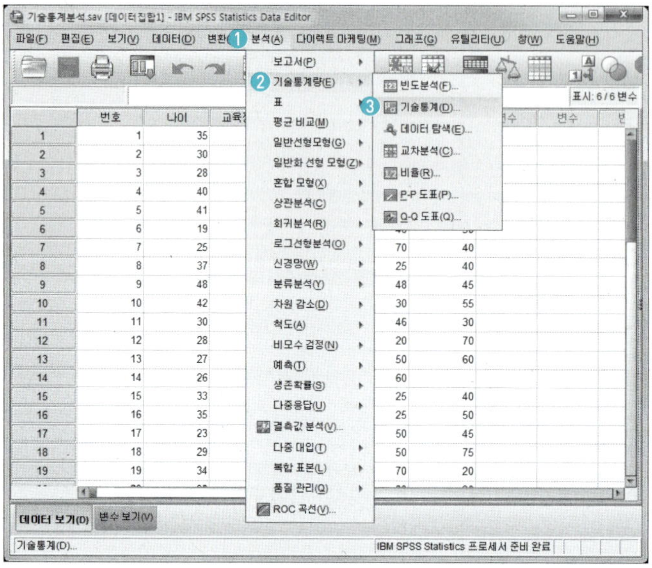

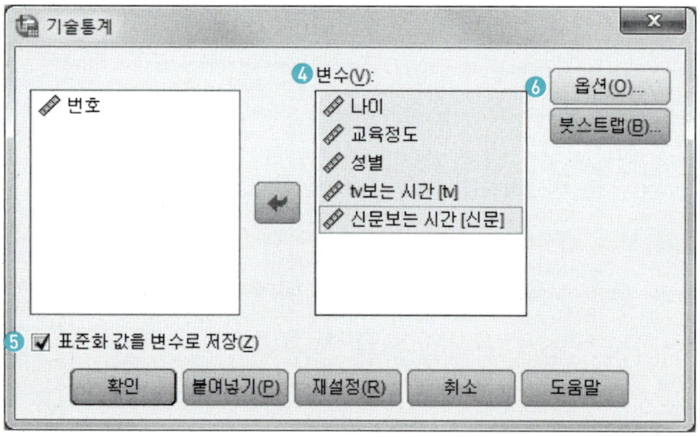

• ❶ [분석] → ❷ [기술통계량] → ❸ [기술통계]를 클릭한다.

• 특징을 알아보려는 변수를 ❹ [변수(V)]로 단추를 통해 이동시킨다.
• ❺ [표준화 값을 변수로 저장(S)]에 체크한다.
• ❻ [옵션]을 클릭한다.

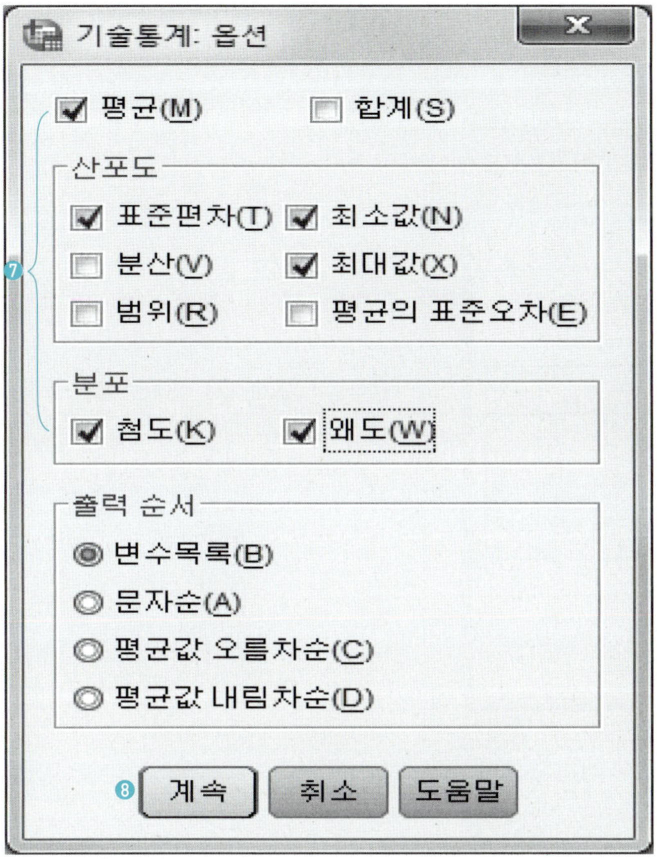

- [옵션]을 클릭한 결과 관측치들의 성향을 알 수 있는 메뉴가 제공된다.
- ⑦ 파악하고자 하는 통계량들을 체크한다.
- ⑧ [계속]을 누른다.

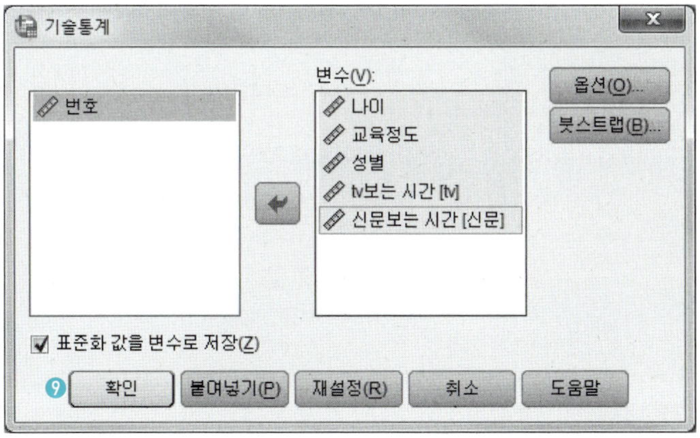

- 다시 이전 화면이 나오면 ⑨ [확인]을 클릭한다.

※ [표준화 값을 변수로 저장]에 체크를 하면 표준화된 변수값을 생성할 수 있다.

2) 2단계 : 분석결과 및 해석

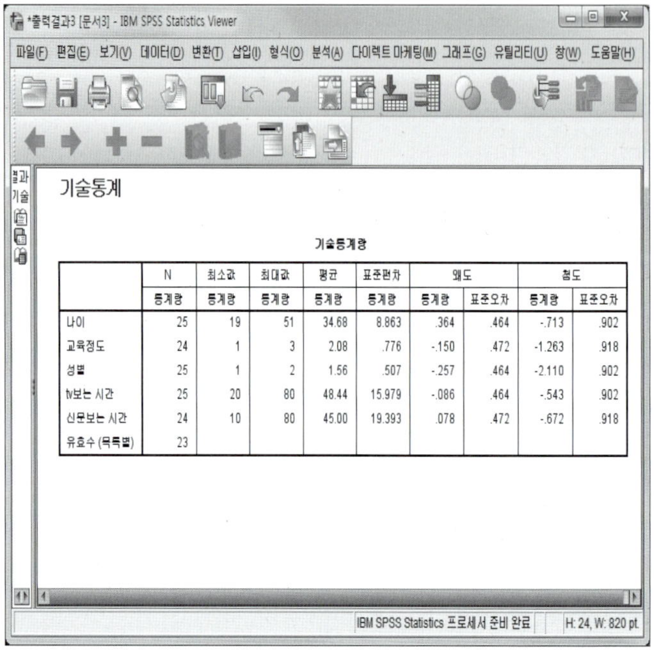

기술통계량

	N	최소값	최대값	평균	표준편차	왜도		첨도	
	통계량	통계량	통계량	통계량	통계량	통계량	표준오차	통계량	표준오차
나이	25	19	51	34.68	8.863	.364	.464	-.713	.902
교육정도	24	1	3	2.08	.776	-.150	.472	-1.263	.918
성별	25	1	2	1.56	.507	-.257	.464	-2.110	.902
tv보는 시간	25	20	80	48.44	15.979	-.086	.464	-.543	.902
신문보는 시간	24	10	80	45.00	19.393	.078	.472	-.672	.918
유효수 (목록별)	23								

• 분석결과 [옵션]에서 선택한 평균, 표준편차, 최대값과 최소값, 왜도, 첨도 등이 변수별로 요약된 표가 도출된다.

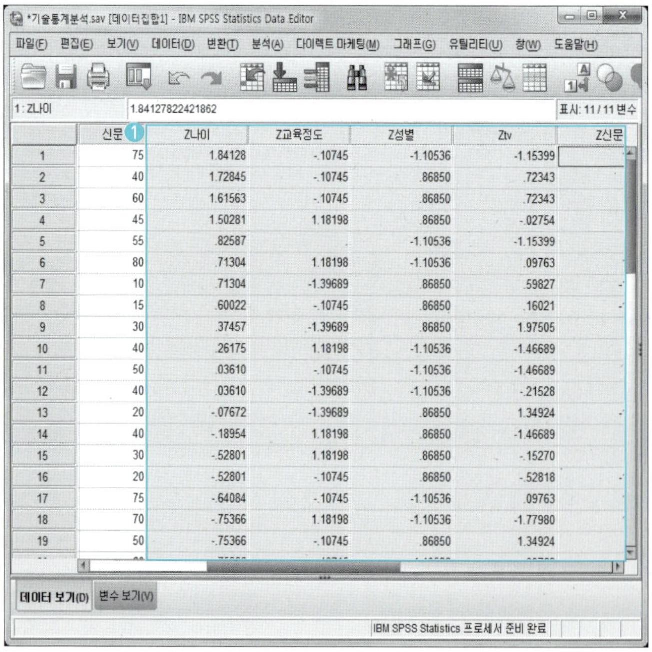

	신문	Z나이	Z교육정도	Z성별	Ztv	Z신문
1	75	1.84128	-.10745	-1.10536	-1.15399	
2	40	1.72845	-.10745	.86850	.72343	
3	60	1.61563	-.10745	.86850	.72343	
4	45	1.50281	1.18198	.86850	-.02754	
5	55	.82587	.	-1.10536	-1.15399	
6	80	.71304	1.18198	-1.10536	.09763	
7	10	.71304	-1.39689	.86850	.59827	
8	15	.60022	-.10745	.86850	.16021	
9	30	.37457	-1.39689	.86850	1.97505	
10	40	.26175	1.18198	-1.10536	-1.46689	
11	50	.03610	-.10745	-1.10536	-1.46689	
12	40	.03610	-1.39689	-1.10536	-.21528	
13	20	-.07672	-1.39689	.86850	1.34924	
14	40	-.18954	1.18198	.86850	-1.46689	
15	30	-.52801	1.18198	.86850	-.15270	
16	20	-.52801	-.10745	.86850	-.52818	
17	75	-.64084	-.10745	-1.10536	.09763	
18	70	-.75366	1.18198	-1.10536	-1.77980	
19	50	-.75366	-.10745	.86850	1.34924	

• [표준화 값을 변수로 저장]에 체크하였기 때문에 ❶ 표준화된 변수값들이 새롭게 생성되었다.

• 이때 변수명 앞에 Z가 붙는 것은 표준화 변수라는 것을 의미한다.

Chapter 03

모집단 평균에 대한 가설검정(T-test)

01 단일 모집단평균에 대한 가설검정(일표본 T검정)

02 쌍체비교(대응표본 T검정)

03 두 모집단평균에 대한 가설검정(독립표본 T검정)

04 단일 모집단분산에 대한 가설검정(검정통계량 χ^2값의 산출)

05 두 모집단분산에 대한 가설검정(검정통계량 F값의 산출)

06 연습문제

해바라기 연가

이해인

내 생애가 한번 뿐이듯
나의 사랑도 하나입니다
나의 임금이여
폭포처럼 쏟아져 오는 그리움에
목메어 죽을 것만 같은 열병을 앓습니다
당신 아닌 누구도 치유할 수 없는
내 불치의 병은 사랑
이 가슴 안에서 올올이 뽑은 고운실로
당신의 비단옷을 짜겠습니다
빛나는 얼굴 눈이 부시어 고개 숙이면
속으로 타서 익은 까만 꽃씨
당신께 바치는 나의 언어들
이미 하나인 우리가 더욱 하나가 될 날을
확인하고 싶습니다
나의 임금이여
드릴 것은 상처뿐이어도
어둠속에 숨기지 않고
섬겨 살기 원이옵니다.

Chapter 03

모집단 평균에 대한 가설검정(T-test)

가설검정을 크게 나누면 모집단의 평균이나 비율에 대한 가설검정과 분산에 대한 가설검정으로 구분할 수 있으나, 이 장에서는 일반적으로 가장 많이 사용하고 있는 평균에 대한 가설검정만 다루기로 한다.

평균에 대한 가설검정은 검정하고자 하는 가설에 사용하는 모집단의 수에 따라 t검정과 분산분석(ANOVA)으로 나누어진다. 모집단이 1개인 경우와 2개인 경우 모두 t검정을 이용하여 검정하며, 3개 이상일 경우에는 분산분석을 이용하여 검정한다. 모집단이 1개인 단일 모집단평균에 대한 가설검정은 모집단의 평균이 어떠하다는 가설이 맞는지를 검정하는 것이고, 2개의 모집단평균에 대한 가설검정은 2개의 모집단평균이 서로 다른지 혹은 어느 것이 더 큰지에 대하여 가설을 검정하는 것이다. 그리고 단일 모집단에 대한 가설검정에는 동일한 표본을 대상으로 실험을 실시하기 전에 측정한 값과 실험 후에 측정한 값과의 차이가 어떠한가를 분석하여 검정하는 쌍체비교가 있다. 더 나아가 모집단이 3개 이상인 경우에는 이들 모두의 평균이 같은지 아니면 서로 다른 것이 있는지에 대하여 분산분석을 통하여 검정한다.

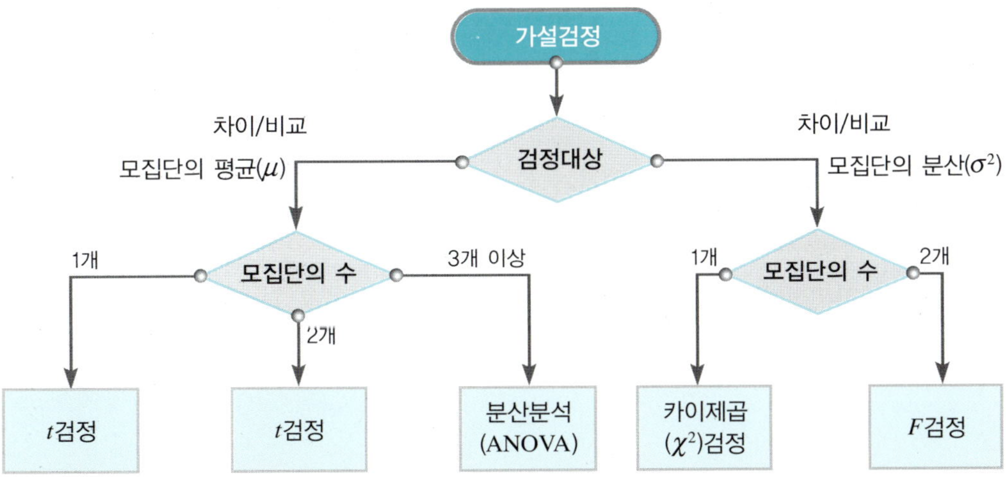

이러한 모집단의 개수에 따른 평균차이검정을 위해 한글 SPSS 20.0은 탑 메뉴에 [분석]이라는 메뉴 중 하위메뉴로서 [평균비교]라는 분석도구를 제공하고 있다. 이는 모집단의 개수에 따른 평균차이를 검정할 수 있는 일표본 T검정과, 독립표본 T검정, 대응표본 T검정 및 일원배치 분산분석을 포함하고 있다. 먼저 일표본 T검정은 모집단이 1개인 경우 평균에 대한 가설검정을 할 때 사용되며, 독립표본 T검정은 모집단이 2개인 경우에 두 집단의 평균을 비교할 때 사용된다. 대응표본 T검정은 앞서 설명한 한 모집단에서 실험을 실시하기 전과 후에 측정한 값을 가지고 실험의 효과를 분석할 때 사용한다. 마지막으로 일원배치 분산분석은 3개 이상의 모집단의 평균에 대한 비교를 알아보고자 할 때 사용한다. 따라서 앞으로 설명할 평균에 대한 가설검정은 한글 SPSS 20.0의 메뉴에 명시되어 있는 이름을 사용하기로 한다.

01 단일 모집단평균에 대한 가설검정(일표본 T검정)

단일 모집단평균에 대한 가설검정은 일반적으로 모집단이 하나이고, 이 모집단의 평균(μ)이 어느 특정한 값(a)이라고 알려진 상태에서, 연구자가 기존에 알려진 값(a)과 '다르다' 혹은 '작다' 나 '크다' 와 같은 이의를 연구가설로 제기하고 이를 검정하는 것이다.

단일 모집단평균에 대한 가설검정을 세부적으로 구분하면 일반적인 단일 모집단평균에 대한 가설검정과 쌍체비교로 나누어 볼 수 있다. 또한 검정의 종류도 설정된 가설에 따라 양측검정, 단측검정(오른쪽꼬리검정, 왼쪽꼬리검정)으로 나누어진다.

1.1 일표본 T검정 사례

어느 참치통조림회사의 품질관리부에서는 자사의 공장에서 생산하고 있는 참치통조림의 무게가 300g이 되지 않는다는 소비자단체의 항의를 받고 있다. 이에 참치통조림회사에서는 과연 자사에서 생산하는 참치통조림의 무게가 정확히 300g인지를 무작위로 100개의 표본을 추출하여 검정하기로 하였다.

분석방법 JOB ANALYSIS

이 문제는 무작위로 추출한 참치통조림 100개의 평균이 300g이 맞는지 아닌지를 검정하여, 자사에서 생산하는 참치통조림의 무게는 300g이 넘는다는 것을 입증시키는 것이 목적이다.
이에 따라 참치통조림 공장에서는 생산되는 참치통조림을 무작위로 100개를 추출하여 그 무게를 조사해야 한다. 검정하려는 연구가설은 '참치통조림의 무게는 300g이 아니다'가 되므로, 이는 단일 모집단평균에 대한 가설검정을 실시하는 것이 된다. 이에 대하여 구체적으로 정리하면 다음과 같다.
① 무작위로 추출된 참치통조림 100개의 무게를 조사하여 자료를 입력한다.
② 하나의 모집단평균에 대한 가설검정이므로, 일표본 T검정을 이용하여 검정한다.
③ 결과가 도출되면 검정통계량 t값과 유의확률(p-value)값을 보고 통계적 유의성을 확인한다.

1.2 분석절차

1) 1단계 : 자료수집

참치통조림회사에서 무작위로 뽑은 100개의 참치통조림 무게를 조사한다.

아래 질문에 대답해 주십시오.
1. 귀사에서 생산하는 참치통조림의 무게를 적어주십시오. (　　) g

2) 2단계 : 분석자료 준비

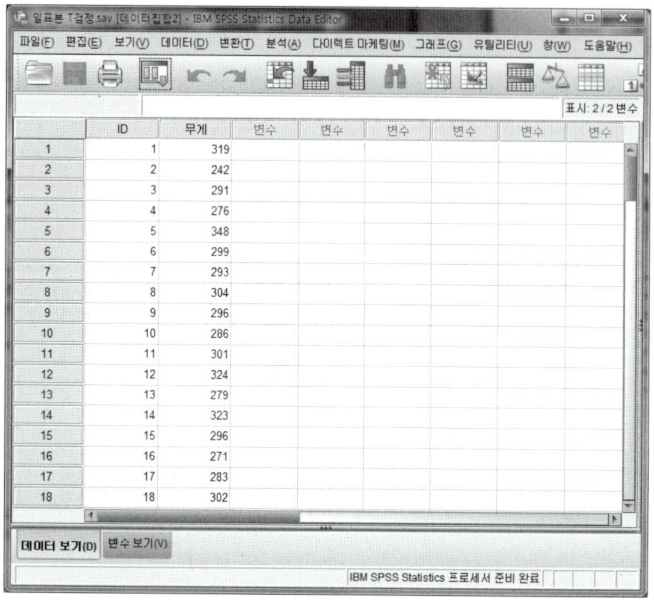

- 검정을 위하여 통조림 100개를 무작위로 추출하여 조사한 결과를 입력하였다.
- 각 행(케이스)은 추출된 100개의 통조림을 나타내며, 열(변수)은 각 통조림의 무게이다.

3) 3단계 : 일표본 T검정 실행

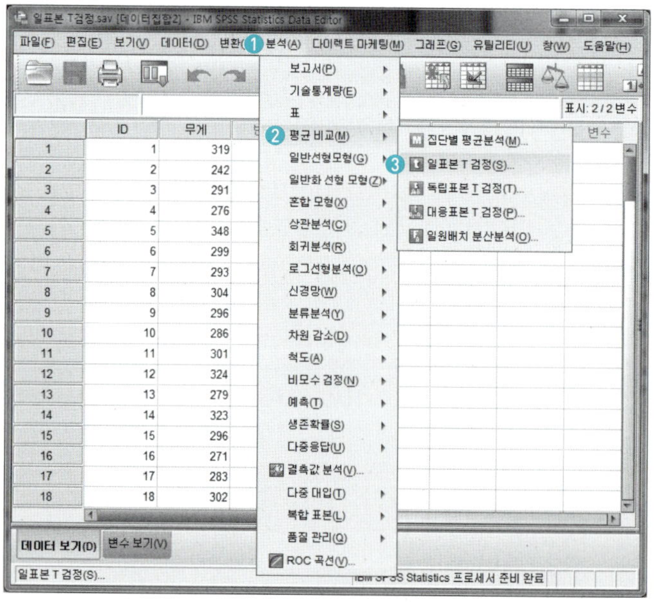

- ❶ [분석] → ❷ [평균비교] ❸ [일표본 T검정]을 선택한다.

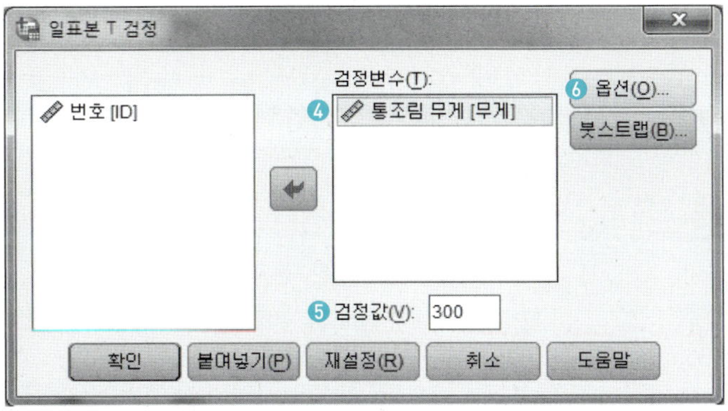

- [일표본 T검정]창에서 ❹ [통조림 무게]라는 변수를 [검정변수]란으로 ➡ 버튼을 이용하여 옮긴다.
- ❺ [검정값]은 연구가 확인하려는 값으로 '300'을 입력한다.
- 귀무가설을 신뢰하는 수준을 나타내는 [신뢰구간]값을 설정하기 위하여 ❻ [옵션] 버튼을 누른다.

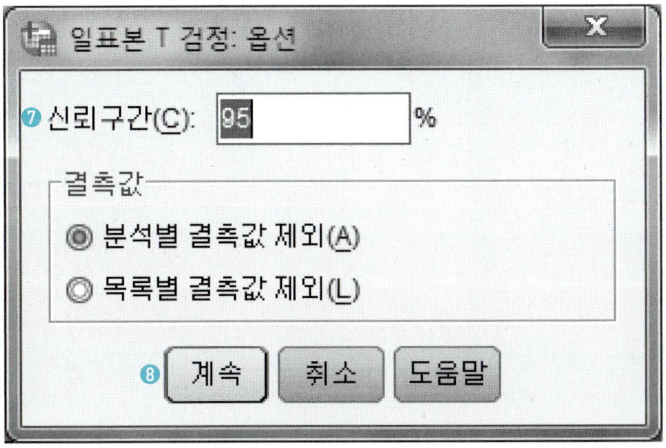

- ❼ [신뢰구간]의 값을 확인하고 ❽ [계속]을 클릭한다.

※ [신뢰구간]은 귀무가설을 신뢰하는 수준을 말하며, 반면에 유의수준(1-신뢰수준)은 연구가설이 유의한 수준을 말한다.

※ [신뢰구간] 95%는 SPSS 초기지정값이며, 연구자의 의도에 따라 90%, 99% 등으로 변경할 수 있다.

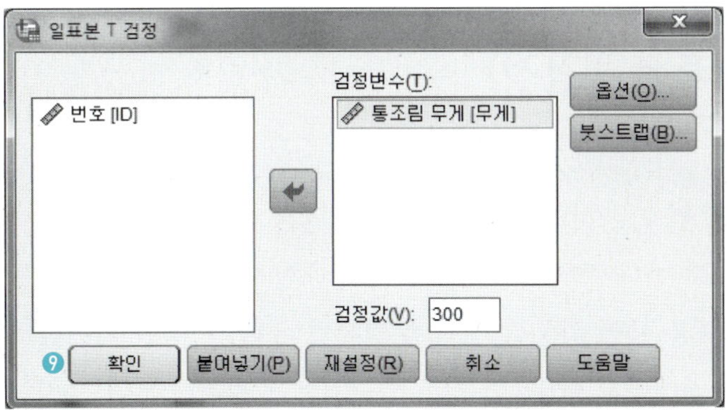

- [일표본 T검정]창이 다시 나타나면 ❾ [확인] 버튼을 클릭해서 [일표본 T검정]을 실행한다.

1.3 분석결과 및 해석

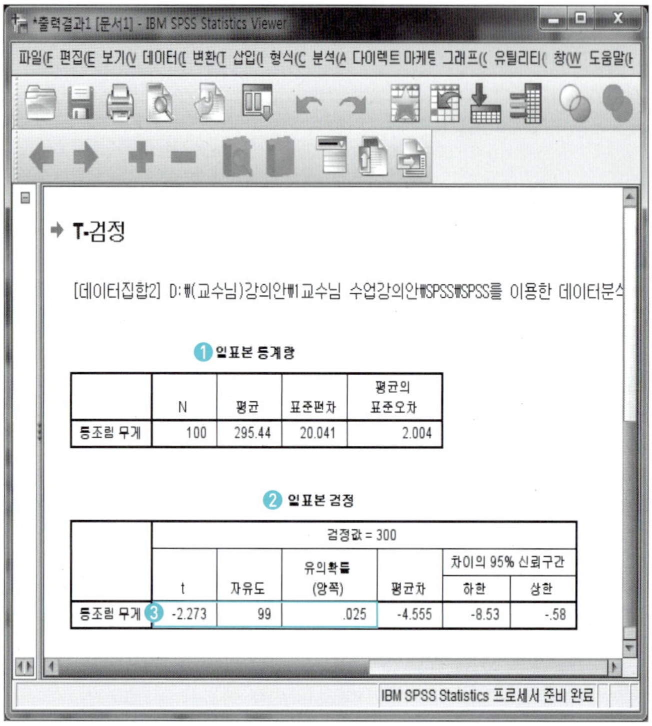

❶ 일표본 통계량

	N	평균	표준편차	평균의 표준오차
통조림 무게	100	295.44	20.041	2.004

❷ 일표본 검정

	검정값 = 300					
					차이의 95% 신뢰구간	
	t	자유도	유의확률 (양쪽)	평균차	하한	상한
통조림 무게 ❸	-2.273	99	.025	-4.555	-8.53	-.58

- ❶ [일표본 통계량]에 통조림 무게에 대한 평균과 표준편차 그리고 관측치의 개수(N)가 표시된다.
- ❷ [일표본 검정]표를 보면 우선 검정값은 300으로 사용자가 의도한 검정값과 일치한다.
- ❸ 검정통계량 t값이 '−2.273'이고, 유의확률(양쪽)이 0.05보다 작은 '0.025'이므로 '통조림 공장에서 생산하는 통조림은 300g이 아니다'라고 판단할 수 있다.
  ※ 귀무가설이 기각되고, 연구가설이 채택된다.

02 쌍체비교(대응표본 T검정)

일정한 표본을 대상으로 특정한 사건을 전후로 하여 두 번 측정하여 얻은 값들 간에 유의한 차이가 있는지를 검정하는 것을 쌍체비교라고 한다. 즉, 모집단은 하나의 대상을 두 번 측정한 값들 간의 차이들로 구성되었다고 생각하고, 표본은 이 차이값들 중에 일부가 된다. 이러한 차이값의 평균 검정을 쌍체비교 또는 대응표본 T검정이라고 한다. 이 경우 연구가설은 차이가 있다는 것이 되고 귀무가설은 연구가설의 반대가 된다. 한글 SPSS 20.0에서의 메뉴는 대응표본 T검정으로 되어 있으므로 쌍체비교라는 단어 대신 대응표본 T검정이란 단어를 사용하기로 한다.

2.1 대응표본 T검정 사례

바이오벤처기업인 D사에서는 다이어트에 관해 괄목할 만한 효과가 있는 된장을 만들었다. 그러나 시제품으로 내놓기 전에 이 된장이 정말 체중감량에 탁월한 효과가 있는지를 검정하기 위하여 어떠한 방법으로 분석을 해야 하는지 알아보고자 한다.

분석방법 JOB ANALYSIS

D사는 다이어트 된장의 효과를 검증하기 위해 20명의 일반인을 실험대상으로 선정한 후 이들을 대상으로 다이어트 된장을 섭취하기 전과 후의 체중변화를 살펴보기로 하였다.
따라서 실험 전과 후에 몸무게의 차이가 있는지에 대한 검정을 실시하는 대응표본 T검정을 이용한다. 이때 연구가설은 'D사의 된장은 체중감량에 효과가 있다'가 되고, 귀무가설은 'D사의 된장은 체중감량에 효과가 없다'가 되며, 결과가 도출되면 검정통계량 t값과 유의확률(p-value)값을 통해 통계적 유의성을 확인한다. 이를 구체적으로 설명하면 다음과 같다.

① 선정된 20명의 일반인들의 섭취전과 후의 체중을 조사하여 입력한다.
② 모집단은 하나지만 실험 전후의 차이를 비교하는 것이므로 대응표본 T검정을 이용하여 검정한다.
③ 결과가 도출되면 검정통계량 t값과 유의확률값을 보고 통계적 유의성을 확인한다.

2.2 분석절차

1) 1단계 : 자료수집

선발된 일반인 20명을 대상으로 다이어트 된장을 섭취하기 전의 몸무게와 후의 몸무게를 조사한다.

아래 질문에 대답해 주십시오.
1. 당신의 현재 몸무게는 얼마입니까? (　　) kg
2. 다이어트 된장을 섭취하고 난 후 당신의 현재 몸무게는 얼마입니까? (　　) kg
3. 다이어트 된장을 섭취하기 전과 후의 당신의 몸무게는 얼마나 차이가 납니까 ? (　　) kg

2) 2단계 : 분석자료 준비

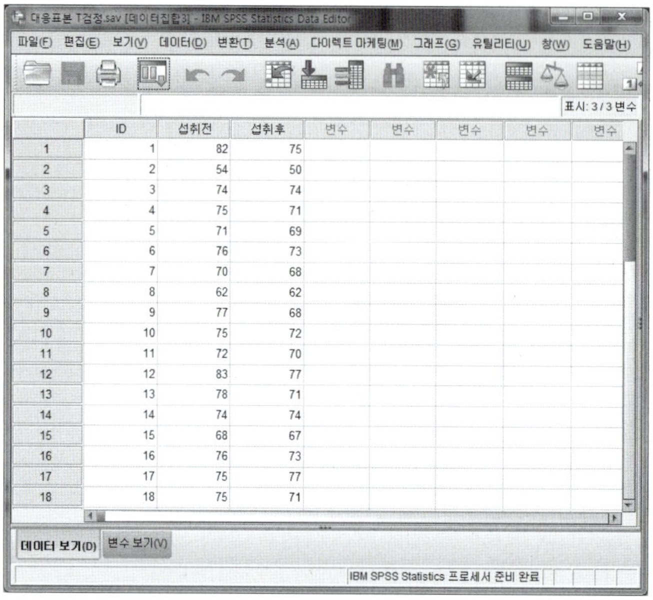

- 연구를 위해 일반사람 20명을 표본으로 선정하여 D사의 된장을 섭취하기 전과 2개월 동안 섭취한 후의 몸무게를 측정하여 자료를 입력하였다.
- 각 행(케이스)은 선발된 일반사람 20명을 나타내며, 열(변수)은 D사의 된장을 섭취하기 전과 후의 몸무게를 나타낸다.

3) 3단계 : 대응표본 T검정 실행

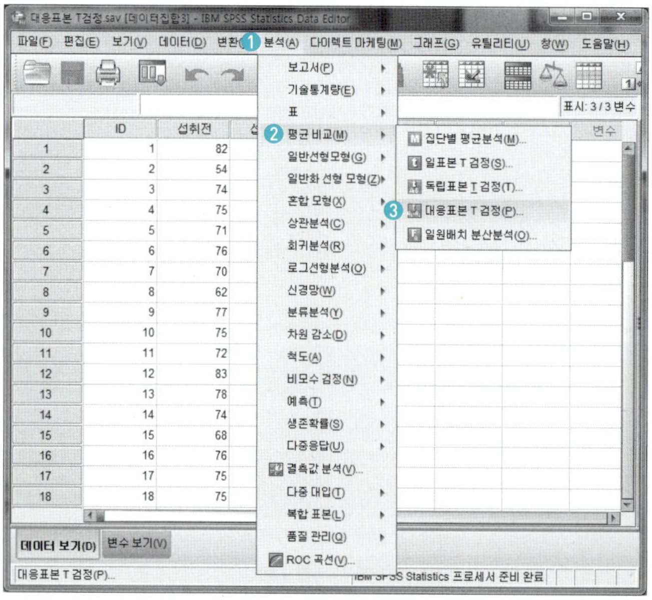

- ❶ [분석] → ❷ [평균비교]
  ❸ [대응표본 T검정]을 선택한다.

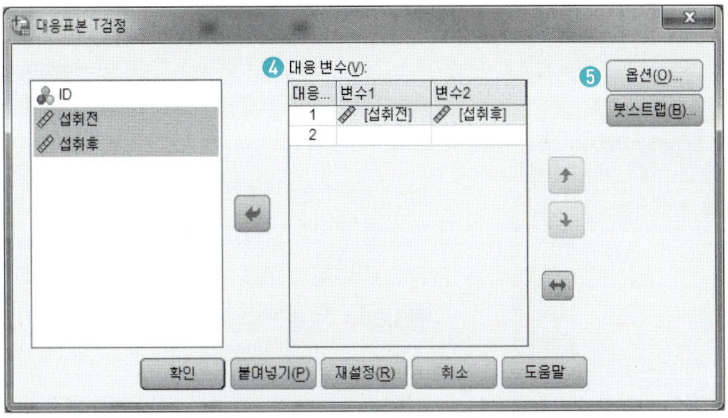

- [대응표본 T검정]창에서 [섭취 전]과 [섭취 후]라는 변수를 ❹ [대응변수]란으로 ➡ 버튼을 이용하여 옮긴다.
- ❺ [옵션] 버튼을 누른다.

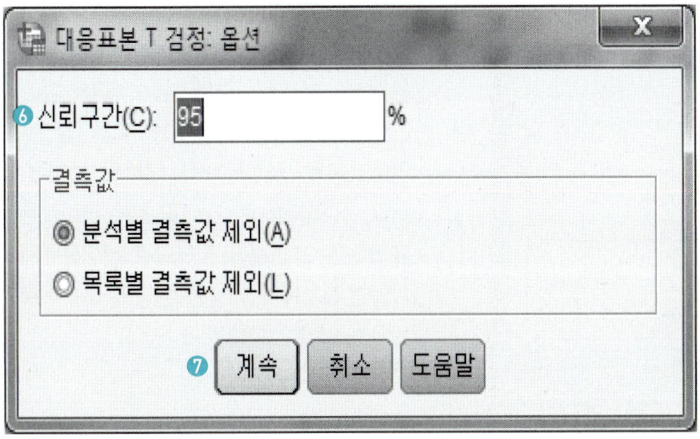

- ❻ [신뢰구간]의 값을 확인하고 ❼ [계속]을 클릭한다.

※ [신뢰구간] 95%는 SPSS 초기지정 값이며, 사용자의 의도에 따라 90%, 99% 등으로 변경할 수 있다.

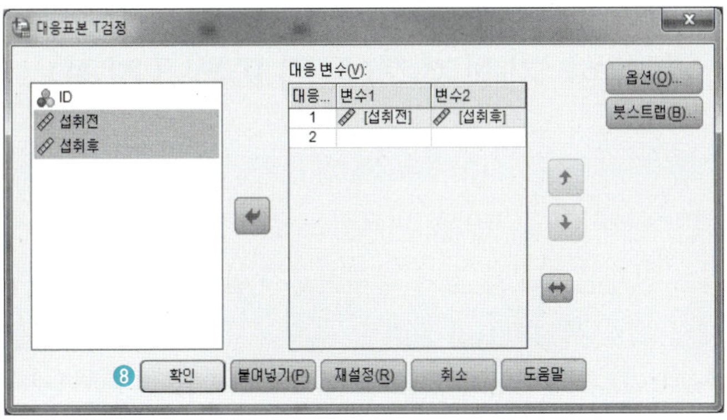

- [대응표본 T검정]창이 다시 나타나면 ❽ [확인] 버튼을 클릭해서 대응표본 T검정을 수행한다.

2.3 분석결과 및 해석

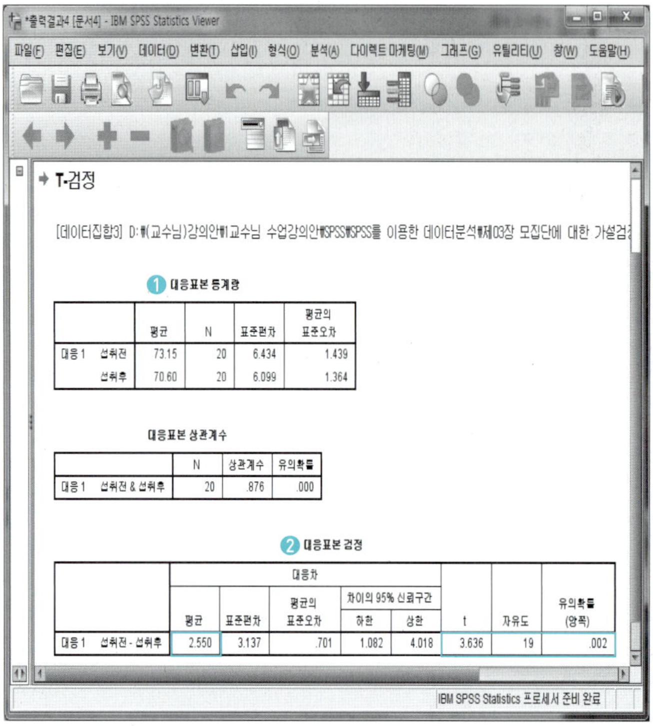

❶ 대응표본 통계량

		평균	N	표준편차	평균의 표준오차
대응 1	섭취전	73.15	20	6.434	1.439
	섭취후	70.60	20	6.099	1.364

대응표본 상관계수

		N	상관계수	유의확률
대응 1	섭취전 & 섭취후	20	.876	.000

❷ 대응표본 검정

		대응차					t	자유도	유의확률 (양쪽)
		평균	표준편차	평균의 표준오차	차이의 95% 신뢰구간 하한	차이의 95% 신뢰구간 상한			
대응 1	섭취전 - 섭취후	2.550	3.137	.701	1.082	4.018	3.636	19	.002

- ❶ [대응표본 통계량]에 실험 전과 후의 기초통계량, 평균과 표준편차 그리고 관측치의 개수(N)를 표시한다. D사 된장을 섭취하기 전 측정한 20명의 평균 몸무게는 '73.15kg'이고 표준편차는 '6.434'이다. 그러나 섭취한 후 측정한 몸무게의 평균은 '70.60kg'이고 표준편차는 '6.099'라는 것을 알 수 있다.
- ❷ [대응표본 검정]표를 살펴보면 D사 된장을 섭취한 후에 몸무게가 평균 2.550kg이 감소되었다는 것을 알 수 있다. 또한 검정통계량 t값이 '3.636'이고, 유의확률이 '0.002'로서 이 값은 유의수준 0.05보다 작으므로 바이오벤처 기업인 D사에서 개발한 된장은 다이어트 효과가 있다고 판단할 수 있다.

03 두 모집단평균에 대한 가설검정(독립표본 T검정)

두 모집단평균에 대한 가설검정은 쌍체비교에서처럼 차이를 비교하는 것이지만, 모집단이 하나가 아니고 두 개이며, 이들 모집단은 서로 연계된 정보가 없어 쌍체비교가 불가능한 경우 실행하는 검정을 말한다. 즉, 각각의 모집단에서 서로 독립적으로 표본을 추출해서 구한 표본평균들을 서로 비교하여 검정하는 것을 말한다. 예를 들어, K대학에서는 통계학을 A와 B 두 반으로 나누어 가르쳤다. A반은 주로 복학생들로 구성되어 있고, 반면에 B반은 재학생이 주류를 이루고 있었다. 이 두 반은 서로 공부하는 분위기가 달라 성적도 다를 것으로 예상되어, 과연 그러한지를 시험점수로 검증해 보기로 하였다. 이러한 경우가 두 모집단의 평균에 대한 가설검정에 해당하며, 두 집단의 구성원들 간에는 연계성이 없으므로 쌍체비교는 불가능하게 된다.

3.1 독립표본 T검정 사례

A회사의 타이어와 B사의 타이어 평균수명에 차이가 있는지를 검정하기 위하여 각 회사의 제품을 무작위로 30개씩 표본으로 추출하여 조사하였다. 표본조사 결과 A사에서 생산한 타이어의 평균수명은 48,670.59km이고, 표준편차는 3,607.092km이었다. 반면에 B사에서 생산한 타이어의 평균수명은 51,377.58km이고, 표준편차는 4,197.585km이었다.

유의수준을 0.05로 하여 두 회사 타이어의 평균수명에 차이가 있는지를 검정해 보자.

분석방법 JOB ANALYSIS

여기서 문제는 두 회사 타이어의 평균수명차이, 즉 두 모집단의 평균차이를 검정하는 것이다. 현재 우리가 알고 있는 정보는 두 회사에서 추출한 30개씩의 타이어 수명을 입력한 자료이다. 두 모집단의 평균검정은 단일 모집단에서와는 다르게 구체적인 값이 없이 두 모집단의 평균에 대한 비교만이 가설로 설정된다. 따라서 두 회사의 타이어 평균수명이 차이가 있는지만을 검정하면 된다. 따라서 연구가설은 'A사 타이어의 평균수명은 B사 타이어의 평균수명과 다르다'가 되고, 귀무가설은 'A사 타이어의 평균수명은 B사 타이어의 평균수명과 같다'가 되며, 두 모집단의 평균차이를 검정하는 독립표본 T검정을 사용하면 된다. 결과가 도출되면 일표본 T검정이나 대응표본 T검정과 같이 검정통계량 t값과 유의확률(p-value)값을 확인하여 통계적 유의성을 검증한다. 이에 대한 절차를 살펴보면 다음과 같다.

① 무작위로 추출된 두 회사의 30개 타이어의 평균수명을 조사하여 입력한다.
② 모집단은 두 개이므로 독립표본 T검정을 이용하여 검정한다.
③ 결과가 도출되면 검정통계량 t값과 유의확률값을 보고 통계적 유의성을 확인한다.

3.2 분석절차

1) 1단계 : 자료수집

두 타이어 회사에서 무작위로 추출한 30개의 타이어 수명을 조사한다.

아래 질문에 대답해 주십시오.
1. 귀사에서 생산하는 타이어의 수명은 얼마입니까? (　　　) km

2) 2단계 : 분석자료 준비

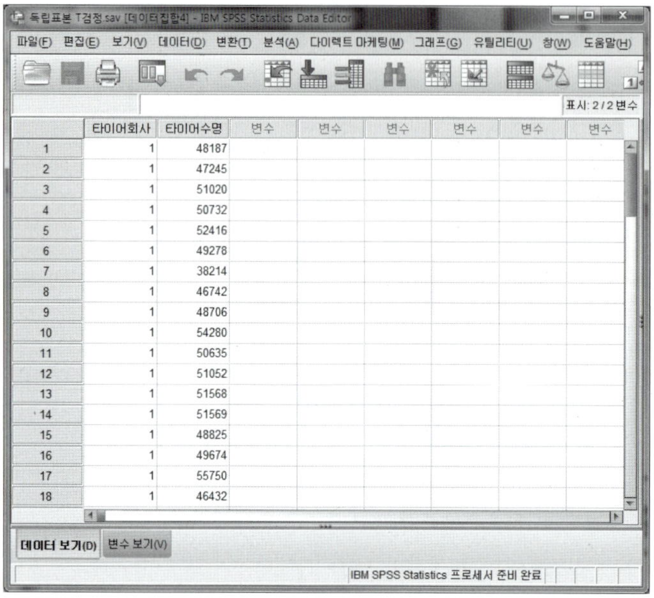

- 각각 두 회사의 타이어 30개씩을 무작위로 표본추출하여 조사한 타이어의 수명 자료를 엑셀에 코딩해서 불러오거나, 그림에서와 같이 직접 [SPSS 데이터 편집기] 창에 입력해서 분석자료를 준비한다.
- 자료에서의 각각의 행(케이스)은 A회사와 B회사에서 무작위로 추출한 각 타이어의 제조회사와 수명을 나타낸다.

3) 3단계 : 독립표본 T검정 실행

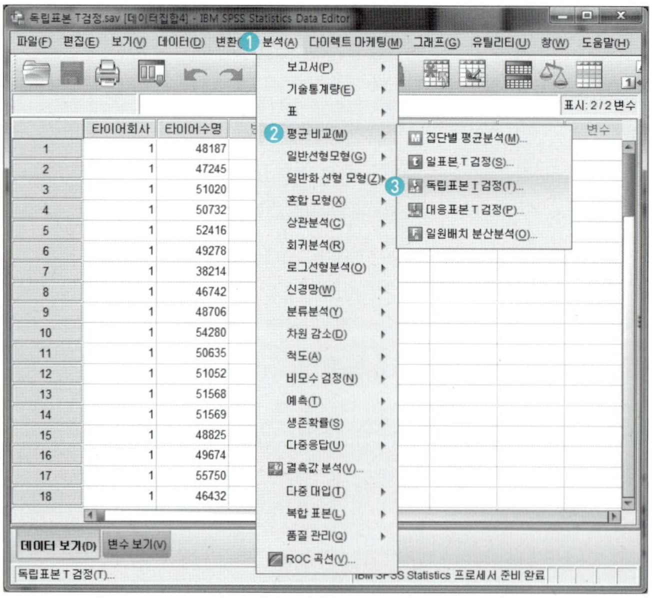

- 탑 메뉴에서 ❶ [분석] → ❷ [평균비교] → ❸ [독립표본 T검정]을 선택한다.

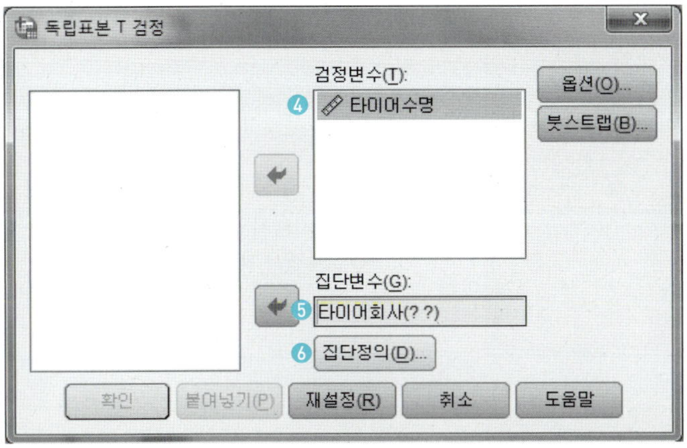

- [독립표본 T검정: 옵션]창이 나타나면 ❹ [타이어수명]이라는 변수를 [검정변수]란으로 옮기고, ❺ [타이어회사]라는 변수를 [집단변수]란으로 옮긴다.
- 집단변수에 [타이어회사]라는 변수를 옮기면 그림과 같이 [타이어회사(?,?)]가 나타난다.
- ❻ [집단정의]를 클릭한다.

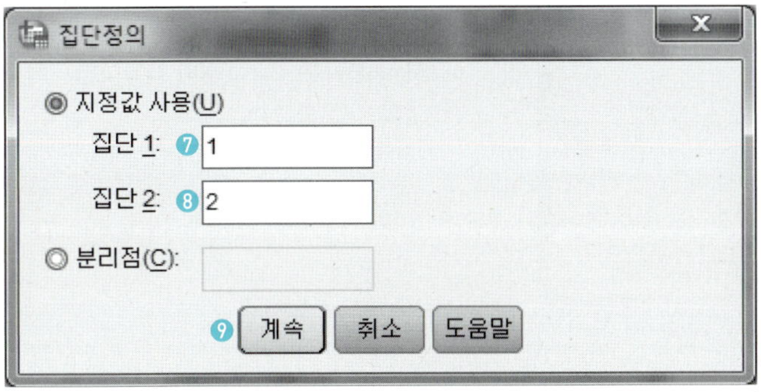

- 그림과 같은 [집단정의] 대화상자가 나타나면 [지정값 사용]의 ❼ 집단 1에 '1'을, ❽ 집단 2에 '2'를 입력한다.
- ❾ [계속]을 클릭한다.

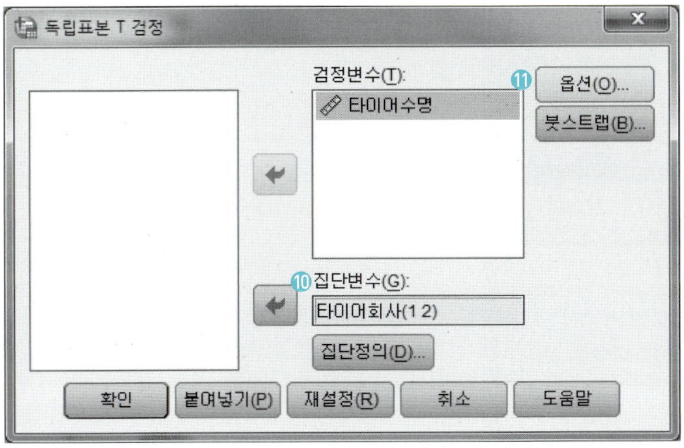

- 이전 화면이 다시 나타나며 ❿ [집단변수]에 타이어회사(1,2)가 지정되었음을 확인할 수 있다.
- ⓫ [옵션]을 클릭한다.

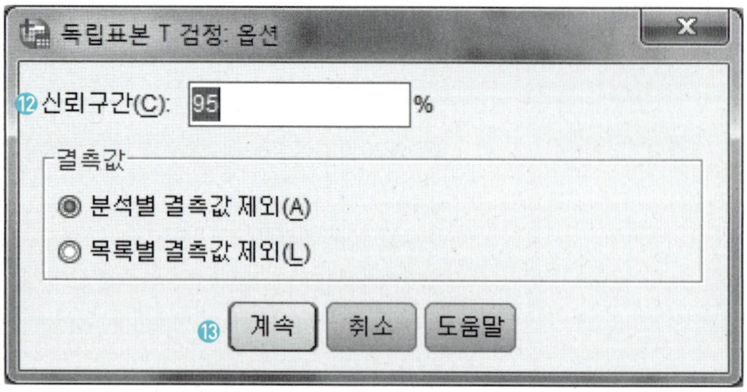

- ⑫ [신뢰구간]의 값을 확인하고
  ⑬ [계속]을 클릭한다.
  ※ [신뢰구간] 95%는 SPSS 초기지정값이며, 사용자의 의도에 따라 90%, 99% 등으로 변경할 수 있다.

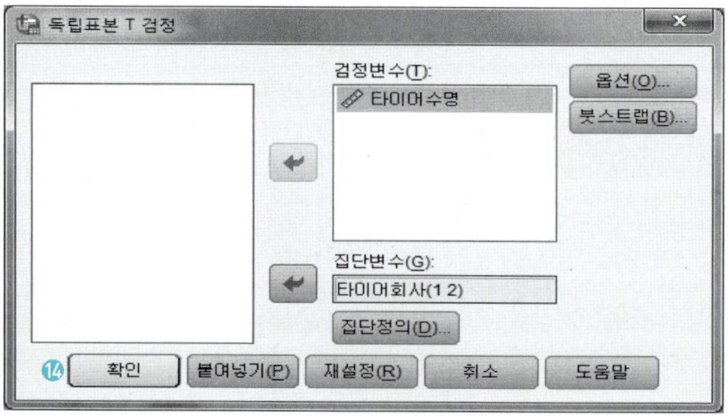

- 다시 [독립표본 T검정]창이 나타나면
  ⑭ [확인]을 클릭한다.

3.3 분석결과 및 해석

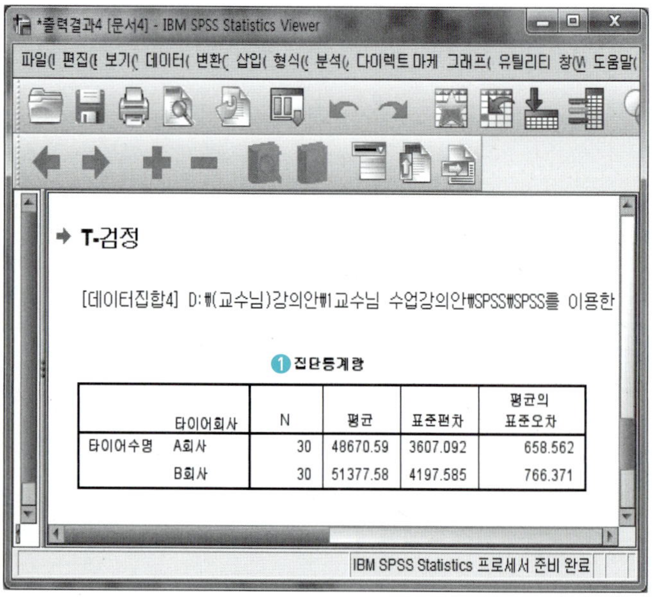

	타이어회사	N	평균	표준편차	평균의 표준오차
타이어수명	A회사	30	48670.59	3607.092	658.562
	B회사	30	51377.58	4197.585	766.371

- ① [집단통계량]에 A회사와 B회사의 기초통계량, 즉 평균과 표준편차 그리고 관측치의 개수(N)가 표시된다.

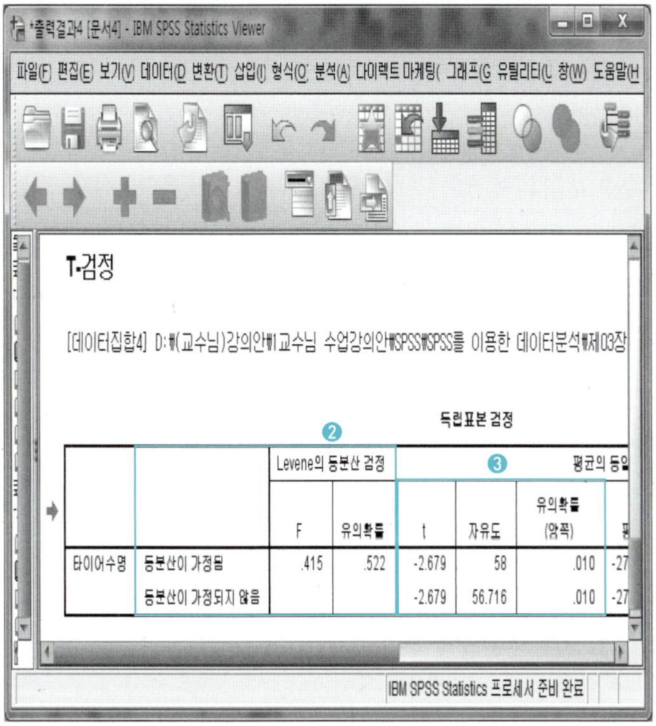

- ❷ Levene의 등분산 검정은 두 모집단의 분산이 동일한가를 검정하기 위한 것이다. 이 경우 검정통계량인 F값이 '0.415'이고, 이에 따른 유의확률이 '0.522'로서 유의수준 0.05보다 크다. 따라서 연구가설이 기각되고, '구 모집단의 분산은 동일하다'는 귀무가설이 채택된다.
  - 귀무가설 : 두 모집단의 분산은 동일하다.
  - 연구가설 : 두 모집단의 분산은 동일하지 않다.

  따라서 [등분산이 가정됨]이라는 행의 값들로 [독립표본 T검정]을 해야 한다.
- ❸ 검정통계량 t값은 절대값 '2.679'이며, 유의확률이 '0.01'로서 유의수준 0.05보다 작으므로 통계적으로 유의하다는 것을 알 수 있다. 따라서 'A회사와 B회사의 평균 타이어 수명은 서로 같지 않다'라고 판단할 수 있다.

04 단일 모집단분산에 대한 가설검정 (검정통계량 χ^2값의 산출)

단일 모집단분산에 대한 가설검정은 단일 모집단평균에 대한 가설검정과 유사하다. 다만 평균에 대한 가설검정에서 평균 대신 분산이 사용된다는 점만 다르다. 따라서 일반적인 연구가설은 모집단의 분산이 어떤 특정한 값(b)과 다르다($\sigma^2 \neq b$)거나 혹은 특정한 값(b)보다 크다($\sigma^2 > b$)거나 작다($\sigma^2 < b$)는 것이 된다. 이러한 연구가설에 따라 귀무가설은 분산이 특정한 값(b)과 같다($\sigma^2 = b$) 혹은 그 값보다 작거나 같다($\sigma^2 \leq b$)나 크거나 같다($\sigma^2 \geq b$)가 된다.

4.1 검정통계량 χ^2값의 산출

전매청에서 제조하는 화랑담배에 포함되어 있는 니코틴 분산이 1.2mg^{2}이라고 알려져 있다. 그러나 담배가 생산되는 시기에 따라 담배에 포함되어 있는 니코틴함유량이 담배마다 서로 크게 다르다는 소비자들의 불만이 많아, 소비자단체에서는 일주일 동안 생산된 화랑담배 중에서 임의로 30개를 표본으로 추출하여 전매청에서 생산되는 화랑담배의 니코틴 분산이 1.2mg^{2}인지 아닌지를 검정하고자 한다.

분석방법 JOB ANALYSIS

이 문제는 전매청에서 생산된 화랑담배에 포함되어 있는 니코틴함유량의 분산이 1.2mg^{2}인지 아닌지를 검정하는 것이 목적이다. 따라서 전매청에서 일주일 동안 생산된 화랑담배 중에서 무작위로 30개를 추출하여 니코틴의 함량과 이 값들의 분산을 조사해야 한다. 이때 검정하려는 연구가설은 '화랑담배 속에 함유된 니코틴의 분산은 1.2mg^{2}이 아니다'가 된다. 이러한 단일 모집단분산에 대한 가설검정의 분석절차를 살펴보면 다음과 같다.

① 무작위로 추출된 화랑담배 30개의 니코틴함유량을 조사해서 자료를 입력한다.
② 단일 모집단분산에 대한 가설검정이므로, χ^2검정을 이용하여 검정한다.
③ 윈도우 SPSS분석 메뉴의 기술통계분석을 이용해서 화랑담배 30개에 포함된 니코틴함유량의 분산을 구하고, 이를 이용해서 검정통계량 χ^2값을 구한다.
④ 산출한 검정통계량 χ^2값과 자유도를 가지고 데이터 메뉴의 변수계산(compute)을 이용해서 유의확률을 직접 구한다.
⑤ 도출된 유의확률(p-value)값을 보고 연구가설 채택 여부를 결정한다.

4.2 분석절차

1) 1단계 : 자료수집

무작위로 화랑담배 30개를 추출한 다음 이들 니코틴함유량을 측정해서 기록한다.

2) 2단계 : 분석자료 준비

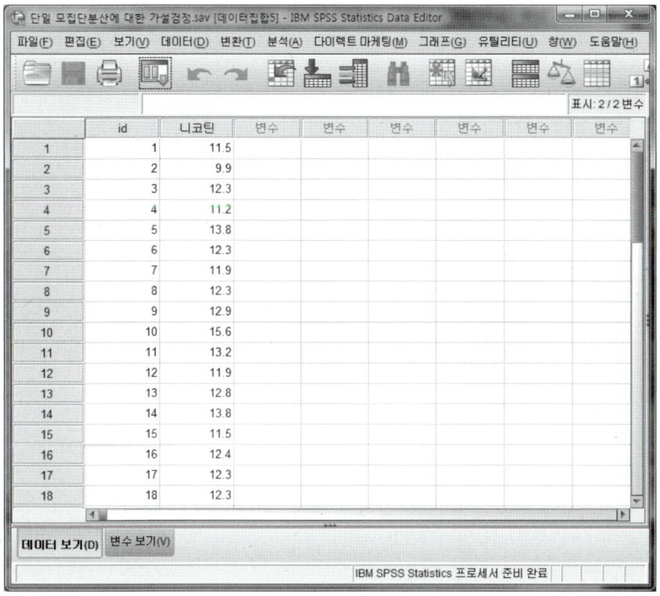

- 담배 30개를 무작위로 추출하여 니코틴 함유량을 조사한 다음 그 결과를 SPSS 스프레드시트에 입력하였다.
- 각 행(케이스)은 추출된 30개 담배의 고유번호와 니코틴함유량을 나타낸다.

3) 3단계 : 검정통계량 χ^2값의 산출

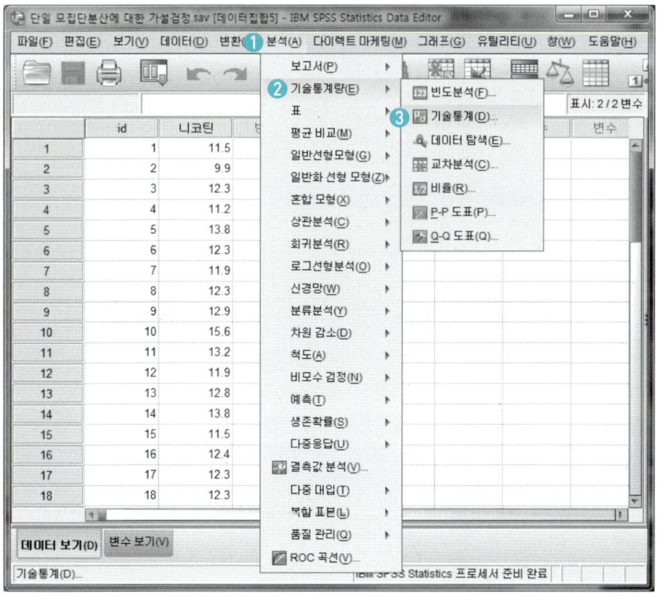

- SPSS의 기술통계를 이용해서 검정통계량 χ^2값을 산출한다.

검정통계량 χ^2값의 산출식

$$\chi^2 = \frac{(n-1)S^2}{\sigma^2}$$

- 화랑담배 30개의 분산(S^2)을 구하기 위해 [기술통계]분석을 실행한다.
- 탑 메뉴에서 ❶ [분석] → ❷ [기술통계량] → ❸ [기술통계]를 선택한다.

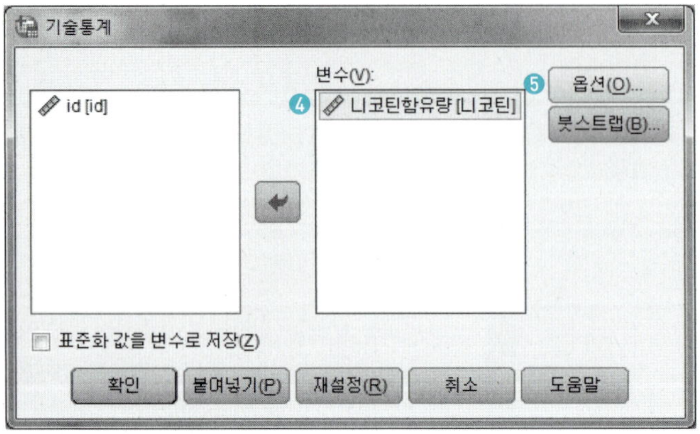

- ❹ 변수 [니코틴함유량]을 버튼을 이용하여 [변수]란으로 이동시킨다.
- 분석에서 필요한 추가적인 옵션을 선택하기 위해서 ❺ [옵션] 버튼을 클릭한다.

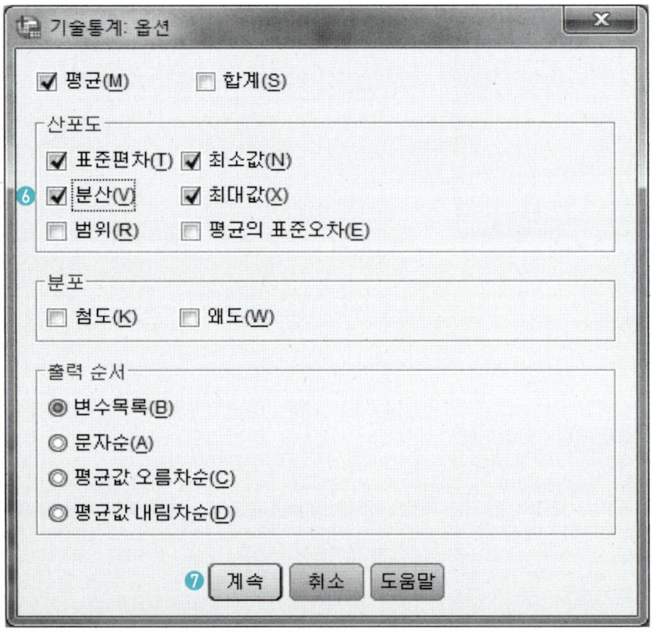

- [옵션] 버튼 클릭 결과, 변수들의 분포화 특성을 파악할 수 있는 다양한 메뉴가 제공된다.
- ❻ [분산]을 비롯해서 필요한 통계량에 체크를 하고
- ❼ [계속] 버튼을 클릭해서 상위메뉴로 돌아간다.

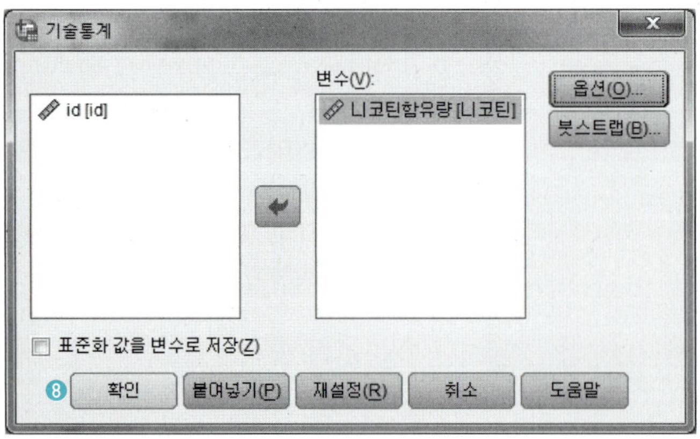

- 다시 [기술통계]창이 나타나면 ❽ [확인] 버튼을 클릭해서 기술통계분석을 수행한다.

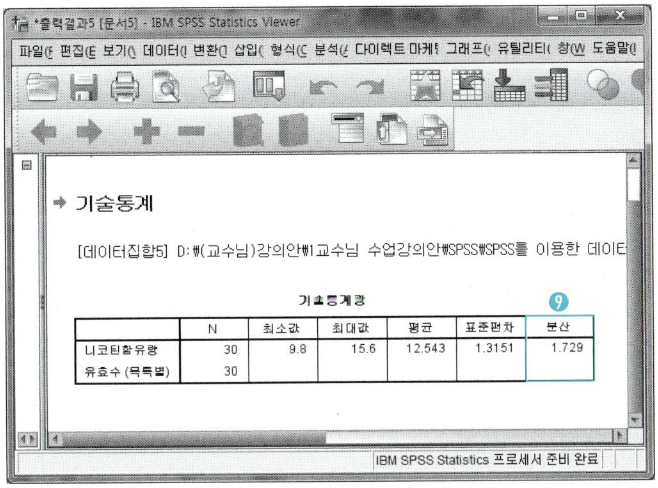

- ❾ 분석결과 표본으로 추출된 화랑담배의 니코틴함유량에 대한 분산값을 확인할 수 있다.
- 추출된 분산값과 관측치수를 검정통계량 χ^2값 산출식에 대입해서 검정통계량 χ^2값 '41.08'을 산출한다.

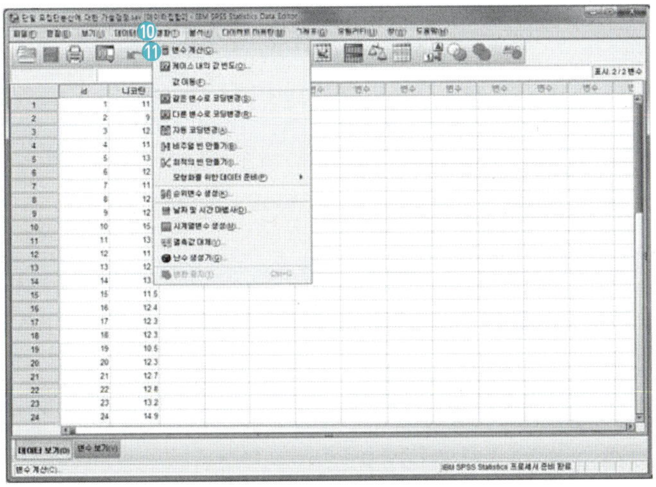

- SPSS의 변수계산(compute)을 이용해서 유의확률(p-value)을 산출한다.
- 탑 메뉴에서 ❿ [변환] → ⓫ [변수계산]을 선택한다.

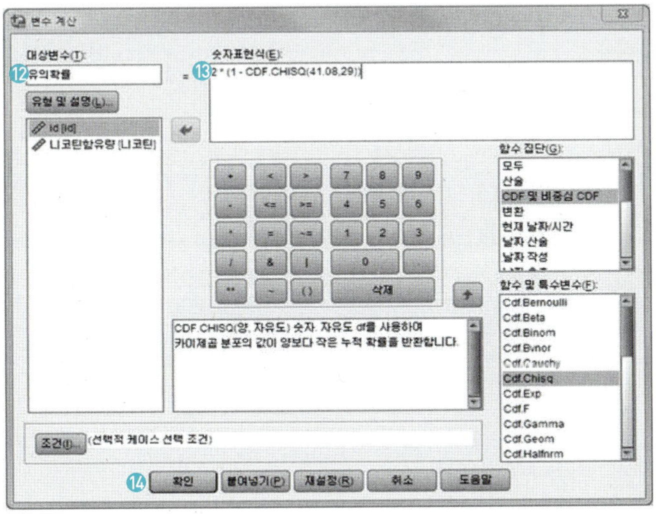

- 변수계산을 이용해서 유의확률을 산출한다.

χ^2에 따른 유의확률 산출식

$$2\times(1-cdf.\ chisq(\chi^2\text{값},\ n-1))$$

- [변수계산]이라는 창이 나타나면
  ⓬ [대상변수]란에 '유의확률'을 입력하고
  ⓭ [숫자표현식]란에 '2*(1-cdf.chisq(41.08,29)'를 입력한 다음
  ⓮ [확인] 버튼을 클릭한다.

4.3 분석결과 및 해석

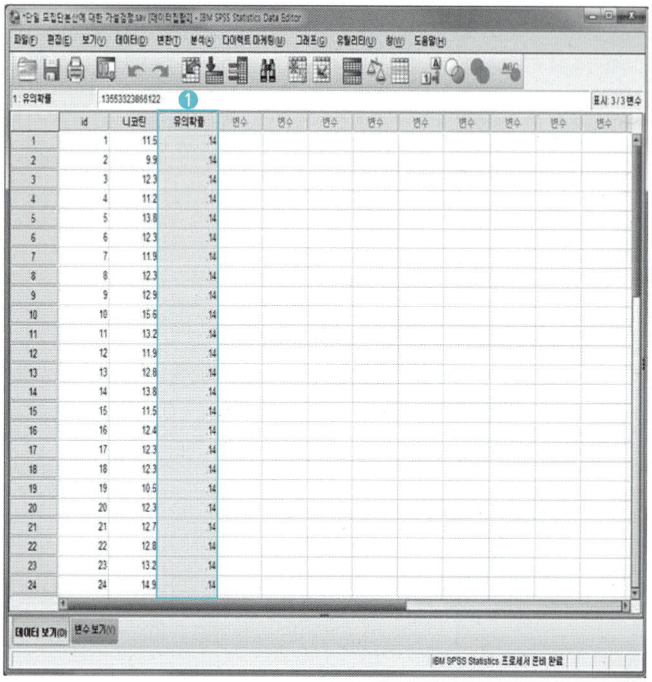

- 검정통계량 χ^2에 따른 ❶ [유의확률]값을 확인할 수 있다.
- 유의확률값이 '0.14'로서 유의수준 0.05보다 크므로 연구가설을 기각하고 귀무가설을 채택한다.
- 검정결과 전매청에서 생산되고 있는 화랑담배 속에 포함된 니코틴함유량의 분산은 1.2mg^{2}이 아니라는 연구가설을 채택하기 어렵다고 판단된다.

05 두 모집단분산에 대한 가설검정 (검정통계량 *F*값의 산출)

두 모집단의 분산에 대한 가설검정에서는 카이제곱(χ^2)분포를 사용하는 단일 모집단분산에 대한 가설검정과는 달리 F분포가 사용된다. F분포는 모집단이 2개이고, 이에 따라 표본도 2개이기 때문에 2개의 표본의 자유도(n_A-1, n_B-1)에 따라 그 모양이 달라지지만, 일반적으로 오른쪽꼬리가 긴 비대칭분포 모양을 갖는다. F분포상의 임계치는 유의수준(α)과 2개의 자유도(n_A-1, n_B-1), 그리고 검정의 종류(양측검정, 왼쪽꼬리검정, 오른쪽꼬리검정)에 의하여 결정이 된다.

5.1 검정통계량 F값의 산출

K중학교에서 수학을 가르치는 박진주 선생님은 학생들의 영어성적은 비교적 고른 편인데 반하여, 수학성적은 학생들 간에 차이가 커서 이에 대한 대책이 시급하다는 의견을 제시하였다. 이에 교장 선생님은 실제로 그러한 차이가 있는지를 조사하기 위하여 수학 선생님으로 하여금 지난 학기 수학성적의 분산을 구하도록 하고, 영어 선생님에게는 영어성적의 분산을 구해 보도록 지시하였다. 수학 선생님은 40명의 수학성적을 조사한 결과 23.6이라는 분산값을 얻었으며, 영어 선생님은 55명의 영어성적을 조사한 결과 15.8이라는 분산값을 얻었다. 이러한 결과를 종합하여 볼 때 과연 K중학교의 수학성적과 영어성적의 분산이 유의수준 0.05에서 통계적으로 유의하게 차이가 있다고 볼 수 있는가(단, 영어와 수학성적의 모집단은 정규분포를 한다고 가정하자)?

분석방법 JOB ANALYSIS

이 문제의 목적은 K중학교 학생의 수학성적과 영어성적의 분산크기에 차이가 있는지 없는지를 검정하는 것이다. 이에 따라 수학 선생님은 K중학교 학생들 중에서 무작위로 40명의 수학성적을 조사하고 영어 선생님은 무작위로 55명의 영어성적을 조사하여 각각의 분산을 구해야 한다. 또한 이 경우 검정하려는 연구가설은 '수학성적과 영어성적의 분산은 다르다'가 되며, 귀무가설은 '수학성적과 영어성적의 분산은 서로 같다'가 된다. 따라서 두 모집단분산에 대한 가설검정을 실시하는 것이 된다. 이에 대한 절차에 대해 살펴보면 다음과 같다.

① 무작위로 추출된 학생들 40명의 수학점수와 55명의 영어점수를 조사해서 자료를 입력한다.
② 두 모집단분산에 대한 가설검정이므로, F검정을 이용해서 검정한다.
③ 기술통계분석을 통해 수학점수와 영어점수의 분산을 산출하고, 이를 이용해서 검정통계량 F값을 구한다.
④ 산출된 검정통계량 F값과 자유도를 가지고 SPSS 데이터 메뉴 중에 변수계산(compute)을 이용해서 유의확률을 직접 구한다.
⑤ 도출된 유의확률(p-value)값으로 연구가설의 채택 여부를 판단한다.

5.2 분석절차

1) 1단계 : 자료수집

무작위로 학생 40명의 수학성적을 추출하여 이를 기록한 다음 또다시 무작위로 학생 55명의 영어성적을 추출하여 이를 기록한다.

2) 2단계 : 분석자료 준비

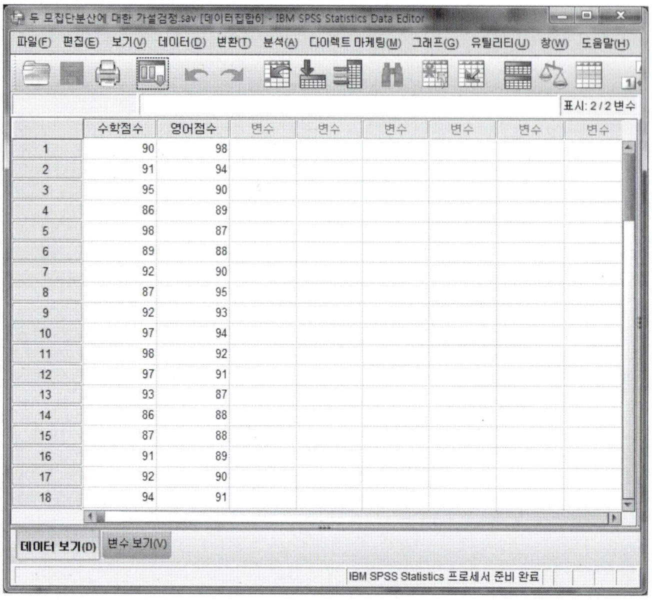

- 가설검정을 위해서 무작위로 추출된 40명의 수학성적과 무작위로 추출된 또 다른 55명의 영어성적을 엑셀에 코딩한 다음 이를 SPSS에서 불러들이거나, 직접 [SPSS 데이터 편집기]창에서 자료를 입력한다.

3) 3단계 : 검정통계량 F값의 산출

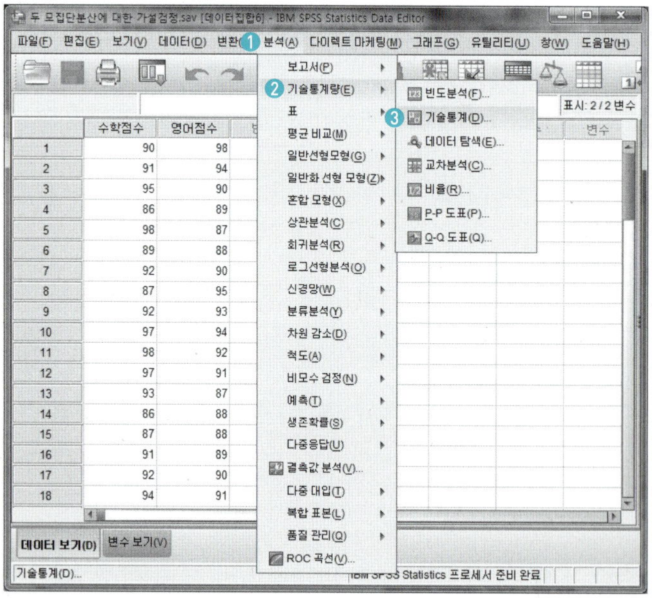

- SPSS의 기술통계를 이용해서 검정통계량 F값을 산출한다

검정통계량 F값의 산출식

$$F = \frac{S^2_{수학}}{S^2_{영어}}$$

- 수학점수와 영어점수의 분산(S^2)을 구하기 위해 [기술통계]분석을 실행한다.
- 탑 메뉴에서 ❶ [분석] → ❷ [기술통계량] → ❸ [기술통계]를 선택한다.

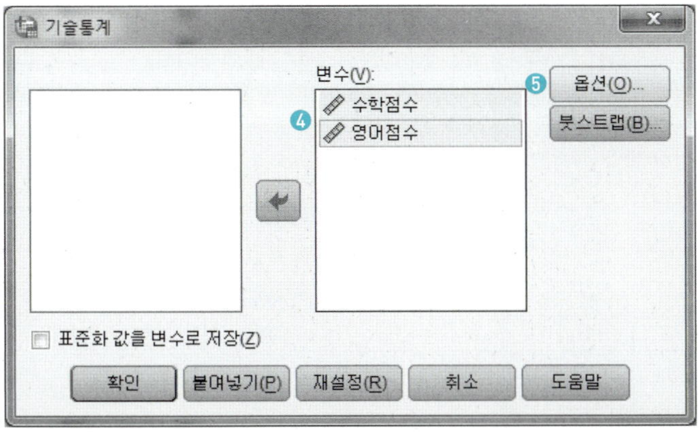

- [기술통계]창에서 ❹ [수학점수]와 [영어점수]를 버튼을 이용하여 [변수]란으로 이동시킨다.
- 분석에서 필요한 추가적인 옵션을 선택하기 위해서 ❺ [옵션] 버튼을 클릭한다.

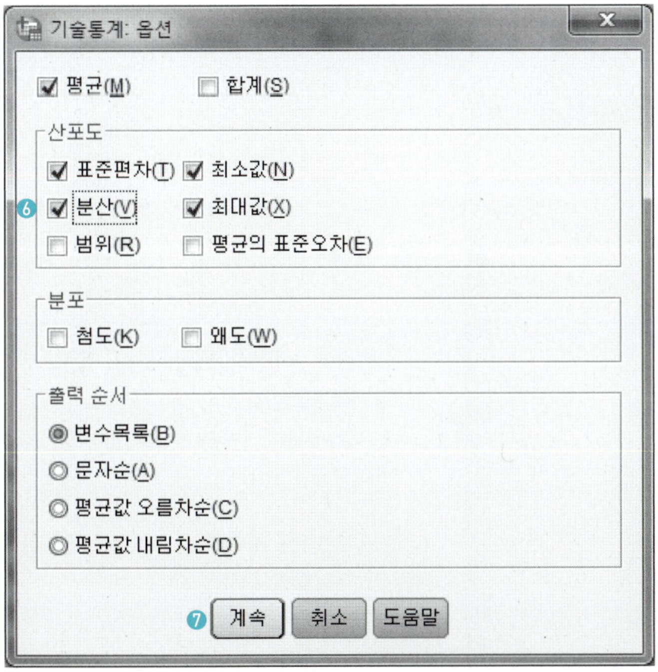

- [기술통계: 옵션]창에는 변수들의 분포와 특성을 알 수 있는 다양한 메뉴가 제공된다.
- ❻ [분산]을 비롯해서 필요한 통계량에 체크를 하고
- ❼ [계속] 버튼을 클릭해서 상위메뉴로 돌아간다.

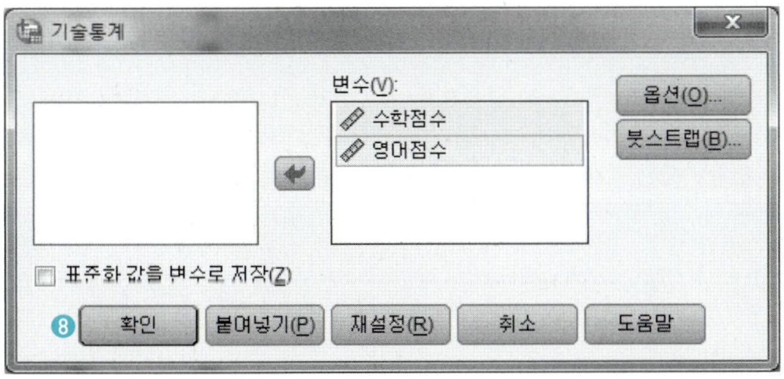

- 다시 [기술통계]창이 나타나면 ❽ [확인] 버튼을 클릭해서 기술통계분석을 수행한다.

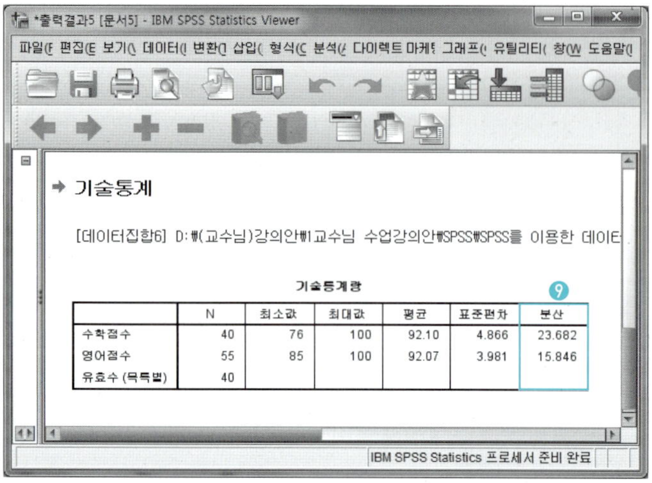

- ⑨ 분석결과 수학점수와 영어점수에 대한 분산값을 확인한다.
- 검정통계량 F값은 수학점수의 분산(23.68)을 영어점수의 분산(15.84)으로 나누어 '1.494' 라는 값을 구할 수 있다.

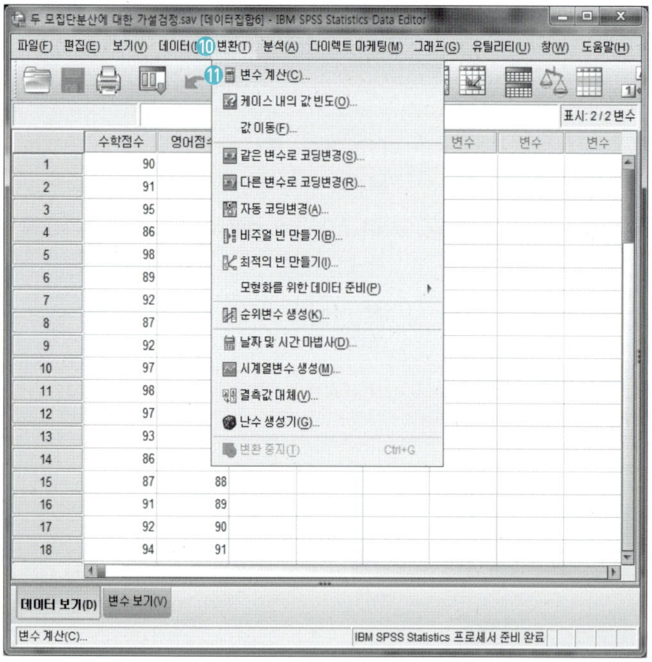

- SPSS의 변수계산(compute)을 이용해서 유의확률을 산출한다.
- 탑 메뉴에서 ⑩ [변환] → ⑪ [변수계산]을 선택한다.

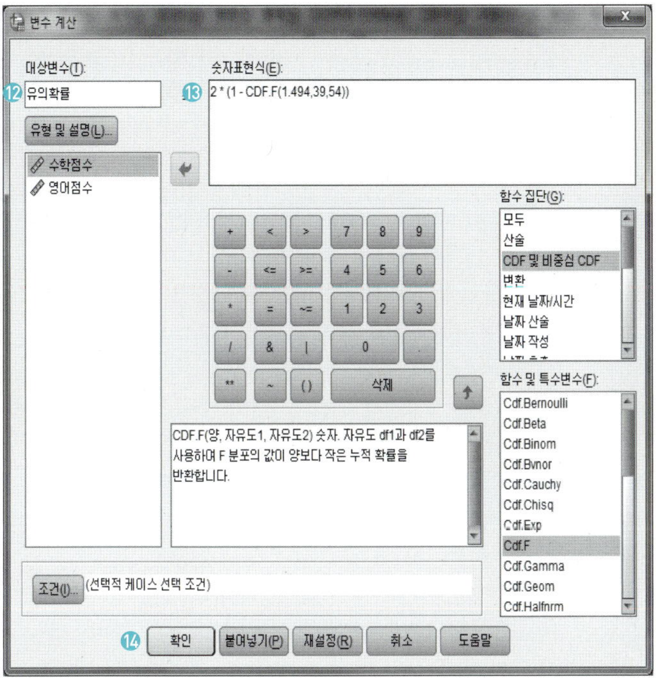

- [변수계산]을 이용해서 유의확률을 산출한다.

F값에 따른 유의확률 산출식

$$2\times(1-cdf.f(\text{검정통계량 } F\text{값},\ n_{\text{수학}}-1,\ n_{\text{영어}}-1)$$

- [변수계산]이라는 창이 나타나면
  ⑫ [대상변수]란에 '유의확률'을 입력하고
  ⑬ [숫자표현식]란에 2*(1-cdf.f(1.494,39,54)를 입력한 다음
  ⑭ [확인] 버튼을 클릭한다.

5.3 분석결과 및 해석

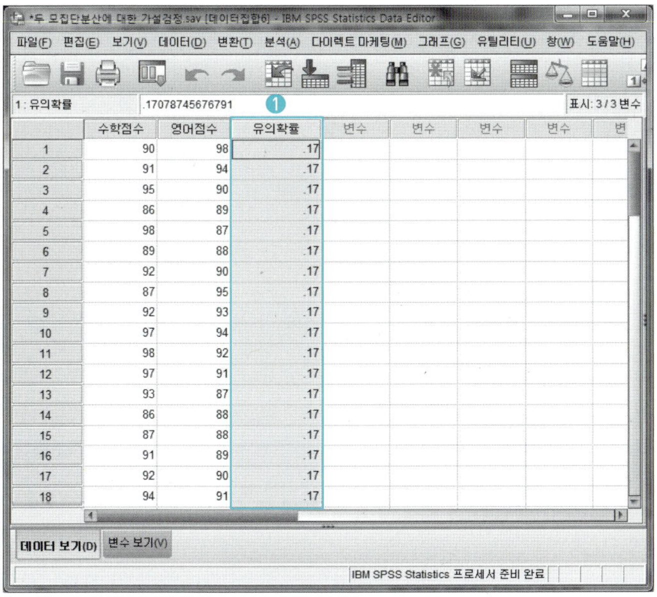

- 검정통계량 F값에 따른 ❶ [유의확률]값을 확인할 수 있다.
- 유의확률값 '0.17'이 유의수준 0.05보다 크므로 연구가설을 기각하고 분산에 차이가 없다는 귀무가설을 채택한다.

06 연습문제

연|습|문|제 EXERCISES

문제 1 S전자는 자사가 생산하는 슈퍼 건전지의 평균수명이 1,500분이라고 주장하고 있다. 그러나 이를 사용해 본 소비자들은 1,500분이 되지 않는다고 불평하며 이를 소비자보호원에서 밝혀줄 것을 호소하였다. 이에 따라 소비자보호원에서는 100개의 건전지를 표본으로 뽑아 조사한 결과 다음과 같은 자료를 얻었다. 소비자의 주장에 대하여 유의수준 0.05에서 검정하시오.

문제 2 K제약회사는 발육성장에 관해 괄목할 만한 효과가 있는 발육성장제를 만들었다. 이러한 약품이 탁월한 효과가 있는지를 알아보기 위해 30명을 대상으로 선발하여 약품의 섭취 전과 후의 신장의 변화를 알아보았다. 다음 자료를 통해 과연 K제약회사에서 만든 발육성장제가 효화가 있다고 판단할 수 있는지 유의수준 0.05에서 검정해 보시오.

문제 3 Y고등학교에서는 A반과 B반의 영어시험 점수에 차이가 있는지를 검정하고자 한다. 따라서 두 반 학생들의 영어시험 점수를 조사한 결과 다음과 같은 자료를 얻었다. 두 반의 분산이 같다는 전제하에 유의수준 0.05로 하여 두 반의 영어시험 점수에 차이가 있는지를 검정하시오.

Chapter 04

연관성분석 (Association Analysis)

01 양적척도로 측정된 변수 간의 상관분석(피어슨 상관분석)

02 서열척도로 측정된 변수 간의 상관분석(스피어만 서열상관분석)

03 편상관분석

04 교차분석

05 연습문제

서른, 잔치는 끝났다

최영미

물론 나는 알고 있다
내가 운동보다도 운동가를
술보다도 술 마시는 분위기를 더 좋아했다는 걸
그리고 외로울 땐 동지여! 로 시작하는 투쟁가가 아니라
낮은 목소리로 사랑노래를 즐겼다는 걸
그러나 대체 무슨 상관이란 말인가

잔치는 끝났다
술 떨어지고, 사람들은 하나 둘 지갑을 챙기고 마침내 그도 갔지만
마지막 셈을 마치고 제각기 신발을 찾아 신고 떠났지만
어렴풋이 나는 알고 있다
여기 홀로 누군가 마지막까지 남아
주인 대신 상을 치우고
그 모든 걸 기억해내며 뜨거운 눈물 흘리리란 걸

그가 부르다 만 노래를 마저 고쳐 부르리란 걸
어쩌면 나는 알고 있다
누군가 그 대신 상을 차리고, 새벽이 오기 전에
다시 사람들을 불러 모으리란 걸
환하게 불 밝히고 무대를 다시 꾸미리라

그러나 대체 무슨 상관이란 말인가

Chapter 04

연관성분석 (Association Analysis)

연관성분석은 2개의 변수가 서로 독립적인가 아니면 이들 간에 어떠한 연관성이 존재하는가를 파악하는 분석방법으로 변수의 척도에 따라 교차분석과 상관분석으로 나누어진다. 일반적으로 분석하고자 하는 변수가 명목척도나 서열척도로 측정된 변수일 경우에는 교차분석으로 변수 간의 독립성 여부를 파악하며, 등간이나 비율척도로 측정된 변수인 경우에는 상관분석으로 연관성 정도를 분석한다.

그러나 경우에 따라서는 서열척도로 측정된 변수도 상관분석으로 분석할 수도 있다. 따라서 상관분석은 다시 서열척도일 경우와 등간이나 비율척도일 경우로 나누어지는데, 변수의 척도가 서열척도일 경우는 스피어만 서열상관분석을, 등간이나 비율척도일 경우는 피어슨 상관분석을 이용하여 변수 간 연관성 정도를 분석한다.

연관성분석	2개 변수들 간의 연관성을 파악하는 분석방법

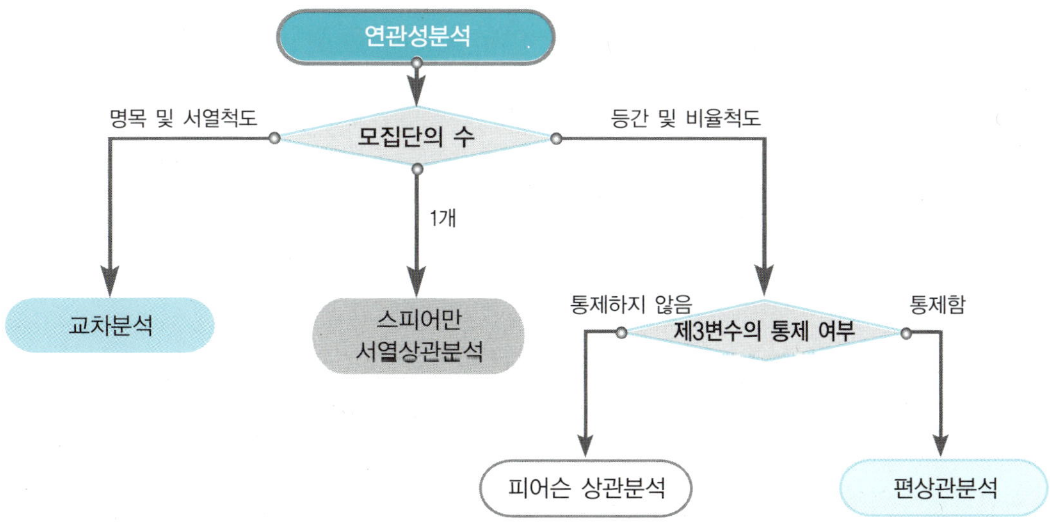

또한 상관분석은 두 변수에 공통으로 영향을 미치는 제3의 변수에 대한 통제 여부에 따라 일반적인 상관분석과 편상관분석으로 구분된다. 예를 들어, 분석하고자 하는 두 변수에 공통으로 영향을 미치는 제3의 변수가 존재할 경우, 제3의 변수의 영향을 통제하지 않고 분석하는 방법이 일반적인 상관분석이며, 제3의 변수의 영향을 제거하여 두 변수 간의 순수한 상관관계만을 분석하는 방법이 편상관분석이다.

01 양적척도로 측정된 변수 간의 상관분석 (피어슨 상관분석)

피어슨 상관분석(correlation analysis)이란 등간 및 비율척도로 측정된 변수들 간의 연관성을 파악하기 위해 사용하는 분석기법 중의 하나로 변수 간의 선형관계 정도를 분석하는 통계기법이다. 예를 들어, 광고나 판촉비용 등이 매출액과 어떠한 관계가 있는지를 알아보고자 할 경우, 혹은 이들 중에 어느 것이 매출액과 선형적 관계가 더 강한지를 분석하고자 하는 경우, 피어슨 상관분석을 이용하면 간단하게 분석할 수 있다. 여기서 두 변수 간 관계의 강도를 상관관계(correlation)라고 하는데 일반적으로 한 변수가 증가할 때 다른 변수의 값도 같이 커지는 경향을 보일 때 두 변수 간에는 양(+)의 상관관계가 있다고 하고, 반대로 한 변수의 값이 증가할 때 다른 변수의 값이 감소하면 두 변수는 음(−)의 상관관계가 있다고 한다. 이러한 선형적인 관계 정도와 방향을 수학적인 수치로 정량화하여 표시하는 지수를 피어슨의 적률상관계수(Pearson's product moment correlation coefficient) 혹은 간단히 피어슨 상관계수라 한다. 이처럼 피어슨 상관계수를 이용하여 변수들 간의 연관성 정도를 분석하는 기법을 피어슨 상관분석(Pearson's correlation analysis)이라고 한다.

1.1 피어슨 상관분석 사례

일반적으로 사람들은 키가 크면 몸무게도 많이 나간다고 생각하고 있다. 이에 K고등학교에 재학 중인 A군은 이를 검정하기 위해 자신 학급 30명의 학생들의 키와 몸무게를 조사하여 두 변수 간의 상관관계를 알아보려고 한다.

분석방법 JOB ANALYSIS

피어슨 상관분석은 두 변수 간의 선형관계의 정도를 알아보는 분석방법이다. 이 분석방법에서는 독립변수와 종속변수의 구별이 없으며, 변수들은 등간이나 비율척도로 측정되어야 한다.
선형관계 정도를 파악하기 위해서 수집된 자료는 30명 학생들의 키와 몸무게값으로서 두 변수의 척도 모두 비율척도로 측정된 값들이므로 피어슨 상관분석이 가능하다. 피어슨 상관분석을 실행한 결과 피어슨 상관계수값이 0.3 이상이면 변수들 간에 상관관계가 존재한다고 평가할 수 있다. 분석을 위한 구체적인 절차를 살펴보면 다음과 같다.

① 30명 학생들의 키와 몸무게를 측정하여 자료를 수집한다.
② 두 변수를 측정한 척도의 종류가 모두 비율척도이므로, 피어슨 상관분석이 가능하다.
③ 분석결과로 도출된 피어슨 상관계수의 값을 확인하여 두 변수 간의 선형의 상관 정도를 평가한다.
④ 주어진 표본($n=30$)으로부터 도출된 상관계수값을 얻을 수 있는 확률, 즉 유의확률(p-value)값을 확인하여 두 변수 간의 선형관계에 대한 통계적 유의성 여부를 판단한다.

1.2 분석절차

1) 1단계 : 자료수집

30명의 학생들로 하여금 자신들의 키와 몸무게값을 적어내도록 하는 방법으로 자료를 수집한다.

아래 질문에 대답해 주십시오.
1. 당신의 키는 얼마입니까? (　　) cm
2. 당신의 몸무게는 얼마입니까? (　　) kg

2) 2단계 : 분석자료 준비

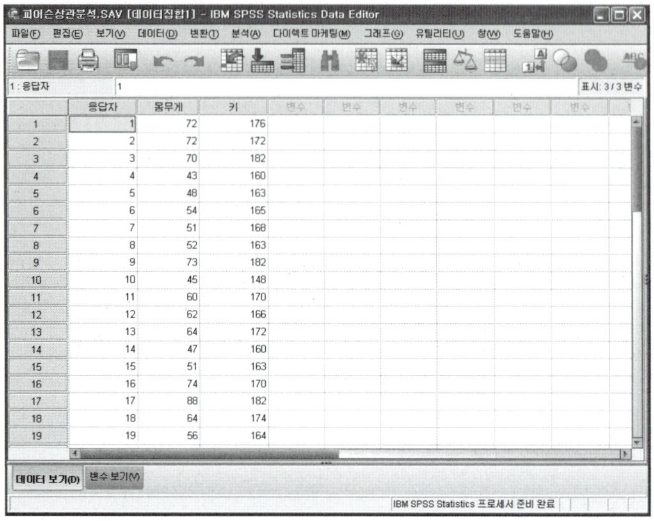

• 학생 30명의 키와 몸무게를 조사하여 그 자료를 엑셀에 코딩한 다음 SPSS에서 불러들이거나, [SPSS 데이터 편집기]창에 자료를 직접 입력한다.

3) 3단계 : 피어슨 상관분석 실행

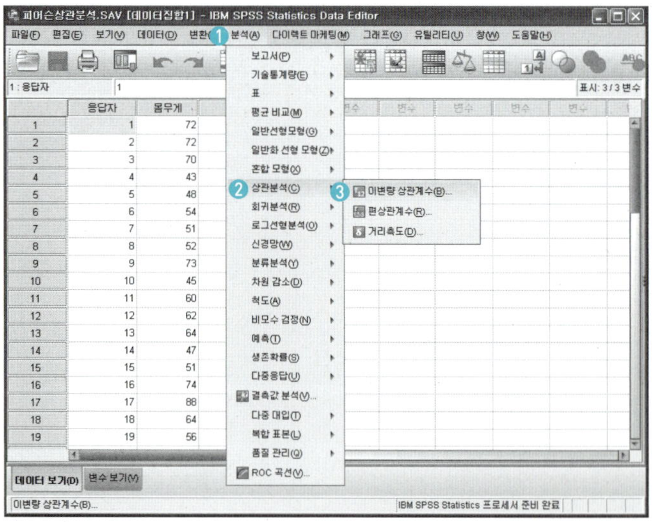

• 탑 메뉴에서
• ❶ [분석] → ❷ [상관분석] → ❸ [이변량 상관계수]를 선택한다.

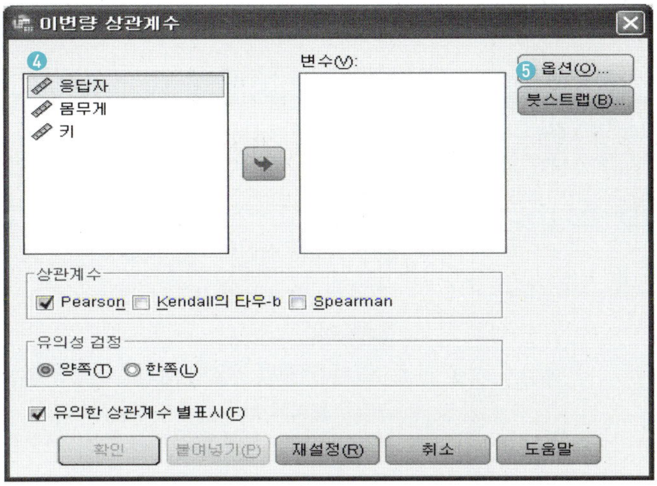

- [이변량 상관계수]창의 좌측에 있는 변수들 중에 분석에 사용할 변수들을 선택해서 ➡ 버튼을 이용하여 우측의 [변수]란으로 이동시킨다.
- ④는 분석에 사용될 변수들을 나타낸다.
- [상관계수]에서는 [Pearson]이, [유의성 검정]에서는 [양쪽] 검정이 그리고 [유의한 상관계수별 표시]가 초기지정으로 되어 있다.
- 분석에 필요한 추가적인 옵션을 선택하기 위하여 ⑤ [옵션] 버튼을 클릭한다.

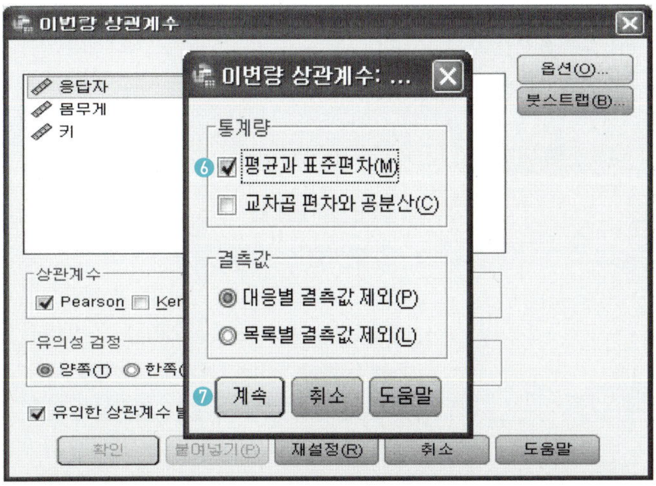

- 추가적으로 필요한 통계량, 예를 들어 ⑥ [평균과 표준편차]를 선택하고, 상위 메뉴창으로 돌아가기 위해 ⑦ [계속] 버튼을 클릭한다.
- [대응별 결측값 제외]는 SPSS 초기지정 되어 있다.

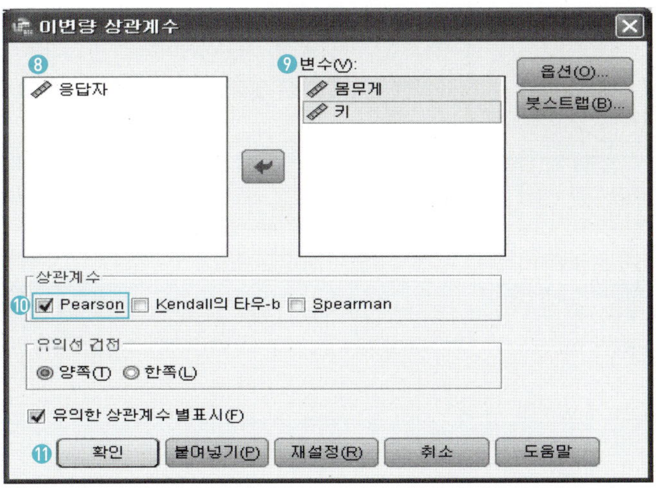

- ⑧ 좌측란에 있는 변수들 중 상관관계를 살펴보고자 하는 변수들을 선택한 후 그림과 같이 ⑨ [변수]란으로 이동시킨다.
- ⑩ [상관계수]에서 초기지정인 [Pearson(N)]을 선택하고 ⑪ [확인] 버튼을 클릭한다.

1.3 분석결과 및 해석

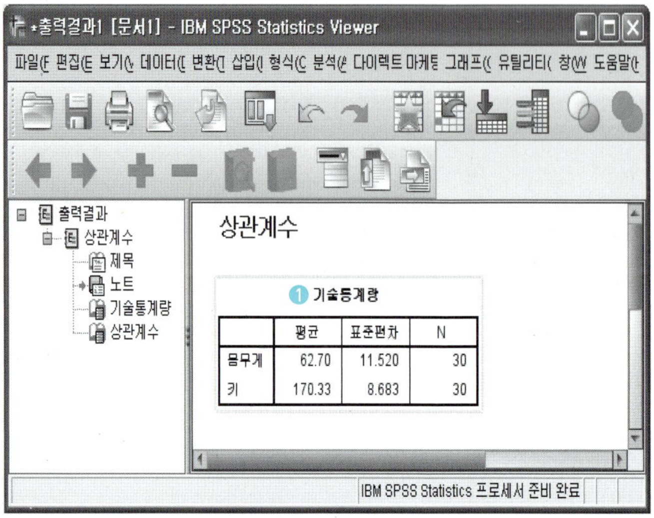

- ❶ [기술통계량]은 [옵션]에서 [평균과 표준편차]를 선택함으로써 얻을 수 있는 통계량이다.
- 각각의 변수에 대한 평균과 표준편차 그리고 분석에 사용된 관측치의 개수(N)가 표시된다.

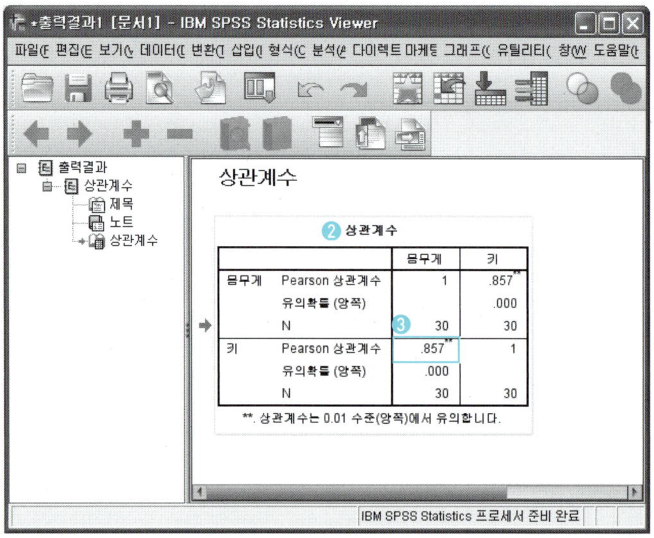

- ❷ [상관계수]를 보고 변수 간의 연관성을 파악할 수 있다.
- ❸ **(아스테리크)는 상관계수가 유의수준 0.01에서 통계적으로 유의함을 의미한다.
- 결론적으로 [키]와 [몸무게]의 상관계수는 '0.857' 이므로 서로 높은 연관성이 있음을 알 수 있다.

※ [키]와 [키], [몸무게]와 [몸무게]의 상관계수는 '1' 로서 이는 자신과 자신과의 상관관계, 즉 자기상관이므로 '1' 이라는 수치가 나온 것이다.

02 서열척도로 측정된 변수 간의 상관분석 (스피어만 서열상관분석)

일반적으로 상관분석은 등간척도나 비율척도를 이용하여 측정된 변수들 간의 선형관계를 파악하는 데 사용한다.

그러나 비모수 통계분석을 이용하면 서열척도로 측정된 변수들 간의 연관성도 파악할 수 있다. 서열척도로 측정된 변수 간의 상관관계는 스피어만의 서열상관계수(Spearman's rank correlation coefficient)나 켄달의 타우기법(Kendall's tau)으로 산출한 서열상관계수(rank correlation coefficient)를 이용하여 분석할 수 있다. 이들 두 가지 방법은 큰 차이가 없으므로 비교적 계산이 간편한 스피어만의 서열상관계수가 많이 사용된다.

스피어만의 서열상관계수는 분석하고자 하는 각각의 대상을 서열척도로 측정한 두 개 변수 간의 연관성, 즉 상관관계를 나타내는 계수로서 일반적으로 관심대상이 되는 집단 내의 개별구성원이나 객체들을 두 개의 서로 다른 관점이나 특성에 대하여 서열로써 평가한 순위들 간의 연관성 정도를 분석하는 기법을 스피어만 서열상관분석(Spearman's rank correlation coefficient)이라고 한다.

2.1 스피어만 서열상관분석 사례

다가오는 선거를 앞두고 K방송사에서는 설문조사를 이용해서 10명의 대통령 후보에 대한 선호도와 도덕성을 평가한 순위 자료를 확보하였다. K방송사는 이 자료를 이용해서 선호서열과 도덕성을 평가한 서열 간에 서로 연관된 정도, 즉 상관 정도를 평가하고자 한다.

분석방법 JOB ANALYSIS

스피어만 서열상관분석은 서열척도로 측정한 2개 변수 간의 상관 정도를 파악하는 분석방법이다. 이 분석방법도 두 변수를 독립변수와 종속변수로 구분하지 않는다. 현재 방송사에서 조사한 자료는 10명의 대통령 후보자들에 대한 선호도와 도덕성에 대해서 평가한 서열자료이다. 따라서 이 문제를 해결하기 위해서 서열척도로 측정된 두 변수 간의 관계는 스피어만 서열상관분석으로 분석한다. 이에 대한 절차를 살펴보면 다음과 같다.

① 후보자 10명의 선호도와 도덕성에 대해서 평가한 순위 자료를 수집한다.
② 두 변수의 척도가 서열척도이므로, 스피어만 서열상관분석으로 2개 순위 간의 연관성을 분석한다.
③ 분석결과로 도출된 상관계수값을 확인한 후 두 변수 간의 상관 정도와 유의성을 평가한다.
④ 유의확률(p-value)값을 확인하여 상관계수가 통계적으로 유의한지를 확인한다.

2.2 분석절차

1) 1단계 : 자료수집

유권자들로부터 10명의 대통령 후보에 대한 선호도와 도덕성을 평가한 순위 자료를 수집한다.

다음은 10명의 대통령 후보자들에 관한 인식조사입니다. 아래의 질문에 응답해 주시기 바랍니다.

후보자
① 최종필 ② 장세진 ③ 박대중 ④ 신인제 ⑤ 한한갑
⑥ 백승만 ⑦ 이주영 ⑧ 정몽룡 ⑨ 노영삼 ⑩ 김정희

1. 당신이 선호하는 대통령 후보자를 순서대로 말씀해 주십시오.
(　) - (　) - (　) - (　) - (　) - (　) - (　) - (　) - (　) - (　)
2. 다음 대통령 후보자들 중 가장 도덕적일 것이라고 생각하는 후보자를 순서대로 말씀해 주십시오.
(　) - (　) - (　) - (　) - (　) - (　) - (　) - (　) - (　) - (　)

2) 2단계 : 분석자료 준비

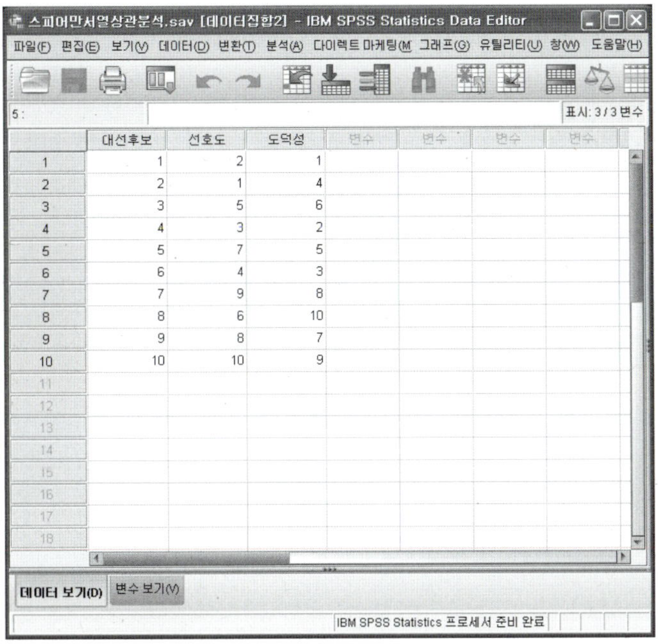

• 10명의 대통령 후보자들에 대한 선호 순위와 도덕성에 대하여 평가한 순위자료를 엑셀에 코딩한 후 SPSS에서 불러들이거나, [SPSS 데이터 편집기]창에 자료를 직접 입력한다.

3) 3단계 : 스피어만 서열상관분석 실행

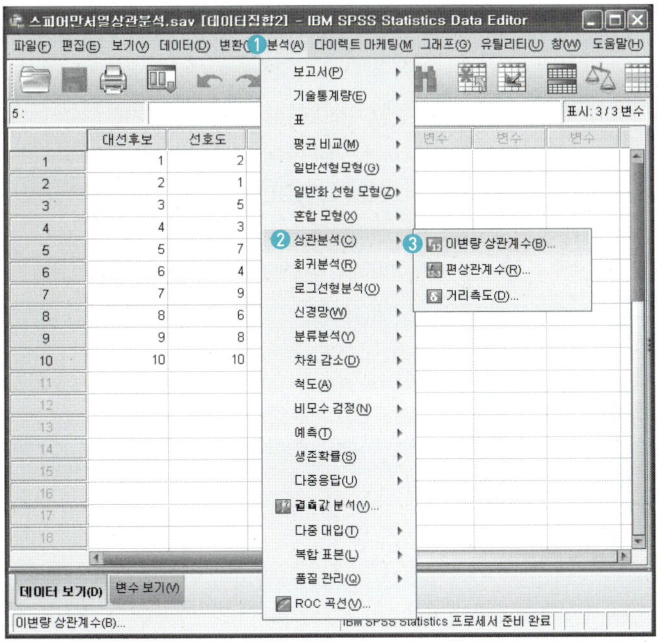

• 상관분석을 위해 수집된 자료를 [SPSS 데이터 편집기] 안으로 불러온 후,

• 탑 메뉴에서 ❶ [분석] → ❷ [상관분석] → ❸ [이변량 상관계수]를 선택한다.

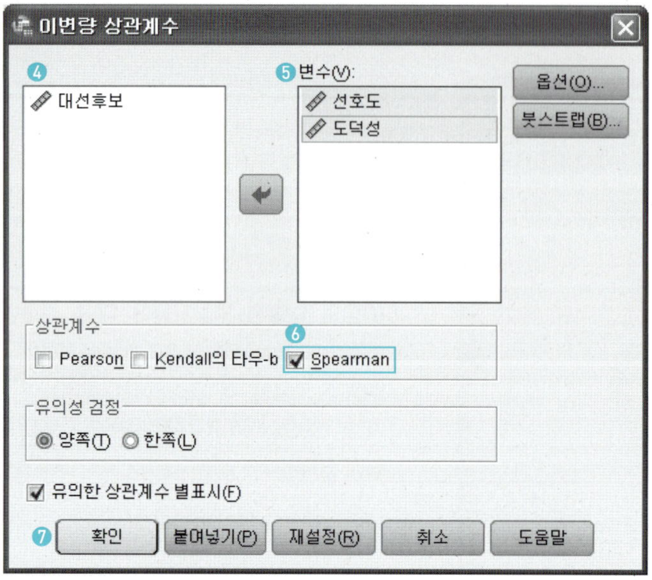

- 이변량 상관계수창이 뜨면 ④에 있는 변수들 중 상관관계를 살펴보고자 하는 변수들을 ⑤ [변수]란으로 이동시킨다.
- 서열척도로 측정된 변수들의 관계를 분석해야 하므로 ⑥ [상관계수]란에서 [Spearman(S)]을 선택하고 ⑦ [확인] 버튼을 클릭한다.

2.3 분석결과 및 해석

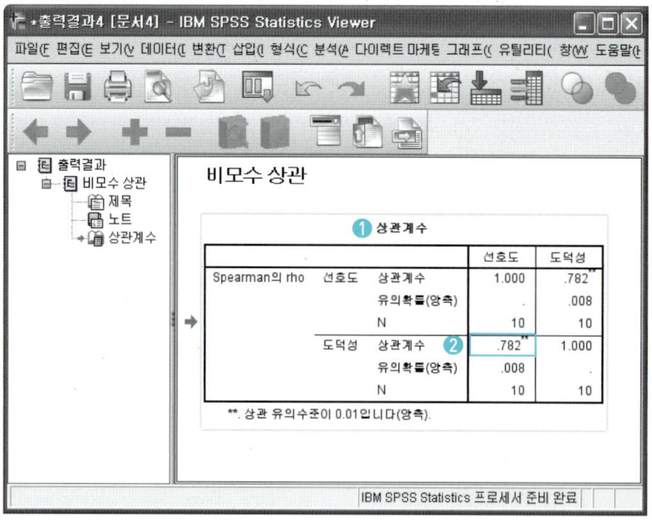

- ① [상관계수]표를 보면 변수 간의 연관성을 파악할 수 있다.
- ② **는 상관계수가 유의수준 0.01에서 통계적으로 유의함을 의미한다.
- [상관계수]표를 보면, [선호도]와 [도덕성]의 상관계수는 '0.782'이며, 이는 통계적으로 유의하다.
- 따라서 두 변수 간에 높은 연관성이 있음을 알 수 있다.

03 편상관분석

편상관분석(partial correlation analysis)은 두 변수 간의 상관관계를 나타내는 상관계수에서 제3의 변수의 영향으로 인하여 발생할 수 있는 관계를 제거한 상태에서 두 변수 간의 순수한 상관관계를 분석하는 방법을 말한다.

여기서 제3의 변수를 통제하고 분석하는 이유는 제3의 변수가 두 변수 간의 관계에 영향을 미칠 수 있다는 가정하에, 제3의 변수가 두 변수에 동시에 미치는 영향을 통제함으로써 두 변수 간의 순수한, 즉 정확한 상관관계를 파악하기 위함이다. 이 경우 두 변수 간의 관계에 미치는 영향력이 통제된 제3의 변수를 통제변수라 한다.

예를 들어, 두 변수 X와 Y 간의 상관분석에서 만약 이 두 변수가 모두 제3의 변수 Z와 높은 상관관계가 있는 경우, 변수 Z가 두 변수 간의 상관관계에 미치는 영향을 제외한 상태에서 X와 Y의 순수한 상관관계 정도를 분석하는 것을 편상관분석이라 한다. 이러한 편상관분석에서 얻게 되는

편상관계수	• 제3의 변수가 두 변수에 미치는 영향을 제거한 후, 두 변수 간의 순수한 상관관계를 나타내는 계수임 • 제3의 통제변수를 Z라 할 때, 두 변수 X와 Y 간의 편상관계수는 Z가 X와 Y에 미치는 선형효과(linear effect)를 제거시킨 뒤 남은 잔차 간의 상관계수를 의미함

$$r_{xy \cdot z} = \frac{r_{xy} - (r_{xz})(r_{yz})}{\sqrt{1 - r_{xz}^2}\sqrt{1 - r_{yz}^2}}$$

세 변수 간의 선형관계 ⇨ 한 변수의 영향력을 제외시킴 ⇨ 두 변수 간의 순수한 선형관계

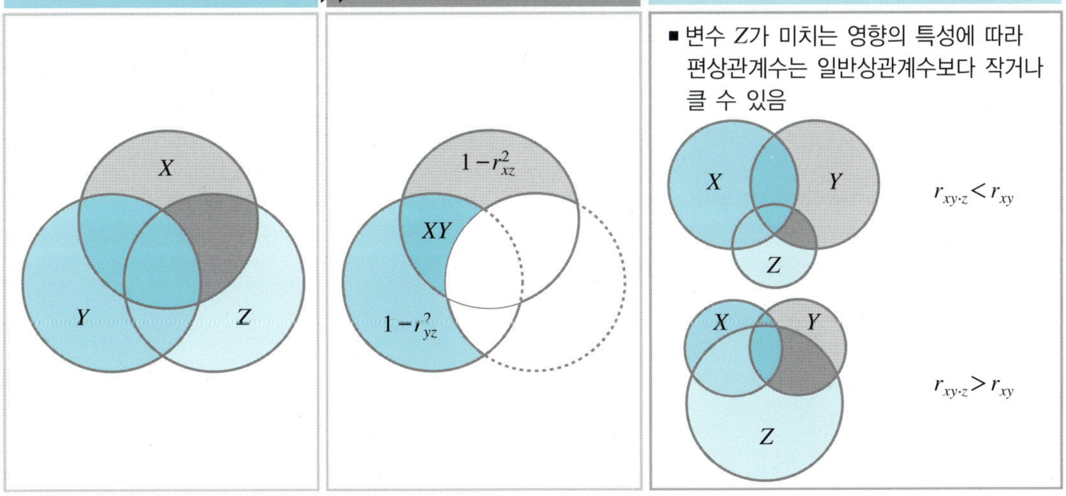

상관계수를 편상관계수라 하며, 이때 두 변수에 영향을 미치는 변수 Z를 통제변수라 한다.

3.1 편상관분석 사례

최근 금융자율화와 금융시장 개방 등 급격한 환경변화로 인하여 금융권에서도 이제 마케팅 및 신상품개발의 중요성이 나날이 부각되고 있다. 이에 H은행은 더욱 치열해지는 경쟁상황하에서 금융신상품의 성공요인을 알아보기 위해 설문을 실시하였다. 일반적으로 밝혀진 상품 성공요인들을 고려해서 금융상품개발에 직접 참여한 전문가들을 대상으로 신상품개발에 관한 자료를 수집하고 이를 바탕으로 성공요인들과 실제 매출성과 간의 상관 정도를 알아보고자 한다. 또한 추가적으로 시장성장성을 통제한 상황에서 성공요인과 성과 간의 순수한 상관 정도도 알아보고자 한다.

분석방법 JOB ANALYSIS

H은행은 금융상품의 성공요인들과 매출성과 간의 상관관계 정도를 분석해서 과연 어떠한 요인이 성과에 큰 영향을 미치는지 알아보고자 50명의 금융전문가들에게 설문조사를 실시해서 자료를 수집하였다. 자료들이 등간척도로 측정되었으므로 피어슨 상관분석을 사용할 수 있으며, 추가적으로 편상관분석을 실시하여 시장성장성이라는 요인을 통제한 상태에서 성공요인들과 매출성과 간 순수한 상관관계 정도를 파악할 수 있다. 이에 대한 절차를 살펴보면 다음과 같다.

① 시장성장성이 성공요인들과 매출성과에 미치는 영향을 제거한 후, 변수들 간의 순수한 상관관계를 알아보기 위해서는 편상관분석을 실시한다.
② 시장성장성을 통제변수로 한 편상관분석의 결과와 일반상관분석의 결과를 비교해서 통제변수의 효과나 변수들 간의 순수한 상관관계를 파악한다.
③ 유의확률(p-value)값을 확인하여 통계적으로 유의한지를 확인한다.

3.2 분석절차

1) 1단계 : 자료수집

국내 대규모의 금융중개회사를 접촉하여 최근 2년 사이에 시장에 도입되었던 금융상품의 개발에 직접적으로 참여하였거나 신상품 마케팅을 책임진 관리자들을 대상으로 금융상품과 관련된 내용, 예를 들어 시장에서의 성과, 신상품의 특성, 마케팅 현황 및 시장상황에 관련된 내용을 조사하기 위해 50개의 응답자료를 수집하였다.

금융상품의 성공요인과 관련된 변수로는 상품의 우월성과 참신성, 마케팅 현황요인으로 마케팅지원 및 인적판매, 또한 시장상황요인으로 시장성장성을 설정하고 5점 척도를 사용하여 개별 금융상품에 대하여 측정하였다.

①	②	③	④	⑤
평균보다 상당히 아래	평균 이하	평균	평균 이상	평균보다 상당히 위

1. 나 금융상품과 비교했을 때 출시되었던 신상품 우월성의 정도는? (   )
2. 타 금융상품과 비교했을 때 출시되었던 신상품 참신성의 정도는? (   )
3. 타 금융상품과 비교했을 때 신상품에 대한 마케팅지원 정도는? (   )
4. 타 금융상품과 비교했을 때 신상품에 대한 인적판매(영업)지원 정도는? (   )
5. 신상품 출시 당시 예측된 시장성장성의 정도는? (   )
6. 신상품 출시 후 매출성과 정도는? (   )

2) 2단계 : 분석자료 준비

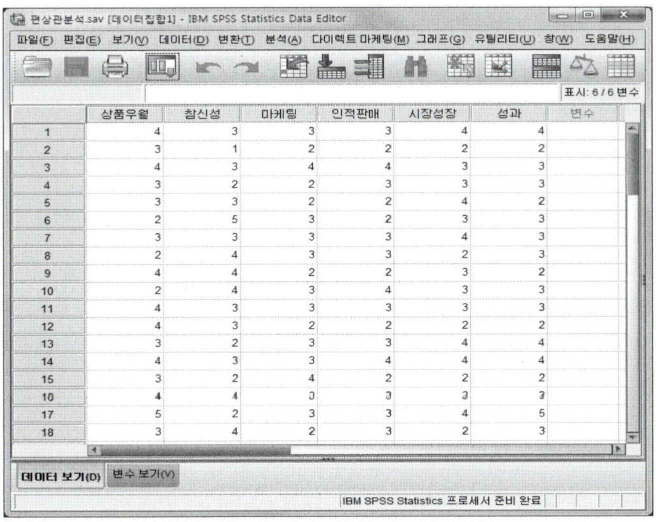

- 특정한 개별신상품에 대하여 마케팅 현황 및 시장상황을 묻는 구체적인 설문지를 작성·배포하여 50개의 응답자료를 수집하였다.
- 수집한 자료를 엑셀에 코딩하여 [SPSS 데이터 편집기]창으로 불러들였다.

3) 3단계 : 편상관분석 실행

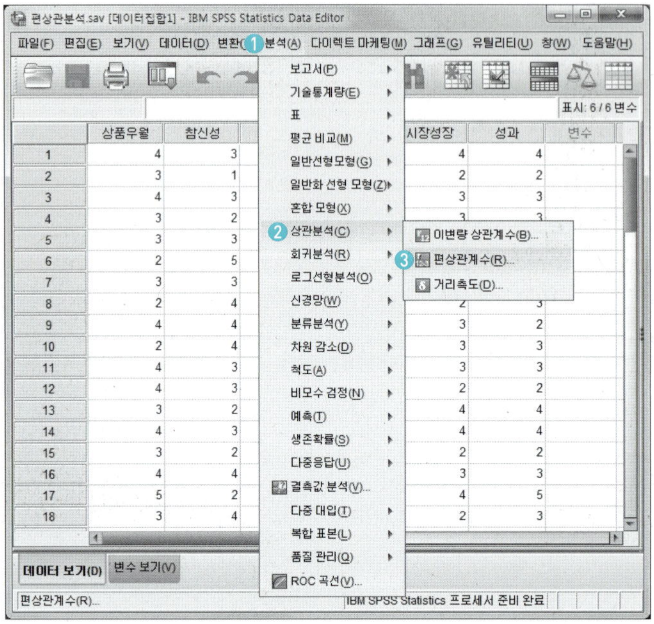

- 편상관분석을 위해 수집된 자료를 불러온 후, 탑 메뉴에서
- ❶ [분석] → ❷ [상관분석] → ❸ [편상관계수]를 선택한다.

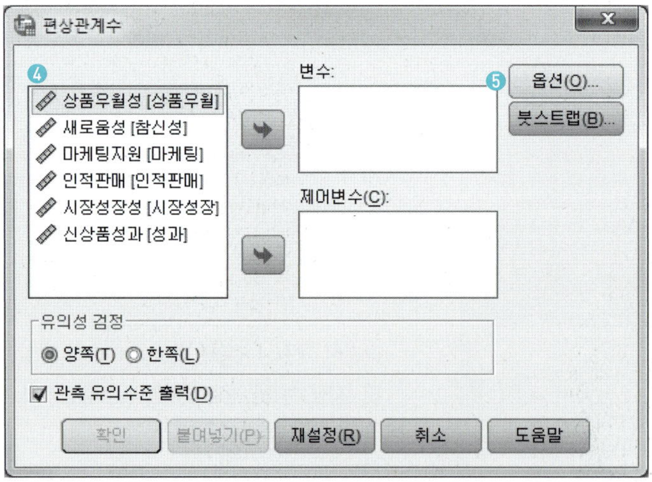

- [편상관계수]창의 우측란은 ❹ 편상관분석에 사용될 수 있는 변수들을 나타낸다.
- 편상관분석에서 필요로 하는 옵션을 선택하기 위하여 ❺ [옵션] 버튼을 클릭한다.

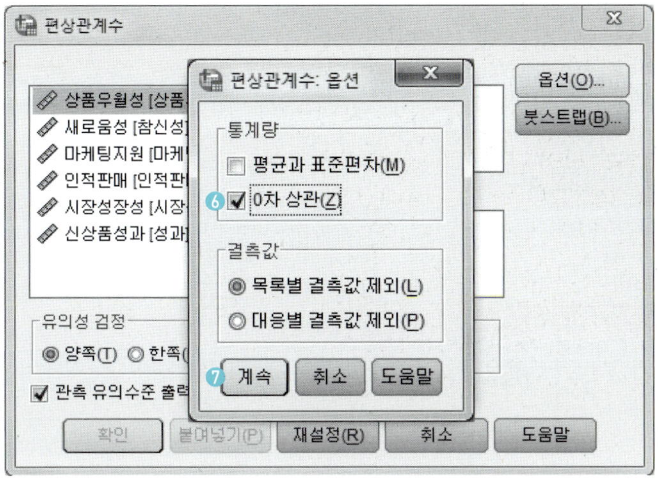

- ❻ [0차 상관]을 선택하고, ❼ [계속]을 클릭한다.
- [0차 상관]을 선택하면 제3의 변수를 통제하기 전과 후의 상관계수값을 비교할 수 있다.

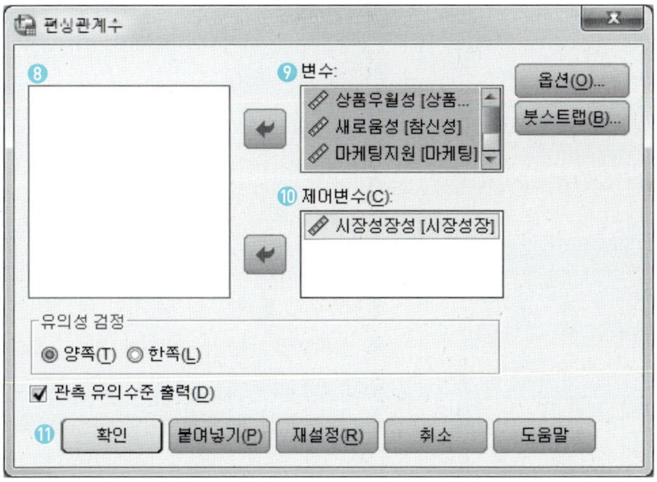

- ❽ 우측란에 있는 변수들 중, 상관관계를 살펴보고자 하는 변수들을 선택한 후 [→] 버튼을 이용하여 ❾ [변수]란으로 옮기고, 통제하고자 하는 변수를 ❿ [제어변수]란으로 옮긴 후, ⓫ [확인] 버튼을 클릭한다.

3.3 분석결과 및 해석

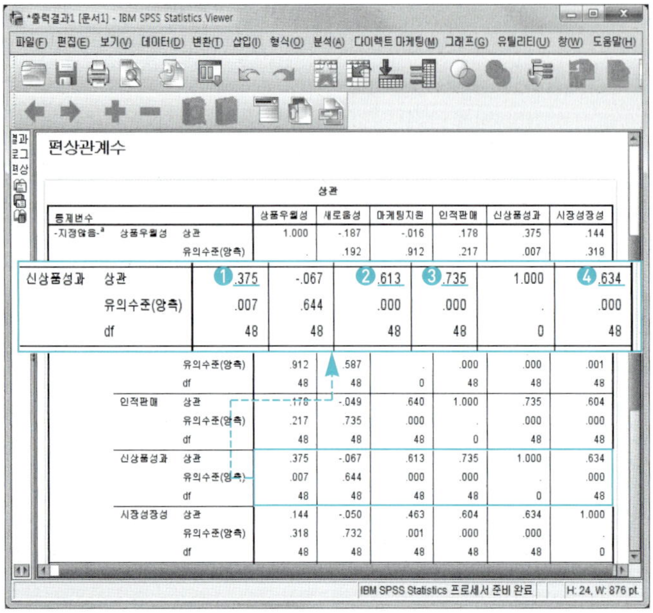

• [옵션]에서 [0차 상관]을 선택하였으므로 통제변수인 [시장성장성]이 통제되지 않은 상태에서의 분석결과 두 가지 모두를 확인할 수 있다.

→ 분석결과를 비교함으로써 통제변수의 영향력을 알 수 있다.

• 통제변수가 통제되지 않은 상태의 분석결과를 살펴보면 [신상품성과]는 ❶ [상품우월성]과 ❷ [마케팅지원] 그리고 ❸ [인적판매] 및 ❹ [시장성장성]과 연관성이 있음을 알 수 있다.

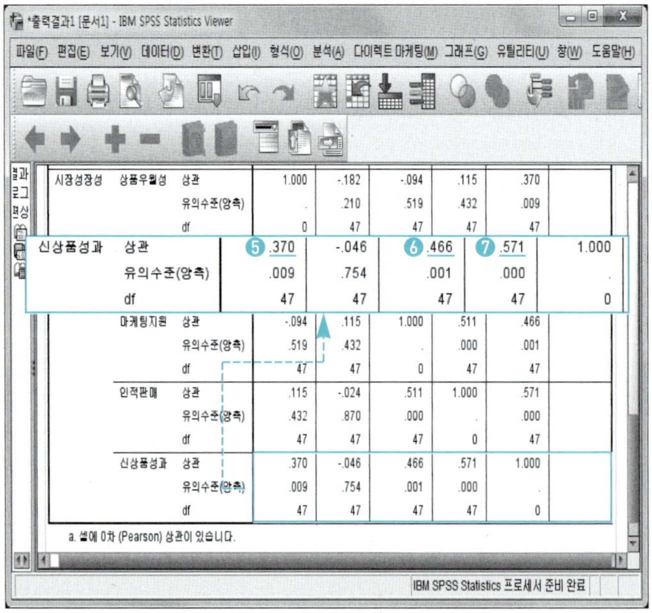

• 통제변수가 통제된 상태에서의 분석결과를 살펴보면, [신상품성과]는 여전히 ❺ [상품우월성]과 ❻ [마케팅지원] 그리고 ❼ [인적판매]와 연관성이 있는 것으로 나타나고 있다. 그러나 [신상품성과]와 [마케팅], [인적판매]의 상관관계를 살펴보면 통제되지 않은 상태에 비해 통제된 상태에서 상관계수가 급격히 감소된 것을 볼 수 있다.

• 이는 금융신상품의 성공요인 중 [마케팅지원]과 [인적판매]는 [시장성장성]에 따라 [신상품성과]가 달라지고 있음을 알 수 있다.

04 교차분석

교차분석은 명목척도나 서열척도로 측정된 범주형 변수(categorical variables)들 간의 연관성을 분석하는 방법이다. 등간척도나 비율척도로 측정된 연속변수 간의 선형적 연관성은 상관관계분석을 통하여 구할 수 있으나, 명목척도나 서열척도로 측정된 변수들 간의 연관성은 상관분석을 이용하여 분석하기 어렵다. 따라서 이러한 범주형 변수 간의 연관성분석은 교차분석을 통하여 이루어진다. 교차분석은 변수들 간의 범주를 교차시킨 교차테이블에서 각 셀의 빈도를 나타내는 교차분석표(cross table)를 작성하여 두 변수 간의 상호독립성이나 관련성 정도를 분석한다.

4.1 교차분석 사례

L그룹은 기업경쟁력을 제고시키기 위한 기업 구조조정의 일환으로 인사이동을 실시하려고 한다.

이러한 목적으로 기업 내 직원들의 부서별 직무만족도를 평가한 후 수집된 자료를 통해 적절한 인사이동을 실시하여 직원들의 직무성과를 최대화시키기 위한 방안을 수립하고자 한다. 이에 인사팀장은 구체적인 분석 및 개인면담으로 직원들의 직무에 대한 태도를 파악하기 전에 과연 어떠한 요인들이 직무태도에 영향을 미치는지를 알아보려고 한다. 먼저 인사팀장은 학력과 직무만족 간에 큰 관계가 있을 것이라고 판단하고, 두 변수 간의 관계에 대해 조사를 실시하려고 한다.

분석방법 JOB ANALYSIS

현재 우리가 가지고 있는 자료는 인사팀장이 직원 100명을 대상으로 조사한 자료이다. 설문지에서 보는 바와 같이 명목척도로 자료를 수집하였으므로 학력과 직무만족 간의 독립성 여부를 알아보기 위해서는 교차분석을 실시해야 한다. 여기서 주의할 점으로는 교차분석도 연관성분석에 해당되나, 빈도교차표를 이용하므로 SPSS상에서 [상관분석]이 아닌 [기술통계량]이라는 메뉴에서 교차분석을 실시해야 한다는 것이다. 이에 대한 절차를 살펴보면 다음과 같다.

① 설문지의 응답자료가 어떠한 척도로 측정되었는지 확인한다.

② 연관성을 분석하고자 하는 두 변수들의 척도가 명목척도이므로 상관분석 대신에 교차분석을 실시한다 따라서 [상관분석]이 아닌 [기술통계량] 메뉴에 있는 [교차분석]을 실시한다.

③ 도출된 분석결과를 보고 응답자의 응답빈도와 그 응답이 차지하는 비율을 알 수 있으며, 유의확률(p-value)값을 확인하여 두 변수의 연관성 여부에 대한 통계적 유의성을 확인한다.

4.2 분석절차

1) 1단계 : 자료수집

어떠한 요인들이 직무태도에 영향을 미치는지를 알아보기 위해 다음과 같은 설문내용으로 자료를 수집한다.

1. 귀하의 최종학력은? (　　)
   1) 고졸 이하　2) 4년제 대학졸　3) 전문대졸　4) 대학원졸
2. 귀하의 부서 내에서의 직무만족도는? (　　)
   1) 만족한다　2) 보통이다　3) 불만족한다
3. 귀하의 연령은? (　　)
   1) 24세 이하　2) 25~29세　3) 30~33세　4) 34세 이상
4. 귀하의 월평균 임금은? (　　)
   1) 100만원 미만　2) 100만원 ~ 150만원 미만　3) 150만원 ~ 250만원 미만　4) 250만원 이상
5. 귀하의 부서 내에서의 대인관계는? (　　)
   1) 좋다　2) 보통이다　3) 좋지 않다

2) 2단계 : 분석자료 준비

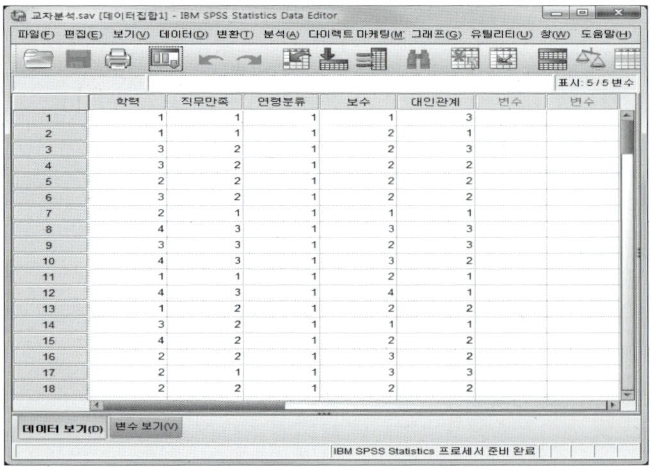

	학력	직무만족	연령분류	보수	대인관계	변수	변수
1	1	1	1	1	3		
2	1	1	1	2	1		
3	3	2	1	2	3		
4	3	2	1	2	2		
5	2	2	1	2	2		
6	3	2	1	2	2		
7	2	1	1	1	1		
8	4	3	1	3	3		
9	3	3	1	2	3		
10	4	3	1	3	2		
11	1	1	1	2	1		
12	4	3	1	4	1		
13	1	2	1	2	2		
14	3	2	1	1	1		
15	4	2	1	2	2		
16	2	2	1	3	2		
17	2	1	1	3	3		
18	2	2	1	2	2		

• 100명의 직원들로부터 설문자료를 수집하여 엑셀에 코딩한 다음 [SPSS 데이터 편집기]창으로 불러들였다.

3) 3단계 : 교차분석 실행

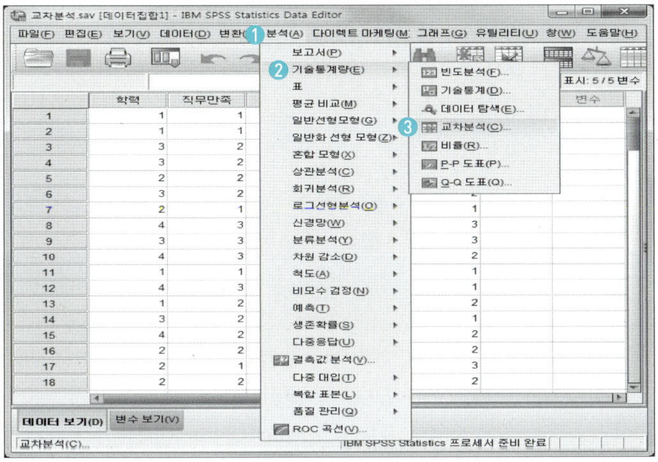

- 교차분석을 위해 탑 메뉴에서 ❶ [분석] → ❷ [기술통계량] → ❸ [교차분석]를 선택한다.

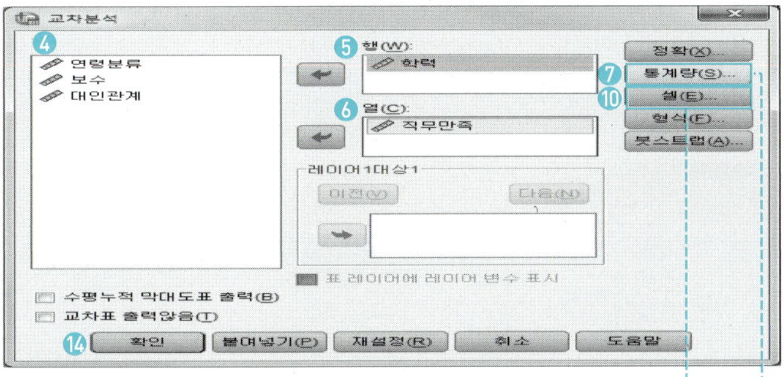

- [교차분석]창에서 ❹ 좌측란에 있는 변수들 중 학력을 ➡ 버튼을 이용하여 ❺ [행]으로 이동시키고, [직무만족]을 ❻ [열]란으로 이동시킨다.
- [교차분석]창에서 ❼ [통계량] 버튼을 클릭한다.

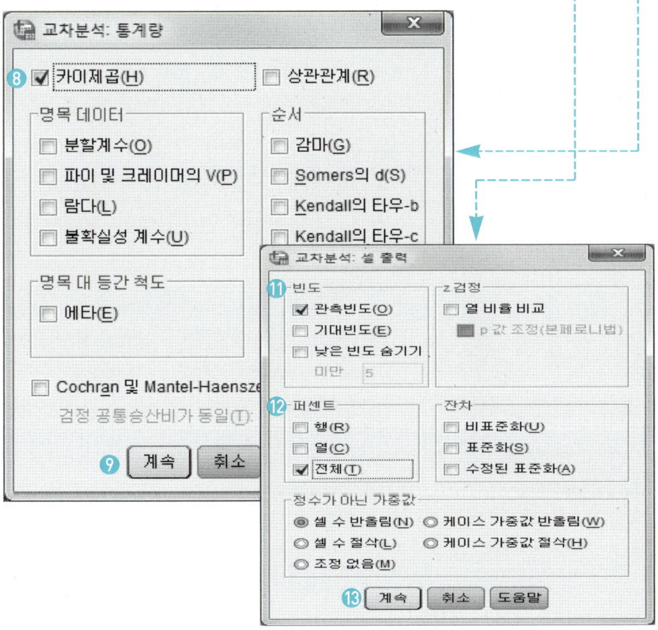

- [교차분석: 통계량]창이 나타나면 ❽ [카이제곱]을 선택한 후, ❾ [계속] 버튼을 클릭한다.
- 교차분석창에서 ❿ [셀] 버튼을 클릭한다.
- [교차분석: 셀 출력]창이 나타나면 ⓫ [빈도]에서 [관측빈도]를, ⓬ [퍼센트]에서 [전체]를 선택하고, ⓭ [계속] 버튼을 클릭한다.
- ⓮ [확인] 버튼을 클릭해서 교차분석을 실행한다.

4.3 분석결과 및 해석

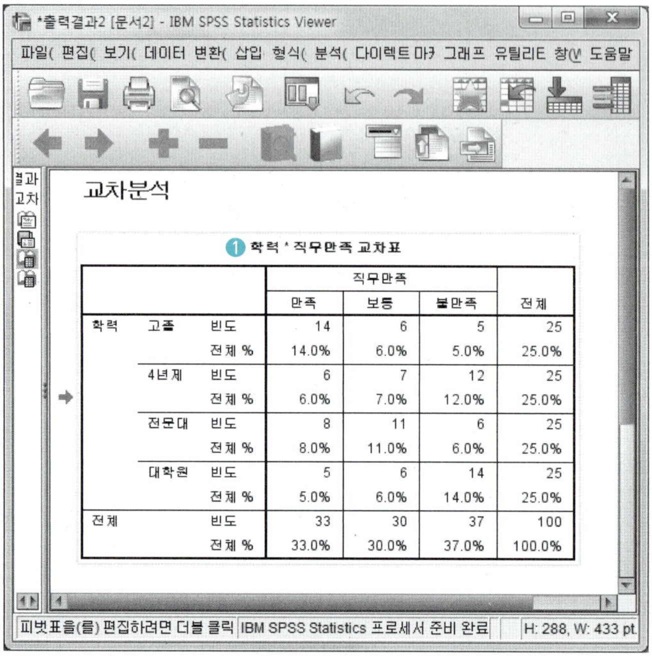

❶ 학력 * 직무만족 교차표

			직무만족			전체
			만족	보통	불만족	
학력	고졸	빈도	14	6	5	25
		전체 %	14.0%	6.0%	5.0%	25.0%
	4년제	빈도	6	7	12	25
		전체 %	6.0%	7.0%	12.0%	25.0%
	전문대	빈도	8	11	6	25
		전체 %	8.0%	11.0%	6.0%	25.0%
	대학원	빈도	5	6	14	25
		전체 %	5.0%	6.0%	14.0%	25.0%
전체		빈도	33	30	37	100
		전체 %	33.0%	30.0%	37.0%	100.0%

- ❶ [학력과 직무만족도]에 대해 분석한 [학력 · 직무만족 교차표]를 살펴보면, 상대적으로 학력이 낮은 고졸사원의 만족도가 14%인 데 반해 고학력에 해당되는 대학원을 졸업한 사원의 경우 만족도가 5%이고 불만족도가 14%이므로, 학력이 높을수록 부서 내 직무만족도가 낮다는 것을 알 수 있다.

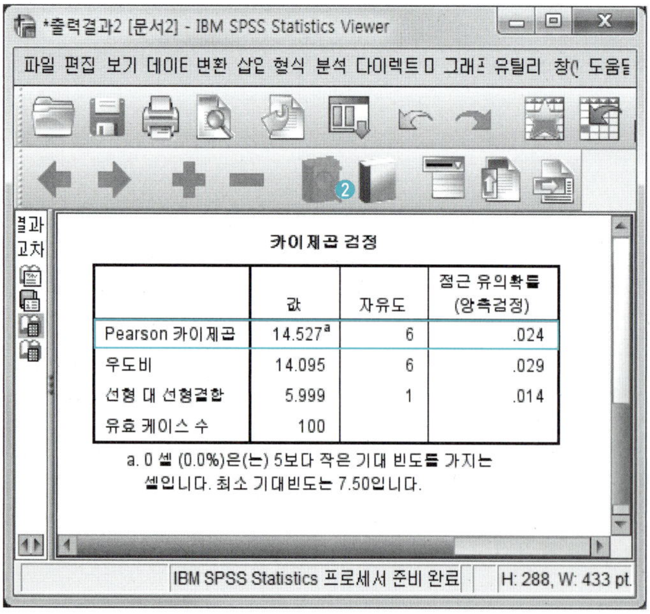

카이제곱 검정

	값	자유도	점근 유의확률 (양측검정)
Pearson 카이제곱	14.527[a]	6	.024
우도비	14.095	6	.029
선형 대 선형결합	5.999	1	.014
유효 케이스 수	100		

a. 0 셀 (0.0%)은(는) 5보다 작은 기대 빈도를 가지는 셀입니다. 최소 기대빈도는 7.50입니다.

- ❷ [카이제곱 검정] 결과표를 살펴보면 카이제곱값이 '14.527'이고, 유의수준 0.05에서 유의확률이 '0.024'이므로 서로 독립적이라는 귀무가설이 기각되고 서로 연관되어 있다는 연구가설이 채택됨을 알 수 있다.
- 즉, 학력과 부서 내 직무만족도는 상호 연관성이 있으며 학력이 높을수록 직무 만족도가 낮아지는 것을 알 수 있다.

05 연습문제

연 | 습 | 문 | 제 EXERCISES

문제 1 K중학교에서 근무하는 박진주 선생님은 학생들의 학업성적 향상을 위해 연관성이 높은 과목과 그렇지 못한 과목을 찾아 연관성이 높은 과목들 간의 연계교육을 통해 보다 효과적으로 수업을 진행하고자 한다. 이를 위해서 국어, 영어, 수학, 과학의 4과목 점수들 간의 상관관계를 살펴보고, 이를 바탕으로 적절히 교과목 시간표를 편성하고자 한다. [4_1.sav]자료를 이용하여 국어, 영어, 수학, 과학의 4과목 점수들 간의 상관관계를 분석해 보시오.

문제 2 H회사에 입사한 이우진 군은 사회초년생으로서 대인관계를 하는 것이 무척 어렵다고 느끼고 있다. 그러나 나이가 많으신 분들은 자신과는 다르게 여유롭고 원만한 대인관계를 하는 것에 대해 항상 부러워하고 있다. 과연 이우진 군의 믿음처럼 연령과 원만한 대인관계가 서로 연관성이 높은지 [4_2.sav] 자료를 이용해 확인해 보시오.

Chapter 05

분산분석(ANOVA)

01 일원분산분석

02 주효과 검정만이 가능한 이원분산분석

03 주효과와 상호작용효과 검정이 가능한 이원분산분석

04 연습문제

사랑도 살아가는 일인데

도종환

꽃들은 향기 하나로 먼 곳까지 사랑은 전하고
새들은 아름다운 소리 지어 하늘 건너 사랑을 알리는데
제 사랑은 줄이 끊긴 악기처럼 소리가 없었습니다
나무는 근처의 새들을 제 몸 속에 살게 하고
숲은 그 그늘에 어둠이 무서운 짐승들을 살게 하는데
제 마음은 폐가처럼 아무도 와서 살지 않았습니다
사랑도 살아가는 일인데
하늘 한복판으로 달아오르며 가는 태양처럼
한번 사랑하고 난 뒤
서쪽 산으로 조용히 걸어가는 노을처럼
사랑할 줄을 몰랐습니다
얼음장 밑으로 흐르면서 얼지 않아
골짝의 언 것들을 녹이며 가는 물살처럼
사랑도 그렇게 작은 물소리로 쉬지 않고 흐르며 사는 일인데
제 사랑은 오랜 날 녹지 않은 채 어둔 숲에 버려져 있었습니다
마음이 닮아 얼굴이 따라 닮은 오래 묵은 벗처럼
그렇게 살며 늙어가는 일인데
사랑도 살아가는 일인데.

Chapter 05

분산분석(ANOVA)

분산분석(ANOVA : analysis of variance)은 분산값의 비율을 이용하여 집단 간 평균값의 차이를 검정하는 분석방법이다.

일반적으로 집단이 2개인 경우에는 T검정으로 집단 간 평균차이를 검정할 수 있다. 그러나 집단이 3개 이상인 경우 T검정으로 집단 간 평균차이를 한 번에 분석하기는 어렵다. 이처럼 집단이 3개 이상인 경우에 집단 간 평균차이를 동시에 비교 검정할 수 있는 방법이 바로 분산분석이다. 즉, 분산분석은 3개 이상의 집단 간 평균이 서로 차이가 있는지를 검정하는 분석방법이다.

이때 집단을 구분하기 위해 사용하는 독립변수는 이산변수이며, 관심의 대상이 되는 값인 종속변수는 연속변수이어야 한다. 따라서 분산분석은 독립변수로 구분되는 각각의 집단에 속한 관측치들의 평균, 즉 집단 간 종속변수값의 평균들이 통계적으로 유의하게 차이가 있는지를 분석하는 것이 된다.

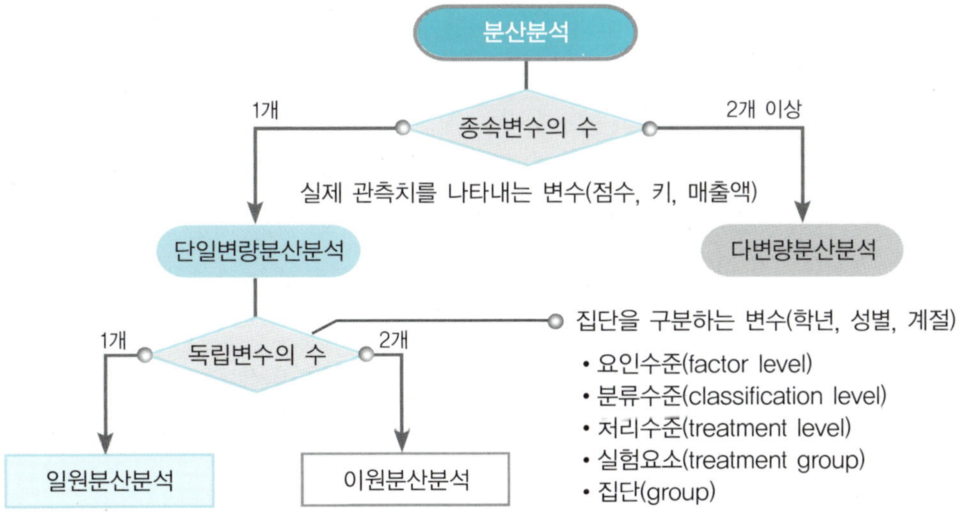

일반적으로 분산분석은 종속변수의 수에 따라 단일변량분산분석과 다변량분산분석으로 나누어진다. 단일변량분산분석(univariate analysis of variance)은 단일 종속변수의 평균값이 집단 간에 차이가 있는지를 분석하는 것이고, 다변량분산분석(MANOVA : multivariate analysis of variance)은 2개 이상 종속변수들의 평균값들, 즉 평균벡터의 집단 간 차이를 동시에 비교 · 분석하는 방법이다. 또한 집단을 나누는 요인인 독립변수의 수에 따라서 분산분석을 일원분산분석과 이원분산분석으로 구분할 수 있다. 일원분산분석은 단일요인(독립변수)으로 구분되는 집단 간 종속변수의 평균차이를 분석하는 것으로서 대부분의 분산분석이 여기에 속한다. 이원분산분석은 2개의 요인, 즉 2개의 독립변수로 구분되는 세분화된 집단 간 종속변수의 평균차이를 분석하는 방법이다.

01 일원분산분석

일원분산분석은 집단을 구분하는 독립변수가 1개인 경우 집단 간 종속변수의 평균차이를 분석하는 방법이다. 다시 말하면 집단을 구분하는 독립변수, 즉 요인이 1개이고, 3개 이상의 집단에 대한 평균차이를 검정하는 분석이라 할 수 있다.

1.1 일원분산분석 사례

최근 들어 다양한 브랜드의 패밀리 레스토랑이 개점하여 경쟁이 점차 심해지고 있다. 이에 레스토랑들은 다양한 서비스 개발과 고객서비스 개선을 위하여 부단히 노력하고 있다. A패밀리 레스토랑 본사에서 근무하고 있는 한승민 지점장은 패밀리 레스토랑을 비롯하여 경쟁관계에 있는 대표적인 패밀리 레스토랑들의 서비스에 대하여 고객들이 어떻게 평가하고 있는가를 알아보고 적절한 대고객서비스 마케팅전략을 구사하고자 한다.

이를 위하여 본인의 패밀리 레스토랑을 포함한 대표적인 패밀리 레스토랑 브랜드 4개를 선정하여 이들에 대해 소비자가 인식하고 있는 서비스수준에 차이가 있는지를 알아보고자 한다.

분석방법 JOB ANALYSIS

선정된 패밀리 레스토랑 브랜드 4곳을 모두 이용해 본 경험이 있는 소비자들을 대상으로 자신이 경험한 이들 패밀리 레스토랑에 대하여 응답자가 인식하고 있는 서비스수준을 등간격이나 점수로 평가하도록 한다. 패밀리 레스토랑 브랜드는 독립변수로, 소비자가 평가한 서비스수준은 종속변수로 정하여 분산분석을 실시한다. 집단을 구분하는 변수가 패밀리 레스토랑 브랜드 한 가지이므로 일원배치 분산분석을 실시하여 패밀리 레스토랑 브랜드 간 서비스수준에 차이가 있는지 유의수준 0.05에서 확인한다. 이에 대한 절차를 살펴보면 다음과 같다.

① 선정된 패밀리 레스토랑 브랜드 4곳을 모두 이용해 본 경험이 있는 소비자들에게 각 패밀리 레스토랑의 서비스수준에 대하여 평가하도록 한다.
② 명목척도로 측정된 패밀리 레스토랑 브랜드를 독립변수로, 등간척도로 측정된 서비스수준에 대한 평가를 종속변수로 하여 일원배치 분산분석을 실시한다.
③ 유의성 검정을 통하여 패밀리 레스토랑 브랜드 간 서비스수준에 차이가 있는지를 확인한다.

1.2 분석절차

1) 1단계 : 자료수집

- 패밀리 레스토랑을 이용해 본 고객들을 대상으로 서비스 만족도에 대해 설문을 실시한다.
- 명목척도로 측정된 패밀리 레스토랑의 브랜드는 분산분석에서 집단을 구분하는 요인으로 독립변수에 해당한다.
- 등간척도를 이용해서 측정된 각각의 패밀리 레스토랑에 대한 서비스 만족도는 종속변수에 해당한다.

귀하께서 경험하신 패밀리 레스토랑의 서비스에 대한 만족도를 평가해 주십시오.

(패밀리 레스토랑)	전혀 만족하지 않는다 　　　　보통이다 　　　　　　매우 만족한다
1. TGI 프라이데이	① --------- ② --------- ③ --------- ④ --------- ⑤
2. 아웃백 스테이크	① --------- ② --------- ③ --------- ④ --------- ⑤
3. 베니건스	① --------- ② --------- ③ --------- ④ --------- ⑤
4. 마르쉐	① --------- ② --------- ③ --------- ④ --------- ⑤

2) 2단계 : 분석자료 준비

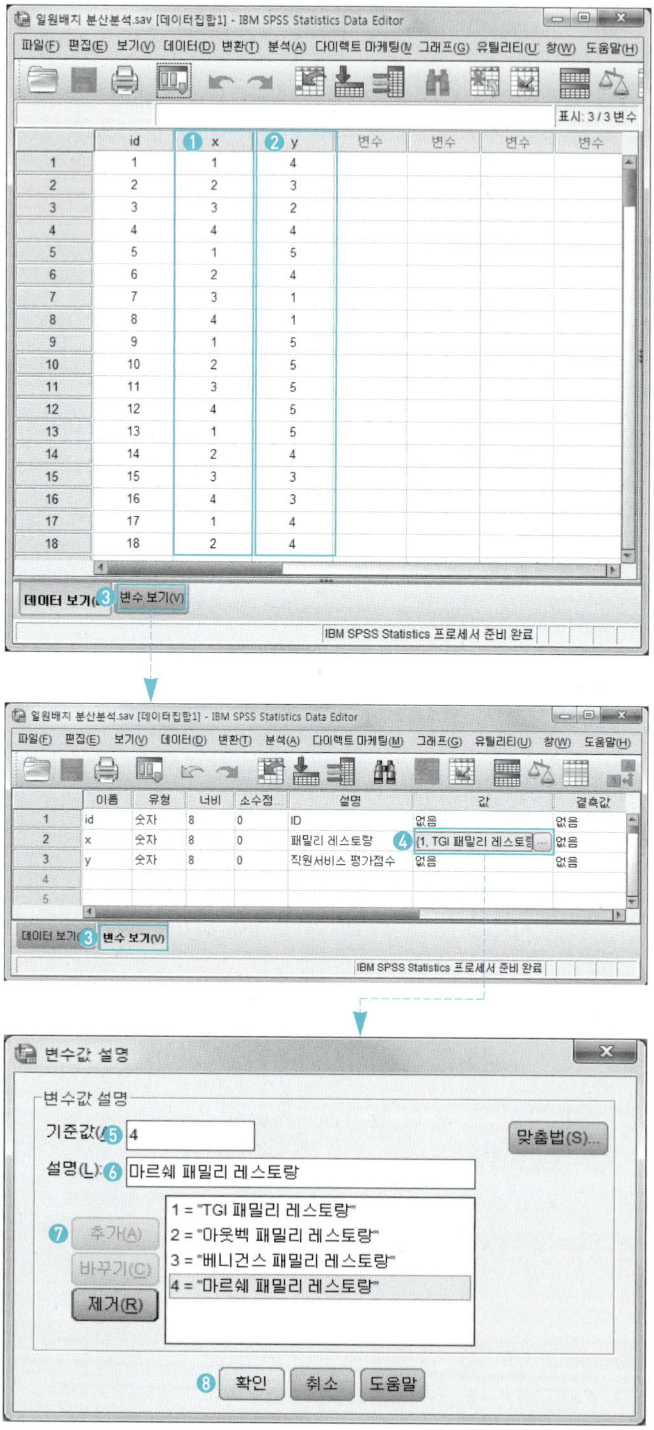

- 설문지가 회수되면 각 설문문항에 맞게 설문결과를 코딩한다. 각 행(케이스)은 하나의 질문에 대한 응답내용을 담고 있다.
- ❶ 첫 번째 열은 레스토랑의 브랜드를 구분하는 독립변수이다.
- ❷ 두 번째 열은 응답자들이 해당 레스토랑에 대한 만족도를 평가한 값이다.

- ❸ [변수 보기]를 클릭하면 이름, 유형, 자릿수, 설명, 값 등을 수정하거나 입력할 수 있는 창으로 화면이 전환된다.
- ❹ 마우스 포인터를 위치시킨 후 마우스 왼쪽 버튼을 클릭하면 [변수값 설명]창이 나타난다.
- ❺ [기준값]에 '1'을 입력한다.
- ❻ [설명]에 'TGI 패밀리 레스토랑'을 입력한다.
- ❼ [추가] 버튼을 클릭하고 난 후
- 이 같은 과정을 반복하여 '2 = 아웃백 패밀리 레스토랑', '3 = 베니건스 패밀리 레스토랑', '4 = 마르쉐 패밀리 레스토랑'을 순서대로 입력한다.
- [SPSS 데이터 편집기]창으로 돌아가기 위해서 ❽ [확인] 버튼을 클릭한다.

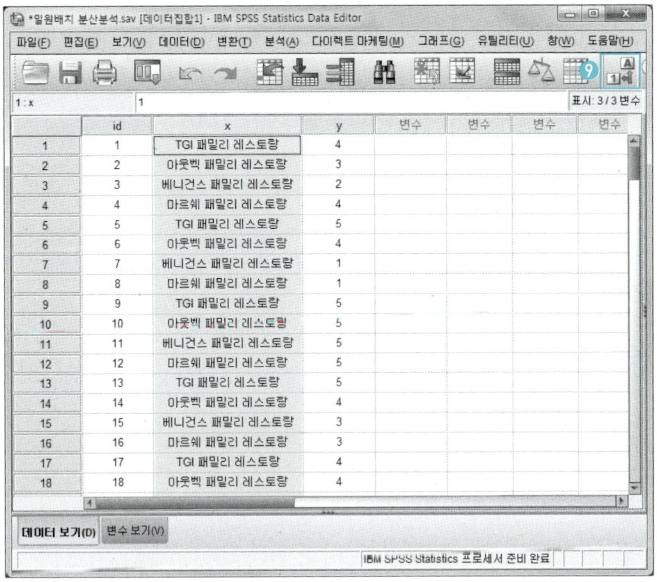

- 이와 같이 변수의 각 수준에 따른 레벨을 정해 주고, [데이터 보기]창 위쪽 상단에 위치한 ❾ 아이콘 을 클릭하면 그림과 같이 변수값이 구체적인 레벨값(x변수)으로 변하는 것을 볼 수 있다.

3) 3단계 : 일원배치 분산분석의 실행

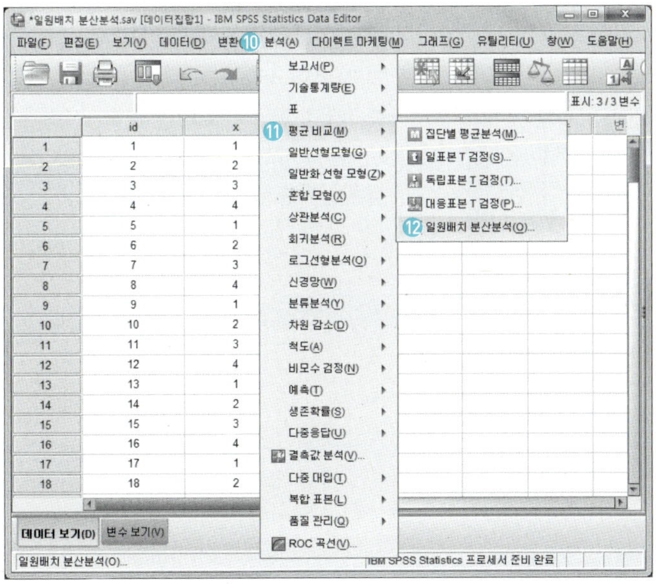

- 탑 메뉴에서 ❿ [분석] → ⓫ [평균비교] → ⓬ [일원배치 분산분석]을 차례로 선택한다.

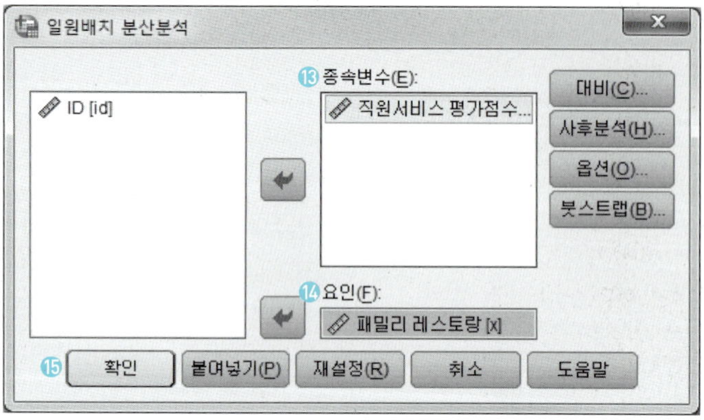

- [일원배치 분산분석]창이 나타나면, 패밀리 레스토랑에 따른 직원서비스 만족도 평균 차이를 분석하기 위해서 그림과 같이
- [직원서비스 평가점수] 변수를 ➡ 버튼을 이용하여 ⑬ [종속변수]란으로 이동시키고 집단을 구분하는 [패밀리 레스토랑] 변수를 ⑭ [요인]란으로 이동시킨다.
- ⑮ [확인] 버튼을 클릭해서 분산분석을 실행한다.

1.3 분석결과 및 해석

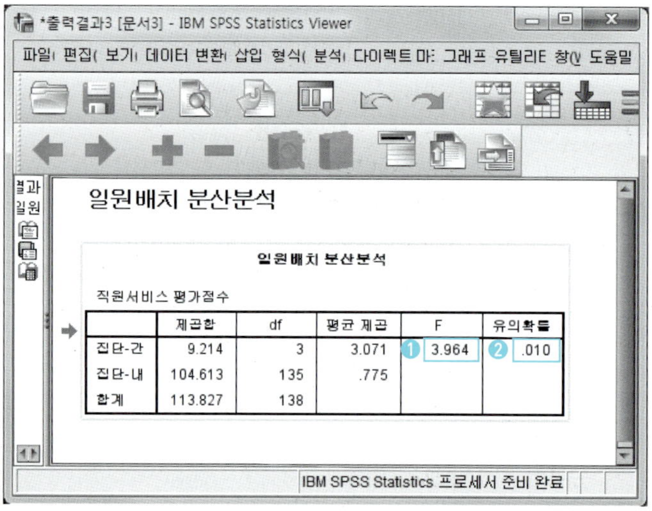

- 산출된 [분산분석]표를 살펴보면 ① F값이 '3.964' 이고, ② 유의확률값이 '0.010' 이므로 귀무가설을 기각하고 만족도가 서로 차이가 있음을 주장하는 연구가설을 채택한다.
- 따라서 각 패밀리 레스토랑에 따라 고객이 느끼는 서비스 만족도에는 차이가 있다고 결론을 내릴 수 있다.

1.4 추가적인 분석

1) 사후분석(다중비교)

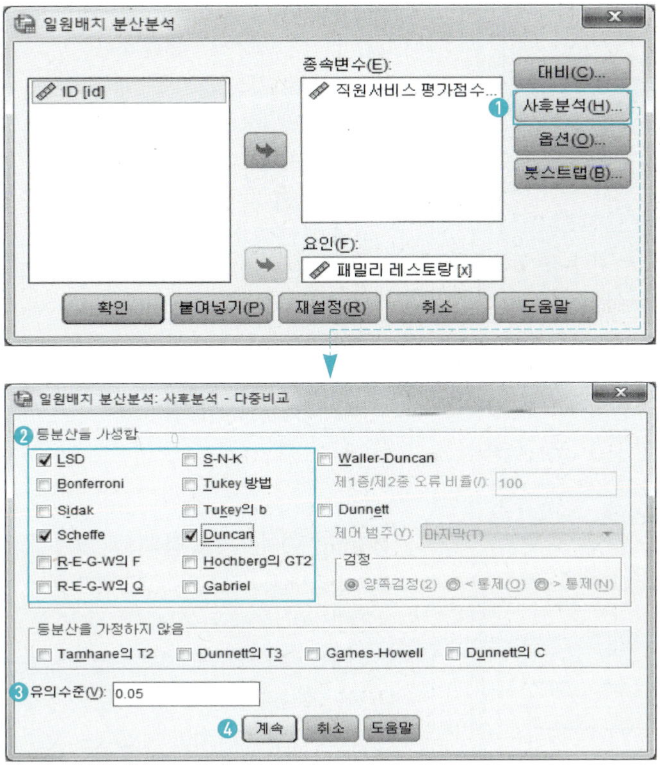

- 일원배치 분산분석결과, 패밀리 레스토랑의 유형에 따라 직원들의 서비스에 대한 고객 만족도가 서로 다르다는 결론을 얻었을 경우, 과연 어느 2개의 레스토랑 간에 평균 차이가 발생하는가를 구체적으로 살펴보기 위해 사후분석을 실시한다.
- [일원배치 분산분석]창에서 ❶ [사후분석]을 클릭한다.
- ❷ [사후분석 – 다중비교] 대화상자에서 그림과 같이 [LSD(L)], [Scheffe(C), [Duncan(D)]을 선택한다.
- ❸ 통계적 유의성을 검정하는 유의수준, 즉 허용오차가 5%로 설정되어 있으나 필요에 따라 분석자가 임의로 정할 수 있다.
- [일원배치 분산분석]창으로 돌아가기 위해 ❹ [계속] 버튼을 클릭한다.

※ 이후 분석절차는 앞의 내용을 참조할 것

2) 사후검정(다중비교)결과 해석

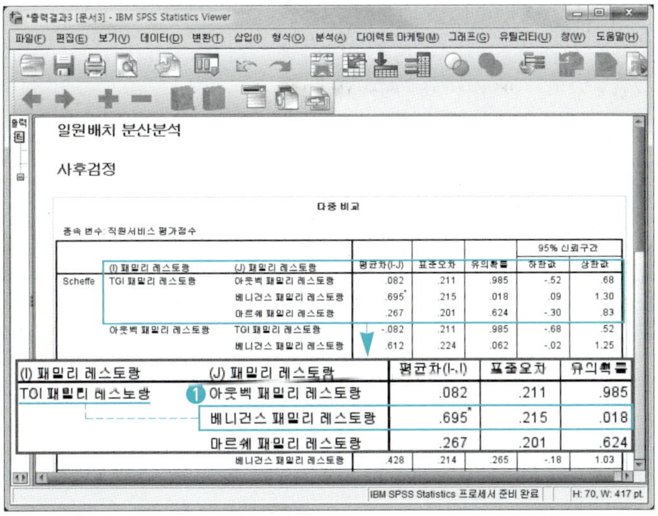

- Scheffe의 다중비교결과를 살펴보면 ❶ TGI와 베니건스 패밀리 레스토랑 간에 통계적으로 유의한 평균차이가 있음을 알 수 있다.

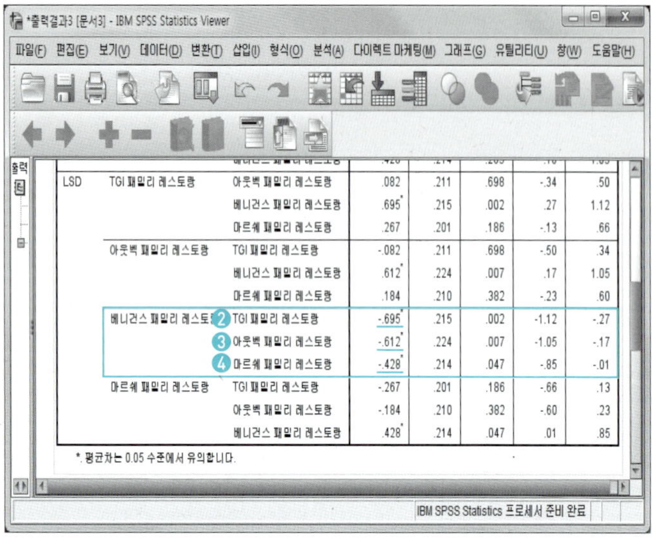

LSD	TGI 패밀리 레스토랑	아웃백 패밀리 레스토랑	.082	.211	.698	-.34	.50
		베니건스 패밀리 레스토랑	.695*	.215	.002	.27	1.12
		마르쉐 패밀리 레스토랑	.267	.201	.186	-.13	.66
	아웃백 패밀리 레스토랑	TGI 패밀리 레스토랑	-.082	.211	.698	-.50	.34
		베니건스 패밀리 레스토랑	.612*	.224	.007	.17	1.05
		마르쉐 패밀리 레스토랑	.184	.210	.382	-.23	.60
	베니건스 패밀리 레스토랑	❷ TGI 패밀리 레스토랑	-.695*	.215	.002	-1.12	-.27
		❸ 아웃백 패밀리 레스토랑	-.612*	.224	.007	-1.05	-.17
		❹ 마르쉐 패밀리 레스토랑	-.428*	.214	.047	-.85	-.01
	마르쉐 패밀리 레스토랑	TGI 패밀리 레스토랑	-.267	.201	.186	-.66	.13
		아웃백 패밀리 레스토랑	-.184	.210	.382	-.60	.23
		베니건스 패밀리 레스토랑	.428*	.214	.047	.01	.85

*. 평균차는 0.05 수준에서 유의합니다.

• LSD의 [다중비교] 결과를 살펴보면, ❷ TGI와 베니건스, ❸ 아웃백과 베니건스, ❹ 마르쉐와 베니건스 패밀리 레스토랑 간에 통계적으로 유의한 평균차이가 있음을 알 수 있다.

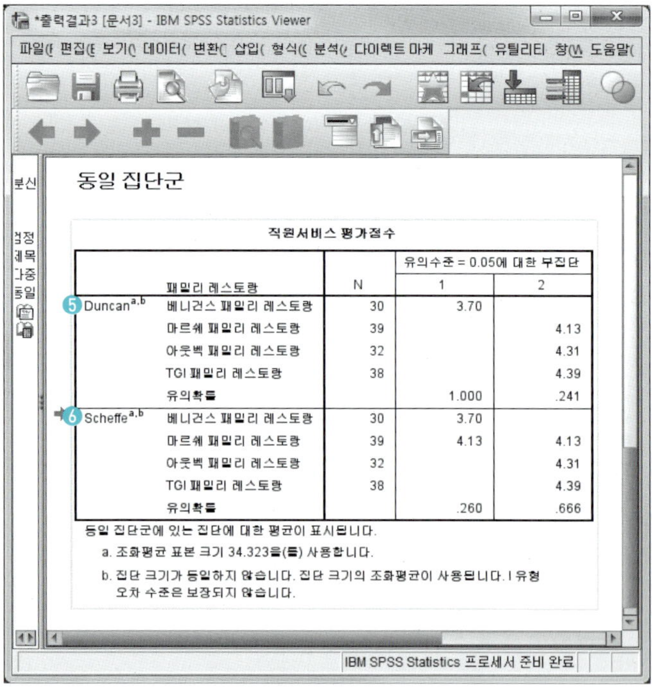

동일 집단군

직원서비스 평가점수

	패밀리 레스토랑	N	유의수준 = 0.05에 대한 부집단 1	2
❺ Duncan[a,b]	베니건스 패밀리 레스토랑	30	3.70	
	마르쉐 패밀리 레스토랑	39		4.13
	아웃백 패밀리 레스토랑	32		4.31
	TGI 패밀리 레스토랑	38		4.39
	유의확률		1.000	.241
❻ Scheffe[a,b]	베니건스 패밀리 레스토랑	30	3.70	
	마르쉐 패밀리 레스토랑	39	4.13	4.13
	아웃백 패밀리 레스토랑	32		4.31
	TGI 패밀리 레스토랑	38		4.39
	유의확률		.260	.666

동일 집단군에 있는 집단에 대한 평균이 표시됩니다.
a. 조화평균 표본 크기 34.323을(를) 사용합니다.
b. 집단 크기가 동일하지 않습니다. 집단 크기의 조화평균이 사용됩니다. I 유형 오차 수준은 보장되지 않습니다.

• [동일집단군]이란 사후검정에서 비슷한 종류의 집단(차이가 없는 집단)끼리 하나의 집단으로 묶어주는 것을 의미한다.

• ❺ Duncan의 사후검정에서 보면 오른쪽 상단에 1과 2로 나와 있다. 이것은 2개의 집단으로 구분되어 차이가 있다는 것을 의미한다.

• ❻ Scheffe를 이용한 사후검정에서도 마찬가지로 2개의 집단으로 구분되어 차이가 있음을 알 수 있다.

• 단, 마르쉐 레스토랑이 1과 2집단에 모두 표시되어 있는 것은 두 집단에 모두 속할 수 있음을 의미한다.

02 주효과 검정만이 가능한 이원분산분석

이원분산분석은 2개의 독립변수가 종속변수에 어떠한 영향을 미치고 있는가를 분석하는 것이다. 2개의 독립변수가 종속변수에 미치는 영향에는 2가지가 있다. 각각의 독립변수가 종속변수에 미치는 영향을 주효과라고 하며, 2개의 독립변수가 동시에 작용하여 종속변수에 미치는 영향을 상호작용효과라고 한다. 이원분산분석은 이 두 가지 효과를 모두 고려해서 분석해야 한다. 그러나 항상 상호작용효과를 분석할 수 있는 것은 아니다. 2개의 독립변수로 구분되는 개별집단 내에 오직 1개씩의 관측치만 있을 경우에는 상호작용효과를 분석할 수 없고, 집단 내의 관측치의 수가 2개 이상인 집단이 있을 경우에만 상호작용효과를 분석할 수 있다. 따라서 이원분산분석을 실시하기 위해서는 우선 2개의 독립변수로 구분되는 각 집단 내의 관측치의 수를 살펴보아야 한다. 우신 2개의 독립변수에 의하여 구분되는 집단 내에 오직 1개의 관측치만 있는 경우, 즉 주효과 검정만이 가능한 이원분산분석에 대하여 살펴보기로 하자.

2.1 주효과 검정만이 가능한 이원분산분석 사례

S전자 서울지역 총괄본부는 대리점 간 과다경쟁을 방지하고 대리점이 적정한 이윤을 확보할 수 있도록 하기 위하여 서울지역 대리점들을 재편성할 필요성을 느끼게 되었다. 이를 위하여 서울지역 대리점을 지리적 위치와 매장규모에 따라 구분하고 대리점들 간 매출액규모에 차이가 있는지를 분석하여 대리점의 규모와 위치를 조정할 계획이다. 즉, 대리점들을 지리적 위치에 따라 강남과 강북으로 구분하고, 매장규모에 따라 소형 · 중형 · 대형으로 구분한 다음 각각의 집단에 대하여 하나씩의 대리점을 무작위로 선정하여 매출액을 조사하였다. 이를 바탕으로 대리점의 지리적 위치와 규모에 따라 매출액에 차이가 있는지를 검정해 보자.

분석방법 JOB ANALYSIS

서울지역에 위치하는 대리점이 지역과 매장규모에 따라 매출액에 차이가 있는지를 검증하기 위하여 대리점을 지리적 위치에 따라 강남과 강북, 매장규모에 따라 소형 · 중형 · 대형으로 구분하고, 각각의 집단에 해당되는 대리점 한 곳을 무작위로 선정하여 매출액을 조사한다. 대리점의 지리적 위치와 매장규모를 독립변수로, 매출액을 종속변수로 하여 분산분석을 실시한다. 이 경우 대리점을 구분하는 기준이 지역과 매장규모 두 가지이나, 각 집단 내의 관측치가 모두 한 개씩이므로 대리점의 위치와 규모에 따라 매출액에 미치는 독립적인 영향만을 파악할 수 있는 주효과 검정만이 가능한 이원분산분석을 실시해야 한다. 이에 대한 절차를 살펴보면 다음과 같다.

① 서울지역에 위치하는 대리점을 지리적 위치와 매장규모에 따라 구분한다.
② 각 집단에 해당하는 대리점 한 곳씩을 무작위로 선정하여 매출액을 조사한다.
③ 명목척도로 측정된 지리적 위치와 매장규모를 독립변수로, 비율척도로 측정된 매출액을 종속변수로 하여 이원분산분석을 실시한다.
④ 통계적 유의성을 검정한 이후, 사후검정을 통하여 대리점의 매출이 어떠한 요인에 의해서 차이가 나는지를 살펴본다.

2.2 분석절차

1) 1단계 : 자료수집

서울지역에 위치한 대리점들을 강남과 강북으로 구분하고, 이를 다시 매장의 규모에 따라 대형 · 중형 · 소형으로 구분한 다음 각각의 소집단에 속한 대리점 1개씩을 무작위로 추출해서 매출액을 조사한다.

2) 2단계 : 분석자료 준비

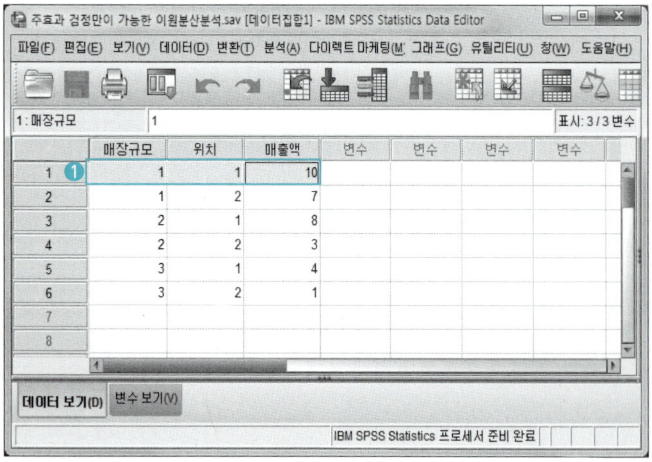

- 수집된 자료를 이원분산분석이 가능하도록 [SPSS 데이터 편집기]창에서 입력한다.
- 매장규모와 지리적 위치는 다음과 같은 명목변수값으로 구분한다.

매장규모		지리적 위치	
대형	1	강남	1
중형	2	강북	2
소형	3		

- ❶ [매장규모]가 대형이면서 [지리적 위치]가 강남인 대리점의 한 달 매출액을 의미한다.

3) 3단계 : 이원분산분석 실시

• 이원분산분석을 실행하기 위해 탑 메뉴에서 ❷ [분석] → ❸ [일반선형모형] → ❹ [일변량]을 선택한다.

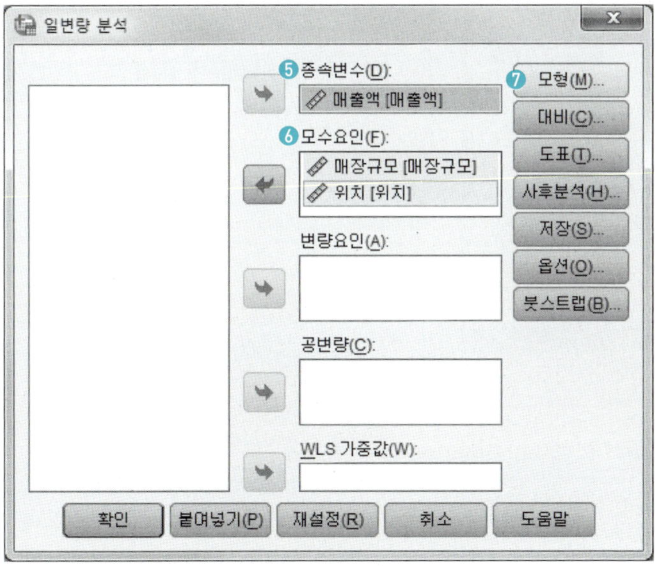

• [일변량]창이 나타나면, 화면과 같이 전자대리점의 [매출액]을 ❺ [종속변수]란으로 이동시키고 집단을 구분하는 [매장규모]와 위치를 ❻ [모수요인]란으로 이동시킨다.

• 분산분석모형을 정의하기 위하여 ❼ [모형] 버튼을 클릭해서 [일변량: 모형] 대화상자를 연다.

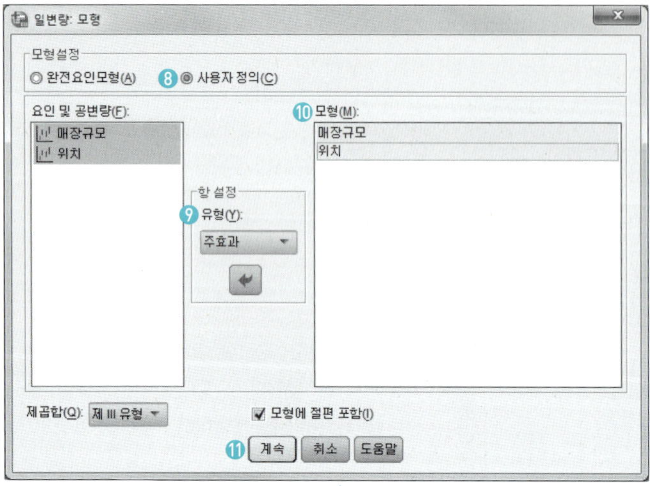

- [모형설정]항목에서 ⑧ [사용자 정의]를 선택하면 ⑨ [항 설정] 선택창이 활성화되고, 여기서 [주효과]를 선택한다.
- 다음으로 [↳] 버튼을 이용하여 [매장규모]와 [위치]를 ⑩ [모형]란으로 이동시킨다.
- ⑪ [계속] 버튼을 클릭해서 [일변량]창으로 이동한다.

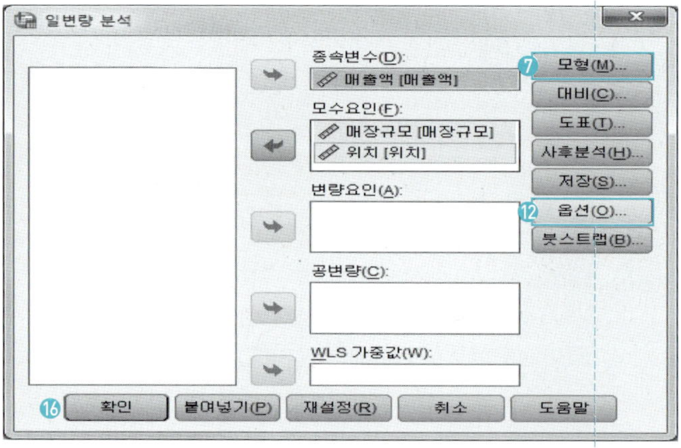

- [일변량]창이 다시 나타나면, 분석에 필요한 옵션을 지정하기 위해서, 오른쪽 아래에 있는 ⑫ [옵션] 버튼을 클릭한다.

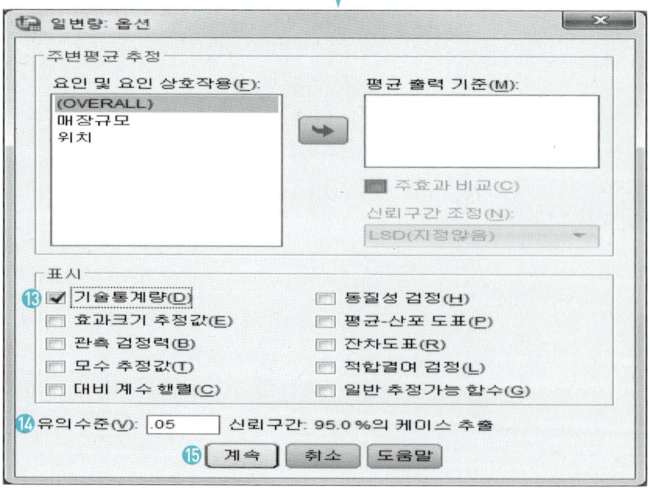

- [일변량: 옵션] 대화상자가 나타나면 ⑬ [기술통계량]항목을 비롯해서 필요한 항목을 도출하도록 선택한다.
- ⑭ 통계적 유의성을 검정하는 유의수준, 즉 허용오차가 5%(0.05)로 설정되어 있으나 필요에 따라 연구자가 임의로 정할 수 있다.
- ⑮ [계속] 버튼을 클릭해서 [일변량]창으로 되돌아간다.
- 일변량창이 다시 활성화되면 ⑯ [확인] 버튼을 클릭해서 분산분석을 실행한다.

2.3 분석결과 및 해석

1) 1단계 : 분산분석의 결과도출

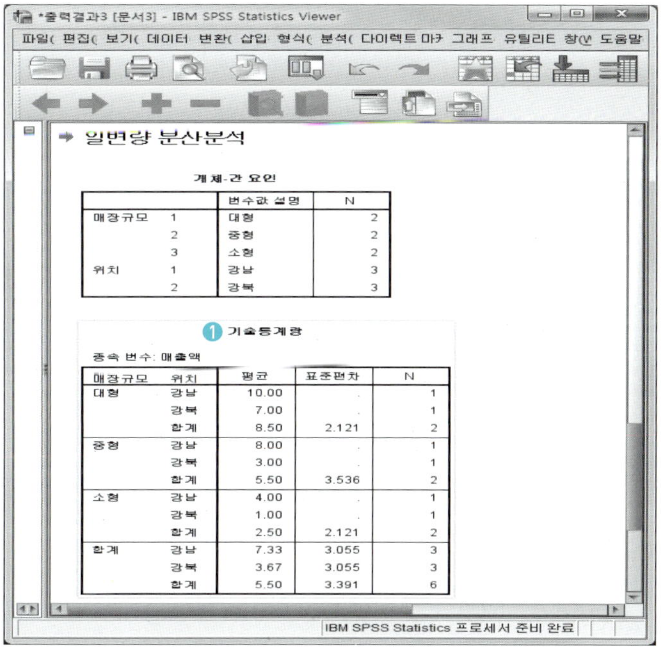

개체-간 요인

		변수값 설명	N
매장규모	1	대형	2
	2	중형	2
	3	소형	2
위치	1	강남	3
	2	강북	3

❶ 기술통계량

종속 변수: 매출액

매장규모	위치	평균	표준편차	N
대형	강남	10.00	.	1
	강북	7.00	.	1
	합계	8.50	2.121	2
중형	강남	8.00	.	1
	강북	3.00	.	1
	합계	5.50	3.536	2
소형	강남	4.00	.	1
	강북	1.00	.	1
	합계	2.50	2.121	2
합계	강남	7.33	3.055	3
	강북	3.67	3.055	3
	합계	5.50	3.391	6

- 분산분석결과로 산출된 ❶ [기술통계량] 표를 보면 [매장규모]와 [지리적 위치]에 따라 구분되는 대리점의 매출액의 평균과 표준편차 그리고 분석에 사용된 대리점의 수(N)에 관한 정보를 알 수 있다.
- 이 경우 [매장규모]와 [지리적 위치]로 구분되는 집단에 속한 대리점은 모두 1개씩이다.

2) 2단계 : 개체 간 효과 검정결과

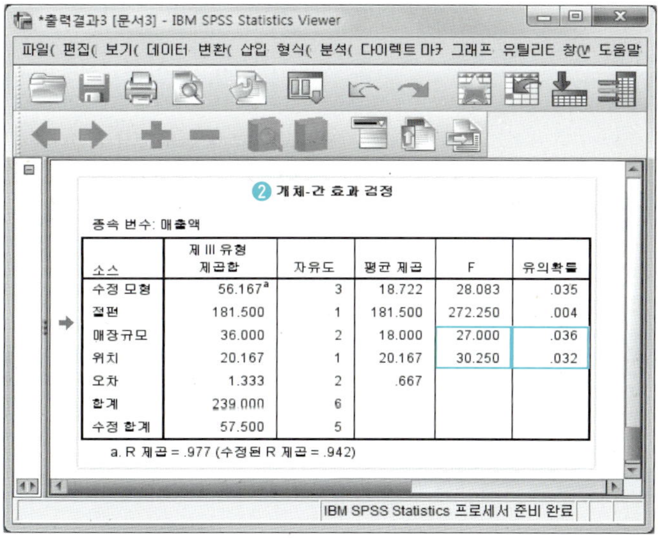

❷ 개체-간 효과 검정

종속 변수: 매출액

소스	제 III 유형 제곱합	자유도	평균 제곱	F	유의확률
수정 모형	56.167[a]	3	18.722	28.083	.035
절편	181.500	1	181.500	272.250	.004
매장규모	36.000	2	18.000	27.000	.036
위치	20.167	1	20.167	30.250	.032
오차	1.333	2	.667		
합계	239.000	6			
수정 합계	57.500	5			

a. R 제곱 = .977 (수정된 R 제곱 = .942)

- ❷ [개체 간 효과 검정]표를 보면 [매장규모]의 F값이 '27.00'이고 이 값의 유의확률이 '0.036'이며, [위치]의 F값이 '30.25'이고, 이 값의 유의확률이 '0.032'이므로 2가지 요인 모두 유의수준 0.05에서 통계적으로 유의하다고 할 수 있다.
- 따라서 [매장규모]와 [위치] 2가지 요인에 따라 대리점의 매출액은 차이가 있음을 알 수 있다.

2.4 추가적인 분석

1) 사후분석(다중비교)

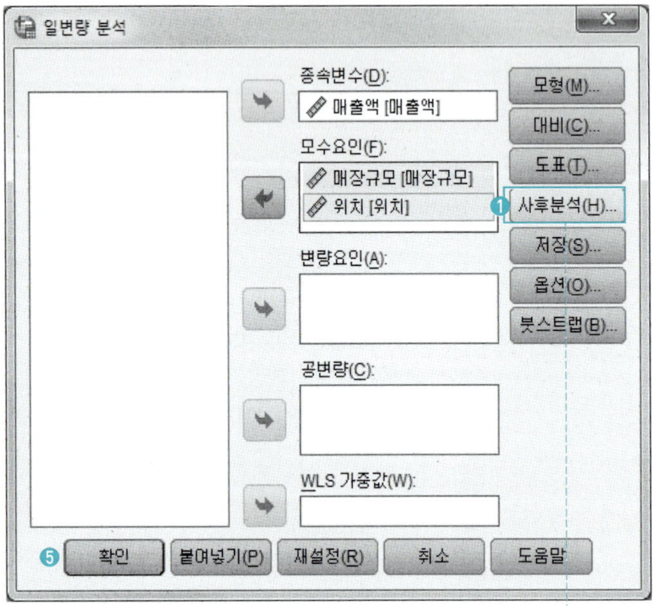

- 이원분산분석결과 [위치]와 [매장규모]에 따라 매출액에 차이가 있다는 결론을 얻었을 경우 과연 어느 집단과 어느 집단 간에 평균차이가 발생하는가를 살펴보기 위해서 사후분석을 실시한다.
- 사후분석을 위하여 [일변량]창에서 ❶ [사후분석] 버튼을 클릭한다.

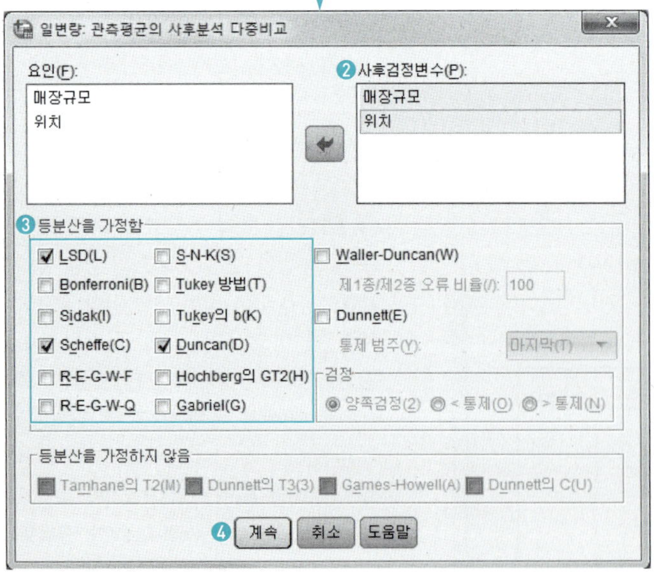

- ❷ [사후검정변수]를 설정하기 위해 [➡] 버튼을 이용하여 그림과 같이 [요인]란에 있는 [매장규모]와 [위치]를 [사후검정변수]란으로 이동시킨다.
- ❸ [등분산을 가정함]란에서 [LSD(L)], [Scheffe(C), [Duncan(D)]을 선택한다.
- [일변량]창으로 돌아가기 위해서 ❹ [계속] 버튼을 클릭한 후 다시 [일변량]창이 나타나면 ❺ [확인] 버튼을 클릭해서 분산분석을 실행한다.

2) 사후검정(다중비교)결과 해석

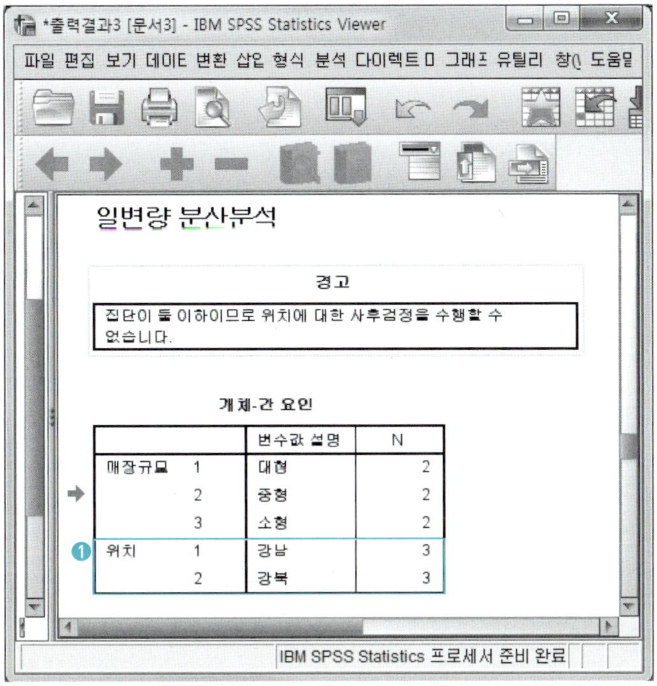

일변량 분산분석

경고

집단이 둘 이하이므로 위치에 대한 사후검정을 수행할 수 없습니다.

개체-간 요인

		변수값 설명	N
매장규모	1	대형	2
	2	중형	2
	3	소형	2
❶ 위치	1	강남	3
	2	강북	3

- [매장규모]와 지리적 [위치]에 따라 월 매출액에 차이가 있다면, 구체적으로 어느 대리점 간에 차이가 있는가를 살펴보기 위해 사후검정을 실시하였다.
- 그러나 ❶ 지리적 [위치]는 강남과 강북 두 집단으로만 나누어져 있기 때문에 사후검정을 수행할 수 없음을 알 수 있다.

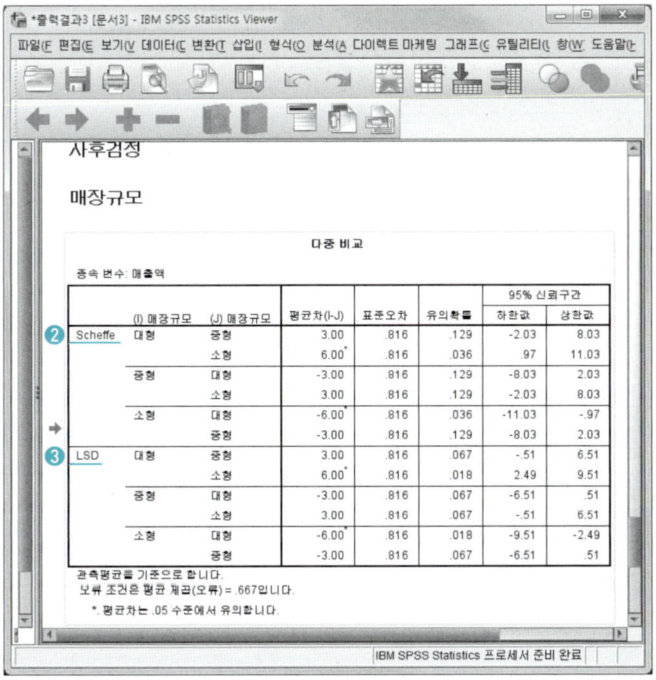

사후검정

매장규모

다중 비교

종속 변수: 매출액

	(I) 매장규모	(J) 매장규모	평균차(I-J)	표준오차	유의확률	95% 신뢰구간 하한값	95% 신뢰구간 상한값
❷ Scheffe	대형	중형	3.00	.816	.129	-2.03	8.03
		소형	6.00*	.816	.036	.97	11.03
	중형	대형	-3.00	.816	.129	-8.03	2.03
		소형	3.00	.816	.129	-2.03	8.03
	소형	대형	-6.00*	.816	.036	-11.03	-.97
		중형	-3.00	.816	.129	-8.03	2.03
❸ LSD	대형	중형	3.00	.816	.067	-.51	6.51
		소형	6.00*	.816	.018	2.49	9.51
	중형	대형	-3.00	.816	.067	-6.51	.51
		소형	3.00	.816	.067	-.51	6.51
	소형	대형	-6.00*	.816	.018	-9.51	-2.49
		중형	-3.00	.816	.067	-6.51	.51

관측평균을 기준으로 합니다.
오류 조건은 평균 제곱(오류) = .667입니다.
*. 평균차는 .05 수준에서 유의합니다.

- ❷ Scheffe와 ❸ LSD의 다중비교결과 [매장규모]가 대형인 경우와 [매장규모]가 소형인 경우에 매출액 차이가 가장 큰 것을 알 수 있다.

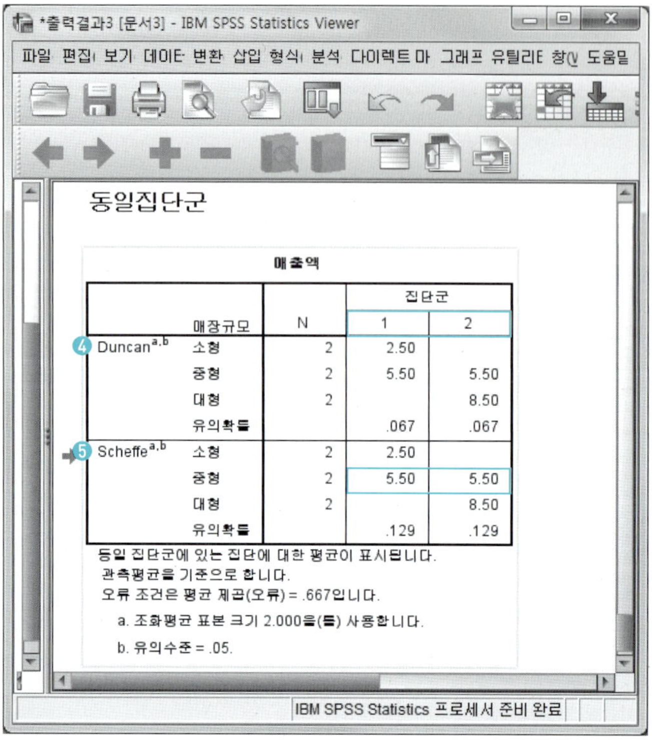

매출액

	매장규모	N	집단군 1	집단군 2
❹ Duncan[a,b]	소형	2	2.50	
	중형	2	5.50	5.50
	대형	2		8.50
	유의확률		.067	.067
❺ Scheffe[a,b]	소형	2	2.50	
	중형	2	5.50	5.50
	대형	2		8.50
	유의확률		.129	.129

동일 집단군에 있는 집단에 대한 평균이 표시됩니다.
관측평균을 기준으로 합니다.
오류 조건은 평균 제곱(오류) = .667입니다.
a. 조화평균 표본 크기 2.000을(를) 사용합니다.
b. 유의수준 = .05.

- ❹ Duncan의 사후검정에서 보면 오른쪽 상단에 1과 2의 [집단군]으로 나와 있다. 이것은 2개의 집단으로 구분되어 서로 차이가 있다는 것을 의미한다.
- ❺ Scheffe를 사용한 사후검정의 경우에도 2개의 집단으로 구분되어 서로 차이가 있다는 것을 의미한다.
- 단, 매장크기가 중형인 경우 1과 2집단에 걸쳐 동시에 표시되어 있는 것은 두 집단에 모두 속할 수 있음을 의미한다.

03 주효과와 상호작용효과 검정이 가능한 이원분산분석

2개의 독립변수로 구분되는 개별집단 내에 오직 1개씩의 관측치만 있을 경우에는 상호작용효과를 분석할 수 없고, 집단 내의 관측치의 수가 2개 이상인 집단이 있을 경우에만 상호작용효과를 분석할 수 있다.

다음에는 2개의 독립변수에 의하여 구분되는 집단 내의 관측치가 2개 이상인 경우, 즉 상호작용효과를 분석할 수 있는 경우에 대하여 살펴보자.

3.1 주효과와 상호작용효과 검정이 가능한 이원분산분석 사례

이번에는 주효과와 상호작용효과 검정이 가능한 이원분산분석으로 대리점의 지리적 위치와 규모에 따라 구분되는 집단 내의 관측치가 2개 이상인 경우에 대하여 살펴보자.

분석방법 JOB ANALYSIS

서울지역에 위치하는 대리점이 지역과 매장규모에 따라 매출액에 차이가 있는지를 검정하기 위하여 대리점을 지리적 위치에 따라 강남과 강북, 매장규모에 따라 소형 · 중형 · 대형으로 구분하고, 각각의 집단에 해당되는 대리점 여러 곳을 선정하여 매출액을 조사한다. 분산분석을 실행하기 위해서는 독립변수가 명목척도이거나 서열척도로 측정된 변수이고 종속변수는 등간척도나 비율척도로 측정된 변수여야 한다. 이 경우 대리점을 구분하는 기준이 지리적 위치와 매장규모 두 가지이며, 이들로 구분되는 집단 내에 관측치가 2개 이상인 경우가 있으므로 대리점의 위치와 매장규모가 각각 매출액에 미치는 영향과 이들이 동시에 매출액에 미치는 두 변수의 상호작용효과를 이원분산분석으로 분석한다. 이에 대한 절차를 살펴보면 다음과 같다.

① 서울지역에 위치하는 대리점을 지리적 위치와 매장규모에 따라 구분한다.
② 각 집단에 해당하는 대리점을 여러 곳 무작위로 선정하여 매출액을 조사한다.
③ 지리적 위치와 매장규모를 독립변수로, 매출액을 종속변수로 하여 분산분석을 실시한다.
④ 유의성을 검정한 이후, 사후검정을 통하여 대리점 간에 어떻게 차이가 나는지 살펴본다.

3.2 분석절차

1) 1단계 : 자료수집

서울지역에 위치한 대리점들을 강남과 강북으로 구분하고, 이를 다시 매장의 규모에 따라 대형 · 중형 · 소형으로 구분한 다음 각각의 소집단에 속한 대리점 중에서 무작위로 몇 개씩을 선정하여 매출액을 조사한다.

2) 2단계 : 분석자료 준비

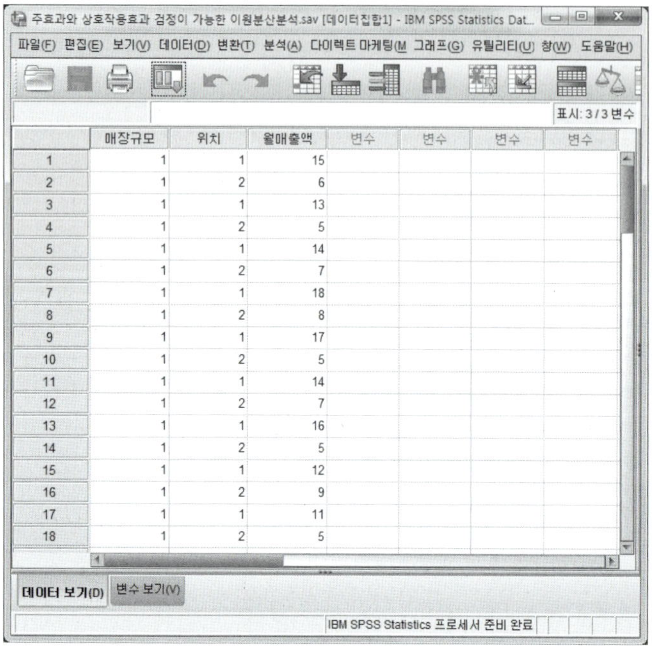

- 수집된 자료를 자료분석을 위하여 [SPSS 데이터 편집기]창에서 입력한다.
- 각 행은 선정된 [대리점의 위치]와 [매장규모]를 구분하는 범주와 매출액을 나타내고 있다.
- [매장규모]와 [지리적 위치]는 다음과 같은 명목변수값으로 구분한다.

매장규모		지리적 위치	
대형	1	강남	1
중형	2	강북	2
소형	3		

3) 3단계 : 이원분산분석 실행

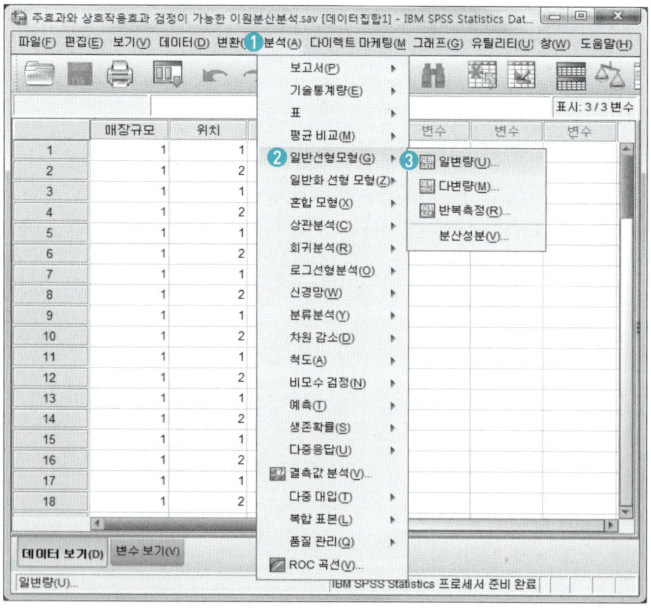

- 탑 메뉴에서 ❶ [분석] → ❷ [일반선형모형] → ❸ [일변량]을 선택한다.

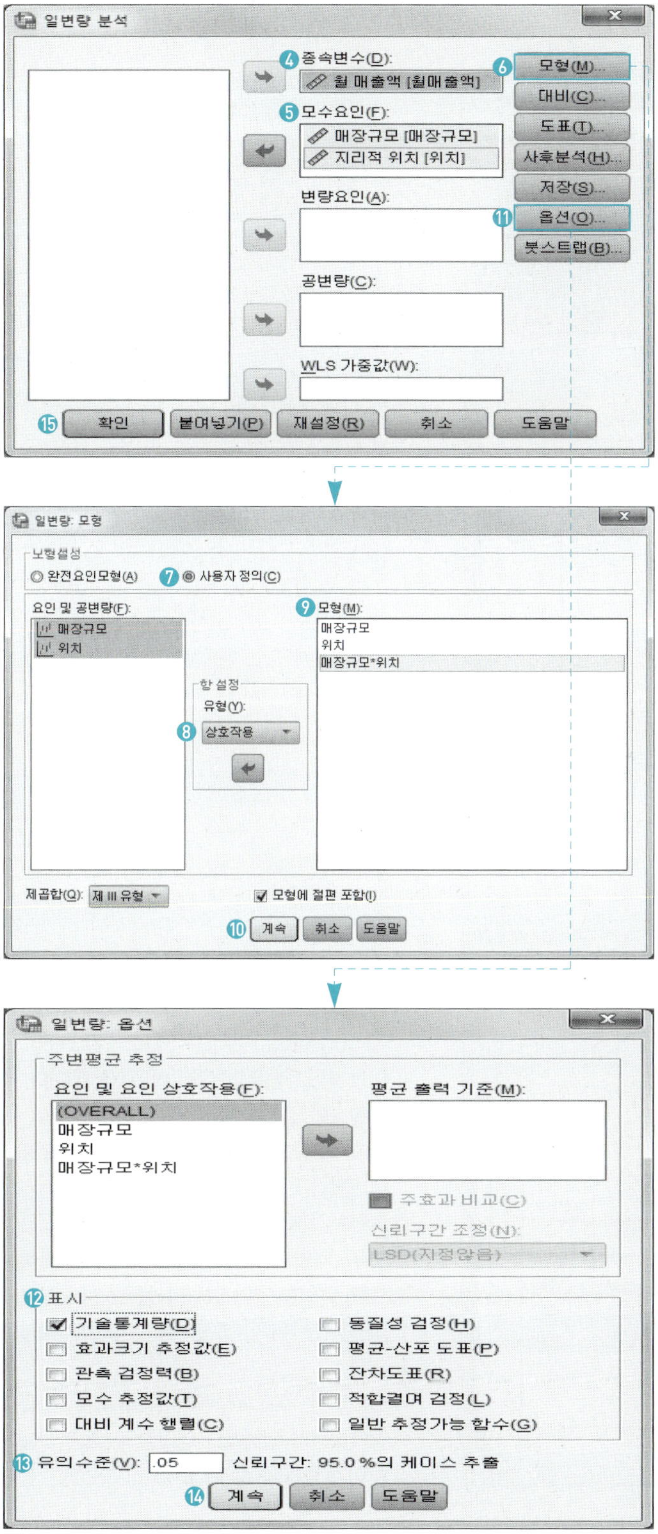

- [일변량]이라는 창이 나타나면 그림과 같이 전자대리점의 [매출액]을 ④ [종속변수]란으로 이동시키고, 집단을 구분하는 [매장규모]와 [지리적 위치]를 ⑤ [모수요인]란으로 이동시킨다.
- 분산분석모형을 정의하기 위하여 ⑥ [모형] 버튼을 클릭해서 [일변량: 모형] 창을 연다.
- [일변량: 모형]창의 [모형설정]항목에서 ⑦ [사용자 정의]를 클릭하여 [항 설정] 선택창이 활성화되면 ⑧ [상호작용]을 선택한다.
- 그림과 같이 [매장규모]와 [위치] 그리고 [매장규모*위치]를 ⑨ [모형]란으로 이동시킨다. 이때 [매장규모*위치]를 이동시키기 위해서는 마우스 왼쪽 버튼을 이용하여 [매장규모]와 [위치]를 동시에 포함하는 블록을 설정하고 이를 이동시키면 된다.
- [일변량]창으로 되돌아가기 위해서 ⑩ [계속] 버튼을 클릭한다.

- 다시 [일변량]창이 나타나면 분석결과로 얻고자 하는 옵션을 지정하기 위하여 오른쪽 아래에 있는 ⑪ [옵션] 버튼을 클릭한다.
- ⑫ [일변량: 옵션] 대화상자가 나타나면 [기술통계량]항목을 비롯해서 필요하다고 생각되는 메뉴를 선택한다.
- ⑬ 통계적 유의성을 검정하는 유의수준, 즉 허용오차가 5%(0.05)로 설정되어 있으나 필요에 따라 연구자가 임의로 정할 수 있다.
- ⑭ [계속] 버튼을 클릭해서 [일변량]창으로 돌아간다. [일변량]창에서 ⑮ [확인] 버튼을 클릭해 분산분석을 실행한다.

3.3 분석결과 및 해석

1) 기술통계량

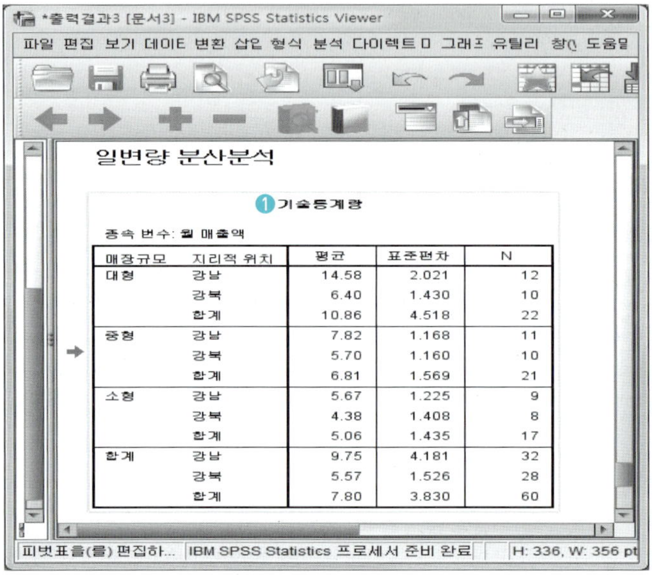

일변량 분산분석

❶ 기술통계량

종속 변수: 월 매출액

매장규모	지리적 위치	평균	표준편차	N
대형	강남	14.58	2.021	12
	강북	6.40	1.430	10
	합계	10.86	4.518	22
중형	강남	7.82	1.168	11
	강북	5.70	1.160	10
	합계	6.81	1.569	21
소형	강남	5.67	1.225	9
	강북	4.38	1.408	8
	합계	5.06	1.435	17
합계	강남	9.75	4.181	32
	강북	5.57	1.526	28
	합계	7.80	3.830	60

- ❶ 분산분석결과로 나타나는 [기술통계량] 표에는 [매장규모]와 [지리적 위치]로 구분되는 집단 내의 평균과 표준편차 그리고 관측치수(N)에 대한 정보가 제공된다.

2) 개체 간 효과 검정결과

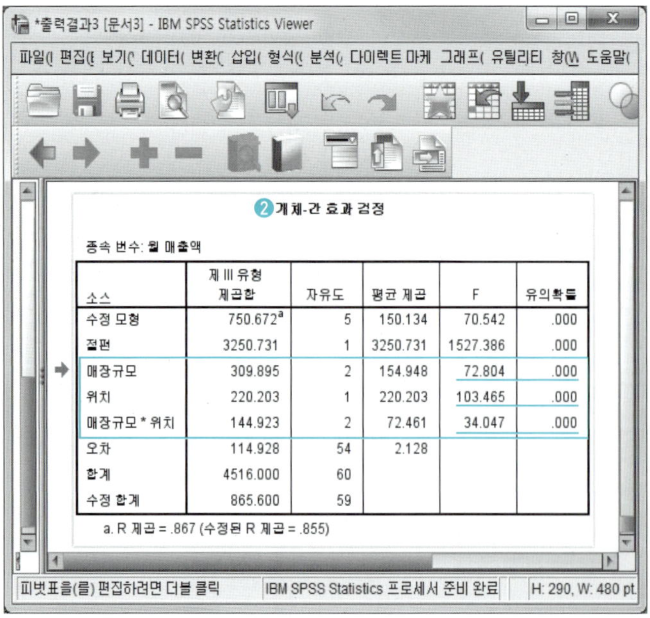

❷ 개체-간 효과 검정

종속 변수: 월 매출액

소스	제 III 유형 제곱합	자유도	평균 제곱	F	유의확률
수정 모형	750.672[a]	5	150.134	70.542	.000
절편	3250.731	1	3250.731	1527.386	.000
매장규모	309.895	2	154.948	72.804	.000
위치	220.203	1	220.203	103.465	.000
매장규모 * 위치	144.923	2	72.461	34.047	.000
오차	114.928	54	2.128		
합계	4516.000	60			
수정 합계	865.600	59			

a. R 제곱 = .867 (수정된 R 제곱 = .855)

- ❷ [개체 간 효과 검정]표에서 [매장규모]의 F값은 '72.804', 이 값의 유의확률값이 '0.000'이며, [위치]는 F값이 '103.465'이고 이 값의 유의확률값이 '0.000'이다.
- 또한 [매장규모*위치]는 F값이 '34.047'이고 이 값의 유의확률값이 '0.000'으로 나타났다.
- 따라서 [매장규모]와 [위치] 2가지 요인 모두 각각 유의수준 0.05에서 통계적으로 유의할 뿐만 아니라 상호작용효과인 [매장규모*위치] 또한 통계적으로 유의하다.
- 요약하면, 주효과인 [매장규모]와 [위치]의 상호작용에 의해서도 대리점의 [매출액]에 차이가 있음을 알 수 있다.

3.4 추가적인 분석

1) 사후분석(다중비교)

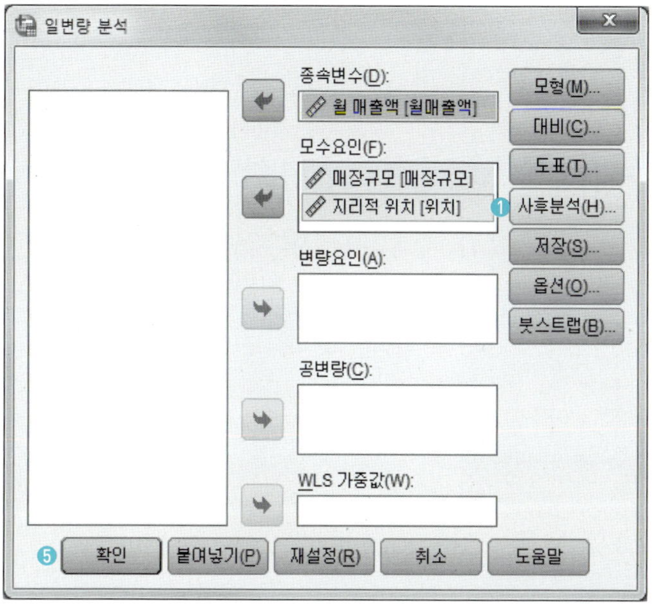

- 이원분산분석결과 [매장규모]와 [지리적 위치]에 따라 매출액에 차이가 있다는 결론을 얻었을 경우 과연 어느 집단과 어느 집단 간에 평균차이가 발생하는가를 살펴보기 원한다면 사후분석을 실시한다.
- 사후분석을 위해 [일변량]창에서 ❶ [사후분석] 버튼을 클릭한다.

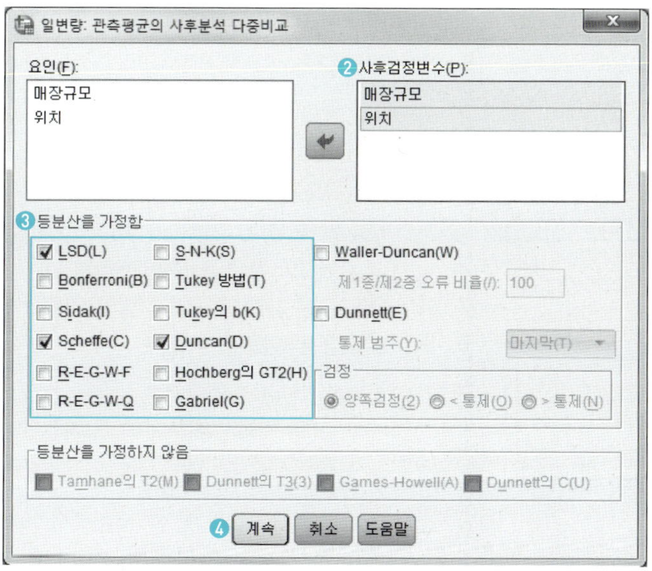

- ❷ [사후검정변수]를 설정하기 위해 그림과 같이 [요인]란에 있는 [매장규모]와 [위치]를 ➡ 버튼을 이용하여 [사후검정변수]란으로 이동시킨다.
- ❸ [등분산을 가정함]창에서 [LSD(L)], [Scheffe(C)], [Duncan(D)]을 선택한다.
- [일변량]창으로 돌아가기 위해서 ❹ [계속] 버튼을 클릭한 후, 다시 [일변량]창이 나타나면 ❺ [확인] 버튼을 클릭해서 분산분석을 실행한다.

2) 사후검정(다중비교)결과 해석

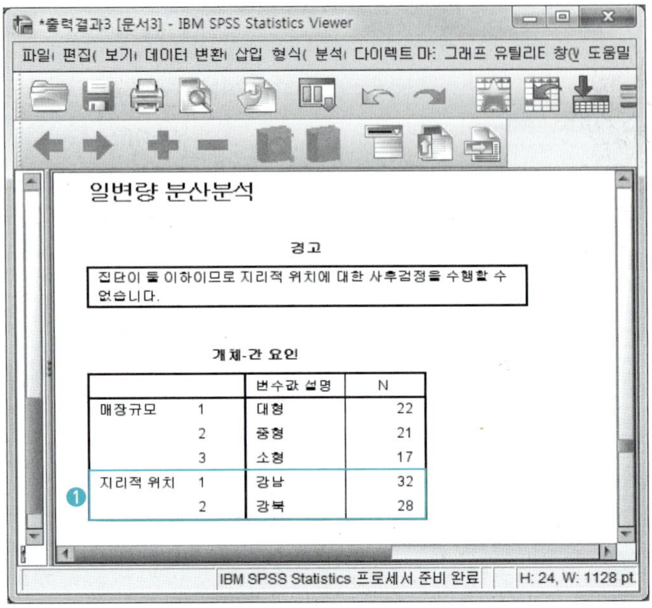

		변수값 설명	N
매장규모	1	대형	22
	2	중형	21
	3	소형	17
❶ 지리적 위치	1	강남	32
	2	강북	28

- [매장규모]와 ❶ [지리적 위치]에 따라 월 매출액에 차이가 있다면, 구체적으로 어느 대리점 간에 차이가 있는가를 살펴보기 위해 사후검정을 실시하였다.
- 그러나 [지리적 위치]는 강남과 강북 두 집단으로만 나누어져 있기 때문에 사후검정을 수행할 수 없음을 알 수 있다.

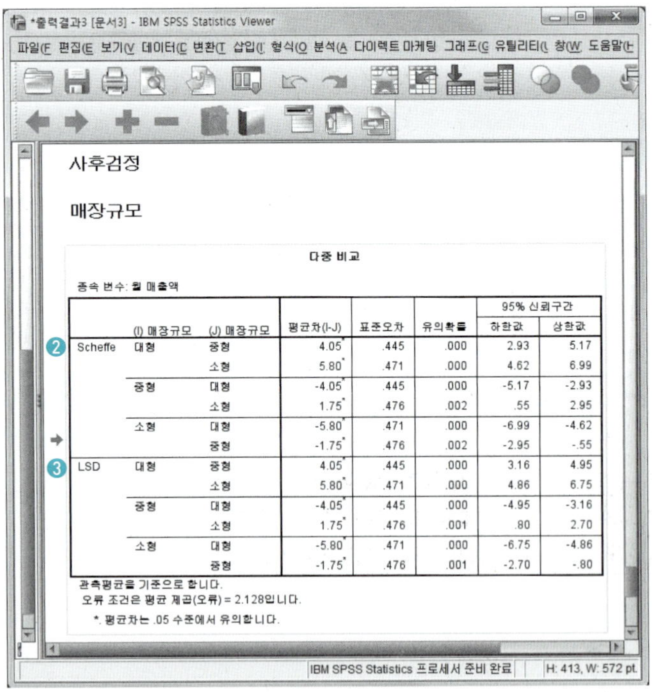

다중 비교

종속 변수: 월 매출액

	(I) 매장규모	(J) 매장규모	평균차(I-J)	표준오차	유의확률	95% 신뢰구간 하한값	95% 신뢰구간 상한값
❷ Scheffe	대형	중형	4.05*	.445	.000	2.93	5.17
		소형	5.80*	.471	.000	4.62	6.99
	중형	대형	-4.05*	.445	.000	-5.17	-2.93
		소형	1.75*	.476	.002	.55	2.95
	소형	대형	-5.80*	.471	.000	-6.99	-4.62
		중형	-1.75*	.476	.002	-2.95	-.55
❸ LSD	대형	중형	4.05*	.445	.000	3.16	4.95
		소형	5.80*	.471	.000	4.86	6.75
	중형	대형	-4.05*	.445	.000	-4.95	-3.16
		소형	1.75*	.476	.001	.80	2.70
	소형	대형	-5.80*	.471	.000	-6.75	-4.86
		중형	-1.75*	.476	.001	-2.70	-.80

관측평균을 기준으로 합니다.
오류 조건은 평균 제곱(오류) = 2.128입니다.
*. 평균차는 .05 수준에서 유의합니다.

- ❷ Scheffe와 ❸ LSD의 다중비교결과 [매장규모]에 따라 평균이 모두 서로 다른 것을 알 수 있다.
- 그 중에서도 가장 평균차이가 크게 나타나는 것은 [매장규모]가 대형인 경우와 소형인 경우임을 알 수 있다.

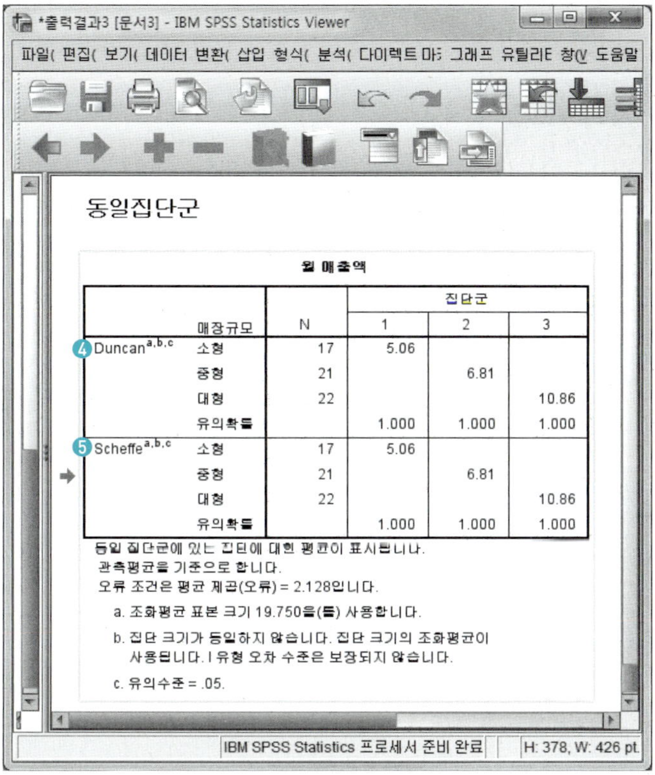

월 매출액

	매장규모	N	집단군 1	2	3
❹ Duncan[a,b,c]	소형	17	5.06		
	중형	21		6.81	
	대형	22			10.86
	유의확률		1.000	1.000	1.000
❺ Scheffe[a,b,c]	소형	17	5.06		
	중형	21		6.81	
	대형	22			10.86
	유의확률		1.000	1.000	1.000

동일 집단군에 있는 집단에 대한 평균이 표시됩니다.
관측평균을 기준으로 합니다.
오류 조건은 평균 제곱(오류) = 2.128입니다.

a. 조화평균 표본 크기 19.750을(를) 사용합니다.

b. 집단 크기가 동일하지 않습니다. 집단 크기의 조화평균이 사용됩니다. I 유형 오차 수준은 보장되지 않습니다.

c. 유의수준 = .05.

- ❹ Duncan의 사후검정을 보면 오른쪽 상단에 1과 2 그리고 3의 [집단군]으로 나와 있다. 이것은 3개의 집단으로 구분되어 서로 차이가 있다는 것을 의미한다.
- ❺ Scheffe를 사용한 사후검정의 경우에도 3개의 집단으로 구분되어 차이가 있다는 것을 의미한다.

3.5 이원분산분석 보고서 작성

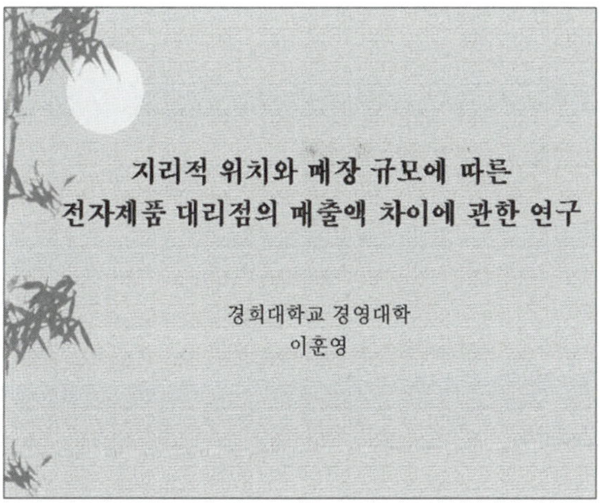

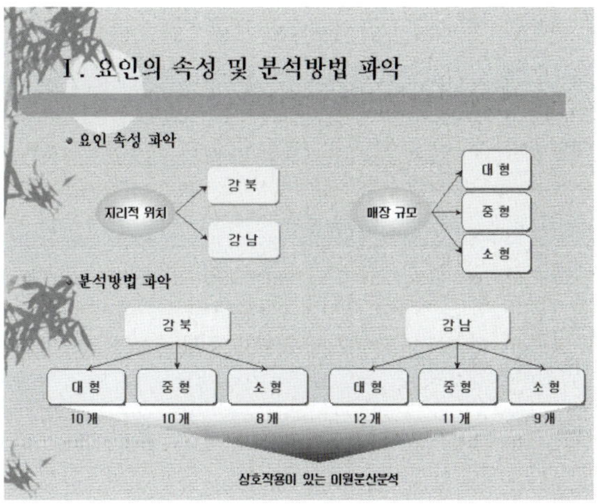

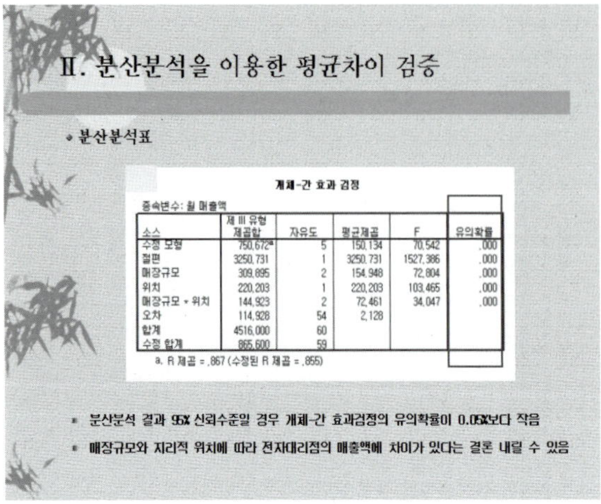

소스	제 III 유형 제곱합	자유도	평균제곱	F	유의확률
수정 모형	750,672a	5	150,134	70,542	,000
절편	3250,731	1	3250,731	1527,386	,000
매장규모	309,895	2	154,948	72,804	,000
위치	220,203	1	220,203	103,465	,000
매장규모 * 위치	144,923	2	72,461	34,047	,000
오차	114,928	54	2,128		
합계	4516,000	60			
수정 합계	865,600	59			

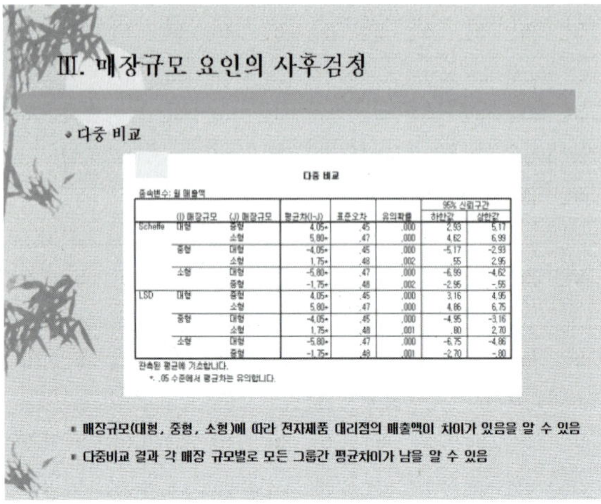

	(I) 매장규모	(J) 매장규모	평균차(I-J)	표준오차	유의확률	95% 신뢰구간 하한값	95% 신뢰구간 상한값
Scheffe	대형	중형	4,05*	,45	,000	2,93	5,17
		소형	5,80*	,47	,000	4,62	6,99
	중형	대형	-4,05*	,45	,000	-5,17	-2,93
		소형	1,75*	,48	,002	,55	2,95
	소형	대형	-5,80*	,47	,000	-6,99	-4,62
		중형	-1,75*	,48	,002	-2,95	-,55
LSD	대형	중형	4,05*	,45	,000	3,16	4,95
		소형	5,80*	,47	,000	4,86	6,75
	중형	대형	-4,05*	,45	,000	-4,95	-3,16
		소형	1,75*	,48	,001	,80	2,70
	소형	대형	-5,80*	,47	,000	-6,75	-4,86
		중형	-1,75*	,48	,001	-2,70	-,80

04 연습문제

연|습|문|제 EXERCISES

문제 1 학과별로 대학생들의 주량에 차이가 있는지를 분석하기 위하여 3명의 건축공학과 학생과 4명의 영문학과 학생 그리고 5명의 경영학과 학생에게 소주주량을 물어 [5_1.sav] 자료로 정리하였다. 학과별로 평균 소주량에 차이가 있는지를 5%의 유의수준에서 검정해 보시오.

문제 2 L의류업체에서는 연령에 따라 옷을 구매할 때 중요하게 생각하는 요인이 다를 것이라고 생각하고, 연령에 따른 구매요인의 차이를 조사하기로 했다. 다음 자료를 가지고 연령에 따라 구매하는 옷의 가격에 차이가 있는지를 [5_2.sav] 자료를 이용하여 5%의 유의수준에서 검정해 보시오.

Chapter 06

회귀분석 (Regression Analysis)

사랑법 첫째

고정희

그대 향한 내 기대 높으면 높을수록
그 기대보다 더 큰 돌덩이 매달아 놓습니다.
부질없는 내 기대 높이가 그대보다 높아서는
아니 되겠기에 내 기대 높이가 자라는 쪽으로
커다란 돌덩이 매달아 놓습니다.
그대를 기대와 바꾸지 않기 위해서
기대 따라 행여 그대 잃지 않기 위해서
내 외롬 짓무른 밤일수록
제 설움 넘치는 밤일수록
크고 무거운 돌덩이 하나 가슴 한복판에 매달아 놓습니다.

Chapter 06

회귀분석 (Regression Analysis)

회귀분석이란 변수들 간의 함수관계를 분석하는 방법 중의 하나로 독립변수가 종속변수에 미치는 영향력의 크기를 파악하고, 이를 이용해서 독립변수의 일정한 값에 대응하는 종속변수값을 예측하는 모형을 산출하는 방법이다. 이러한 회귀분석은 독립변수의 수와 척도 혹은 독립변수와 종속변수 간의 관계유형에 따라 다음과 같이 분류된다.

우선 독립변수의 수에 따라 구분하기도 하는데 독립변수가 1개이면 단순회귀분석(simple regression)이라 하고, 2개 이상이면 다중회귀분석(multiple regression)이라 한다. 또한 명목척도나 서열척도로 측정된 변수를 독립변수로 사용하고자 하는 경우에는 이항변수(binary variable)로 표시된 몇 개의 더미변수(dummy variable)를 이용하여 분석할 수 있는데, 이러한 회귀분석을 등간척도나 비율척도로 측정한 변수들만을 독립변수로 사용하는 일반회귀분석과 구분

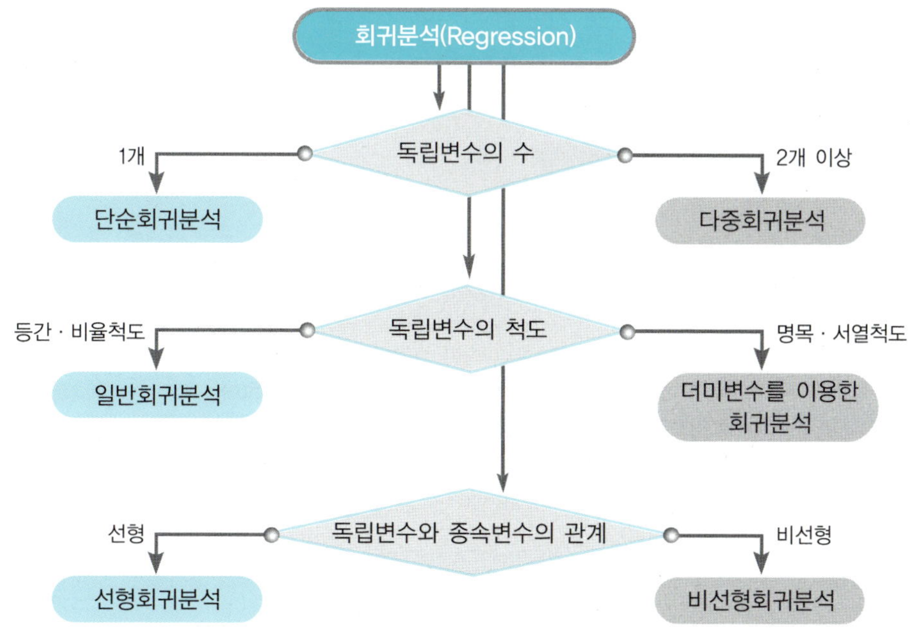

하여 더미변수를 이용한 회귀분석(dummy variable regression)이라 한다. 이 외에도 독립변수와 종속변수 간의 관계에 따라 선형회귀분석과 비선형회귀분석으로 나누어진다.

01 단순회귀분석

단순회귀분석은 독립변수가 하나일 경우에 종속변수와의 관계를 분석하여 독립변수가 종속변수에 미치는 영향을 분석하는 방법이다. 예를 들어, IQ와 학업성적의 관계를 분석하여 IQ가 학업성적에 미치는 영향을 알아본다든가 혹은 자동차의 배기량과 연간 연료비와의 관계를 분석하여 배기량이 연료비에 미치는 영향을 파악하여 배기량에 따른 연료비 예측에 회귀분석을 사용할 수 있다.

1.1 단순회귀분석 사례

K고등학교 A반에 한 학생이 전학을 오기로 되어 있다. 담임선생님은 학생들에게 새로 전학을 오는 학생의 키가 얼마나 되는지 추정해 보라고 하며, 전학을 오는 학생의 몸무게는 70kg이라고 말했다. 그렇다면 이처럼 제시된 몸무게만을 가지고 전학을 오는 학생의 키를 보다 체계적이고 과학적인 방법으로 추정할 수 있는 방법은 없을까?

분석방법 JOB ANALYSIS

일반적으로 몸무게가 무거운 사람일수록 키가 크다는 가정하에 몸무게와 키 간의 관계를 정확하게 파악하는 것이 필요하다. 몸무게와 키의 관계를 파악하기 위하여 반 전체 학생들 50명에게 자신의 몸무게와 키값을 적어내도록 해서 자료를 수집한다. 현재 우리가 가지고 있는 자료는 A반 학생들 50명의 키와 몸무게 그리고 새로 전학을 오는 학생의 몸무게이다. 다음으로 수집된 자료를 이용해서 키와 몸무게의 관계를 산점도를 통하여 살펴본다. 만일 산점도상에서 키와 몸무게의 관계가 선형에 가까우면 이들 간의 관계를 회귀식으로 도출해서 전학을 오는 학생의 몸무게를 도출된 회귀식에 대입하면 전학 오는 학생의 키에 대한 예측값을 구할 수 있다. 회귀식을 도출하기 위해서는 A반 학생들의 몸무게를 독립변수로, 키를 종속변수로 하는 단순회귀분석을 실시해야 한다. 단순회귀분석을 실행하여 결과가 도출되면 회귀모형의 설명력과 통계적 유의성, 회귀계수의 유의성을 살펴본다. 만일 모형의 유의성이 검증되면 도출된 회귀식에 전학을 오는 학생의 몸무게를 대입함으로써 우리가 알고자 하는 학생의 키를 보다 과학적인 방법으로 정확하게 예측할 수 있다. 이러한 분석절차를 요약하면 다음과 같다.
① 50명의 반 학생들에게 자신의 키와 몸무게를 적어내도록 하여 자료를 수집한다.
② 산점도를 이용하여 50명의 학생들의 키와 몸무게 간의 관계가 선형관계인지를 파악한다.
③ 등간 · 비율척도로 측정된 두 변수 간의 관계가 선형관계로 나타나면 몸무게를 독립변수로, 키를 종속변수로 하는 단순회귀분석을 실행하여 회귀식을 도출한다.
④ 분석결과 도출된 회귀식의 설명력과 모형, 회귀계수의 통계적 유의성을 확인한다.
⑤ 유의성이 검증된 회귀식에 전학 오는 학생의 몸무게를 대입하여 키를 예측한다.

1.2 분석절차

1) 1단계 : 자료수집

50명의 반 학생들로 하여금 자신들의 키와 몸무게값을 적어내도록 하는 방법으로 자료를 수집한다.

1. 귀하의 키는 얼마입니까? (　) cm　　　2. 귀하의 몸무게는 얼마입니까? (　) kg

2) 2단계 : 분석자료 준비

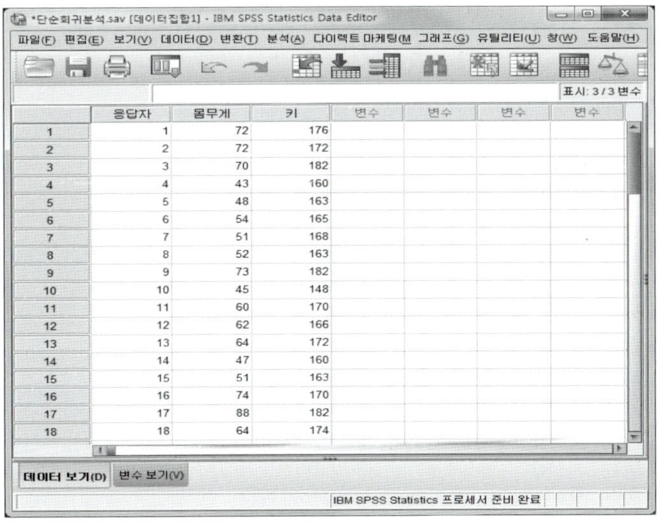

	응답자	몸무게	키
1	1	72	176
2	2	72	172
3	3	70	182
4	4	43	160
5	5	48	163
6	6	54	165
7	7	51	168
8	8	52	163
9	9	73	182
10	10	45	148
11	11	60	170
12	12	62	166
13	13	64	172
14	14	47	160
15	15	51	163
16	16	74	170
17	17	88	182
18	18	64	174

- A반 학생들에게 자신의 몸무게와 키를 적어 내도록 해서 구한 자료를 엑셀에 코딩한 다음 그 파일을 SPSS에서 불러들이거나, [SPSS 데이터 편집기]창에서 자료를 직접 입력하는 방식으로 분석자료를 준비한다.

3) 3단계 : 산점도를 이용한 변수들 간의 선형관계 여부 확인

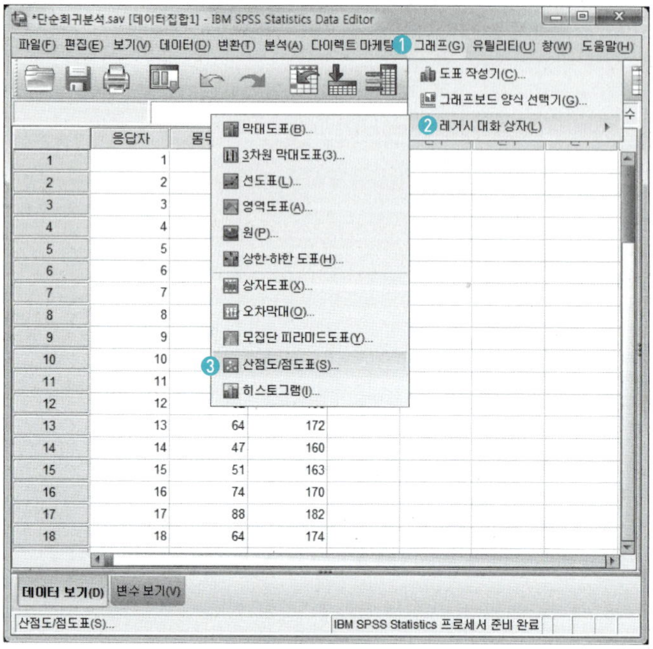

• 산점도 그래프를 그리기 위해서는 탑 메뉴에서 ❶ [그래프] → ❷ [레거시 대화상자] → ❸ [산점도/점도표]를 선택한다.

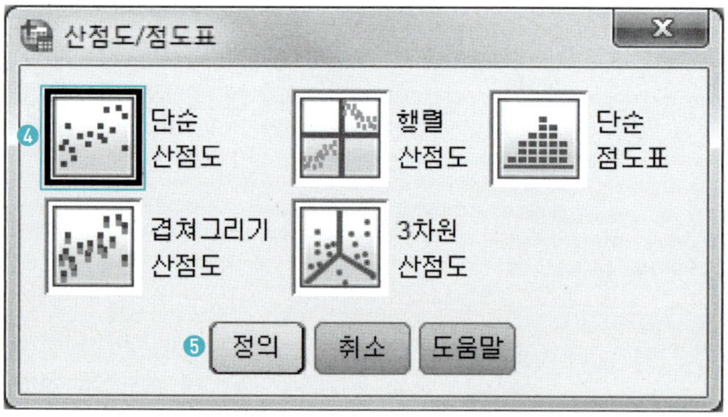

• [산점도/점도표]에서는 왼쪽 창에서와 같이 5종류의 산점도 또는 점도표를 그릴 수 있다.
• 이 중에 단순한 산점도를 그리기 위해 ❹ [단순 산점도]를 선택하고 산점도의 세부내용을 정의하기 위해 ❺ [정의] 버튼을 클릭한다.

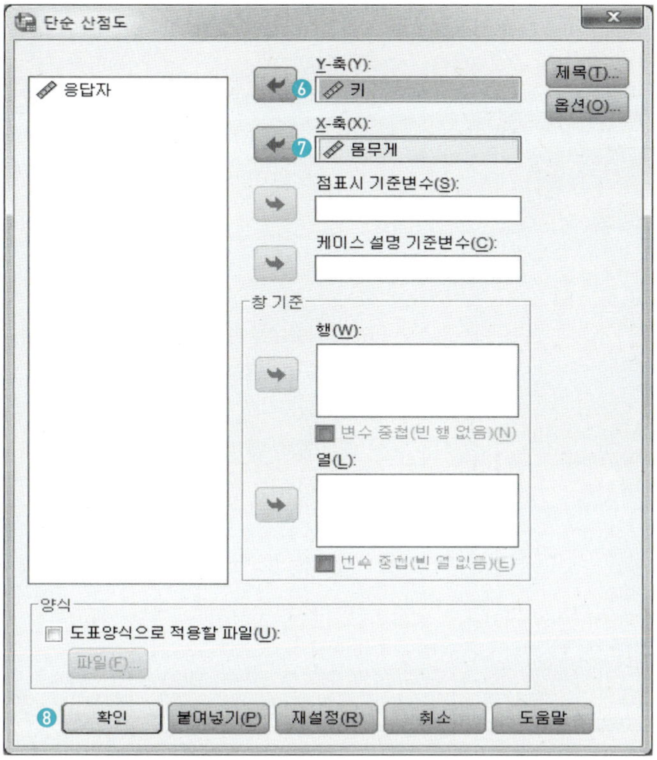

- [단순 산점도]창의 좌측란에 있는 변수 중에서 ❻ [Y–축]에는 종속변수인 [키]를 선택하여 옮기고, ❼ [X–축]에는 독립변수인 [몸무게]를 이동시킨다.
- ❽ [확인] 버튼을 클릭해서 산점도를 그린다.

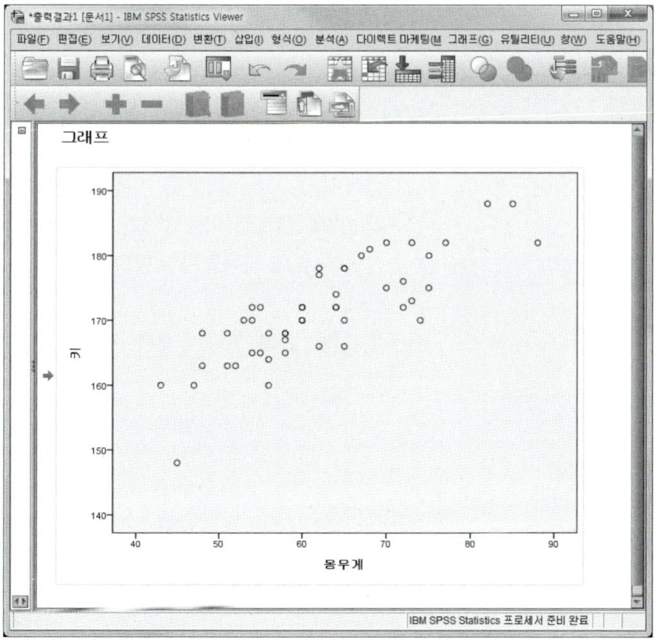

- [몸무게]와 [키]의 산점도를 그려본 결과, 두 변수는 서로 선형관계에 있다고 가정할 수 있다.

4) 4단계 : 단순회귀분석의 실행

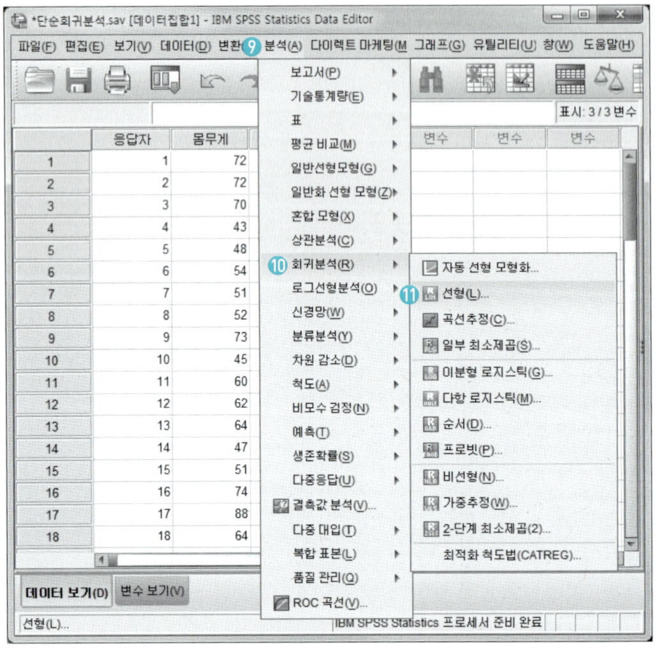

- 단순회귀분석을 실행하기 위하여 수집한 데이터를 [SPSS 데이터 편집기]창으로 불러온다.
- 탑 메뉴에서 ⑨ [분석] → ⑩ [회귀분석] → ⑪ [선형]을 선택한다.

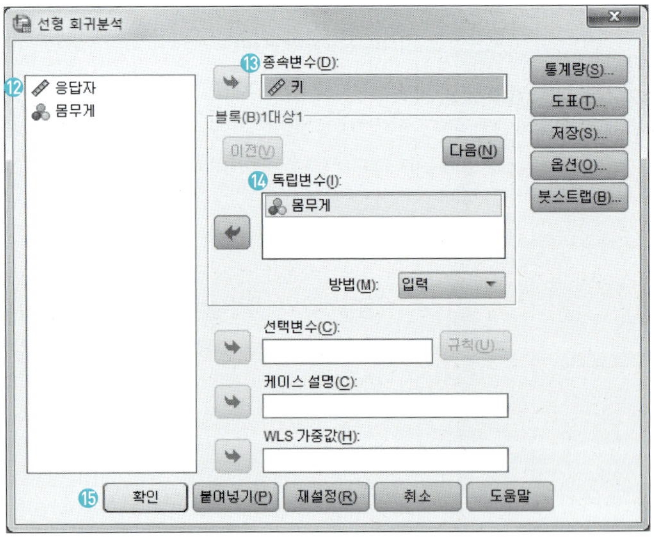

- [선형회귀분석]창이 나타나면
- ⑫ 좌측란에 있는 변수들 중에서 [키]를 선택해서 [➜] 버튼을 이용하여 ⑬ [종속변수]란으로 이동시키고, [몸무게]를 선택해서 ⑭ [독립변수]란으로 이동시킨다.
- ⑮ [확인] 버튼을 클릭해서 분석을 실행한다.

1.3 분석결과 및 해석

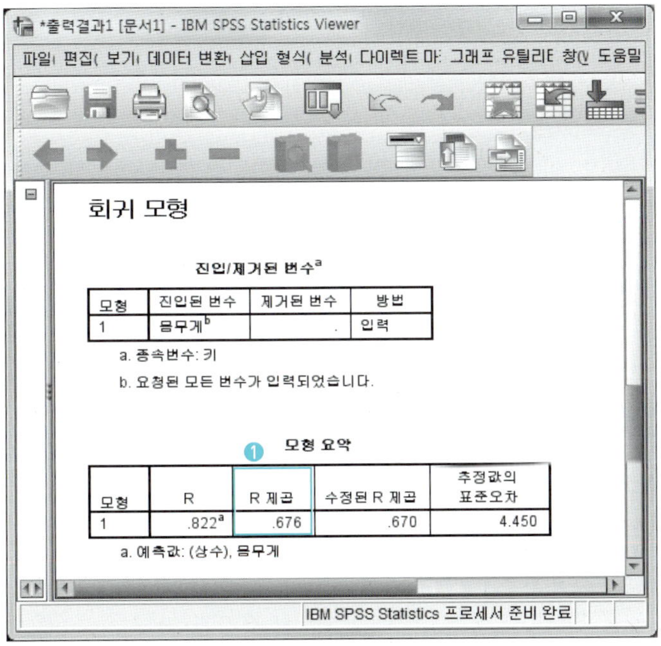

회귀 모형

진입/제거된 변수a

모형	진입된 변수	제거된 변수	방법
1	몸무게b	.	입력

a. 종속변수: 키
b. 요청된 모든 변수가 입력되었습니다.

모형 요약 ❶

모형	R	R 제곱	수정된 R 제곱	추정값의 표준오차
1	.822a	.676	.670	4.450

a. 예측값: (상수), 몸무게

- [모형 요약]표에서 ❶ R제곱값이 '0.676'이므로 회귀선이 [키]변화의 약 68% 설명하고 있음을 알 수 있다.

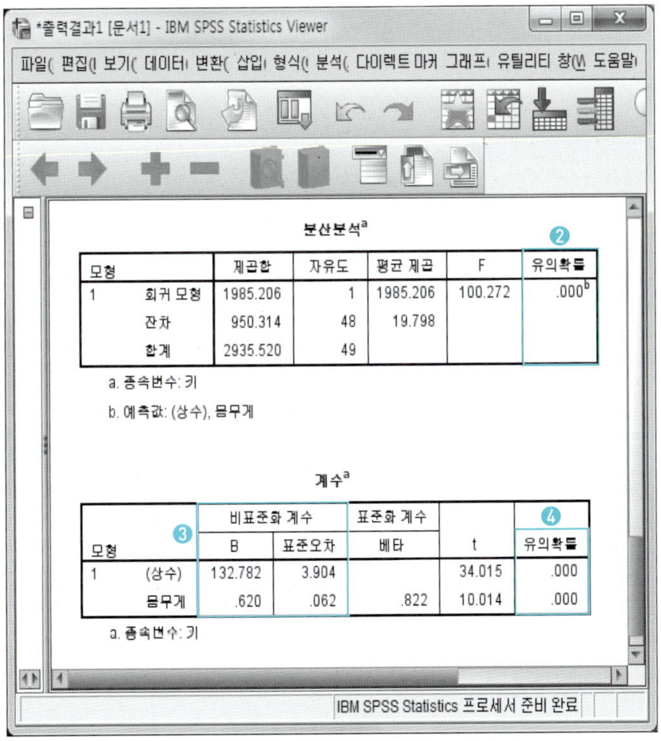

분산분석a

모형		제곱합	자유도	평균 제곱	F	유의확률 ❷
1	회귀 모형	1985.206	1	1985.206	100.272	.000b
	잔차	950.314	48	19.798		
	합계	2935.520	49			

a. 종속변수: 키
b. 예측값: (상수), 몸무게

계수a

모형		비표준화 계수 ❸		표준화 계수	t	❹
		B	표준오차	베타		유의확률
1	(상수)	132.782	3.904		34.015	.000
	몸무게	.620	.062	.822	10.014	.000

a. 종속변수: 키

- [분산분석]표에서 모형의 ❷ 유의확률을 보면, 유의확률이 '0.000'이므로 유의수준이 0.05에서 회귀선은 통계적으로 유의하다고 판단할 수 있다.
- 회귀식은 [계수]에서 제시되는 ❸ 비표준화계수를 이용해서 도출된다.
- 따라서 회귀식은 $\hat{Y}$ = $0.620x_i$(몸무게) + 132.782가 된다. 즉, 몸무게가 '1kg' 증가하면 키는 '0.620cm'만큼 증가함을 알 수 있다.
- 또한 [계수]에서 ❹ 유의확률을 보면 독립변수인 [몸무게]는 유의확률이 '0.000'임으로 유의수준 0.05에서 통계적으로 유의함을 알 수 있다.

※ [$\hat{Y}$ = $0.620x_i$(몸무게) + 132.782]식에 진학 오는 학생의 몸무게인 70kg을 대입하면 이 학생의 키가 대략 176cm 정도 될 것이라는 것을 예측할 수 있다.

02 다중회귀분석

다중회귀분석은 2개 이상의 독립변수와 종속변수 간의 관계를 설명하고, 종속변수값을 예측하는 데에 사용할 수 있는 모형을 도출하는 분석방법이다. 즉, 2개 이상 복수의 독립변수들과 하나의 종속변수와의 관계를 분석하는 기법이라고 할 수 있다. 그러나 다중회귀분석은 독립변수가 2개 이상이라는 것만 제외하고는 단순회귀분석과 같은 절차로 진행된다.

2.1 다중회귀분석 사례

앞에서 설명한 단순회귀분석의 사례와 같이 새로 전학 오는 학생의 키를 추정하고자 한다. 그러나 식생활의 변화로 인해 몸무게뿐 아니라 허리둘레도 중요한 정보가 된다고 생각되어 전학 오는 학생의 몸무게와 함께 허리둘레값도 알려줄 것을 담임선생님께 요청하였다. 이에 선생님은 전학 오는 학생의 허리둘레 값도 알려주었다. 이 경우 몸무게와 허리둘레 중 어느 값이 키에 영향을 더 많이 미치는지에 대해서도 함께 알아보도록 하자.

분석방법 JOB ANALYSIS

이 문제에서는 몸무게와 허리둘레값을 이용해서 키를 예측할 수 있는 회귀식모형을 도출하고, 추가적으로 2개의 독립변수 중 어떤 변수가 종속변수인 키에 더 많은 영향을 주는지에 대해 살펴볼 것이다.

다중회귀분석의 결과 도출된 비표준화 계수를 사용해 회귀모형을 만들고, 전학 오는 학생의 몸무게와 허리둘레를 회귀식에 대입하면 몸무게값만을 사용한 회귀식보다 더욱 정확한 학생의 키를 예측할 수 있게 된다. 또한 몸무게와 허리둘레의 표준화 계수의 크기를 비교해 봄으로써 어느 변수가 키를 예측하는 데에 더 중요한지를 파악할 수 있게 된다. 이에 대한 구체적인 분석절차를 살펴보면 다음과 같다.

① 산점도를 이용하여 키와 몸무게, 키와 허리둘레의 관계가 선형관계인지를 살펴본다.

② 산점도에서 변수들 간의 관계가 선형이라고 판단되면 몸무게와 허리둘레를 독립변수로 하고 키를 종속변수로 하여 회귀분석을 실시한다. 본 예제에서는 독립변수가 2개이고, 종속변수가 1개이므로 다중회귀분석을 실시한다.

③ 분석결과 도출된 회귀식모형의 설명력과 통계적 유의성, 그리고 회귀계수의 통계적 유의성을 확인한다.

④ 유의성이 검증된 회귀식에 몸무게와 허리둘레를 대입해서 키를 예측한다.

⑤ 표준화 계수를 비교함으로써 두 변수가 종속변수에 미치는 영향력의 크기를 분석한다.

2.2 분석절차

1) 1단계 : 자료수집

50명의 학생들로 하여금 자신들의 키와 몸무게 그리고 허리둘레값들을 적어내도록 하는 방법으로 자료를 수집한다.

1. 귀하의 키는 얼마입니까? (　　) cm
2. 귀하의 몸무게는 얼마입니까? (　　) kg
3. 귀하의 허리둘레는 얼마입니까? (　　) cm

2) 2단계 : 분석자료 준비

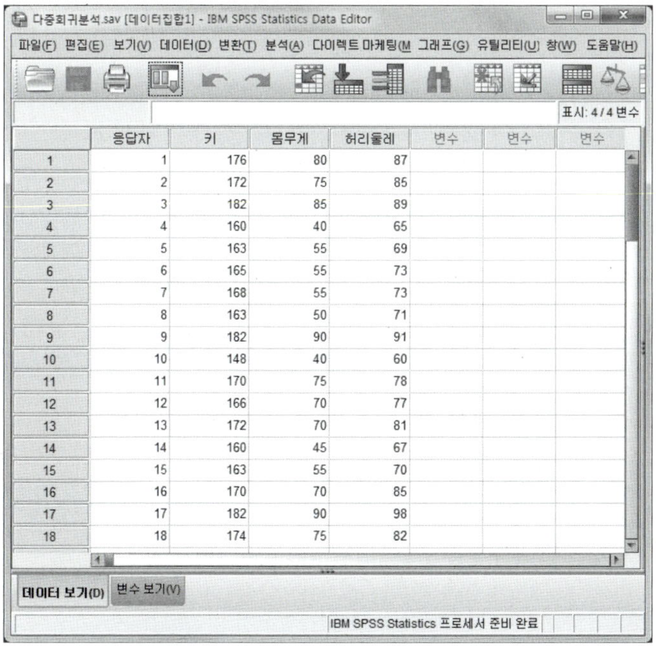

	응답자	키	몸무게	허리둘레	변수	변수	변수
1	1	176	80	87			
2	2	172	75	85			
3	3	182	85	89			
4	4	160	40	65			
5	5	163	55	69			
6	6	165	55	73			
7	7	168	55	73			
8	8	163	50	71			
9	9	182	90	91			
10	10	148	40	60			
11	11	170	75	78			
12	12	166	70	77			
13	13	172	70	81			
14	14	160	45	67			
15	15	163	55	70			
16	16	170	70	85			
17	17	182	90	98			
18	18	174	75	82			

• 학생들의 [몸무게]와 [키], 그리고 [허리둘레]를 조사해서 구한 자료를 엑셀에 코딩한 다음 그 파일을 SPSS에서 불러들이거나, [SPSS 데이터 편집기]창에 자료를 직접 입력하는 방식으로 분석자료를 준비한다.

3) 3단계 : 산점도를 이용한 변수들 간의 선형관계 여부 확인

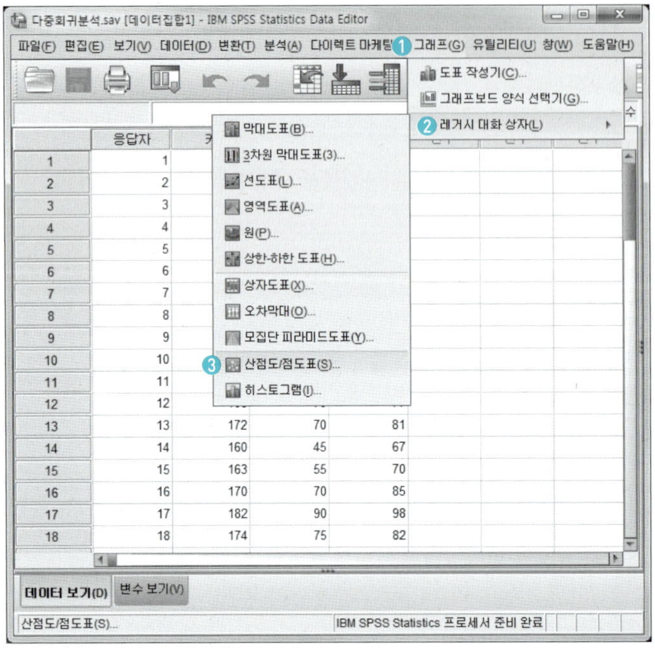

- 산점도 그래프를 그리기 위해서는 탑 메뉴에서 ❶ [그래프] → ❷ [레거시 대화상자] → ❸ [산점도/점도표]를 클릭한다.

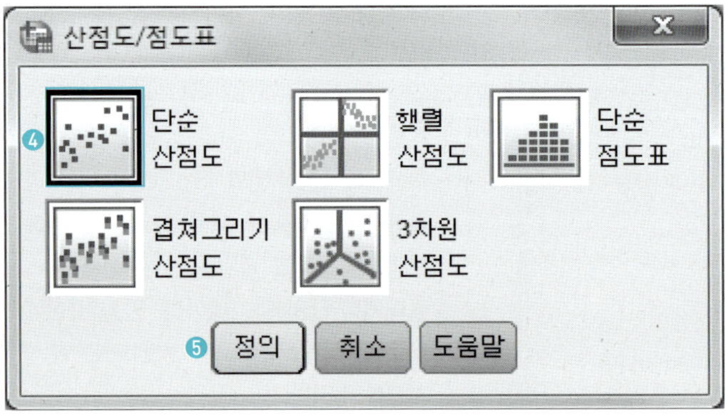

- [산점도/점도표]에서는 왼쪽 창에서와 같이 5종류의 산점도 또는 점도표를 그릴 수 있다.
- 이 중에 단순한 산점도를 그리기 위해 ❹ [단순 산점도]를 선택하고 산점도의 세부내용을 정의하기 위해 ❺ [정의] 버튼을 클릭한다.

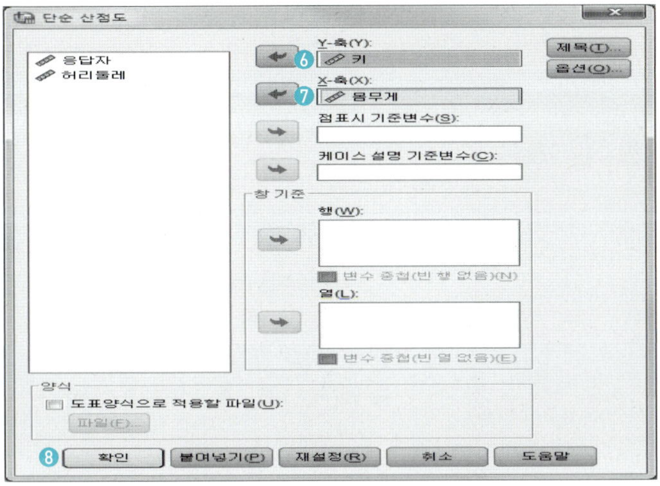

- [단순 산점도]창의 좌측란에 있는 변수 중에서 ❻ [Y-축]에는 종속변수인 [키]를 선택하여 옮기고, ❼ [X-축]에는 독립변수인 [몸무게]를 이동시킨다.
- ❽ [확인] 버튼을 클릭해서 산점도를 그린다.

※ [허리둘레]와 [키]의 산점도도 같은 방법으로 그려볼 수 있다.

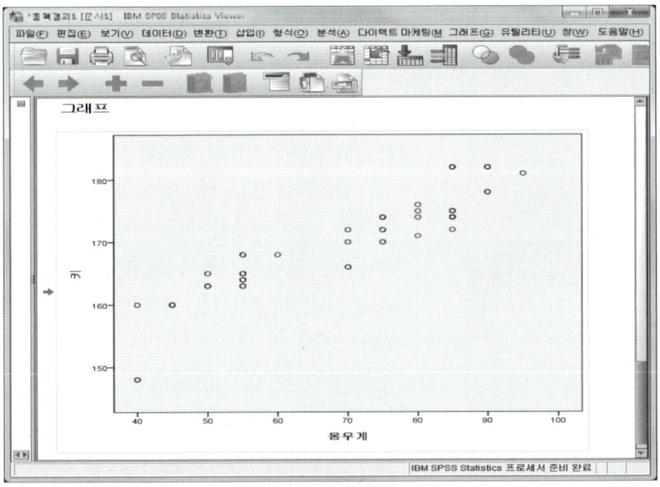

- [몸무게]와 [키]의 산점도를 그려본 결과, 두 변수는 서로 선형관계에 있다고 가정할 수 있다.

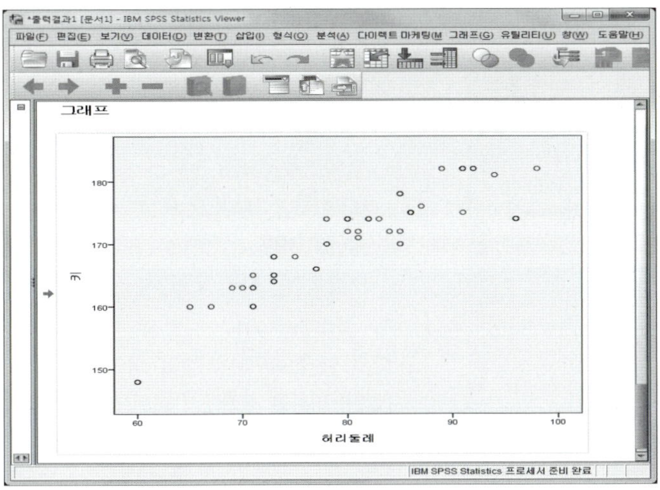

- [허리둘레]와 [키]의 산점도를 그려본 결과 역시 두 변수는 서로 선형관계에 있음을 알 수 있다.

4) 4단계 : 다중회귀분석의 실행

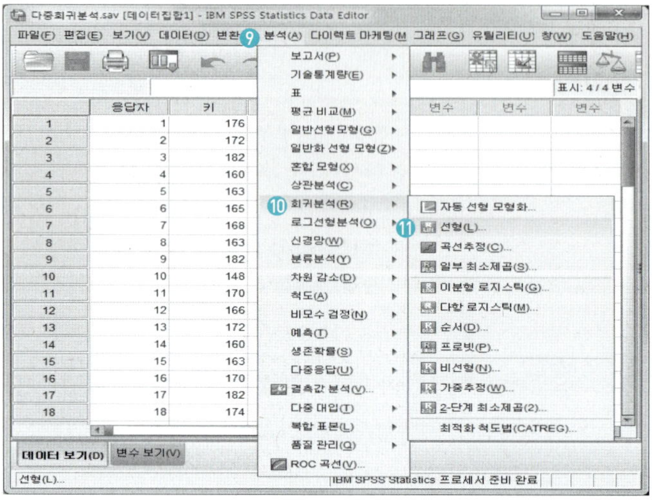

- 다중회귀분석을 실행하기 위하여 수집한 데이터를 [SPSS 데이터 편집기]창으로 불러온 다음, 탑 메뉴에서 ❾ [분석] → ❿ [회귀분석] → ⓫ [선형]을 선택한다.

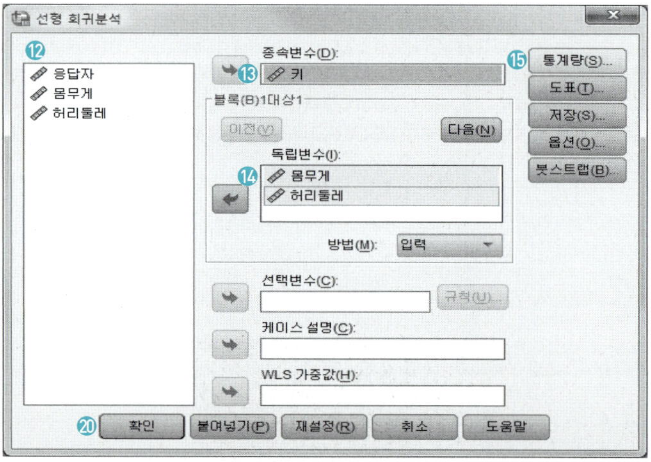

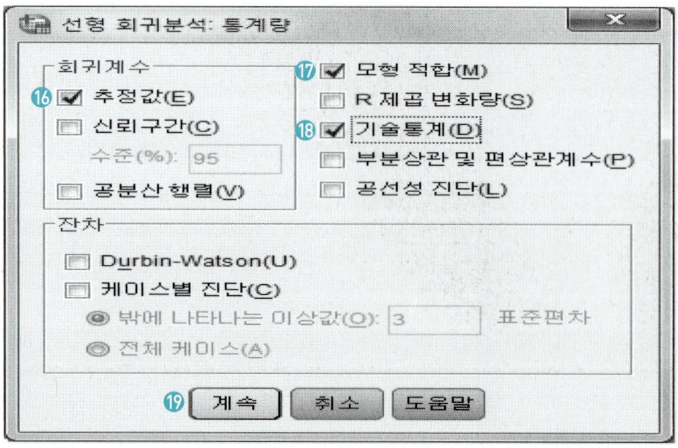

- [선형회귀분석]창이 나타나면
- ⓬ 좌측란에 있는 변수들 중에서 [키]를 선택해 [➔] 버튼을 이용하여 ⓭ [종속변수]란으로 이동시키고 [몸무게]와 [허리둘레]를 선택해서 ⓮ [독립변수]란으로 이동시킨다.
- 필요한 통계량을 결과물에서 얻기 위해 ⓯ [통계량] 버튼을 클릭한다.
- 필요한 정보로 ⓰ [추정값]과 ⓱ [모형적합] 그리고 ⓲ [기술통계]를 선택한 다음 [선형회귀분석]창으로 돌아가기 위해 ⓳ [계속] 버튼을 클릭한다.

  - [추정값] : 회귀계수 추정치와 관련 통계량(초기지정)
  - [모형적합] : 다중 R, R^2, 수정된 R^2 등(초기지정)
  - [기술통계] : 평균, 표준편차, 상관행렬

- 다시 [선형회귀분석]창이 나타나면 ⓴ [확인] 버튼을 클릭해서 회귀분석을 실행한다.

2.3 분석결과 및 해석

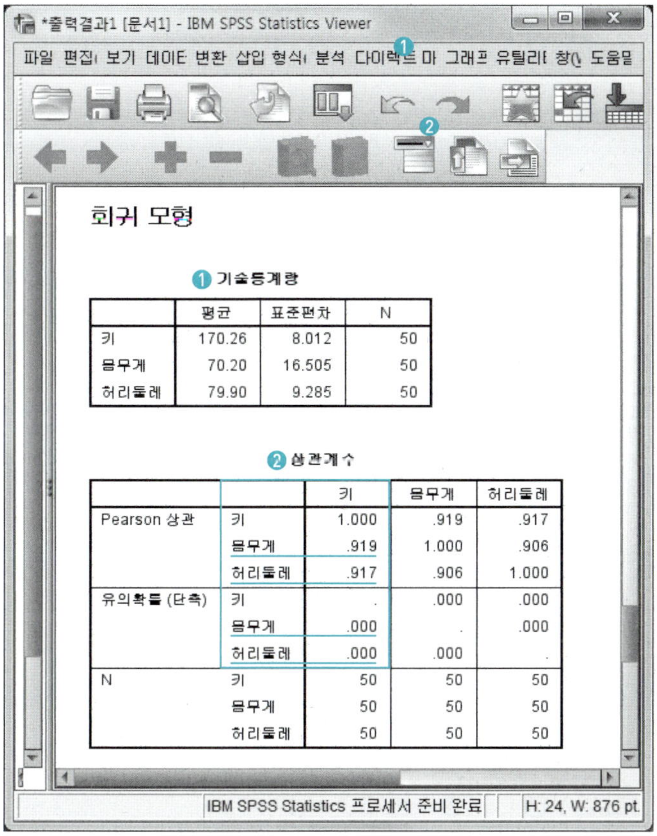

❶ 기술통계량

	평균	표준편차	N
키	170.26	8.012	50
몸무게	70.20	16.505	50
허리둘레	79.90	9.285	50

❷ 상관계수

		키	몸무게	허리둘레
Pearson 상관	키	1.000	.919	.917
	몸무게	.919	1.000	.906
	허리둘레	.917	.906	1.000
유의확률 (단측)	키	.	.000	.000
	몸무게	.000	.	.000
	허리둘레	.000	.000	.
N	키	50	50	50
	몸무게	50	50	50
	허리둘레	50	50	50

- ❶ [기술통계량]표에는 각 변수의 평균과 표준편차 그리고 각 변수의 총 관측치 수(N)가 나타나 있다.
- ❷ 상관계수표는 각 변수들 간의 상관관계와 유의확률 그리고 분석에 사용된 유효한 관측치수를 나타내고 있다.
- 표를 보면 [키]와 [몸무게] 간의 상관계수는 '0.919'이며, 유의확률이 '0.000' 이므로, 유의수준 0.05, 0.01에서 통계적으로 유의하다.
- [허리둘레]와 [몸무게] 간의 상관계수는 '0.906'이고 유의확률은 '0.000'이므로, 유의수준 0.05, 0.01에서 통계적으로 유의하다.
- [키]와 [허리둘레] 간의 상관계수 역시 '0.917'로서 통계적으로 유의하다.

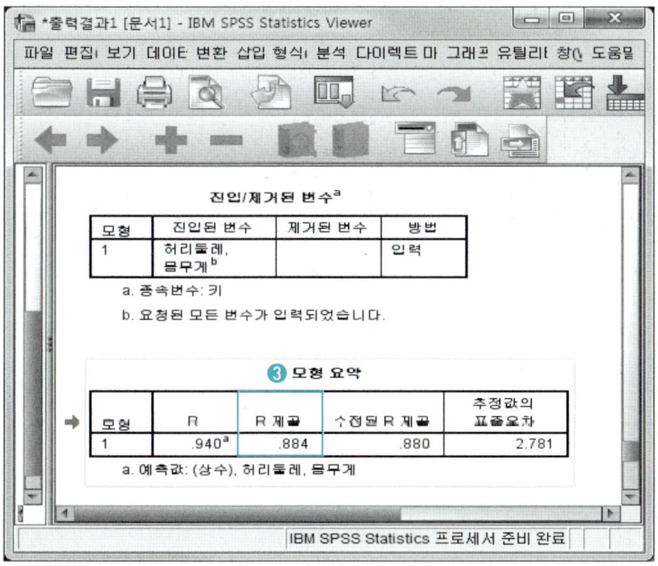

진입/제거된 변수[a]

모형	진입된 변수	제거된 변수	방법
1	허리둘레, 몸무게[b]	.	입력

a. 종속변수: 키

b. 요청된 모든 변수가 입력되었습니다.

❸ 모형 요약

모형	R	R 제곱	수정된 R 제곱	추정값의 표준오차
1	.940[a]	.884	.880	2.781

a. 예측값: (상수), 허리둘레, 몸무게

- ❸ [모형 요약]표를 보면, R제곱값이 '0.884'이므로 회귀선이 [키]의 분산을 88.4% 설명하고 있으며, 88.4%의 설명력은 매우 높은 값이라고 할 수 있다.

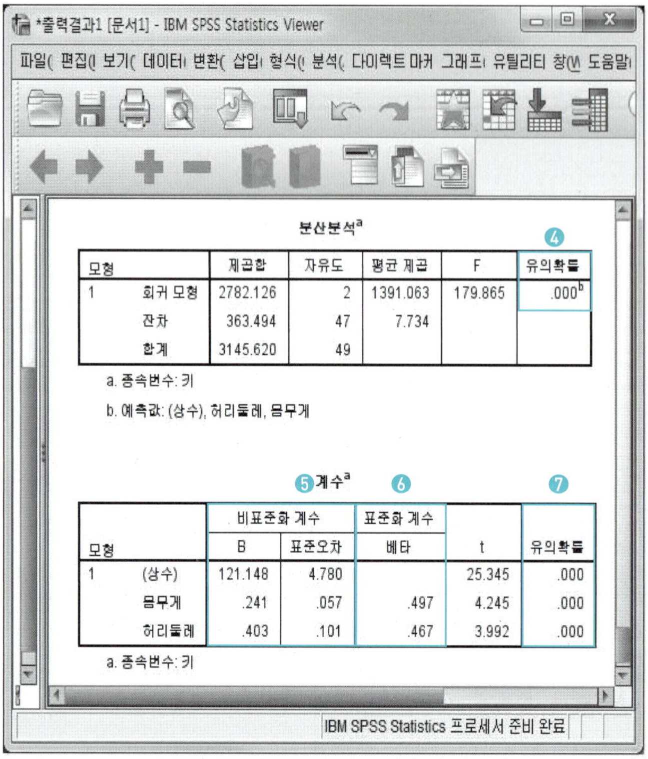

*출력결과1 [문서1] - IBM SPSS Statistics Viewer

분산분석[a]

모형		제곱합	자유도	평균 제곱	F	유의확률 ❹
1	회귀 모형	2782.126	2	1391.063	179.865	.000[b]
	잔차	363.494	47	7.734		
	합계	3145.620	49			

a. 종속변수: 키

b. 예측값: (상수), 허리둘레, 몸무게

❺ **계수**[a]

모형		비표준화 계수		표준화 계수 ❻	t	유의확률 ❼
		B	표준오차	베타		
1	(상수)	121.148	4.780		25.345	.000
	몸무게	.241	.057	.497	4.245	.000
	허리둘레	.403	.101	.467	3.992	.000

a. 종속변수: 키

IBM SPSS Statistics 프로세서 준비 완료

- [분산분석]표에서 ❹ [유의확률]을 보면 유의확률이 '0.000' 이므로 유의수준 0.05에서 회귀모형은 통계적으로 유의하다.
- [계수]표에서의 ❺ [비표준화 계수]를 이용하여 회귀식을 도출하면, 회귀식은 [(키) = 0.241(몸무게) + 0.403(허리둘레) + 121.148]이 된다.
  즉, [키]는 [몸무게]가 '1kg' 증가하면 '0.241cm' 만큼 증가하고, [허리둘레]가 '1cm' 증가하면 '0.403cm' 만큼 증가하는 것으로 해석할 수 있다. 또한 ❻ [표준화 계수]를 보면 [몸무게]가 '0.497' 이고, [허리둘레]가 '0.467' 이므로 [몸무게]가 [허리둘레]보다 [키]를 예측하는 데에 더 중요한 변수임을 알 수 있다.
- ❼ [유의확률]을 보고 독립변수인 [몸무게]와 [허리둘레]의 유의성을 확인하면, [몸무게]와 [허리둘레] 모두 통계적으로 유의함을 알 수 있다.

03 더미변수를 이용한 회귀분석

회귀분석에서 사용하는 변수들은 모두 등간이나 비율척도이어야 한다. 하지만 성별, 계절, 종교 등과 같이 명목척도로 측정된 변수를 부득이 사용해야 하는 경우에는 명목척도로 나타낸 변수를 0과 1의 값만을 갖는 한 개 혹은 몇 개의 이항변수(binary variable)로 바꾸어 회귀분석에 활용할 수 있다. 이때 사용하는 이항변수는 실제로 측정한 변수가 아니고 명목척도로 측정된 변수값들을 서로 구분할 수 있도록 하기 위하여 가상적으로 만든 변수라 해서 이들을 더미변수(dummy variable)라 부르고, 이러한 변수들을 이용한 회귀분석을 일반회귀분석과 구분하여 더미변수를 이용한 회귀분석(dummy variable regression)이라 한다.

3.1 더미변수를 이용한 회귀분석 사례

K고등학교 A반 담임선생님은 단지 몸무게만으로 전학을 오는 학생의 키를 예측하는 것은 다소 문제가 있다고 판단되어 성별에 관한 정보를 추가적으로 제공해 주기로 하였다. 새로 전학을 오는 학생은 몸무게 70kg인 남자이다. 회귀분석에서 사용하는 변수의 척도는 모두 등간이나 비율척도이어야 한다. 그렇다면 명목척도인 성별이란 변수를 같이 사용하여 회귀분석을 할 수 있는 방법은 없을까?

분석방법 JOB ANALYSIS

앞서 설명하였듯이 회귀분석에서 사용하는 변수들의 척도는 모두 등간척도 또는 비율척도이어야 한다. 따라서 엄격히 말하면 성별이라는 변수는 명목척도이므로 회귀분석에서 사용할 수 없다. 그러나 성별을 나타내는 남과 여를 1과 0의 값을 갖는 이항변수로 나타내면 이는 비록 하나의 구간만을 갖게 되나 등간격의 구간으로 이해할 수도 있다. 명목척도로 측정된 성별이란 변수를 더미코딩한 더미변수를 독립변수로 사용한다는 것을 제외하고는 일반다중회귀분석과 동일한 방법으로 분석이 진행된다. 이에 대한 절차를 살펴보면 다음과 같다.

① 산점도를 이용하여 독립변수와 종속변수가 선형관계인지를 알아본다. 단 성별과 같은 명목척도로 측정된 변수는 더미코딩을 하면 0과 1로밖에 표현이 안 되므로 산점도가 의미가 없다.
② 몸무게와 키의 관계가 선형이면 몸무게와 성별을 독립변수로, 키를 종속변수로 하여 회귀분석한다. 이 경우 독립변수가 2개이고, 종속변수가 1개이므로 다중회귀분석을 실시한다.
③ 분석결과 도출된 회귀식의 설명력과 통계적 유의성을 비롯해서 회귀계수의 통계적 유의성을 확인한다.
④ 유의성이 검증된 회귀모형에 전학 오는 학생의 몸무게와 성별을 대입하여 키를 예측한다.

3.2 분석절차

1) 1단계 : 자료수집

50명의 학생들로 하여금 자신들의 키와 몸무게 그리고 성별을 적어내도록 하는 방법으로 자료를 수집한다.

1. 귀하의 키는 얼마입니까? (　　) cm
2. 귀하의 몸무게는 얼마입니까? (　　) kg
3. 귀하의 성별은 무엇입니까?　① 남자　② 여자

2) 2단계 : 분석자료 준비

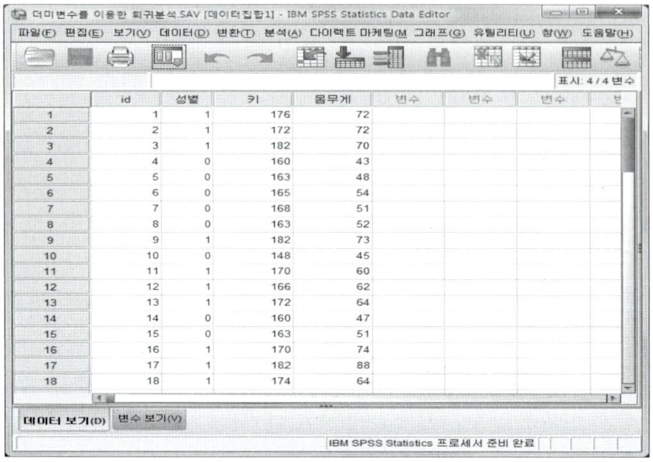

• 학생들의 [몸무게]와 [키], 그리고 [성별]을 조사해서 구한 자료를 엑셀에 코딩한 다음 SPSS에서 불러들이거나, [SPSS 데이터 편집기]창에서 자료를 직접 입력해서 분석자료를 준비한다.

3) 3단계 : 산점도를 통한 변수들 간의 선형관계 여부 확인

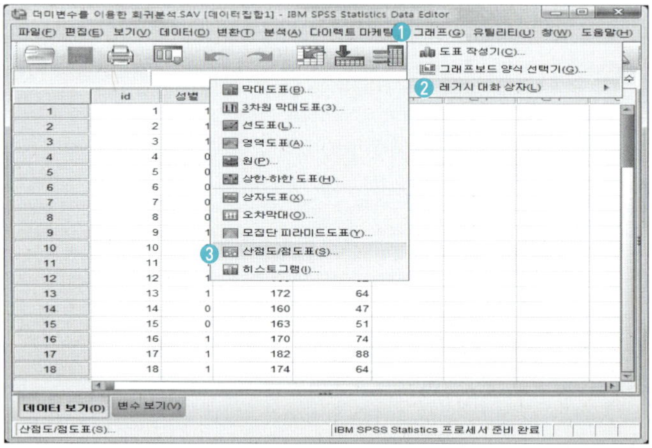

• 산점도 그래프를 그리기 위해서는 탑 메뉴에서
❶ [그래프] → ❷ [레거시 대화상자] → ❸ [산점도/점도표]를 클릭한다.

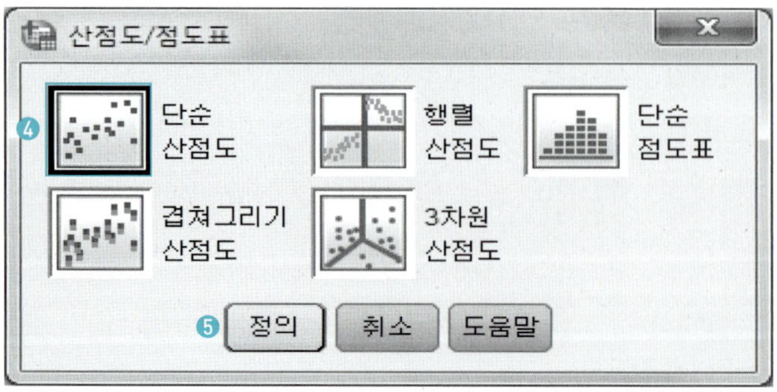

• [산점도/점도표]에서는 왼쪽 창에서와 같이 5종류의 산점도 또는 점도표를 그릴 수 있다.
• 이 중에 단순한 산점도를 그리기 위해 ❹ [단순 산점도]를 선택하고 산점도의 세부내용을 정의하기 위해 ❺ [정의] 버튼을 클릭한다.

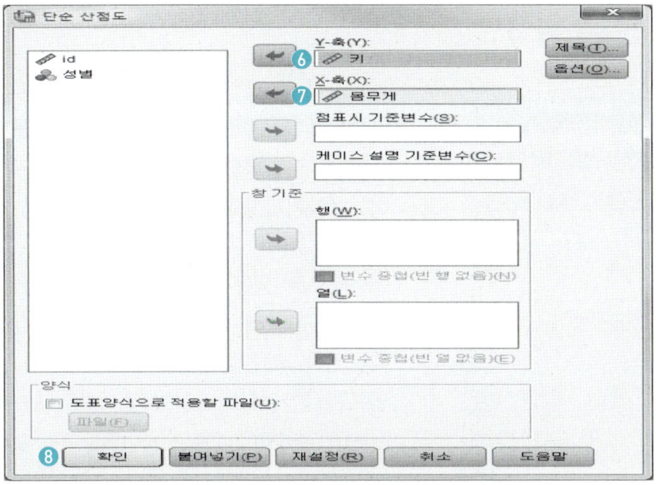

- [단순 산점도]창의 좌측란에 있는 변수 중에서 버튼을 이용하여 ❻ [Y-축]에는 종속변수인 [키]를 선택하여 옮기고, ❼ [X-축]에는 독립변수인 [몸무게]를 이동시킨다.
- ❽ [확인] 버튼을 클릭해서 산점도를 그린다.

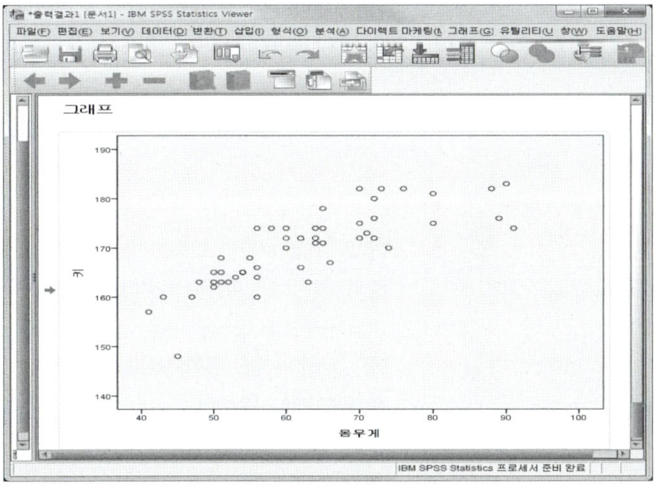

- [몸무게]와 [키]의 산점도를 그려본 결과, 두 변수는 서로 선형관계에 있다고 가정할 수 있다.

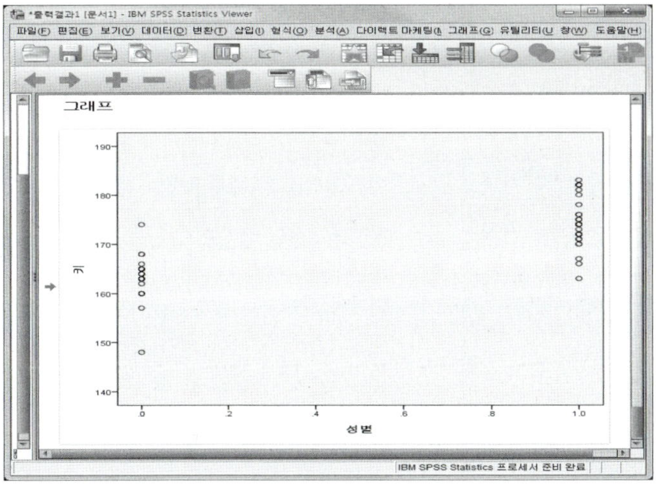

- [성별]과 [키]의 산점도를 그려본 결과, [성별]이 더미코딩되었기 때문에 큰 의미가 없으나 우측에 남자를 나타내는 점들이 좌측에 여자를 나타내는 점들보다 상대적으로 높은 위치에 있음을 알 수 있다.

4) 4단계 : 더미변수를 이용한 회귀분석의 실행

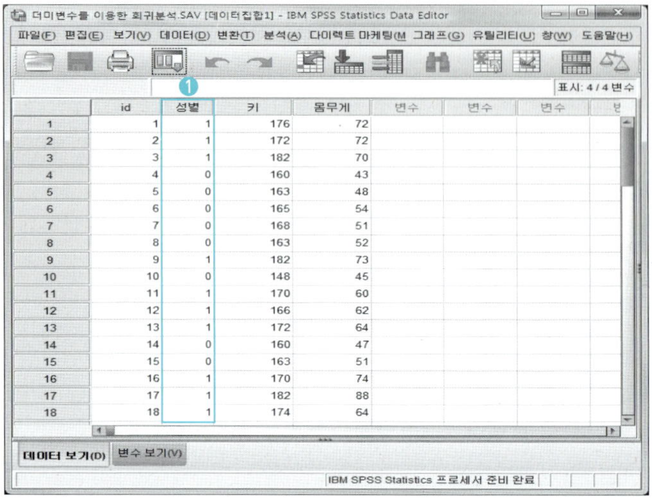

- [성별]은 명목척도이므로 회귀분석의 독립변수로 사용할 수 없다. 따라서 이를 더미변수로 코딩한 후 회귀분석에 사용한다.
- 일반적으로 명목척도로 측정된 변수의 (수준수−1)개의 더미변수가 필요하다. 예를 들어, 4계절의 경우 3개의 더미변수가 필요하다. 그러나 [성별]의 경우에는 [남자]와 [여자]의 2개 수준이므로 1개의 더미변수로 나타낼 수 있다.
- [여자]를 기준으로 삼아 '0'으로 하고, [남자]는 '1'로 코딩하면 ❶과 같다.

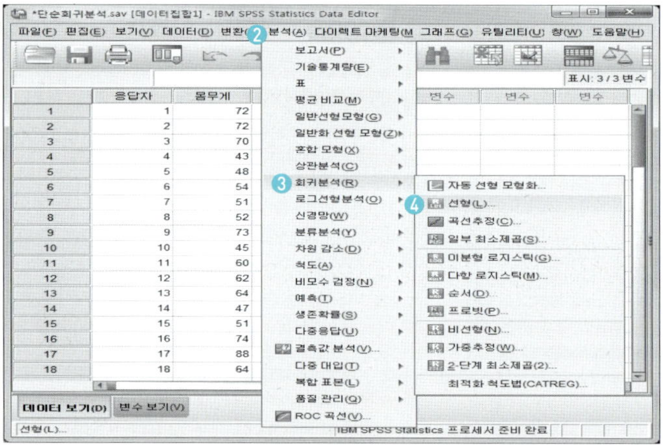

- 더미변수를 이용한 다중회귀분석을 실행하기 위하여 입력된 데이터를 [SPSS 편집기]창으로 불러온 다음, 탑 메뉴에서 ❷ [분석] → ❸ [회귀분석] → ❹ [선형]을 선택한다.

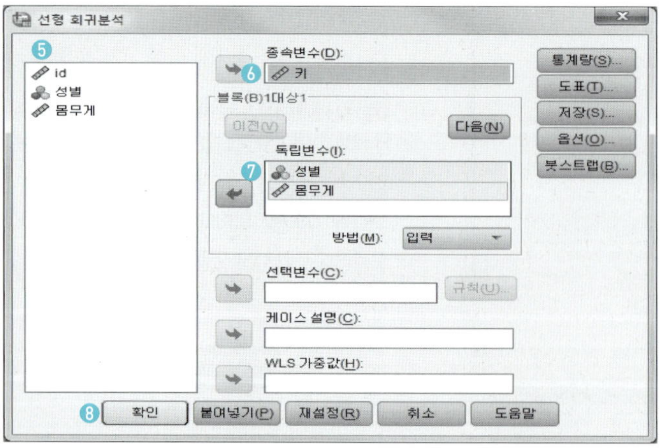

- [선형회귀분석]창이 나타나면, ❺ 좌측란에 있는 변수들 중에서 [키]를 선택해서 ❻ [종속변수]란으로 이동시키고 더미변수인 [성별]과 [몸무게]를 ❼ [독립변수]란으로 이동시킨다.
- 다중회귀분석에서와 같이 필요한 통계량이나 옵션을 선정한 후 ❽ [확인] 버튼을 클릭해서 회귀분석을 실행한다.

3.3 분석결과 및 해석

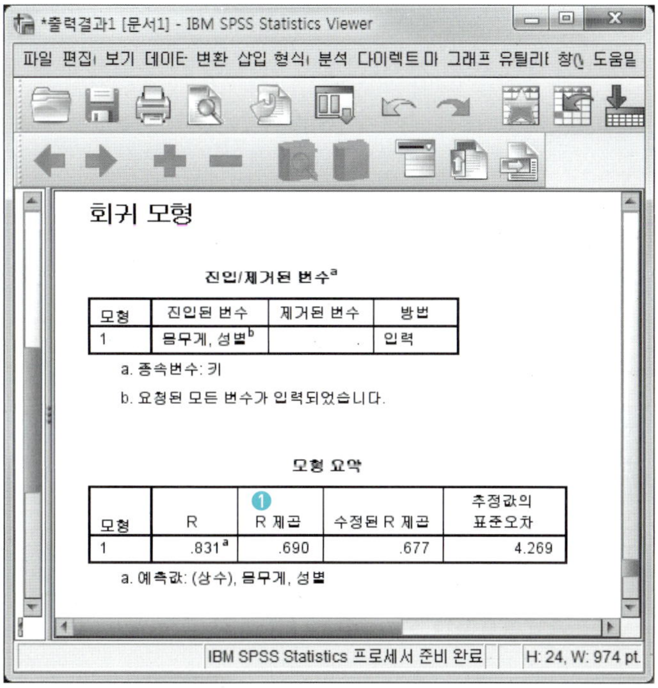

회귀 모형

진입/제거된 변수[a]

모형	진입된 변수	제거된 변수	방법
1	몸무게, 성별[b]	.	입력

a. 종속변수: 키

b. 요청된 모든 변수가 입력되었습니다.

모형 요약

모형	R	❶ R 제곱	수정된 R 제곱	추정값의 표준오차
1	.831[a]	.690	.677	4.269

a. 예측값: (상수), 몸무게, 성별

- [모형 요약]에서 ❶ R제곱값이 '0.690'이므로 회귀모형이 [키]의 변동 69%를 설명하고 있음을 알 수 있다.

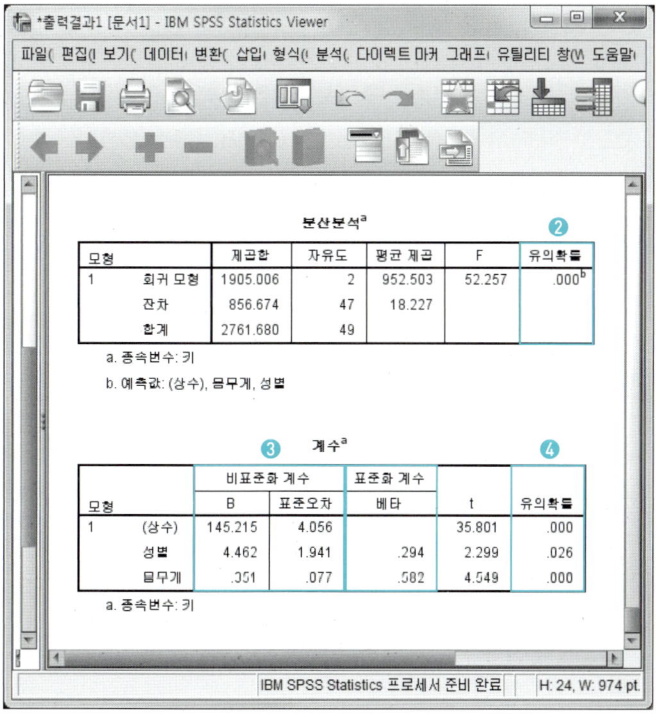

분산분석[a]

모형		제곱합	자유도	평균 제곱	F	❷ 유의확률
1	회귀 모형	1905.006	2	952.503	52.257	.000[b]
	잔차	856.674	47	18.227		
	합계	2761.680	49			

a. 종속변수: 키

b. 예측값: (상수), 몸무게, 성별

계수[a]

모형		❸ 비표준화 계수 B	비표준화 계수 표준오차	표준화 계수 베타	t	❹ 유의확률
1	(상수)	145.215	4.056		35.801	.000
	성별	4.462	1.941	.294	2.299	.026
	몸무게	.351	.077	.582	4.549	.000

a. 종속변수: 키

- [분산분석]표에서 ❷ [유의확률]을 보고 회귀모형의 통계적 유의성을 확인한다.
- 회귀모형의 유의확률이 '0.000'이므로 유의수준 0.05, 0.01에서 회귀모형은 통계적으로 유의하다.
- [계수]에 있는 ❸ 비표준화 계수를 이용해서 회귀식을 도출한다. 도출된 회귀식은 [(키) = 4.462(성별) + 0.351(몸무게) + 145.215]가 된다.
- 즉, [몸무게]가 '1kg' 증가하면 [키]는 '0.351'만큼 증가하고, 일반적으로 남자가 여자보다 '4.462cm'만큼 크다는 것을 알 수 있다.
- 마지막으로 ❹ [유의확률]을 보고 독립변수인 [성별]과 [몸무게]의 통계적 유의성을 확인할 수 있다. [성별]과 [몸무게] 모두 유의수준 0.05에서 통계적으로 유의하다.

※ 위의 결과를 토대로 하였을 때, 전학 오는 학생의 키는 약 174cm라는 것을 예측할 수 있다.

04 비선형회귀분석

회귀분석은 분석을 실시하기 전에 종속변수와 독립변수 간의 관계를 어느 정도 파악하고 분석하는 것이 필요하다. 이를 위해서는 하나의 독립변수와 종속변수를 각각 X축과 Y축으로 하는 2차원의 평면상에 분석하고자 하는 입력자료의 개별관측치들을 점으로 나타내는 산점도를 그려볼 필요가 있다. 산점도상에서 두 변수가 선형과 유사한 관계가 있는 것으로 나타나면 현재의 변수를 그대로 사용하여 분석한다.

그러나 만일 두 변수가 선형이 아닌 다른 형태의 관계가 있다고 판단되는 경우에는 독립변수를 어떠한 방법으로 치환하면 종속변수와 선형에 가까운 관계를 가질 수 있는지를 파악한 다음, 독립변수를 치환하여 얻은 새로운 변수를 독립변수로 사용해서 회귀분석해야 한다. 단순회귀분석에서는 경우에 따라 종속변수를 치환하여 사용할 수도 있다. 이렇게 치환한 변수를 이용한 회귀분석을 일반선형회귀분석과 구분하여 비선형회귀분석이라고 한다.

4.1 비선형회귀분석 사례

I사의 이우진 사장은 매월 외장하드디스크 판매수량을 예측해서 원자재 수급 불균형을 해결하고 생산일정을 효과적으로 계획하려고 한다. 컴퓨터 사용자 중 인터넷 사용자들이 자료보관 차원에서 외장하드디스크를 많이 사용하는 것으로 나타나 외장하드디스크 판매수량에 영향을 주는 요인으로 인터넷보급률과 촉진비용을 설정하고 다중회귀분석을 실시하고자 한다. 그런데 외장하드디스크 총판매수량과 촉진비용의 관계에 대해 산점도를 그려보니 왜곡된 선형관계를 이루고 있었다. 이런 경우에는 어떻게 하여 회귀분석을 이용해서 분석할 수 있을까?

분석방법 JOB ANALYSIS

일반적으로 회귀분석은 독립변수와 종속변수 간의 선형관계라는 것을 전제로 하고 있다.
즉, 독립변수값이 증가함에 따라 종속변수값도 일정한 폭으로 증가하거나 감소하는 관계이어야 한다는 것이다. 그러나 제시된 사례의 자료로 산점도를 그려본 결과 두 변수의 관계는 독립변수가 일정한 폭으로 증가해도 종속변수의 증가폭이 일정하지 않은 비선형관계임을 알 수 있었다. 비선형관계가 어느 정도 단조롭게(monotonic) 변화하는 비선형관계이면 독립변수를 변형시켜 회귀분석할 수 있다. 회귀분석이 가능하므로 독립변수를 변형하여 새로 만든 독립변수와 종속변수의 관계를 선형이 될 수 있도록 한 다음 회귀분석해야 한다. 요약하면, 변형된 독립변수를 가지고 다시 산점도를 그려 두 변수의 관계가 선형관계로 확인되면 새로운 변수를 사용해서 다중회귀분석과 동일한 방법으로 분석을 실시한다. 이러한 과정을 정리하면 다음과 같다.

① 산점도를 이용하여 독립변수와 종속변수가 선형관계인지를 살펴본다. 만일 선형관계가 아닌 것이 확인되면 [변수계산]기능을 이용하여 선형관계가 될 수 있도록 변수를 변형한다.

② 변형된 변수를 가지고 다시 한 번 산점도를 그려보고 만일 두 변수 간의 관계가 어느 정도 선형인 것으로 확인되면 인터넷보급률과 촉진비용을 독립변수로 하고 판매수량을 종속변수로 하는 모형, 즉 독립변수가 2개이고, 종속변수가 1개일 때 사용하는 다중회귀분석을 실시한다.

③ 분석결과 도출된 회귀식의 설명력과 통계적 유의성, 그리고 회귀계수의 유의성을 확인하고, 표준화 계수의 크기를 비교해서 어느 독립변수가 종속변수에 더 큰 영향을 더 많이 미치는지 확인한다.

4.2 분석절차

1) 1단계 : 자료수집

I사 외장하드디스크의 월별 촉진비용과 총판매수량을 조사한다.

2) 2단계 : 분석자료 준비

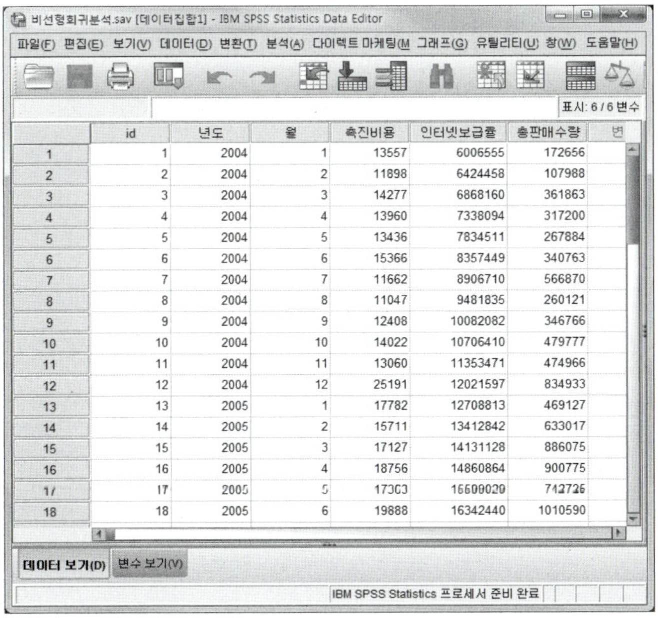

	id	년도	월	촉진비용	인터넷보급률	총판매수량
1	1	2004	1	13557	6006555	172656
2	2	2004	2	11898	6424458	107988
3	3	2004	3	14277	6868160	361863
4	4	2004	4	13960	7338094	317200
5	5	2004	5	13436	7834511	267884
6	6	2004	6	15366	8357449	340763
7	7	2004	7	11662	8906710	566870
8	8	2004	8	11047	9481835	260121
9	9	2004	9	12408	10082082	346766
10	10	2004	10	14022	10706410	479777
11	11	2004	11	13060	11353471	474966
12	12	2004	12	25191	12021597	834933
13	13	2005	1	17782	12708813	469127
14	14	2005	2	15711	13412842	633017
15	15	2005	3	17127	14131128	886075
16	16	2005	4	18756	14860864	900775
17	17	2005	5	17303	16600020	742726
18	18	2005	6	19888	16342440	1010590

• 그림과 같이 자료를 이용하여 엑셀에 코딩을 한 후 SPSS에서 불러들이거나, 직접 SPSS에 입력한다. 자료가 그림과 같이 많을 때는 엑셀에 입력하는 것이 더 수월하다.

3) 3단계 : 산점도를 통한 변수들 간의 선형관계 여부 확인

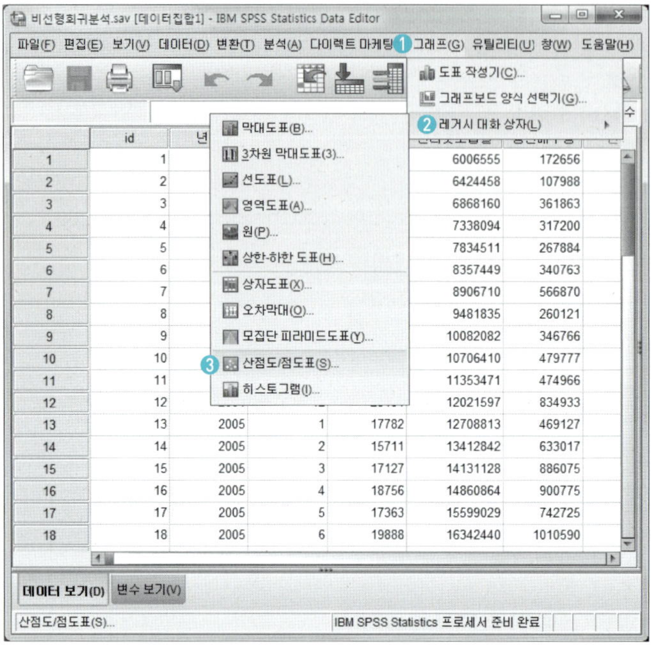

• 산점도 그래프를 그리기 위해서는 탑 메뉴에서
❶ [그래프] → ❷ [레거시 대화상자] → ❸ [산점도/점도표]를 클릭한다.

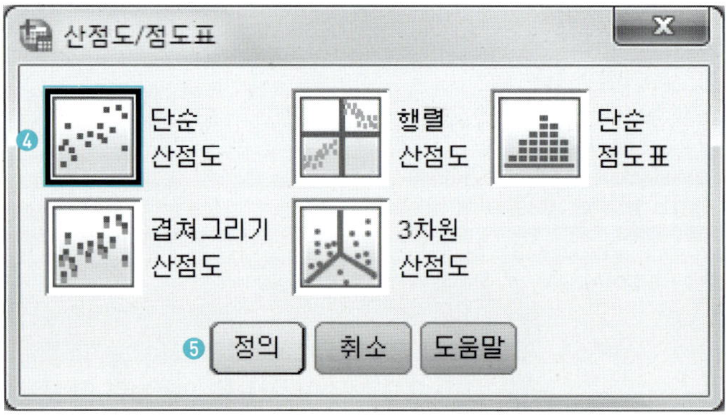

• [산점도/점도표]에서는 왼쪽 창에서와 같이 5종류의 산점도 또는 점도표를 그릴 수 있다.
• 이 중에 단순한 산점도를 그리기 위해 ❹ [단순 산점도]를 선택하고 산점도의 세부내용을 정의하기 위해 ❺ [정의] 버튼을 클릭한다.

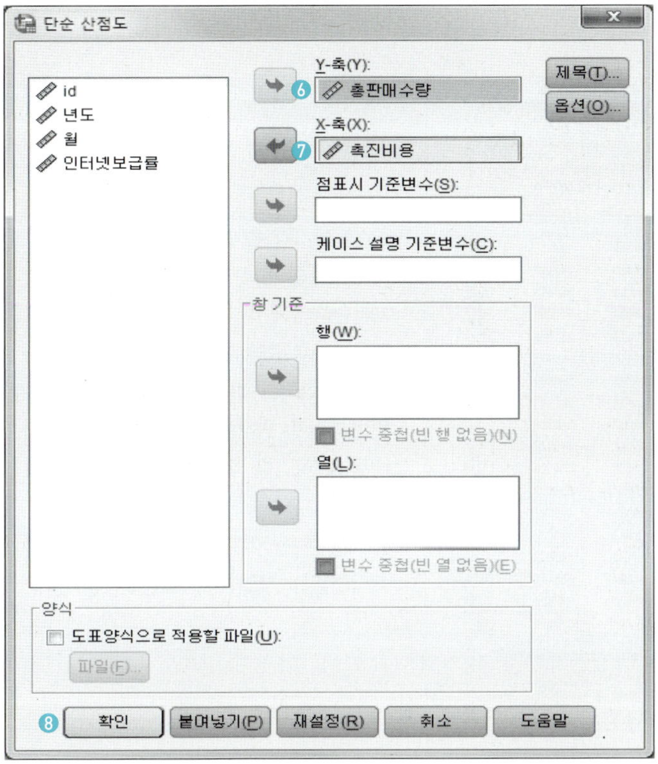

- [단순 산점도]창의 좌측란에 있는 변수 중에서 버튼을 이용하여 ❻ [Y-축]에는 종속변수인 [총판매수량]을 선택해서 옮기고 ❼ [X-축]에는 독립변수인 [촉진비용]을 이동시킨다.
- ❽ [확인] 버튼을 클릭해서 산점도를 그린다.

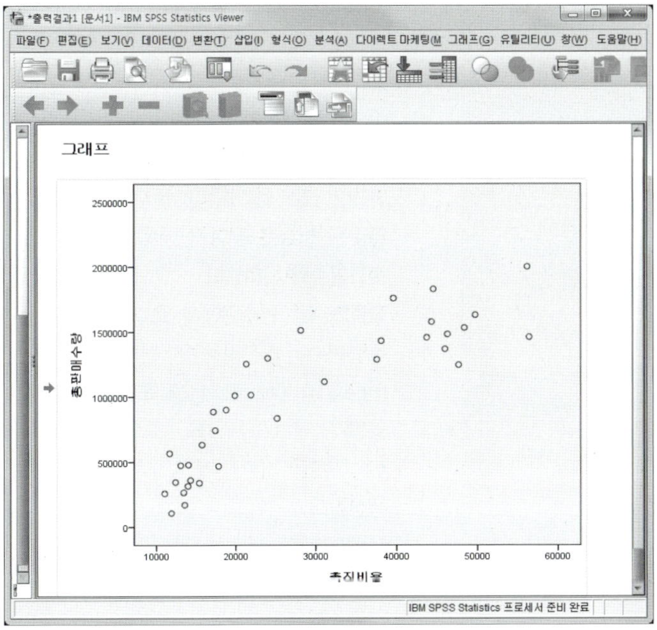

- [촉진비용]과 [총판매수량]의 산점도를 그려본 결과 두 변수는 서로 비선형적인 관계에 있다는 것이 확인되었다.

※ 나머지 독립변수들의 종속변수 간의 선형관계 여부는 생략하기로 한다.

4) 4단계 : 비선형회귀분석의 실행

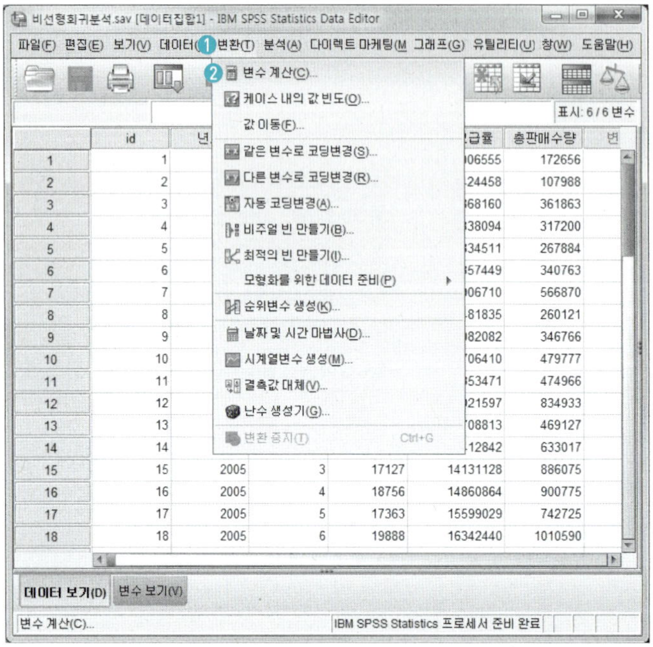

- 산점도를 그려본 결과 [촉진비용]과 [총판매수량]은 선형관계가 아니고 로그나 제곱근형태의 비선형관계에 가까운 모양임을 알 수 있다.
- 따라서 이러한 비선형관계를 선형관계로 변환시키기 위해서는 독립변수인 [촉진비용]에 로그를 취해 변수를 변환시켜야 한다.
- 변수를 변환시키기 위해서는 탑 메뉴에서 ❶ [변환] → ❷ [변수계산]을 선택한다.

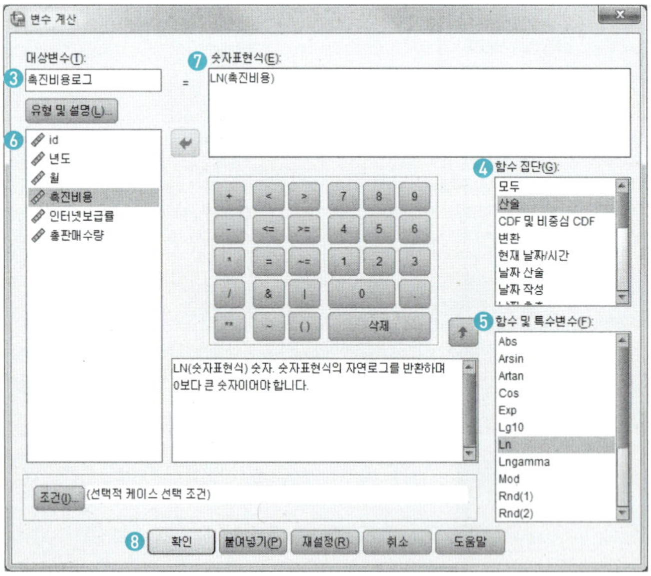

- [촉진비용]에 로그를 취해서 [총판매수량]과의 관계를 선형으로 변형시킨다.
- ❸ [대상변수]에는 임의로 새로운 변수 이름을 입력한다.
- ❹ [함수집단]란에서 [산술]을 선택하고 아래의 ❺ [함수 및 특수변수]란에서 알맞은 함수를 찾아서 선택한다. 'Ln'은 로그함수를 나타낸다.
- 좌측의 ❻ 변수란에서 로그함수를 취할 독립변수 [촉진비용]을 선택하고 버튼을 이용해 ❼ [숫자표현식] 창으로 옮긴다.
- ❽ [확인] 버튼을 클릭해서 새 변수를 생성한다.

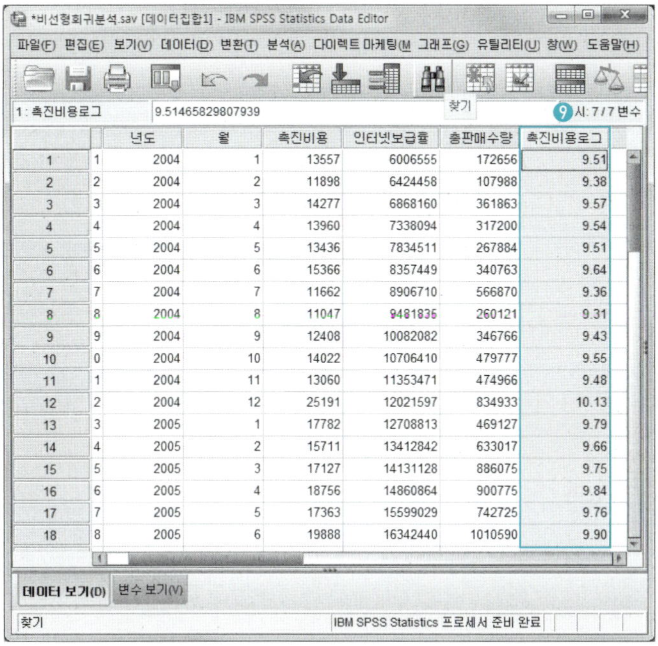

• 변수계산을 이용해서 ❾ [촉진비용]에 자연로그를 취한 값이 [촉진비용로그]라는 변수로 생성되었다.

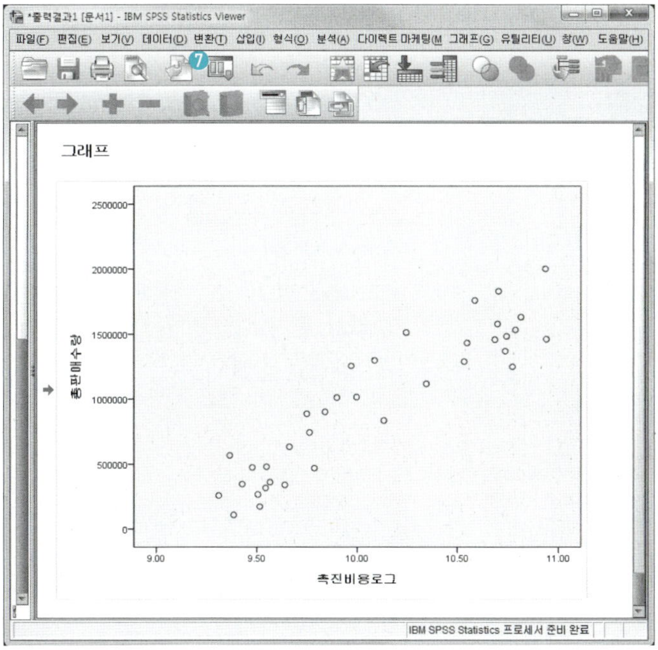

• [총판매수량]과 자연로그를 취한 촉진비용인 [촉진비용로그]의 산점도를 그려본 결과, 두 변수는 비교적 선형관계에 가까운 관계에 있는 것으로 나타났다.

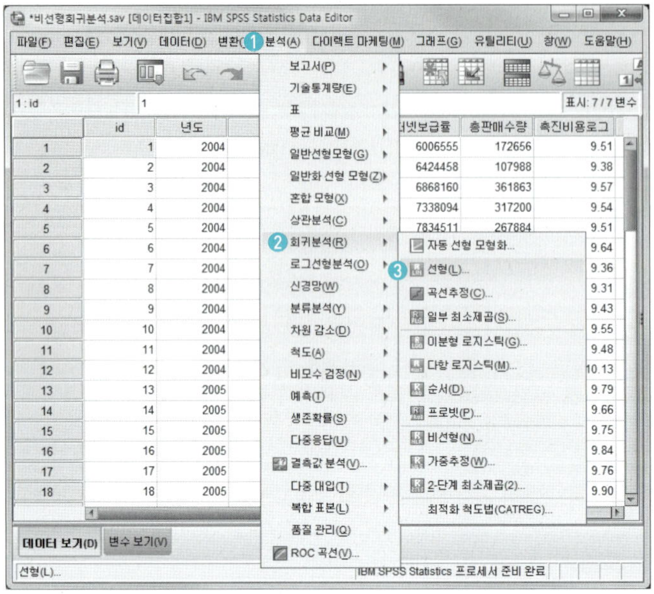

• 다중회귀분석을 실행하기 위하여 메뉴에서 ❶ [분석] → ❷ [회귀분석] → ❸ [선형]을 선택한다.

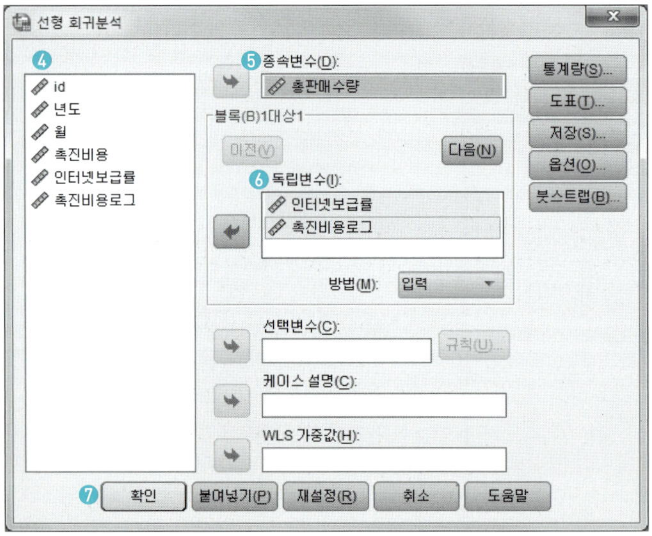

• [선형회귀분석]창이 나타나면,

• ❹ 좌측란에 있는 변수들 중에서 [총판매수량]을 ❺ [종속변수]란으로 이동시키고 [인터넷보급률]과 [촉진비용]에 로그를 취한 [촉진비용로그]를 ❻ [독립변수]란으로 이동시킨다.

• 결과에서 필요로 하는 통계량과 옵션을 선택한 후 ❼ [확인] 버튼을 클릭해서 회귀분석을 실행한다.

4.3 분석결과 및 해석

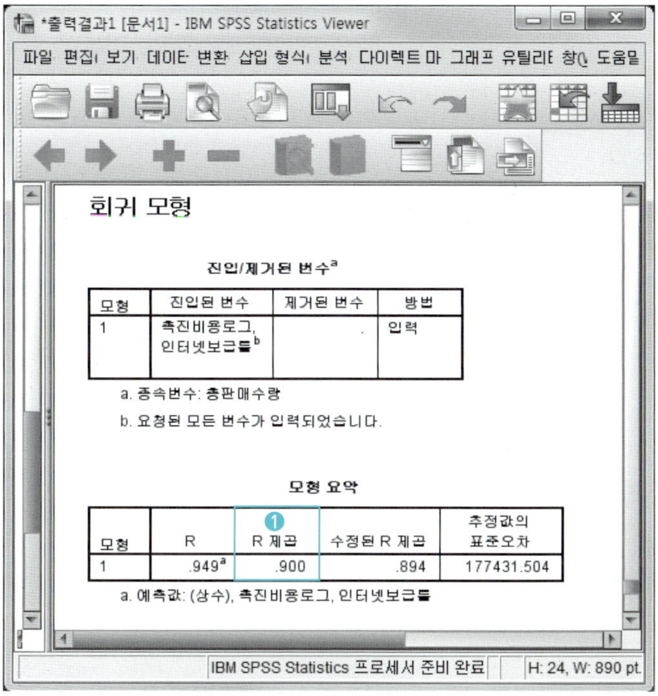

회귀 모형

진입/제거된 변수[a]

모형	진입된 변수	제거된 변수	방법
1	촉진비용로그, 인터넷보급률[b]	.	입력

a. 종속변수: 총판매수량

b. 요청된 모든 변수가 입력되었습니다.

모형 요약

모형	R	❶ R 제곱	수정된 R 제곱	추정값의 표준오차
1	.949[a]	.900	.894	177431.504

a. 예측값: (상수), 촉진비용로그, 인터넷보급률

- 모형 요약에서 ❶ R제곱값을 보고 회귀선의 설명력을 확인한다.
- R제곱값이 '0.900' 이므로 회귀선이 총판매수량을 90% 설명하고 있다.

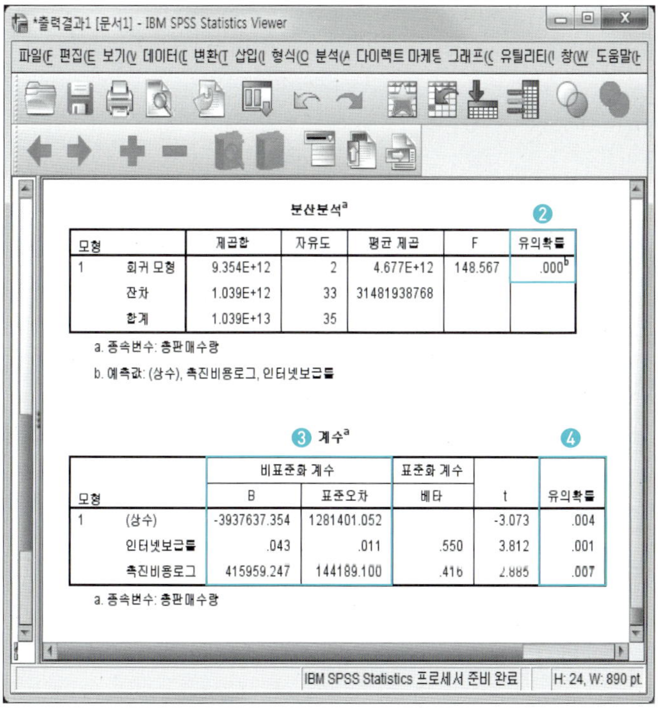

분산분석[a]

모형		제곱합	자유도	평균 제곱	F	❷ 유의확률
1	회귀 모형	9.354E+12	2	4.677E+12	148.567	.000[b]
	잔차	1.039E+12	33	31481938768		
	합계	1.039E+13	35			

a. 종속변수: 총판매수량

b. 예측값: (상수), 촉진비용로그, 인터넷보급률

❸ 계수[a]

모형		비표준화 계수 B	비표준화 계수 표준오차	표준화 계수 베타	t	❹ 유의확률
1	(상수)	-3937637.354	1281401.052		-3.073	.004
	인터넷보급률	.043	.011	.550	3.812	.001
	촉진비용로그	415959.247	144189.100	.416	2.885	.007

a. 종속변수: 총판매수량

- [분산분석]표에서 ❷ 유의확률을 보고 회귀모형의 통계적 유의성을 확인한다.
- 유의확률이 '0.000' 이므로 유의수준 0.05에서 회귀모형은 통계적으로 유의하다.
- [계수]에 있는 ❸ [비표준화 계수]를 이용하여 회귀식모형을 도출한다. 도출된 회귀식모형은 [(총판매수량) = 415959.247(촉진비용로그) + 0.043(인터넷보급률) − 3937637]이 된다.
- 즉, 종속변수인 [총판매수량]은 [촉진비용로그]값이 1단위 증가하면 '415959.247' 만큼 증가하고, [인터넷보급률]이 1단위 증가하면 '0.04339' 개만큼 증가함을 알 수 있다.
- [계수]표의 ❹ [유의확률]을 보고 독립변수인 [촉진비용로그]와 [인터넷보급률]의 통계적 유의성을 확인한다.
- [촉진비용로그]와 [인터넷보급률] 둘 다 유의수준 0.05에서 통계적으로 유의하다는 것을 알 수 있다.

05 연습문제

연|습|문|제 EXERCISES

문제 1 신발을 생산하는 S회사에서는 소비자들에게 좀 더 편안하고 착용감이 좋은 신발을 제공하기 위해 신발크기에 영향을 미치는 요소가 무엇인지 알아보기로 하였다. 따라서 소비자들에게 설문을 실시하여 [6_1.sav]와 같은 자료를 수집하였다. 이 자료를 이용하여 신발크기에 가장 큰 영향을 미치는 요소는 무엇인지 분석해 보시오.

문제 2 K의료원에서는 이용자들의 만족도에 미치는 영향에 대해 알아보려고 한다. 이에 이용자들에게 진료실시설, 화장실, 편의시설, 주차장 등 4가지의 대표적인 항목에 대한 만족도를 묻는 설문을 실시하였다. 설문결과 수집된 [6_2.sav] 자료를 이용해서 K의료원 고객들의 만족도에 가장 큰 영향을 미치는 요소와 가장 작은 영향을 미치는 요소가 무엇인지 분석해 보시오.

Chapter 07

컨조인트분석 (Conjoint Analysis)

새

박제천

이제 내가 날리는 시들은 自然의 새들이 아니어라
하늘 높이, 거기 떠 있는 별들을 지나 또 다른
하늘로 날아가는
저 새를 무어라 이름지어야 할지 몰라라
죽지며 부리며 머리에 여벌의 날개며 혀며 뇌를 단 채
빛보다 빨리 어둠보다 멀리
이 마음의 구석구석을 떠돌아다녀라
새여,
뜻이 있을 수 없는 이 손길 가리키는 대로
이 눈길 주어지는 대로
날아간 새여
오늘 내가 문득 새가 되어 전속력을 다해 날아가 보아라

Chapter 07

컨조인트분석 (Conjoint Analysis)

컨조인트분석(conjoint analysis)은 소비자의 효용을 분석하는 대표적인 방법으로서, 상품 자체를 평가함으로써 상품이 가지고 있는 속성(attribute) 하나하나에 대한 소비자의 효용(utility)을 추정하여, 소비자가 선택할 상품을 예측할 수 있는 기법이다. 즉, 컨조인트분석은 실험설계에 의해 구성된 가상적인 상품으로 표시되는 다속성 자극물(multi attribute stimuli)에 대한 소비자의 선호를 수리적으로 분석하는 방법이다.

컨조인트분석의 기본개념은 어떤 상품이든 간에 각 상품은 몇 개의 중요한 속성들을 가지고 있으며, 각 속성은 다시 몇 개의 수준이나 값들을 가질 수 있다는 것으로부터 시작한다. 가장 널리 사용되고 있는 컨조인트분석방법은 몇 개의 대표적인 속성을 이용하여 가상적인 상품 프로필을 만든 다음 각각의 가상적인 상품 프로필(카드)별로 선호도를 물어 그 결과를 분석함으로써, 응답자 개개인이 상품속성의 각 수준에 대하여 얼마만큼의 효용을 부여하는지를 추정하는 방법이다.

본 장에서는 컨조인트분석의 절차와 분석결과의 활용방법에 대하여 예시하며 설명하고자 한다.

01 컨조인트분석

1.1 컨조인트분석 사례

최근 외식산업 시장은 발빠른 점포전개와 전략적 제휴를 통해 괄목할 만한 성장을 해왔다. 이에 J사의 정진우 사장은 경제적이면서 새로운 분위기의 레스토랑을 개발하여 외식산업 시장에 진출하고자 한다. 그러나 인터넷 및 SNS의 발달로 인하여 레스토랑에 대한 소비자의 평가가 직접

적이며 빠르게 확산되고, 그에 따라 레스토랑에 대한 소비자의 선호도가 더욱 민감해지고 있다. 따라서 성공적인 신상품을 개발하기 위해서는 컨조인트분석을 이용해서 소비자의 효용을 보다 정확하게 측정하고, 측정된 효용값을 이용해서 신상품을 개발하는 것이 바람직하다. 즉, 측정된 개별소비자의 효용값을 이용해서 신상품을 개발하고 신상품의 시장점유율과 신상품개발에 따른 시장점유율의 변화를 추정해 보도록 하자.

분석방법 JOB ANALYSIS

컨조인트분석을 실행하기 위해서는 우선 소비자들이 레스토랑을 선택할 때 고려하는 중요속성들을 선정하고 선정된 속성의 속성수준을 결정해야 한다. 다음으로 선정된 속성과 각 속성별 속성수준들을 가지고 SPSS의 직교계획을 이용해서 가상적인 상품을 의미하는 설문조사용 카드들을 생성한다. 이렇게 생성된 카드(상품)들에 대한 소비자들의 선호도를 조사한다. 조사한 자료를 엑셀에 코딩하여 자료가 준비되면 SPSS의 Syntax창에 별도의 명령문을 작성해서 컨조인트분석을 실시한다. 이를 정리하면 다음과 같다.

① 소비자들이 레스토랑을 선택할 때 고려하는 중요속성을 선정한 후 선정된 속성의 가용속성수준을 결정한다.

② 선정된 속성들과 속성수준들을 이용해서 SPSS의 직교계획으로 가상적인 상품을 나타내는 설문조사용 카드(가상상품)들을 생성한다.

③ 생성된 카드(가상상품)들에 대한 응답자(소비자)의 선호순위를 조사하여 결과를 엑셀 혹은 SPSS 데이터 편집기창에 직접 코딩함으로써 분석용 자료를 준비한다.

④ 자료가 준비되면 SPSS의 Syntax창에 별도의 명령문을 작성해서 컨조인트분석을 실시한다.

1.2 분석절차

1) 1단계 : 속성 및 속성수준 결정

레스토랑 선택 시 고려하는 중요속성

요인	변수설명
음식요인	음식의 질과 양
	메뉴의 일관성
실내요인	실내 청결상태
	실내음악
서비스요인	종사원의 태도 및 용모
	신속한 서비스제공
	메뉴의 다양성
	의사소통
	종사원의 경험
	다양한 이벤트
이미지요인	이미지 및 평판
	다양한 이벤트
가격요인	1인당 비용

레스토랑의 종사자 및 전문가를 중심으로 실시한 표적집단 심층면접법(FGI : Focus Group Interview)을 통해 소비자가 레스토랑을 선택할 때 중요하게 생각하는 요인 및 요인을 구성하는 대표적인 변수들을 산출한다.

선택된 속성으로 가용한 속성수준 결정

속성	가용한 수준	적합한 효용추정방법
1인 지출 가격	5천원~1만원	부분가치모형
	1만원~2만원	
	2만원~3만원	
	3만원 이상	
방문목적	연인과의 만남	부분가치모형
	가족과의 만남	
	친구와의 만남	
분위기	넓고 자유롭다	부분가치모형
	편안하고 아늑하다	
	밝고 경쾌하다	
업태	피자	부분가치모형
	씨푸드 레스토랑	
	패스트푸드	
	패밀리 레스토랑	

■ 생성할 수 있는 전체 카드 조합수는(4×3×3×4) 144가지이다.

1차 과정에서 선정된 변수 중에서 사전 조사 및 레스토랑 실무전문가의 의견을 수렴해서 가장 중요하게 생각하는 4개의 속성과 각 속성별 속성수준을 정한다.

2) 2단계 : 카드 프로필 디자인하기

(1) 카드 생성하기

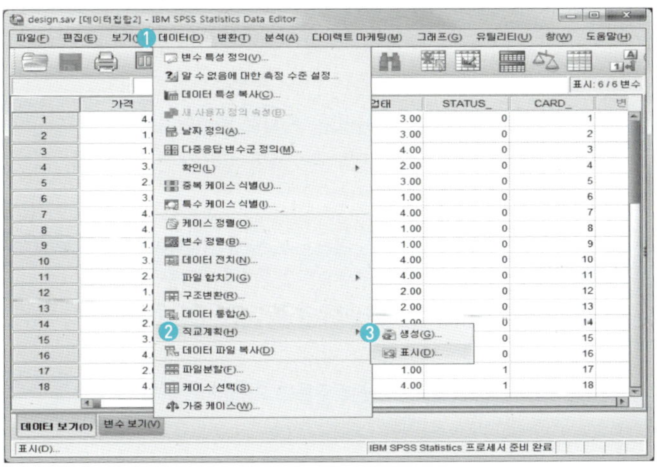

- [직교계획]을 이용하여 설문조사용 카드(상품) 프로필을 생성하기 위해 탑 메뉴에서 ❶ [데이터] → ❷ [직교계획] → ❸ [생성]을 선택한다.

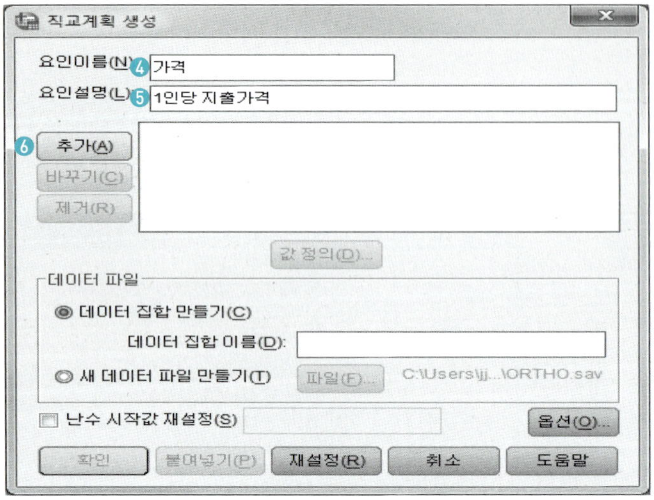

- [직교계획 생성]창이 나타나면 속성명을 의미하는 ❹ [요인이름]을 정하고 속성에 대한 간단한 설명을 ❺ [요인설명]란에 기입한다.
- 속성수준을 정의하기 위하여 [추가] 버튼을 클릭한다.

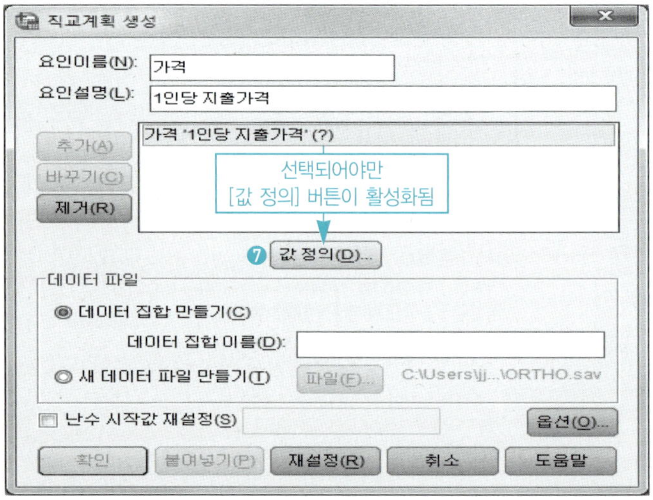

- ❼ [값 정의] 버튼을 클릭하여 각 속성(요인)별 수준(값)을 지정한다.

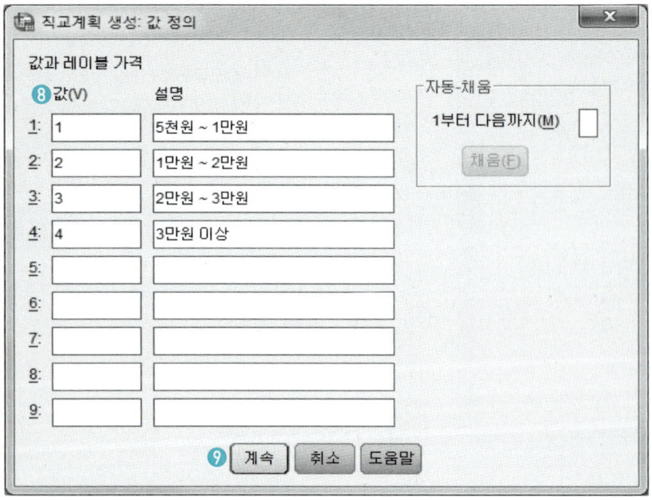

- [직교계획 생성: 값 정의]창에서 선택된 속성(요인)의 속성수준을 정의한다.
- 변수값은 숫자로 입력한다.
- 해당부분 가치를 나타내는 수준명을 정한다.
- ❽ 가격 : 1. 5천원~1만원 2. 1만원~2만원
  3. 2만원~3만원 4. 3만원 이상
- ❾ 계속을 클릭하고 ❹ → ❽을 반복실행하여 방문목적, 분위기, 업태의 속성들 및 속성수준들도 지정한다.

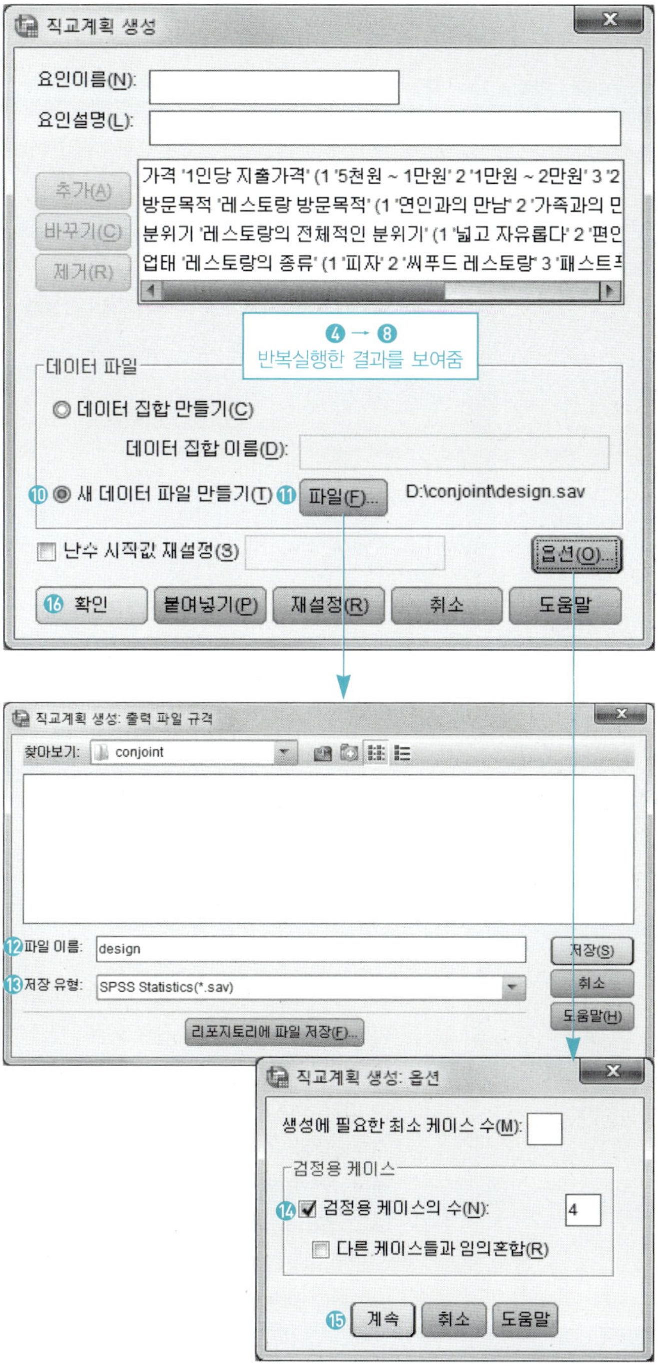

- [데이터 파일]의 ⑩ [새 데이터 파일 만들기]를 지정하고 ⑪ [파일] 버튼을 클릭한 후
- 직교계획으로 디자인한 카드(상품) 프로필을 저장할 파일이름을 정한다.
  생성된 프로필은 예를 들어, d:/conjoint/design.sav로 파일이름을 입력하려면 → d:에 있는 conjoint라는 폴더에 design.sav이란 파일명으로 저장하면 된다.
- ⑫ [파일이름] → design
- ⑬ [저장유형] → SPSS Statistics(*.sav)

- 검정용 프로필을 생성하려면 [옵션] 버튼을 클릭하여 [직교계획 생성: 옵션]창에서 검정용 프로파일(holdout set) 수를 지정한다.
- ⑭ [검정용 케이스의 수]를 체크하고 이를 4개로 지정한다.
- ⑮ [계속] 버튼을 클릭해서 [직교계획 생성]창으로 돌아가 ⑯ [확인] 버튼을 클릭하여 프로필을 생성한다.

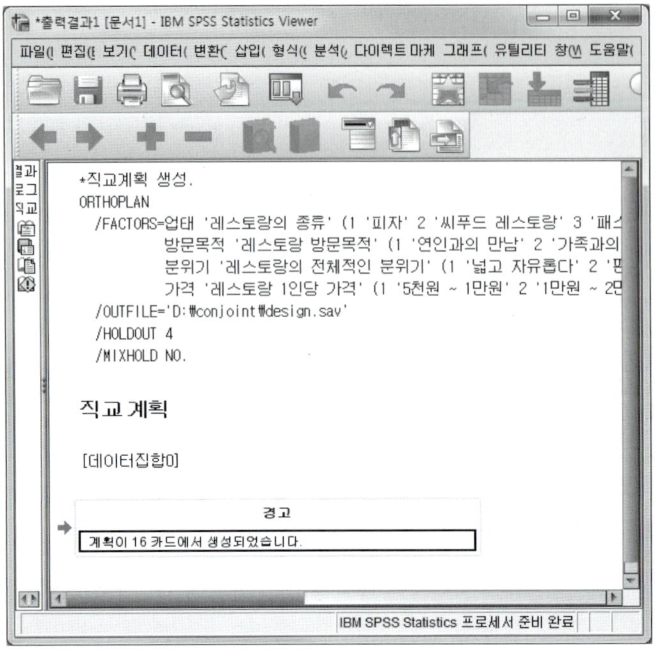

- 직교계획에 의해 16개의 카드와 검정용 카드 4장이 생성되었음을 알 수 있다.

(2) 카드 표시하기

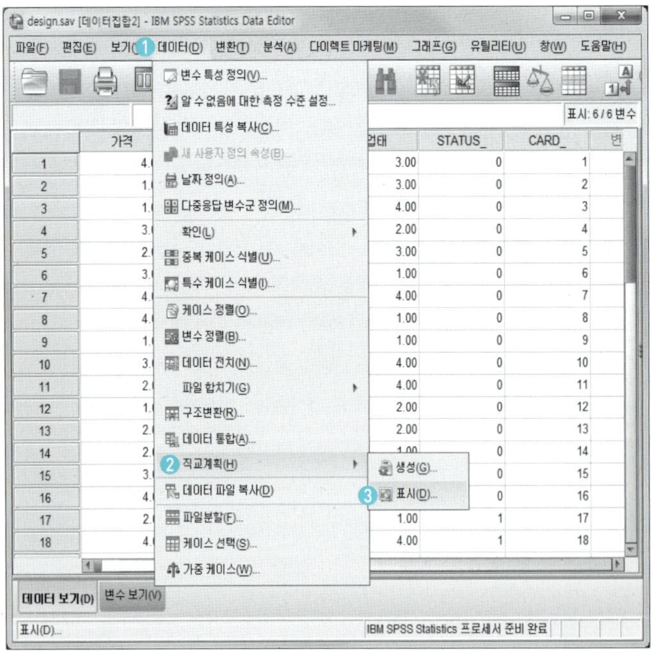

- 생성된 프로필들을 구체적인 카드(상품) 형태로 표시하기 위해 프로필들이 저장되어 있는 d:/conjoint/design.sav 파일을 연다.
- 프로필들을 카드(식품)형태로 나타내려고 하면, 탑 메뉴에서 ❶ [데이터] → ❷ [직교계획] → ❸ [표시]를 선택한다.

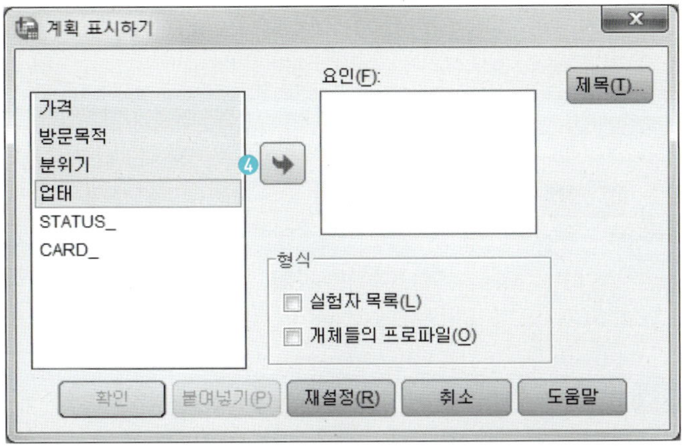

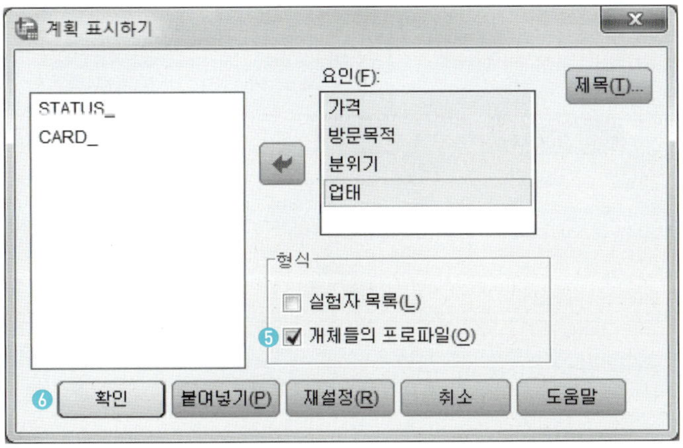

- ④ 버튼을 이용해 [계획 표시하기] 창의 좌측란에 있는 속성들 중에 프로필 작성에 사용할 속성들을 선택해서 우측 [요인분석]란으로 이동시킨다.
- [Shift] 키를 누른 상태에서 마우스 왼쪽 버튼으로 속성들을 선택하면 한꺼번에 블록으로 선택할 수 있다.
- ⑤ [형식]에서 디자인된 카드 프로필을 개별적인 카드(상품)로 표시하기 위하여 [개체들의 프로파일]을 클릭한다.
- ⑥ [확인] 버튼을 클릭해서 구체적인 카드(상품) 프로필을 생성한다.

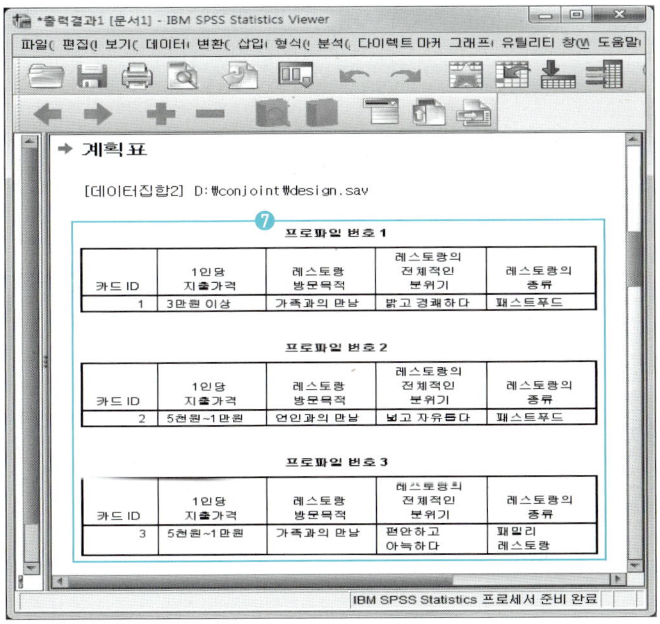

- [결과물을 나타내는 [출력결과 1-SPSS 뷰어]창에 ⑦과 같이 직교계획으로 생성된 총 20개(가상의 카드+검정용 카드 4개)의 가상상품 프로필이 출력된다.

3) 3단계 : 설문작성

총 16개의 가상적인 레스토랑 카드세트

책임연구원 : 정 진 우

CARD 1
- 3만원 이상
- 가족과의 만남
- 밝고 경쾌함
- 패스트푸드

CARD 2
- 5천원~1만원
- 연인과의 만남
- 넓고 자유로움
- 패스트푸드

CARD 3
- 5천원~1만원
- 가족과의 만남
- 편안하고 아늑함
- 패밀리 레스토랑

CARD 4
- 2만원~3만원
- 연인과의 만남
- 편안하고 아늑함
- 씨푸드 레스토랑

CARD 5
- 1만원~2만원
- 연인과의 만남
- 편안하고 아늑함
- 패스트푸드

CARD 6
- 2만원~3만원
- 가족과의 만남
- 넓고 자유로움
- 피자

CARD 7
- 3만원 이상
- 연인과의 만남
- 넓고 자유로움
- 패밀리 레스토랑

CARD 8
- 3만원 이상
- 친구와의 만남
- 편안하고 아늑함
- 피자

CARD 9
- 5천원~1만원
- 연인과의 만남
- 넓고 자유로움
- 피자

CARD 10
- 2만원~3만원
- 연인과의 만남
- 밝고 경쾌함
- 패밀리 레스토랑

CARD 11
- 1만원~2만원
- 친구와의 만남
- 넓고 자유로움
- 패밀리 레스토랑

CARD 12
- 5천원~1만원
- 친구와의 만남
- 넓고 자유로움
- 씨푸드 레스토랑

CARD 13
- 1만원~2만원
- 가족과의 만남
- 넓고 자유로움
- 씨푸드 레스토랑

CARD 14
- 1만원~2만원
- 연인과의 만남
- 밝고 경쾌함
- 피자

CARD 15
- 2만원~3만원
- 친구와의 만남
- 넓고 자유로움
- 패스트푸드

CARD 16
- 3만원 이상
- 연인과의 만남
- 넓고 자유로움
- 씨푸드 레스토랑

1. 제시된 가상의 레스토랑을 나타내. 카드들을 가장 선호하는 순서대로 순위를 정해 주십시오.
   제시된 레스토랑 중에는 실제 시장에 없는 것도 있으니 이러한 제품이 있다는 가정하에 귀하의 판단기준에 따라 소신 있게 순위를 결정해 주시면 됩니다(가장 선호 : 1, 가장 선호하지 않은 : 16).

가상 레스토랑 선호도																
가상의 카드번호	×1	×2	×3	×4	×5	×6	×7	×8	×9	×10	×11	×12	×13	×14	×15	×16

- 카드 선택방법 1
  1. 각각의 카드에 선호하는 정도에 따라 선호하는 그룹에 속하는 카드에는 O을, 선호하지 않는 그룹에 속하는 카드에는 ×를 표시하고, 선호에 대한 판단이 서지 않는 그룹에 속하는 카드에는 ◇를 표시합니다.
     다음으로 동일한 그룹에 속한 카드들에 대해서 순위를 부여합니다.
  2. 각 그룹에 부여된 순위를 순서대로 종합해서 종합적인 순위를 결정합니다.
  3. 마지막으로 16장 카드의 순위를 다시 한 번 더 살펴보면서, 순위가 잘못된 카드들에 대하여 순위를 정정합니다.

- 카드 선택방법 2
  1. 각각의 카드를 선호하는 그룹과 비교적 선호하지 않는 그룹으로 나눕니다.
  2. 선호하는 그룹을 다시 더 선호하는 카드와 덜 선호하는 카드로 나눕니다.
  3. 이러한 과정을 반복하면 최종적으로 가장 선호하는 카드로부터 선호하지 않는 카드에 이르는 순서대로 카드의 순위를 결정할 수 있습니다.

검정용 카드세트 4장

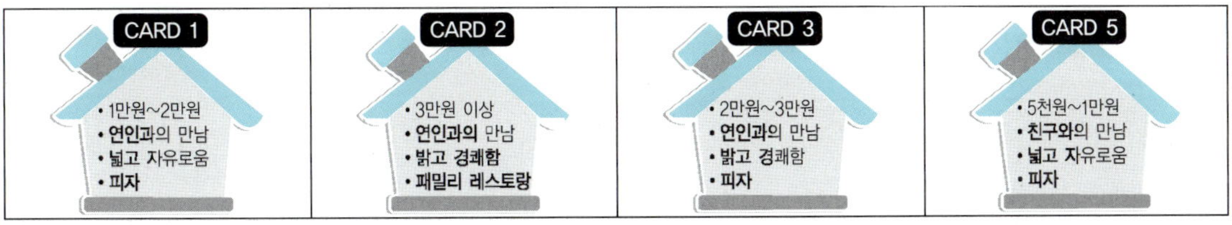

2. 위의 4장의 카드를 선호하는 순서대로 나열해 주십시오.

가상 레스토랑 선호도				
가상의 카드번호	h17	h18	h19	h20

4) 4단계 : 자료수집

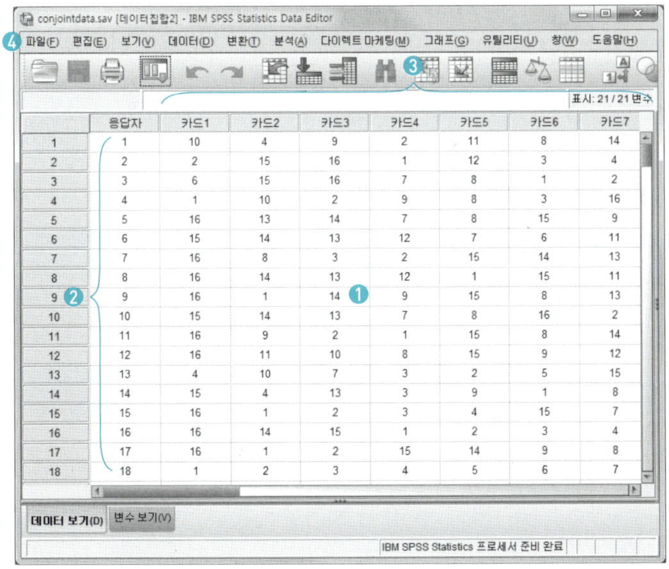

	응답자	카드1	카드2	카드3	카드4	카드5	카드6	카드7
1	1	10	4	9	2	11	8	14
2	2	2	15	16	1	12	3	4
3	3	6	15	16	7	8	1	2
4	4	1	10	2	9	8	3	16
5	5	16	13	14	7	8	15	9
6	6	15	14	13	12	7	6	11
7	7	16	8	3	2	15	14	13
8	8	16	14	13	12	1	15	11
9	9	16	1	14	9	15	8	13
10	10	15	14	13	7	8	16	2
11	11	16	9	2	1	15	8	14
12	12	16	11	10	8	15	9	12
13	13	4	10	7	3	2	5	15
14	14	15	4	13	3	9	1	8
15	15	16	1	2	3	4	15	7
16	16	16	14	15	1	2	3	4
17	17	16	1	2	15	14	9	8
18	18	1	2	3	4	5	6	7

- ❶ 총 221명의 응답자들이 답변한 카드 선호 자료를 엑셀에서 코딩한 후, [SPSS 데이터 편집기]창으로 데이터 불러오기를 실시한다.
- ❷ 총 221명의 응답자를 의미한다.
- ❸ 16장의 카드 + 4장의 유보파일을 나타낸다.
- ❹ [파일]을 클릭해서 d: 드라이브에 있는 conjoint라는 이름의 폴더에 conjoindata.sav란 파일명으로 저장한다.
- 여기서 저장된 파일은 함수 프로그램에서 사용되므로 파일명과 파일을 저장한 폴더와 드라이브를 정확하게 알고 있어야 한다.

1. 개별 응답자가 응답한 선호 순서의 합은 136(=1+2+3+…+15+16)이 되어야 한다.
   만일 합의 값이 다르면 그 응답자의 자료에 문제가 있음을 알 수 있다.
2. 검정용 프로파일 4장은 앞의 16개의 계획 프로파일에 이어서 가장 선호하는 프로파일 '17'로 하고 가장 선호하지 않은 프로파일은 '20'이 되게끔 순위값을 준다.
3. 1차 컨조인트분석 실행 후 신뢰성이 떨어지는 응답자는 제외시킨다. 응답자의 신뢰성은 모형개발에 사용된 계획 프로파일과 검정용 프로파일 간의 상관계수(Kendall's tau)로 알 수 있다. 이 상관계수(Kendall's tau)값이 음수이면 계획 프로파일과 검정용 프로파일에서 서로 반대로 작용하는 속성값들이 있다는 것을 의미한다.
   예를 들어, 계획 프로파일 평가에서 높게 선호하는 속성이 검정용 프로파일에서는 반대로 선호하지 않는 것으로 평가되는 경우를 말한다. 따라서 음의 상관계수값으로 나타나는 응답자는 분석결과에서 제외하고 추가적인 분석에서도 제외한다.

5) 5단계 : 컨조인트분석의 실행

SPSS의 Syntax창에 명령문을 작성하여 컨조인트분석을 실시한다.

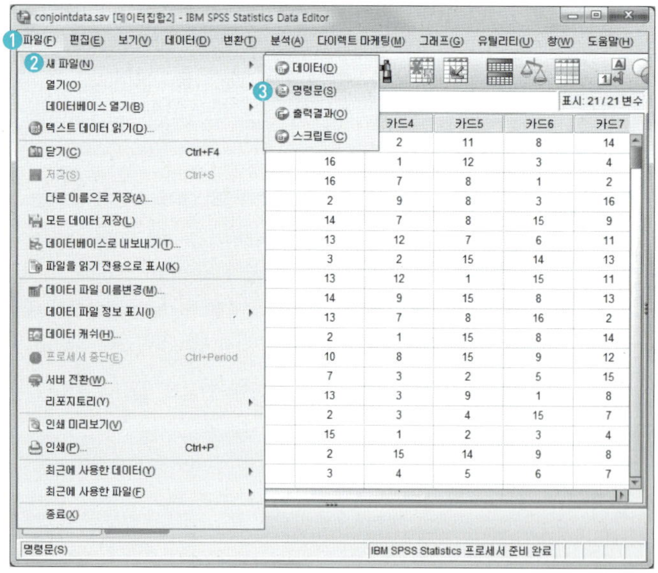

• 입력된 응답자료를 [SPSS 데이터 편집기] 창에 띄우고 메뉴에서 ❶ [파일] → ❷ [새 파일] → ❸ [명령문]을 선택한다.

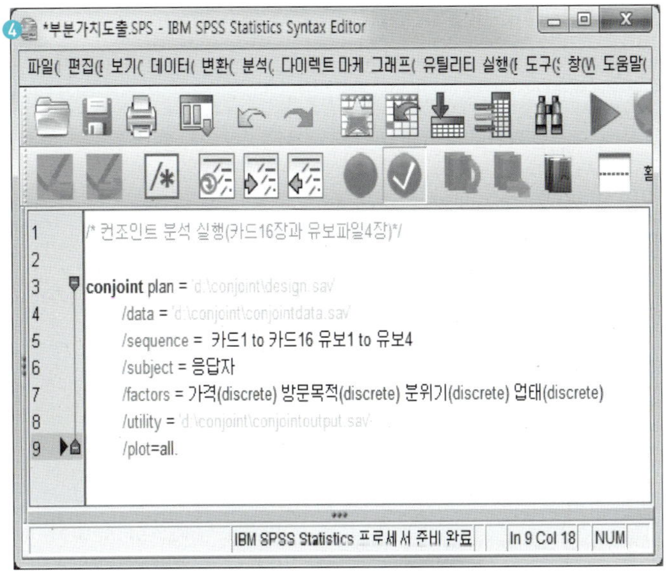

- [SPSS 명령문 편집기]창이 나타나면, 그림과 같이 명령문을 작성한다.
- ❹ 작성된 명령문을 d:에 있는 conjoint라는 폴더에 [부분가치도출.SPS]라는 파일명으로 저장한다.

※ 본 실습을 위해서는 미리 작성해서 준비된 파일을 불러와서 사용하면 된다.

Syntax 설명

- **1행** 디자인한 카드 프로필을 저장한 파일과 경로
- **2행** 코딩된 응답자료의 파일과 경로 제시
- **3행** 선호카드(x1~x16), 검정용 세트(h1~h4) 변수명을 지정해 줌
- **4행** 고유번호 지정하기
- **5행** 속성 및 부분가치의 성격 정의하기
- **6행** 추정된 부분가치의 효용값을 다른 파일이름으로 저장함
- **7행** 부분가치와 속성의 중요성을 도표로 나타내도록 옵션을 정함

컨조인트분석 명령문 가이드

행	입력형태	각 행의 설명	옵션	옵션의 설명
1행	plan= '파일명'	카드 프로파일 생성 파일을 불러오기		
2행	data= '파일명'	응답자의 카드 선호 응답자료 불러오기		
3행	sequence=변수명	선호 순서(서열척도)로 받은 응답자료의 변수 지정하기		계획 프로파일 변수명 검정 프로파일 변수명
	rank=변수명	선호 구간(등간척도)으로 받은 응답자료의 변수 지정하기		
	score=변수명	점수(비율척도)로 받은 응답자료의 변수 지정하기		
4행	subject=변수명	고유번호 지정하기		
5행	factors=변수명(옵션)	속성 및 부분가치의 성격 정의하기	discrete	부분가치모형(범주형)
			linear	벡터모형(선형)
			ideal	이상점모형(음의 2차함수)
			antideal	이상점모형(양의 2차함수)
6행	utility= '파일명'	도출된 부분가치와 계수추정치 저장		
7행	plot=(옵션)	도출된 부분가치와 속성의 중요도를 그래프로 나타내기	all	전부 출력함
			summary	부분가치와 속성의 중요성만 출력함
			subject	개별응답자의 부분가치와 속성의 중요성만 출력함
			none	아무것도 출력하지 않음(default)
8행	print=(옵션)	결과 출력하기(output에 나타냄)	all	전부 출력함
			simmulation	시장점유율, 교차타당성을 나타냄
			summary only	개별응답자의 결과는 누락시킴
			analysis	자료분석결과만 분석함
			none	아무것도 출력하지 않음(default)

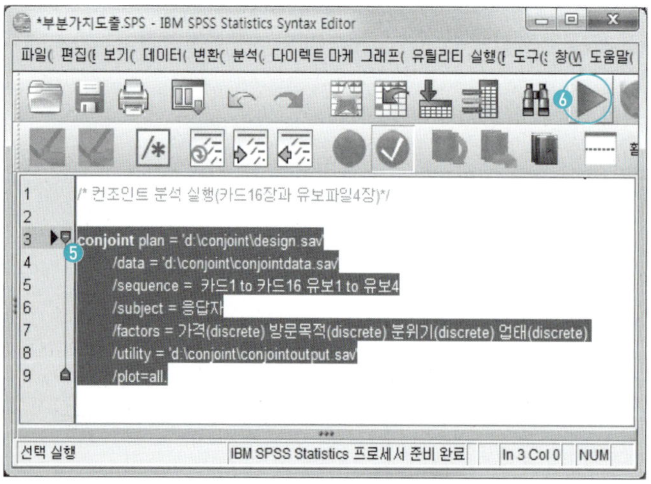

- [SPSS 명령문 편집기]에 있는 ❺ 컨조인트 프로그램 Syntax 전체를 블록으로 지정한다.
- 블록으로 지정한 Syntax를 실행시키기 위해 뉘어놓은 삼각형 ❻ ▶을 클릭한다.

1.3 분석결과 및 해석

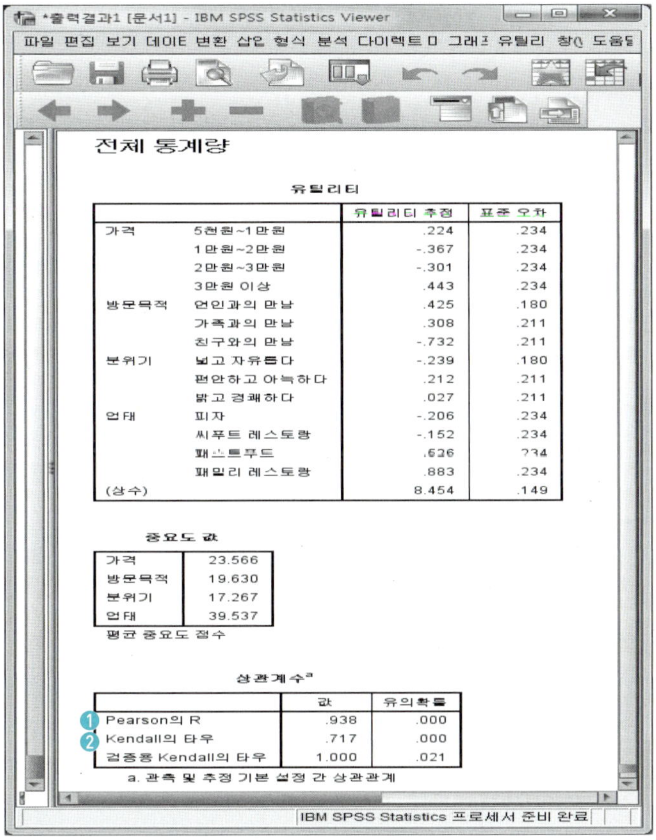

전체 통계량

유틸리티

		유틸리티 추정	표준 오차
가격	5천원~1만원	.224	.234
	1만원~2만원	-.367	.234
	2만원~3만원	-.301	.234
	3만원 이상	.443	.234
방문목적	연인과의 만남	.425	.180
	가족과의 만남	.308	.211
	친구와의 만남	-.732	.211
분위기	넓고 자유롭다	-.239	.180
	편안하고 아늑하다	.212	.211
	밝고 경쾌하다	.027	.211
업태	피자	-.206	.234
	씨푸드 레스토랑	-.152	.234
	패스트푸드	.626	.234
	패밀리 레스토랑	.883	.234
(상수)		8.454	.149

중요도 값

가격	23.566
방문목적	19.630
분위기	17.267
업태	39.537

평균 중요도 점수

상관계수[a]

	값	유의확률
❶ Pearson의 R	.938	.000
❷ Kendall의 타우	.717	.000
검증용 Kendall의 타우	1.000	.021

a. 관측 및 추정 기본 설정 간 상관관계

- ❶ Pearson's R
  1) 개별모형의 적합성을 나타낸다.
  2) 추정된 모형으로부터 얻은 효용값에 의한 프로필 순위와의 상관관계값으로서 이 값이 클수록 모형의 설명력이 높다는 것을 말해 준다.
- ❷ Kendall's tau
  1) 검정용 프로필을 개발된 모형으로 평가해서 얻은 서열과 응답자가 실제로 응답한 서열과의 상관관계를 나타내는 값이다.
  2) 이 값이 음수이면 해당 응답자의 자료는 신뢰할 수 없는 것으로 판단되므로 그 응답자의 자료를 제외하고 다시 컨조인트 분석을 실시해야 한다.

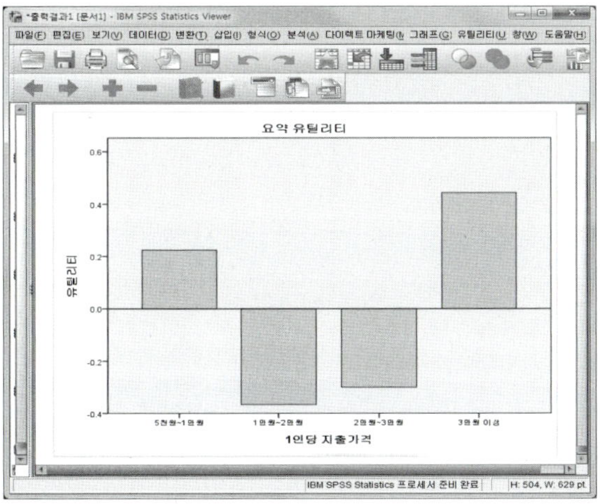

개별속성에 대한 부분가치값의 전체 응답자 평균을 그래프로 나타냈다.

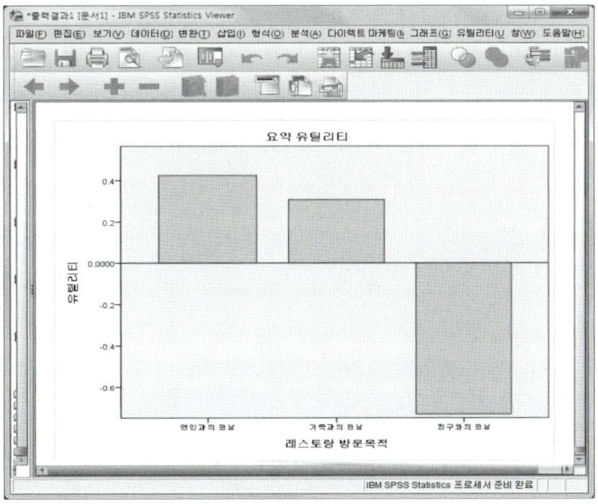

개인별로 도출된 속성 중요성값의 전체 응답자 평균을 도표로 나타냈다.

레스토랑 선택요인 속성의 중요성 및 부분가치를 파악한다.

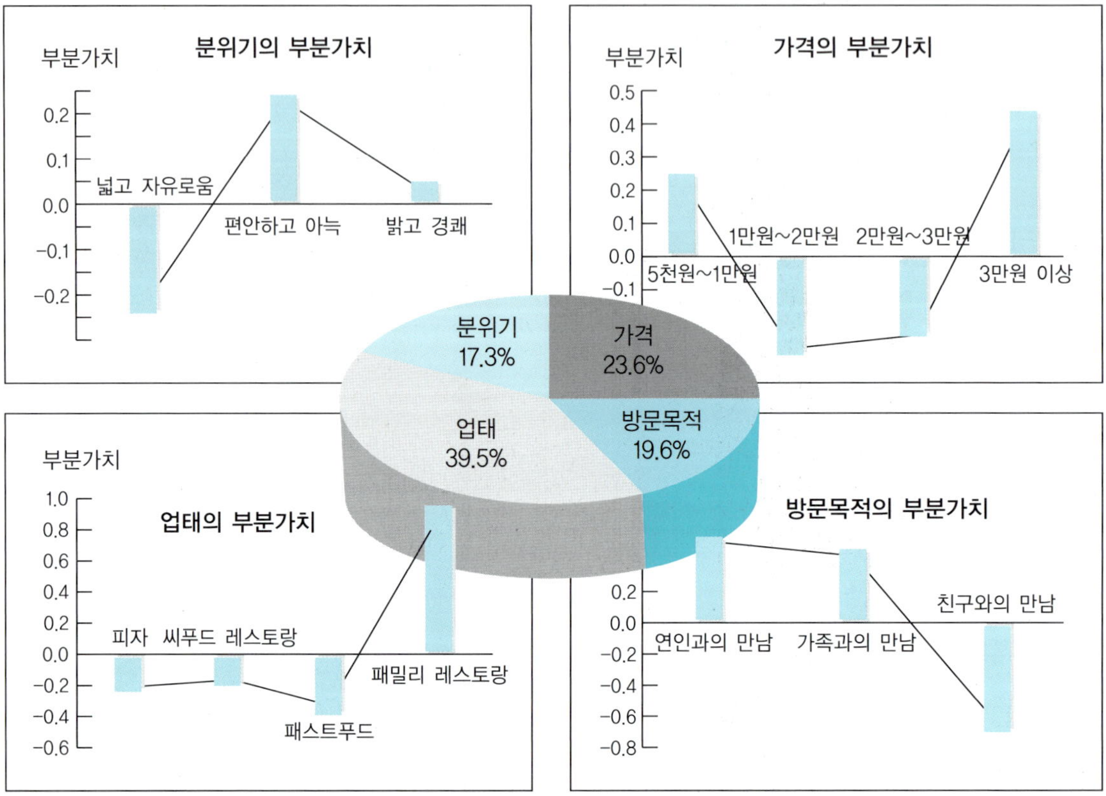

속성의 중요성은 업태 > 가격 > 방문목적 > 분위기 순으로 나타났다.

업태는 '패밀리 레스토랑'을 가장 선호하고, 가격은 '3만원 이상'을 가장 선호함을 알 수 있다. 방문목적은 '연인과의 만남'을 가장 선호하고, 분위기는 '편안하고 아늑함'을 가장 선호한다는 것을 보여준다.

1. SPSS를 이용한 컨조인트분석의 결과로서 결과내용을 담은 conjointoutput.sav 파일이 d:/conjoint/ 폴더에 생성된다.
2. 이 결과물(output) 파일에 개인별 부분가치와 속성의 중요성이 나타나 있다.
3. 산출된 Kendall's tau 지수와 검증용 샘플의 Kendall's tau 지수가 제시되어 응답자가 어느 정도 신뢰성 있게 답변을 하고, 추정된 모형에 적용하여 효용을 추정하는 것이 어느 정도 적합한지를 알 수 있다.
4. 응답자 개인별로 속성의 중요성은 별도로 계산하여 나타내지 않기 때문에 개인별로 각 속성에 속한 부분가치 중 최대값과 최소값의 차이를 구하여 그 속성의 상대적 중요성을 평가하여야 한다.

02 컨조인트분석의 활용

컨조인트분석은 일반적으로 상품의 중요속성 파악, 시장세분화, 포지셔닝 그리고 시장점유율을 예측하는 데 유용하게 사용된다. 컨조인트분석을 이용하면 개별소비자가 중요시하고 있는 상품의 속성에 대한 분석은 물론 이러한 개별소비자의 효용자료를 활용하여 시장을 세분화하고 세분시장의 특성을 파악할 수 있으며, 특정한 속성수준값을 갖는 신상품이 시장에 출시될 경우 이 상품의 시장점유율을 추정할 수 있다.

2.1 컨조인트분석의 활용사례(1) – 시장세분화

1) 1단계 : 도출된 개인의 효용값을 원래 데이터에 붙여넣기

- 221명의 고객으로부터 확보하였던 서열 데이터(conjointdata.sav)와 컨조인트분석 결과로 얻은 효용값 데이터(conjointdata.sav)를 합치기(merge) 위해 두 파일을 연결시키는 데 key가 될 수 있는 변수를 선정해 정렬한다.
- d:의 conjoint 폴더 내에 저장된 conjointdata.sav 파일을 [SPSS 데이터 편집기]창으로 불러온다.
- key가 될 수 있는 변수, 여기서는 응답자(id)에 마우스 포인터를 위치시킨 후
  ❶ 마우스 왼쪽 버튼을 한 번 클릭하여 열 전체를 블록한 상태에서
  ❷ 마우스 오른쪽 버튼을 한 번 클릭해서 나타난 메뉴에서 [오름차순 정렬]을 선택한다.
  ❸ 탑 메뉴에서 [파일]을 클릭하고 [저장]을 선택해서 오름차순으로 정렬된 파일을 다시 저장한다.

(1) 원래 데이터(d:/conjoint/conjointdata.sav)

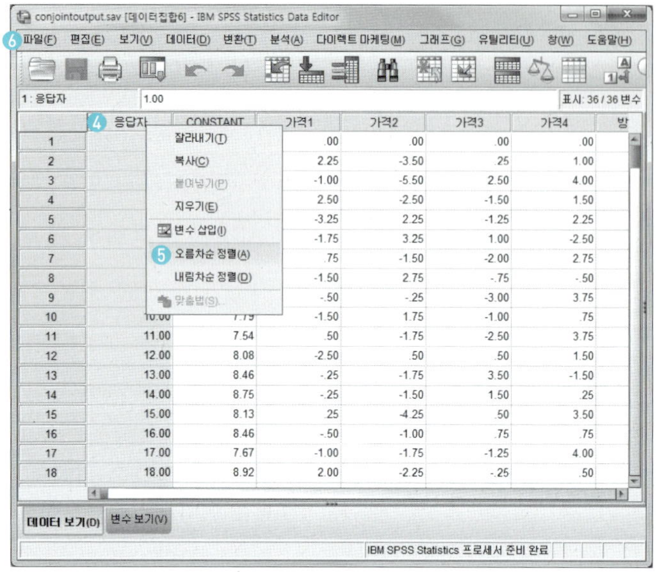

- (d:의 conjoint 폴더 내에 저장한) conjointoutput.sav 파일을 [SPSS 데이터 편집기]창으로 불러온다.
- key가 될 수 있는 변수, 여기서는 응답자(id)에 마우스 포인터를 위치시킨 후에
❹ 마우스 왼쪽 버튼을 한 번 클릭하여 열 전체를 블록한 상태에서
❺ 마우스 오른쪽 버튼을 한 번 클릭해서 나타난 메뉴에서 [오름차순 정렬]을 선택한다.
❻ 탑 메뉴에서 [파일]을 클릭하고 [저장]을 선택해서 오름차순으로 정렬된 파일을 다시 저장한다.

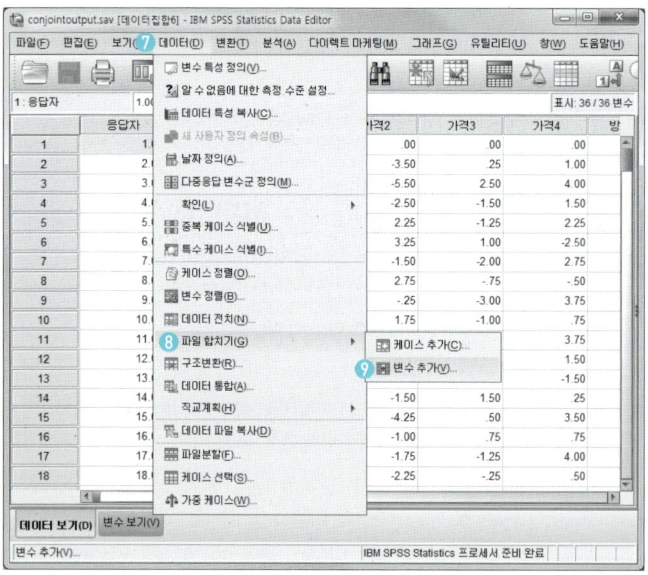

- 현재 열려 있는 데이터 파일(conjointoutput.sav)에 다른 데이터 파일(conjointdata.sav)의 변수를 합치기 위해서 탑 메뉴에서 ❼ [데이터] → ❽ [파일 합치기] → ❾ [변수 추가]를 선택한다.

(2) 컨조인트 결과 부분가치를 추정한 데이터(d:/conjoint/conjointoutput.sav)

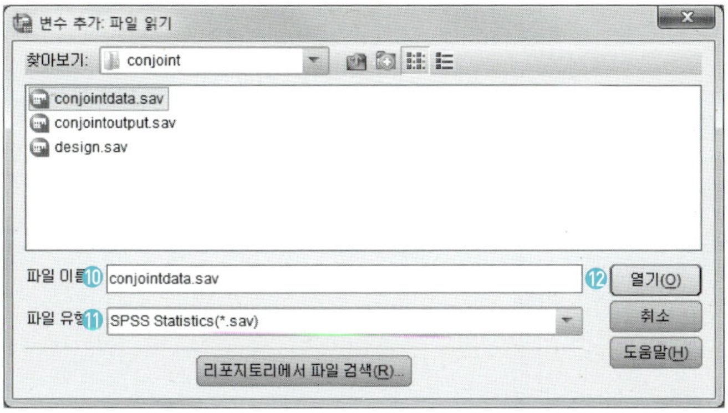

- [변수추가: 파일 읽기]창이 나타나면 ⑩ [파일이름]으로 conjointdata.sav 파일을 선택하면 ⑪ [파일유형]도 이에 맞춰서 SPSS(*.sav)가 나타남을 확인하고 ⑫ [열기] 버튼을 클릭한다.

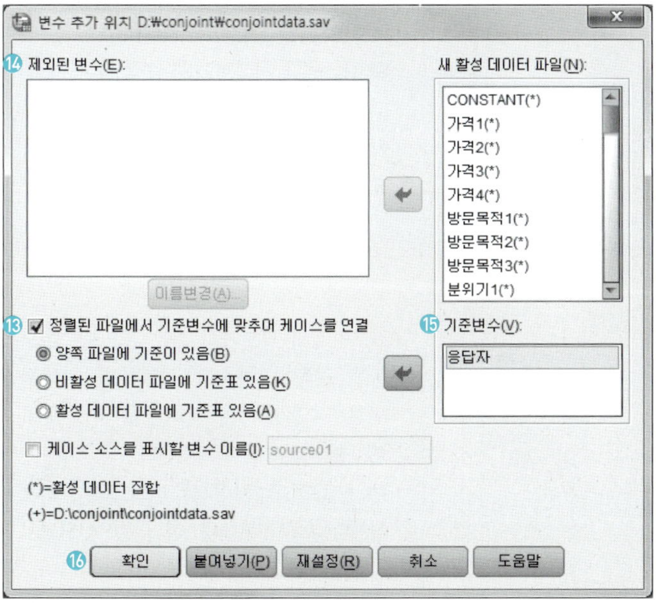

- 새로 불러온 파일로부터 변수추가창에서 추가할 변수와 제거할 변수를 선택한다.
- ⑬ [정렬된 파일에서 기준변수에 맞추어 케이스를 연결]이란 메뉴를 클릭한다.
- ⑭ [제외된 변수]항목에 있는 응답자(*) 변수를 ⑮ [기준변수]항목으로 옮긴다.

※ 이때 [기준변수]는 항상 양쪽 파일에 모두 있어야 하며 반드시 [오름차순]으로 정렬되어 있어야만 한다.

- 합치기를 수정하기 위해서 ⑯ [확인] 버튼을 클릭한다.
- 파일합치기가 끝나면 탑 메뉴에서 [파일] → [다른 이름으로 저장]을 클릭하여 conjointdata & conjointoutput 이름으로 저장한다.

2.2 속성의 중요성이 아닌 부분가치를 사용하여 군집분석하기

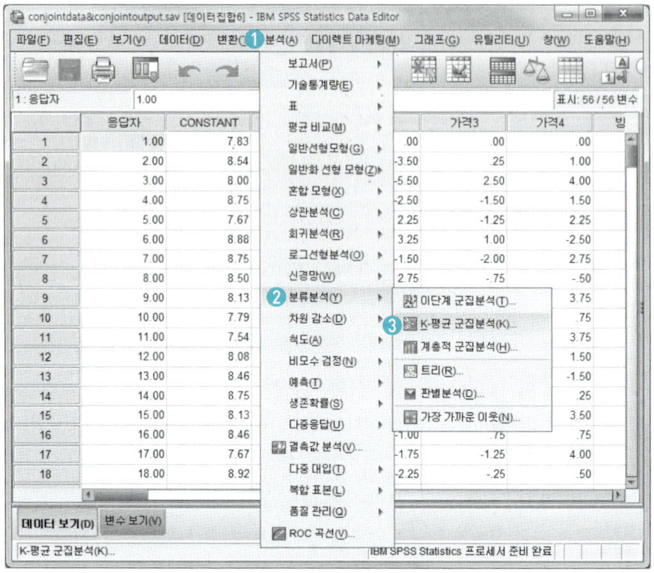

- 상품속성수준에 대하여 고객이 부여하는 가치, 즉 효용에 따른 고객세분화를 수행하기 위하여 부분가치값들을 이용해서 군집분석을 실행한다.
- 자료의 수가 비교적 많기 때문에 비계층적 군집분석방법인 [K-평균 군집분석]을 한다.
- 메뉴에서 ❶ [분석] → ❷ [분류분석] → ❸ [K-평균 군집분석]을 선택한다.
- 부분가치를 이용하여 군집분석을 실시하고 각 케이스(응답자)가 속하는 소속군집을 표시하는 군집변수값을 저장한다.

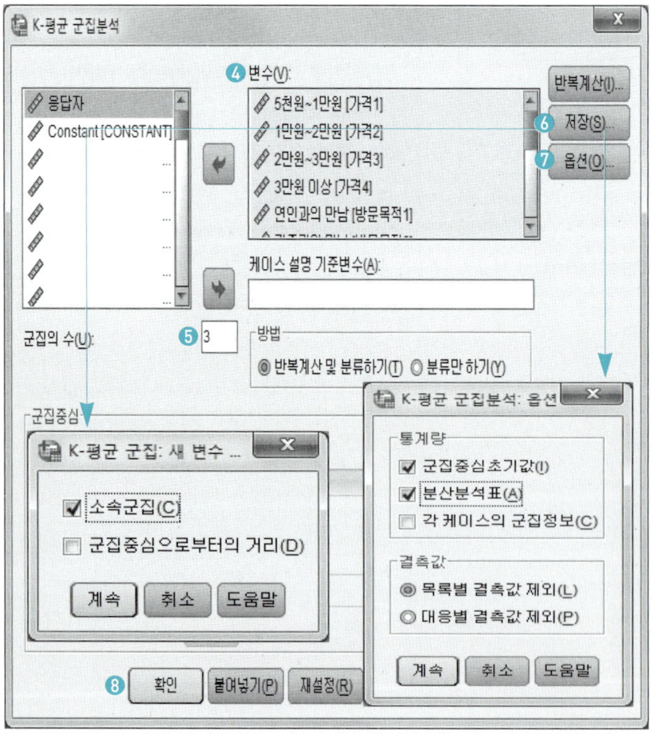

- 좌측란에서 부분가치값을 나타내는 변수들을 군집화 변수로 선택하기 위해서 해당변수들을 [➡] 버튼을 이용하여 ❹ [변수]란으로 이동시킨다.
- ❺ 군집의 개수는 3개로 정하였다. 그러나 실제로는 군집분석을 여러 번 실시해서 적합한 군집의 개수를 찾아야 한다.
- ❻ [저장] 버튼을 클릭하여 군집분석결과 중 저장할 내용으로 [소속군집]을 선택한 후 [계속] 버튼을 클릭한다.
- ❼ [옵션] 버튼을 클릭하여 군집별 군집화에 이용된 변수(부분가치)의 평균값 차이를 검증하고, 군집별로 기초통계량값들을 산출하기 위해 [분산분석표]와 [군집중심초기값]을 선택하고 [계속] 버튼을 클릭한다.
- [K-평균 군집분석]창으로 돌아오면 ❽ [확인] 버튼을 클릭한다.

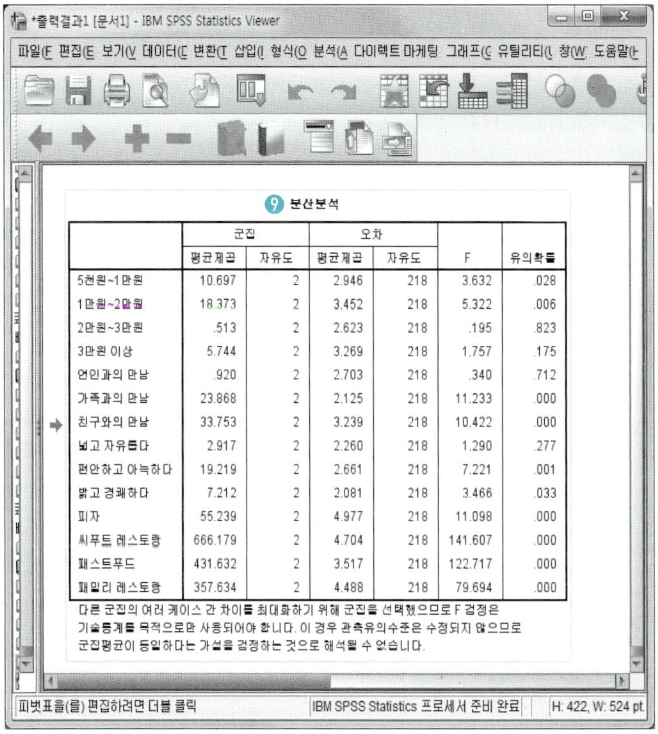

⑨ 분산분석

	군집		오차		F	유의확률
	평균제곱	자유도	평균제곱	자유도		
5천원~1만원	10.697	2	2.946	218	3.632	.028
1만원~2만원	18.373	2	3.452	218	5.322	.006
2만원~3만원	.513	2	2.623	218	.195	.823
3만원 이상	5.744	2	3.269	218	1.757	.175
연인과의 만남	.920	2	2.703	218	.340	.712
가족과의 만남	23.868	2	2.125	218	11.233	.000
친구와의 만남	33.753	2	3.239	218	10.422	.000
넓고 자유롭다	2.917	2	2.260	218	1.290	.277
편안하고 아늑하다	19.219	2	2.661	218	7.221	.001
밝고 경쾌하다	7.212	2	2.081	218	3.466	.033
피자	55.239	2	4.977	218	11.098	.000
씨푸드 레스토랑	666.179	2	4.704	218	141.607	.000
패스트푸드	431.632	2	3.517	218	122.717	.000
패밀리 레스토랑	357.634	2	4.488	218	79.694	.000

다른 군집의 여러 케이스 간 차이를 최대화하기 위해 군집을 선택했으므로 F 검정은 기술통계를 목적으로만 사용되어야 합니다. 이 경우 관측유의수준은 수정되지 않으므로 군집평균이 동일하다는 가설을 검정하는 것으로 해석될 수 없습니다.

- ⑨ 군집분석에서 군집화 변수로 사용된 부분가치값의 평균이 군집별로 차이가 있는지를 검증한 결과이다. 14개의 부분가치 변수들 중에 10개의 변수가 유의수준 0.05에서 군집별로 차이가 있음을 나타내고 있다.

2.3 군집분석을 통한 부분가치 평가 및 속성 비교

(1) 군집별 평균 부분가치표 및 평균부분가치 그래프

	업태				방문목적			분위기			가격			
	피자	씨푸드	패스트	패밀리	연인	가족	친구	자유	아늑함	경쾌함	1만원 미만	1~2 만원	2~3 만원	3만원 이상
군집1(N=51)	0.32	1.68	−4.13	2.14	0.26	−0.51	0.26	−0.09	−0.23	0.32	−0.31	0.38	−0.24	0.18
군집2(N=73)	−1.21	2.25	0.64	−1.68	0.48	0.40	−0.88	−0.10	−0.10	0.20	0.25	−0.61	−0.40	0.75
군집3(N=97)	0.28	−2.92	0.49	2.15	0.47	0.67	−1.14	−0.42	0.68	−0.26	0.48	−0.57	−0.26	0.35
전체	−0.21	−0.15	−0.53	0.88	0.42	0.31	−0.73	−0.24	0.21	0.03	0.22	−0.37	−0.30	0.44

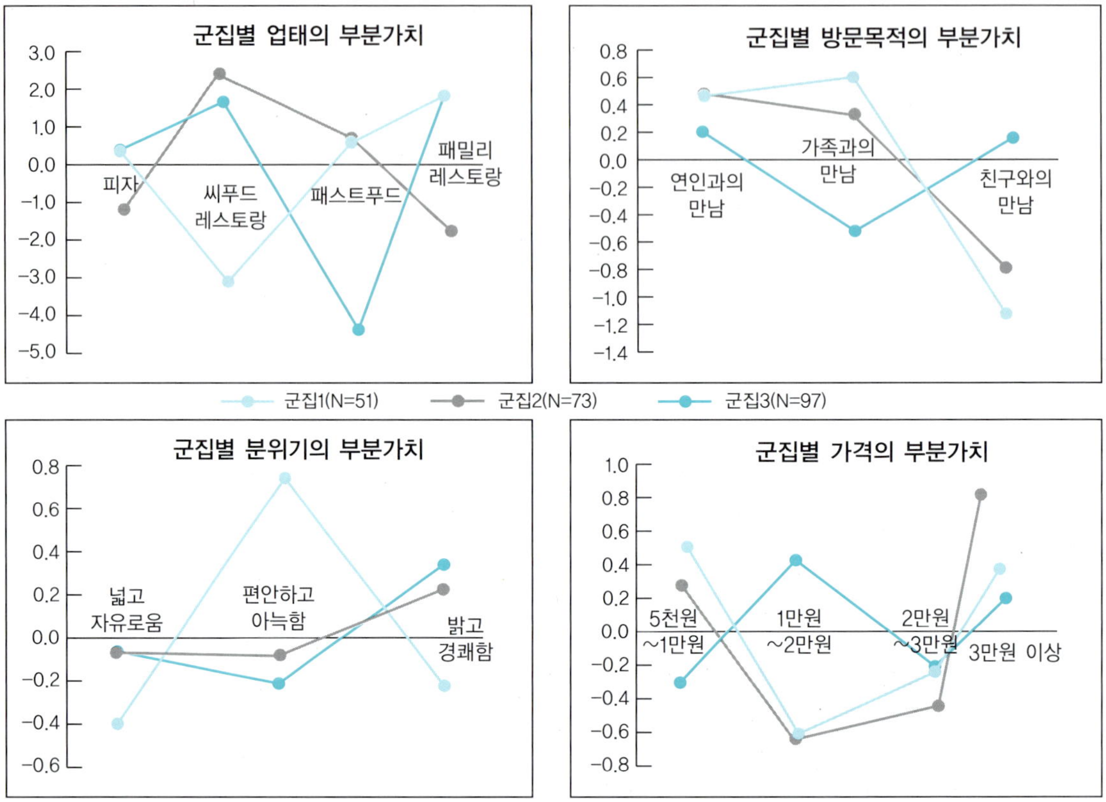

(2) 군집별로 중요하게 생각하는 속성 비교

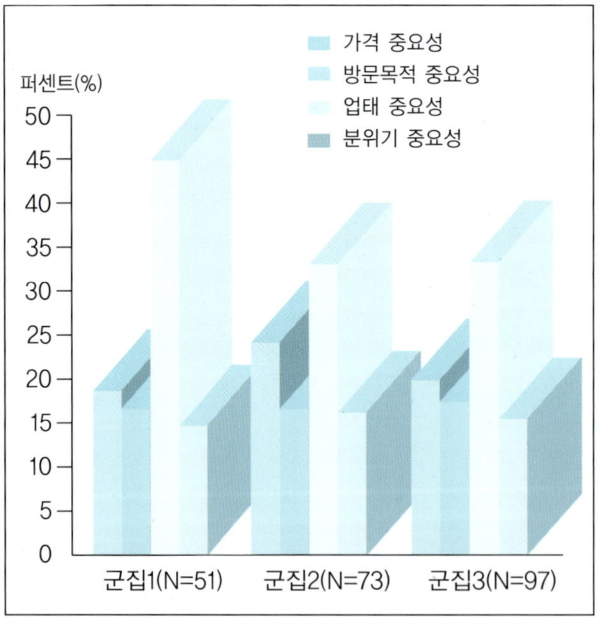

속성의 중요성(%)				
	업태	방문목적	분위기	가격
군집1(N=51)	46.49	17.97	16.12	19.43
군집2(N=73)	35.83	19.31	17.79	27.07
군집3(N=97)	38.67	20.74	17.48	23.11
전체	39.53	19.63	17.27	23.57

군집1 : 업태를 가장 중요하게 생각하는 그룹
→ 레스토랑의 종류를 고려하는 그룹

군집2 : 가격을 상대적으로 중요하게 생각하는 그룹
→ 1인 지출비용에 민감한 그룹

군집3 : 업태와 가격 및 방문목적을 고르게 중요시하는 그룹
→ 여러 요인을 고르게 고려하는 비교적 신중한 그룹

※ 각 군집의 인구통계적 변수 평균으로 각 군집의 프로파일을 구할 수 있다.

2.4 컨조인트분석의 활용사례(2) - 시장점유율 추정

1) 시장점유율 파악을 위한 상품 선택

(1) 측정된 효용으로 추정한 기존 외식 시장에서의 상품별 시장점유율

일련번호	업태	방문목적	분위기	가격	시장출시
1	패스트푸드	연인과의 만남	편안하고 아늑함	5천원 ~1만원	○
2	패밀리 레스토랑	연인과의 만남	편안하고 아늑함	2~3만원	○
3	피자	가족과의 만남	넓고 자유로움	2~3만원	○
4	패밀리 레스토랑	연인과의 만남	넓고 자유로움	3만원 이상	○
5	피자	친구와의 만남	편안하고 아늑함	5천원 ~1만원	○
6	패스트푸드	연인과의 만남	밝고 경쾌함	1~2만원	○

- 측정된 응답자의 효용을 이용해서 기존시장에 나와 있는 상품들의 시장점유율을 추정한다. 이때 시장에 출시된 모든 상품들의 시상섬유율 합은 100%인 1이 된다.

(2) 신상품이 시장에 출시된 후 상품별 시장점유율 변화 추정

일련번호	업태	방문목적	분위기	가격	시장출시
1	패스트푸드	연인과의 만남	편안하고 아늑함	5천원 ~1만원	○
2	패밀리 레스토랑	연인과의 만남	편안하고 아늑함	2~3만원	○
3	피자	가족과의 만남	넓고 자유로움	2~3만원	○
4	패밀리 레스토랑	연인과의 만남	넓고 자유로움	3만원 이상	○
5	피자	친구와의 만남	편안하고 아늑함	5천원 ~1만원	○
6	패스트푸드	연인과의 만남	밝고 경쾌함	1~2만원	○
7	씨푸드 레스토랑	연인과의 만남	넓고 자유로움	3만원 이상	×

- 신상품이 시장에 출시되었을 경우, 기존상품의 시장점유율 변동을 추정한다.
- 신상품이 전체시장의 몇 % 정도를 점유할 수 있을지를 추정해 볼 수 있다.

2) 기존 레스토랑의 시장점유율 추정

(1) 기존 레스토랑의 프로파일 입력

d:/conjoint/simulationcardsix.sav

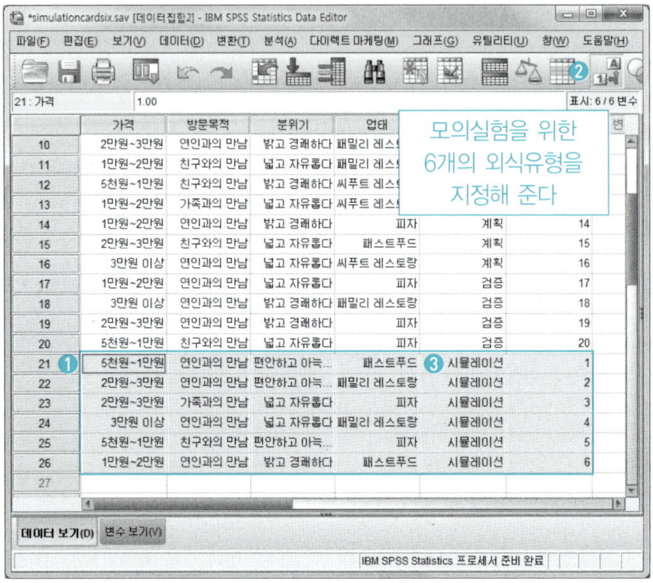

- ❶ 기존 외식시장에 진출해 있는 6개의 레스토랑 시장점유율을 파악해 본다.
- ❷ 변수명을 직접 볼 수 있는 옵션을 선택하면 변수명을 직접 확인해 볼 수 있다. → 해당상품의 속성을 선택한다.
- ❸ 변수를 클릭하면 해당 카테고리가 나오는 Status_변수 중에서 [시뮬레이션]을 선택한다.

(2) 기존 레스토랑의 시장점유율을 추정하기 위한 명령문 입력

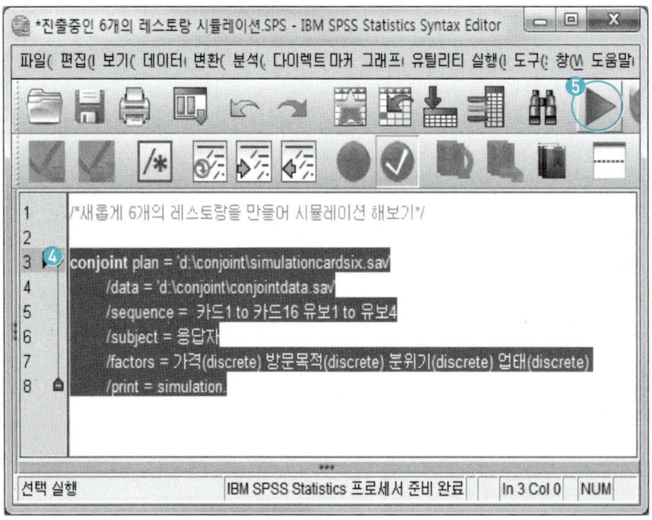

- ❹ 6개 레스토랑의 시장점유율을 예측하기 위한 명령문을 입력한 후 Syntax 전체를 블록으로 지정한다.
- ❺ 블록으로 지정한 Syntax를 실행시키기 위해 뉘어놓은 삼각형 ▶ 버튼을 클릭한다.

(3) 기존 레스토랑의 시장점유율 추정결과

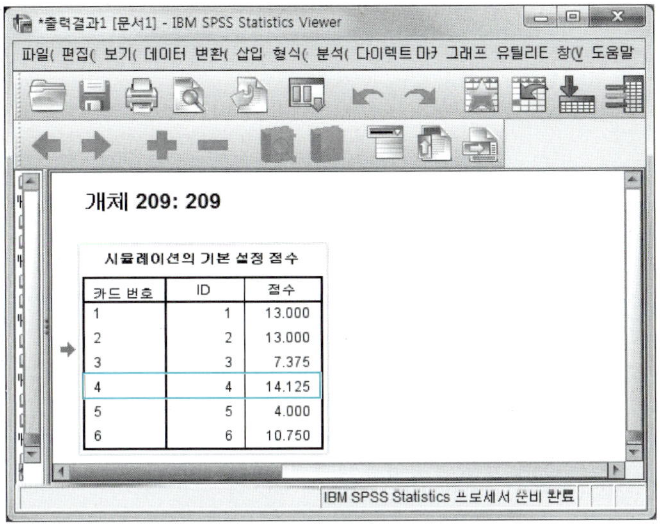

개체 209: 209

시뮬레이션의 기본 설정 점수

카드 번호	ID	점수
1	1	13.000
2	2	13.000
3	3	7.375
4	4	14.125
5	5	4.000
6	6	10.750

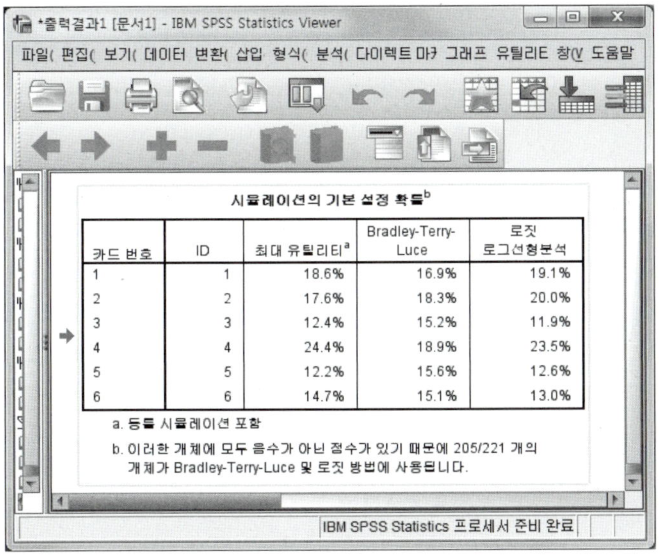

시뮬레이션의 기본 설정 확률[b]

카드 번호	ID	최대 유틸리티[a]	Bradley-Terry-Luce	로짓 로그선형분석
1	1	18.6%	16.9%	19.1%
2	2	17.6%	18.3%	20.0%
3	3	12.4%	15.2%	11.9%
4	4	24.4%	18.9%	23.5%
5	5	12.2%	15.6%	12.6%
6	6	14.7%	15.1%	13.0%

a. 동률 시뮬레이션 포함

b. 이러한 개체에 모두 음수가 아닌 점수가 있기 때문에 205/221 개의 개체가 Bradley-Terry-Luce 및 로짓 방법에 사용됩니다.

- 예를 들어, 209번 응답자의 경우 6개의 상품 프로필 중에서 상품 프로필 4번에서 가장 높은 효용(14.1%)을 얻을 수 있는 것으로 나타났다. 따라서 이 응답자는 상품 프로필 4번을 선택할 것으로 추정할 수 있다.
- 이와 같이 SPSS의 Syntax를 실행시킨 결과 각 상품 프로필에 대한 개별응답자의 효용값을 모두 얻을 수 있으며, 이렇게 구한 효용값을 저장한 파일 전체나 필요한 부분을 복사하여 엑셀 파일에 붙여넣으면 개별 효용결과값들을 이용한 추가적인 분석이 가능하다.
- 텍스트파일로 엑셀파일에 결과를 복사하면 보다 쉽게 값들을 비교해 볼 수 있다.

(4) 응답자가 전체 상품 프로필로부터 얻을 수 있는 효용의 합 중에 개별상품 프로필로부터 얻을 수 있는 효용의 비율, 즉 효용의 선형비만큼 그 상품을 선택할 확률이 있다고 가정한 모형으로 추정한 각 상품 프로필별 시장점유율

제품 번호	업태	❻ Max utility(%)	❼ BTL(%)	❽ Logit(%)	브랜드별 시장점유율(%)
1	패스트푸드	18.6	16.9	19.1	32.1
6		14.7	15.1	13.0	
2	패밀리 레스토랑	17.6	18.3	20.0	43.5
4		24.4	18.9	23.5	
3	피자	12.4	15.2	11.9	34.5
5		12.2	15.6	12.6	

- ❻ 응답자가 가장 큰 효용값의 상품만을 선택한다고 가정한 모형으로 추정한 각 상품 프로필별 시장점유율
  → 이 모형은 오랫동안 소비가 지속되는 내구재의 경우에 사용되는 모형이다.
- ❼ 응답자가 효용의 비율대로 비율만큼의 확률로그 상품을 선택한다는 가정을 기반으로 하는 모형으로 추정된 시장점유율
- ❽ BTL과 같은 방법으로 개별상품에 대한 효용값을 직접 사용하지 않고 효용의 Exp(효용)값을 선택확률로 사용하는 모형으로 추정한 각 상품 프로필별 시장점유율
  → 일상생활에서 소비하는 소비재의 경우에 사용되는 모형이다.

컨조인트분석결과로 얻은 개별응답자의 효용함수를 이용하여 현재 시장에 나와 있는 각각의 상품에 대한 효용값들을 산출하여 각 상품의 시장점유율을 추정할 수 있다. 이때 응답자로부터 산출된 효용값들을 이용하여 시장점유율을 추정하는 방법으로는 위에서 설명한 대표적인 3가지 모형을 사용할 수 있다.
일반적으로 내구재의 경우는 Max Utility모형이, 소비재의 경우는 Logit모형이나 BTL모형이 많이 사용된다. 분석결과 상품별로는 상품 4와 상품 2가 가장 높은 시장점유율을 가지고 있는 것으로 추정되었다. 또한 시장점유율 추정결과를 브랜드별로 묶어서 살펴본 결과 3개의 브랜드가 서로 비슷한 시장점유율을 가지고 경쟁하고 있음을 알 수 있다.

2.5 새로운 신상품이 출시되었을 경우 시장점유율 변화 추정

(1) 새로운 레스토랑 프로파일 입력

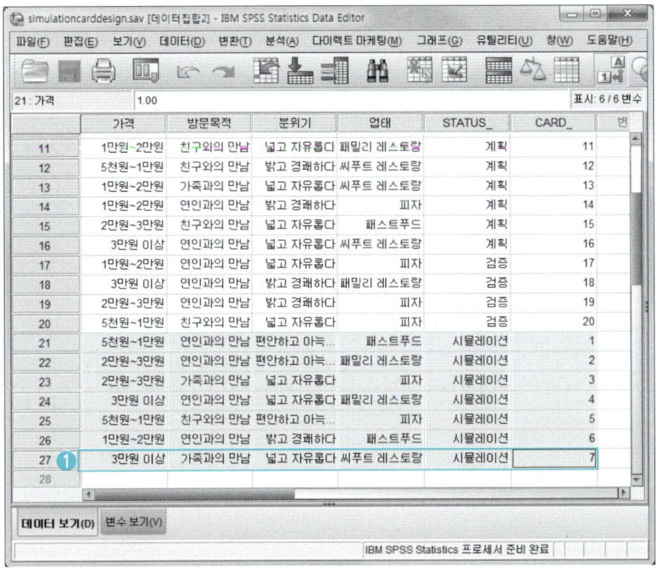

새로운 레스토랑 추가

- ❶ 신상품 프로필을 하나 더 추가한 후 앞에서 사용했던 방법과 같은 방법으로 시장점유율을 재추정한다.

(2) 새로운 레스토랑의 시장점유율을 추정하기 위한 명령문 입력

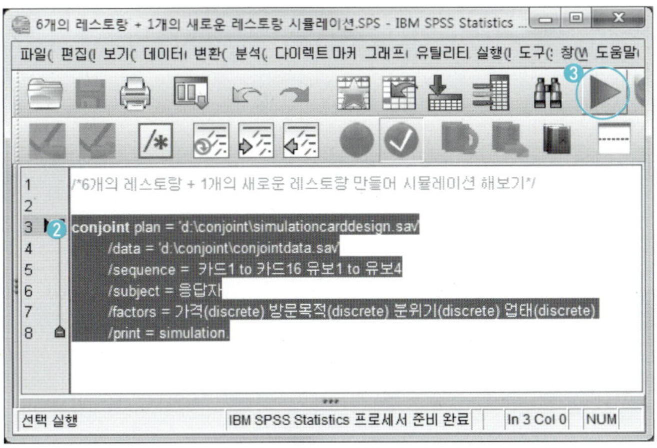

- ❷ 새로운 레스토랑의 시장점유율을 예측하기 위한 명령문을 입력한 후 Syntax 전체를 블록으로 지정한다.
- ❸ 블록으로 지정한 Syntax를 실행시키기 위해 뉘어놓은 삼각형 ▶ 버튼을 클릭한다.

(3) 제품 출시 후 시장의 잠재적 시장점유율 예측

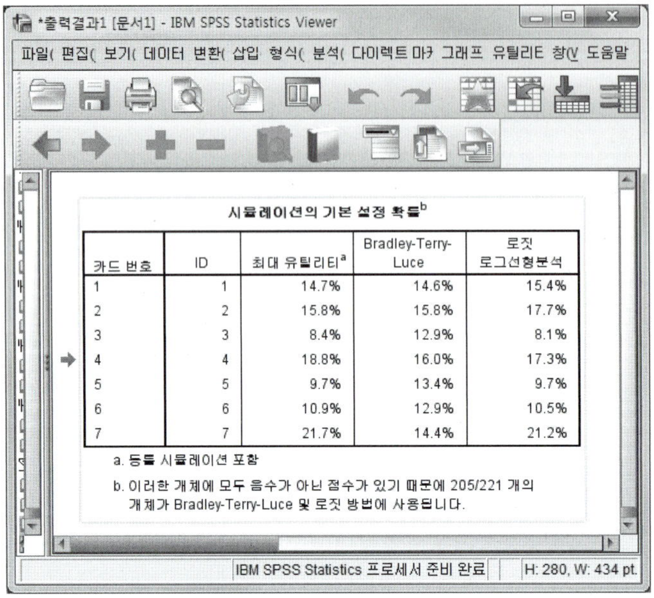

시뮬레이션의 기본 설정 확률[b]

카드 번호	ID	최대 유틸리티[a]	Bradley-Terry-Luce	로짓 로그선형분석
1	1	14.7%	14.6%	15.4%
2	2	15.8%	15.8%	17.7%
3	3	8.4%	12.9%	8.1%
4	4	18.8%	16.0%	17.3%
5	5	9.7%	13.4%	9.7%
6	6	10.9%	12.9%	10.5%
7	7	21.7%	14.4%	21.2%

a. 동률 시뮬레이션 포함

b. 이러한 개체에 모두 음수가 아닌 점수가 있기 때문에 205/221 개의 개체가 Bradley-Terry-Luce 및 로짓 방법에 사용됩니다.

제품 번호	업태	Max utility(%)	BTL(%)	Logit(%)	브랜드별 시장점유율(%)
1	패스트 푸드	14.7	14.6	15.4	25.9
6		10.9	12.9	10.5	
2	패밀리 레스토랑	15.8	15.8	17.7	35.0
4		18.8	16.0	17.3	
3	피자	8.4	12.9	8.1	17.8
5		9.7	13.4	9.7	
7	씨푸드 레스토랑	21.7	14.4	21.2	21.2

- 레스토랑 7이 시장에 출시될 경우 21.2% 만큼의 시장점유율을 차지하게 됨을 알 수 있다.

레스토랑 7이 시장에 진출하면 전체 잠재시장의 약 21.2% 정도를 얻게 될 것으로 예상되며, 추가적으로 레스토랑 속성의 수준값을 변동해 봄으로써 달라지는 시장점유율을 분석해 볼 수 있다.

즉, 이와 같은 방법으로 응답자별 추정된 부분가치를 이용하여 시장점유율 변동에 관한 시뮬레이션을 해볼 수 있다. 다시 말해서, 상품의 프로필을 다양하게 변경시켜 가며 그에 따른 시장점유율 변동을 추정해 보아서 가장 효과적 조합의 신상품을 구상할 수 있다.

03 연습문제

연|습|문|제 EXERCISES

문제 1 스마트폰을 생산하는 L전자에서는 소비자들의 스마트폰 선택에 영향을 미치는 요인들과 이들에 대한 소비자의 효용을 파악해서 신상품을 개발하고자 한다. 또한 추가적으로 자사에서 신상품을 시장에 출시하였을 경우의 시장점유율은 얼마나 될 것인지도 예측해 보려고 한다. [7_1.sav] 자료를 컨조인트분석을 이용하여 시장점유율을 예측해 보시오.

Chapter 08

다차원척도법 (MDS : Multidimensional Scaling)

01 SPSS와 PC-MDS를 이용한 다차원척도법 사례

02 SPSS를 이용한 다차원척도법

03 PC-MDS를 이용한 다차원척도법

04 연습문제

민들레

류시화

민들레 풀씨처럼
높지도 않고 낮지도 않게
그렇게 세상의 강을 건널 수는 없을까
민들레가 나에게 가르쳐 주었네
슬프면 때로 슬피 울라고
그러면 민들레 풀씨처럼 가벼워진다고

슬픔은 왜
저만치 떨어져서 바라보면
슬프지 않은 것일까
민들레 풀씨처럼
얼마만큼의 거리를 갖고
그렇게 세상 위를 떠다닐 수는 없을까
민들레가 나에게 가르쳐 주었네
슬프면 때로 슬피 울라고
그러면 민들레 풀씨처럼 가벼워진다고

Chapter 08

다차원척도법 (MDS : Multidimensional Scaling)

다차원척도법(MDS : multidimensional scaling)은 상표(기업이미지)를 비롯하여 상품이 가지고 있는 속성이나 응답자의 이상점과 같은 자극점들(stimuli) 간의 복잡한 다차원관계를 저차원인 2차원 평면이나 3차원 공간상에 단순한 구도로 시각화하여 나타내주는 기법이다. 다차원척도법을 이용하면 경쟁관계에 있는 여러 상표에 대한 고객들의 인식을 분석해서 그 결과를 시각직 그림인 포지셔닝 맵으로 나타낼 수 있다. 이렇게 상표 간의 경쟁관계를 그림으로 나타낸 포지셔닝 맵을 봄으로써 마케팅관리자는 자사상표의 경쟁관계를 보다 빠르고 손쉽게 이해할 수 있다.

따라서 다차원척도법은 포지셔닝 등 다양한 소비자의 인지구조를 시각적으로 나타내줌으로써 마케팅관리자와 고객 간의 커뮤니케이션을 연결시켜 주는 매우 효과적인 도구라 할 수 있다. 이러한 다차원척도법은 마케팅에서 시장과 경쟁구도에 대한 기초적인 진단뿐만 아니라 신상품개발, 시장세분화, 포지셔닝, 마케팅믹스전략 수립 등에서 많이 활용되고 있다. 다차원척도법을 맵상에 나타내고자 하는 내용과 도출된 맵의 모양 그리고 이를 위한 입력자료 및 분석방법을 중심으로 분류하면 다음의 표와 같다.

유사성자료나 속성자료를 이용하여 상표만을 맵상에 나타내고자 하는 경우에는 PC-MDS의 KYST 혹은 SPSS의 ALSCAL이나 PROXSCAL프로그램을 사용해서 분석할 수 있다. 또한 이렇게 구한 상표들의 좌표자료와 특정한 속성에 대하여 각 상표를 평가한 자료를 PC-MDS의 PROFIT이나 PREFMAP 혹은 SPSS의 회귀분석으로 분석하면 상표점과 속성벡터를 하나의 맵상에 함께 나타낼 수 있다. 이 외에도 상표들의 좌표자료와 상표들에 대한 응답자의 선호도자료를 같이 이용해서 개별응답자의 이상점(ideal point)이나 벡터(vector)를 상표점들과 함께 나타낼 수 있는 PC-MDS의 PREFMAP이 있다.

마지막으로 PC-MDS의 MDPREF를 이용하면 상표점들의 좌표자료 없이 단순히 상표에 대한 선호도를 측정한 자료만을 이용하여 상표점들의 좌표와 개별응답자의 선호벡터를 동시에 구하여 하나의 맵상에 나타낼 수 있다. 같은 방법으로 상표 대신 응답자가 중요하게 생각하는 속성의 순서자료를 이용하면 속성점들의 좌표와 속성들에 대한 개별응답자의 선호벡터를 동시에 구하여 하나의 맵상에 나타낼 수 있다. 그러나 PC-MDS의 MDPREF 대신에 SPSS의 ALSCAL을 사용하면 응답자의 선호벡터 대신 이상점을 구할 수 있다.

1) KYST나 ALSCAL 혹은 PROXSCAL : 자극점들의 포지셔닝 맵을 그리는 방법

다차원척도법을 이용하여 도출할 수 있는 가장 대표적인 인지도 맵(perceptual map)은 상표들 간의 경쟁관계를 나타내는 포지셔닝 맵(positioning map)이다. 포지셔닝 맵은 자극점들 간의 유사성이나 비유사성(거리)자료를 바탕으로 하여 이들 상표들이 응답자들에게 어떻게 인식되고 있는가를 공간상의 거리개념으로 전환하여 평면이나 공간상에 상표들의 위치를 나타내는 인지도를 말한다. 또한 이러한 포지셔닝 맵은 응답자들이 서로 경쟁적인 상표들을 평가하는 경우 가능하면 평가기준을 단순화하여 판단한다는 전제하에 작성된 맵이다. 즉, 포지셔닝 맵은 상표들 간의 복잡한 경쟁관계를 유사성이라는 단순한 관계로 파악하여 이들을 인지도 맵상에서 상대적인 위치로 나타낸 맵이다.

유사성이 높은 자극점들은 포지셔닝 맵상에서 서로 가깝게 위치하고 상대적으로 유사성이 낮은 자극점들은 서로 멀리 위치하게 된다. 따라서 맵상에서 서로 가까이 있는 상표들은 서로 유사하여 치열한 경쟁관계에 있고, 반면에 서로 멀리 떨어져 있는 상표들은 응답자에게 서로 다른 것으로 인식됨으로써 서로 미약한 경쟁관계에 있다고 해석할 수 있다. 또한 이처럼 포지셔닝 맵상에 나타난 상표들의 특성을 인식하여 이들의 위치에 따라 적당한 방향으로 상표들의 특성을 나타내는 속성의 축을 그려봄으로써 전반적인 시장구조를 효과적으로 파악할 수 있다.

이러한 포지셔닝 맵을 작성하기 위한 상표점들의 좌표를 도출하는 대표적인 분석방법으로 PC 프로그램 KYST와 ALSCAL 그리고 PROXSCAL이 있다. KYST와 ALSCAL 그리고 PROXSCAL의 입력자료는 상표들 간의 유사성을 역으로 말하면 상표들 간의 거리를 나타내는 자료가 사용된다. 이때 상표들 간의 유사성 혹은 거리를 측정하는 방법으로 직접측정방법과 간접측정방법이 있다. 직접측정방법은 평가대상이 되는 상표들 간의 유사성을 직접 질문하여 측정하는 방법이고, 간접측정방법은 상표들을 평가하는 데에 중요한 몇 개의 속성을 정해 놓고 이들 속성에 대하여 개별상표를 평가한 속성평가값들을 이용하여 상표들 간의 거리를 측정하는 방법이다. 그러나 어떠한 자료수집방법을 사용하든 간에 일단 유사성(거리)에 관한 자료가 수집되면 KYST나 ALSCAL 혹은 PROXSCAL을 사용하여 분석할 수 있다.

맵상에 나타내고자 하는 대상과 입력자료에 따른 다차원척도법

<table>
<tr><th>프로그램 패키지</th><th>분석기법</th><th>입력자료</th><th>출력 정도</th></tr>
<tr><td rowspan="6">SPSS</td><td rowspan="4">ALSCAL</td><td>상표들 간의 유사성평가자료(행렬[상표 × 상표]) 상표들의 좌표점</td><td>상표들의 좌표점</td></tr>
<tr><td>상표들을 특정한 속성에 대하여 평가한 자료 (행렬[속성 × 상표])</td><td>상표들의 좌표점 + 특정한 속성을 표시하는 속성점</td></tr>
<tr><td>응답자들이 상품들에 대한 선호도를 평가한 자료 (행렬[응답사 × 상표])</td><td>상표들의 좌표점 + 응답자들의 이상점</td></tr>
<tr><td>응답자들이 상품의 속성들에 대하여 평가한 자료 (행렬[응답자 × 속성])</td><td>상표속성들의 좌표점 + 응답자들의 이상점</td></tr>
<tr><td>PROXSCAL</td><td>상표들 간의 유사성평가자료(행렬[상표 × 상표])</td><td>상표들의 좌표점</td></tr>
<tr><td>Regression</td><td>상표들의 좌표값(좌표행렬[상표 × 차원]) + 상표들을 특정한 속성에 대하여 평가한 자료(행렬[속성 × 상표])</td><td>특정한 속성을 표시하는 속성벡터</td></tr>
<tr><td rowspan="7">PC-MDS</td><td>KYST</td><td>상표들 간의 유사성평가자료(행렬[상표 × 상표])</td><td>상표들의 좌표점</td></tr>
<tr><td>PROFIT</td><td>상표들의 좌표값(좌표행렬[상표 × 차원]) + 상표들을 특정한 속성에 대하여 평가한 자료(행렬[속성 × 상표])</td><td>특정한 속성을 표시하는 속성벡터</td></tr>
<tr><td rowspan="2">PREFMAP</td><td>상표들의 좌표값(좌표행렬[상표 × 차원]) + 상표들에 대하여 응답자의 선호도를 평가한 자료(행렬[응답자 × 상표])</td><td>개별응답자의 선호도를 표시하는 이상점과 선호벡터</td></tr>
<tr><td>상표들의 좌표값(좌표행렬[상표 × 차원]) + 상표들을 특정 속성에 대하여 평가한 자료(행렬[속성 × 상표])</td><td>특정한 속성을 표시하는 속성점과 속성벡터</td></tr>
<tr><td rowspan="3">MDPREF</td><td>상표들을 특정 속성에 대하여 평가한 자료 (행렬[속성 × 상표])</td><td>상표들의 좌표점 + 특정한 속성을 표시하는 속성벡터</td></tr>
<tr><td>응답자들이 상표들에 대한 선호도를 평가한 자료 (행렬[응답자 × 상표])</td><td>상표들의 좌표점 + 응답자의 선호도를 나타내는 선호벡터</td></tr>
<tr><td>응답자들이 상품의 속성들에 대한 선호도를 평가한 자료 (행렬[응답자 × 속성])</td><td>상품속성들의 좌표점 + 응답자의 선호도를 나타내는 선호벡터</td></tr>
</table>

2) PROFIT : 자극점들의 포지셔닝 맵에 속성벡터 혹은 응답자의 선호벡터를 그리는 방법

PROFIT(PROperty FITting)은 KYST와 함께 있는 PC-MDS 프로그램 이름이다. 그러나 다차원척도법을 이용해서 작성한 포지셔닝 맵상에 객관적으로 의미 있는 속성의 축을 도출할 수 있는 방법 모두를 총칭하는 말로 사용되기도 한다. PROFIT의 분석결과, 속성의 축은 포지셔닝 맵상에 직선, 즉 벡터(vector)로 나타낸다. 이렇게 PROFIT을 이용해서 포지셔닝 맵상에 의미 있는 속성의 축을 그리기 위해서는 분석하고자 하는 맵상 상표점들의 좌표행렬자료와 나타내고자 하는 속성들에 대하여 각 상표들을 평가한 상표속성행렬자료가 필요하다.

이와 같은 자료가 준비되면 PC 프로그램인 PROFIT을 이용해서 속성이나 선호벡터의 방향을 손쉽게 구할 수 있다. 그러나 PROFIT 프로그램이 없어도 간단한 회귀분석으로 속성이나 선호벡터의 방향을 손쉽게 구할 수 있다. 상표점들의 좌표(예 : 2차원의 경우 X축과 Y축의 좌표)값들을 독립변수로 하고, 특정한 속성에 대하여 상표들을 평가한 값을 종속변수로 하여 회귀분석을 한 결과로 얻게 되는 독립변수들의 표준화된 회귀계수값을 이용하면 속성벡터의 방향을 구할 수 있다.

구체적으로 설명하면 회귀분석결과로 얻게 된 표준화된 회귀계수는 그 값이 독립변수로 사용된 축과 속성벡터 간의 코사인(cosine)값이 된다. 따라서 2차원 맵의 경우, 독립변수 X의 표준화된 회귀계수는 X축과 속성벡터 간의 코사인값이 되고 독립변수 Y의 표준화된 회귀계수는 Y축과 속성벡터 간의 코사인값이 된다. 이 두 값을 이용하면 2차원 맵상에 종속변수로 사용된 해당 속성벡터의 방향을 구할 수 있다. 여기서 일반회귀계수 대신 표준화된 회귀계수를 이용하는 이유는 입력데이터를 표준화하여 절편을 제거함으로써 속성벡터가 원점을 지날 수 있도록 하기 위해서이다. 이렇게 도출된 속성벡터에 맵상의 상표점들을 직각으로 투여하면 개별상표가 갖는 속성수준이 된다.

또한 속성벡터의 신뢰성은 회귀분석결과로 얻게 되는 결정계수(R^2)로 평가할 수 있다. 일반적으로 결정계수가 낮은 속성벡터는 신뢰할 수 없으므로 활용하지 않는 것이 바람직하다. 그러나 이러한 판단의 기준이 되는 결정계수값의 수준에 대해서는 일반적인 기준은 없다. 따라서 일반적인 회귀분석의 경우에 준해서 대개의 경우 0.6 이상이면 신뢰할 수 있다고 판단할 수 있다. 그러나 다차원공간상에서의 위치를 저차원맵상의 위치로 표시하는 과정에서 발생하는 오차 때문에, 저차원 맵상에서의 상표점들의 위치와 이를 바탕으로 하여 표시된 속성벡터를 너무 맹신하는 것은 바람직하지 않다.

3) PREFMAP : 자극점들의 포지셔닝 맵에 응답자의 이상점이나 선호벡터 혹은 속성의 속성점이나 속성벡터를 그리는 방법

유사성자료를 근거로 작성된 포지셔닝 맵을 이용하면 전체적인 시장구조나 분석대상이 되는 상표들 간의 경쟁관계를 알 수 있다. 그러나 개별상표에 대한 응답자들의 구체적인 선호정보를 사용하지 않았기 때문에 신상품개발을 위한 시장세분화나 세분시장에서의 마케팅전략 수립에 필요한 구체적인 정보를 파악하기 어렵다. 따라서 이를 위해서는 포지셔닝 맵상에 소비자, 즉 응답자의 선호정보를 동시에 나타낼 필요가 있다.

응답자의 이상점(ideal point) 및 선호벡터(property vector)를 도출하는 대표적인 방법으로 PC-MDS의 PREFMAP이 있다.

PREFMAP은 유사성자료를 이용하여 구한 상표점들의 좌표값자료를 기반으로 개별응답자의 상표들에 대한 선호자료를 분석해서 개별응답자의 이상점이나 선호벡터를 구하는 프로그램이다. 즉, 각각의 응답자가 선호하는 상표 가까이에 그 응답자의 이상점이 위치하도록 개별응답자의 이상점 좌표를 찾는 기법이다. 또한 응답자들의 선호자료를 PREFMAP으로 분석하면 상표들의 포지셔닝 맵상에 속성벡터를 그리듯이 응답자 개인별 선호벡터도 구할 수 있다.

그러나 만일 응답자의 선호자료 대신 속성에 대해 상표들을 평가한 자료를 사용하면 속성점과 PROFIT으로 구할 수 있는 속성벡터를 동시에 구할 수 있다.

이처럼 자극점의 좌표가 이미 주어진 상태에서 개별응답자의 이상점이나 선호벡터 혹은 속성의 위치를 나타내는 속성점이나 속성벡터를 찾는 기법들을 익스터널 언폴딩(external unfolding) 방법이라고 한다. 반면에, 다음에 설명할 MDPREF에서처럼 상표점들의 좌표와 속성이나 응답자정보를 동시에 찾는 기법들을 인터널 언폴딩(internal unfolding)방법이라 한다. 일반적으로 익스터널 언폴딩은 이미 상표점들의 위치(좌표값)가 정해진 상태에서 추가적인 정보를 찾는 방법이기 때문에, 상표점의 위치(좌표값)도 함께 찾아야 하는 인터널 언폴딩방법에 비하여 비교적 신뢰할 수 있는 해를 얻을 수 있다는 장점이 있다.

그러나 미리 자극점의 위치를 찾아야 하기 때문에 추가적인 자료와 분석이 필요하다는 단점이 있다. PREFMAP을 이용하면, 기존의 포지셔닝 맵상에 상표점과 응답자의 이상점을 동시에 나타낼 수 있다. 또한 맵을 분석해 봄으로써, 다음과 같은 유한정보를 얻을 수 있다. 첫째, 선호점유율(mind share)분석을 통하여 각 상표의 사장점유율을 예측할 수 있다. 즉, 응답자의 상표 선택은 자신의 이상점으로부터 각 상표에 이르는 거리의 역함수로 표시할 수 있다는 가정하에 시장점유율을 추정할 수 있다. 예를 들어, 소비자가 자신의 이상점에 가장 가까운 상표를 선택한다고 가정하면, 각각의 소비자를 가장 가까이에 위치한 하나의 상표와 연관시킬 수 있다. 둘째, 소비자의 이상점 분포를 이용하여 시장을 세분화하고 각 세분시장의 평균 이상점과 프로필에 대한 정보를 파악하여 이를 효과적인 세분시장 마케팅전략에 활용할 수 있다. 즉, PREFMAP을 이용하여 산출된 개별응답자의 이상점 좌표값들을 입력자료로 군집분석함으로써 응답자를 집단화하고, 각 집단에 해당하는 세분시장의 평균 이상점과 더불어 인구통계적 · 사회적 · 행위적 특성을 찾아낸 다음, 이를 상표의 특성과 연관시켜 분석함으로써 보다 효과적인 마케팅전략을 수립하고 수행할 수 있다.

4) MDPREF : 서열자료만으로 자극점들의 좌표와 함께 속성벡터나 응답자의 이상점들의 좌표를 동시에 구하는 방법

MDPREFMAP(Multi Dimensional PREFerence MAP)은 응답자가 선호하는 상표나 속성에 대해 평가한 자료 혹은 상표의 속성수준에 대하여 평가한 자료만을 이용해서 분석하는 방법이다. 이 방법을 이용하면, 수집된 자료에 따라 ① 상표점들의 좌표와 상표에 대한 응답자 선호벡터를 나타내는 맵이나 ② 상표점들의 좌표와 상표를 평가하는 속성벡터를 나타낸 맵 혹은 ③ 속성들의 좌표와 속성에 대한 응답자의 선호벡터를 나타내는 맵을 구할 수 있다. 즉, MDPREF는 상표의 좌표점에 관한 자료 없이 단순한 평가자료만을 이용하여 상표점들과 응답자의 선호벡터, 상표점들과 속성벡터 혹은 속성점들과 응답자의 선호벡터를 동시에 구하는 기법이다.

이러한 MDPREF는 PROFIT나 PREFMAP처럼 상표점들의 위치가 정해진 상태에서 응답자의 이상점이나 속성벡터를 구하는 익스터널 언폴딩(external unfolding)방법을 이용하는 것이 아니라, 단순히 평가자료만을 이용해서 상표점들과 속성 혹은 응답자를 나타내는 벡터를 동시에 도출해 내는 인터널 언폴딩(internal unfolding)방법을 이용하는 프로그램이다.

그러나 이러한 인터널 언폴딩방법은 상표와 속성에 대한 평가자료만을 이용하여 상표나 속성 혹은 응답자 중에서 어느 2가지의 위치나 방향정보를 동시에 도출해 내야 하기 때문에 안정적인 해, 즉 공통공간상의 좌표점들을 구하는 데에 어려움이 있을 수 있다. 따라서 MDPREF를 이용해서 분석하는 경우 해를 구하지 못하는 경우가 종종 발생할 수 있다. 또한 동일한 자료를 이용해서 SPSS의 ALSCAL로 분석하면, MDPREF를 이용해 얻을 수 있는 벡터 대신 좌표점의 값을 구할 수 있다.

01 SPSS와 PC-MDS를 이용한 다차원척도법 사례

다차원척도법은 맵상에 나타내고자 하는 대상에 따라 SPSS나 PC-MDS를 이용하여 포지셔닝 맵을 그릴 수 있다. 따라서 본 장에서는 맵에 나타내고자 하는 대상에 따라 사용이 가능한 두 개의 프로그램을 통해 포지셔닝 맵을 도출하는 절차에 대해 알아보도록 한다.

정보분석기술의 발달과 경쟁의 가속화로 인하여 사회과학분야에서도 조사와 분석의 중요성이 크게 부각되고 있다. 특히 호텔산업분야에서도 마케팅전략의 중요성이 크게 부각되면서 고객만족경영과 차별화된 홍보전략 그리고 효과적인 커뮤니케이션을 위한 고객 조사와 분석이 필요하게 되었다.

이에 따라 호텔마케팅업무를 담당하게 된 김 실장은 국내 특급호텔에 대한 고객들의 전반적인 인식을 조사하여 호텔들의 포지셔닝 맵을 작성한 후 그 결과를 기초로 전반적인 마케팅전략을 수립하고자 한다.

분석방법 JOB ANALYSIS

먼저 맵상에 나타내고자 하는 내용을 결정한 후 도출하고자 하는 맵을 결정한다. 이에 따라 고객들에게 어떠한 척도로 작성된 설문을 실시할 것인지가 결정된다. 왜냐하면 입력자료의 척도에 따라 분석기법이 달라지고 결과적으로 도출되는 맵의 형태가 결정되기 때문이다. 포지셔닝 맵이 도출되면 맵상에 나타난 대상들을 적절하게 해석한다. 대상 간의 거리가 가까울수록 비슷한 이미지 또는 밀접한 관계에 있거나, 경쟁관계에 있다는 것을 의미한다. 이를 정리하면 다음과 같다.

① 포지셔닝 맵을 도출하기 위해 척도를 고려하여 설문을 작성한다.

② 자료의 척도를 확인하고 입력자료에 따른 포지셔닝 맵을 도출하기 위한 다차원척도법을 선택한다. SPSS에서 제공하는 ALSCAL이 모든 포지셔닝 맵을 도출할 수 없으므로 필요에 따라 여러 분석기법을 병행해서 사용해야 한다.

③ 결과가 도출되면 스트레스값을 확인하고 자료가 적합해서 맵이 신뢰성이 있는지를 확인한다.

※ 스트레스값 : 응답자의 인식과 지각도 맵상 상표점들 간의 불일치 정도를 나타내는 것으로 일종의 오차의 크기를 말한다.

스트레스값	자료의 적합도
0.2 이상	아주 나쁨
0.2	나쁨
0.1	보통임
0.05	좋은 편임
0.025	아주 좋음
0	완벽함

④ 맵 위 도출된 대상 간의 거리가 가까울수록 비슷한 이미지 또는 경쟁관계에 있는 것들이며, 거리가 멀수록 관련이 없거나 경쟁관계가 아니라는 것을 알 수 있다.

국내 특급호텔을 예로 든 다차원척도법

도출된 맵	분석기법	입력자료

상표점

ALSCAL, PROXSCAL, KYST

(1) 행렬[상표×상표]

	인터콘티넨탈	리츠칼튼	르네상스	신라	조선	롯데	메리어트
인터콘티넨탈							
리츠칼튼							
르네상스							
신라							
조선							
롯데							
메리어트							

상표점 + 속성벡터

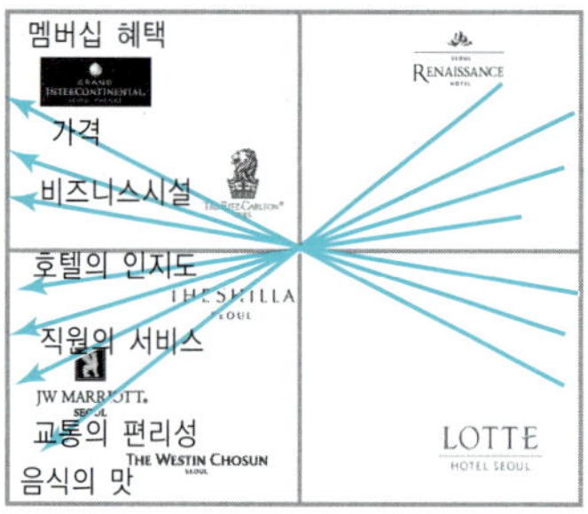

PROFIT, PREFMAP, Regression

(1) 좌표행렬[상표×차원]

	1차원	2차원
인터콘티넨탈		
리츠칼튼		
르네상스		
신라		
조선		
롯데		
메리어트		

(2) 행렬[속성×상표]

	인터콘티넨탈	리츠칼튼	르네상스	신라	조선	롯데	메리어트
교통의 편리성							
비즈니스시설							
호텔의 인지도							
직원의 서비스							
각종 편의시설							
멤버십 혜택							
호텔 분위기							
주차시설							
음식의 맛							

상표점 + 속성점

ALSCAL

(1) 행렬[속성×상표]

	인터콘티넨탈	리츠칼튼	르네상스	신라	조선	롯데	메리어트
교통의 편리성							
비즈니스시설							
호텔의 인지도							
직원의 서비스							
각종 편의시설							
멤버십 혜택							
호텔 분위기							
주차시설							
음식의 맛							

상표점 + 응답자 속성점

ALSCAL

(1) 행렬[응답자×상표]

	인터콘티넨탈	리츠칼튼	르네상스	신라	조선	롯데	메리어트
안성식							
한용준							
류치훈							
오경석							
서상윤							
김재현							
임민형							

속성점 + 응답자 이상점

ALSCAL

(1) 행렬[응답자×상표]

	교통의 편리성	비즈니스시설	호텔의 인지도	직원의 서비스	각종편의시설	멤버십혜택	호텔분위기	주차시설	음식의 맛
안성식									
한용준									
류치훈									
오경석									
서상윤									
김재현									
임민형									

02 SPSS를 이용한 다차원척도법

2.1 맵상에 나타내고자 하는 내용이 상표점일 경우(ALSCAL)

도출된 맵 | 분석기법 | 입력자료

상표점

ALSCAL, PROXSCAL, KYST

(1) 행렬[상표×상표]

	인터콘티넨탈	리츠칼튼	르네상스	신라	조선	롯데	메리어트
인터콘티넨탈							
리츠칼튼							
르네상스							
신라							
조선							
롯데							
메리어트							

1) 1단계 : 자료수집

쌍으로 주어진 두 호텔의 이미지가 어느 정도 유사하다고 생각하시는지 그 유사성 정도를 평가해 주시기 바랍니다.

매우 유사하지 않다 　 보통이다 　 매우 유사하다
① --- ② --- ③ --- ④ --- ⑤

	인터콘티넨탈	리츠칼튼	르네상스	신라	조선	롯데	메리어트
인터콘티넨탈							
리츠칼튼							
르네상스							
신라							
조선							
롯데							
메리어트							

• 7개의 각각의 호텔에 대한 속성평가값 간의 차이를 유클리디안 거리 계산방식으로 비교하여 유사성을 간접적으로 측정하는 방식이다.

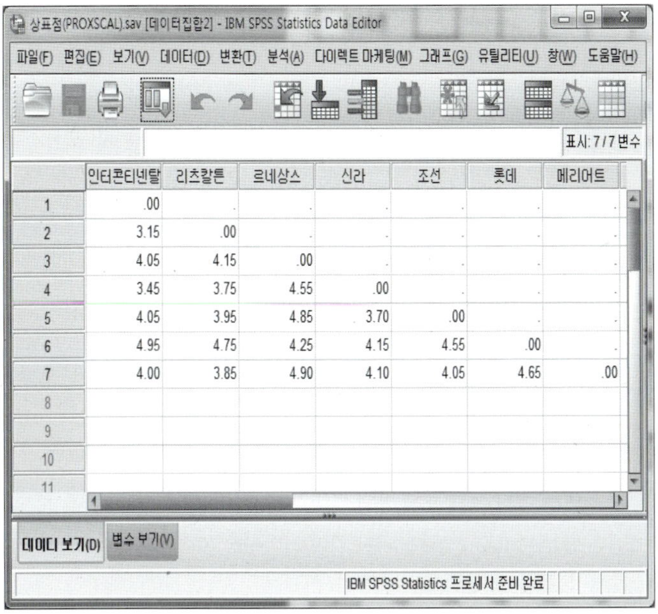

- 자료를 그림과 같이 형식에 맞게 [SPSS 데이터 편집기]창에 입력한다.
- 입력한 자료는 7개의 호텔들을 2개씩 쌍을 이루어 유사성을 물은 자료로서 20명의 응답자가 평가한 유사성값의 평균값이다. 두 개체 간의 유사성은 서로 대칭이므로 아래행렬(lower matrix)값만 입력한다.

2) 2단계 : SPSS의 ALSCAL 실행

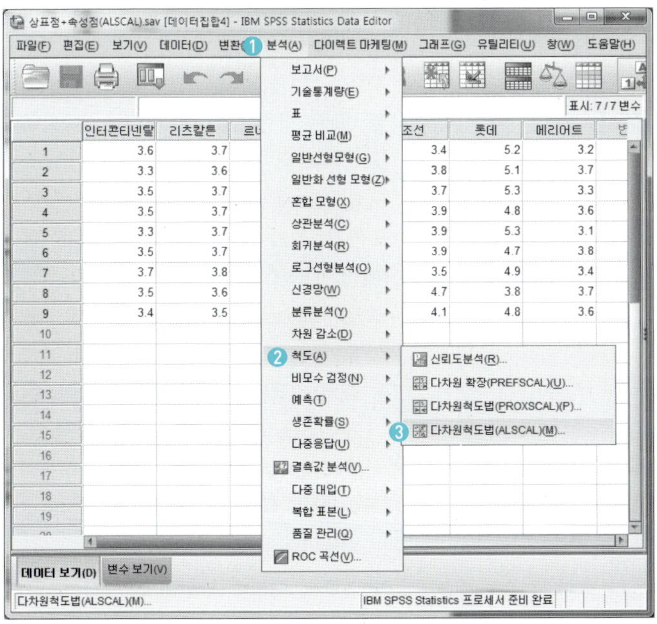

- 탑 메뉴에서 ❶ [분석] → ❷ [척도] → ❸ [다차원척도법(ALSCAL)]을 선택한다.

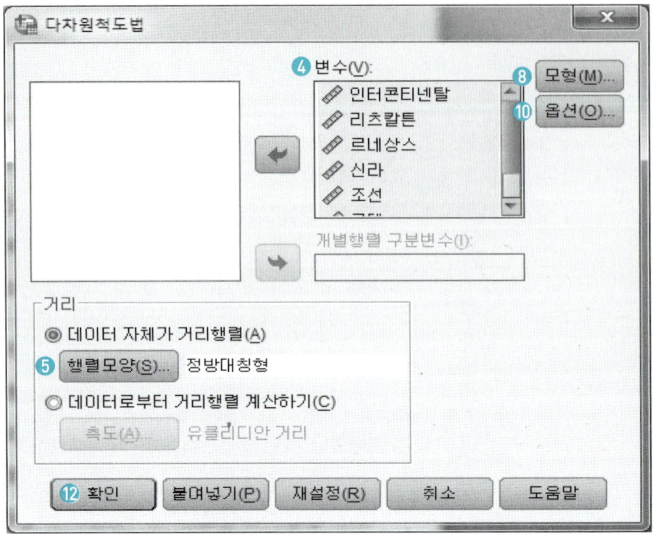

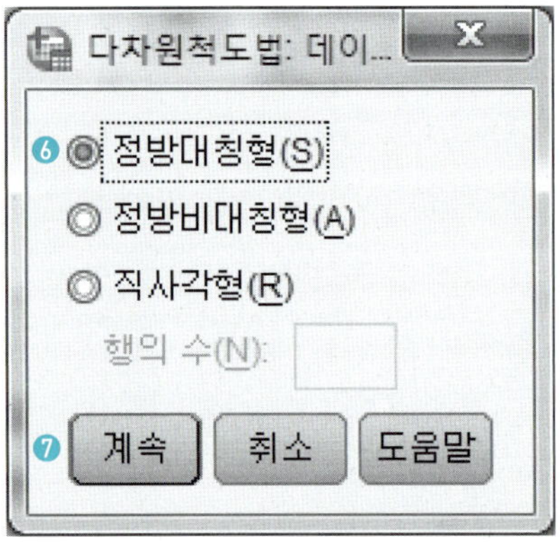

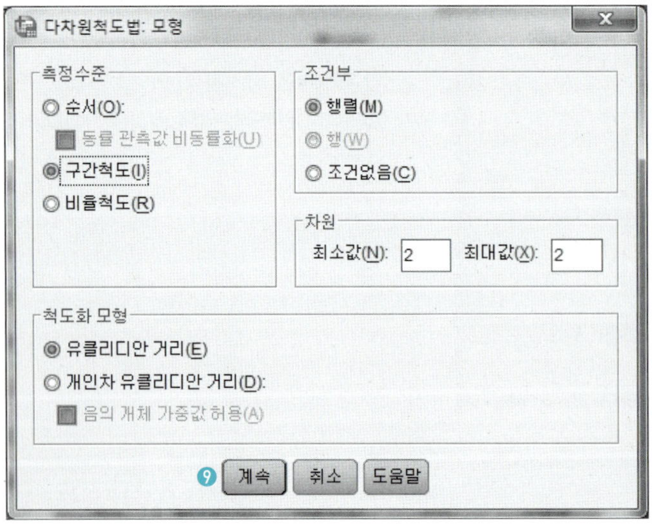

- [다차원척도법]창이 나타나면
- 버튼을 이용하여 분석할 ❹ 변수들, 즉 7개의 호텔들을 [변수]항으로 옮긴다.
- 데이터 형태를 정의하기 위해서 ❺ [행렬모양] 버튼을 클릭하면 [다차원척도법: 데이터의 형태]창이 나타난다.

- [다차원척도법: 데이터의 형태]창이 생성되면
- ❻ 유사성행렬은 대칭이므로 [정방대칭형]을 선택한다.
- ❼ [계속] 버튼을 클릭해 [다차원척도법]창으로 돌아간다.

- ❽ [다차원척도법]창에서 [모형] 버튼을 클릭하면 [다차원척도법: 모형]창이 나타난다.
- 유사성자료가 등간척도로 측정되었으므로 [측정수준]으로 [구간척도]를 선택하고 나머지는 초기지정상태를 유지한다. 즉, 자료는 유사성을 나타내는 자료로서 행과 열 모든 방향으로도 의미가 있으므로 [조건부]에서 [행렬]을 선택하고 [척도화 모형]으로 [유클리디안 거리]를 선택한다. 또한 2차원의 맵을 구하고자 하기 때문에 [차원]의 [최소값]과 [최대값]을 2로 한다.

  ※ 일반적으로 차원수를 결정할 때 차원수가 늘어날수록 스트레스값이 낮아져서 추정된 맵의 정확도가 높아지는 것은 사실이나 3차원 이상의 차원으로 분석할 경우 시각적인 이해가 어렵기 때문에 주로 2차원이나 3차원으로 차원의 수를 지정한다.
- ❾ [계속] 버튼을 클릭해 [다차원척도법]창으로 돌아간다.

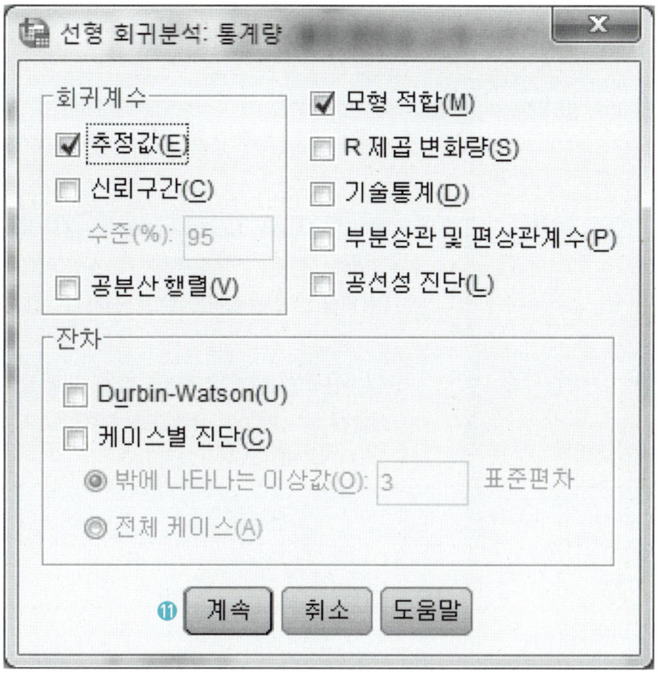

- [다차원척도법]창에서 ⑩ [옵션] 버튼을 클릭하면 [옵션]창이 나타난다.
- [출력]에서 [집단도표]를 지정하고 나머지는 초기지정상태를 유지한다.
- 수집된 자료에서의 유사성과 추정되는 맵상의 유사성(거리) 간의 오차를 최소화하는 상표점의 좌표점은 점진적으로 반복계산해서 구한다.
  이때 반복계산할 횟수와 중간에 반복계산을 중지할 수 있는 스트레스값의 최소 감소분, 즉 수렴기준을 정한다. 반복계산을 수행하여 점차 줄어드는 스트레스값의 감소폭이 수렴기준보다 작을 경우 추가적인 반복계산을 중단한다.
- ⑪ [계속] 버튼을 클릭해 [다차원척도법]창으로 돌아간다.
- [다차원척도법]창에서 확인 버튼을 클릭하여 다차원척도법분석을 수행한다. 이에 대한 내용은 [기준]에서 정해 준다.

3) 3단계 : 분석결과 및 해석

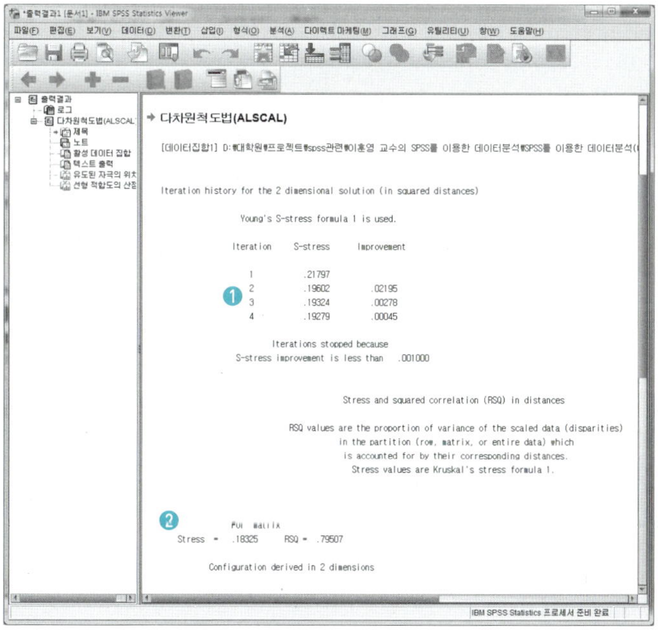

- ❶ 반복적인 실행결과를 나타내는 것으로 4회 반복계산을 실행하였으며, 이때 감소한 스트레스값이 0.00045로서 [옵션]창에서의 수렴기준인 최소 감소분 스트레스값이 0.001보다 작다. 따라서 반복계산은 4회로 끝났음을 알 수 있다.
- ❷ 반복적인 수렴과정을 통해 얻어진 최종 스트레스값은 0.18325이고, RSQ값은 0.79507로서 추정된 결과는 비교적 적합함을 알 수 있다.

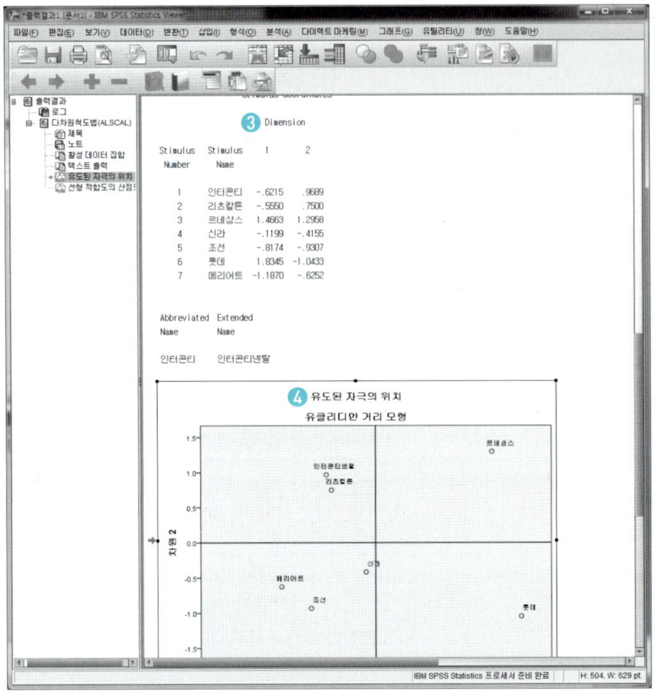

- ❸ [Stimulus Coordinates]는 2차원 평면에 나타낼 7개의 호텔, 즉 상표점의 1차원(x축)과 2차원(y축)의 좌표값들을 의미한다.
- ❹ [유도된 자극의 위치] 맵은 위에서 산출된 각 호텔의 좌표값을 시각적으로 2차원 평면에 나타낸 그림이다.

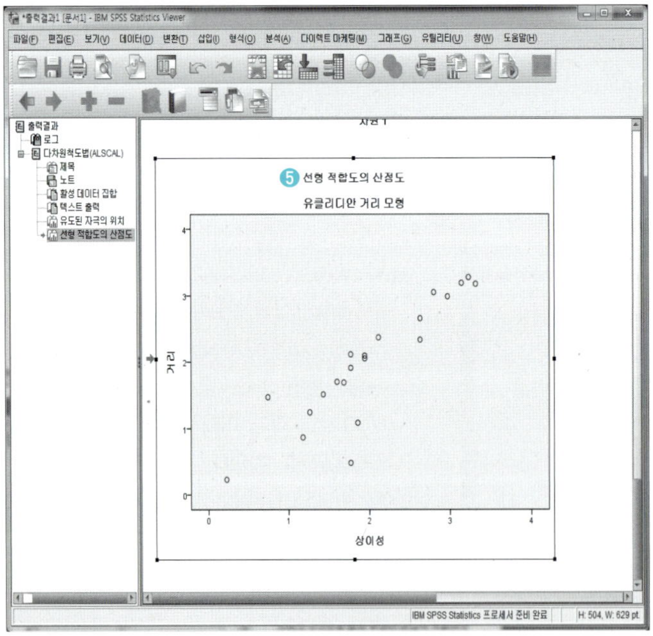

- ❺ [선형적합도의 산점도]는 응답자들이 인식하고 있는 상표점(호텔)들 간의 [상이성]과 추정된 맵상의 [거리]를 축으로 하는 2차원의 평면상에 상표점들의 산포를 표시한 그래프이다.
- 상표점(호텔)들이 대각선상에 선형상으로 위치하고 있으므로 맵의 추정이 비교적 적합하였음을 알 수 있다. 즉, 상표 간 유사성자료는 많은 정보의 손실 없이 2차원 평면상의 맵으로 잘 추정되었음을 알 수 있다.

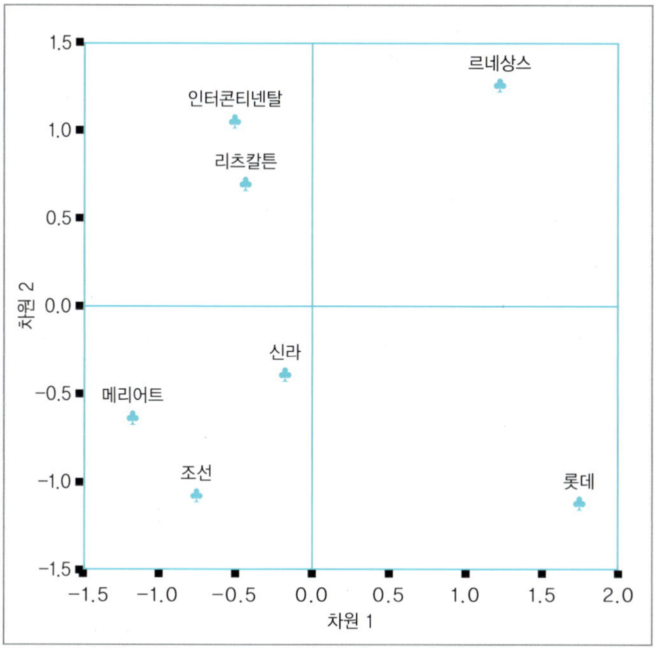

- 7개의 호텔들에 대한 응답자들의 인식상의 차이점과 그 구별기준을 파악하기 위하여 이들 간의 유사성 정도를 측정하여 다차원 척도법으로 분석하였다.
- 그 결과를 이용하여 좌측 그림과 같이 2차원의 평면상에 포지셔닝 맵을 그릴 수 있는데 이미지가 비슷한 호텔들끼리 서로 가깝게 위치하고 있다.
- 동일 원상에 위치한 호텔들은 응답자들에게 서로 유사하게 인식됨으로써 서로 경쟁적인 위치에 놓여 있다고 할 수 있다.

2.2 맵상에 나타내고자 하는 내용이 상표점일 경우(PROXSCAL)

도출된 맵 | 분석기법 | 입력자료

상표점

ALSCAL, PROXSCAL, KYST

(1) 행렬[상표×상표]

	인터콘티넨탈	리츠칼튼	르네상스	신라	조선	롯데	메리어트
인터콘티넨탈							
리츠칼튼							
르네상스							
신라							
조선							
롯데							
메리어트							

1) 1단계 : 자료수집

쌍으로 주어진 두 호텔의 이미지가 어느 정도 유사하다고 생각하시는지 그 유사성 정도를 평가해 주시기 바랍니다.

매우 유사하지 않다 ─ 보통이다 ─ 매우 유사하다

① --- ② --- ③ --- ④ --- ⑤

	인터콘티넨탈	리츠칼튼	르네상스	신라	조선	롯데	메리어트
인터콘티넨탈							
리츠칼튼							
르네상스							
신라							
조선							
롯데							
메리어트							

• 7개의 각각의 호텔에 대한 속성평가값 간의 차이를 유클리디안 거리 계산방식으로 비교하여 유사성을 간접적으로 측정하는 방식이다.

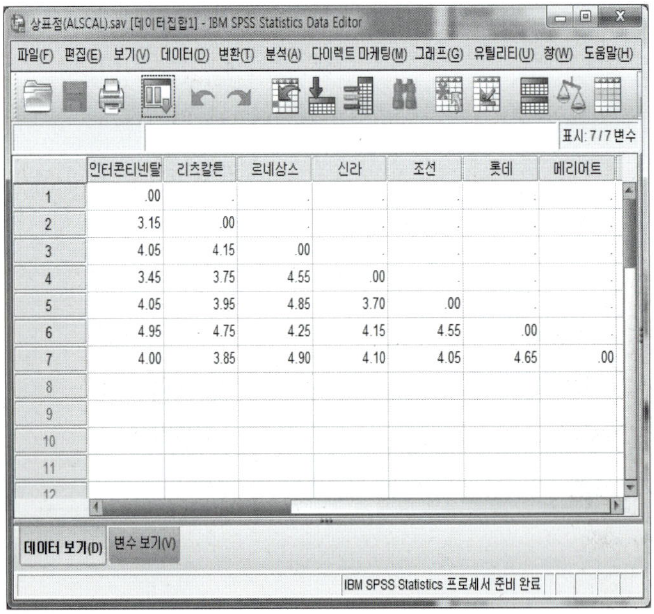

	인터콘티넨탈	리츠칼튼	르네상스	신라	조선	롯데	메리어트
1	.00	.	.	.	.	.	.
2	3.15	.00	.	.	.	.	.
3	4.05	4.15	.00	.	.	.	.
4	3.45	3.75	4.55	.00	.	.	.
5	4.05	3.95	4.85	3.70	.00	.	.
6	4.95	4.75	4.25	4.15	4.55	.00	.
7	4.00	3.85	4.90	4.10	4.05	4.65	.00

• 자료를 그림과 같이 형식에 맞게 [SPSS 데이터 편집기]창에 입력한다.

• 입력한 자료는 7개의 호텔들을 2개씩 쌍을 이루어 유사성을 평가한 자료로서 20명의 응답자가 평가한 유사성값의 평균값이다. 두 개체 간의 유사성은 서로 대칭이므로 아래행렬(lower matrix) 값만 입력한다.

2) 2단계 : SPSS의 PROXSCAL 실행

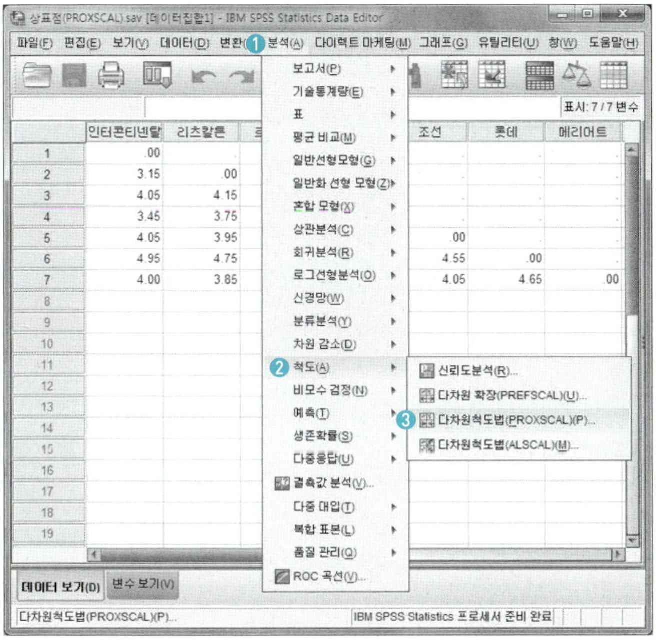

- 탑 메뉴에서 ❶ [분석] → ❷ [척도화 분석] → ❸ [다차원척도법(PROXSCAL)]을 선택한다.

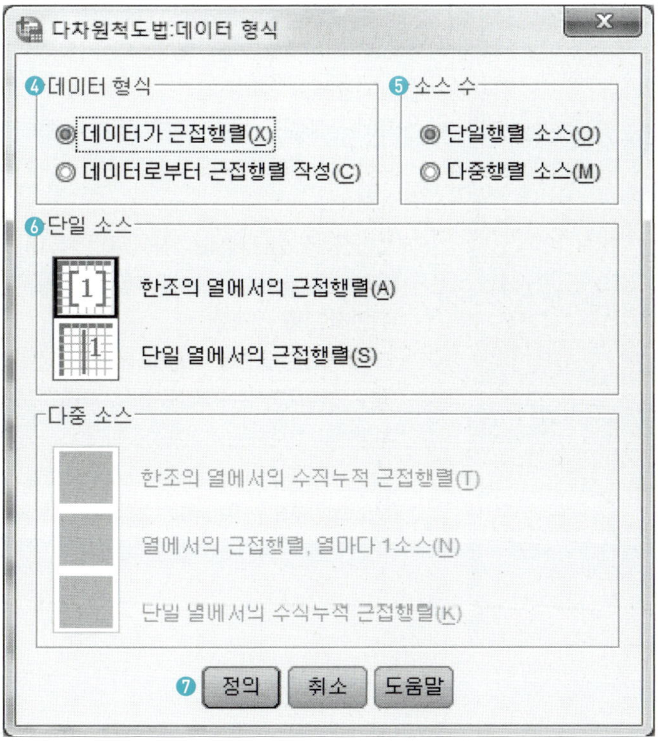

- [데이터 형식]창이 생성된다.
- 이미 데이터가 요약된 행렬형태이므로 ❹ [데이터 형식]에서 [데이터가 근접행렬]을 체크한다.
- 입력자료로 사용되는 응답자의 평균을 나타내는 데이터 행렬이 한 개이므로
- ❺ [단일행렬 소스]를 선택한다. 그러나 만일 평균을 구하지 않고 여러 명의 응답 행렬을 그대로 사용할 경우에는 행렬이 여러 개이므로 [다중행렬 소스]를 선택해야 한다.
- 그림과 같이 [단일 소스] 화면이 활성화되면 [한조의 열에서의 근접행렬]을 선택한 후 이를 정의하기 위해 [정의] 버튼을 클릭한다.

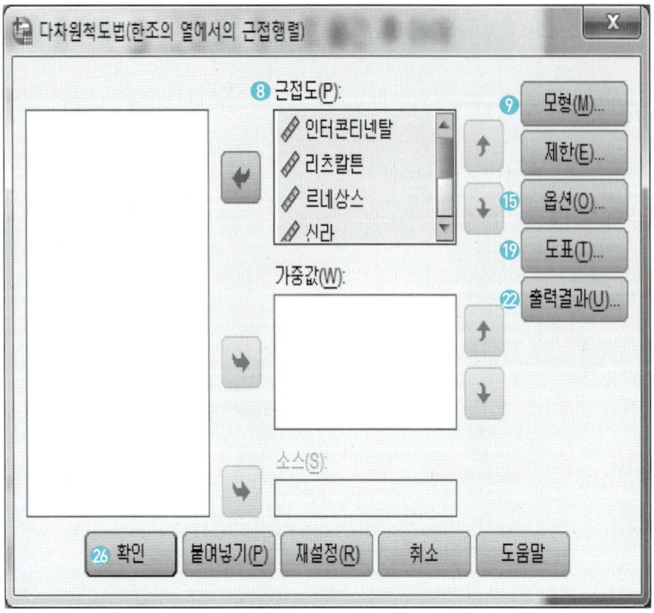

• [다차원척도법(한조의 열에서의 근접행렬)]창에서 좌측항에 있는 상표점들을 버튼을 이용하여 ❽ [근접도] 항으로 옮긴 후 아래 있는 ❾ [모형] 버튼을 클릭한다.

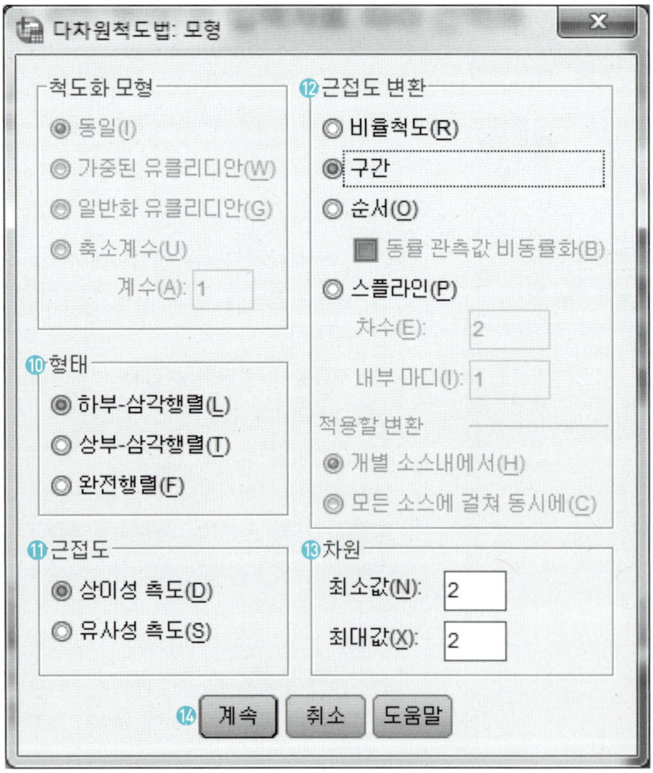

• [다차원척도법: 모형]창이 나타난다.
• 모형화면의 ❿ [형태]는 입력자료 따라 선택해야 하므로 본 예제에서는 [하부-삼각행렬]을 선택한다.
• ⓫ [근접성]은 입력자료가 서로 다름을 나타내는 거리자료이므로 [상이성 측도]를 선택한다.
• ⓬ [근접도 변환]에서는 입력자료의 척도에 따라 선택해 준다. 본 예제에서는 [구간(등간척도)]를 선택한다.
• ⓭ [차원]은 맵상에 도출할 차원을 지정하는 것으로서 본 예제에서는 2차원으로 지정한다. 2차원은 초기지정값이다.
• ⓮ 다음 [계속] 버튼을 클릭해서, [다차원척도법(한조의 열에서의 근접행렬)]창이 나오면 ⓯ [옵션] 버튼을 클릭한다.

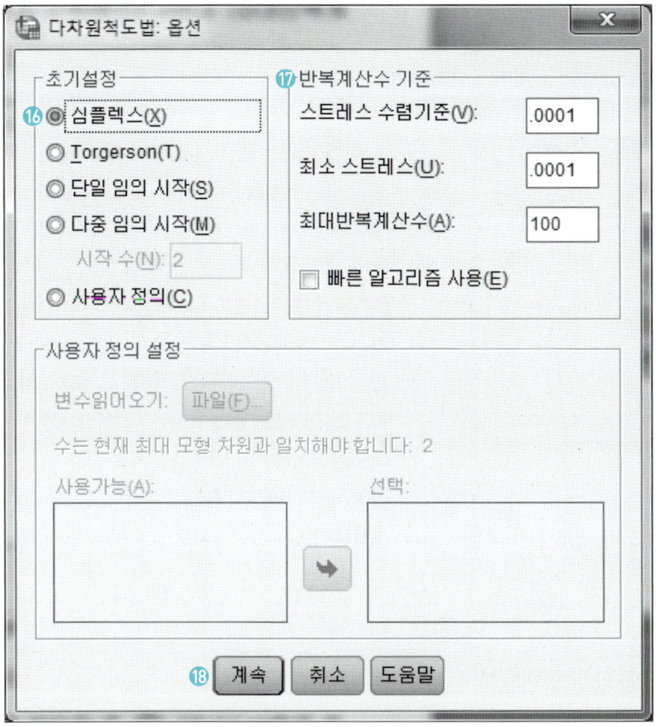

- [다차원척도법: 옵션]창이 나타난다.
- 초기 해를 구하는 [초기설정] 방법으로 ⑯ [심플렉스]를 선택한다.
- ⑰ [반복계산수 기준]에서는 [스트레스 수렴기준]과 [최소 스트레스] 그리고 [최대반복계산수]를 지정한다. 0.0001과 0.0001 그리고 100이 초기지정값이다.
- ⑱ 다음 [계속] 버튼을 클릭해서, [다차원척도법(한조의 열에서의 근접행렬)]창이 나오면 ⑲ [도표] 버튼을 클릭한다.

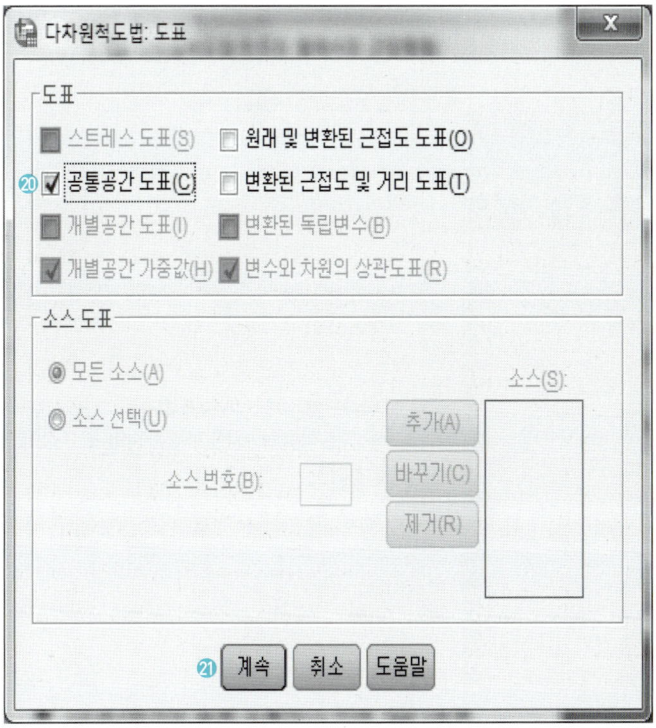

- [다차원척도법: 도표]창이 나타난다.
- [도표]에서는 맵을 도출하기 위해 ⑳ [공통공간 도표]를 체크한 후 ㉑ [계속] 버튼을 클릭해서 [다차원척도법(한조의 열에서의 근접행렬)]창이 나오면 ㉒ [출력결과] 버튼을 클릭한다.

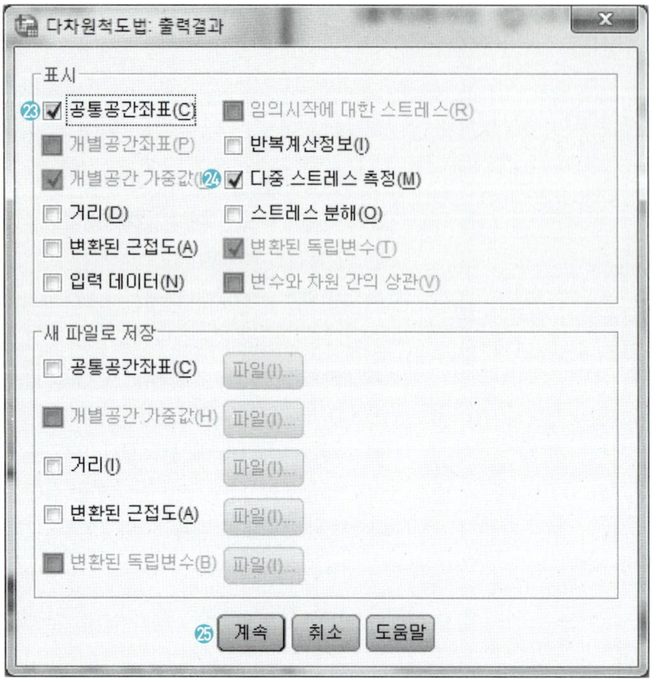

- [다차원척도법: 출력결과]창이 나타난다.
- 결과물로 산출하고자 하는 것을 지정하는 [출력]에서는 ㉓ [공통공간좌표]와 ㉔ [다중 스트레스 측정]을 선택한다. 이것들은 SPSS의 초기지정이나 사용자의 의도에 따라 변경시킬 수 있다.
- ㉕ 다음 [계속] 버튼을 클릭해서, [다차원척도법(한조의 열에서의 근접행렬)]창이 나오면 ㉖ [확인] 버튼을 클릭한다.
- 앞에서 설명한 ALSCAL과 비슷한 맵이 도출된다.

3) 3단계 : 분석결과 및 해석

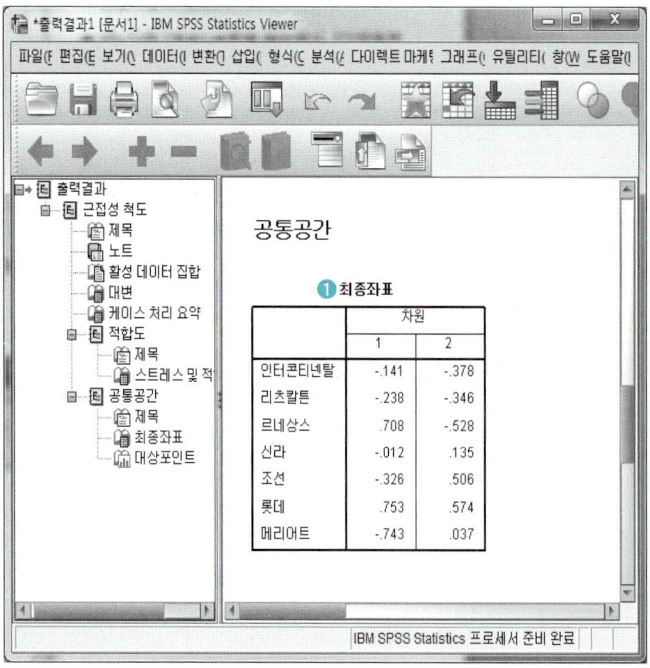

	차원	
	1	2
인터콘티넨탈	-.141	-.378
리츠칼튼	-.238	-.346
르네상스	.708	-.528
신라	-.012	.135
조선	-.326	.506
롯데	.753	.574
메리어트	-.743	.037

- [최종좌표] ❶ 7개의 호텔, 즉 상표점들의 1차원과 2차원의 좌표값이 도출된다.

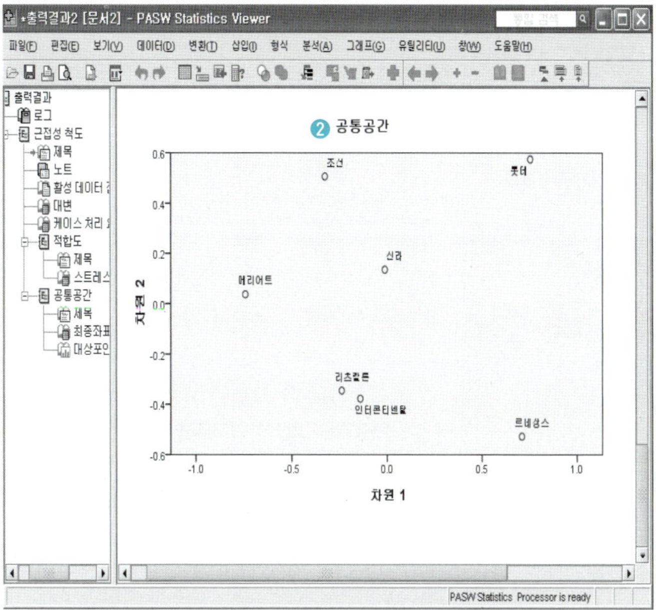

- ② 위에서 산출된 각 호텔(상표)의 좌표값을 이용해서 그린 맵이 2차원 평면에 나타났다.
- ALSCAL과 마찬가지로 가까운 곳에 위치한 호텔들은 응답자들에게 유사하게 인식됨으로써 경쟁적인 위치에 놓여 있다고 할 수 있다.
- 약간은 차이가 있으나 ALSCAL을 이용해서 그린 맵과 유사함을 알 수 있다.

2.3 맵상에 나타내고자 하는 내용이 상표점과 속성벡터일 경우(회귀분석)

도출된 맵 | 분석기법 | 입력자료

상표점 + 속성벡터

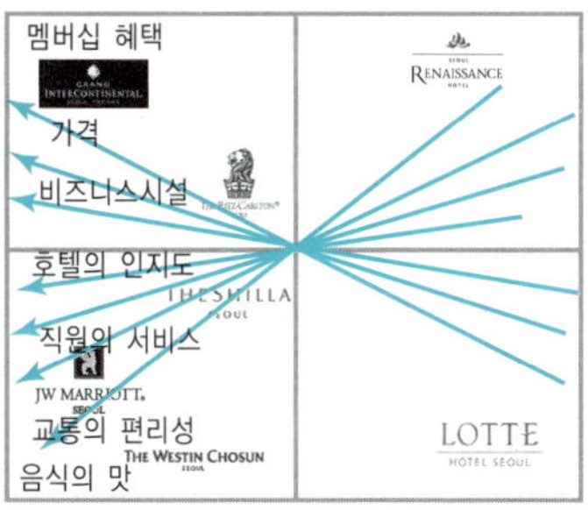

PROFIT, PREFMAP, Regression

(1) 좌표행렬[상표×차원]

	1차원	2차원
인터콘티넨탈		
리츠칼튼		
르네상스		
신라		
조선		
롯데		
메리어트		

(2) 행렬[속성×상표]

	인터콘티넨탈	리츠칼튼	르네상스	신라	조선	롯데	메리어트
교통의 편리성							
비즈니스시설							
호텔의 인지도							
직원의 서비스							
각종 편의시설							
멤버십 혜택							
호텔 분위기							
주차시설							
음식의 맛							

1) 1단계 : 자료수집

쌍으로 주어진 두 호텔의 이미지가 어느 정도 유사하다고 생각하시는지 그 유사성 정도를 평가해 주시기 바랍니다.

매우 나쁘다 ① --- ② --- ③ --- ④ --- ⑤ 매우 좋다

평가항목	인터콘티넨탈	리츠칼튼	르네상스	신라	조선	롯데	메리어트
1. 교통의 편리성							
2. 비즈니스시설							
3. 호텔의 인지도							
4. 직원의 서비스							
5. 각종 편의시설							
6. 멤버십 혜택							
7. 호텔 분위기							
8. 주차시설							
9. 음식의 맛							

- 상표점과 속성 간의 벡터를 구하기 위한 PROXSCAL 입력자료를 구하는 설문항목으로서 7개의 상표점(호텔)에 대한 9개의 평가속성값을 질문하는 방법이다.

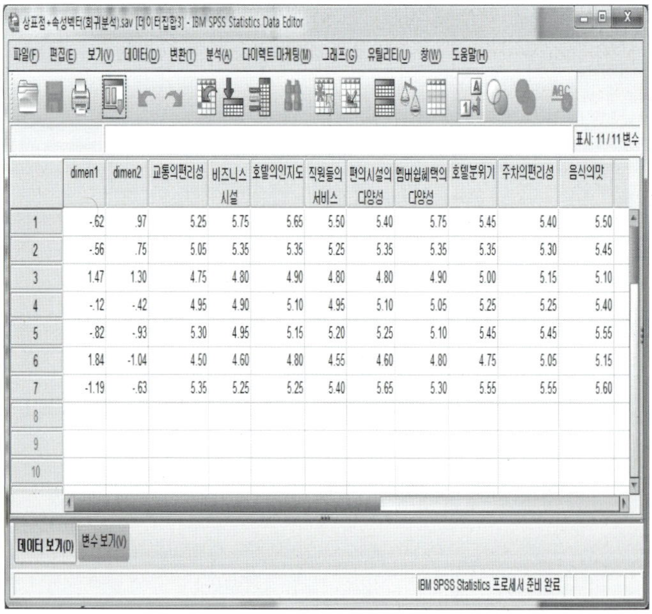

	dimen1	dimen2	교통의편리성	비즈니스시설	호텔의인지도	직원들의서비스	편의시설의다양성	멤버쉽혜택의다양성	호텔분위기	주차의편리성	음식의맛
1	-.62	.97	5.25	5.75	5.65	5.50	5.40	5.75	5.45	5.40	5.50
2	-.56	.75	5.05	5.35	5.35	5.25	5.35	5.35	5.35	5.30	5.45
3	1.47	1.30	4.75	4.80	4.90	4.80	4.80	4.90	5.00	5.15	5.10
4	-.12	-.42	4.95	4.90	5.10	4.95	5.10	5.05	5.25	5.25	5.40
5	-.82	-.93	5.30	4.95	5.15	5.20	5.25	5.10	5.45	5.45	5.55
6	1.84	-1.04	4.50	4.60	4.80	4.55	4.60	4.80	4.75	5.05	5.15
7	-1.19	-.63	5.35	5.25	5.25	5.40	5.65	5.30	5.55	5.55	5.60

- 자료를 그림과 같이 형식에 맞게 코딩한다.
- 1차원과 2차원 좌표값은 유사성자료를 이용해서 ALSCAL이나 PROXSCAL로 산출된 포지셔닝 맵상의 좌표값이다.
- 각 속성값은 응답자들이 7개의 호텔들에 대하여 속성별로 평가한 값들의 평균값들이다.

2) 2단계 : SPSS의 회귀분석 실행

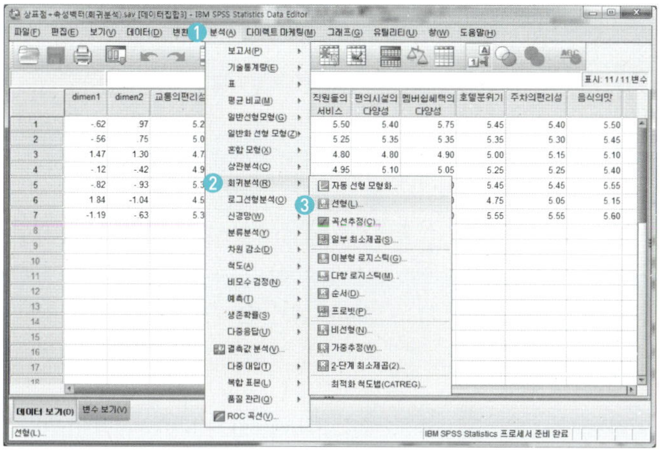

• 탑 메뉴에서 ❶ [분석] → ❷ [회귀분석] → ❸ [선형]을 선택한다.

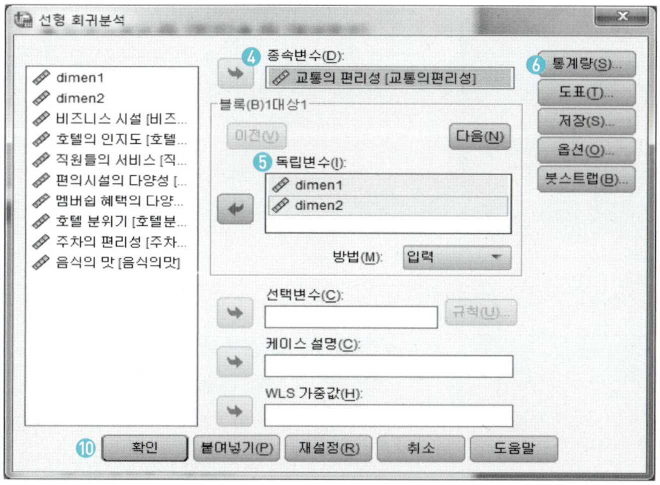

• [선형회귀분석]창이 나타난다.
• 버튼을 이용해 첫 번째 평가속성인 [교통의 편리성]을 ❹ [종속변수]란으로 이동한다.
• 버튼을 이용해서 상표점들의 1차원과 2차원 변수들인 [dimen1]과 [dimen2]를 ❺ [독립변수]란으로 이동한다.

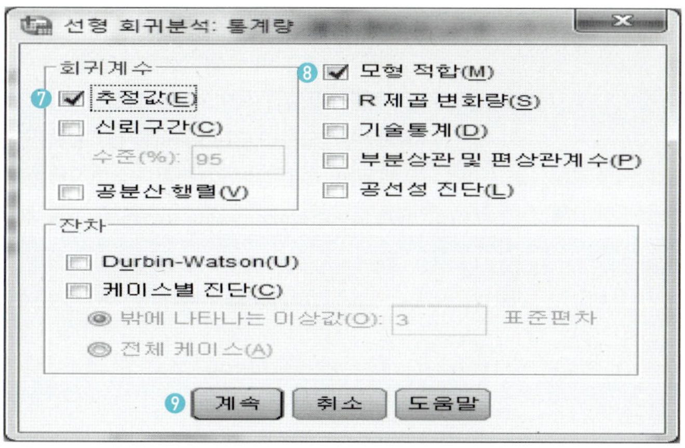

• ❻ [통계량]을 클릭하면 [선형회귀분석: 통계량]창이 나타난다.
• [회귀계수]의 ❼ [추정값]과 ❽ [모형 적합]을 선택한다.
• ❾ [계속]을 클릭해서 [선형회귀분석] 창으로 돌이기면 ❿ [확인] 버튼을 클릭헤 회귀분석을 실행한다.

3) 3단계 : 분석결과 및 해석

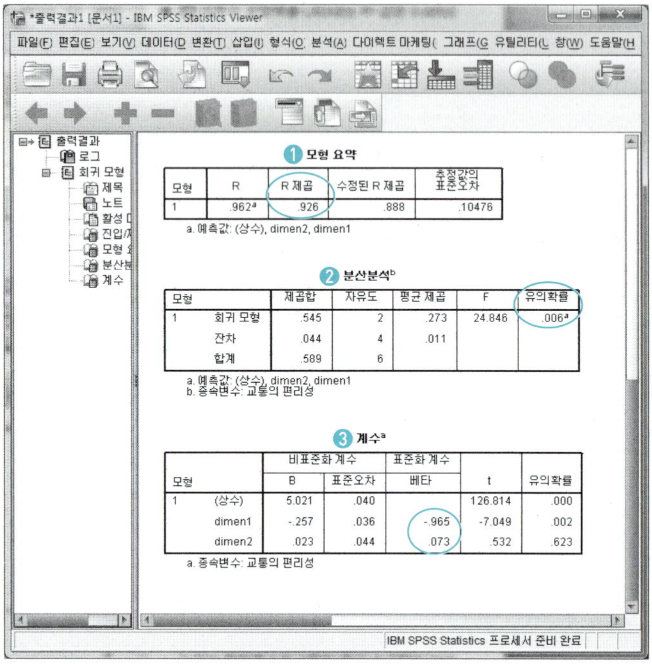

❶ 모형 요약

모형	R	R 제곱	수정된 R 제곱	추정값의 표준오차
1	.962[a]	.926	.888	.10476

a. 예측값: (상수), dimen2, dimen1

❷ 분산분석[b]

모형		제곱합	자유도	평균 제곱	F	유의확률
1	회귀 모형	.545	2	.273	24.846	.006[a]
	잔차	.044	4	.011		
	합계	.589	6			

a. 예측값: (상수), dimen2, dimen1
b. 종속변수: 교통의 편리성

❸ 계수[a]

모형		비표준화 계수 B	비표준화 계수 표준오차	표준화 계수 베타	t	유의확률
1	(상수)	5.021	.040		126.814	.000
	dimen1	-.257	.036	-.965	-7.049	.002
	dimen2	.023	.044	.073	.532	.623

a. 종속변수: 교통의 편리성

- ❶ 모형의 설명력을 나타내는 R^2값은 0.926으로 매우 높다. 따라서 추정된 모형은 매우 적절한 모형이라 할 수 있다.
- ❷ 모형의 적합성을 나타내는 F값은 24.846으로 유의수준 0.01에서도 통계적으로 유의하게 나타났다.
- [계수]표에서 ❸ [표준화 계수]의 베타 계수값은 속성벡터의 2차원 평면상에서의 방향을 나타내는 좌표값이다. 즉, 속성벡터는 원점에서 점(-0.965, 0.073)을 통과하는 벡터이다.
  이때 [비표준화 계수] 대신에 [표준화 계수]를 쓰는 이유는 벡터가 원점을 통과하도록 하기 위해서이다.

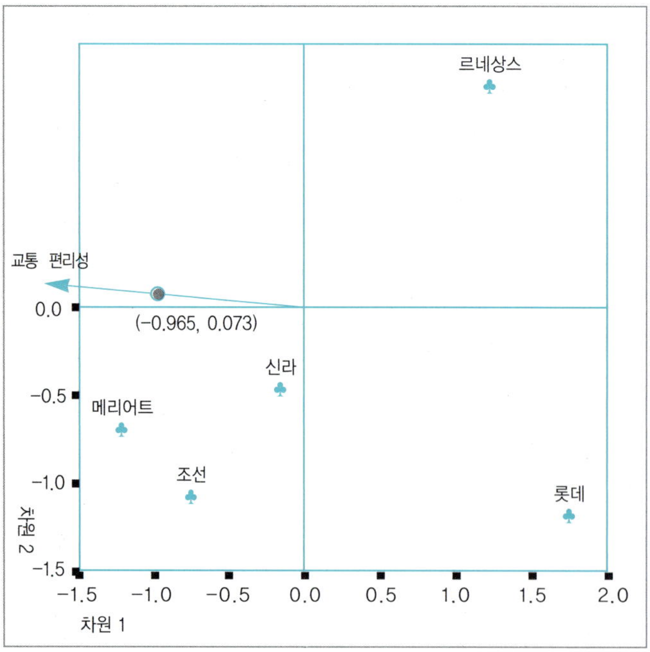

- 상표점들의 좌표(예 : 2차원의 경우 X축과 Y축의 좌표)값들을 독립변수로 하고, 특정한 속성에 대해 평가한 값을 종속변수로 하는 회귀분석의 결과로 얻게 되는 독립변수들의 표준화된 회귀계수값을 이용하면 속성벡터의 방향을 구할 수 있다.
- 회귀분석결과로 얻게 된 표준화된 회귀계수는 그 값이 독립변수로 사용된 축과 속성벡터 간의 코사인(cosine)값이 된다.
- 회귀분석으로 도출된 회귀계수를 이용하면 차원별 좌표값이 지정됨으로써 0점을 지나는 속성선(property vector)을 그릴 수 있다.

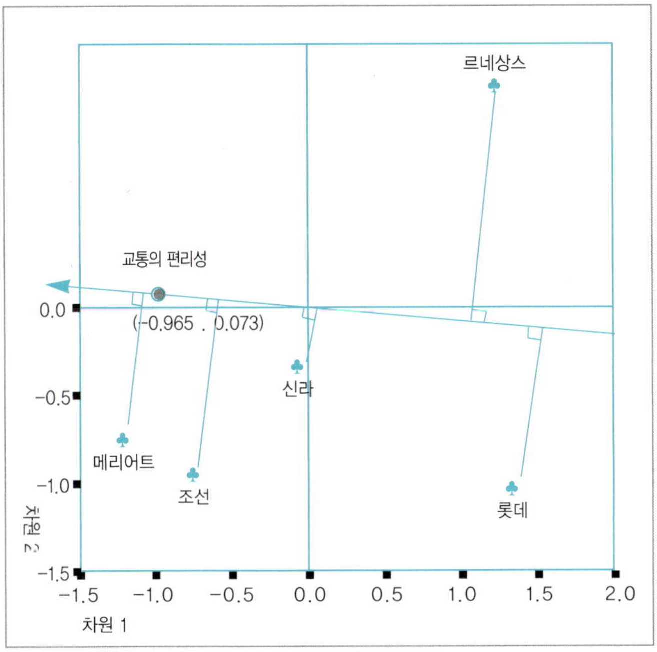

- 포지셔닝 맵상에 위치한 각 호텔들을 나타내는 상표점들을 속성벡터에 90도 각도로 투영하면 해당 속성에 대한 각 호텔의 평가값을 추정할 수 있다.
- 각 호텔로부터 속성벡터에 직각이 되는 직선을 그었을 때, 벡터가 지향하는 방향에 있는 호텔일수록 그 속성값이 높다고 해석한다.
- 따라서 교통이 가장 편리하다고 생각되는 호텔은 메리어트 → 조선 → 신라 → 르네상스 → 롯데호텔 순이라고 해석할 수 있다.

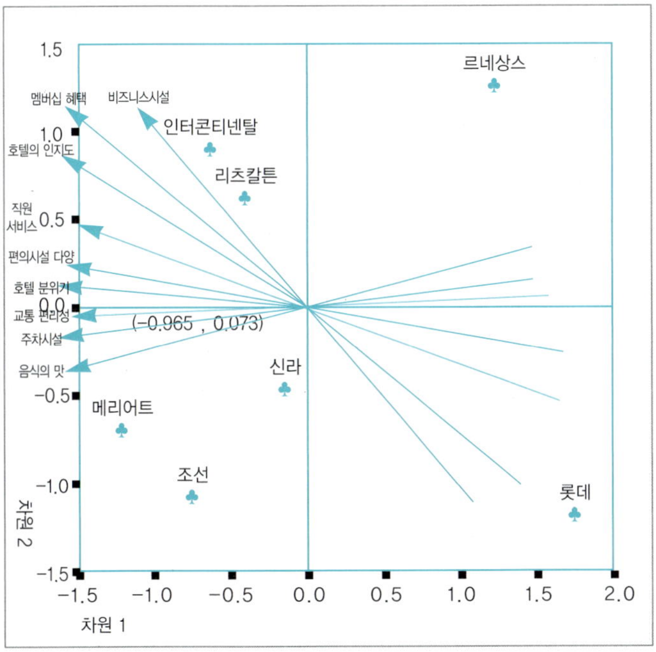

- 각 호텔들의 포지셔닝 맵상의 1차원과 2차원의 좌표값들을 독립변수로 하고 속성평가값을 종속변수로 하는 다중회귀 분석을 통해 모든 속성에 대한 표준화 계수값(좌표값)으로 그린 그림이다.
- 각 속성벡터에 직각으로 직선을 그어 상표점들이 가지고 있으리라 생각되는 수준의 속성값과 경쟁관계를 파악할 수 있다.

2.4 맵상에 나타내고자 하는 내용이 상표점과 속성점일 경우(ALSCAL)

도출된 맵 | 분석기법 | 입력자료

상표점 + 속성점

ALSCAL

(1) 행렬[속성×상표]

	인터콘티넨탈	리츠칼튼	르네상스	신라	조선	롯데	메리어트
교통의 편리성							
비즈니스시설							
호텔의 인지도							
직원의 서비스							
각종 편의시설							
멤버십 혜택							
호텔 분위기							
주차시설							
음식의 맛							

1) 1단계 : 자료수집

각각의 호텔에 대하여 각 속성들의 정도를 평가해 주시기 바랍니다.

매우 나쁘다 보통이다 매우 좋다

① --- ② --- ③ --- ④ --- ⑤

평가항목	인터콘티넨탈	리츠칼튼	르네상스	신라	조선	롯데	메리어트
1. 교통의 편리성							
2. 비즈니스시설							
3. 호텔의 인지도							
4. 직원의 서비스							
5. 각종 편의시설							
6. 멤버십 혜택							
7. 호텔 분위기							
8. 주차시설							
9. 음식의 맛							

• 7개의 호텔에 대한 각각의 속성을 평가한 값들이다.

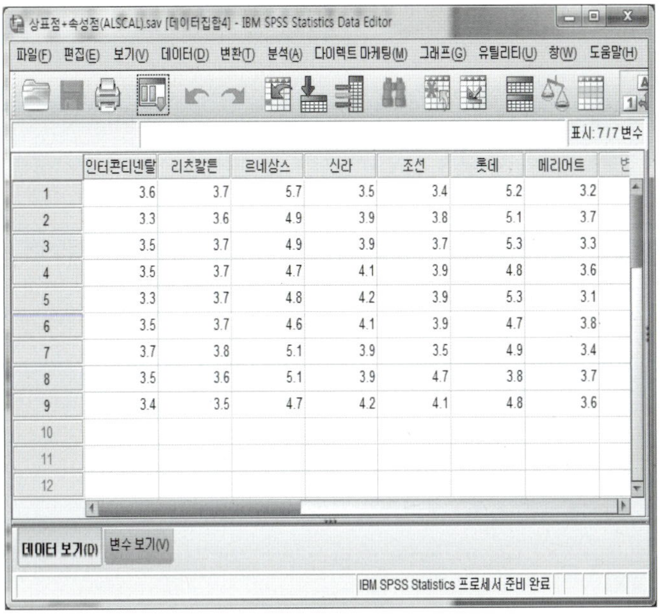

• 행은 호텔에 대한 9개의 속성(교통의 편리성, 비즈니스시설, 호텔의 인지도, 직원의 서비스, 각종 편의시설, 멤버십 혜택, 호텔 분위기, 주차시설, 음식의 맛)을 나타내고, 열은 상표점들로서 각 셀에 있는 수치는 응답자들이 각 열의 속성에 대해서 호텔들을 평가한 값들의 평균값들이다.

2) 2단계 : SPSS의 ALSCAL 실행

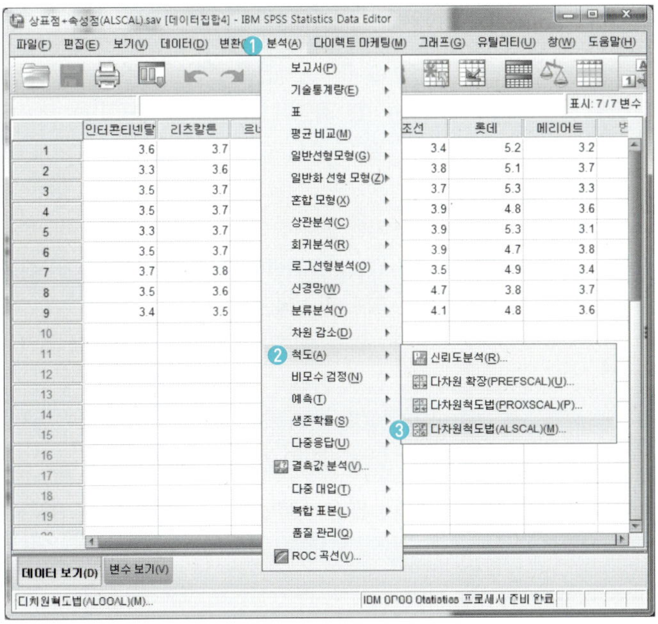

• 탑 메뉴에서 ❶ [분석] → ❷ [척도] → ❸ [다차원척도법(ALSCAL)]을 선택한다.

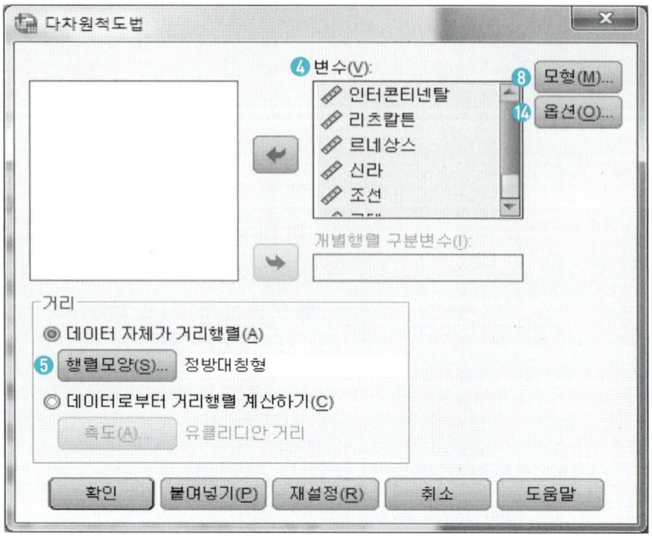

- [다차원척도법]창이 나타난다.
- ❹ 버튼을 이용하여 인터콘티넨탈 호텔에서 메리어트호텔까지 분석할 속성 변수를 선택한다.

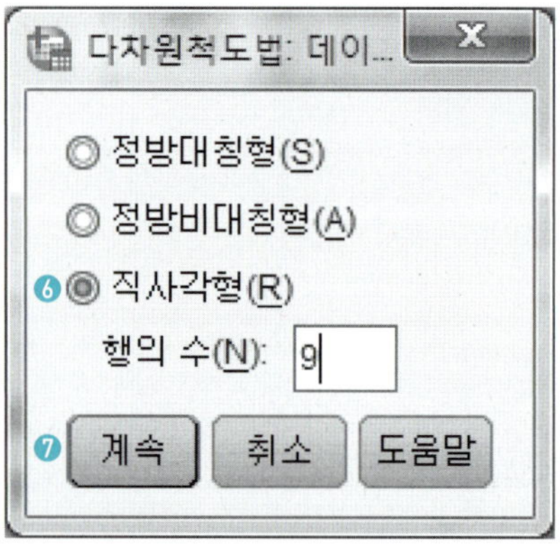

- ❺ [행렬모양]을 클릭하면 [다차원척도법: 데이터의 형태]창이 생성된다.
- 행이 응답자이고 열이 상표점인 각 호텔들이므로 자료의 행렬모양으로 ❻ [직사각형]을 선택하고 행은 호텔에 대한 9개의 속성을 나타내므로 행의 수는 9를 입력한다.
- ❼ [계속] 버튼을 클릭한다.
- 이전 화면이 나오면 ❽ [모형]을 클릭한다.

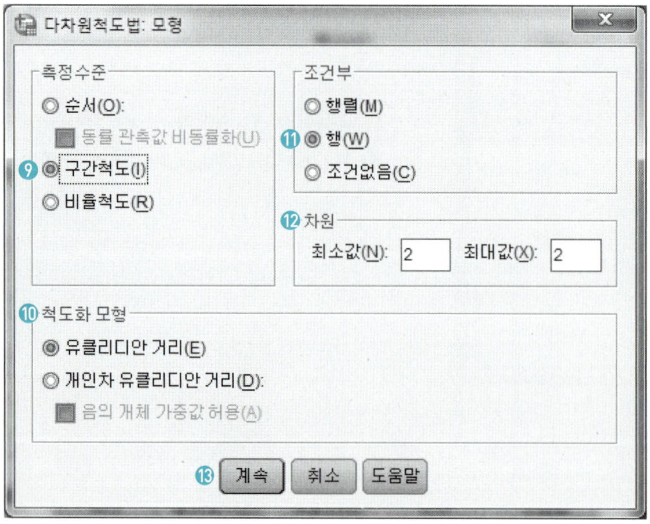

- 가장 선호하는 호텔을 리커트 7점 척도로 받았기 때문에 [측정수준]은 ❾ [구간척도]를 선택한다.
- 서열의 순위가 응답자별, 즉 행별로 의미있게 정해지기 때문에 [조건부]에서는 [행]을 선택하고, [척도화 모형]으로 [유클리디안 거리]를 선택한다.
- 또한 2차원의 맵을 구하고자 하기 때문에 ⓬ [차원]의 최소값과 최대값으로 2를 넣는다.
- ⓭ [계속] 버튼을 클릭해 [다차원척도법] 창으로 되돌아간다.

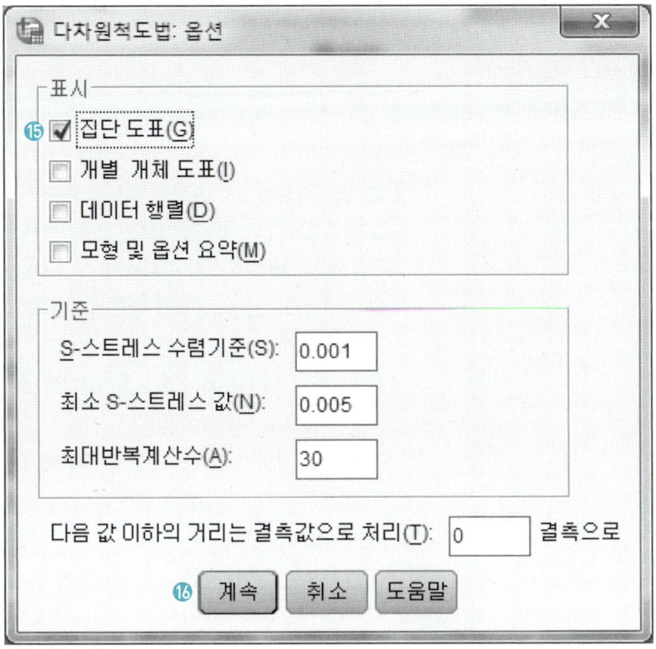

- [다차원척도법]창에서 ⑭ [옵션] 버튼을 클릭하면 [다차원척도법: 옵션]창이 생성된다.
- [표시]에서는 ⑮ [집단도표]를 지정하고 나머지는 초기지정상태를 유지한다.
- ⑯ [계속] 버튼을 클릭해 [다차원척도법]이 나오면 ⑰ [확인] 버튼을 클릭한다.

3) 3단계 : 분석결과 및 해석

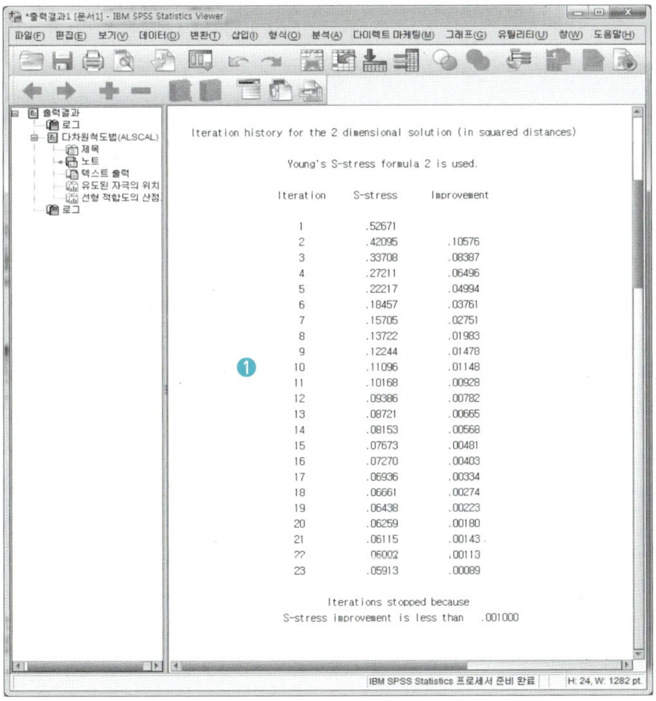

- ① 최적의 해를 찾기 위한 반복적인 실행 결과를 나타내는 것으로서 반복계산이 23회 발생했으며, 이때 최종적으로 감소한 스트레스값이 0.00089로서 이는 [다차원척도법: 옵션]창에서의 [S-스트레스 수렴기준]값인 0.001보다 작다. 따라서 반복계산이 23회에서 끝났음을 알 수 있다.

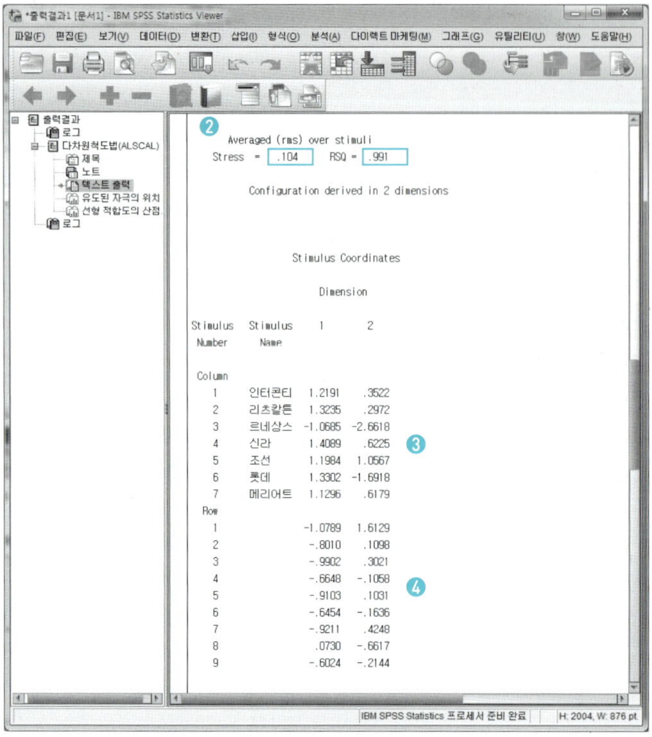

❷ Averaged (rms) over stimuli
Stress = .104 RSQ = .991

Configuration derived in 2 dimensions

Stimulus Coordinates

Stimulus Number	Stimulus Name	Dimension 1	Dimension 2
Column			
1	인터콘티	1.2191	.3522
2	리츠칼튼	1.3235	.2972
3	르네상스	-1.0685	-2.6618
4	신라	1.4089	.6225
5	조선	1.1984	1.0567
6	롯데	1.3302	-1.6918
7	메리어트	1.1296	.6179
Row			
1		-1.0789	1.6129
2		-.8010	.1098
3		-.9902	.3021
4		-.6648	-.1058
5		-.9103	.1031
6		-.6454	-.1636
7		-.9211	.4248
8		.0730	-.6617
9		-.6024	-.2144

(❸: Column rows 1–7; ❹: Row rows 1–9)

- ❷ 반복과정을 통해 얻어진 최종스트레스 값은 0.104이고, RSQ(R^2)값은 0.991로서 추정결과가 매우 적합한 것임을 알 수 있다.
- ❸ 7개 상표점들의 2차원 평면에서 좌표값을 나타낸다.
- ❹ 2차원 평면상에서의 9개 속성들의 관계를 좌표로 나타낸 것이다.
- 각 속성점 가까이에 있는 호텔일수록 해당 속성값이 높거나 밀접한 관련이 있다고 할 수 있다.

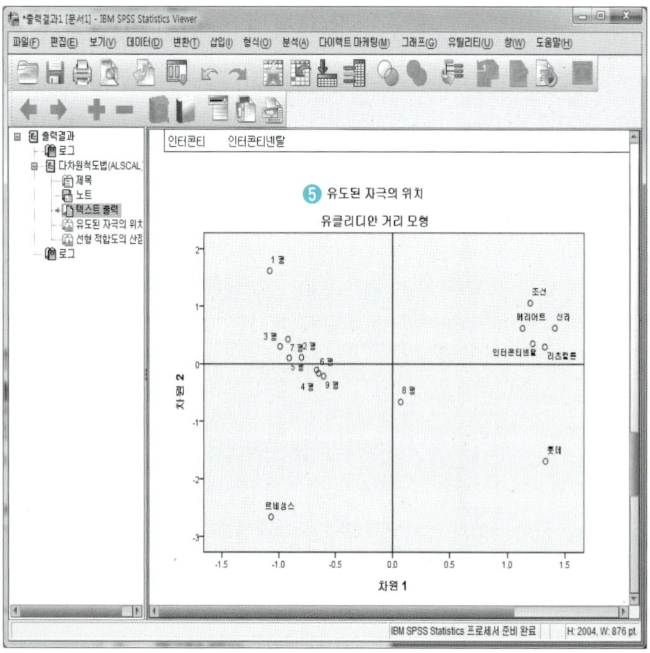

- ❺ 7개의 상표점과 9개의 속성점 간의 관계를 평면상에 시각적으로 나타낸 것이다.
- 행은 9개의 속성을 나타낸다. 각 속성에 근접한 호텔이 그 속성과 밀접한 관련이 있다는 것을 말해 준다.

  1행(교통의 편리성)
  2행(비즈니스시설)
  3행(호텔의 인지도)
  4행(직원의 서비스)
  5행(각종 편의시설)
  6행(멤버십 혜택)
  7행(호텔 분위기)
  8행(주차시설)
  9행(음식의 맛)

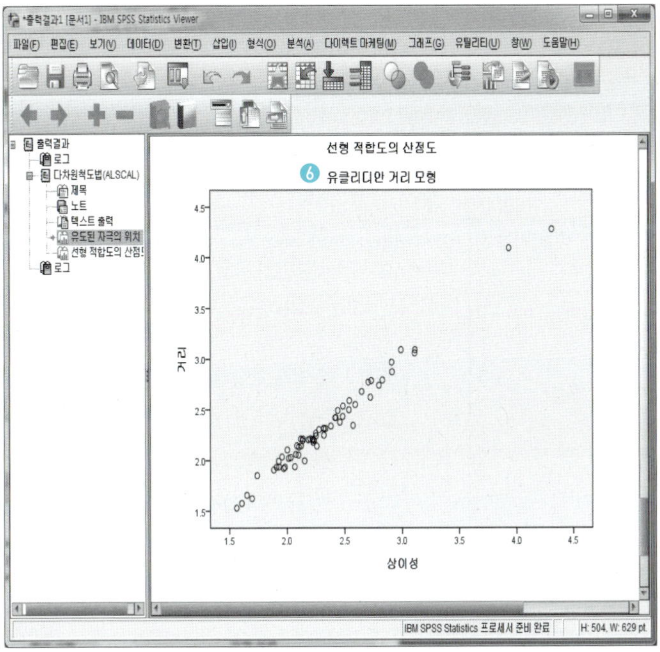

• 6 호텔을 평가하는 속성과 각 호텔들에 대한 선호 정도 차이를 나타내는 상이성과 추정된 맵상에서 호텔 상표점과 속성점 간의 거리를 축으로 하는 2차원의 평면상에 이상점들의 산포를 표시한 그래프이다.

• 대부분의 이상점들이 선형의 대각선상에 위치함으로써 맵의 추정이 비교적 적합함을 알 수 있다.
즉, 실제로 인식되는 상이성 정도가 많은 정보의 손실 없이 2차원 평면상의 맵으로 잘 추정되었음을 알 수 있다.

2.5 맵상에 나타내고자 하는 내용이 상표점과 응답자 속성점일 경우 (ALSCAL)

도출된 맵 | 분석기법 | 입력자료

상표점 + 응답자 속성점

(1) 행렬[응답자×상표]

	인터콘티넨탈	리츠칼튼	르네상스	신라	조선	롯데	메리어트
안성식							
한용준							
류치훈							
오경석							
서상윤							
김재현							
임민형							

1) 1단계 : 자료수집

각 호텔들에 대한 선호 정도를 순서로 나타내 주시오.

설문항목 : 순위	인터콘티넨탈	리츠칼튼	르네상스	신라	조선	롯데	메리어트
안성식							
한용준							
류치훈							
오경석							
서상윤							
차재빈							
정규환							
김학래							
정진우							

• 7개의 각각의 호텔에 대한 응답자들의 선호순위를 나타낸 값이다.

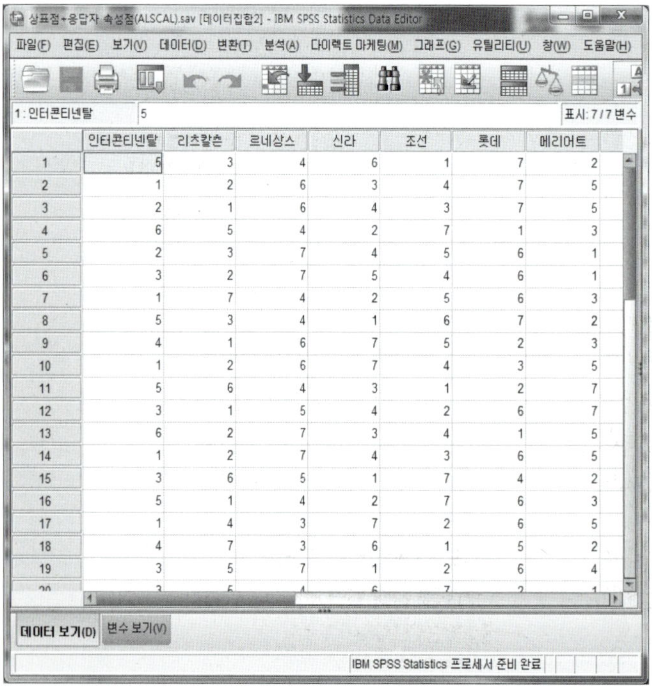

	인터콘티넨탈	리츠칼튼	르네상스	신라	조선	롯데	메리어트
1	5	3	4	6	1	7	2
2	1	2	6	3	4	7	5
3	2	1	6	4	3	7	5
4	6	5	4	2	7	1	3
5	2	3	7	4	5	6	1
6	3	2	7	5	4	6	1
7	1	7	4	2	5	6	3
8	5	3	4	1	6	7	2
9	4	1	6	7	5	2	3
10	1	2	6	7	4	3	5
11	5	6	4	3	1	2	7
12	3	1	5	4	2	6	7
13	6	2	7	3	4	1	5
14	1	2	7	4	3	6	5
15	3	6	5	1	7	4	2
16	5	1	4	2	7	6	3
17	1	4	3	7	2	6	5
18	4	7	3	6	1	5	2
19	3	5	7	1	2	6	4

• 자료를 그림과 같이 형식에 맞게 코딩한다.
• 행이 응답자이고 열이 상표점들로서 해당 평가치들은 각 호텔들에 대한 응답자의 서열 측정치를 의미한다.

2) 2단계 : SPSS의 ALSCAL 실행

• 탑 메뉴에서 ❶ [분석] → ❷ [척도] → ❸ [다차원척도법(ALSCAL)]을 선택한다.

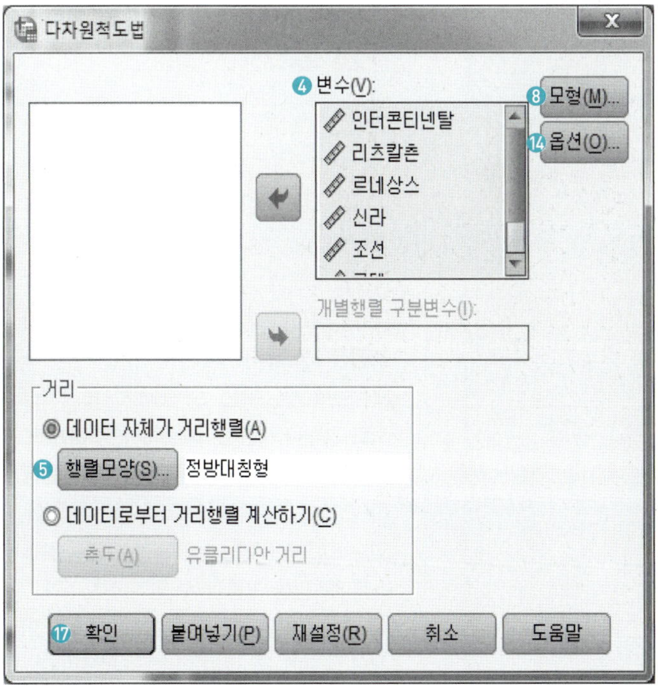

• [다차원척도법]창이 나타난다.

• [↪] 버튼을 이용하여 인터콘티넨탈 호텔에서 메리어트호텔에 이르는 분석할 자극점(상표점) 변수를 ❹ [변수]항으로 이동한다.

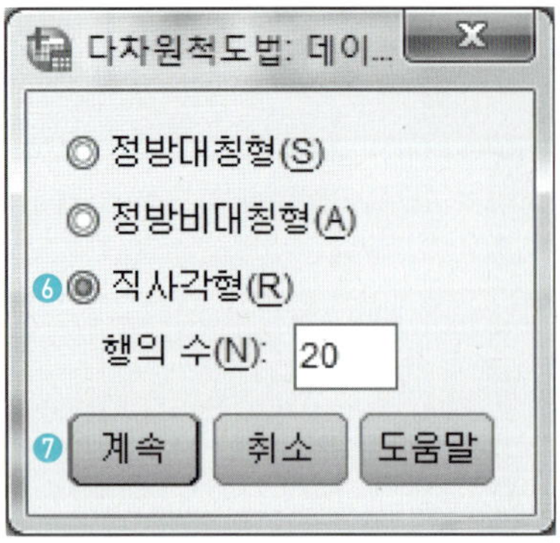

- ❺ [행렬모양]을 클릭하면 [다차원척도법: 데이터의 형태]창이 나타난다.
- 행이 응답자이고 열이 자극점(상표점)인 호텔들이므로 자료의 행렬모양으로 ❻ [직사각형]을 선택하고, 응답자를 나타내는 행의 수로 20을 입력한다.
- ❼ [계속] 버튼을 클릭해 [다차원척도법] 창으로 되돌아간다.
- [다차원척도법]창이 다시 나타나면 ❽ [모형] 버튼을 클릭한다.

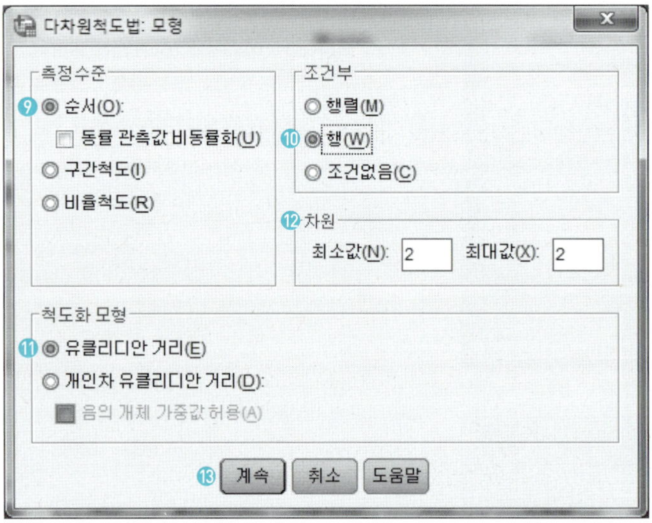

- 가장 선호하는 호텔들의 순위정보를 받았기 때문에 [측정수준]으로 ❾ [순서척도]를 선택한다.
- 서열의 순위가 응답자별, 즉 행별로 의미있게 정해지기 때문에 [조건]에서 ❿ [행]을 선택하고, [척도화 모형]으로 ⓫ [유클리디안 거리]를 선택한다.
- 또한 2차원의 맵을 구하고자 하기 때문에 ⓬ [차원]의 최소값과 최대값으로 2를 넣는다.
- ⓭ [계속] 버튼을 클릭해서 [다차원척도법] 창으로 되돌아간다.

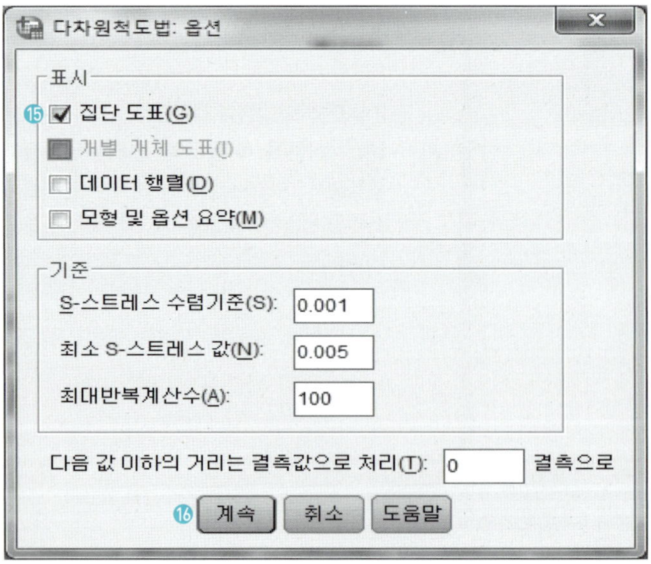

- [다차원척도법]창에서 ⓮ [옵션] 버튼을 클릭한다.
- [다차원척도법: 옵션]창의 [표시]에서 ⓯ [집단도표]를 지정하고 나머지는 초기 지정상태를 유지한다.
- [최대반복계산수]는 SPSS에서 초기지정으로 30번이지만 본 예제에서는 100번으로 하였다. 왜냐하면 초기지정으로 실행하면 스트레스값이 나오지 않는 경우가 있으므로 연구자는 임의의 큰 수를 넣어 스트레스값을 도출할 수 있기 때문이다.
- ⓰ [계속] 버튼을 클릭해서 [다차원척도법] 창이 나오면 ⓱ [확인] 버튼을 클릭한다.

3) 3단계 : 분석결과 및 해석

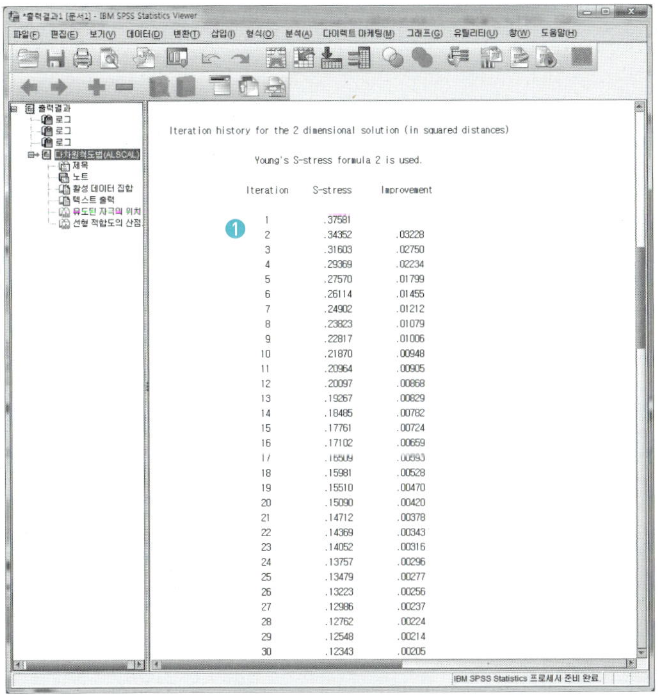

Iteration history for the 2 dimensional solution (in squared distances)

Young's S-stress formula 2 is used.

Iteration	S-stress	Improvement
1	.37581	
2	.34352	.03228
3	.31603	.02750
4	.29369	.02234
5	.27570	.01799
6	.26114	.01455
7	.24902	.01212
8	.23823	.01079
9	.22817	.01006
10	.21870	.00948
11	.20964	.00905
12	.20097	.00868
13	.19267	.00829
14	.18485	.00782
15	.17761	.00724
16	.17102	.00659
17	.16509	.00593
18	.15981	.00528
19	.15510	.00470
20	.15090	.00420
21	.14712	.00378
22	.14369	.00343
23	.14052	.00316
24	.13757	.00296
25	.13479	.00277
26	.13223	.00256
27	.12986	.00237
28	.12762	.00224
29	.12548	.00214
30	.12343	.00205

• ❶ 최적의 해를 찾기 위한 반복적인 실행 결과를 나타내는 것으로 반복계산이 51회 발생했으며, 이때 감소한 스트레스값이 0.00097로서 [옵션]창에서의 [S-스트레스 수렴기준]값이 0.001보다 작다. 따라서 반복계산은 51회로 끝났음을 알 수 있다.

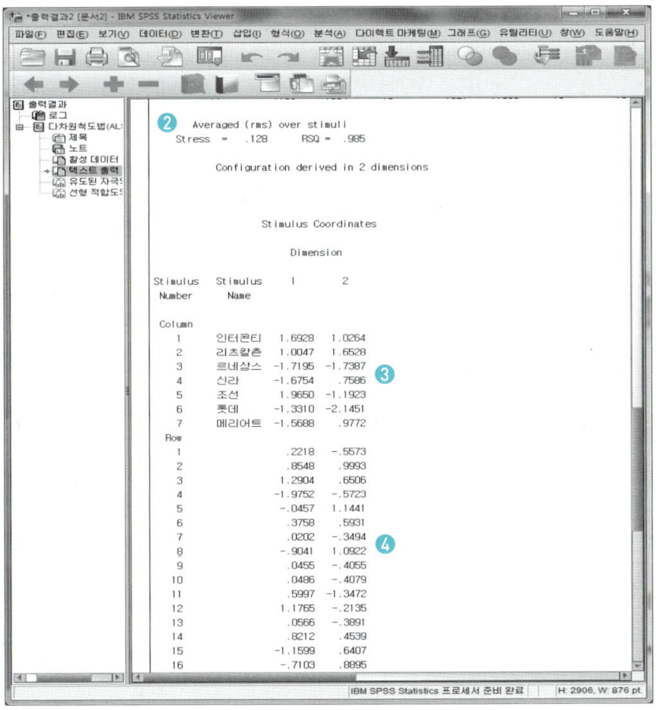

Averaged (rms) over stimuli
Stress = .128 RSQ = .985

Configuration derived in 2 dimensions

Stimulus Coordinates

Stimulus Number	Stimulus Name	Dimension 1	Dimension 2
Column			
1	인터콘티	1.6928	1.0264
2	리츠칼츤	1.0047	1.6528
3	르네상스	-1.7195	-1.7387
4	신라	-1.6754	.7586
5	조선	1.9650	-1.1923
6	롯데	-1.3310	-2.1451
7	메리어트	-1.5688	.9772
Row			
1		.2218	-.5573
2		.8548	.9993
3		1.2904	.6506
4		-1.9752	-.5723
5		-.0457	1.1441
6		.3758	.5931
7		.0202	-.3494
8		-.9041	1.0922
9		.0455	-.4055
10		.0486	-.4079
11		.5997	-1.3472
12		1.1765	-.2135
13		.0566	-.3891
14		.8212	.4539
15		-1.1599	.6407
16		-.7103	.8895

• ❷ 반복과정을 통해 얻어진 최종스트레스값은 0.128이고, RSQ(R^2)값은 0.985로서 추정결과는 적합한 것임을 알 수 있다.
• ❸ 7개 상표점들의 2차원 평면에서 좌표값을 나타낸다.
• ❹ 2차원 평면상의 7개의 상표점에 대하여 생각하고 있는 20명의 응답자의 이상점 좌표를 나타낸 것이다.
• 이상점 가까이에 있는 상표점일수록 해당 응답자가 선호하는 호텔이 된다.

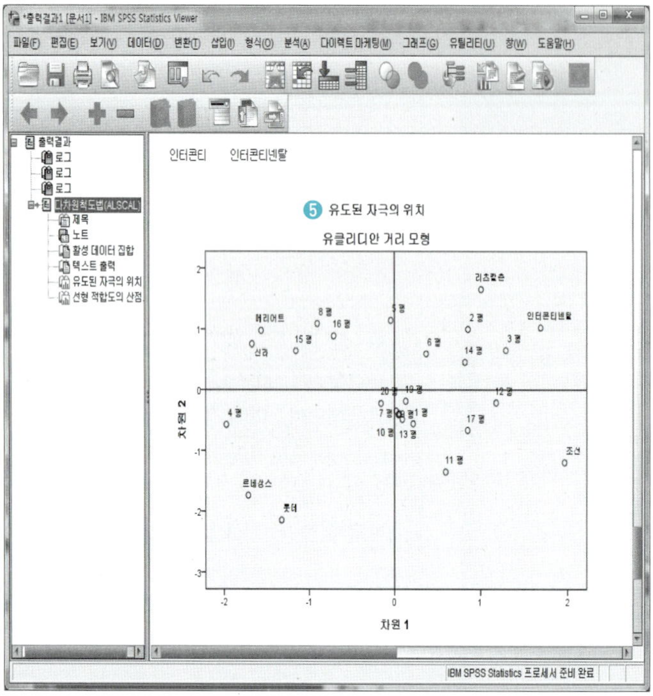

• ⑤ 7개의 상표점과 20명 응답자의 이상점 및 평균 이상점을 2차원 평면상에 시각적으로 나타낸 것이다.

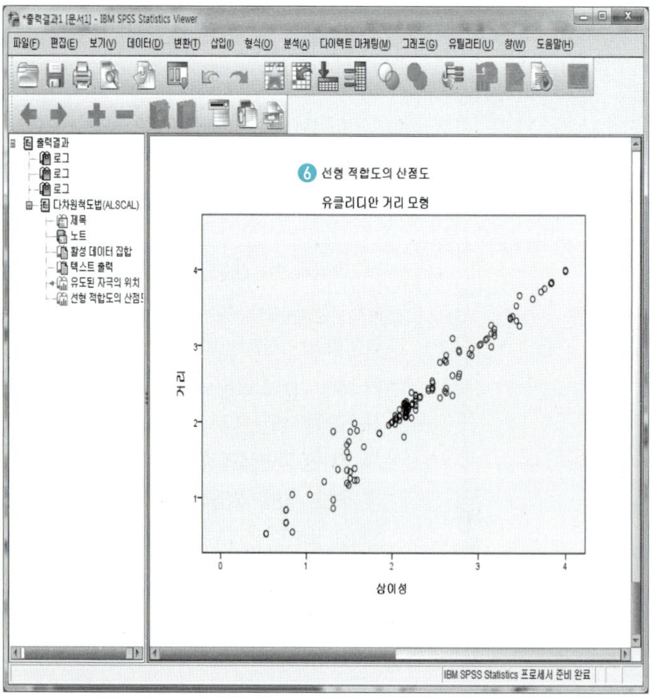

• ⑥ 호텔들에 대한 응답자의 선호 정도 차이를 나타내는 [상이성] 축과 추정된 맵상에서의 호텔들의 이상점과 응답자의 이상점 간의 [거리]를 축으로 하는 2차원의 평면상에 이상점들의 산포도를 표시한 그래프이다.

• 대부분의 이상점들이 대각선상에 선형상으로 위치함으로써 맵의 추정이 비교적 적합했음을 알 수 있다. 즉, 많은 정보의 손실 없이 [응답자의 이상점]과 [호텔]들이 2차원 평면상의 맵으로 잘 추정되었음을 알 수 있다.

2.6 맵상에 나타내고자 하는 내용이 속성점과 응답자 이상점일 경우 (ALSCAL)

도출된 맵 | 분석기법 | 입력자료

속성점 + 응답자 이상점

ALSCAL

(1) 행렬[응답자×상표]

	교통의 편리성	비즈니스시설	호텔의 인지도	직원의 서비스	각종편의시설	멤버십혜택	호텔분위기	주차시설	음식의 맛
안성식									
한용준									
류치훈									
오경석									
서상윤									
차재빈									
김학래									

1) 1단계 : 자료수집

호텔에 대한 각각의 속성들에 대한 선호순위를 평가해 주시기 바랍니다.

호텔에 대한 속성	교통의 편리성	비즈니스시설	호텔의 인지도	직원의 서비스	각종편의시설	멤버십혜택	호텔분위기	주차시설	음식의 맛
안성식									
한용준									
류치훈									
오경석									
서상윤									
차재빈									
김학래									

- 호텔에 대한 각각의 속성에 대하여 응답자가 중요하다고 생각하는 순위를 나타낸 값이다.

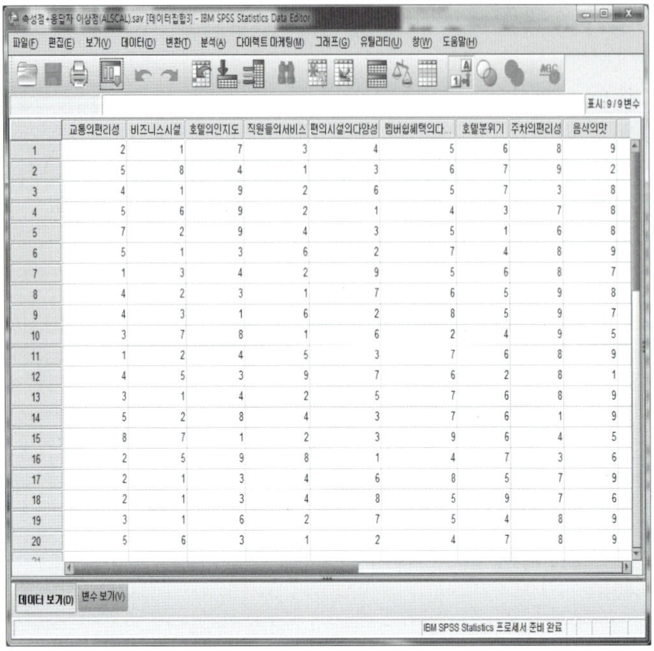

- 자료를 그림과 같이 형식에 맞게 코딩한다.
- 행이 응답자이고 열이 속성들로서 해당 평가치들은 각 속성에 대해서 응답자가 중요하다고 생각하는 순위를 의미한다.

2) 2단계 : SPSS의 ALSCAL 실행

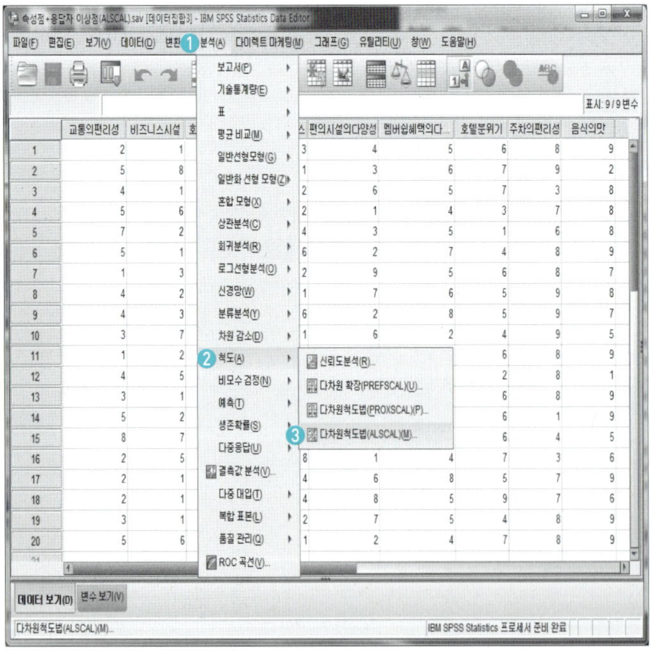

- 탑 메뉴에서 ❶ [분석] → ❷ [척도] → ❸ [다차원척도법(ALSCAL)]을 선택한다.

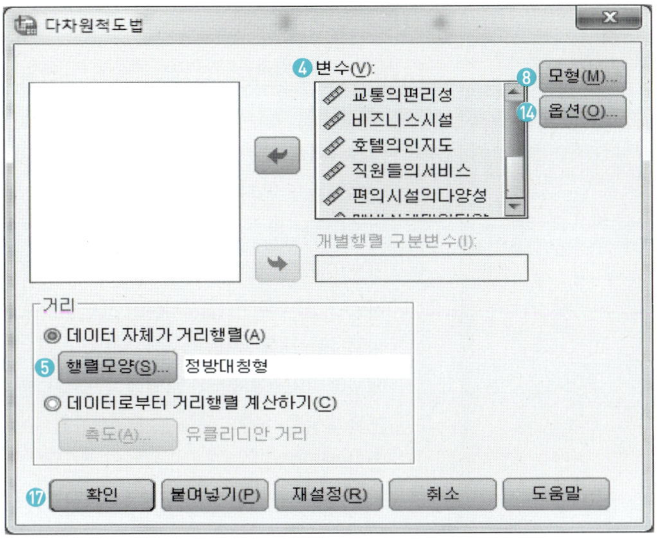

- [다차원척도법]창이 생성된다.
- 버튼을 이용하여 좌측란으로부터 분석할 속성변수를 선택해서 ❹ [변수] 항으로 이동시킨다.

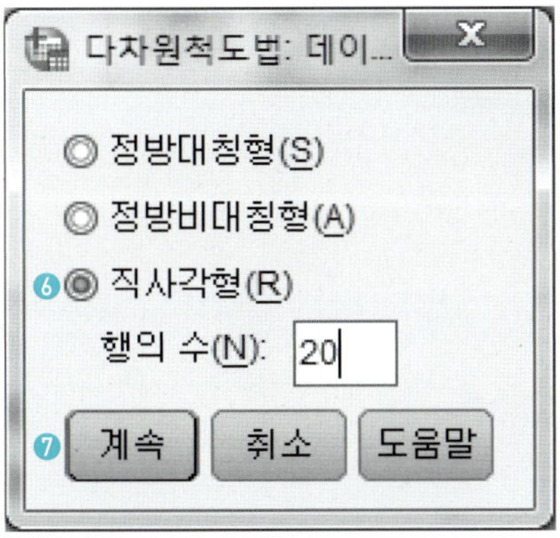

- ❺ [행렬모양] 버튼을 클릭하면 [다차원척도법: 데이터의 형태]창이 생성된다.
- 행이 응답자이고 열이 상표점인 각 호텔들이므로 자료의 행렬모양으로 ❻ [직사각형]을 선택한다.
- ❼ 계속을 클릭한다.

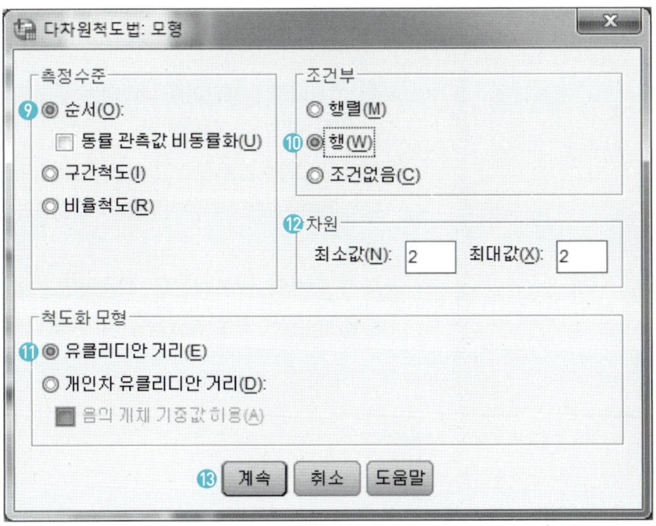

- [다차원척도법]창이 나오면 ❽ [모형] 버튼을 클릭한다.
- 가장 중요하게 생각하는 호텔속성을 순위자료로 받았기 때문에 [측정수준]에서 ❾ [순서]를 선택한다.
- 서열의 순위가 응답자별, 즉 행별로 의미있게 정해지기 때문에 [조건]에서 ❿ [행]을 선택하고, [척도화 모형]으로 ⓫ [유클리디안 거리]를 선택한다.
- 또한 2차원의 맵을 구하고자 하기 때문에 [차원]의 최소값과 최대값을 2로 한다.
- ⓭ [계속] 버튼을 클릭해 [다차원척도법] 창으로 되돌아간다.

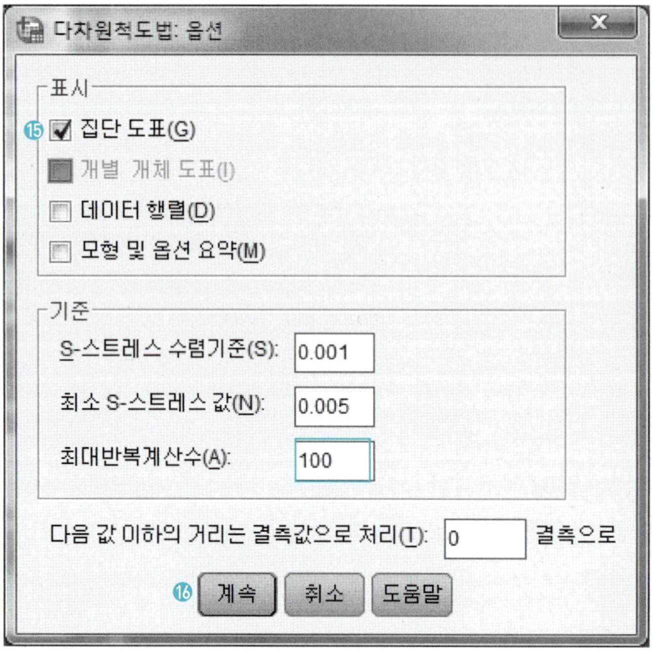

- [다차원척도법]창에서 ⑭ [옵션] 버튼을 클릭한다.
- [표시]에서 ⑮ [집단도표]를 지정하고 나머지는 초기지정상태를 유지한다.
- SPSS에서 초기지정만큼 반복계산을 하면 30번이지만 본 예제에서는 100번으로 하였다. 그 이유는 초기지정인 30번만으로 실행하면 해를 구할 수 없는 경우가 있기 때문에 필요에 따라 임의의 큰 수만큼 반복계산을 하면 적절한 해를 구할 수 있기 때문이다.
- ⑯ [계속] 버튼을 클릭해 [다차원척도법] 창이 나오면 ⑰ [확인] 버튼을 클릭해서 분석을 실행한다.

3) 3단계 : 분석결과 및 해석

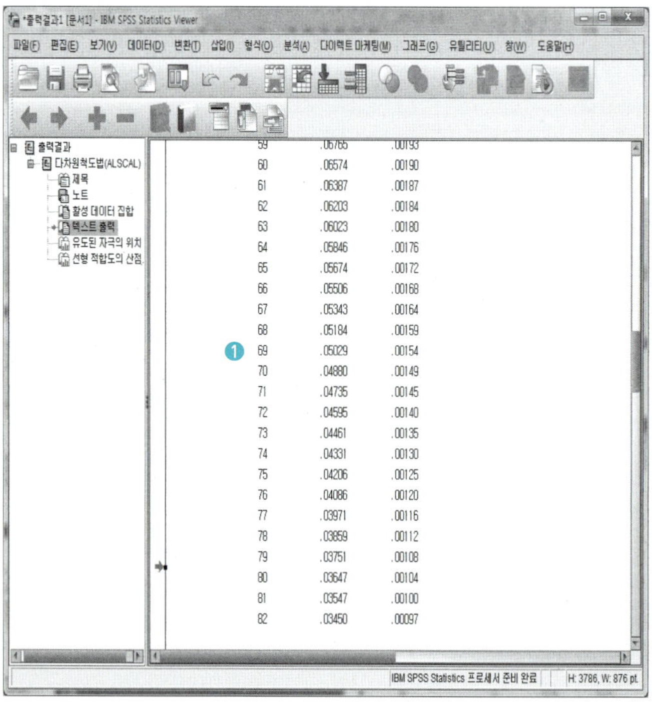

- ① 반복적인 실행결과를 나타내는 것으로 반복계산이 82회 발생했다.
- 이때 감소한 스트레스값이 0.00100으로서 [S-스트레스수렴기준]값인 0.001과 같다.
- 즉 100번의 반복계산을 허용하였으나 반복계산은 82회로 끝났음을 알 수 있다.

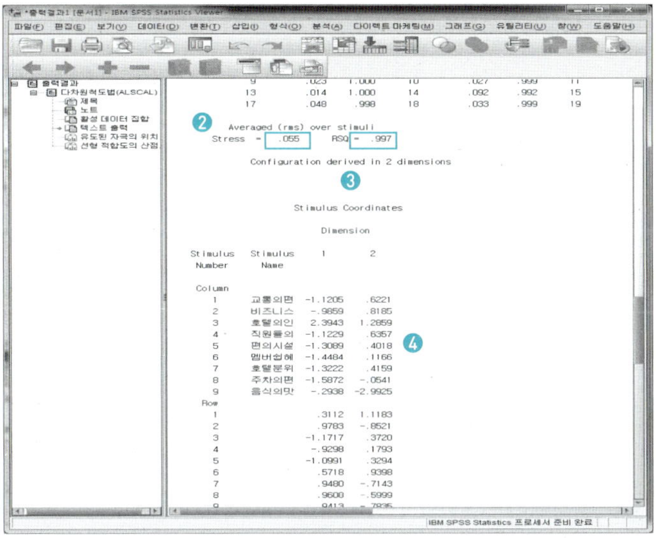

- ❷ 반복과정을 통해 얻어진 최종스트레스 값은 0.055이고, RSQ값은 0.997이므로 추정결과는 적합한 것임을 알 수 있다.
- ❸ 9개 속성점들의 2차원 평면에서 좌표값을 나타낸다.
- ❹ 2차원 평면상의 9개의 속성점에 대하여 평가한 20명의 응답들의 이상점 좌표들이다.
- 응답자의 이상점에 가까이 있는 속성일수록 해당 응답자가 상대적으로 중요하게 생각하는 속성이 된다.

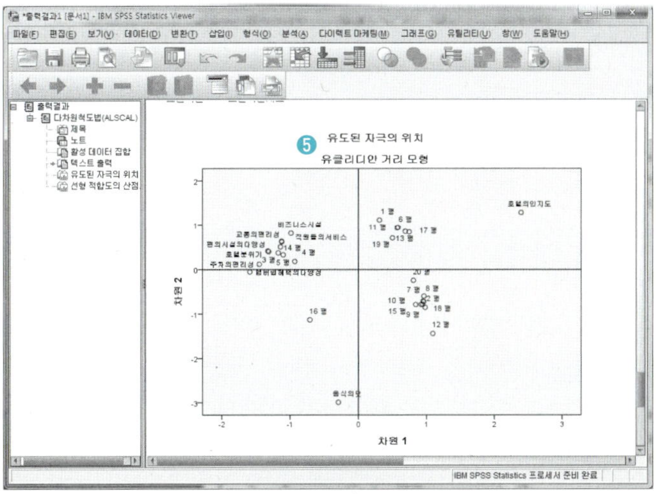

- ❺ 9개의 평가속성점들과 응답자 20명의 이상점 및 이들의 평균 이상점을 2차원 평면상에 시각적으로 나타낸 맵이다.

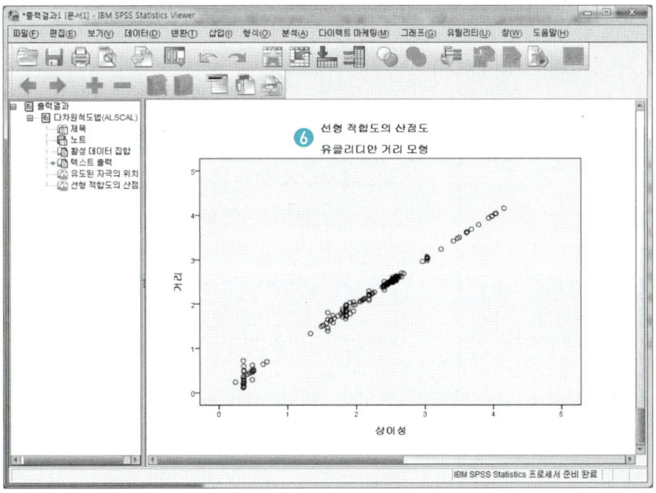

- ❻ 응답자의 각 평가속성들에 대한 선호 정도 차이를 나타내는 [상이성]과 추정된 맵상에서의 속성들의 이상점과 응답자의 이상점 간의 [거리]를 축으로 하는 2차원의 평면상에 20명 이상점들의 산포를 나타낸 맵이다.
- 대부분의 응답자들의 이상점들이 대각선 상에 위치함으로써 맵의 추정이 비교적 적합하였음을 알 수 있다. 즉, 많은 정보의 손실 없이 2차원 평면상의 맵으로 잘 추정되었음을 알 수 있다.

03 PC-MDS를 이용한 다차원척도법

3.1 맵상에 나타내고자 하는 내용이 상표점일 경우(KYST)

1) 1단계 : 자료수집

쌍으로 주어진 두 호텔의 이미지가 어느 정도 유사하다고 생각하시는지 그 유사성 정도를 평가해 주시기 바랍니다.

매우 유사하지 않다 ① --- ② --- 보통이다 ③ --- ④ --- ⑤ 매우 유사하다

	인터콘티넨탈	리츠칼튼	르네상스	신라	조선	롯데	메리어트
인터콘티넨탈							
리츠칼튼							
르네상스							
신라							
조선							
롯데							
메리어트							

• 7개의 각각의 호텔에 대한 속성평가값 간의 차이를 유클리디안 거리 계산방식으로 비교하여 유사성을 간접적으로 측정하는 방식이다.

<u>응답자 20명의 측정값을 평균하여 얻어진 자료</u>

	인터콘티넨탈	리츠칼튼	르네상스	신라	조선	롯데	메리어트
인터콘티넨탈	0						
리츠칼튼	0.733	0					
르네상스	1.927	1.253	0				
신라	1.439	0.730	0.622	0			
조선	1.197	0.616	1.134	0.563	0		
롯데	2.406	1.742	0.548	1.099	1.622	0	
메리어트	0.859	0.592	1.625	1.045	0.604	2.125	0

• 간접 비교방식으로 측정된 응답자 20명의 유사성 측정값을 평균한 자료로서 ALSCAL과 KYST분석 시 입력자료로 사용된다.

```
❶ 7 1 1
❷ (1X, 6F6.3)
  3.150
  4.050 4.150
  3.450 3.750 4.550
  4.050 3.950 4.850 3.700
  4.950 4.750 4.250 4.150 4.550
  4.000 3.850 4.900 4.100 4.050 4.650
```

- ❶ KYST 프로그램을 수행하기 위한 입력 자료로서 옵션이 의미하는 것은 다음과 같다.
  7 = 상표점(호텔)의 수
  1 = 한 번의 유사성 측정을 시행함
  1 = 한 그룹으로부터 추출함
- ❷ Fortran의 F format을 의미하는 것으로 입력데이터의 띄어쓰기 칸수, 입력되는 행렬의 수, 소수점 자릿수 등을 지정해 준다.

2) 2단계 : PC-MDS의 KYST 실행

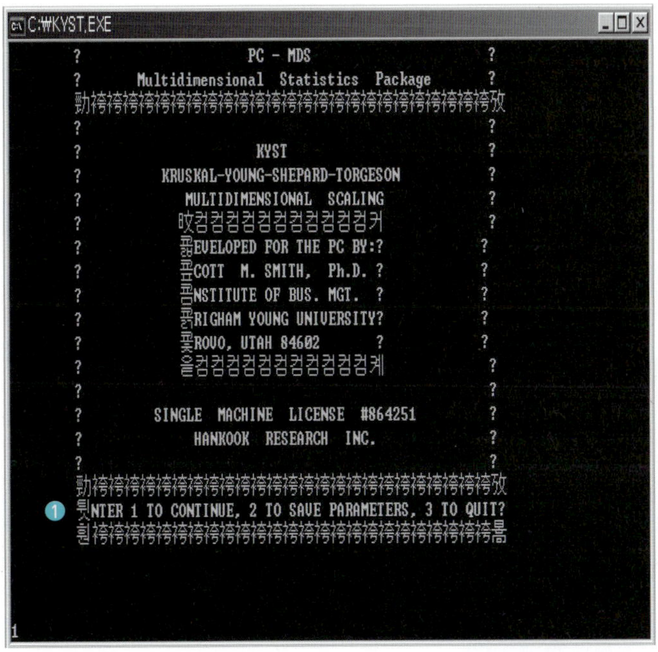

- ❶ KYST를 실행시킨 초기화면이다. 지시대로 계속 프로그램을 실행하려면 1번을 누른 후 Enter를 누른다.

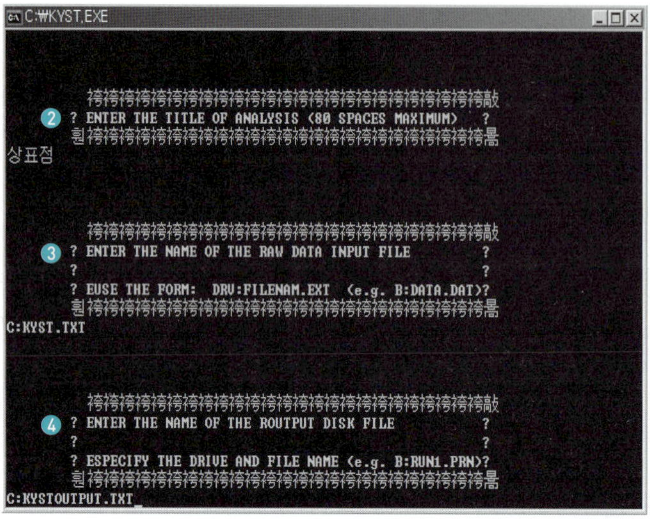

- ② KYST분석 시 사용하려는 분석의 제목을 입력한다. 여기서는 '상표명'이라는 분석제목을 입력하였다.
- ③ 분석 시 사용하려는 입력파일의 경로를 지정한다. 현재 예는 C드라이브에 KYST.txt라는 파일을 사용한다는 의미이다.
- ④ 분석 실행 후 만들어지는 결과파일의 경로지정과 이름, 확장자명을 입력한다. 본 예는 결과파일로 C드라이브에 KYSTOUTPUT.txt라는 파일을 생성한다는 의미이다. 다음 Enter를 누른다.

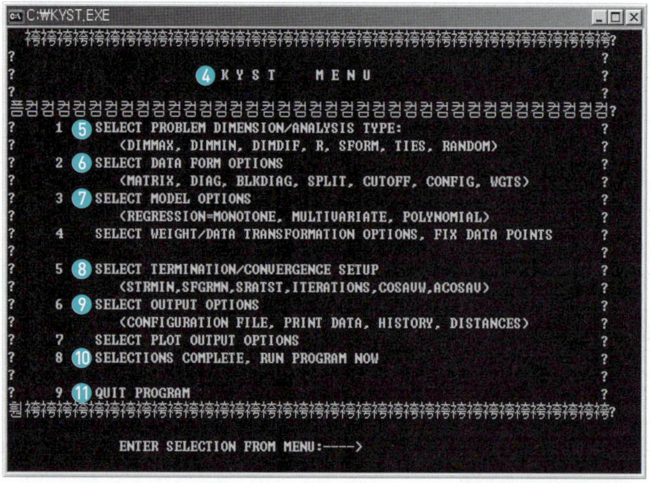

- ④ 다음은 KYST 메뉴화면으로서 분석을 위한 옵션을 지정하거나 분석을 실행할 수 있는 메뉴를 제공한다.
- ⑤ 분석 시 도출하려는 맵의 차원과 분석 유형을 결정한다.
- ⑥ 분석 시 사용하는 자료에 대한 정보를 지정한다.
- ⑦ 분석모델 옵션을 지정한다.
- ⑧ 맵을 도출하기 위한 반복계산수와 스트레스값을 지정할 수 있다.
- ⑨ 분석결과 출력정보에 대한 옵션을 지정한다.
- ⑩ 분석을 실행시켜 준다.
- ⑪ 프로그램을 종료한다.

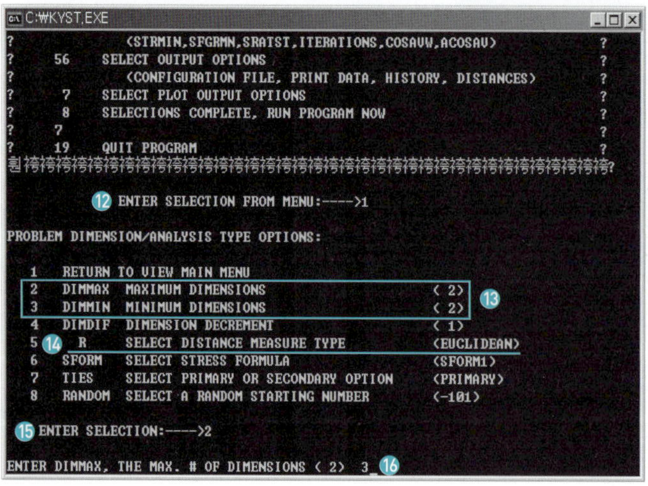

- ⑫ 1번을 누른 후 Enter를 누르면 도출하려는 맵의 차원을 결정할 수 있는 옵션이 나타난다.
- ⑬ 2번은 최대차원수, 3번은 최소차원수를 나타낸다. 여기서는 2번을 선택하여 최대차원수를 3으로 지정한다.
- ⑭ 거리측정유형은 유클리디언 거리로 초기지정이다.
- ⑮ 최대차원수를 바꾸기 위해 2번을 누른 후 ⑯ 3을 누르면 최대차원수가 3으로 바뀐다.

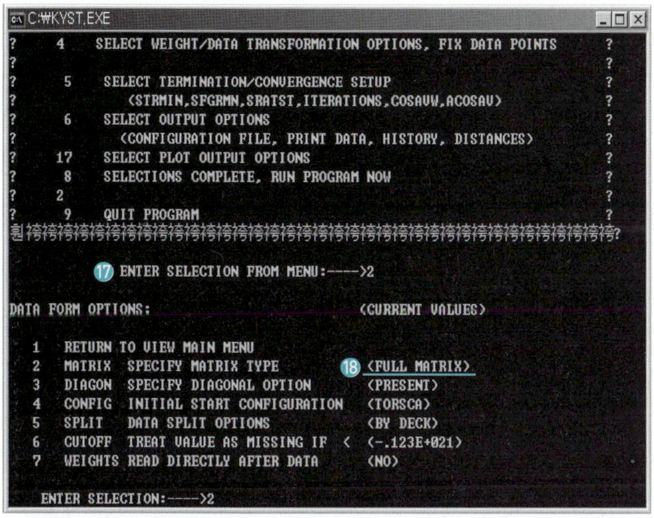

- ⑰ 다음은 입력자료에 대한 정보를 지정하는 옵션으로 2번을 선택한다.
- ⑱ 입력자료의 행렬유형을 지정한다. 예제에서는 아래절반행렬을 사용하였다.
- 입력자료가 대각선행렬이므로 옵션을 지정한다.

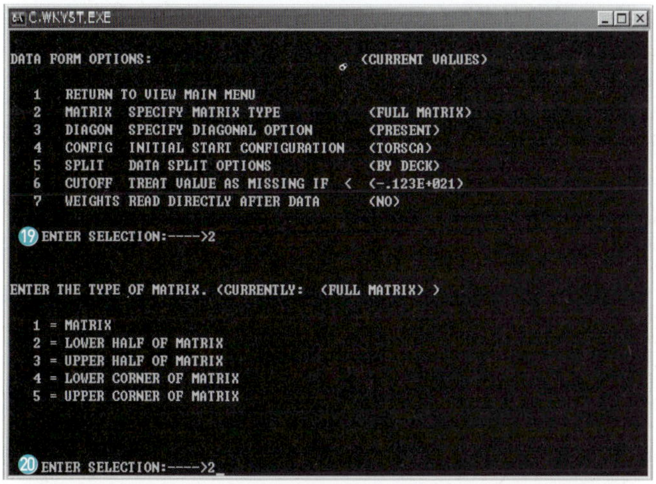

- ⑲ 행렬유형을 변경할 수 있는 ⑳ 2번을 누르고, 자료에 맞게 2번 아래절반행렬을 선택한다.

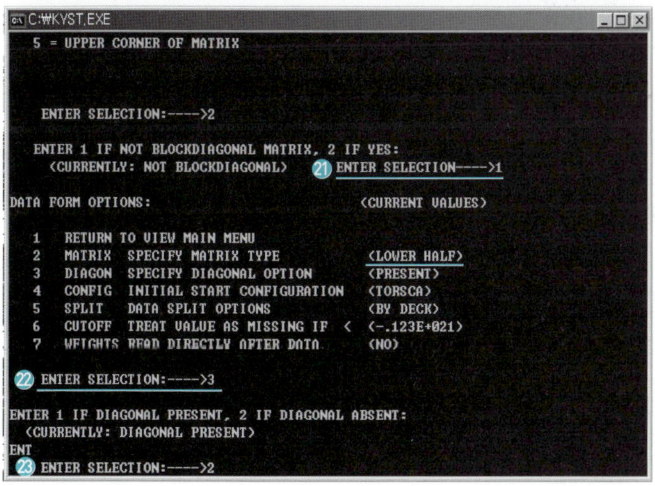

- ㉑ 다음 나오는 질문에 1번을 누르면 입력자료의 행렬에 맞게 아래절반행렬로 변경되었음을 알 수 있다.
- ㉒ 다음 대각선행렬 옵션을 설정하기 위해 3번을 누르고 ㉓ 나오는 질문에 2번을 누른디.

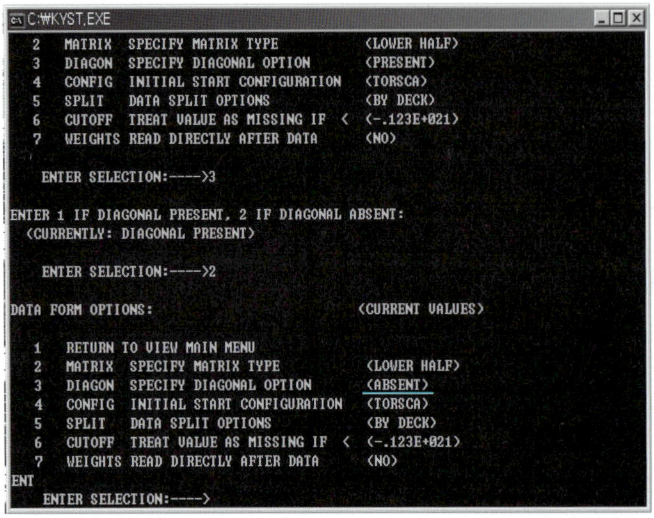

• 화면과 같이 자료유형이 바뀌었음을 확인한 후 Enter를 누른다.

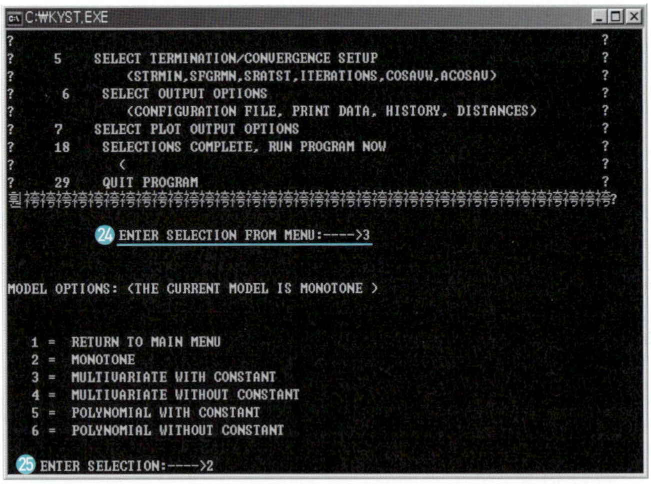

• ㉔ 메뉴화면에서 모델옵션인 3번을 선택하고, ㉕ 2번을 선택한다.

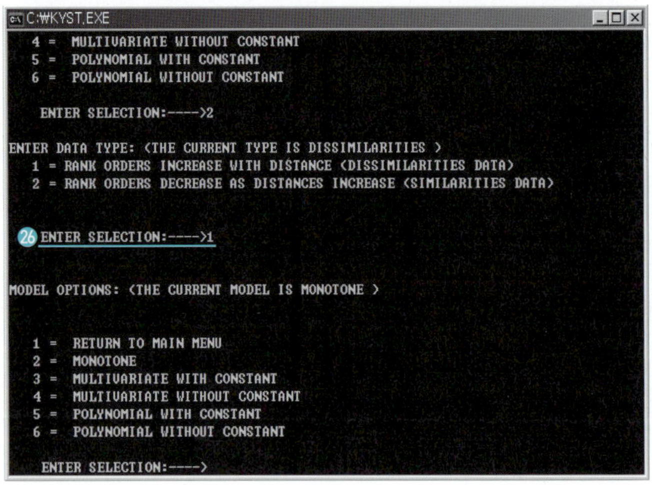

• ㉖ 자료의 유형에 1번 상이성 데이터를 선택한다.
• 다음 Enter를 누르면 다시 메뉴화면으로 돌아간다.

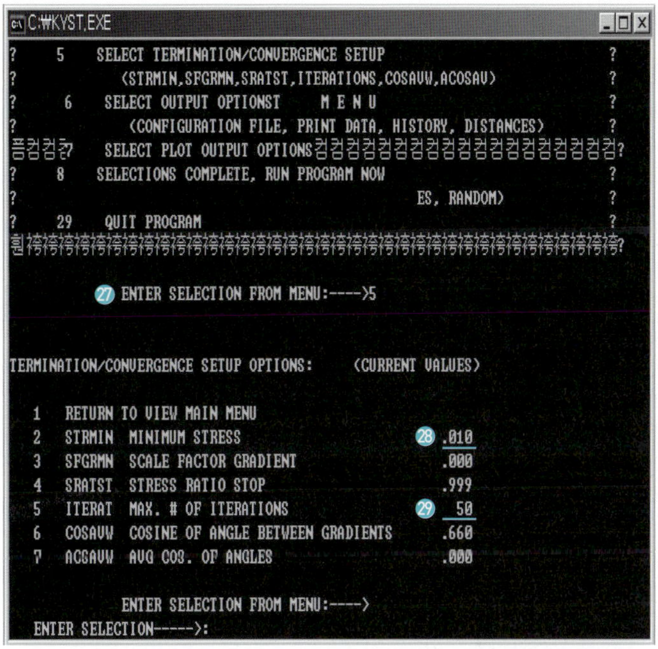

- ㉗ 메뉴화면에서 5번을 누르고
  ㉘ 허용할 수 있는 스트레스값을 확인한다. 초기지정은 0.010이며, 사용자가 임의로 지정할 수 있다.
- ㉙ 최대반복계산수는 50회로 초기지정되어 있으며, 역시 사용자가 임의로 변경할 수 있다.
- 확인 후 Enter를 누른다.

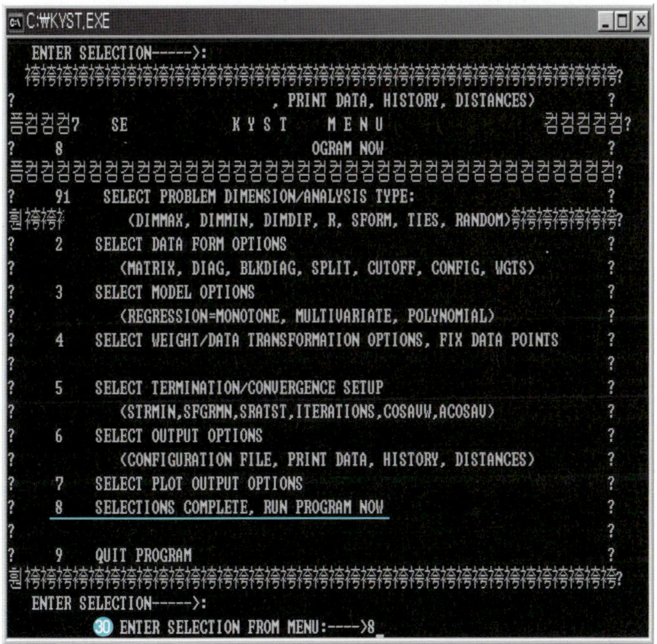

- ㉚ 다시 메뉴화면에서 8번을 누르면 분석이 실행된다.

3) 3단계 : 분석결과 및 해석

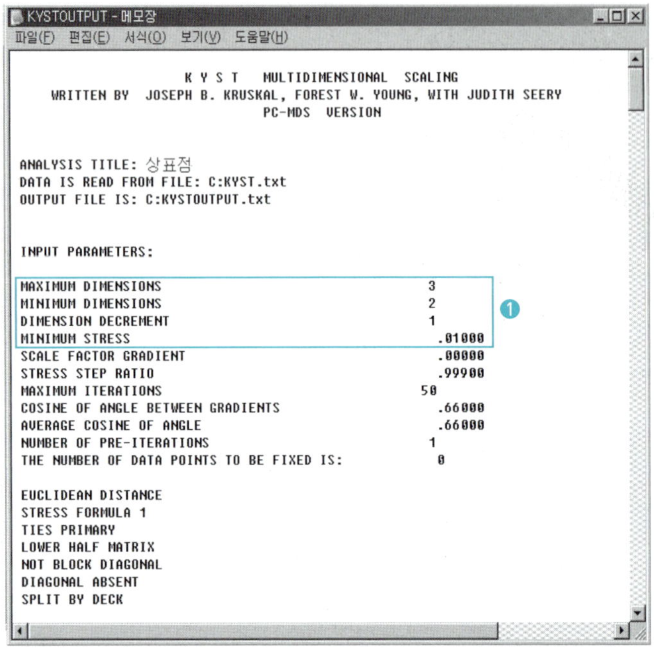

```
KYSTOUTPUT - 메모장
파일(F) 편집(E) 서식(O) 보기(V) 도움말(H)

                    K Y S T   MULTIDIMENSIONAL  SCALING
     WRITTEN BY  JOSEPH B. KRUSKAL, FOREST W. YOUNG, WITH JUDITH SEERY
                           PC-MDS  VERSION

ANALYSIS TITLE: 상표점
DATA IS READ FROM FILE: C:KYST.txt
OUTPUT FILE IS: C:KYSTOUTPUT.txt

INPUT PARAMETERS:

MAXIMUM DIMENSIONS                                  3
MINIMUM DIMENSIONS                                  2
DIMENSION DECREMENT                                 1
MINIMUM STRESS                                       .01000
SCALE FACTOR GRADIENT                                .00000
STRESS STEP RATIO                                    .99900
MAXIMUM ITERATIONS                                 50
COSINE OF ANGLE BETWEEN GRADIENTS                    .66000
AVERAGE COSINE OF ANGLE                              .66000
NUMBER OF PRE-ITERATIONS                            1
THE NUMBER OF DATA POINTS TO BE FIXED IS:            0

EUCLIDEAN DISTANCE
STRESS FORMULA 1
TIES PRIMARY
LOWER HALF MATRIX
NOT BLOCK DIAGONAL
DIAGONAL ABSENT
SPLIT BY DECK
```

- ❶ 도출된 맵의 차원은 최대, 최소 모두 2차원이라는 것을 알 수 있으며, 스트레스 수렴기준은 0.010이다.

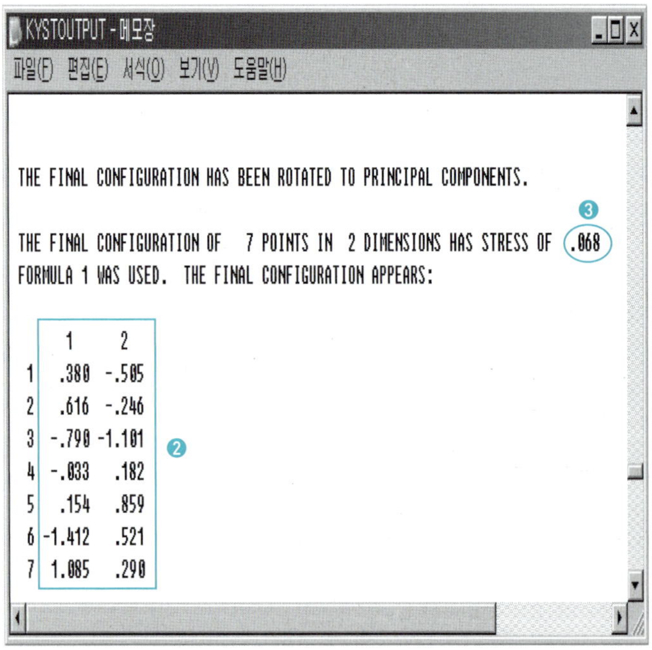

```
KYSTOUTPUT - 메모장
파일(F) 편집(E) 서식(O) 보기(V) 도움말(H)

THE FINAL CONFIGURATION HAS BEEN ROTATED TO PRINCIPAL COMPONENTS.

THE FINAL CONFIGURATION OF   7 POINTS IN  2 DIMENSIONS HAS STRESS OF  .068
FORMULA 1 WAS USED.  THE FINAL CONFIGURATION APPEARS:

        1      2
 1    .380  -.505
 2    .616  -.246
 3   -.790 -1.101
 4   -.033   .182
 5    .154   .859
 6  -1.412   .521
 7   1.085   .290
```

- ❷ KYST분석을 통해 도출된 상표점(호텔)의 포지셔닝 맵상의 좌표값을 의미한다.
- ❸ 분석결과 스트레스값은 0.068로서 모형은 적합한 것으로 판단할 수 있다.

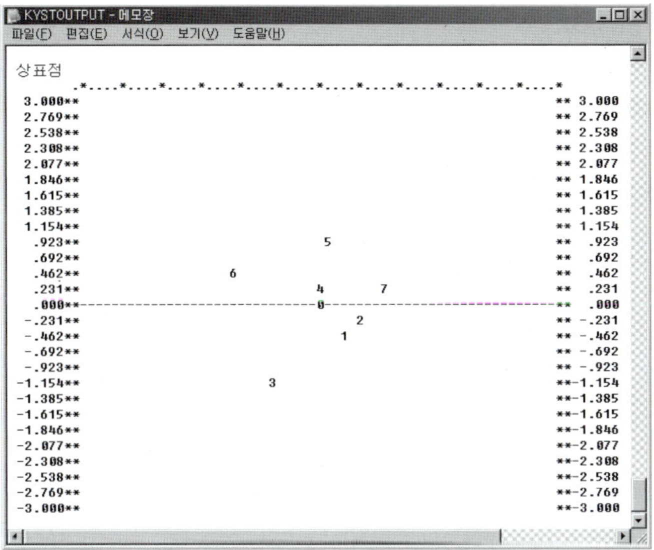

- KYST를 통해 도출된 맵을 보여주고 있다. 각 번호가 상표점을 말하며, 이는 입력자료를 통해서 각 번호가 어떤 상표점을 의미하는지 확인해야 한다.

※ 하지만 PC-MDS상에서의 맵의 표현은 한계가 있고 해석하기에도 어려움이 있으므로 도출된 좌표를 가지고 엑셀로 재정리하는 방법에 대해 살펴보기로 한다.

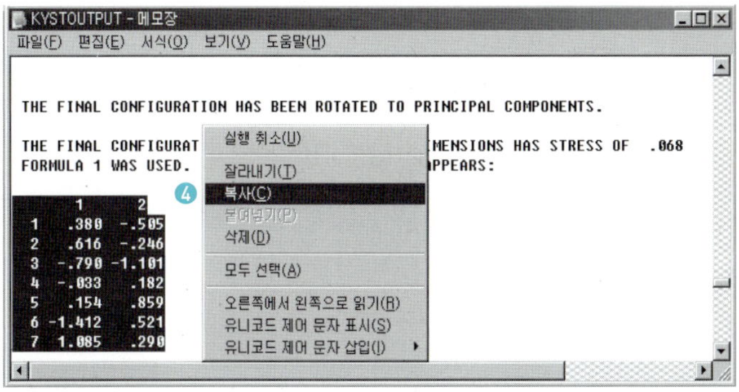

- 도출된 결과를 가지고 해석이 용이하게 엑셀에 정리하는 방법에 대해 알아본다. 앞으로 나오는 분석결과들은 이와 같은 방법으로 정리한 것이다.
- ❹ 도출된 결과에서 상표점의 좌표점을 마우스로 드래그해 그림과 같이 복사한다.

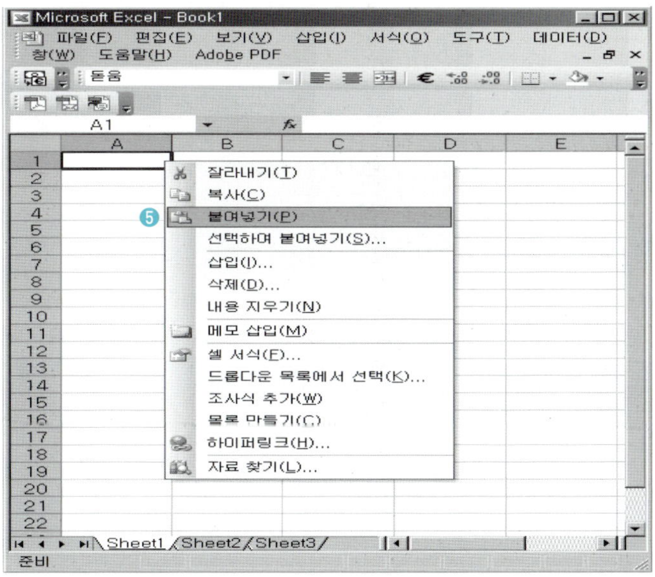

- ❺ 엑셀프로그램을 열어 붙이고자 하는 셀을 지정한 후 Ctrl + V 또는 마우스 오른쪽 버튼을 눌러 왼쪽 그림과 같이 붙여넣기를 클릭한다.

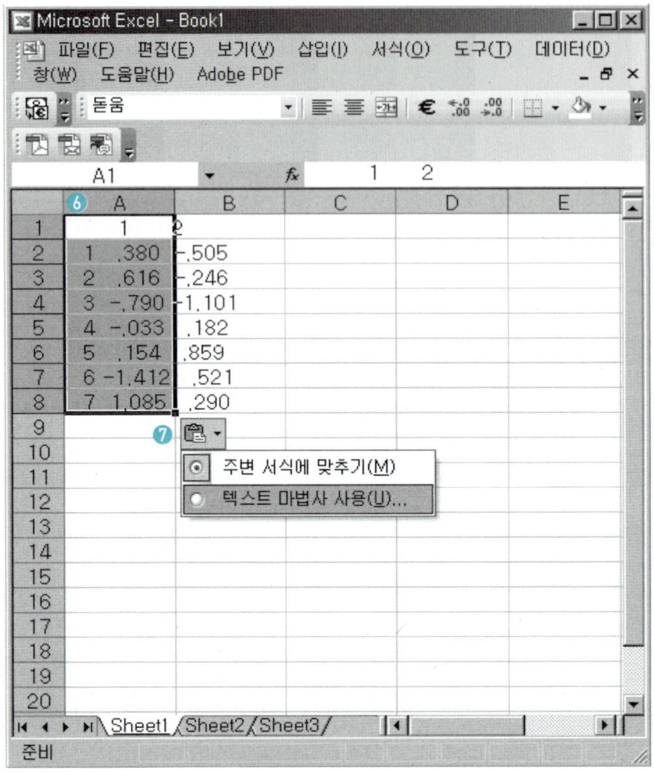

• ❻ 붙여넣기를 선택하면 다음과 같이 결과값이 엑셀에 옮겨지며 이때 아래 보이는 ❼ 아이콘을 누른 후 텍스트 마법사 사용을 클릭한다.

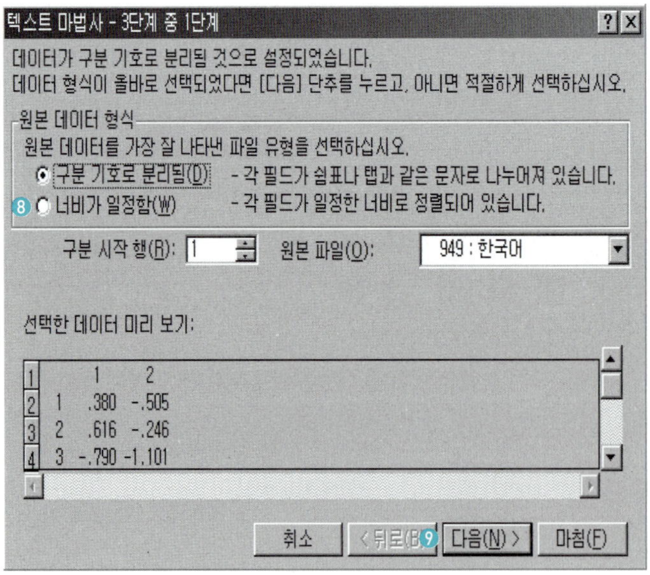

• ❽ 텍스트 마법사가 실행되어 다음과 같은 화면이 나타나며 이때 원본데이터 형식에 너비가 일정함을 체크한 후 ❾ 다음을 누른다.

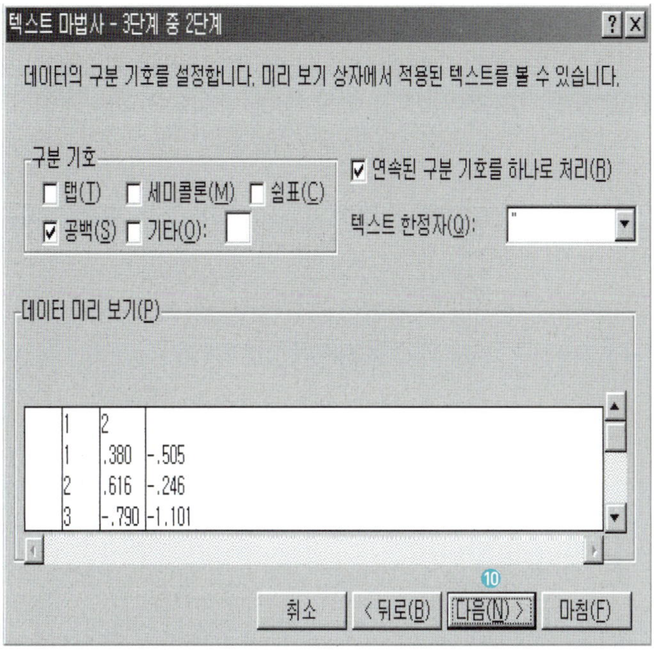

• ⑩ 텍스트 마법사 2단계가 나타나며 다음을 클릭한다.

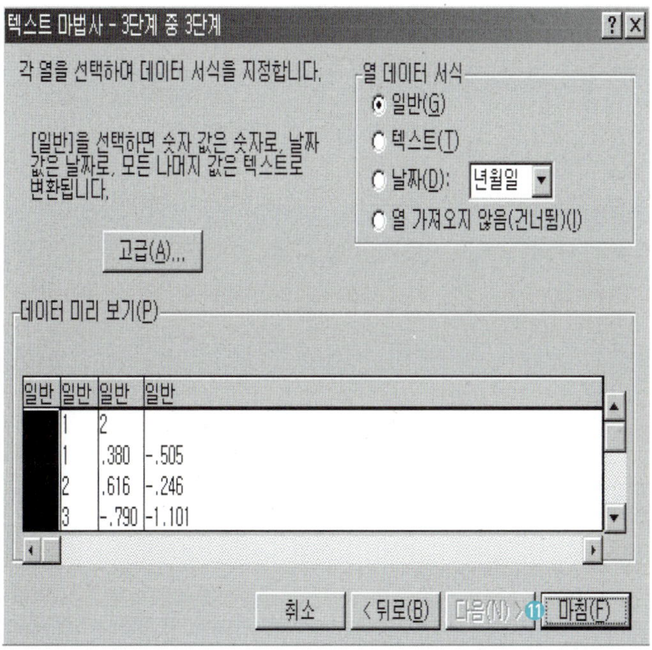

• ⑪ 텍스트 마법사 마지막 3단계가 나타나며 마침을 클릭한다.

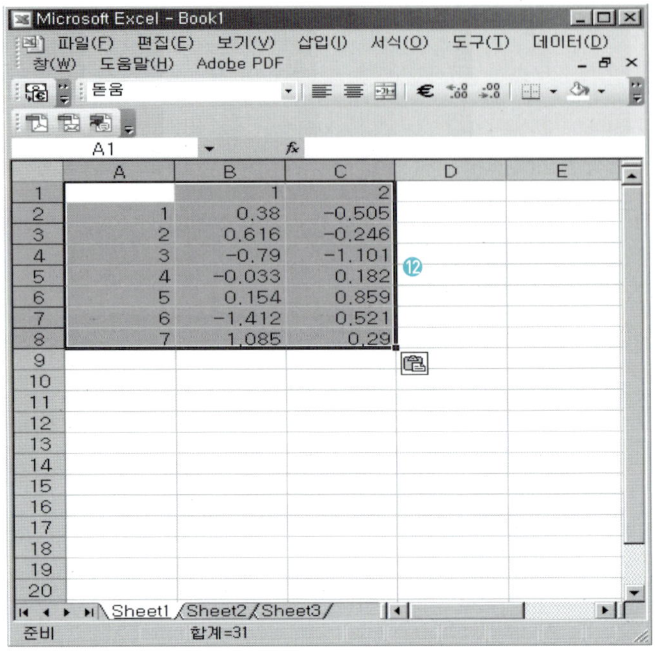

• ⑫ 그림과 같이 결과값이 셀에 맞게 정렬된다.

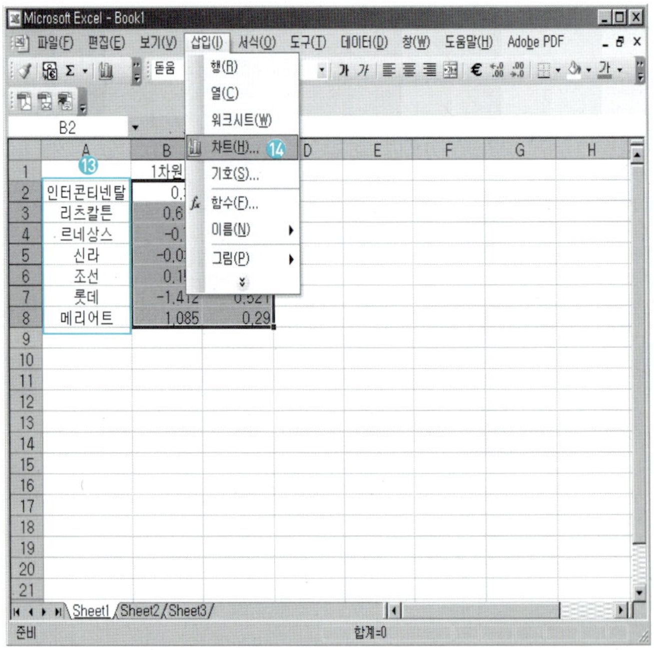

• ⑬ 상표점을 용이하게 구분하기 위해 A열에 호텔이름을 명시하고 결과값을 마우스로 드래그하여 블록을 지정한다.
• ⑭ 다음 [차트 마법사 아이콘]를 누르거나, 메뉴에 삽입 - 차트를 눌러 차트마법사를 실행한다.

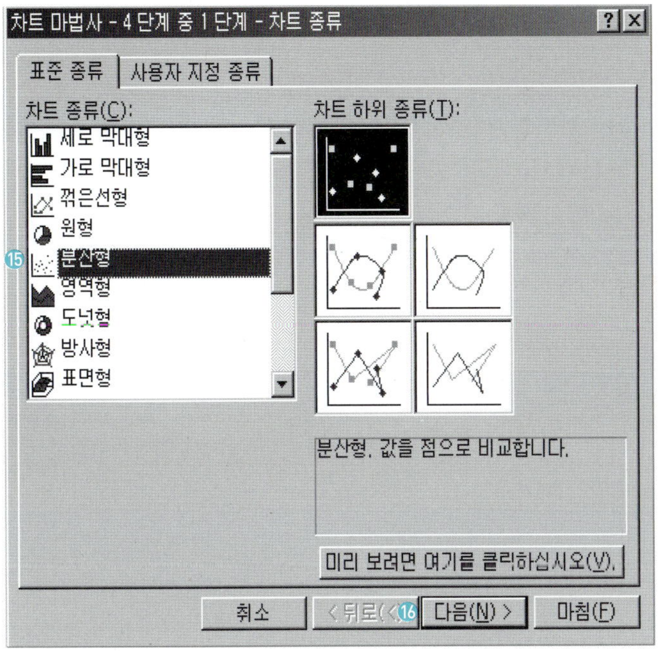

• ⑮ 차트마법사 1단계가 실행되며 차트 종류는 분산형을 선택하고 ⑯ 다음을 누른다.

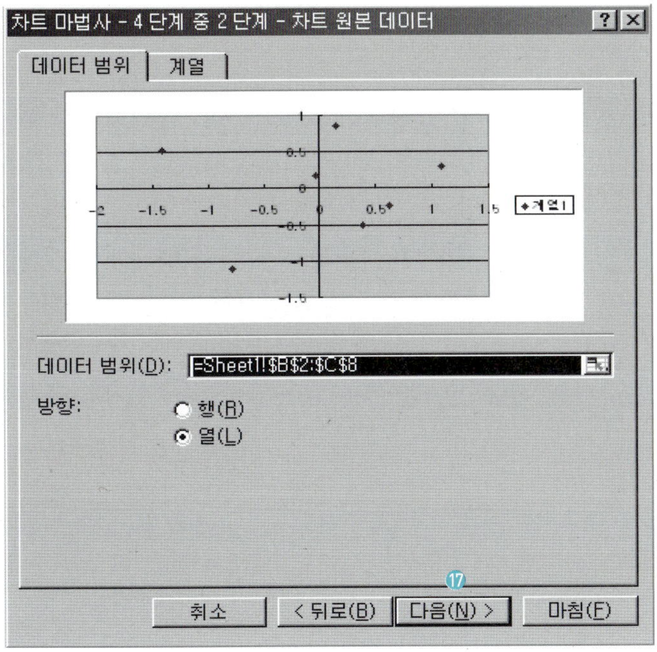

• ⑰ 차트마법사 2단계가 실행되며 다음을 누른다.

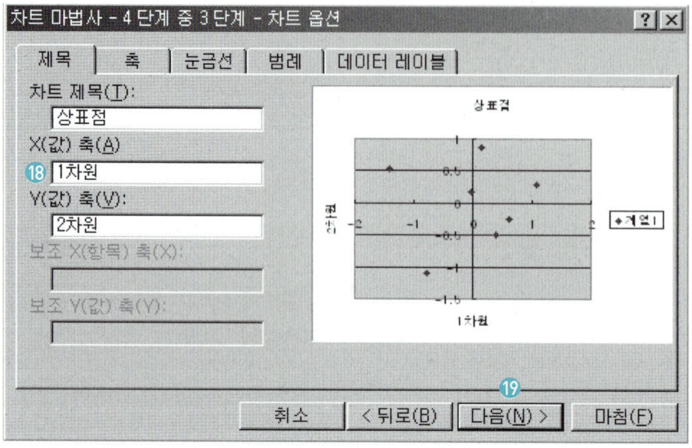

• ⑱ 차트마법사 3단계가 실행되며 차트 제목에는 상표점, X(값)축에는 1차원, Y(값)축에는 2차원을 입력하고 ⑲ 다음을 누른다. 이것은 사용자가 임의로 지정할 수 있다.

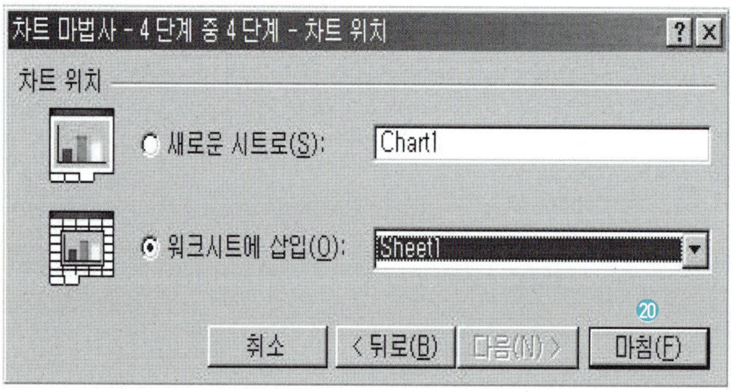

• ⑳ 마지막으로 차트마법사 4단계가 실행되며 마침을 누른다.

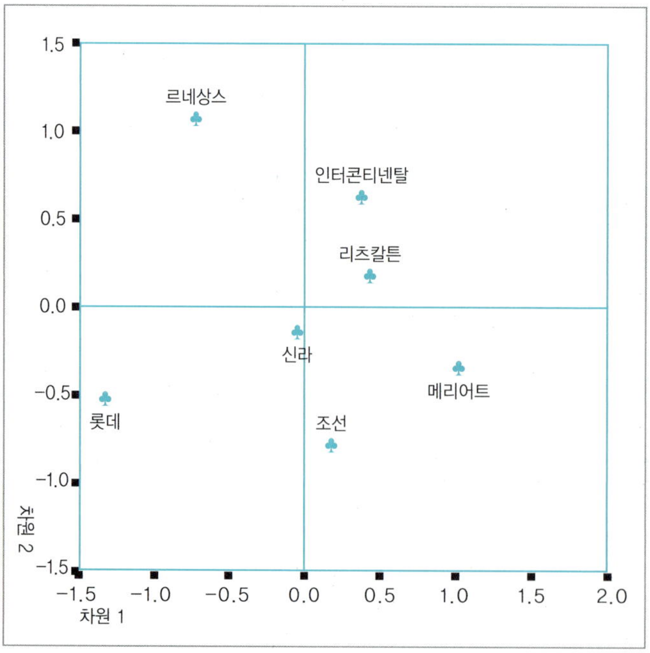

• 각 호텔들 간의 유사성 평가치를 입력자료로 하여 KYST분석을 통해 2차원 평면상에 도출된 포지셔닝 맵을 엑셀로 재정리한 것으로서, 앞서 설명한 ALSCAL 분석과 PC-MDS의 맵과 비교했을 때 좌표 상표점의 위치는 변했지만 호텔들 간의 근접성을 살펴보면 비교적 일치된 결과가 나타났음을 알 수 있다.

※ 앞으로 나올 모든 포지셔닝 맵은 지금과 같은 방식으로 정리하여 얻은 것임을 밝혀둔다.

3.2 맵상에 나타내고자 하는 내용이 상표점과 속성벡터일 경우(PROFIT)

1) 1단계 : 자료수집

설문항목

매우 나쁘다 ①---②---③---④---⑤---⑥---⑦ 매우 좋다

평가항목	인터콘티넨탈	리츠칼튼	르네상스	신라	조선	롯데	메리어트
1. 교통의 편리성							
2. 비즈니스시설							
3. 호텔의 인지도							
4. 직원의 서비스							
5. 각종 편의시설							
6. 멤버십 혜택							
7. 호텔 분위기							
8. 주차시설							
9. 음식의 맛							

• 상표점과 속성 간의 벡터를 구하기 위한 PROFIT 입력자료를 구하는 설문 항목으로서 7개의 상표점(호텔)에 대한 9개의 평가속성값을 질문하는 방법이다.

응답결과

매우 나쁘다 ①---②---③---④---⑤---⑥---⑦ 매우 좋다

평가항목	인터콘티넨탈	리츠칼튼	르네상스	신라	조선	롯데	메리어트
1. 교통의 편리성	5.25	5.05	4.75	4.95	5.30	4.50	5.35
2. 비즈니스시설	5.75	5.35	4.80	4.90	4.95	4.60	5.25
3. 호텔의 인지도	5.65	5.35	4.90	5.10	5.15	4.80	5.25
4. 직원 서비스	5.50	5.25	4.80	4.95	5.20	4.55	5.40
5. 각종 편의시설	5.40	5.35	4.80	5.10	5.25	4.60	5.65
6. 멤버십 혜택	5.75	5.35	4.90	5.05	5.10	4.80	5.30
7. 호텔 분위기	5.45	5.35	5.00	5.25	5.45	4.75	5.55
8. 주차의 편리성	5.40	5.30	5.15	5.25	5.45	5.05	5.55
9. 음식의 맛	5.50	5.45	5.10	5.40	5.55	5.15	5.60

• 응답자 20명의 응답결과를 평균한 자료로서 수치가 높을수록 높은 선호도를 나타낸다.
응답결과를 보면 인터콘티넨탈, 메리어트 호텔에 대한 평가속성값은 높게 나타나고 있는 반면, 르네상스와 롯데호텔의 평가속성값은 전체적으로 낮게 평가됨을 알 수 있다.

```
   1    7    2    9    0    0    2    1.0 ❶
(3X, 2F7.3)
 1 -0.622  0.969
 2 -0.555  0.750
 3  1.466  1.296
 4 -0.120 -0.416 ❷
 5 -0.817 -0.931
 6  1.835 -1.043
 7 -1.187 -0.625
(3X, 7F6.2)
 trafic
    5.25  5.05  4.75  4.95  5.30  4.50  5.35
 business
    5.75  5.35  4.80  4.90  4.95  4.60  5.25
 perce
    5.65  5.35  4.90  5.10  5.15  4.80  5.25
 service
    5.50  5.25  4.80  4.95  5.20  4.55  5.40
 conven
    5.40  5.35  4.80  5.10  5.25  4.60  5.65
 member
    5.75  5.35  4.90  5.05  5.10  4.80  5.30
 mood
    5.45  5.35  5.00  5.25  5.45  4.75  5.55
 park
    5.40  5.30  5.15  5.25  5.45  5.05  5.55
 food
    5.50  5.45  5.10  5.40  5.55  5.15  5.60
```

- ❶ 프로그램 수행을 위한 옵션으로서 차례대로
  1 = Linear regression
  7 = 상표점(호텔)의 수
  2 = 차원의 수
  9 = 평가속성의 수
  0 = 입력자료의 형태(자극*차원)
  0 = 오차를 허용함
  2 = 모든 결과를 출력함
  1.0 = 소수점 이하 첫째 자리
- ❷ ALSCAL 혹은 KYST로 도출된 상표점(=호텔)의 포지셔닝 맵상의 좌표값이 입력된다.

2) 2단계 : PC-MDS의 PROFIT 실행

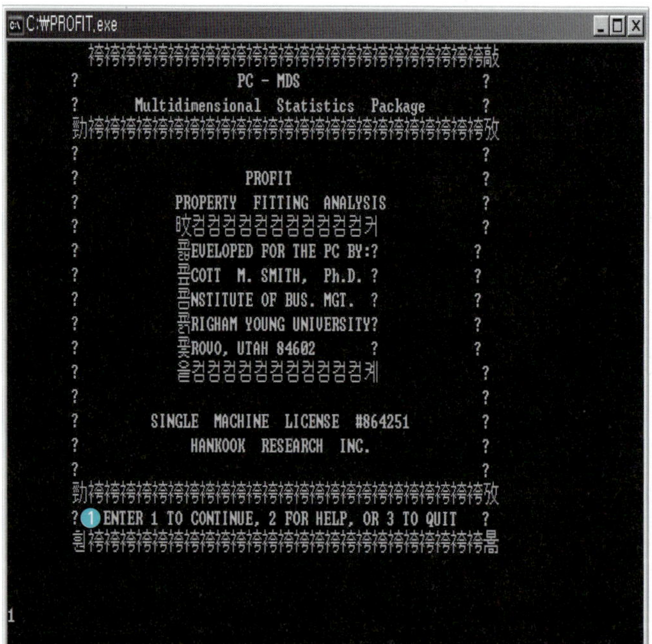

- ❶ PROFIT을 실행시킨 초기화면이다. 지시대로 계속 프로그램을 실행하려면 1번을 누른 후 Enter를 누른다.

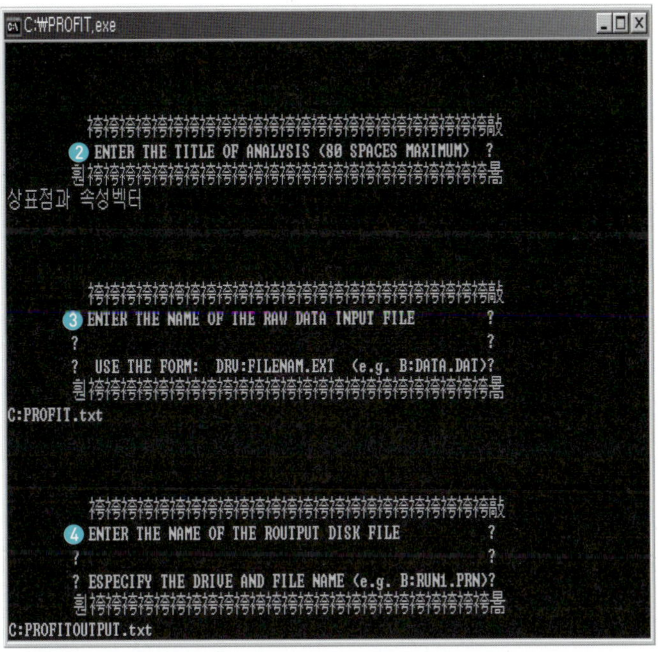

- ② PROFIT분석 시 사용하려는 분석의 제목을 입력한다. 여기서는 '상표점과 속성벡터' 라는 분석제목을 입력하였다.
- ③ 분석 시 사용하려는 입력파일의 경로를 지정한다. 현재 예에서는 C드라이브에 PROFIT.txt라는 파일을 사용한다는 의미이다.
- ④ 분석 실행 후 만들어지는 결과파일의 경로지정과 이름, 확장자명을 입력한다. 본 예에서는 결과파일로 C드라이브에 KYSTOUTPUT.txt라는 파일을 생성한다는 의미이다. 다음 Enter를 누른다.

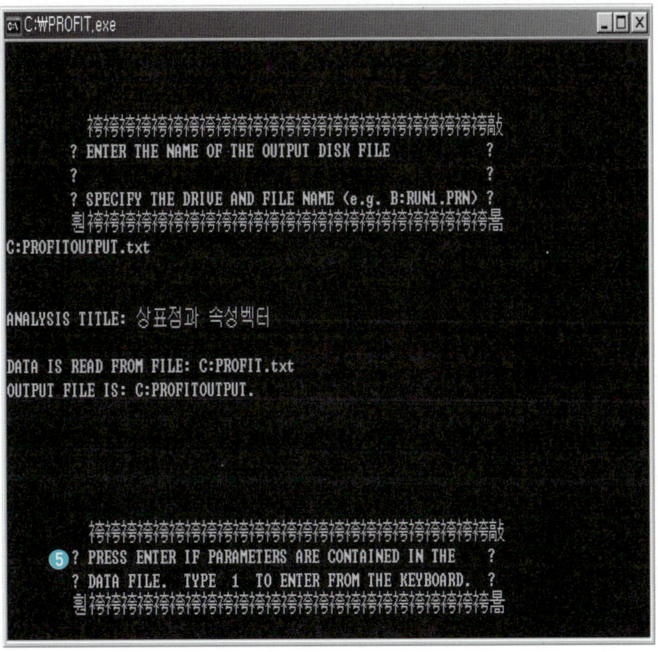

- ⑤ 그림과 같이 분석제목과 불러올 파일, 결과를 생성할 파일이 나타나며 여기서 Enter를 누르면 프로그램이 실행된 후 앞서 지정한 C드라이브에 PROFITOUTPUT.txt라는 결과파일이 생성된다.

3) 3단계 : 분석결과 및 해석

PROFITOU - 메모장

파일(F) 편집(E) 서식(O) 보기(V) 도움말(H)

```
                              P R O F I T
                       PROPERTY FITTING ANALYSIS
           PROGRAM WRITTEN BY DR. J. D. CARROLL AND JIH JIE CHANG
                              PC-MDS VERSION


 ANALYSIS TITLE: 상표점과 속성벡터
 DATA IS READ FROM FILE: C:PROFIT.txt
 OUTPUT FILE IS: C:PROFITOUTPUT.


 LANA (REGRESSION OPTION):                                          1
 N     NO. OF STIMULI    (100 MAX)                                  7
 K     NO. OF DIMENSIONS (10 MAX)                                   2
 M     NO. OF PROPERTIES (20 MAX)                                   9
 IRX   0 = N X K INPUT; 1 = K X N INPUT                             0
 IWT   0 = RATIO OF ERROR VAR. TO TRUE VAR. (USUAL OPTION)          0
       1 = RATIO OF MEAN SQ. SUCCESSIVE DIFFERENCE TO VARIANCE
IPLOT  0 = PROPERTIES ONLY                                          2
       1 = PLOT PROPERTIES AND FUNCTIONS
       2 = DO ALL PLOTS
 BCO (FLOATING POINT NUMBER FOR NON LINEAR REG.)                    1.
```

- ❶ 상표점은 7개이며, 도출된 맵의 차원은 2차원이라는 것을 알 수 있다.

PROFITOU - 메모장

파일(F) 편집(E) 서식(O) 보기(V) 도움말(H)

```
 TABLE 1.  THE MAXIMUM CORRELATION BETWEEN THE PROPERTY
           AND THE PROJECTIONS ON FITTED VECTOR

            RHO        PROPERTY
    1        .9620      trafic
    2        .8800      business
    3        .8871      perce
    4        .9641      service
    5        .9698      conven
    6        .8543      member
    7        .9898      mood
    8        .9394      park
    9        .9938      food

 TABLE 2.  DIRECTION COSINES OF FITTED VECTORS
            IN NORMALIZED SPACE

                     DIMENSION

 VECTOR    1        2
      1    -.9959    .0908
      2    -.7578    .6525
      3    -.8329    .5534
      4    -.9309    .3654
      5    -.9865    .1637
      6    -.8003    .5995
      7    -.9877    .1565
      8    -.9987   -.0504
      9    -.9822   -.1878
```

- ❷ 입력된 해당 속성에 대한 평가값과 분석을 통해 도출된 속성벡터와의 적합도를 나타낸 것으로 대부분의 속성의 적합도가 높게 나타났음을 알 수 있다.
- ❸ PROFIT분석을 통해 도출된 평가속성 벡터의 포지셔닝 맵상의 좌표값을 의미한다.

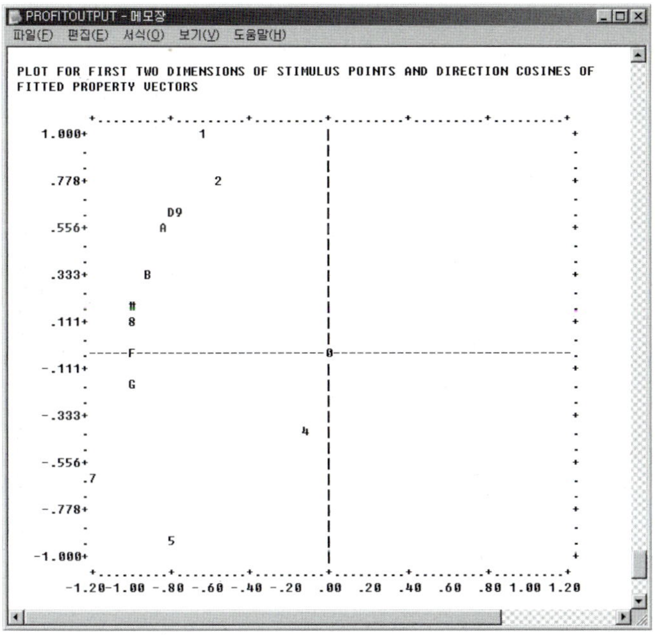

• PROFIT분석을 통해 도출된 결과로서 상표점은 고정된 상태에서 속성에 대한 벡터의 좌표값이 포지셔닝 맵상에 도출되었다.

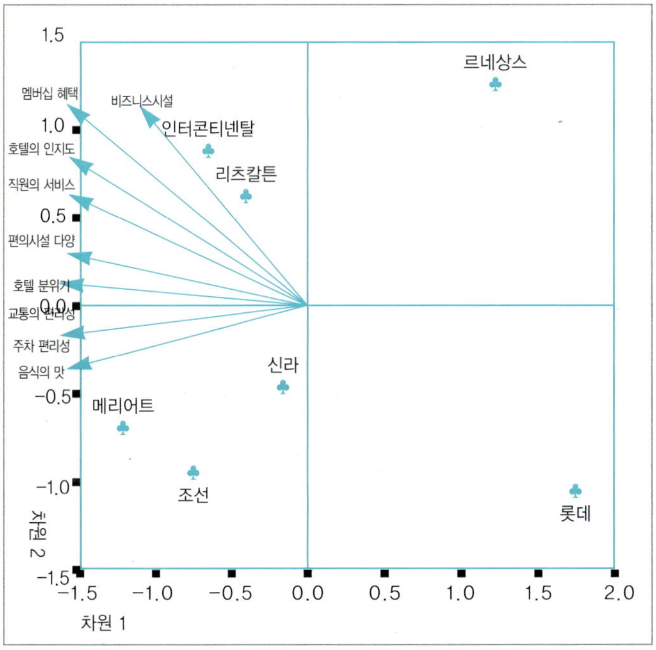

• PROFIT분석을 통해 도출된 결과를 엑셀로 재정리하였다. 도출된 포지셔닝 맵을 살펴보면 대부분의 속성 평가항목이 인터콘티넨탈, 메리어트, 리츠칼튼호텔에 전체적으로 높게 평가되고 있는 반면 르네상스, 롯데호텔은 상대적으로 낮게 평가되고 있음을 알 수 있다.

3.3 맵상에 나타내고자 하는 내용이 상표점과 속성벡터일 경우(PREFMAP)

1) 1단계 : 자료수집

설문항목

매우 나쁘다 ①---②---③---④---⑤---⑥---⑦ 매우 좋다

평가항목	인터콘티넨탈	리츠칼튼	르네상스	신라	조선	롯데	메리어트
1. 교통의 편리성							
2. 비즈니스시설							
3. 호텔의 인지도							
4. 직원 서비스							
5. 각종 편의시설							
6. 멤버십 혜택							
7. 호텔 분위기							
8. 주차의 편리성							
9. 음식의 맛							

• 상표점과 속성 간의 벡터를 구하기 위한 PREFMAP 입력자료를 구하는 설문항목으로서 7개의 상표점에 대한 9개의 평가속성의 선호도를 질문하는 방법이다.

응답결과

매우 나쁘다 ①---②---③---④---⑤---⑥---⑦ 매우 좋다

평가항목	인터콘티넨탈	리츠칼튼	르네상스	신라	조선	롯데	메리어트
1. 교통의 편리성	3.4	3.6	5.2	3.5	3.7	5.7	3.2
2. 비즈니스시설	3.3	3.6	4.9	3.9	3.8	5.1	3.7
3. 호텔의 인지도	3.3	3.5	4.9	3.9	3.7	5.4	3.6
4. 직원 서비스	3.5	3.7	4.7	4.1	3.9	4.8	3.6
5. 각종 편의시설	3.3	3.7	5.0	4.2	3.9	5.1	3.1
6. 멤버십 혜택	3.2	3.5	4.8	4.4	3.9	4.9	3.6
7. 호텔 분위기	3.6	3.8	4.9	3.9	3.5	5.3	3.3
8. 주차의 편리성	3.7	3.8	5.1	3.9	3.6	4.7	3.5
9. 음식의 맛	3.7	3.8	5.1	3.9	3.6	4.8	3.4

• 응답자 20명의 응답결과를 평균한 자료로서 수치가 낮을수록 높은 선호도를 나타낸다.
응답결과를 보면 인터콘티넨탈, 메리어트 호텔에 대한 평가속성의 선호도가 높게 나타나고 있는 반면, 르네상스와 롯데 호텔의 평가속성의 선호도는 전체적으로 낮게 평가됨을 알 수 있다.

```
7 2 9 0 0 0 3 4 0 1 0 15 1 2 1 ❶
(3X, 2F7.3)
1  -0.622   0.969  ❷
2  -0.555   0.750
3   1.466   1.296
4  -0.120  -0.416
5  -0.817  -0.931
6   1.835  -1.043
7  -1.187  -0.625
(7F6.1)
  3.4  3.6  5.2  3.5  3.7  5.7  3.2
  3.3  3.6  4.9  3.9  3.8  5.1  3.7
  3.3  3.5  4.9  3.9  3.7  5.4  3.6
  3.5  3.7  4.7  4.1  3.9  4.8  3.6
  3.3  3.7  5.0  4.2  3.9  5.1  3.1
  3.2  3.5  4.8  4.4  3.9  4.9  3.6
  3.6  3.8  4.9  3.9  3.5  5.3  3.3
  3.7  3.8  5.1  3.9  3.6  4.7  3.5
  3.7  3.8  5.1  3.9  3.6  4.8  3.4
```

- ❶ 프로그램 수행을 위한 옵션으로서 차례대로 7=상표점의 수, 2=차원의 수, 9=평가속성의 수
  0 = 높은 선호도일수록 작은 수치로 나타난다.
  0 = 분석 전에 행 단위로 표준화할 필요 없다.
  0 = 입력자료가 (자극*차원)의 형태로 입력된다.
  3 = 시작되는 분석결과(3 = 이상점 모델)
  4 = 종료되는 분석결과(4 = 벡터 모델)
  0 = 가중치가 입력되지 않음
  1 = 입력자료의 척도
  0 = 입력된 자료의 평균값 인식
  15 = 최대 순환횟수
  1 = 입력된 값을 사용한다.
  2 = 모든 결과를 출력한다.
  1 = 적합도의 종료 값
- ❷ ALSCAL 혹은 KYST로 도출된 상표점(=호텔)의 포지셔닝 맵상의 좌표값이 입력된다.

2) 2단계 : PC-MDS PREFMAP 실행

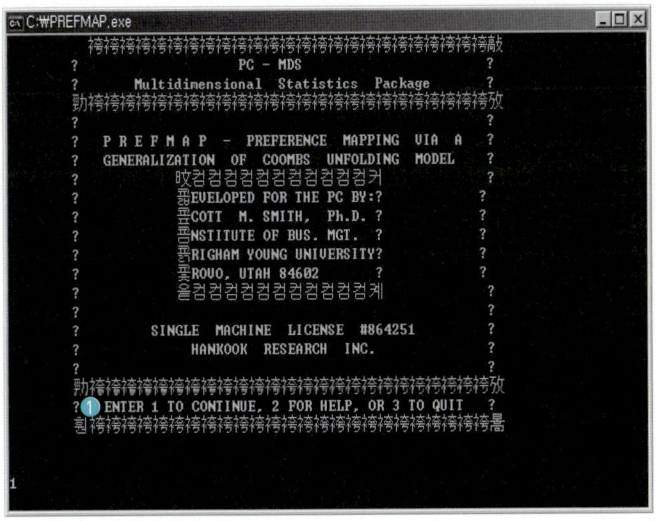

- ❶ PREFMAP을 실행시킨 초기화면이다. 지시대로 계속 프로그램을 실행하려면 1번을 누른 후 Enter를 누른다.

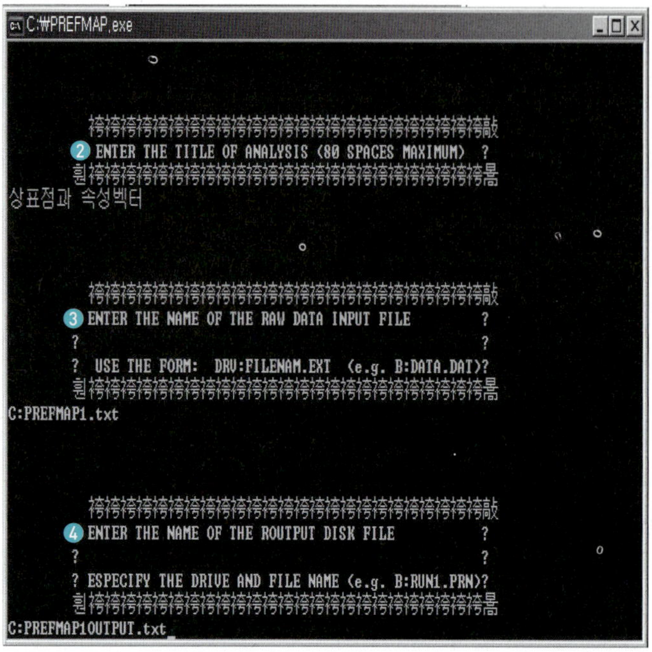

- ❷ PREFMAP분석 시 사용하려는 분석의 제목을 입력한다. 여기서는 '상표점과 속성벡터'라는 분석제목을 입력하였다.
- ❸ 분석 시 사용하려는 입력파일의 경로를 지정한다. 현재 예에서는 C드라이브에 PREFMAP1.txt라는 파일을 사용한다는 의미이다.
- ❹ 분석 실행 후 만들어지는 결과파일의 경로지정과 이름, 확장자명을 입력한다. 본 예에서는 결과파일로 C드라이브에 PREFMAP1OUTPUT.txt라는 파일을 생성한다는 의미이다. 다음 Enter를 누른다.

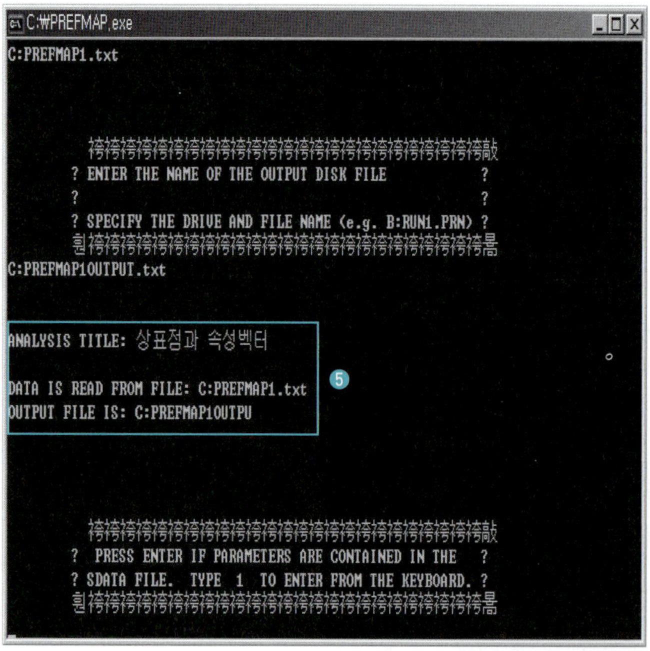

- ❺ 그림과 같이 분석제목과 불러올 파일, 결과를 생성할 파일이 나타나며 여기서 Enter를 누르면 프로그램이 실행된 후 앞서 지정한 C드라이브에 PREFIT1OUTPUT.txt라는 결과파일이 생성된다.

3) 3단계 : 분석결과 및 해석

```
PREFMAP1 - 메모장
파일(F) 편집(E) 서식(O) 보기(V) 도움말(H)

                          P R E F M A P
            MDSCALING VIA A GENERALIZATION OF COOMBS UNFOLDING MODEL
                    BY DR. J. D. CARROLL AND JIH JIE CHANG
                               PC - MDS VERSION

ANALYSIS TITLE: 상표점과 속성벡터
DATA IS READ FROM FILE: C:PREFMAP1.txt
OUTPUT FILE IS: C:PREFMAP1OUTPU

*****************************************************************************

 N         NO. OF STIMULI                                          7   ①
 K         NO. OF DIMENSIONS                                       2
 NSUB      NO. OF SUBJECTS                                         9
 ISV     0=SMALL SCALE VALUE REPRESENTS GREATER PREF.              0
 NORS    1=NORMALIZE SCALE VALUES                                  0
 IRX     0=STIMULUS COORDINATES N BY K, OR 1 = K BY N              0
 IPS       STARTING PHASE                                          3
 IPE       ENDING PHASE                                            4
 IRWT    1=READ IN WEIGHTS,  0=NO WEIGHTS READ IN                  0
 LFITSW    HOW D**2 IS RELATED TO SCALE VALUES                     1
         0=LINEARLY,
         1=MONOTONE WITH NO TIES,
         2=BLOCK MONOTONE WITH ORDERING IN BLOCKS
         3=BLOCK MONOTONE WITH EQUALITY IN BLOCKS
 IAV     0=AVERAGE SUBJECTS COMPUTED ONCE FOR ALL PHASES,          0
         1=CALCULATE EACH PHASE
 MAXIT     MAXIMUM ITERATIONS, WHEN 0 IT IS SET TO 15             15
 ISHAT   0=USE SCALE VALUES FROM PREVIOUS PHASE,                   1
         1=USE ORIG VALUES
 IPLOT   0=AVERAGE SUBJECTS,                                       2
         1=AVERAGE SUBJECTS & SUBJECT FUNCTIONS,
         2=ALL PLOTS
 CRIT      CRITERIA FOR STOPPING MONOTONE FIT                   .0010
*****************************************************************************
```

- ① 상표점은 7개이며, 도출된 맵의 차원은 2차원이라는 것을 알 수 있다.

```
PREFMAP1 - 메모장
파일(F) 편집(E) 서식(O) 보기(V) 도움말(H)
DIMENSION        1            2
STIMULI
  1          -.62200        .96900
  2          -.55500        .75000
  3          1.46600       1.29600
  4    ②     -.12000       -.41600
  5          -.81700       -.93100
  6          1.83500      -1.04300
  7         -1.18700       -.62500

DIRECTION COSINES OF FITTED SUBJECT VECTORS
                         DIMENSION
SUBJECT         1        2
      1      -.9948    .1021
      2      -.9582    .2862
      3      -.9504    .3111
      4      -.9685    .2490
      5      -.9896    .1436
      6  ③   -.9266    .3759
      7      -.9995    .0317
      8      -.9676   -.2524
      9      -.9762   -.2168
  AVG R      -.9918    .1282
```

- ② PREFMAP분석을 통해 도출된 평가속성 벡터의 포지셔닝 맵상의 좌표값을 의미한다.
- ③ 입력된 자극점의 좌표값으로 상표점의 위치가 고정된 상태에서 해당 평가속성의 좌표값이 도출되므로 PREFMAP분석 방법을 익스터널 언폴딩(External Unfolding)이라 한다.

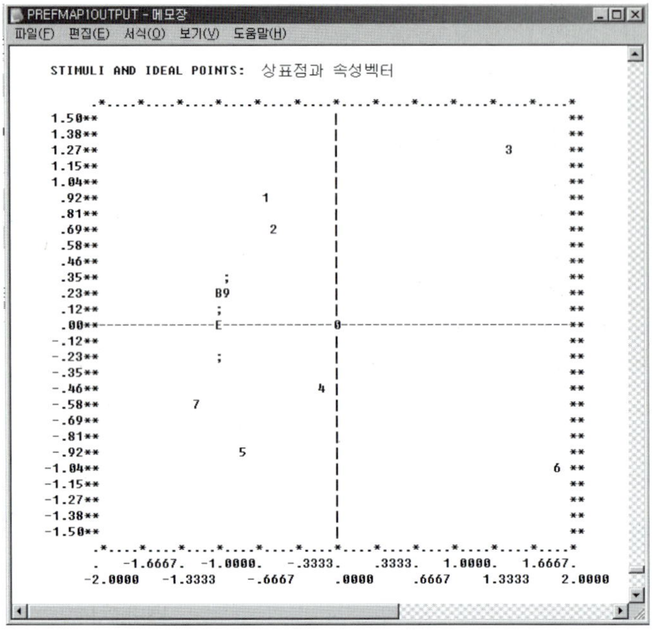

• PREFMAP분석을 통해 도출된 결과로서 입력된 자극점의 좌표값으로 상표점의 위치가 고정된 상태에서 각각의 속성벡터가 포지셔닝 맵상에 도출되었다.

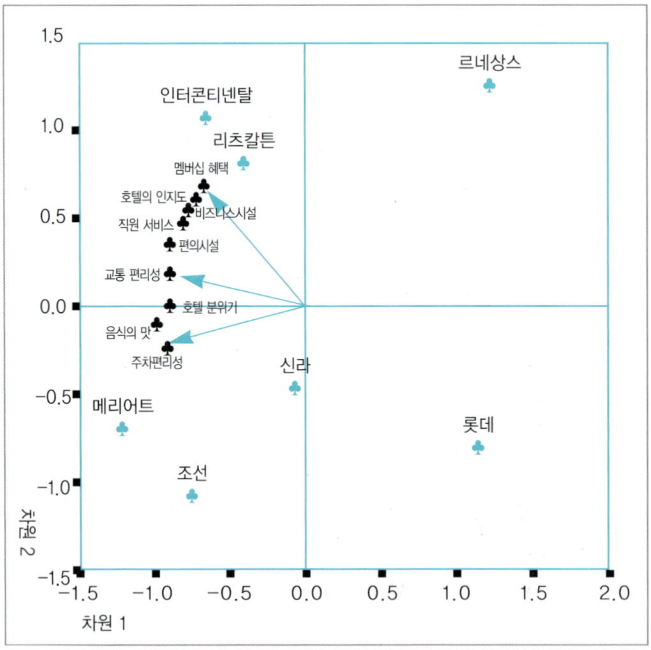

• 엑셀로 재정리한 포지셔닝 맵을 살펴보면 대부분의 속성 평가항목이 인터콘티넨탈, 메리어트, 리츠칼튼호텔에 전체적으로 높게 평가되고 있는 반면, 르네상스, 롯데 호텔은 상대적으로 낮게 평가되고 있음을 알 수 있다.

3.4 맵상에 나타내고자 하는 내용이 상표점과 속성벡터일 경우(MDPREF)

1) 1단계 : 자료수집

설문항목

매우 나쁘다 ①---②---③---④---⑤---⑥---⑦ 매우 좋다

평가항목	인터콘티넨탈	리츠칼튼	르네상스	신라	조선	롯데	메리어트
1. 교통의 편리성							
2. 비즈니스시설							
3. 호텔의 인지도							
4. 직원 서비스							
5. 각종 편의시설							
6. 멤버십 혜택							
7. 호텔 분위기							
8. 주차의 편리성							
9. 음식의 맛							

• 상표점과 속성 간의 벡터를 구하기 위한 MDPREF 입력자료를 구하는 설문항목으로서 7개의 상표점에 대한 9개의 평가속성의 선호도를 설문하는 방법이며 상표점과 속성 간의 벡터를 구하는 PREFMAP의 입력자료와 동일하다.

응답결과

매우 나쁘다 ①---②---③---④---⑤---⑥---⑦ 매우 좋다

평가항목	인터콘티넨탈	리츠칼튼	르네상스	신라	조선	롯데	메리어트
1. 교통의 편리성	3.4	3.6	5.2	3.5	3.7	5.7	3.2
2. 비즈니스시설	3.3	3.6	4.9	3.9	3.8	5.1	3.7
3. 호텔의 인지도	3.3	3.5	4.9	3.9	3.7	5.4	3.6
4. 직원 서비스	3.5	3.7	4.7	4.1	3.9	4.8	3.6
5. 각종 편의시설	3.3	3.7	5.0	4.2	3.9	5.1	3.1
6. 멤버십 혜택	3.2	3.5	4.8	4.4	3.9	4.9	3.6
7 호텔 뷰위기	3.6	3.8	4.9	3.9	3.5	5.3	3.3
8. 주차의 편리성	3.7	3.8	5.1	3.9	3.6	4.7	3.5
9. 음식의 맛	3.7	3.8	5.1	3.9	3.6	4.8	3.4

• 응답자 20명의 응답결과를 평균한 자료로서 수치가 낮을수록 높은 선호도를 나타낸다.
응답결과를 보면 인터콘티넨탈, 메리어트 호텔에 대한 평가속성의 선호도가 높게 나타나고 있는 반면, 르네상스, 롯데호텔의 평가속성의 선호도는 전체적으로 낮게 평가됨을 알 수 있다.

```
❶ 9 7 2 3 1 0
(7F6.1)
  3.4  3.6  5.2  3.5  3.7  5.7  3.2
  3.3  3.6  4.9  3.9  3.8  5.1  3.7
  3.3  3.5  4.9  3.9  3.7  5.4  3.6
  3.5  3.7  4.7  4.1  3.9  4.8  3.6
  3.3  3.7  5.0  4.2  3.9  5.1  3.1
  3.2  3.5  4.8  4.4  3.9  4.9  3.6
  3.6  3.8  4.9  3.9  3.5  5.3  3.3
  3.7  3.8  5.1  3.9  3.6  4.7  3.5
  3.7  3.8  5.1  3.9  3.6  4.8  3.4
```

- 9개의 속성점에 대한 7개의 상표점(=호텔) 선호도를 평가한 입력자료이다.
- ❶ 프로그램 수행을 위한 옵션으로서 차례대로
  9 = 속성의 수
  7 = 상표점의 수
  2 = 산출되는 차원의 수
  3 = 작도되는 차원의 수
  1 = 상표점의 좌표를 축별로 센터링함
  0 = 분석 전에 행 단위로 표준화

2) 2단계 : PC-MDS MDPREF 실행

- ❶ MDPREF를 실행시킨 초기화면이다.

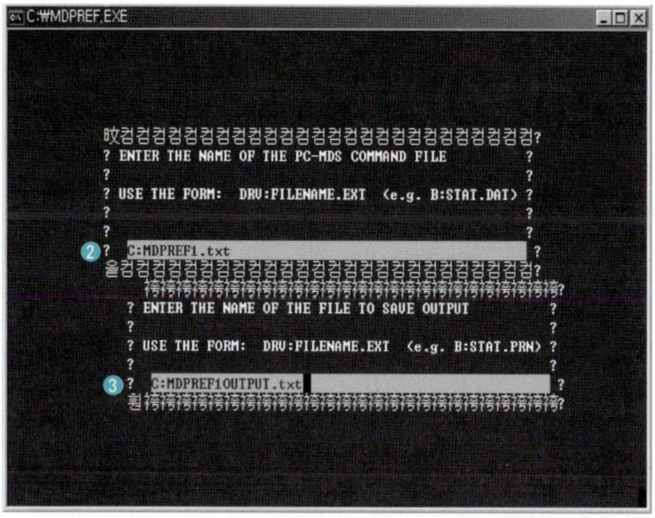

- ❷ 분석 시 사용하려는 입력파일의 경로를 지정한다. 현재 예에서는 C드라이브에 MDPREF1.txt라는 파일을 사용한다는 의미이다.
- ❸ 분석 실행 후 만들어지는 결과파일의 경로지정과 이름, 확장자명을 입력한다. 본 예에서는 결과파일로 C드라이브에 MDPREF1OUTPUT.txt라는 파일을 생성한다는 의미이다. 다음 Enter를 누른다.

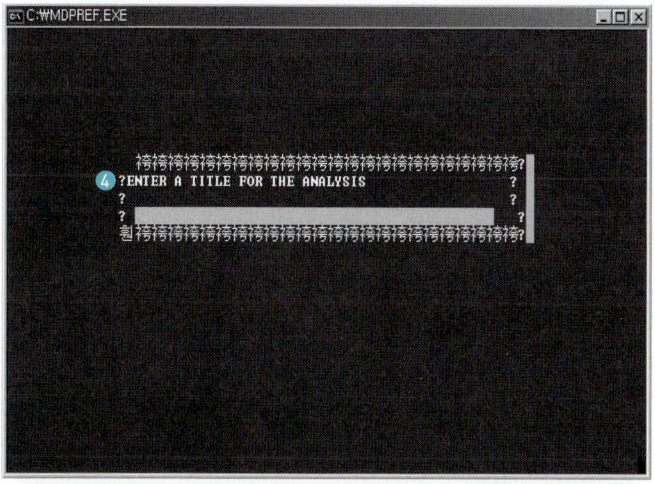

- ❹ MDPREF분석 시 사용할 분석제목을 입력한 후 Enter를 누르면 분석이 실행되고 C드라이브에 결과파일인 MDPREF1OUTPUT.txt파일이 생성된 것을 알 수 있다.

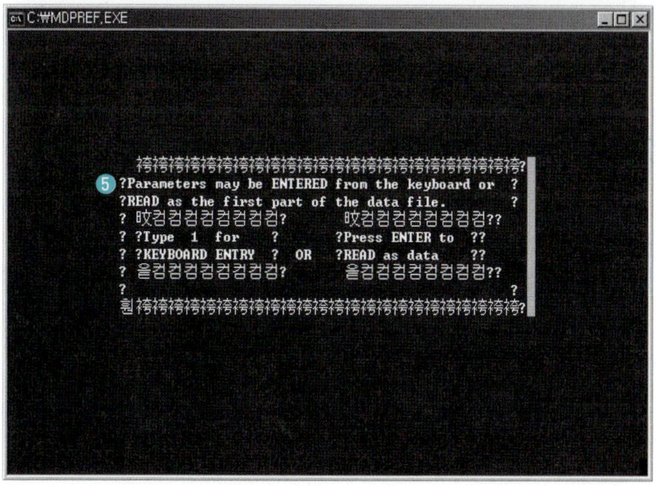

- ❺ 다음과 같은 화면이 나타나며 Enter를 누르면 분석이 실행된다.

3) 3단계 : 분석결과 및 해석

MDPREF10 - 메모장

파일(F) 편집(E) 서식(O) 보기(V) 도움말(H)

```
                      M D P R E F
          MULTIDIMENSIONAL ANALYSIS OF PREFERENCE DATA
       PROGRAM WRITTEN BY DR. J. D. CARROLL AND JIH JIE CHANG
                      PC - MDS VERSION

ANALYSIS START:  DATE  05/19/2006,  TIME  16:38:54

ANALYSIS TITLE:
DATA IS READ FROM FILE: C:MDPREF1.txt
OUTPUT FILE IS: C:MDPREF1OUTPUT.txt


NP (NO. OF VECTORS (SUBJECTS))                          9
NS (NO. OF POINTS  (STIMULI))                           7  ❶
NF (NO. OF DIMENSIONS)                                  2
NFP (NO. OF DIMENSIONS PLOTTED)                         2

IREAD  1=NP X NS SCORE MATRIX WITH ROW MEAN SUBTRACTED  1
       2=SAME AS 1 WITH SCORES DIVIDED BY ROW S. D.

NORP   0=NORMALIZE SUBJ. VECTORS                        0
       1=DO NOT
```

• ❶ 속성점은 9개, 상표점은 7개이며 도출된 맵의 차원은 2차원이라는 것을 알 수 있다.

MDPREF10 - 메모장

파일(F) 편집(E) 서식(O) 보기(V) 도움말(H)

```
POPULATION MATRIX (VECTORS)

FACTOR

   1      .9889     -.1484
   2      .9961      .0885
   3      .9982      .0604
   4      .9881      .1541
   5      .9917      .1285   ❷
   6      .9285      .3714
   7      .9905     -.1379
   8      .9847     -.1741
   9      .9845     -.1753

NORMALIZED STIMULUS MATRIX (POINTS)

FACTOR

   1     -.3466     -.5720
   2     -.2181     -.3165
   3      .5287     -.1682
   4     -.0584      .6457   ❸
   5     -.1793      .3241
   6      .6266     -.0530
   7     -.3529      .1398
```

• ❷ MDPREF분석을 통해 도출된 평가속성벡터의 포지셔닝 맵상의 좌표값을 의미하고, ❸ 은 상표점들의 맵상의 좌표값을 의미한다.

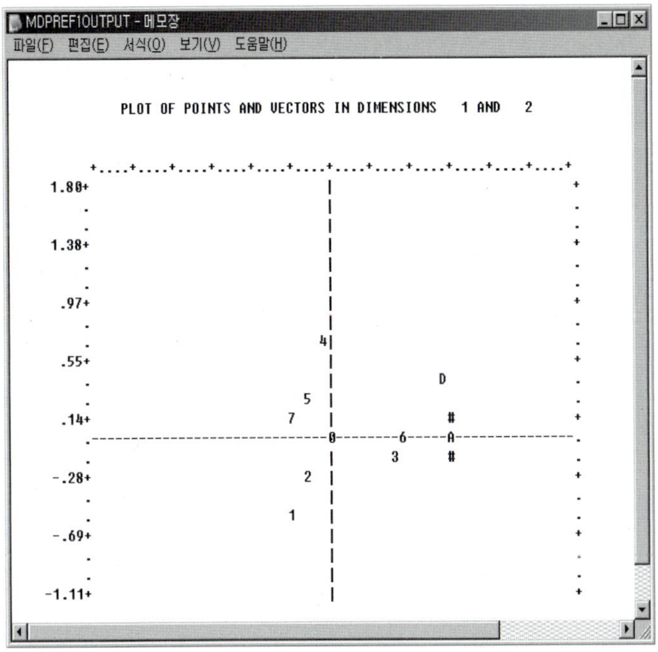

• MPPREF분석을 통해 도출된 결과로서 입력된 상표점에 대한 속성의 평가 선호도에 따라 포지셔닝 맵상의 상표점의 좌표와 속성에 대한 벡터의 좌표값이 동시에 포지셔닝 맵상에 도출되었다.

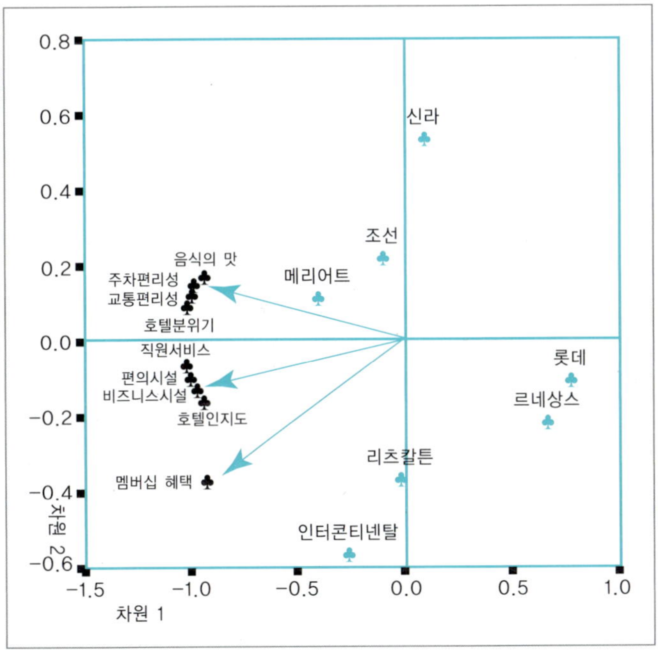

• 엑셀로 정리한 포지셔닝 맵을 살펴보면 대부분의 속성 평가항목이 인터콘티넨탈, 메리어트, 리츠칼튼호텔에 전체적으로 높게 평가되고 있는 반면, 르네상스와 롯데호텔은 상대적으로 낮게 평가되고 있음을 알 수 있다.

3.5 맵상에 나타내고자 하는 내용이 상표점과 속성점일 경우(PREFMAP)

1) 1단계 : 자료수집

설문항목

평가항목	인터콘티넨탈	리츠칼튼	르네상스	신라	조선	롯데	메리어트
1. 교통의 편리성							
2. 비즈니스시설							
3. 호텔의 인지도							
4. 직원 서비스							
5. 각종 편의시설							
6. 멤버십 혜택							
7. 호텔 분위기							
8. 주차의 편리성							
9. 음식의 맛							

• 상표점과 응답자 간의 이상점 및 이상점 벡터를 구하기 위한 PREFMAP 입력자료의 설문항목으로서 7개의 상표점(호텔)에 대한 9개의 속성점과의 관계에 대한 맵을 나타내기 위한 응답자들의 선호순서를 질문하는 방법이다.

응답결과

평가항목	인터콘티넨탈	리츠칼튼	르네상스	신라	조선	롯데	메리어트
1. 교통의 편리성	3.4	3.6	5.2	3.5	3.7	5.7	3.2
2. 비즈니스시설	3.3	3.6	4.9	3.9	3.8	5.1	3.7
3. 호텔의 인지도	3.3	3.5	4.9	3.9	3.7	5.4	3.6
4. 직원 서비스	3.5	3.7	4.7	4.1	3.9	4.8	3.6
5. 각종 편의시설	3.3	3.7	5.0	4.2	3.9	5.1	3.1
6. 멤버십 혜택	3.2	3.5	4.8	4.4	3.9	4.9	3.6
7. 호텔 분위기	3.6	3.8	4.9	3.9	3.5	5.3	3.3
8. 주차의 편리성	3.7	3.8	5.1	3.9	3.6	4.7	3.5
9. 음식의 맛	3.7	3.8	5.1	3.9	3.6	4.8	3.4

• 응답자 20명의 응답결과를 평균한 자료로서 수치가 낮을수록 높은 선호도를 나타낸다.
응답결과를 보면 인터콘티넨탈, 메리어트 호텔에 대한 평가속성의 선호도가 높게 나타나고 있는 반면, 르네상스, 롯데호텔의 평가속성의 선호도는 전체적으로 낮게 평가됨을 알 수 있다.

2) 2단계 : PC-MDS PREFMAP 실행

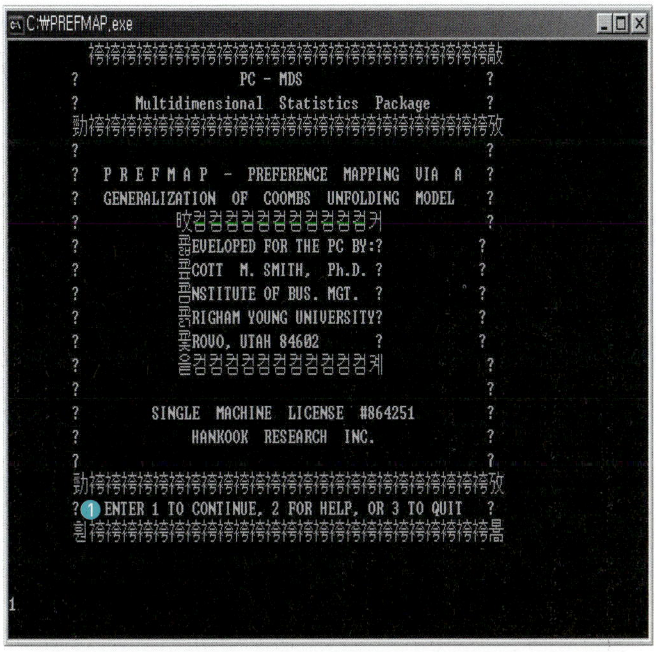

- ❶ PREFMAP을 실행시킨 초기화면이다. 지시대로 계속 프로그램을 실행하려면 1번을 누른 후 Enter를 누른다.

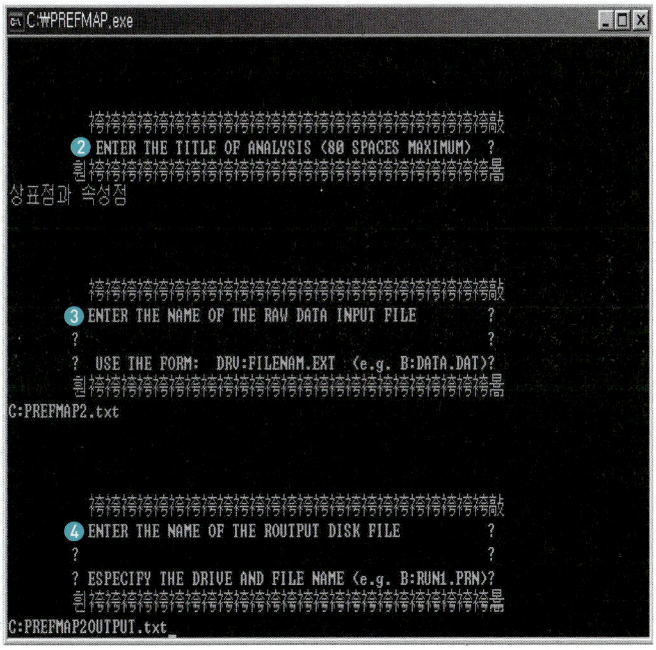

- ❷ PREFMAP분석 시 사용하려는 분석의 제목을 입력한다. 여기서는 '상표점과 속성점'이라는 분석제목을 입력하였다.
- ❸ 분석 시 사용하려는 입력파일의 경로를 지정한다. 현재 예에서는 C드라이브에 PREFMAP2.txt라는 파일을 사용한다는 의미이다.
- ❹ 분석 실행 후 만들어지는 결과파일의 경로지정과 이름, 확장자명을 입력한다. 본 예에서는 결과파일로 C드라이브에 PREFMAP2OUTPUT.txt라는 파일을 생성한다는 의미이다. 다음 Enter를 누른다.

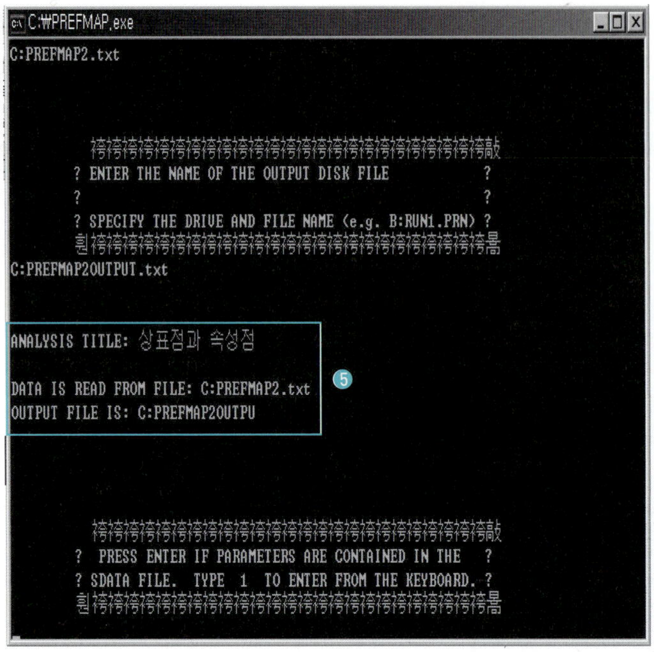

- ⑤ 그림과 같이 분석제목과 불러올 파일, 결과를 생성할 파일이 나타나며 여기서 Enter를 누르면 프로그램이 실행된 후 앞서 지정한 C드라이브에 PREFIT2OUTPUT.txt라는 결과파일이 생성된다.

3) 3단계 : 분석결과 및 해석

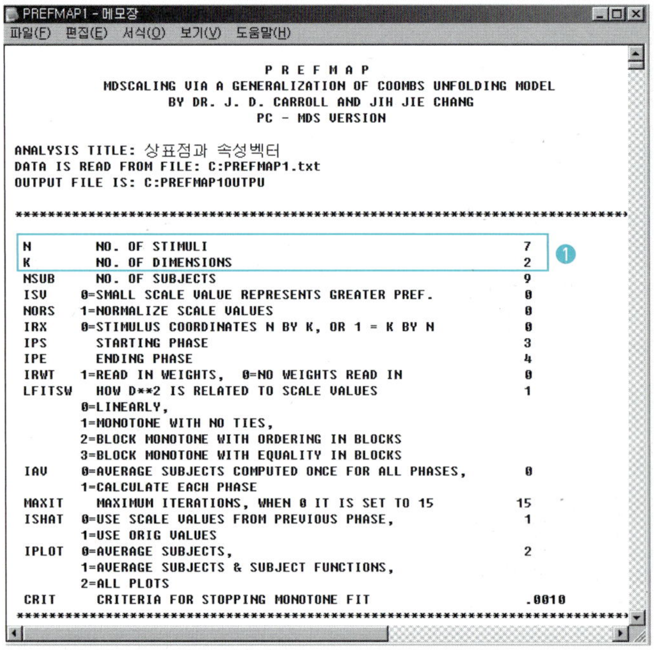

- ① 상표점은 7개, 속성점은 9개이며 도출된 맵의 차원은 2차원이라는 것을 알 수 있다.

```
PREFMAP1 - 메모장
파일(F) 편집(E) 서식(O) 보기(V) 도움말(H)

DIMENSION        1              2
STIMULI
  1          -.62200         .96900
  2          -.55500         .75000
  3          1.46600        1.29600
  4   ②      -.12000        -.41600
  5          -.81700        -.93100
  6          1.83500       -1.04300
  7         -1.18700        -.62500

DIRECTION COSINES OF FITTED SUBJECT VECTORS
                        DIMENSION
SUBJECT         1          2
      1     -.9948      .1021
      2     -.9582      .2862
      3     -.9504      .3111
      4     -.9685      .2490
      5     -.9896      .1436
      6  ③  -.9266      .3759
      7     -.9995      .0317
      8     -.9676     -.2524
      9     -.9762     -.2168
  AVG R     -.9918      .1282
```

- ② PREFMAP분석을 통해 도출된 평가속성의 포지셔닝 맵상의 좌표값을 의미한다.
- ③ 입력된 자극점의 좌표값으로 상표점의 위치가 고정된 상태에서 해당 평가속성의 좌표값이 되었다.

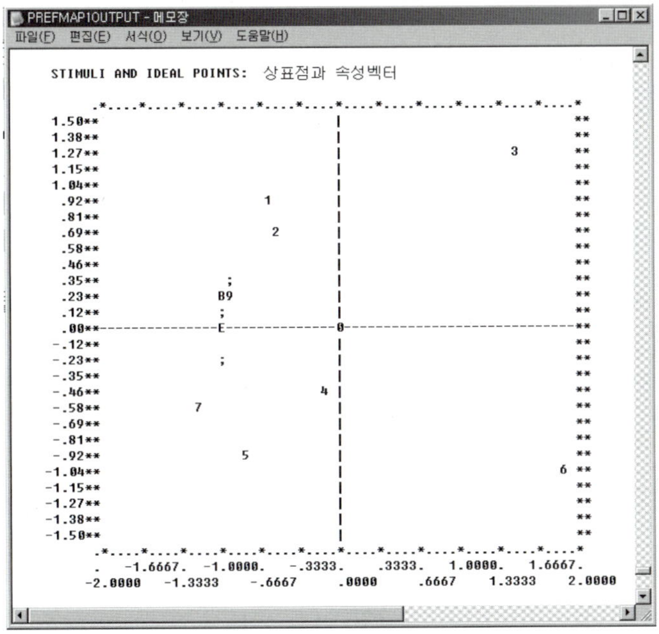

- PREFMAP분석을 통해 도출된 결과로서 입력된 자극점의 좌표값으로 상표점의 위치가 고정된 상태에서 각각의 속성점이 포지셔닝 맵상에 도출되었다.

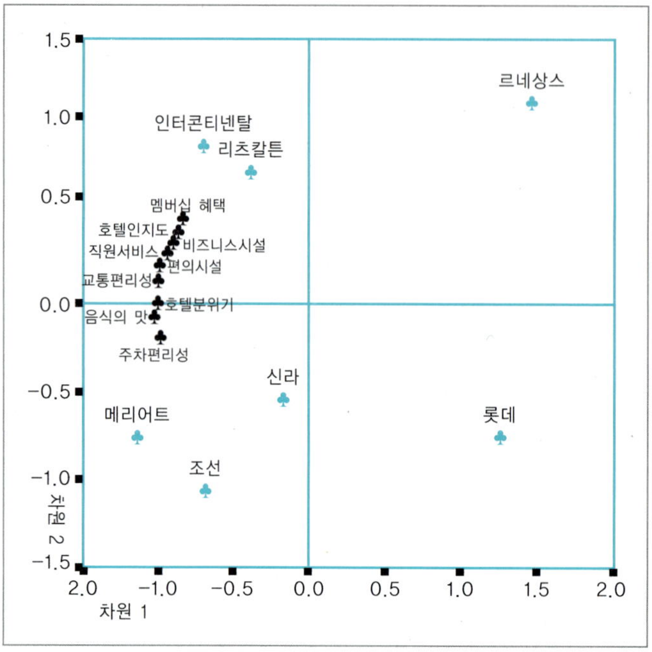

• 엑셀로 정리하여 도출된 포지셔닝 맵을 살펴보면 대부분의 속성 평가항목이 인터콘티넨탈, 메리어트, 리츠칼튼호텔에 전체적으로 높게 평가되고 있는 반면 르네상스, 롯데 호텔은 상대적으로 낮게 평가되고 있음을 알 수 있다.

3.6 맵상에 나타내고자 하는 내용이 상표점과 응답자 속성벡터일 경우 (PREFMAP)

1) 1단계 : 자료수집

설문항목

호텔	순위
1. 인터콘티넨탈	
2. 리츠칼튼	
3. 르네상스	
4. 신라	
5. 조선	
6. 롯데	
7. 메리어트	

• 상표점과 응답자 간의 이상점 및 이상점 벡터를 구하기 위한 PREFMAP 입력자료의 설문항목으로서 7개의 상표점(호텔)에 대한 응답자들의 선호순서를 질문하는 방법이다.

```
❶ 7 2 20 0 0 0 3 4 0 1 0 15 1 2 1
(3X, 2F7.3)
1 -0.622   0.969
2 -0.555   0.750
3  1.466   1.296
4 -0.120  -0.416
5 -0.817  -0.931
6  1.835  -1.043
7 -1.187  -0.625
(7F2.0)
5 3 4 6 1 7 2
1 2 6 3 4 7 5
2 1 6 4 3 7 5
1 5 4 2 7 3 6
2 3 7 4 5 6 1
3 2 7 5 4 6 1
1 7 4 2 5 6 3
5 3 4 2 6 7 1
4 1 6 7 5 2 3
1 2 6 7 4 3 5   ❷
5 6 4 3 1 2 7
3 1 5 4 2 6 7
6 2 7 3 4 1 5
1 2 7 4 3 6 5
3 6 5 1 7 4 2
5 1 4 2 7 6 3
1 4 3 7 2 6 5
4 7 3 6 1 5 2
3 5 7 1 2 6 4
```

- ❶ 프로그램 수행을 위한 옵션으로서 차례대로
  7 = 상표점의 수
  2 = 차원의 수
  20 = 응답자의 수
  0 = 높은 선호도일수록 작은 수치로 나타난다.
  0 = 분석 전에 행 단위로 표준화할 필요 없다.
  0 = 입력자료가 (자극*차원)의 형태로 입력된다.
  3 = 시작되는 분석결과(=이상점 모델)
  4 = 종료되는 분석결과(=벡터 모델)
  0 = 가중치가 입력되지 않음을 의미한다.
  1 = 입력자료의 척도
  0 = 입력된 자료의 평균값 인식
  15 = 최대 순환횟수
  1 = 입력된 값을 사용한다.
  2 = 모든 결과를 출력한다.
  1 = 적합도의 종료값
- ❷ 응답자 20명의 상표점(=호텔)에 대한 선호도를 평가한 자료로서 차례대로 총 20개의 응답치가 입력된다.

2) 2단계 : PC-MDS PREFMAP 실행

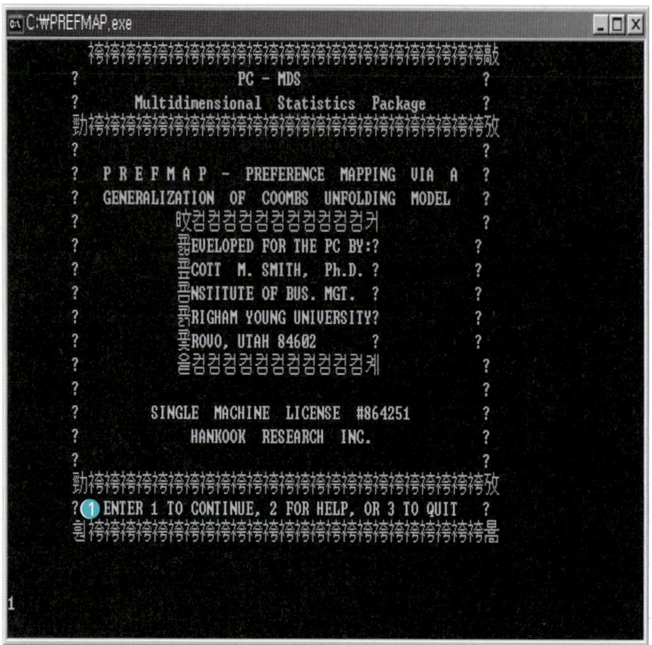

- ❶ PREFMAP을 실행시킨 초기화면이다. 지시대로 계속 프로그램을 실행하려면 1번을 누른 후 Enter를 누른다.

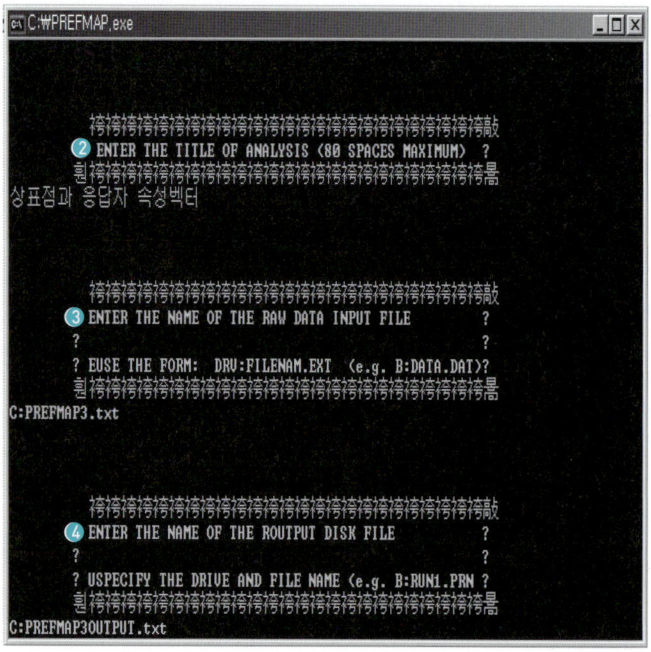

- ❷ PREFMAP분석 시 사용하려는 분석의 제목을 입력한다. 여기서는 '상표점과 응답자 속성벡터' 라는 분석 제목을 입력하였다.
- ❸ 분석 시 사용하려는 입력파일의 경로를 지정한다. 현재 예에서는 C드라이브에 PREFMAP3.txt라는 파일을 사용한다는 의미이다.
- ❹ 분석 실행 후 만들어지는 결과파일의 경로지정과 이름, 확장자명을 입력한다. 본 예에서는 결과파일로 C드라이브에 PREFMAP3OUTPUT.txt라는 파일을 생성한다는 의미이다. 다음 Enter를 누른다.

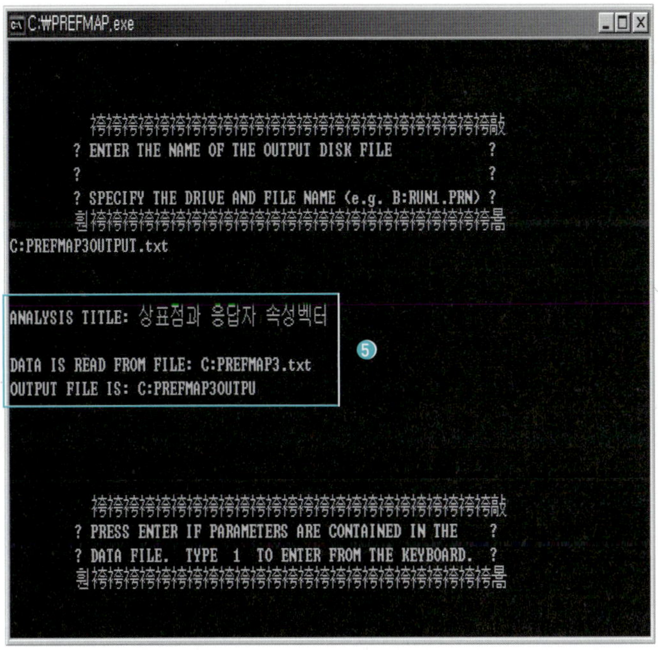

• ⑤ 그림과 같이 분석제목과 불러올 파일, 결과를 생성할 파일이 나타나며 여기서 Enter를 누르면 프로그램이 실행된 후 앞서 지정한 C드라이브에 PREFIT3OUTPUT.txt라는 결과파일이 생성된다.

3) 3단계 : 분석결과 및 해석

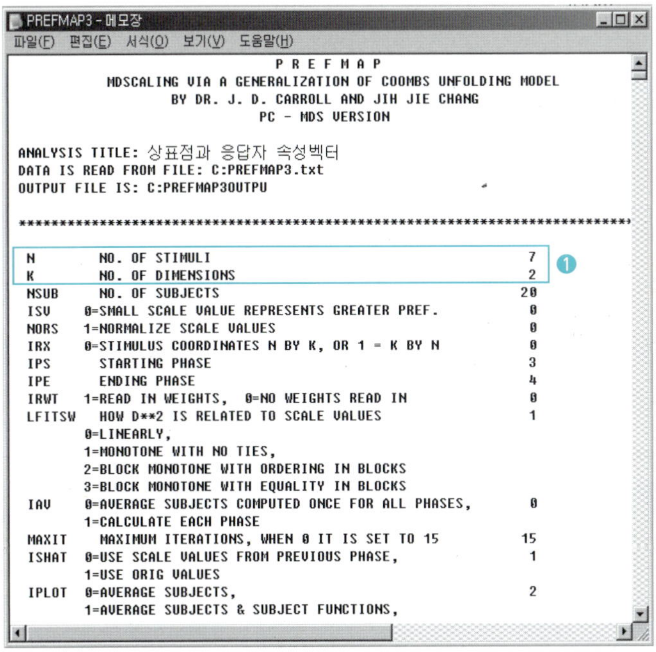
```
PREFMAP3 - 메모장
파일(F) 편집(E) 서식(O) 보기(V) 도움말(H)
                              P R E F M A P
            MDSCALING VIA A GENERALIZATION OF COOMBS UNFOLDING MODEL
                    BY DR. J. D. CARROLL AND JIH JIE CHANG
                              PC - MDS VERSION

 ANALYSIS TITLE: 상표점과 응답자 속성벡터
 DATA IS READ FROM FILE: C:PREFMAP3.txt
 OUTPUT FILE IS: C:PREFMAP3OUTPU

 *****************************************************************************

  N        NO. OF STIMULI                                         7   ①
  K        NO. OF DIMENSIONS                                      2
  NSUB     NO. OF SUBJECTS                                       20
  ISU    0=SMALL SCALE VALUE REPRESENTS GREATER PREF.             0
  NORS   1=NORMALIZE SCALE VALUES                                 0
  IRX    0=STIMULUS COORDINATES N BY K, OR 1 = K BY N             0
  IPS      STARTING PHASE                                         3
  IPE      ENDING PHASE                                           4
  IRWT   1=READ IN WEIGHTS,  0=NO WEIGHTS READ IN                 0
  LFITSW   HOW D**2 IS RELATED TO SCALE VALUES                    1
         0=LINEARLY,
         1=MONOTONE WITH NO TIES,
         2=BLOCK MONOTONE WITH ORDERING IN BLOCKS
         3=BLOCK MONOTONE WITH EQUALITY IN BLOCKS
  IAV    0=AVERAGE SUBJECTS COMPUTED ONCE FOR ALL PHASES,         0
         1=CALCULATE EACH PHASE
  MAXIT    MAXIMUM ITERATIONS, WHEN 0 IT IS SET TO 15            15
  ISHAT  0=USE SCALE VALUES FROM PREVIOUS PHASE,                  1
         1=USE ORIG VALUES
  IPLOT  0=AVERAGE SUBJECTS,                                      2
         1=AVERAGE SUBJECTS & SUBJECT FUNCTIONS,
```

• ① 상표점은 7개이며, 도출된 맵의 차원은 2차원이라는 것을 알 수 있다.

PREFMAP3 - 메모장

파일(F) 편집(E) 서식(O) 보기(V) 도움말(H)

STIMULI COORDINATES

STIMULI	DIMENSION 1	DIMENSION 2
1	-.62200	.96900
2	-.55500	.75000
3	1.46600	1.29600
4	-.12000	-.41600
5	-.81700	-.93100
6	1.83500	-1.04300
7	-1.18700	-.62500

❷

DIRECTION COSINES OF FITTED SUBJECT VECTORS

SUBJECT	DIMENSION 1	DIMENSION 2
1	-.7329	.6803
2	-.9485	.3167
3	-.9745	.2244
4	-.9999	.0161
5	-.9976	-.0686
6	-.9993	-.0372
7	-.9830	.1834
8	-.6646	.7472
9	-.7806	-.6250
10	-.8112	.5848
11	.0013	-1.0000
12	-.9941	.1084
13	-.4725	-.8813
14	-.9997	-.0249
15	-.9547	-.2974
16	-.3742	.9273
17	-.7160	.6982
18	-.6671	-.7450
19	-.8500	-.5269
20	.3249	-.9458
AVG R	-.9999	.0109

❸

- ❷ PREFMAP분석을 통해 도출된 평가속성벡터의 포지셔닝 맵상의 좌표값을 의미한다.
- ❸ 입력된 자극점의 좌표값으로 상표점의 위치가 고정된 상태에서 해당 평가속성의 좌표값이 도출되었다.

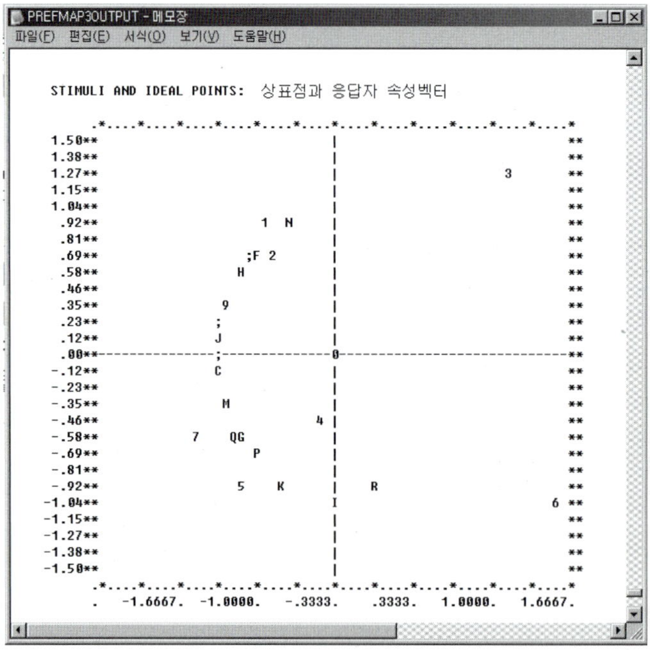

- PREFMAP분석을 통해 도출된 결과로서 입력된 자극점의 좌표값으로 상표점의 위치가 고정된 상태에서 응답자의 이상점 벡터가 포지셔닝 맵상에 도출되었다.

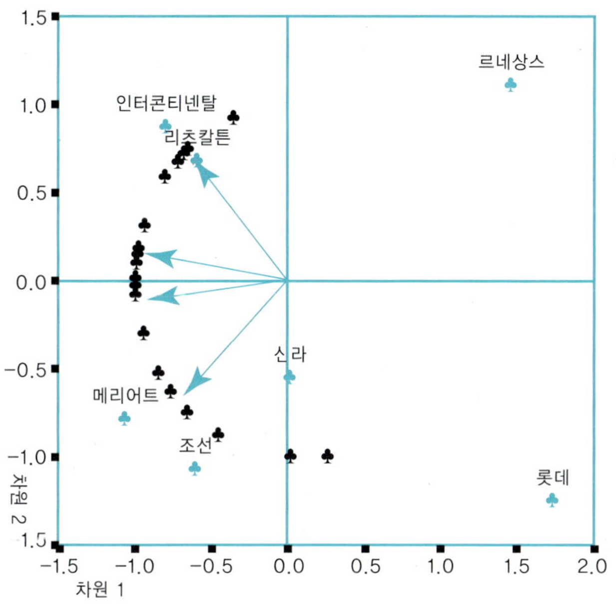

• 엑셀로 정리하여 도출된 포지셔닝 맵을 살펴보면 응답자의 이상점 벡터들이 인터콘티넨탈, 메리어트, 리츠칼튼호텔에 높은 선호의 방향성을 가지는 반면 르네상스와 롯데호텔은 상대적으로 낮은 선호도로 평가되고 있음을 알 수 있다.

3.7 맵상에 나타내고자 하는 내용이 상표점과 응답자 속성벡터일 경우 (MDPREF)

1) 1단계 : 자료수집

설문항목

호텔	순위
1. 인터콘티넨탈	
2. 리츠칼튼	
3. 르네상스	
4. 신라	
5. 조선	
6. 롯데	
7. 메리어트	

• 상표점과 응답자 간의 이상점 벡터를 구하기 위한 MDPREF 입력자료의 설문항목으로서 7개의 상표점(호텔)에 대한 응답자들의 선호순서를 질문하는 방법이다.

```
20  7  2  2  1  0   ❶
(7F2.0)
5346172
1263475
2164375
1542736
2374561
3275461
1742563
5342671
4167523
1267435   ❷
5643127
3154267
6273415
1274365
3651742
5142763
1437265
4736152
3571264
```

• ❶ 프로그램 수행을 위한 옵션으로서 차례대로
20 = 응답자의 수
7 = 상표점의 수
2 = 산출되는 차원의 수
2 = 작도되는 차원의 수
1 = 상표점의 좌표를 축별로 센터링함
0 = 분석 전에 행 단위로 표준화

• ❷ 응답자 20명의 상표점(=호텔)에 대한 선호도를 평가한 자료로서 차례대로 총 20개의 응답치가 입력된다.

2) 2단계 : PC-MDS MDPREF 실행

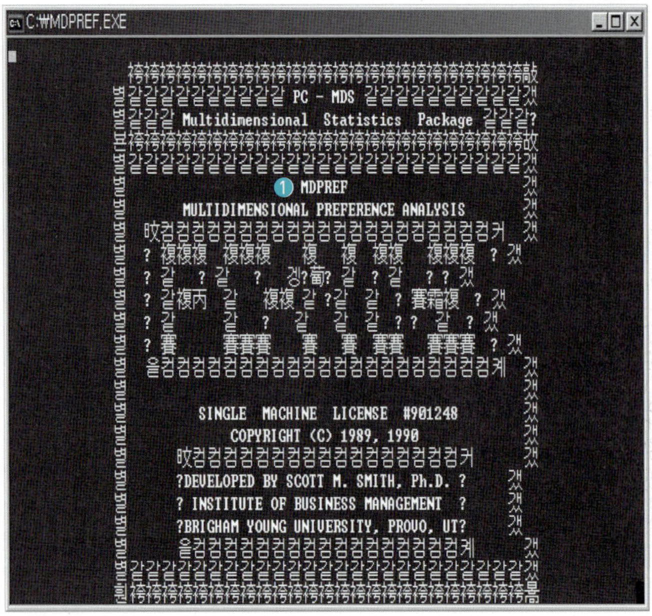

• ❶ MDPREF을 실행시킨 초기화면이다.

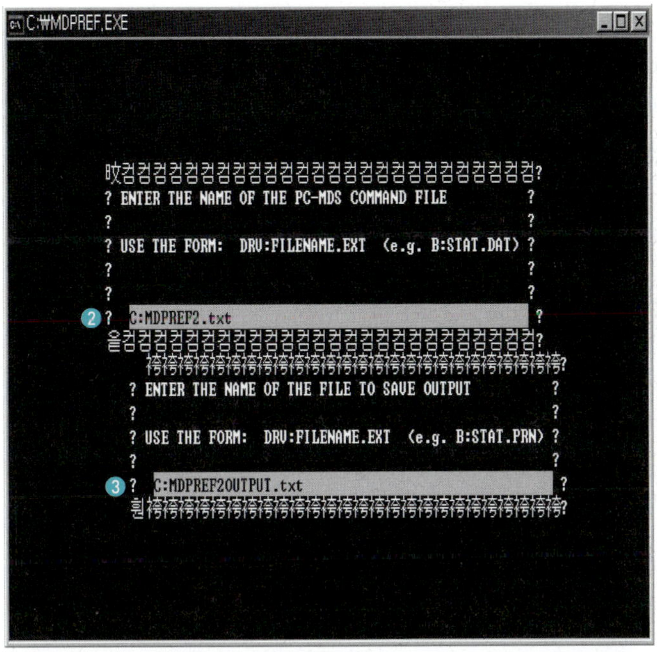

- ❷ 분석 시 사용하려는 입력파일의 경로를 지정한다. 현재 예에서는 C드라이브에 MDPREF2.txt라는 파일을 사용한다는 의미이다.
- ❸ 분석 실행 후 만들어지는 결과파일의 경로지정과 이름, 확장자명을 입력한다. 본 예에서는 결과파일로 C드라이브에 MDPREF2OUTPUT.txt라는 파일을 생성한다는 의미이다. 다음 Enter를 누른다.

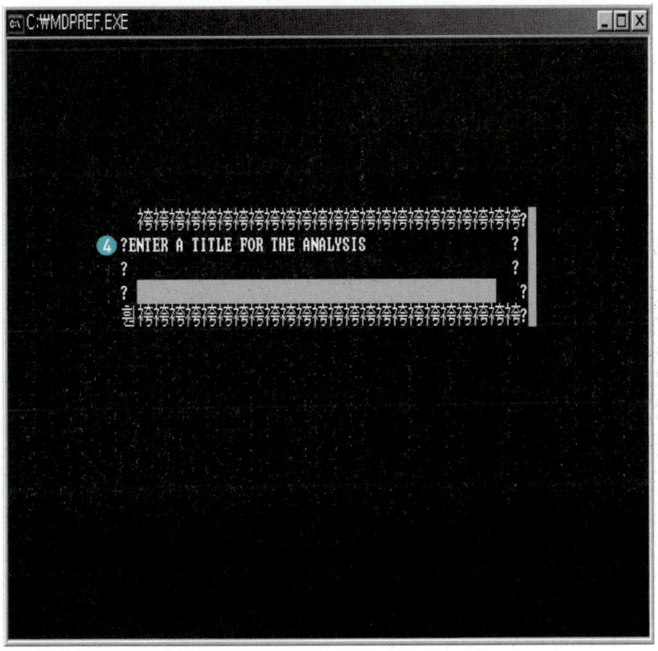

- ❹ MDPREF분석 시 사용할 분석제목을 입력한 후 Enter를 누르면 분석이 실행되고 C드라이브에 결과파일인 MDPREF2OUTPUT.txt 파일이 생성된 것을 알 수 있다.

• ❺ 다음과 같은 화면이 나타나며 Enter를 누르면 분석이 실행된다.

3) 3단계 : 분석결과 및 해석

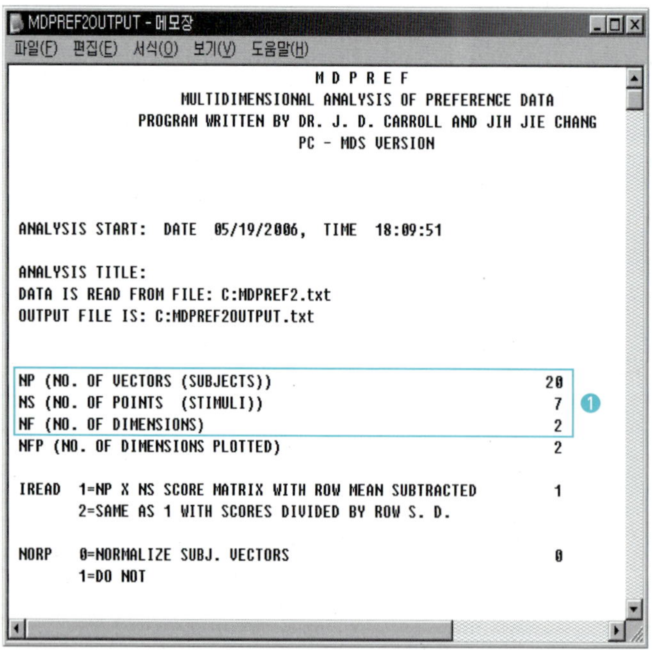

• ❶ 응답자는 20명, 상표점은 7개이고 도출된 맵의 차원은 2차원이라는 것을 알 수 있다.

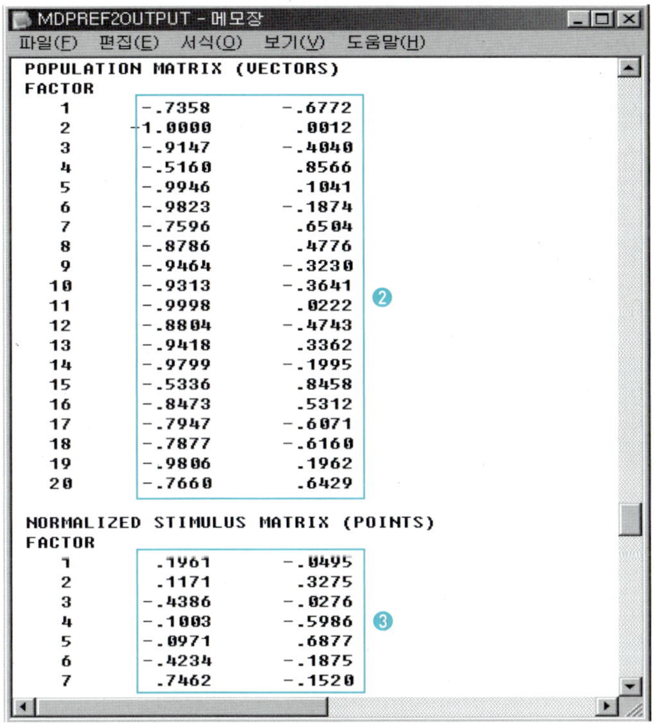

MDPREF2OUTPUT - 메모장

파일(F) 편집(E) 서식(O) 보기(V) 도움말(H)

POPULATION MATRIX (VECTORS)

FACTOR		
1	-.7358	-.6772
2	-1.0000	.0012
3	-.9147	-.4040
4	-.5160	.8566
5	-.9946	.1041
6	-.9823	-.1874
7	-.7596	.6504
8	-.8786	.4776
9	-.9464	-.3230
10	-.9313	-.3641
11	-.9998	.0222
12	-.8804	-.4743
13	-.9418	.3362
14	-.9799	-.1995
15	-.5336	.8458
16	-.8473	.5312
17	-.7947	-.6071
18	-.7877	-.6160
19	-.9806	.1962
20	-.7660	.6429

NORMALIZED STIMULUS MATRIX (POINTS)

FACTOR		
1	.1961	-.0495
2	.1171	.3275
3	-.4386	-.0276
4	-.1003	-.5986
5	-.0971	.6877
6	-.4234	-.1875
7	.7462	-.1520

• ❷ MDPREF분석을 통해 도출된 상표점에 대한 응답자 20명 벡터의 포지셔닝 맵상의 좌표값을 나타내는 것으로 MPPREF분석에는 높은 선호도일수록 낮은 수치를 갖는다는 옵션이 없으므로 대칭상에 좌표값을 도출해야 한다.

• ❸ MDPREF분석을 통해 도출된 자극점의 좌표값으로 상표점의 좌표가 입력된 선호자료에 따라 결정되므로 MDPREF 분석방법을 인터널 언폴딩(Internal Unfolding)이라 한다.

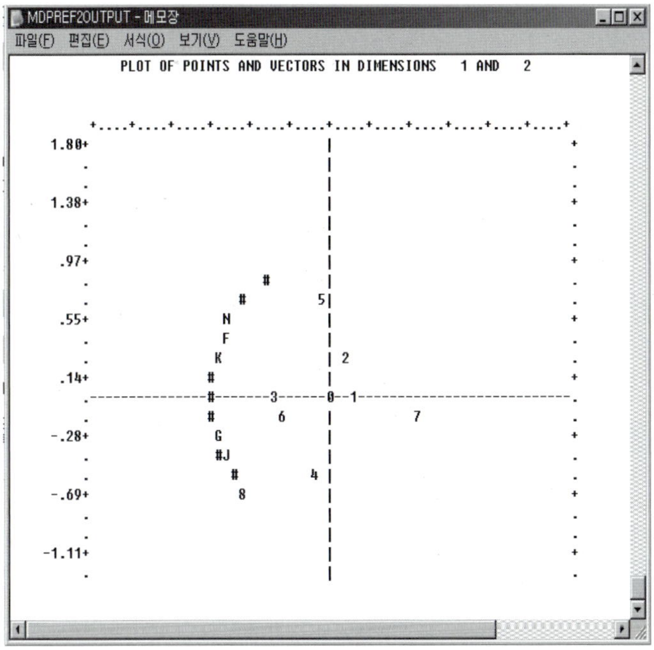

• MDPREF분석을 통해 도출된 결과로서 입력된 상표점에 대한 응답자의 평가 선호도에 따라 포지셔닝 맵상의 상표점의 좌표와 상표점에 대한 응답자의 이상점 벡터의 좌표값이 동시에 포지셔닝 맵상에 도출되었다.

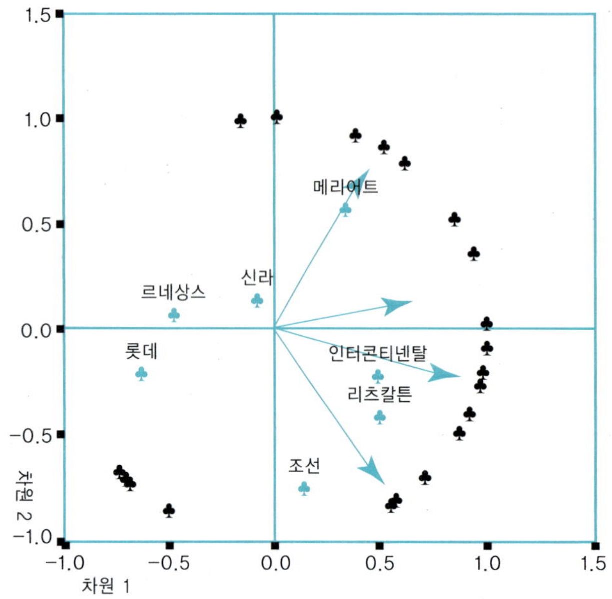

• 엑셀로 정리한 포지셔닝 맵을 살펴보면 인터콘티넨탈, 메리어트, 리츠칼튼호텔이 응답자들에게 전체적으로 높게 평가되고 있는 반면 르네상스와 롯데호텔은 상대적으로 낮게 평가되고 있음을 알 수 있다.

3.8 맵상에 나타내고자 하는 내용이 상표점과 응답자 속성점일 경우 (PREFMAP)

1) 1단계 : 자료수집

설문항목

호텔	순위
1. 인터콘티넨탈	
2. 리츠칼튼	
3. 르네상스	
4. 신라	
5. 조선	
6. 롯데	
7. 메리어트	

• 상표점과 응답자 간의 이상점 및 이상점 벡터를 구하기 위한 PREFMAP 입력자료의 설문항목으로서 7개의 상표점(호텔)에 대한 응답자들의 선호순서를 질문하는 방법이다.

```
❶ 7 2 20 0 0 0 3 4 0 1 0 15 1 2 1
(3X, 2F7.3)
1 -0.622  0.969
2 -0.555  0.750
3  1.466  1.296
4 -0.120 -0.416
5 -0.817 -0.931
6  1.835 -1.043
7 -1.187 -0.625
(7F2.0)
5346172
1263475
2164375
1542736
2374561
3275461
1742563
5342671
4167523
1267435  ❷
5643127
3154267
6273415
1274365
3651742
5142763
1437265
4736152
3571264
```

- ❶ 프로그램 수행을 위한 옵션으로서 차례대로
  7 = 상표점의 수
  2 = 차원의 수
  20 = 응답자의 수
  0 = 높은 선호도일수록 작은 수치로 나타난다.
  0 = 분석 전에 행 단위로 표준화할 필요 없다.
  0 = 입력자료가 (자극*차원)의 형태로 입력된다.
  3 = 시작되는 분석결과(=이상점 모델)
  4 = 종료되는 분석결과(=벡터 모델)
  0 = 가중치가 입력되지 않는다.
  1 = 입력자료의 척도
  0 = 입력된 자료의 평균값 인식
  15 = 최대 순환횟수
  1 = 입력된 값을 사용한다.
  2 = 모든 결과를 출력한다.
  1 = 적합도의 종료값
- ❷ 응답자 20명의 상표점(=호텔)에 대한 선호도를 평가한 자료로서 차례대로 총 20개의 응답치가 입력된다.

2) 2단계 : PC-MDS PREFMAP 실행

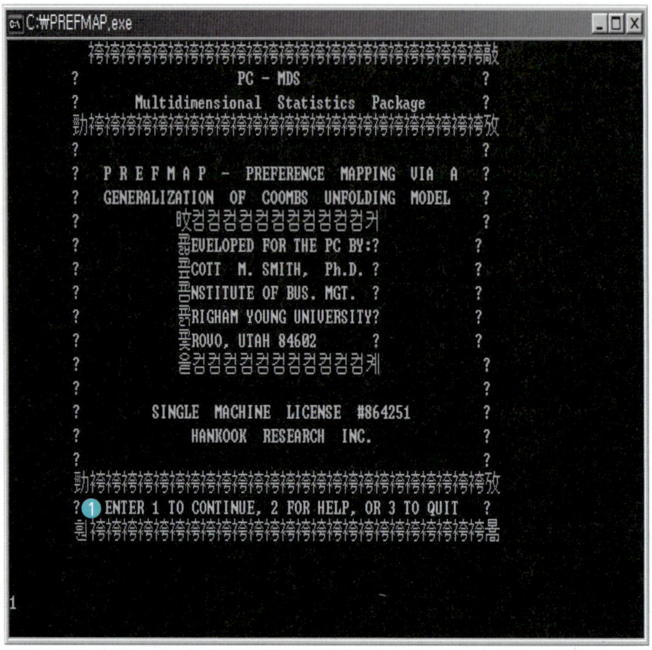

• ❶ PREFMAP을 실행시킨 초기화면이다. 지시대로 계속 프로그램을 실행하려면 1번을 누른 후 Enter를 누른다.

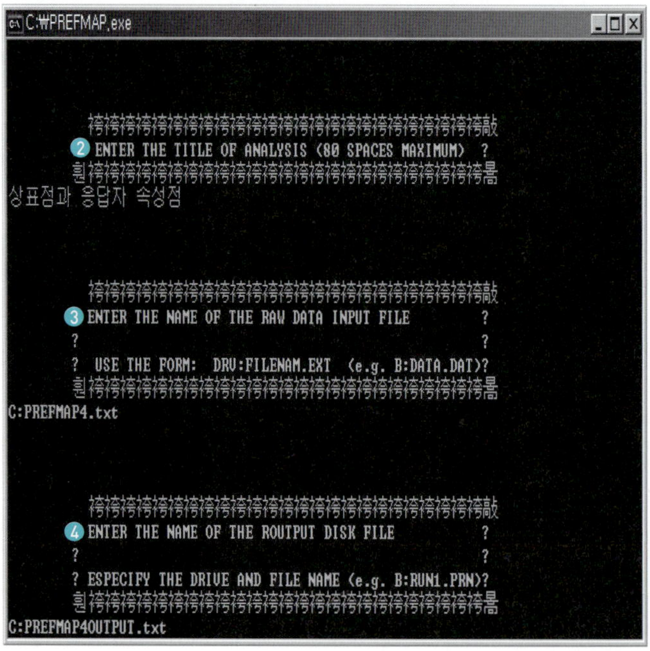

• ❷ PREFMAP분석 시 사용하려는 분석의 제목을 입력한다. 여기서는 '상표점과 응답자 속성점'이라는 분석제목을 입력하였다.

• ❸ 분석 시 사용하려는 입력파일의 경로를 지정한다. 현재 예에서는 C드라이브에 PREFMAP4.txt라는 파일을 사용한다는 의미이다.

• ❹ 분석 실행 후 만들어지는 결과파일의 경로지정과 이름, 확장자명을 입력한다. 본 예에서는 결과파일로 C드라이브에 PREFMAP4OUTPUT.txt라는 파일을 생성한다는 의미이다. 다음 Enter를 누른다.

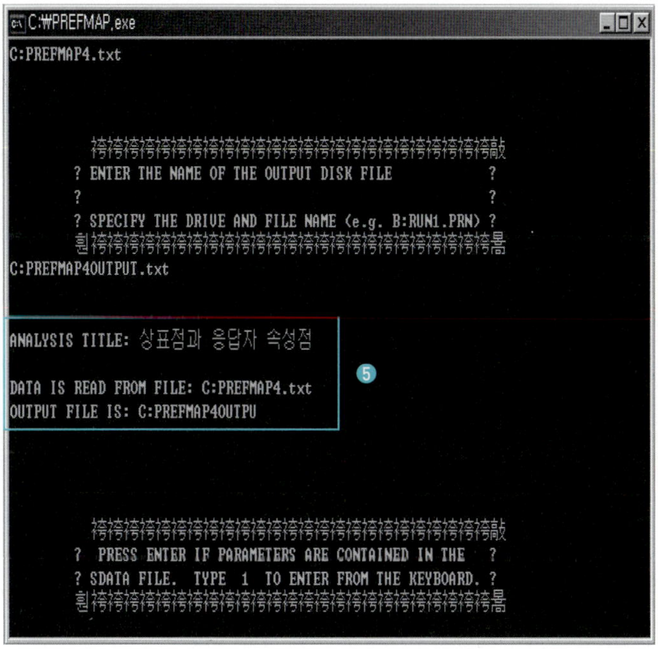

```
C:\PREFMAP.exe
C:PREFMAP4.txt

? ENTER THE NAME OF THE OUTPUT DISK FILE          ?
?                                                 ?
? SPECIFY THE DRIVE AND FILE NAME (e.g. B:RUN1.PRN) ?
C:PREFMAP4OUTPUT.txt

ANALYSIS TITLE: 상표점과 응답자 속성점

DATA IS READ FROM FILE: C:PREFMAP4.txt
OUTPUT FILE IS: C:PREFMAP4OUTPU

?  PRESS ENTER IF PARAMETERS ARE CONTAINED IN THE  ?
? SDATA FILE.  TYPE  1  TO ENTER FROM THE KEYBOARD. ?
```

- ⑤ 그림과 같이 분석제목과 불러올 파일, 결과를 생성할 파일이 나타나며 여기서 Enter를 누르면 프로그램이 실행된 후 앞서 지정한 C드라이브에 PREFMAP4OUTPUT.txt라는 결과파일이 생성된다.

3) 3단계 : 분석결과 및 해석

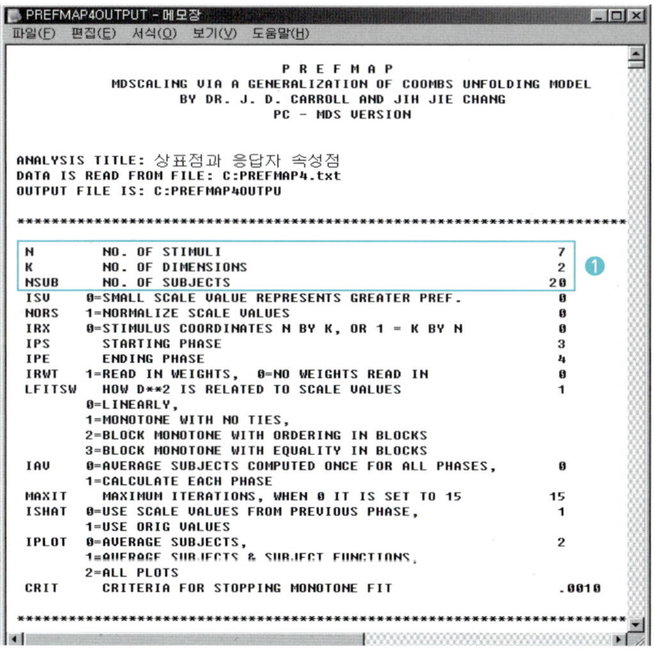

```
PREFMAP4OUTPUT - 메모장
파일(F) 편집(E) 서식(O) 보기(V) 도움말(H)

                        P R E F M A P
         MDSCALING VIA A GENERALIZATION OF COOMBS UNFOLDING MODEL
                BY DR. J. D. CARROLL AND JIH JIE CHANG
                          PC - MDS VERSION

ANALYSIS TITLE: 상표점과 응답자 속성점
DATA IS READ FROM FILE: C:PREFMAP4.txt
OUTPUT FILE IS: C:PREFMAP4OUTPU

************************************************************************

 N         NO. OF STIMULI                                          7
 K         NO. OF DIMENSIONS                                       2
 NSUB      NO. OF SUBJECTS                                        20
 ISV     0=SMALL SCALE VALUE REPRESENTS GREATER PREF.              0
 NORS    1=NORMALIZE SCALE VALUES                                  0
 IRX     0=STIMULUS COORDINATES N BY K, OR 1 = K BY N              0
 IPS       STARTING PHASE                                          3
 IPE       ENDING PHASE                                            4
 IRWT    1=READ IN WEIGHTS,  0=NO WEIGHTS READ IN                  0
 LFITSW    HOW D**2 IS RELATED TO SCALE VALUES                     1
         0=LINEARLY,
         1=MONOTONE WITH NO TIES,
         2=BLOCK MONOTONE WITH ORDERING IN BLOCKS
         3=BLOCK MONOTONE WITH EQUALITY IN BLOCKS
 IAV     0=AVERAGE SUBJECTS COMPUTED ONCE FOR ALL PHASES,          0
         1=CALCULATE EACH PHASE
 MAXIT     MAXIMUM ITERATIONS, WHEN 0 IT IS SET TO 15             15
 ISHAT   0=USE SCALE VALUES FROM PREVIOUS PHASE,                   1
         1=USE ORIG VALUES
 IPLOT   0=AVERAGE SUBJECTS,                                       2
         1=AVERAGE SUBJECTS & SUBJECT FUNCTIONS,
         2=ALL PLOTS
 CRIT      CRITERIA FOR STOPPING MONOTONE FIT                  .0010

************************************************************************
```

- ① 상표점이 7개, 응답자가 20명인 2차원의 맵이 도출되었다는 것을 알 수 있다.

PREFMAP4OUTPUT - 메모장

파일(F) 편집(E) 서식(O) 보기(V) 도움말(H)

```
COORDINATES OF IDEAL POINTS

DIMENSION          1            2
SUBJECTS
   1              .88724      -.34764
   2           -2.17819       .83348
   3            4.29078      -.93888
   4              .92573      -.05497
   5           -1.20647      -.17630
   6            1.90960      -.05238
   7              .93356      -.05530
   8             -.92458     1.61736
   9              .62056      -.09791
  10              .64162      -.11972
  11              .53952       .98414
  12            2.59894      -.34543
  13             -.34995    -2.11745
  14            3.57160      -.03943
  15              .10011      -.60312
  16             -.06775     1.45061
  17              .82028      -.25298
  18              .68885       .13344
  19             -.63067      -.81133
  20              .36165      -.29187
  21            1.31108      -.09170

SUBJECT   21 IS THE AVERAGE SUBJECT

STIMULI COORDINATES
DIMENSION          1            2
STIMULI
   1             -.62200       .96900
   2             -.55500       .75000
   3             1.46600      1.29600
   4             -.12000      -.41600
   5             -.81700      -.93100
   6             1.83500     -1.04300
   7            -1.18700      -.62500
```

• ❷ PREFMAP분석을 통해 도출된 20명의 포지셔닝 맵상의 이상점의 좌표값을 의미한다.

• ❸ 21번째 행은 응답자 20명의 이상점을 평균한 것으로서 상표점에 대한 평균 이상점이라고 할 수 있다.

PREFMAP4OUTPUT - 메모장

파일(F) 편집(E) 서식(O) 보기(V) 도움말(H)

```
STIMULI AND IDEAL POINTS:  상표점과 응답자 속성점

      .*....*....*....*....*....*....*....*....*....*....*....*....*
 1.50**                              |                             **
 1.38**                              |                             **
 1.27**                              |                     3       **
 1.15**                              |                             **
 1.04**                              |                             **
  .92**                     1  N     |                             **
  .81**                              |                             **
  .69**                   ;F 2       |                             **
  .58**                  H           |                             **
  .46**                              |                             **
  .35**                9             |                             **
  .23**               ;              |                             **
  .12**               J              |                             **
  .00**---------------;--------------0-----------------------------**
 -.12**               C              |                             **
 -.23**                              |                             **
 -.35**                M             |                             **
 -.46**                            4 |                             **
 -.58**            7    QG           |                             **
 -.69**                    P         |                             **
 -.81**                              |                             **
 -.92**                  5    K      |    R                        **
-1.04**                              I                         6 **
-1.15**                              |                             **
-1.27**                              |                             **
-1.38**                              |                             **
-1.50**                              |                             **
      .*....*....*....*....*....*....*....*....*....*....*....*....*
      .   -1.6667.  -1.0000.   -.3333.    .3333.   1.0000.   1.6667.
     -2.0000   -1.3333   -.6667    .0000     .6667   1.3333    2.0000
```

• PREFMAP분석을 통해 도출된 결과로서 입력된 자극점의 좌표값으로 상표점의 위치가 고정된 상태에서 응답자의 이상점(ideal point)이 포지셔닝 맵상에 도출되었다.

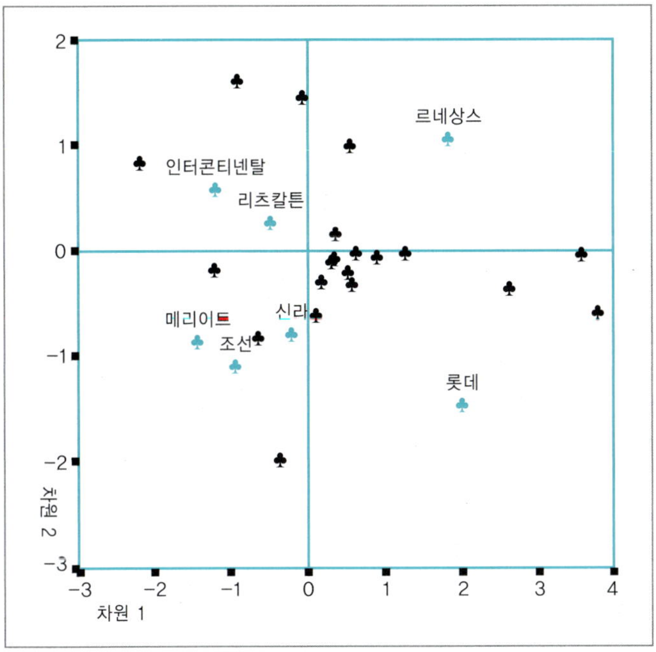

• 입력자료를 볼 때 인터콘티넨탈, 메리어트, 리츠칼튼에 대한 응답자의 선호도가 높은 데 반해, 포지셔닝 맵상에 도식된 결과, 응답자의 이상점의 분포가 입력자료와 정확히 일치되지 않음을 알 수 있다. 그 이유는 응답자별로 가장 선호하는 호텔과 가장 선호하지 않는 호텔의 중간지점에 이상점이 도식되었기 때문이다. 그러므로 PREFMAP분석의 이상점 모델은 SPSS를 통한 분석에 비해 결과적으로 부정확한 경향이 있다.

3.9 맵상에 나타내고자 하는 내용이 속성점과 응답자 선호벡터일 경우 (MDPREF)

1) 1단계 : 자료수집

설문항목

속성	순위
1. 교통의 편리성	
2. 비즈니스시설	
3. 호텔의 인지도	
4. 직원들의 서비스	
5. 편의시설의 다양성	
6. 멤버십 혜택	
7. 호텔 분위기	
8. 주차의 편리성	
9. 음식의 맛	

• 상표점과 응답자 간의 이상점 벡터를 구하기 위한 MDPREF 입력자료의 설문항목으로서 9개의 속성(평가항목)에 대한 응답자들의 선호순서를 질문하는 방법이다.

```
20  9  2  2  1  0   ❶
(9F2.0)
5346172
1263475
2164375
1542736
2374561
3275461
1742563
5342671
4167523
1267435   ❷
5643127
3154267
6273415
1274365
3651742
5142763
1437265
4736152
3571264
```

• ❶ 응답자 20명의 평가속성에 대한 선호도를 평가한 자료로서 차례대로 총 20개의 응답치가 입력된다.

2) 2단계 : PC-MDS MDPREF 실행

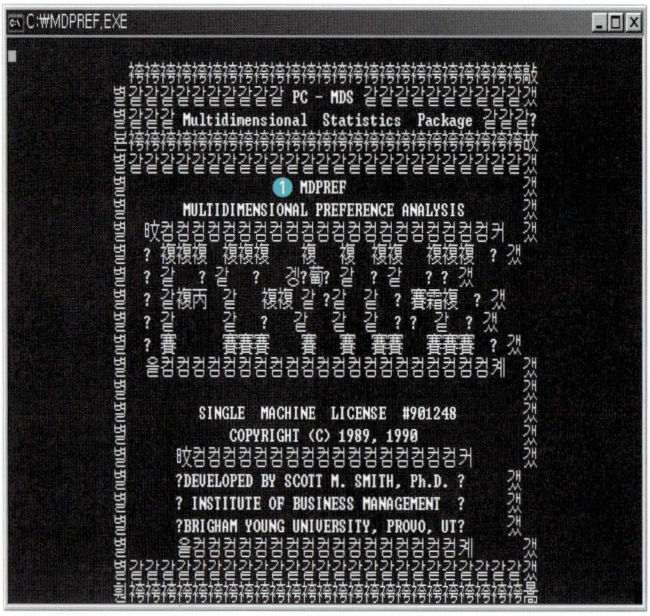

• ❶ MDPREF을 실행시킨 초기화면이다.

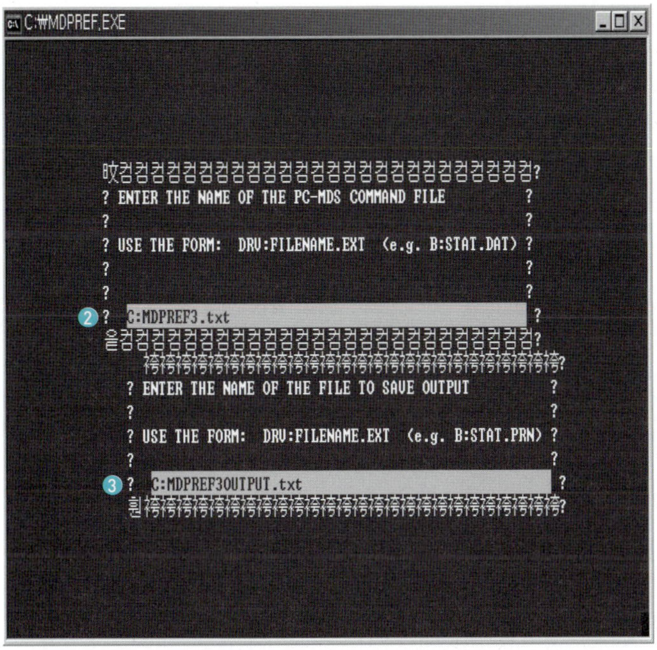

- ❷ 분석 시 사용하려는 입력파일의 경로를 지정한다. 현재 예에서는 C드라이브에 MDPREF3.txt라는 파일을 사용한다는 의미이다.
- ❸ 분석 실행 후 만들어지는 결과파일의 경로지정과 이름, 확장자명을 입력한다. 본 예에서는 결과파일로 C드라이브에 MDPREF3OUTPUT.txt라는 파일을 생성한다는 의미이다. 다음 Enter를 누른다.

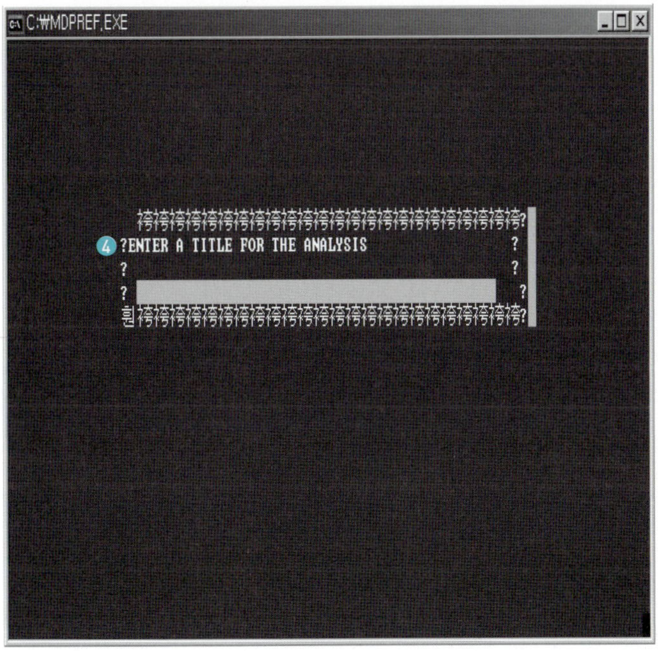

- ❹ MDPREF분석 시 사용할 분석제목을 입력한 후 Enter를 누르면 분석이 실행되고 C드라이브에 결과파일인 MDPREF3OUTPUT.txt 파일이 생성된 것을 알 수 있다.

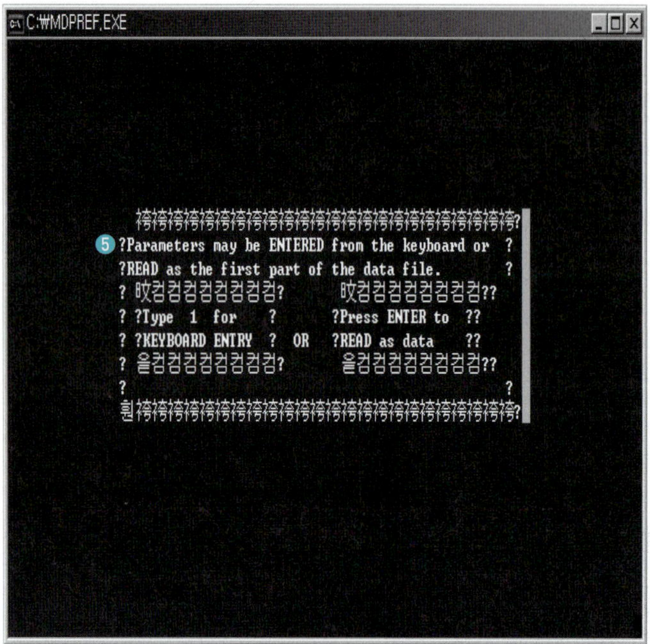

• ❺ 다음과 같은 화면이 나타나며 Enter를 누르면 분석이 실행된다.

3) 3단계 : 분석결과 및 해석

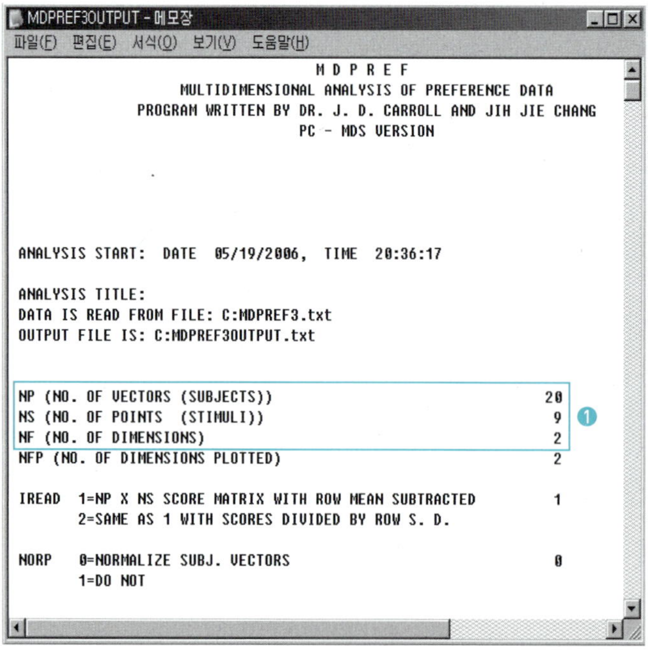

• ❶ 응답자 20명, 속성점이 9개인 2차원상의 맵이 도출되었다.

MDPREF3OUTPUT - 메모장

파일(F) 편집(E) 서식(O) 보기(V) 도움말(H)

POPULATION MATRIX (VECTORS)

FACTOR

1	-.9460	.3243
2	-.9977	.0677
3	-.6510	.7591
4	-.4979	.8673
5	-.5303	.8478
6	-.9627	-.2705
7	-.9748	-.2230
8	-.9604	-.2788
9	-.8562	-.5167
10	-.8026	.5965
11	-.9900	-.1407
12	-.8427	-.5383
13	-.9910	-.1341
14	-.4085	.9128
15	-.8165	-.5774
16	-.2613	.9652
17	-.9321	-.3623
18	-.9443	-.3292
19	-.9931	.1177
20	-.9998	.0215

❷

NORMALIZED STIMULUS MATRIX (POINTS)

FACTOR

1	.1530	.0637
2	.2396	.0570
3	-.0595	.8862
4	.1954	-.1312
5	-.1037	-.2601
6	-.2763	-.2029
7	-.2079	-.0111
8	-.5808	-.1856

❸

- ❷ MDPREF분석을 통해 도출된 평가 속성에 대한 응답자 20명 벡터의 포지셔닝 맵상의 좌표값을 나타내는 것이다.
- ❸ MDPREF분석을 통해 도출된 평가 속성의 좌표값을 의미한다.

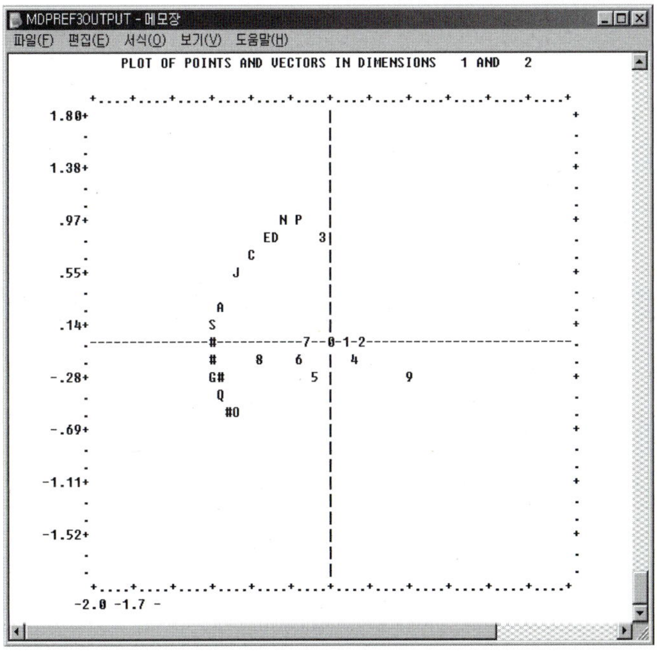

- MDPREF분석을 통해 도출된 결과로서 입력된 속성에 대한 응답자의 평가 선호도에 따라 포지셔닝 맵상의 상표점의 좌표와 속성에 대한 응답자의 이상점 벡터의 좌표값이 동시에 포지셔닝 맵상에 도출되었다.

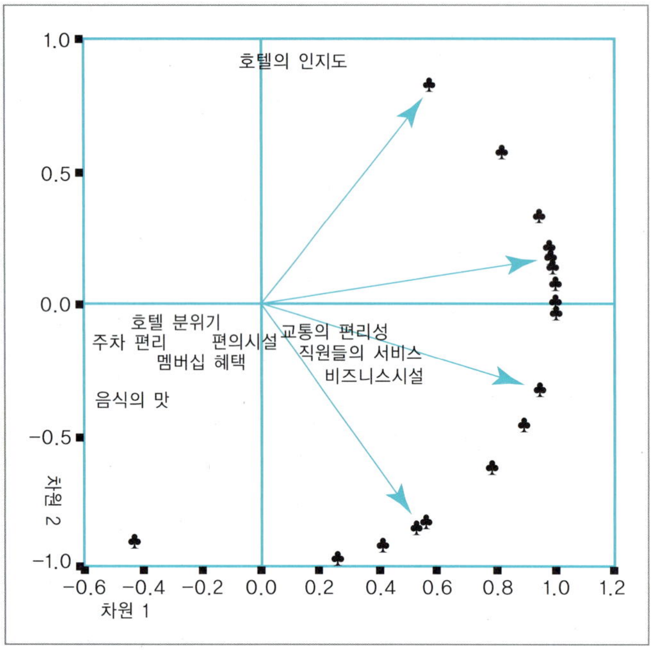

- 엑셀로 정리한 포지셔닝 맵을 살펴보면 교통의 편리성, 직원들의 서비스, 비즈니스 시설의 속성 평가항목이 비즈니스 호텔 선택 시 중요하게 인식되고 있음을 알 수 있다.

04 연습문제

연|습|문|제 EXERCISES

문제 1 D화장품회사는 최근 웰빙시대를 맞이하여 소비자들이 외모에 관심이 많아졌다는 것을 알게 되었다. 따라서 오경석 마케팅팀장은 자사와 경쟁관계에 있는 회사들을 파악하기 위하여 설문조사를 실시하였다. 설문결과 수집된 [8_1.sav] 자료를 이용하여 각 화장품 회사의 경쟁관계에 대한 포지셔닝 맵을 도출하고, 어떠한 회사가 서로 경쟁관계에 있는지 설명하시오.

문제 2 자사와 경쟁관계에 있는 회사를 파악한 D사는 마케팅전략을 세우기 위해 객관적으로 각 화장품회사별로 의미 있는 속성의 축을 도출해 보려고 한다. 이에 오 팀장은 각 화장품 회사별 제품선호도 조사를 실시하여 [8_2.sav]와 같은 자료를 수집하였다. 설문결과 수집된 [8_2.sav] 자료를 이용하여 각 화장품회사에 대한 의미 있는 속성의 축을 도출하고 설명하시오.

문제 3 청바지회사의 기획팀에서 근무하고 있는 서상윤 과장은 어떤 청바지 브랜드 회사의 인지도가 가장 높은지 알고 싶어 한다. 이에 서 과장은 청바지를 즐겨 입는 소비자들을 대상으로 선호도조사를 실시하였다. 조사결과 수집된 [8_3.sav] 자료를 이용하여 소비자들이 가장 선호하는 청바지회사에 대한 소비자들의 이상점을 포지셔닝 맵으로 도출해 보시오.

문제 4 K자동차회사에서는 최근 매출이 점점 하락함에 따라 경쟁관계에 있는 회사들을 파악하고, 이를 토대로 마케팅전략을 세우려고 한다. 이에 마케팅담당자인 한승민 팀장은 자동차 구매력이 있는 고객들을 대상으로 설문조사를 실시하였다. 설문결과 수집된 [8_4.txt] 자료를 이용하여 각 자동차회사별 경쟁관계에 대한 포지셔닝 맵을 도출하고, 어떠한 회사가 경쟁관계에 있는지 설명하시오.

문제 5 외식산업의 발달에 따라 한 외식업체에서는 고객들이 선호하는 브랜드가 무엇인지 알아보기 위하여 외식업체들에 대한 고객들의 선호도 자료를 수집하였다. 수집된 [8_5.txt] 자료를 이용하여 외식업체들에 대한 고객선호도를 포지셔닝 맵으로 도출하시오.

문제 6 교육부에서는 여섯 개 대학의 특성에 따른 인지도를 알아보기 위하여 수험생을 대상으로 설문조사를 실시하였다. 설문결과 수집된 [8_6.txt] 자료를 이용하여 여섯 개 대학별 특성에 따른 인지도를 파악하시오.

문제 7 한 인터넷 쇼핑몰회사에서는 자사의 브랜드 인지도를 알아보기 위해서 인터넷 쇼핑몰 이용자를 대상으로 설문조사를 실시하였다. 설문결과 수집된 [8_7.txt] 자료를 이용하여 각 인터넷 쇼핑몰에 대한 고객선호도를 분석해 보시오.

Chapter 09

상응분석 (Correspondence Analysis)

01 단순상응분석(최적화척도법)

02 다중상응분석(최적화척도법)

03 대응일치분석을 이용한 다중상응분석

04 연습문제

당신이 내 앞으로 걸어오면

이승하

당신이 지금
아무것도 입지 않은 몸으로
내 앞으로 걸어오면
나는 넌지시
들풀로 탈바꿈해 나부죽이 흔들릴까보아
당신이 지금
아무것도 가지지 않은 손으로
내 앞으로 걸어오면
나는 넌지시
풀피리로 탈바꿈해 흐느껴 울까보아
살아 있기에
온갖 아픔 못 떨치는 당신과
한 백년만 바람 맞으며 흔들릴 수 있다면
나는 들풀이 되어도 좋다
나는 풀피리가 되어도 좋다.

Chapter 09

상응분석 (Correspondence Analysis)

상응분석은 명목척도로 측정된 2개 이상의 범주형 변수값(수준)들 간의 연관성을 분석하여 그 결과를 시각적 해석이 용이하도록 기하학적 맵으로 제시하는 다변량 통계기법이다. 즉, 상응분석은 다차원척도법과 같이 일종의 수치정보를 그림으로 요약해서 표현하는 방법, 즉 정보를 시각화(visualization)하여 표현하는 방법 중의 하나이다.

앞서 설명한 다차원척도법은 정보를 시각화하여 표현하는 대표적인 방법으로 자극점들 간의 유사성자료를 사용함으로써 대부분 등간척도나 비율척도로 측정한 자료를 사용해서 분석하나 경우에 따라서는 서열척도자료를 사용하기도 한다. 또한 대칭인 유사성자료를 사용하기 때문에 입

상응분석의 종류

변수의 수

2개의 변수 → **단순상응분석**

- 응답자 1명이 빈도분할표 내 1개 셀의 빈도에만 영향을 미치는 단수응답(단일 응답)의 경우에 해당함

▶ [예] 연령대와 선호음료

	코크	사이다	펩시	세븐업
10대				
20대		✓		
30대				

3개 이상의 변수 → **다중상응분석**

- 응답자 1명이 빈도분할표 내 2개 이상의 셀 빈도에 영향을 미치는 복수응답(복합 응답)의 경우에 해당함

▶ [예] 성별과 학력 그리고 경제정책에 대한 시각

	남자	여자	고졸	대졸	대학원졸	긍정적	부정적
남자	✓			✓		✓	
여자							
고졸							
대졸	✓						
대학원졸							
긍정적	✓						
부정적							

- 3개 이상 변수의 정방, 대칭형 빈도분할표일 경우
- 3개 이상 변수의 원자료(raw data)가 있을 경우

력자료는 정방형 행렬(matrix) 혹은 대각선을 중심으로 아래절반행렬(lower-half matrix)이 된다.

그러나 상응분석은 명목척도와 같은 범주형 척도로 표시되는 변수들 간의 연관성 정도를 측정할 수 있는 빈도분할표의 빈도자료를 사용하여 분석하기 때문에 비교하고자 하는 명목변수의 범주값(수준)들의 수에 의하여 결정된 행렬이 입력자료가 된다. 또한 다차원척도법의 자료와 달리 변수 간의 빈도분할표를 작성하기 위해서 변수들은 반드시 명목척도와 같은 범주형 변수여야 한다. 따라서 등간이나 서열척도로 측정된 변수는 일정한 규칙을 정하여 명목척도로 측정한 자료와 같은 범주형 변수로 바꾸어 상응분석에 사용하기도 한다. 요약하면 상응분석은 빈도를 나타내고 있는 빈도분할표의 행과 열(명목변수의 범주값들)을 그래프상의 자극점 형태로 표시하는 대표적인 방법이다.

상응분석의 종류에는 2개 변수들 간의 연관성을 추정할 수 있는 빈도분할표를 이용하여 분석하는 단순상응분석과 3개 이상의 변수들 간의 빈도분할표를 이용하여 분석하는 다중상응분석이 있다. 단순상응분석은 각각 2개 이상의 범주를 갖는 두 변수 간의 빈도분할표를 이용하여 두 변수의 범주들 간의 관계를 시각적인 포지셔닝 맵으로 나타내는 방법이다. 반면에 다중상응분석은 3개 이상의 변수들이 가질 수 있는 범주들 간의 관계를 분석하여 이를 시각적인 맵으로 나타내는 방법이다.

01 단순상응분석(최적화척도법)

하나의 관측치(응답자)가 빈도분할표 내 하나의 셀에만 해당하는 경우, 즉 한 셀의 빈도를 하나만 증가시키는 경우 이러한 자료의 분석은 단순상응분석으로 한다. 즉, 단순상응분석은 단수, 단일응답으로 이루어진 빈도분할표 자료를 분석하는 것을 말한다. 본 예제에서 사용하게 될 SPSS의 최적화척도법은 응답자별로 정리된 원자료를 입력자료로 사용하는 경우에 사용한다.

1.1 단순상응분석 사례

서울시에서는 ○○구 지역의 주민들에게 해당 지역구 정치인에 대한 인식조사를 하기로 했다. 이에 현재 활동 중인 지역구 정치인들에 대한 만족여부와 신임도가 인구통계변수에 따라 얼마나 차이가 나는지를 조사하여 맵으로 나타내려고 한다.

분석방법 JOB ANALYSIS

지역구 정치인들에 대한 해당 지역 주민들의 인식조사를 통해 얻은 자료를 가지고 인구통계변수에 따라 어떠한 차이가 있는지를 시각화하여 알아보려고 한다. 먼저 알아보려는 변수들의 척도는 명목척도라는 것을 알 수 있다. 따라서 맵의 도출을 위해 상응분석을 실시한다. 하지만 먼저 상응분석을 하기 위해서는 두 변수 간의 관계를 교차분석을 통해 통계적으로 유의한지 살펴보고 통계적으로 유의한 관계가 있는 경우에만 상응분석을 실시하는 것이 바람직하다. 또한 여기에서 사용하는 분석은 상응분석방법 중 일반적인 변수중심의 자료를 사용하였으므로 최적화척도법을 사용해서 분석한다.

① 조사하려는 변수들의 척도가 명목척도인지 확인한다. 만일 명목척도가 아닌 서열, 등간이나 비율척도이면 일정한 규칙을 정하여 명목척도로 측정한 자료와 같은 범주형 변수로 바꾸어 상응분석에 사용한다.

② 변수의 척도가 명목척도이므로 교차분석을 통해 변수의 통계적 유의성을 확인한다.

③ 통계적으로 유의하다는 것이 확인되면, 일반적인 변수중심의 자료이므로 상응분석 중 최적화척도법을 이용하여 분석한다.

④ 분석결과 가까운 것은 동일한 성격을 가지고 있는 것이고, 그렇지 않은 것은 다른 성격을 지니고 있는 것으로 판단한다.

1.2 분석절차

1) 1단계 : 설문작성

응답자 ID			

지역구정치인 신임도와 만족도에 관한 조사

본 연구는 서울시 ○○지역 국회의원의 정치만족도 해당 지역 주민의 인구통계적 자료를 조사하는 내용입니다.
귀하께서 응답하신 내용은 철저하게 비밀이 보장되며, 응답에 맞거나 틀리는 답이 없습니다.
바쁘시더라도 잠시 시간을 내어 응답해 주시면 감사하겠습니다.
하시는 모든 일이 다 잘 되시길 기원합니다.

책임 연구원 : 차 재 빈

A. 현재 지역구 정치인에 대한 당신의 의향을 묻는 문항입니다.

1. 당신은 지역구 의원의 현재 정치활동에 만족하십니까? ① 예 ② 아니오

2. 당신은 향후 지역구 의원의 정치공약을 어느 정도 신임하십니까?

① --------② -------- ③ -------- ④ -------- ⑤
매우 불신임한다 보통이다 매우 신임한다

B. 당신의 인구통계학적 자료를 묻는 문항입니다.

1. 당신의 연령은 어떻게 되십니까?
① 20대 ② 30대 ③ 40대 ④ 50대 ⑤ 60대 이상

2. 당신의 학력은 어떠하십니까?
① 중졸 이하 ② 고졸 ③ 대졸 ④ 대학원졸 이상

3. 당신의 월평균소득은 어느정도 되십니까?
① 100만원 이하 ② 100~200만원 ③ 200~300만원 ④ 300만원 이상

4. 당신의 직업은 무엇입니까 ?
① 회사원 ② 자영업 ③ 주부 ④ 학생 ⑤ 기타

2) 2단계 : 자료수집

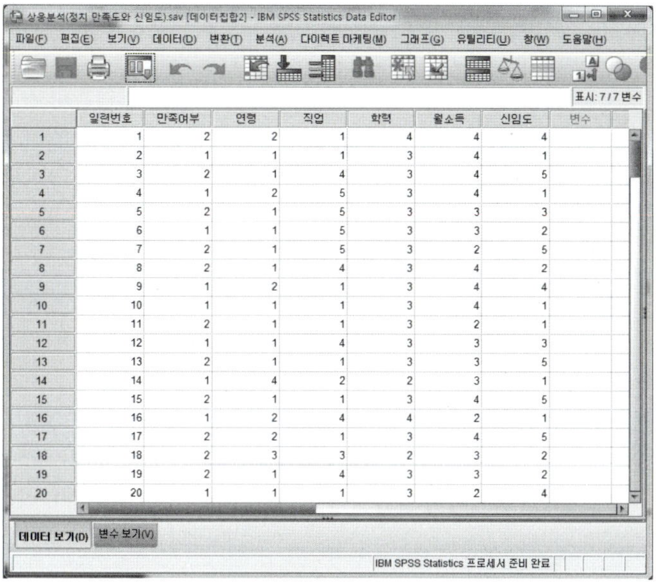

• 설문조사를 통하여 받은 자료를 엑셀로 코딩한 후 SPSS에서 데이터를 불러온다.

3) 3단계 : 교차분석 실행

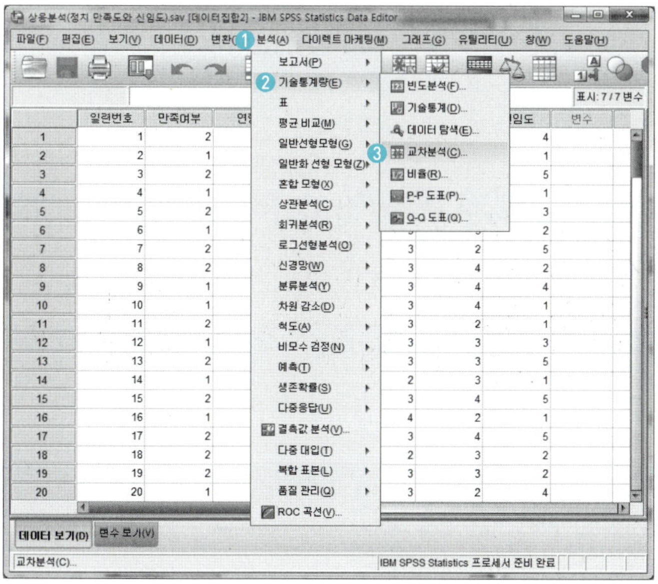

• 입력된 응답자료를 화면에 띄우고 메뉴에서 ❶ [분석] → ❷ [기술통계량] → ❸ [교차분석]을 선택한다.

• 상응분석에서는 두 변수가 독립적이라면 큰 의미가 없으므로, 교차분석을 통해서 행과 열의 변수가 통계적으로 유의한 연관관계를 가지고 있는지를 확인한 후 상응분석을 실행하는 것이 바람직하다.

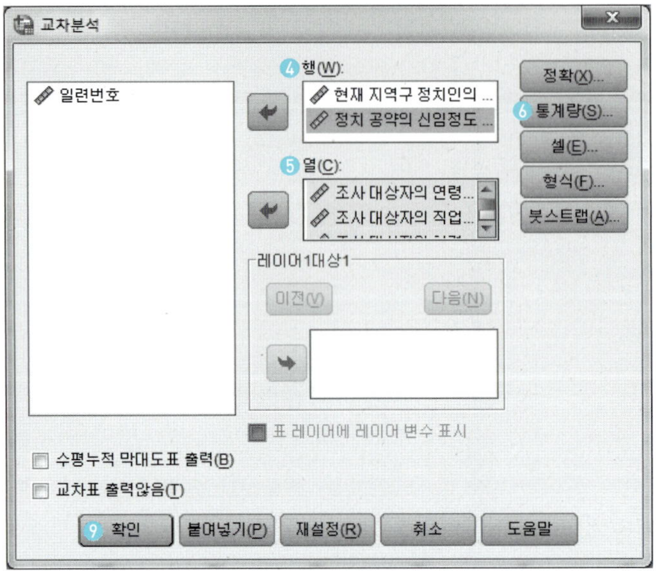

• 행에 해당하는 변수 [정치인의 만족여부], [정치공약의 신임 정도]를 ❹ [행]란에 옮긴다.
• 열에 해당하는 변수 [연령], [학력], [직업], [월평균소득]을 ❺ [열]란에 옮긴다.
• ❻ [통계량] 체크박스를 클릭한다.

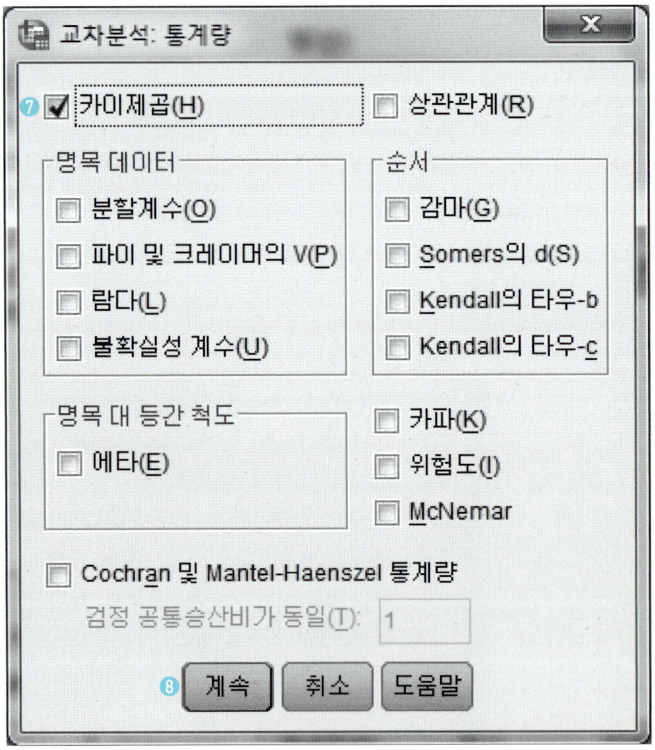

• ❼ [카이제곱]을 선택 → ❽ [계속]을 선택한다.
• ❾ [확인]을 선택하면 결과가 도출된다.

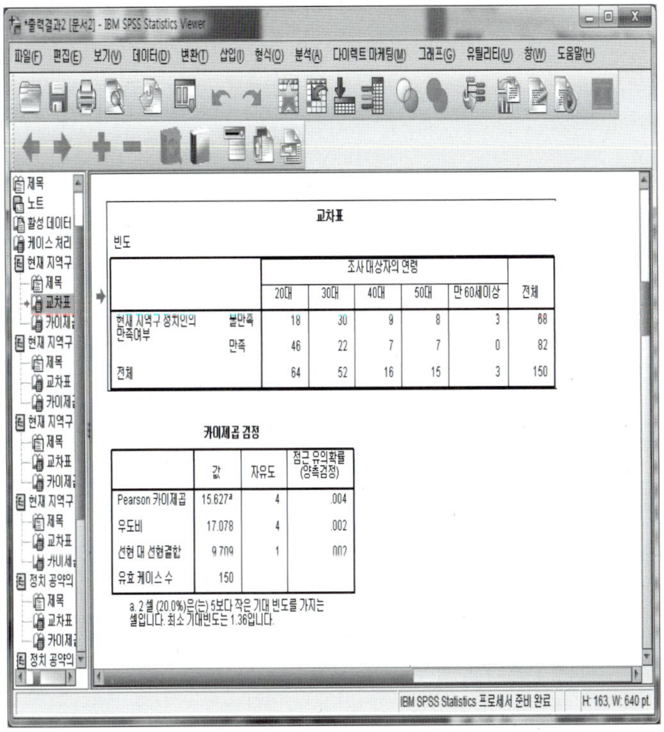

• 만족여부와 인구통계변수의 교차분석결과

행변수	열변수	카이제곱값	유의확률
만족여부	연령	15.63	0.004
	직업	16.99	0.002
	학력	10.11	0.006
	소득	13.14	0.004

만족여부와 열변수 모두가 99% 신뢰수준에서 유의한 차이를 보이므로 [다중상응분석]을 실시한다.

• 신임도와 인구통계변수의 교차분석결과

행변수	열변수	카이제곱값	유의확률
신임도	연령	23.53	0.100
	직업	21.17	0.172
	학력	9.10	0.334
	소득	34.54	0.001

신임도와 소득만이 99% 신뢰수준에서 유의한 차이를 보이므로 [단순상응분석]을 실시한다.

4) 4단계 : 단순상응분석 실행(최적화척도법) → 신임도와 월소득 이용

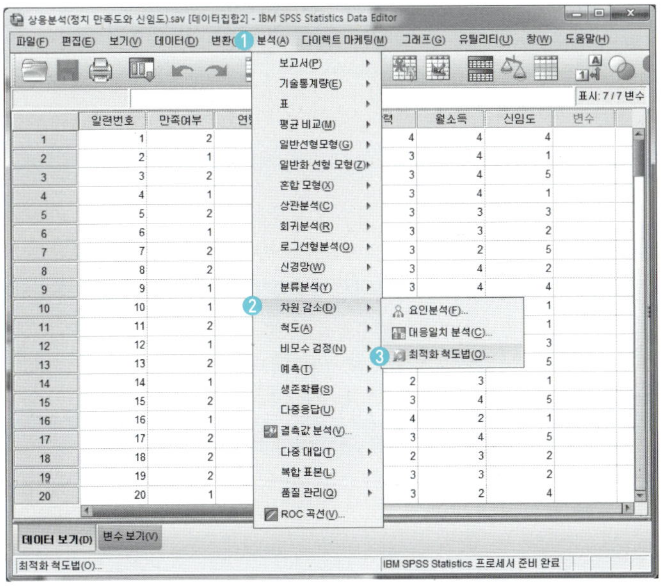

• 입력된 응답자료를 화면에 띄우고 메뉴에서 ❶ [분석] → ❷ [차원 감소] → ❸ [최적화척도법]을 선택한다.
• [대응일치분석]은 분할표 형태의 자료를 상응분석할 경우 사용되고, 일반적인 변수 중심의 자료는 [최적화척도법]을 이용한다. 하지만 실제 이 두 가지의 결과는 차이가 없다.

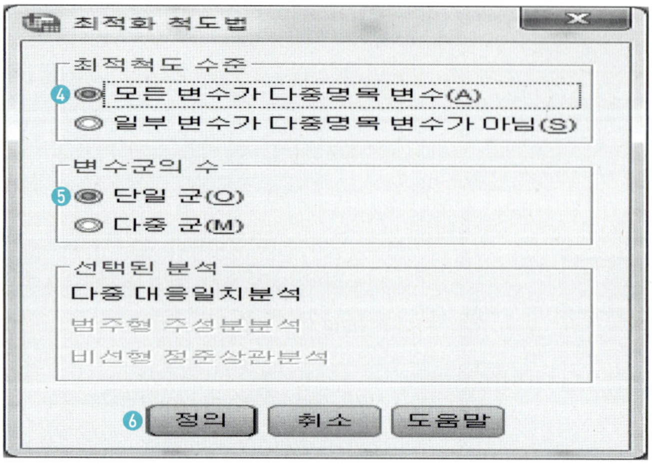

- 입력된 응답자료를 화면에 띄우고 메뉴에서 ❹ [모든 변수가 다중명목] → ❺ [단일군] → ❻ [정의]를 선택한다.
- 최적척도수준이 다중명목이고 단일군이면 동질성분석이고, 다중군이면 비선형 정준상관분석이며, 최적수준이 다중명목이 아니면 범주형 주성분으로 자동으로 정의되나 일반적으로 동질성분석이 가장 흔히 사용된다.

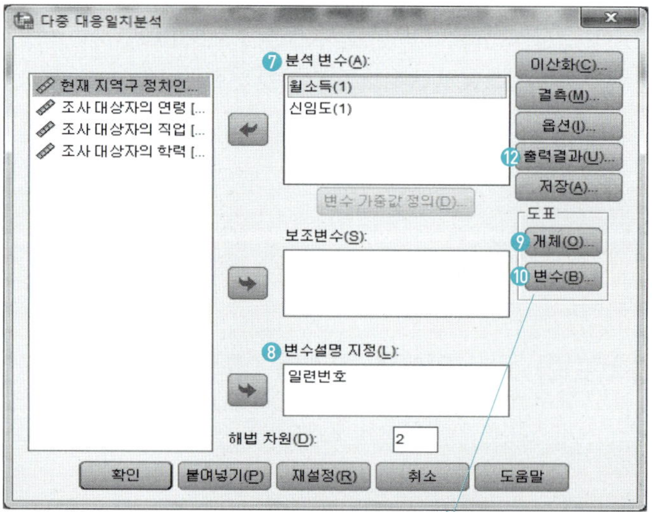

- 정의를 선택하면 [다중 대응일치분석]창이 나타난다.
- [교차분석]에서 차이가 있는 것으로 나타났던 [신임도]와 [월소득]을 ❼ [분석변수]란으로 이동시킨다.
- ❽ [변수설명 지정]란에는 [일련번호]를 이동시킨다.
- ❾ 도표란의 [개체]는 초기설정값을 지정한다.

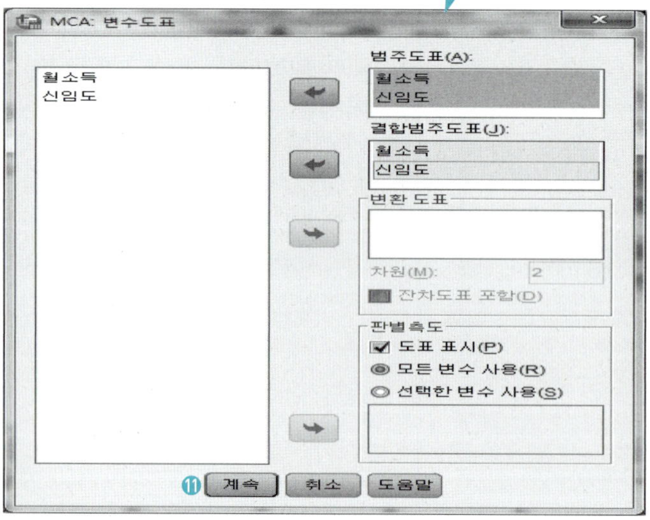

- ❿ 도표란의 [변수]를 클릭하여 [범주도표] 및 [결합범주도표]에 출력하고자 하는 변수를 입력한다.
  ※ 본 예제에서는 [월소득], [신임도]를 입력한다.
- ⓫ 계속을 클릭한다.

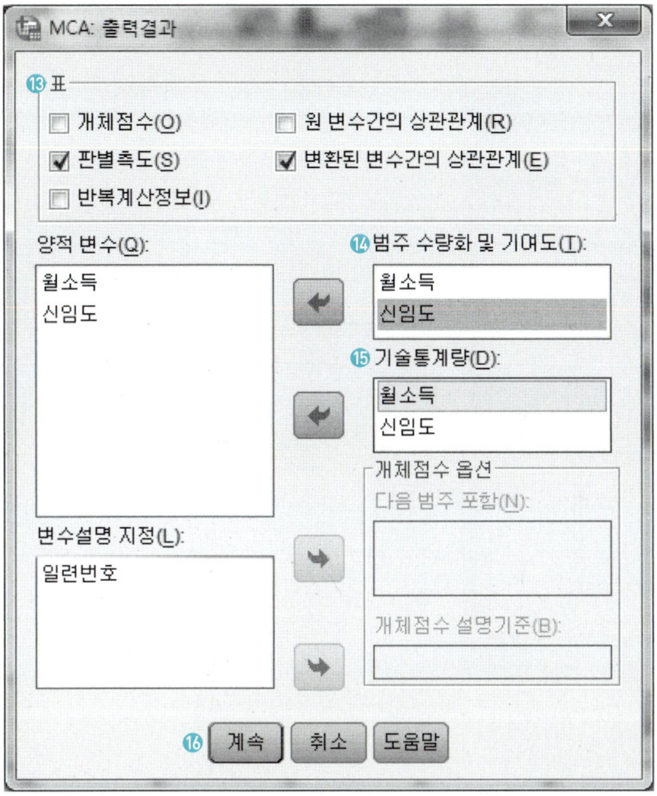

- 변수 입력이 끝났으면 ⑫ [출력결과]창을 선택하여 도출하고자 하는 출력값과 도표를 선택한다.
- ⑬ [출력결과]창은 [판별측도], [변환된 변수 간의 상관관계]를 체크한다.
- ⑭ [범주 수량화 및 기여도]에 변수를 입력한다.
- ⑮ [기술통계량]에 변수를 입력한다.
- ⑯ [계속]을 클릭한다.

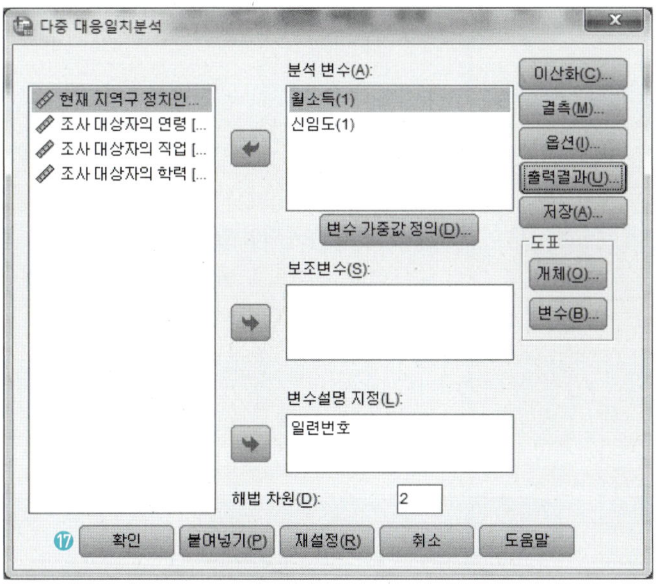

- ⑰ [확인]을 선택한다.
- 이때 변수창에 변수의 수가 두 개이면 [단순상응분석]이며, 세 개 이상의 변수를 입력하고 이들의 범주를 지정하여 동일한 과정을 거치면, [다중상응분석]으로 말할 수 있다. 그러나 변수 및 변수의 속성을 고려하지 않고, 무작정 입력하는 것은 바람직하지 않다.

1.3 분석결과 및 해석

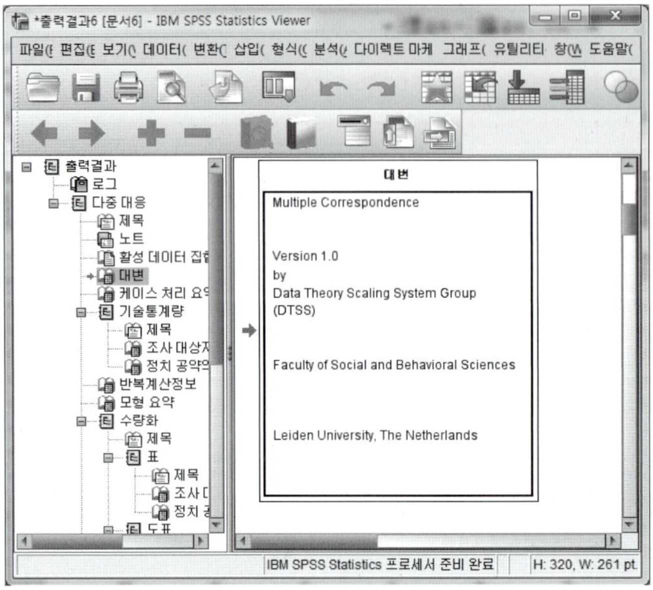

- [상응분석]을 네덜란드에서는 [동질성분석]이라고 부른다. 따라서 [동질성분석]은 [최적화척도법]에 포함되어 있는 하나의 알고리즘임을 알 수 있다.

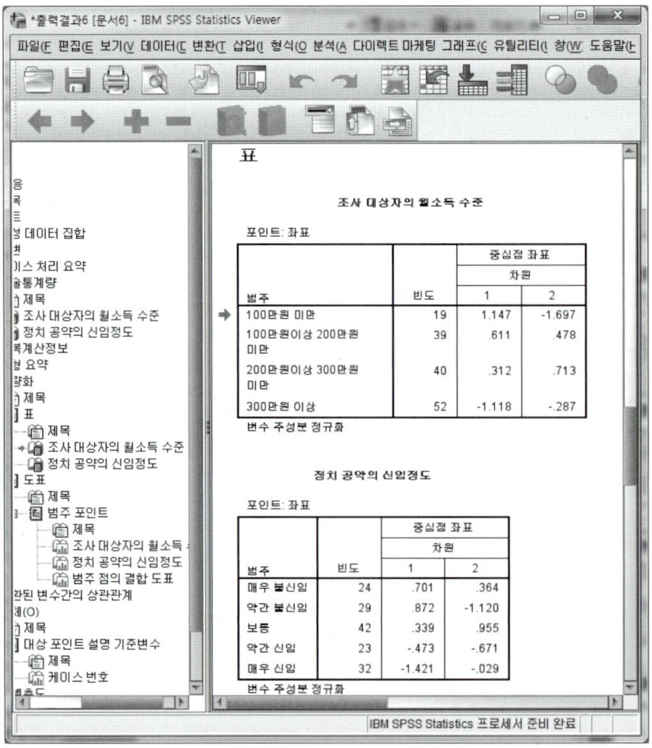

- [월소득수준]의 차원과 [신임도수준]의 차원이 도출되어 있다.
- 이를 그래프로 동일 차원에서 표현한 그림이 [결합도표]에 나타나 있다.

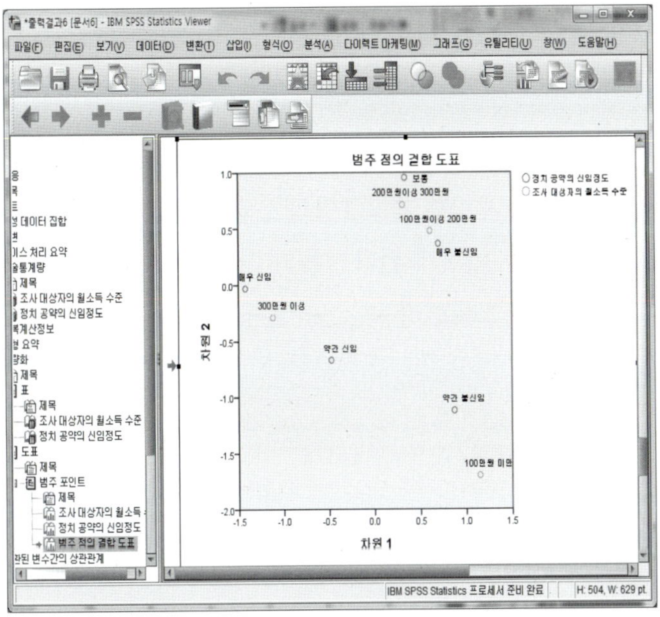

- 가까이에 위치한 것은 동일한 성격을 가지고 있는 것임을 알 수 있다.
- 예를 들어 정치인에 대해 신임하는 지역주민은 소득이 높은 사람임을 알 수 있고, 불신임하는 지역주민은 소득이 상대적으로 낮은 사람임을 알 수 있다.
- 두 개의 변수를 이용했으므로 [단순상응분석]으로 분류할 수 있다.

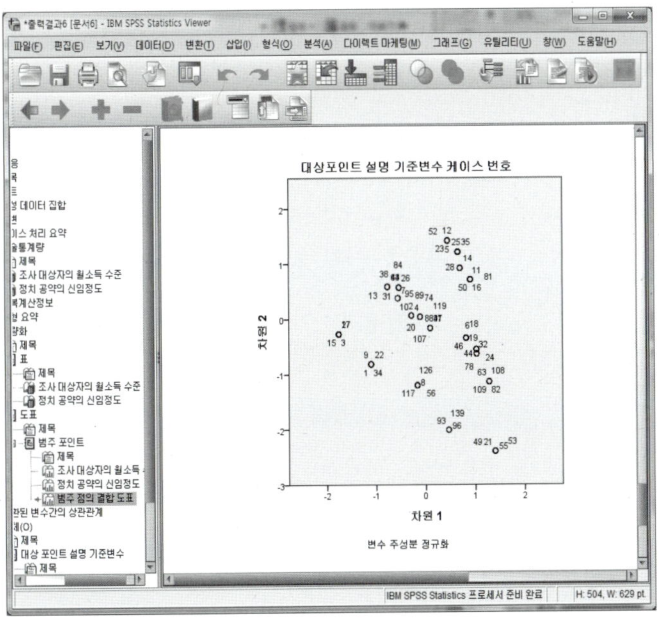

- 설명기준이 [일련번호]로 이루어져 있어 응답자를 그룹으로 분류할 수 있다.
- 이는 [일련번호]를 대상점수의 각 차원으로 추출하여 좌표에 나타낸 것으로 가까이에 위치한 사람을 하나의 군집으로 분류할 수 있다.

02 다중상응분석(최적화척도법)

일반적으로 다중상응분석은 3개 이상 변수들의 복합적인 교차빈도분할표를 이용해서 분석하는 상응분석을 말한다. 이때 1개의 관측치, 예를 들어 사람인 경우 1명의 응답자료는 복합적인 빈도분할표상에서 최소한 2개 이상의 셀 빈도에 영향을 미치게 된다. 즉, 다중상응분석은 복수, 복합응답으로 이루어진 빈도분할표 자료를 분석하는 것을 말한다.

2.1 다중상응분석 사례

앞서 단순상응분석에서 실시한 만족여부와 인구통계적 변수는 교차분석결과 유의한 차이를 보였으므로 만족여부와 인구통계변수 전부를 한 맵에 표현하는 것이 가능하다. 또한 다중상응분석은 단순상응분석과 똑같은 방법으로 접근이 가능하다.

분석방법 JOB ANALYSIS

앞서 상응분석을 위해서는 교차분석을 통해 통계적으로 유의한 관계가 있는 변수만을 가지고 상응분석을 실시해야 한다고 설명했다. 신임도와 만족여부의 두 변수와 인구통계변수를 가지고 교차분석을 돌린 결과 신임도는 소득이란 변수 하나만 카이제곱 검정에서 통계적으로 나왔으므로 단순상응분석을 실시했다. 하지만 만족여부는 인구통계변수, 즉 연령, 직업, 학력, 소득 등 4가지 변수 모두 통계적으로 나왔기 때문에 다중상응분석을 실시할 수 있다. 분석절차는 단순상응분석과 똑같은 방법으로 진행된다. 이를 정리하면 다음과 같다.

① 교차분석을 통해 변수의 통계적 유의성을 확인한다.
③ 통계적으로 유의한 변수가 3개 이상이면 다중상응분석을 실시한다.
④ 분석결과 도출된 맵상에서 거리가 서로 가까운 것은 동일한 성격을 가지고 있는 것이고, 그렇지 않은 것은 다른 성격을 지니고 있는 것으로 판단한다.

2.2 분석절차

1) 1단계 : 설문작성

⬇

2) 2단계 : 자료수집

⬇

3) 3단계 : 교차분석 실행

• [단순상응분석]과 똑같은 방법으로 진행된다.

4) 4단계 : 다중상응분석 실행(최적화척도법) → 만족여부와 연령, 직업, 학력, 월소득 이용

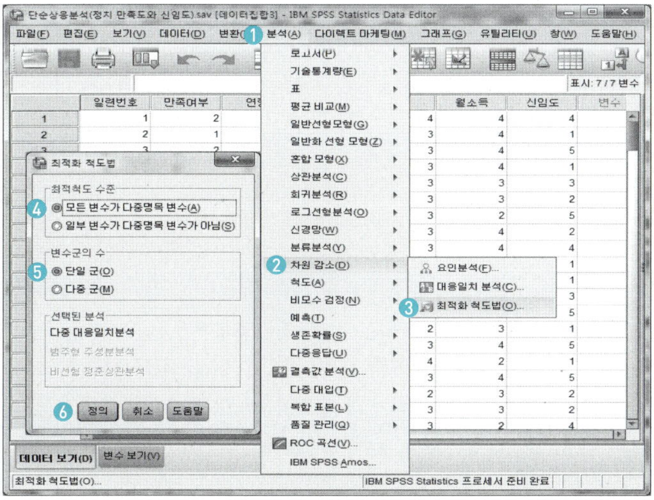

• 입력된 응답자료를 화면에 띄우고 메뉴에서 ❶ [분석] → ❷ [차원 감소] → ❸ [최적화척도법]을 선택한다.
• ❹ [모든 변수가 다중명목] → ❺ [단일군] → ❻ [정의]를 클릭한다.

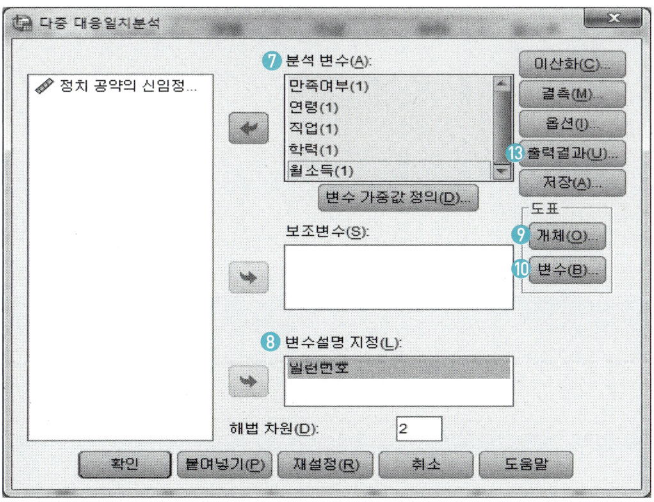

• 분석에 이용될 변수 세 개 이상을 선택한다.
• [만족여부], [연령], [직업], [학력], [월소득]을 ❼ [분석변수]란으로 옮긴다.
• [일련번호]를 ❽ [변수설명 지정]란에 옮긴다.
• [도표]란의 ❾ [개체]는 초기값을 지정하고 같은 [도표]란의 ❿ [변수]를 클릭한다.

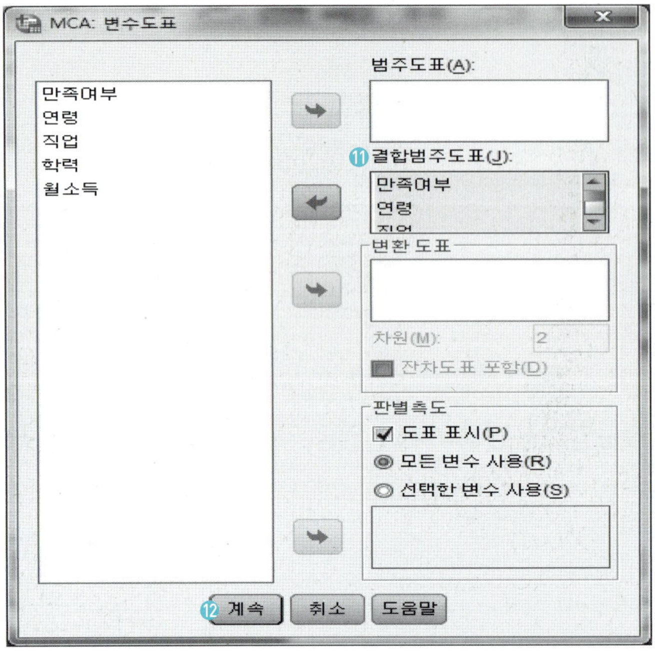

- ⑪ [결합범주도표]에 [만족여부], [연령], [직업], [학력], [월소득] 변수를 입력한다.
- ⑫ [계속]을 클릭한다.

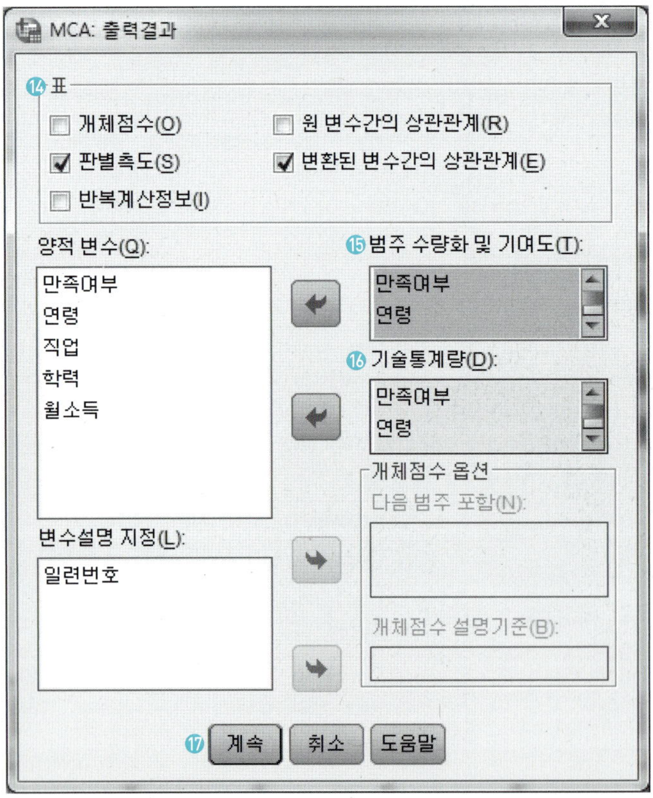

- 변수 입력이 끝났으면 ⑬ [출력결과]창을 선택하여 도출하고자 하는 출력값과 도표를 선택한다.
- ⑭ [출력결과]창은 [판별측도], [변환된 변수 간의 상관관계]를 체크한다.
- ⑮ [범주 수량화 및 기여도]에 변수를 입력한다.
- ⑯ [기술통계량]에 변수를 입력한다.
- ⑰ [계속]을 클릭하면 확인란이 활성화 된다.

2.3 분석결과 및 해석

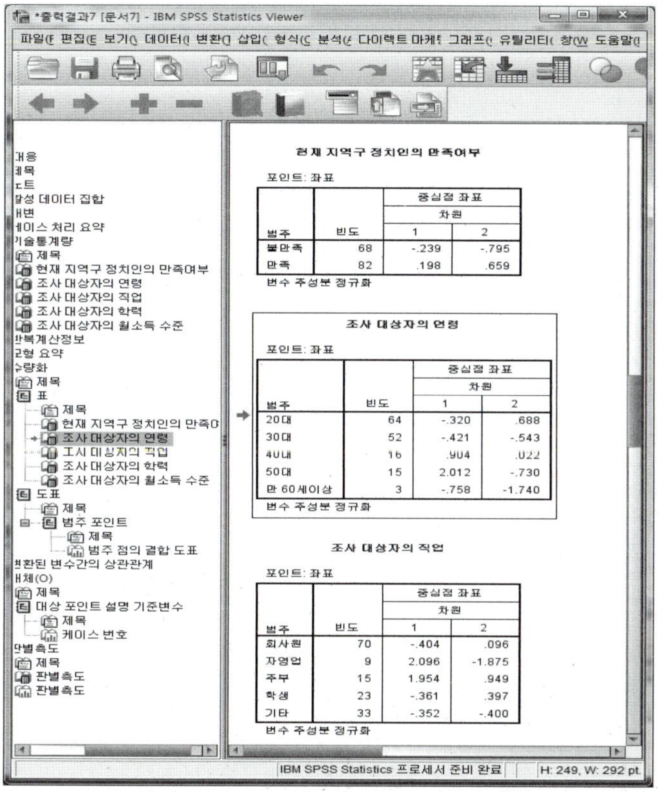

현재 지역구 정치인의 만족여부

포인트: 좌표

범주	빈도	중심점 좌표 차원 1	중심점 좌표 차원 2
불만족	68	-.239	-.795
만족	82	.198	.659

변수 주성분 정규화

조사 대상자의 연령

포인트: 좌표

범주	빈도	중심점 좌표 차원 1	중심점 좌표 차원 2
20대	64	-.320	.688
30대	52	-.421	-.543
40대	16	.904	.022
50대	15	2.012	-.730
만 60세이상	3	-.758	-1.740

변수 주성분 정규화

조사 대상자의 직업

포인트: 좌표

범주	빈도	중심점 좌표 차원 1	중심점 좌표 차원 2
회사원	70	-.404	.096
자영업	9	2.096	-1.875
주부	15	1.954	.949
학생	23	-.361	.397
기타	33	-.352	-.400

변수 주성분 정규화

- 정치인의 [만족여부], [연령], [직업], [학력], [월소득수준]의 차원이 도출되어 있다.
- 이를 그래프로 동일 차원에서 표현한 그림이 [결합도표]에 나타나 있다.

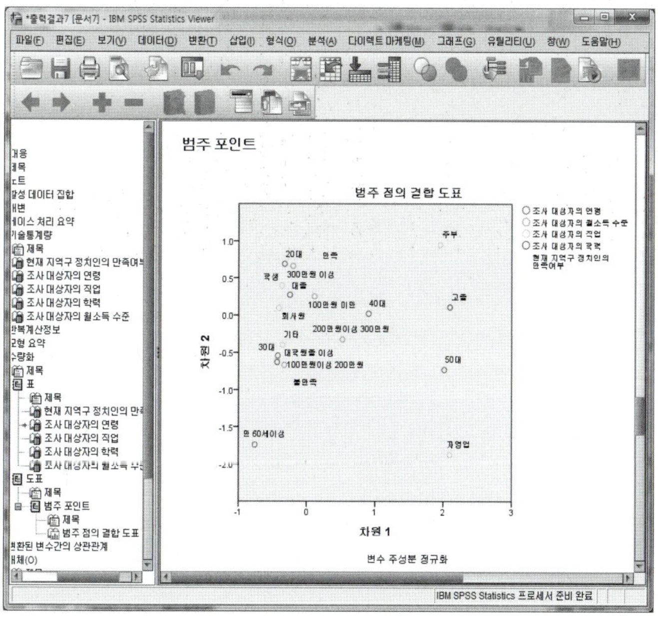

- 변수에 속한 모든 범주가 하나의 도표 안에 나타나 있다.
- 일반적으로 [단순상응분석]과 [다중상응분석]은 입력변수의 수에 따라 적용하는 것이 다르다.
- 분할표 형태로 되어 있는 경우는 SPSS의 [대응일치분석]을 이용한다.
- 적절한 변수의 수와 범위의 선택이 해석에 용이한 결과를 가져온다는 것을 알 수 있다.

03 대응일치분석을 이용한 다중상응분석

앞서 설명한 상응분석은 일반적으로 변수중심의 원자료를 사용하는 최적화척도법을 실행하는 과정에 대한 설명이었다. 하지만 분할표자료를 가지고 상응분석을 실행할 때에는 대응일치분석을 실시해야 한다.

대응일치분석은 명목형인 두 범주형 변수 사이의 관계를 분석하는 방법으로 두 변수의 각 범주들을 맵상에 점으로 표현하여 범주들 사이의 관계를 분석하는 방법 중의 하나이다. 즉, 분할표자료에 대한 일종의 통계적 차원 축소기법으로서 2차원 분할표의 행(row)과 열(column)을 저차원 공간상에 점들로 나타내어 행과 열의 대응관계를 비롯한 여러 양상의 탐색을 주목적으로 하는 분석방법이다. 분할표의 각 칸(cell)에 주어진 자료는 두 변수 사이의 관계를 측정하는 어떠한 값도 가능하나 일반적으로 관측도수자료가 많이 이용되고 있다. 대응일치분석은 저차원으로 범주들 사이의 관계를 살펴보는 데 매우 유용하나 적당한 차원의 선택을 이론적으로 제시하지 못하는 등의 이론적으로 미흡한 점이 있다.

3.1 대응일치분석을 이용한 다중상응분석 사례

서울에 한 병원에서는 서울시내 9개의 종합병원과 해당 병원에 따른 병 치료 선호도에 관해 조사하여 이를 맵으로 나타내려고 한다.

분석방법 JOB ANALYSIS

현재 문제에서는 설문조사를 통해 얻은 분할표자료를 가지고 서울시내 9개 종합병원에 대한 병 치료 선호도를 맵으로 나타내려고 한다. 앞서 설명한 상응분석에서는 변수중심의 일반자료였으므로 최적화척도법을 사용했으나 본 사례에서는 분할표자료를 가지고 분석을 실시하므로 대응일치분석을 사용해야 한다.
먼저 빈도분석을 통해 분할표를 만들어 엑셀에 정리한 후 SPSS상에서 불러들인 후 대응일치분석을 실시한다. 분석결과 도출된 맵상의 거리가 가까우면 경쟁관계, 즉 유사한 성격을 가지고 있다고 판단할 수 있다. 반대로 맵상에서 서로 멀리 떨어져 있다면 서로 다른 성격을 가지고 있다고 판단하면 된다. 이를 정리하면 다음과 같다.

① 설문을 통해 얻은 자료를 가지고 빈도분석을 통해 분할표자료의 형태로 만든다.
② 분할표자료를 가지고 대응일치분석을 실시한다.
③ 분석결과 가까운 것은 유사한 성격을 가지고 있는 것이고, 그렇지 않은 것은 다른 성격을 지니고 있는 것으로 판단한다.

3.2 분석절차

1) 1단계 : 설문작성

서울시내 대표적인 9개 병원과 해당 병원이 소비자에게 인지하는 질병의 치료에 대한 설문지를 작성하였다.

응답자 ID			

종합병원에 따른 환자 질병선호도

본 연구는 서울시 종합병원과 해당 병원에 따른 병 치료 선호도에 관해 조사하는 내용입니다.
귀하께서 응답하신 내용은 철저하게 비밀이 보장되며, 응답에 맞거나 틀리는 답이 없습니다.
바쁘시더라도 잠시 시간을 내어 응답해 주시면 감사하겠습니다.
하시는 모든 일이 다 잘 되시길 기원합니다.

책임 연구원 : 정 진 우

1. 귀하께서 다음 병에 걸렸다고 가정할 경우, 어느 병원으로 가셔서 진료를 받으시길 가장 원하십니까? 다음 보기란의 병원들 중에서 병에 따라 1곳을 지정하여 병원의 숫자를 기입해 주십시오.

보기

1. 강남성모병원	2. 경희의료원	3. 고려대학병원
4. 삼성의료원	5. 서울대학병원	6. 연세대학병원
7. 이대병원	8. 한양대학병원	9. 현대중앙병원

1) 암	( )	2) 비만	( )
3) 당뇨병	( )	4) 관절염	( )
5) 정형수술	( )	6) 신경질환	( )
7) 중풍	( )	8) 소아질환	( )
9) 소화질환	( )	10) 안과질환	( )
11) 뇌질환	( )	12) 간질환	( )
13) 장기이식술	( )	14) 성형수술	( )
15) 정신병	( )		

2) 2단계 : 분할표 작성

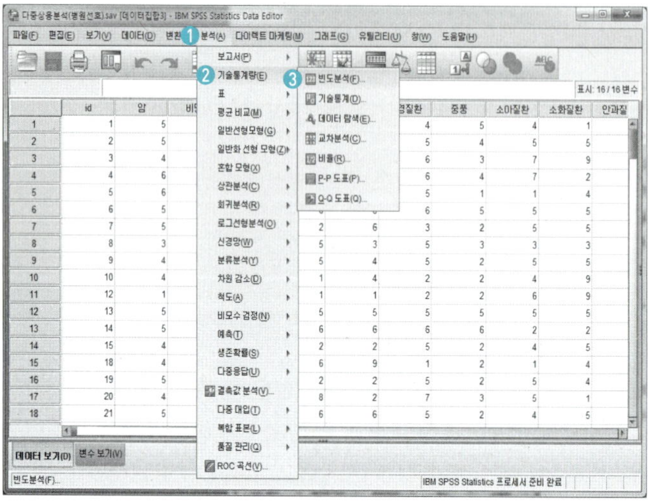

- 열을 [병명]으로 하고, 행을 [병원]으로 하는 분할표를 만들려고 할 때, 빈도분석을 한 번만 해서 분할표를 만들 수 있다.
- ❶ [분석] → ❷ [기술통계량] → ❸ [빈도분석]을 클릭한다.

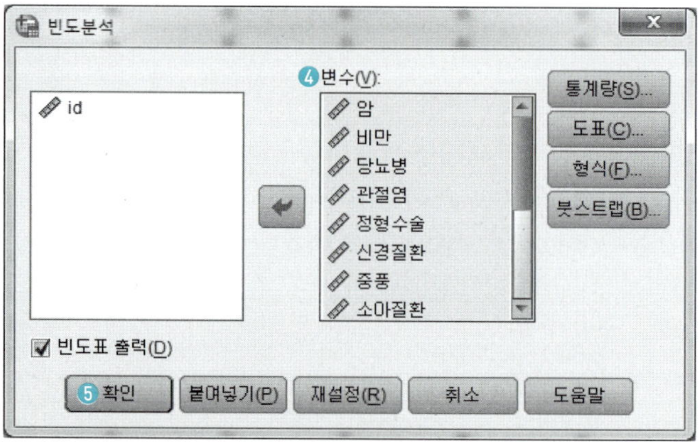

- 빈도분석통계표에 있는 변수를 ❹ [변수] 란에 놓고 → ❺ [확인]을 클릭한다.

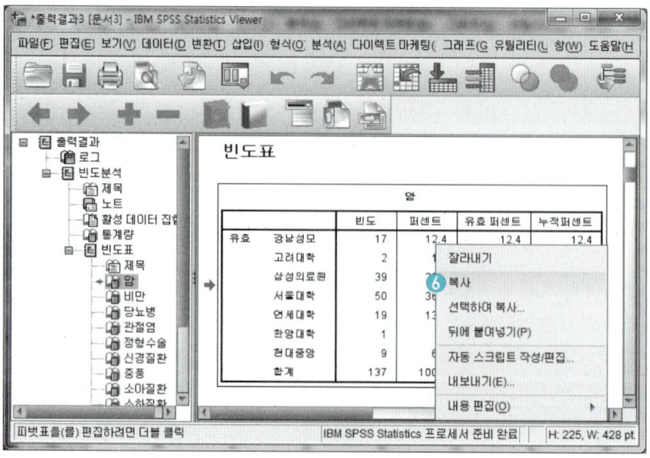

- 빈도분석결과표는 각 변수에 따른 빈도가 열 형태로 붙어 있는 것을 보여준다.
- [표]를 클릭한 후 마우스 오른쪽을 클릭하여 ❻ 표를 복사한다.

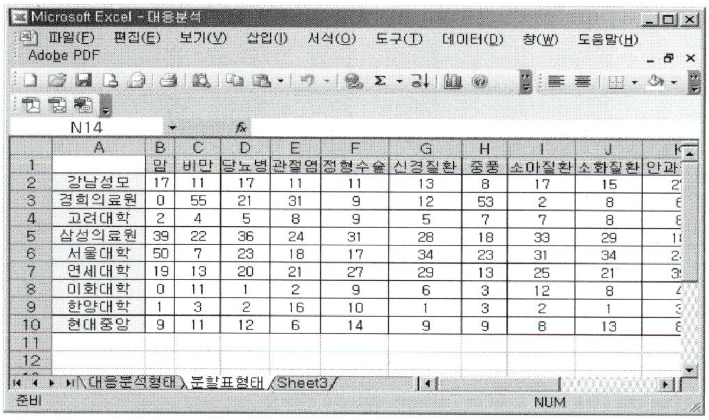

	암	비만	당뇨병	관절염	정형수술	신경질환	중풍	소마질환	소화질환
강남성모	17	11	17	11	11	13	8	17	15
경희의료원	0	55	21	31	9	12	53	2	8
고려대학	2	4	5	8	9	5	7	7	8
삼성의료원	39	22	36	24	31	28	18	33	29
서울대학	50	7	23	18	17	34	23	31	34
연세대학	19	13	20	21	27	29	13	25	21
이화대학	0	11	1	2	9	6	3	12	8
한양대학	1	3	2	16	10	1	3	2	1
현대중앙	9	11	12	6	14	9	9	8	13

- SPSS 내에서 결과를 바로 만들 수도 있으나, 엑셀을 이용하면 더 편리하다.
- 행과 열에 해당하는 레벨을 정확히 표현해서 혼란스럽지 않도록 하는 것이 좋다.

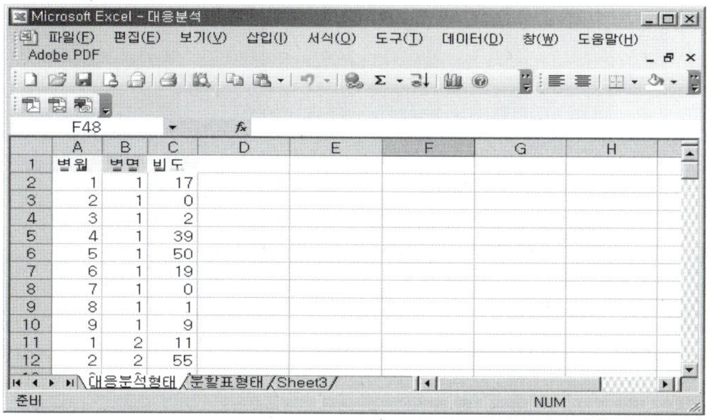

병원	병명	빈도
1	1	17
2	1	0
3	1	2
4	1	39
5	1	50
6	1	19
7	1	0
8	1	1
9	1	9
1	2	11
2	2	55

- 행과 열을 좌표점으로 하는 변수를 만들고 이들의 빈도를 추출한다.
- 예를 들어 (고려대학교, 암)은 병원은 '3'이고, 암은 '1'이며, 이들의 빈도는 '2'이다. 따라서 분할표를 변수로 나타내면, 3개의 변수가 생성된다.

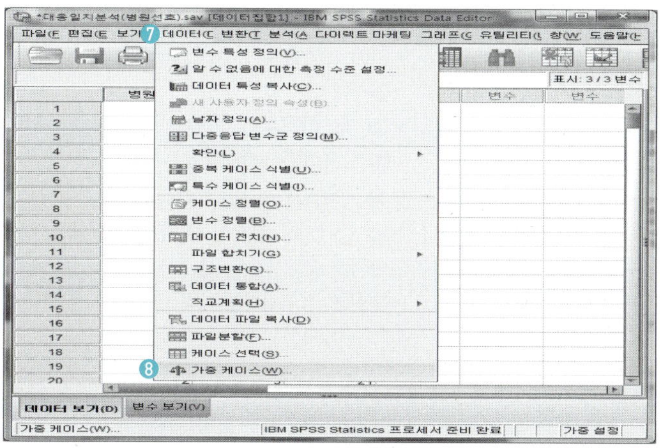

- 분할표를 변수형태로 변형한 자료는 SPSS로 전환하고, 변수 보기에서 레벨과 변수명을 작성한다.
- 빈도에 가중치를 부여하기 위해서 ❼ [데이터] → ❽ [가중케이스]를 클릭한다.

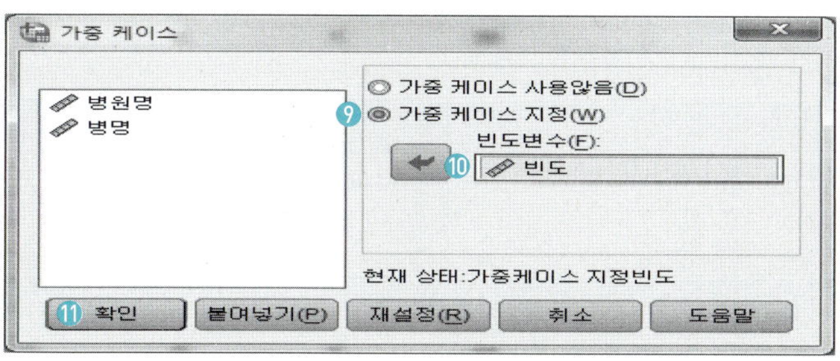

- ❾ [가중케이스 지정] → ❿ [빈도변수]에 [빈도]를 놓는다.
- ⓫ [확인]을 클릭한다.
- 일반적으로 분할표만 있는 자료를 교차분석할 경우에도 이와 같은 방법이 쓰인다.

3) 3단계 : 다중상응분석 실행(대응일치분석)

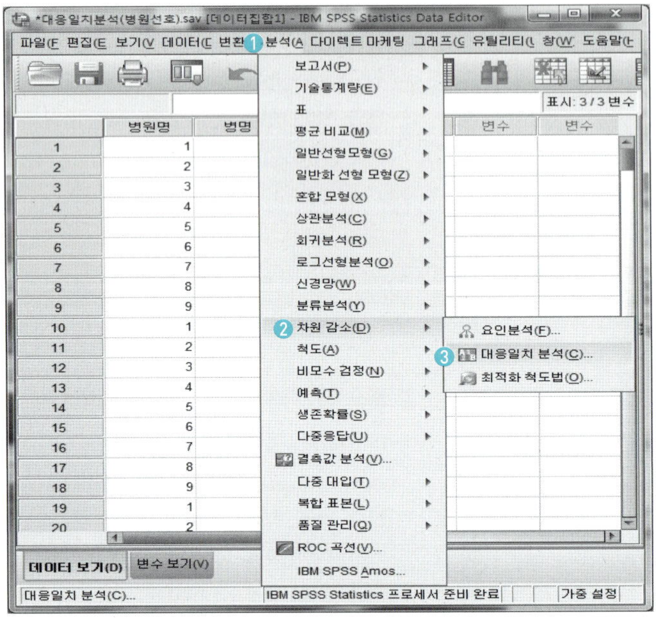

- 분할표(행렬) 형태의 자료를 상응분석할 경우에는 대응일치분석을 이용한다.
- ❶ [분석] → ❷ [차원 감소] → ❸ [대응일치분석]을 클릭한다.
- [단순상응분석]일 경우 [최적화척도법]의 결과와 [대응일치분석]의 결과는 같다.

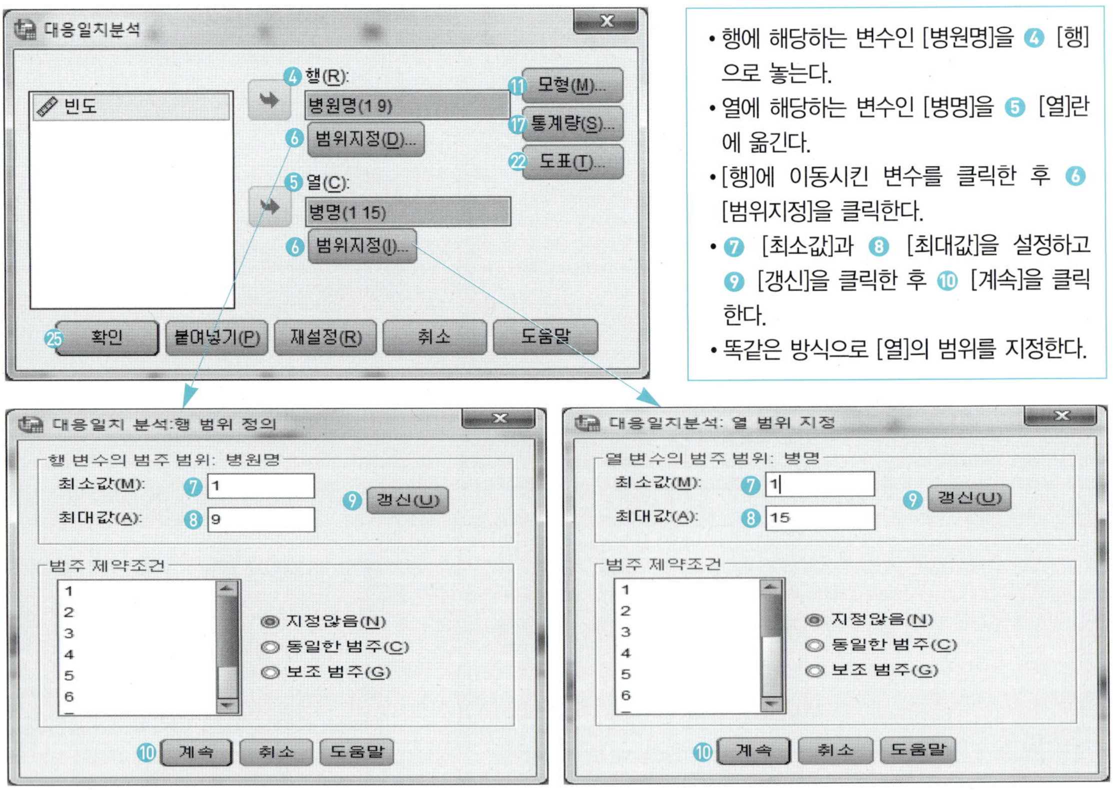

- 행에 해당하는 변수인 [병원명]을 ❹ [행]으로 놓는다.
- 열에 해당하는 변수인 [병명]을 ❺ [열]란에 옮긴다.
- [행]에 이동시킨 변수를 클릭한 후 ❻ [범위지정]을 클릭한다.
- ❼ [최소값]과 ❽ [최대값]을 설정하고 ❾ [갱신]을 클릭한 후 ❿ [계속]을 클릭한다.
- 똑같은 방식으로 [열]의 범위를 지정한다.

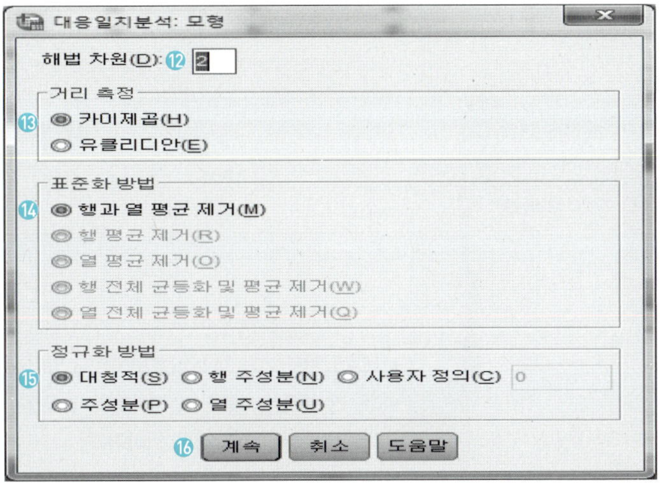

- ⑪ [모형]을 클릭한다.
- ⑫ [해법 차원]을 '2'로 지정 → ⑬ [카이제곱 거리를 지정] → ⑭ [행과 열 평균 제거]를 선택한다.
- ⑮ [정규화 방법]은 [대칭적]을 선택한다.
- ⑯ [계속]을 클릭한다.

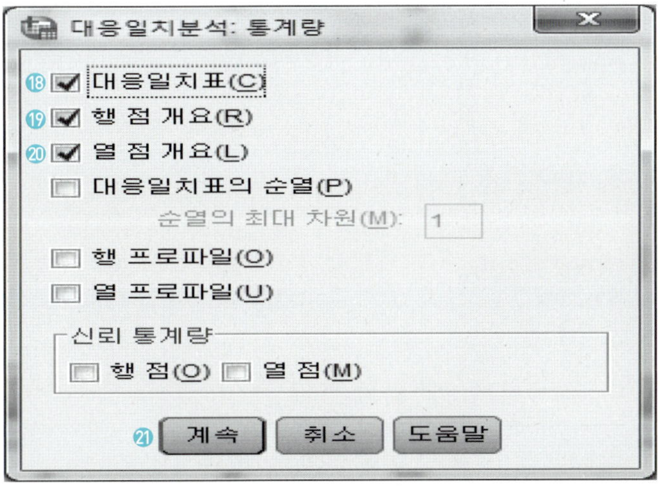

- ⑰ [통계량]을 클릭한다.
- ⑱ [대응일치표] → ⑲ [행점 개요] → ⑳ [열점 개요] → ㉑ [계속]을 클릭한다.
- [행, 열 프로파일]을 선택하면 행과 열의 일반적인 기술통계량을 제공한다.
- [신뢰 통계량]은 고유값을 제공한다.

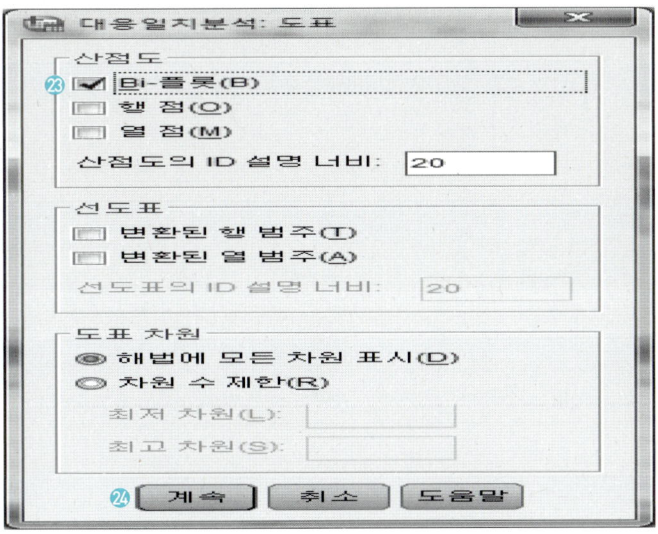

- ㉒ [도표]를 클릭한다.
- ㉓ [Bi-플롯] → ㉔ [계속]을 클릭한다.
- [산점도]의 [행, 열점]을 클릭하면 해당하는 축의 산점도를 얻을 수 있다.
- ㉕ [확인]을 클릭하면 결과치를 얻을 수 있다.

3.3 분석결과 및 해석

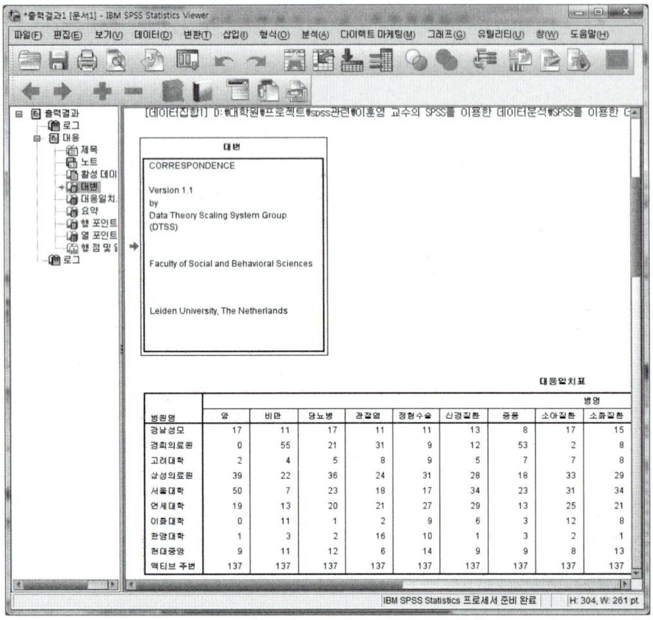

대응일치표

병원명	병명								
	암	비만	당뇨병	관절염	정형수술	신경질환	중풍	소아질환	소화질환
강남성모	17	11	17	11	11	13	8	17	15
경희의료원	0	55	21	31	9	12	53	2	8
고려대학	2	4	5	8	9	5	7	7	8
삼성의료원	39	22	36	24	31	28	18	33	29
서울대학	50	7	23	18	17	34	23	31	34
연세대학	19	13	20	21	27	29	13	25	21
이화대학	0	11	1	2	9	6	3	12	8
한양대학	1	3	2	16	10	1	3	2	1
현대중앙	9	11	12	6	14	9	9	8	13
액티브 주변	137	137	137	137	137	137	137	137	137

- [대응일치분석]의 결과창을 보여주고 있다.
- [대응일치표]는 해당 열과 행의 빈도를 나타내며 분할표와 같은 의미이다.

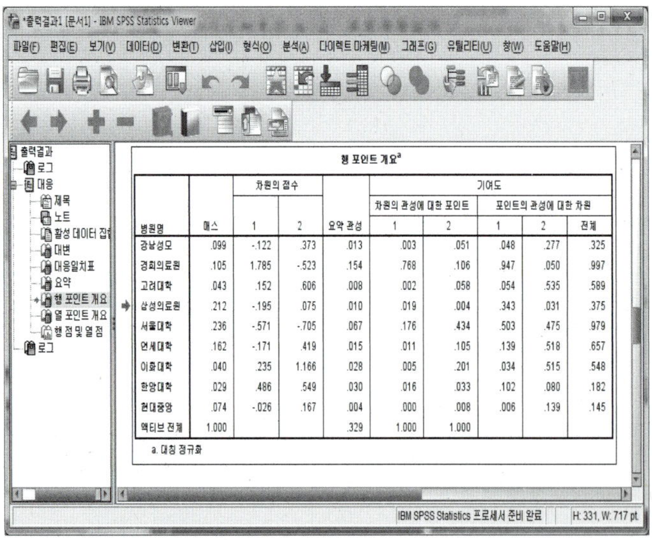

행 포인트 개요[a]

병원명	매스	차원의 점수		요약 관성	기여도				
					차원의 관성에 대한 포인트		포인트의 관성에 대한 차원		
		1	2		1	2	1	2	전체
강남성모	.099	-.122	.373	.013	.003	.051	.048	.277	.325
경희의료원	.105	1.785	-.523	.154	.768	.106	.947	.050	.997
고려대학	.043	.152	.606	.008	.002	.058	.054	.535	.589
삼성의료원	.212	-.195	.075	.010	.019	.004	.343	.031	.375
서울대학	.236	-.571	-.705	.067	.176	.434	.503	.475	.979
연세대학	.162	-.171	.419	.015	.011	.105	.139	.518	.657
이화대학	.040	.235	1.166	.028	.005	.201	.034	.515	.548
한양대학	.029	.486	.549	.030	.016	.033	.102	.080	.182
현대중앙	.074	-.026	.167	.004	.000	.008	.006	.139	.145
액티브 전체	1.000			.329	1.000	1.000			

a. 대칭 정규화

- [행 포인트의 개요]는 행에 해당하는 변수인 병원명에 따른 차원값을 제공한다.
- 도표에서 행점을 선택하면 각 차원값을 나타내는 도표가 생성된다.

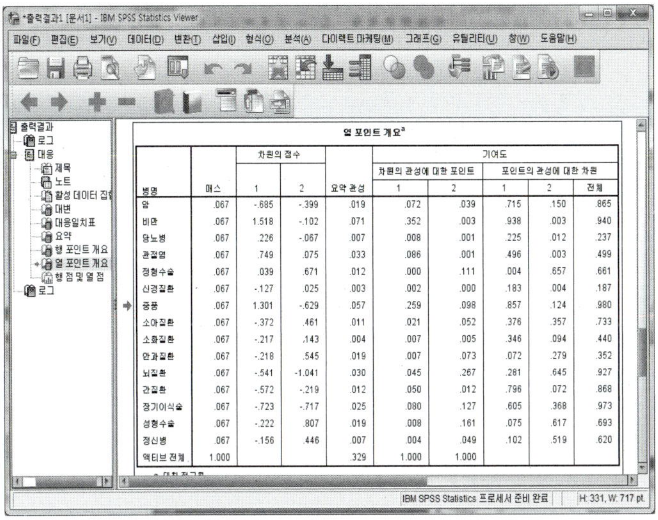

열 포인트 개요[a]

병명	매스	차원의 점수		요약 관성	기여도				
					차원의 관성에 대한 포인트		포인트의 관성에 대한 차원		
		1	2		1	2	1	2	전체
암	.067	-.685	-.399	.019	.072	.039	.715	.150	.865
비만	.067	1.518	-.102	.071	.352	.003	.938	.003	.940
당뇨병	.067	.226	-.067	.007	.008	.001	.225	.012	.237
관절염	.067	.749	.075	.033	.086	.001	.496	.003	.499
정형수술	.067	.039	.671	.012	.000	.111	.004	.657	.661
신경질환	.067	-.127	.025	.003	.002	.000	.183	.004	.187
중풍	.067	1.301	-.629	.057	.259	.098	.857	.124	.980
소아질환	.067	-.372	.461	.011	.021	.052	.376	.357	.733
소화질환	.067	-.217	.143	.004	.007	.005	.346	.094	.440
안과질환	.067	-.218	.545	.019	.007	.073	.072	.279	.352
뇌질환	.067	-.541	-1.041	.030	.045	.267	.281	.645	.927
간질환	.067	-.572	-.219	.012	.050	.012	.796	.072	.868
장기이식술	.067	-.723	-.717	.025	.080	.127	.605	.368	.973
성형수술	.067	-.222	.807	.019	.008	.161	.075	.617	.693
정신병	.067	-.156	.446	.007	.004	.049	.102	.519	.620
액티브 전체	1.000			.329	1.000	1.000			

- [열 포인트의 개요]는 열에 해당하는 변수인 병명에 따른 차원값을 제공한다.
- 도표에서 열점을 선택하면 각 차원값을 나타내는 도표가 생성된다.

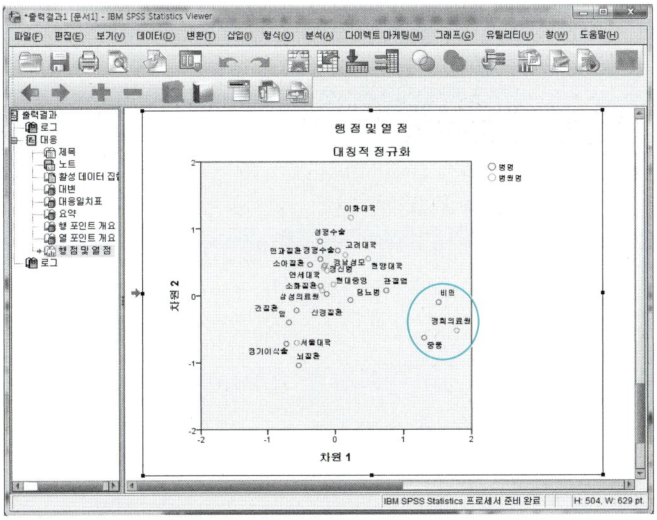

- 행 개요와 열 개요에서 도출된 차원을 동일한 공간에 배치시켜 나타낸 도표이다.
- 가까이에 위치하는 것이 비슷한 성격이며 그 질병에 있어 가장 유명한 병원임을 알 수 있다.
- 예를 들어 경희의료원의 경우 환자는 비만과 중풍에 탁월한 병원이라고 평가할 수 있다.
- 중간에 몰려 있는 병원은 심한 경쟁관계에 있다.

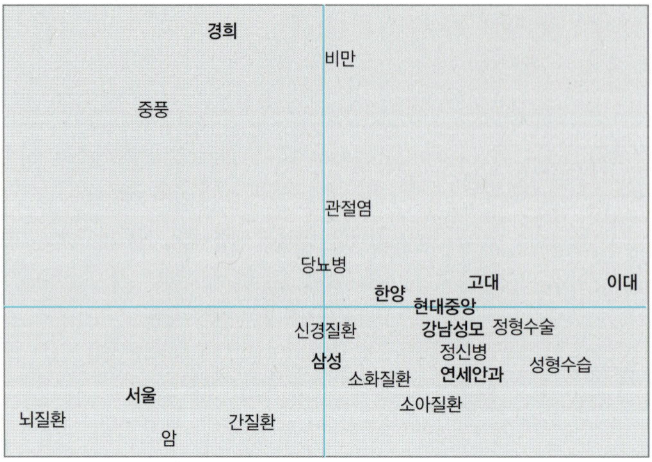

- 도출된 결과를 가지고 PowerPoint를 이용하여 정리하였다.
- 병원 간의 경쟁관계는 병원이 근접하게 있으면 경쟁관계가 심하다고 볼 수 있다. 따라서 현대중앙, 강남성모, 연세의료원, 고대병원이 비슷한 병치료의 전문성에 비슷한 속성으로 고객에게 인지되고 있다.
- 서울대학병원과 경희의료원은 각기 차별화된 모습을 볼 수 있다.
- 이대병원은 차별화와 경쟁에서 상대적으로 밀려 있는 모습을 보이고 있다.

상응분석은 여러가지 방법으로 접근이 가능하다. 즉, 사례 1에서 살펴본 바와 같이 응답자 기준일 경우 최적화척도법을 이용해서 맵을 도출하고, 동일한 범주(변수를 구성하는 수준)가 있을 경우 중복을 방지하기 위해서 분할표를 직접 이용하는 대응일치분석이 있다. 그러나 동일한 사례를 최적화척도법의 형태와 대응일치분석 형태로 분석해도 그 결과는 같다. 따라서 연구자는 자료의 종류와 변수의 수, 동일 범주의 유무 등을 고려해서 적절한 상응분석방법을 선택하는 것이 바람직하다.

04 연습문제

연|습|문|제 EXERCISES

문제 1 어느 한 외식업체에서는 요즘 매출이 하락함에 따라 새로운 마케팅전략을 세우기 위해 고민 중에 있다. 이에 따라 자사와 경쟁상대에 있는 업체들 간에 어떠한 관계가 있는지 알아보기 위해 이용자를 대상으로 설문조사를 실시하였다. [9_1.sav]를 가지고 인구통계 변수를 중심으로 포지셔닝 맵을 도출하시오.

문제 2 [9_1.sav]를 가지고 분할표를 작성하고 대응일치분석을 통해 결과의 차이가 있는지 비교해보시오.

Chapter **10**

군집분석 (Cluster Analysis)

사람들이 새가 되고 싶은 까닭을 안다

–수국에 와서

이근배

여기 와 보면
사람들이 저마다 가슴에
바다를 가두고 사는 까닭을 안다
바람이 불면 파도로 일어서고
비가 내리면 맨살로 젖는 바다
때로 울고 때로 소리치며
때로 잠들고 때로 꿈꾸는 바다
여기 와 보면
사람들이 하나씩 섬을 키우며
사는 까닭을 안다
사시사철 꽃이 피고
잎이 지고 눈이 내리는 섬
사랑하는 이들을 위해
별빛을 닦아 창에 내걸고
안개와 어둠 속에서도
홀로 반짝이고
홀로 깨어 있는 섬
여기 와 보면
사람들이 새가 되고 싶은 까닭을 안다
꿈의 둥지를 틀고
노래를 물어 나르는 새
새가 되어 어느 날 문득
잠들지 않는 섬에 이르러
풀꽃으로 날개를 접고
내리는 까닭을 안다

Chapter 10

군집분석 (Cluster Analysis)

군집분석은 개인 또는 여러 개체 중에서 유사한 속성을 지닌 대상을 몇 개의 집단으로 그룹화한 다음 각 집단의 성격을 파악함으로써 데이터 전체의 구조에 대해 이해하고자 하는 탐색적인 분석방법이다. 이 방법은 속성이 비슷한 잠재고객들끼리 그룹화하여 시장을 세분화하는 방법으로 주로 사용되고 있다.

군집분석에서는 분석대상 간의 유사성을 유클리디안 거리로 측정한 거리정보를 이용해서 서로 가까운 거리에 있는 것들끼리 그룹화하여 분석대상을 몇 개의 집단으로 분류하는 방법이다. 즉, 군집 내의 구성원들 간에는 동질성이, 군집 간 구성원들 간에는 이질성이 최대화되도록 하는 집단분류방법이다.

군집분석을 위한 자료는 일반적으로 거리 측정에 사용할 수 있는 변수이어야 한다. 따라서 등간척도나 비율척도로 측정된 변수이어야 한다. 그러나 명목척도로 측정된 변수도 더미코딩하여 여러 개의 이산변수로 바꾼다면 군집분석에 사용할 수 있다. 또한 군집분석에 사용되는 입력자료는 변수의 측정단위와 관계없이 그 차이에 따라 일정하게 거리를 측정하기 때문에 변수를 표준화하여 사용하는 것이 필요하다.

군집분석은 군집화방법에 따라서 크게 계층적 군집분석과 비계층적 군집분석, 그리고 중복군집분석으로 분류된다. 계층적 군집분석과 비계층적 군집분석은 군집을 형성하는 규칙이 일률적이며, 군집형성의 대상이 반드시 어느 하나의 군집에만 포함되도록 하는 방법이다. 반면에 중복군집분석은 군집을 형성하는 규칙이 상이하며, 하나의 대상이 2개 이상의 서로 다른 군집에 포함되는 것도 가능하다. 본 장에서는 계층적 군집분석과 비계층적 군집분석방법에 대해서만 알아보기로 하겠다.

군집분석의 종류

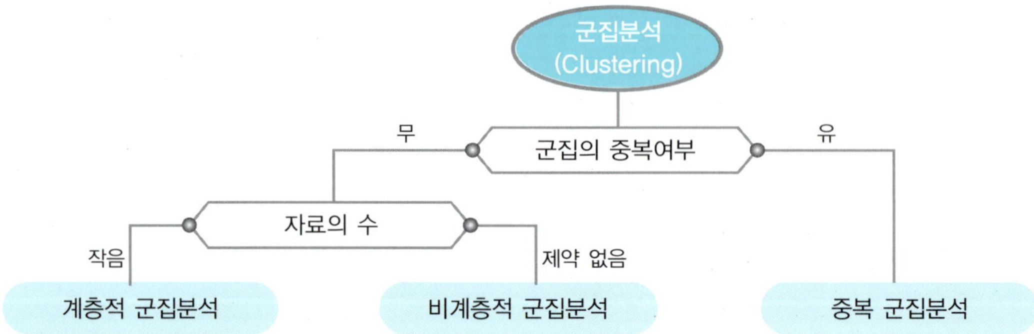

계층적 군집분석

- 개별대상 간의 거리에 의하여 가장 가까이 있는 대상들로부터 시작하여 결합해 감으로써 나무모양의 계층구조를 형성해 가는 방법
- 덴드로그램을 그려줌으로써 군집이 형성되는 과정을 정확하게 파악할 수 있으나 자료의 수가 많으면 분석하기 어려움

비계층적 군집분석

- 구하고자 하는 군집의 수를 정한 상태에서 설정된 군집의 중심에 가장 가까운 개체를 하나씩 포함해 가는 방식으로 군집을 형성하는 방법
- 많은 자료를 빠르고 쉽게 분류할 수 있으나 군집의 수를 미리 정해 주어야 하고, 군집을 형성하기 위한 초기 값에 따라 군집결과가 달라짐

중복 군집분석

- 몇 개의 군집을 상이하게 적용하며 군집화하는 방법으로 하나의 객체가 여러 군집에 동시에 포함될 수 있음

01 계층적 군집분석

계층적 군집분석은 기준이 되는 대상들로부터 시작하여 개별대상 간의 거리를 기준으로 나무 모양의 계층구조를 상향식(bottom-up)으로 형성해 가는 방식이다. 이러한 계층적 군집분석은 군집대상 간의 거리를 산정하는 기준에 따라 단일결합기준, 완전결합기준, 평균결합기준, 중심결합기준, 그리고 와드(ward)방식으로 분류된다.

단일결합기준은 최소거리를 이용하고, 완전결합기준은 최대거리를, 평균결합기준은 평균거리를 이용하여 군집화를 진행한다. 또한 중심결합기준은 지금까지 형성된 집단의 중심값의 거리를 기준으로 이용하며, 와드방식은 유클리디안 제곱거리를 이용한다.

1.1 계층적 군집분석 사례

H호텔 레스토랑을 찾는 고객들이 호텔이나 레스토랑의 어느 속성을 보고 레스토랑을 찾는지를 파악해서 고객을 분류해 보고자 한다. 이를 위해서 레스토랑 이용고객을 대상으로 레스토랑 이용요인에 관한 질문을 하여 수집된 자료를 이용해서 군집분석으로 고객을 분류해 보고자 한다.

분석방법 JOB ANALYSIS

레스토랑 이용고객을 대상으로 레스토랑 이용에 관한 질문을 하여 수집된 자료를 이용해서 군집분석을 실시하여 고객을 몇 개의 집단으로 구분한 다음, 이렇게 구분된 집단을 대상으로 각 집단의 특성을 파악한 후 그에 맞는 차별적 특성을 강조하는 전략을 수립하고자 한다. 이러한 목적으로 수행되는 군집분석의 절차를 정리하면 다음과 같다.

① 레스토랑 이용고객을 대상으로 레스토랑 이용에 관한 자료 및 응답자의 인구통계학적 자료를 수집한다.
② 군집분석에 사용되는 변수들(군집화 변수)을 표준화한다.
③ 표준화된 자료를 입력변수로 하여 계층적 군집분석을 실시한다.
④ 군집분석에 사용된 변수값들이 군집분석으로 생성된 집단별로 차이가 있는지를 테스트나 분산분석으로 분석한다.
⑤ 인구통계학적 변수들을 이용해서 집단별 프로필을 파악한다.

1.2 분석절차

1) 1단계 : 자료수집

군집분석에 사용할 변수(군집화변수)로서 신중하게 선택해야 한다

A. 호텔 레스토랑 이용요인에 관한 질문입니다.

귀하께서 레스토랑을 이용하고자 하실 때 다음 사항을 어느 정도 중요하게 생각하십니까?

	전혀 중요하지 않다 — 보통이다 — 매우 중요하다
1. 실내시설 : 레스토랑의 시설과 특이한 분위기	① --- ② --- ③ --- ④ --- ⑤
2. 메뉴 : 다양한 메뉴, 음식의 맛과 분량	① --- ② --- ③ --- ④ --- ⑤
3. 가격 : 요리와 서비스의 적절한 가격	① --- ② --- ③ --- ④ --- ⑤
4. 서비스 : 종업원의 친절과 예절, 신속한 서비스	① --- ② --- ③ --- ④ --- ⑤
5. 편리성 : 넓은 주차공간과 교통의 접근성	① --- ② --- ③ --- ④ --- ⑤
6. 인지도 : 레스토랑의 평판과 유명세, 광고	① --- ② --- ③ --- ④ --- ⑤
7. 위생 : 종업원의 용모, 요리, 레스토랑의 청결	① --- ② --- ③ --- ④ --- ⑤
8. 숙박 : 숙박하고 있는 호텔의 레스토랑	① --- ② --- ③ --- ④ --- ⑤

B. 호텔 레스토랑 이용에 관한 일반문항입니다.

1. 귀하께서 지난 3개월간 월 평균 몇 번이나 호텔 레스토랑을 이용하셨습니까?
   ( ) 번

2. 호텔 레스토랑을 이용하실 때 1인 기준으로 어느 정도의 비용을 지불하십니까?
   1인당 ( ) 만원

3. 일반적으로 호텔 레스토랑을 이용하실 때 동반하는 인원은 평균 몇 명 정도입니까? ( )
   ① 1명 이하 ② 2~3명 ③ 4~5명 ④ 6~7명 ⑤ 7명 이상

4. 귀하께서 호텔 레스토랑 이용 시 동반하시는 사람들은 어떤 분들이십니까? ( )
   ① 가족 ② 친구 ③ 직장(업무)관련 사람들 ④ 기타

5. 귀하께서 주로 이용하시는 호텔 레스토랑의 종류는 다음 중 어느 것입니까? ( )
   ① 양식 ② 한식 ③ 일식 ④ 중식

6. 귀하께서 이용하시는 호텔 레스토랑은 주로 어디에 위치하고 있습니까? ( )
   ① 지하 ② 1층 ③ 2~3층 ④ 중간층 ⑤ 전망 좋은 상층부

7. 귀하께서 이용하신 레스토랑에 대하여 전반적으로 어느 정도 만족하십니까? ( )
   매우 불만족한다 — 보통이다 — 매우 만족한다
   ① --- ② --- ③ --- ④ --- ⑤

8. 귀하께서 이용하신 레스토랑을 타인에게 적극적으로 추천하고 싶으십니까? ( )
   절대 추천하지 않는다 — 보통이다 — 매우 추천한다
   ① --- ② --- ③ --- ④ --- ⑤

C. 귀하의 인구통계학적인 질문입니다.

1. 응답자의 성별은 ?

① 남자 ② 여자

2. 귀하의 연령은 어떻게 되십니까?

만( )세

3. 귀하께서는 현재 어떠한 일을 하고 계십니까 ?

① 고급공무원 ② 대기업체 직원
③ 일반공무원 ④ 일반기업체 직원
⑤ 교육/연구직 ⑥ 사무직/기술직
⑦ 전문/자유직 ⑧ 자영업
⑨ 기타(학생, 무직)

4. 귀하의 최종학력은 어떻게 되십니까 ?

① 중졸 이하 ② 고졸 ③ 전문대졸
④ 대학졸 ⑤ 대학원졸 이상

5. 귀댁의 한 달 평균 가계소득은 어느 정도입니까?(보너스 등 모두 포함한다) ( )

① 200만원 미만
② 200만원 이상 300만원 미만
③ 300만원 이상 400만원 미만
④ 400만원 이상 500만원 미만
⑤ 500만원 이상

바쁘신 와중에 설문에 응답해 주셔서 대단히 감사합니다.

분류된 군집의 특징으로 알고 싶은 인구통계 자료를 중심으로 조사하는 것이 바람직하다

2) 2단계 : 분석자료 준비

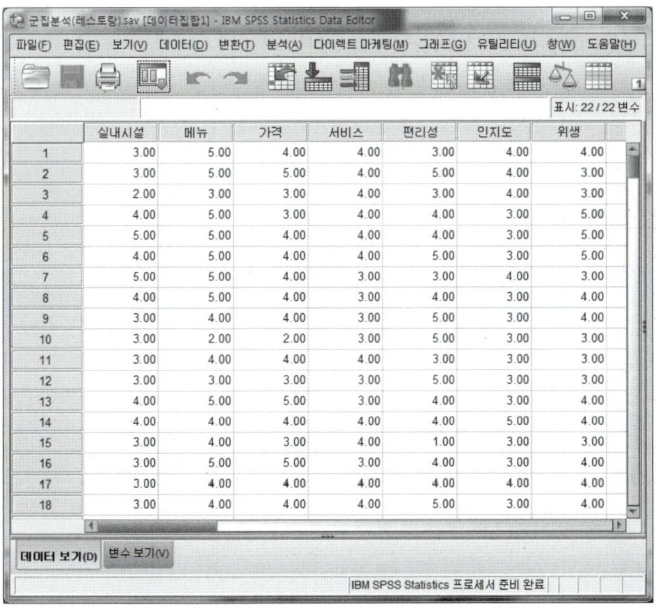

	실내시설	메뉴	가격	서비스	편리성	인지도	위생
1	3.00	5.00	4.00	4.00	3.00	4.00	4.00
2	3.00	5.00	5.00	4.00	5.00	4.00	3.00
3	2.00	3.00	3.00	4.00	3.00	4.00	3.00
4	4.00	5.00	3.00	4.00	4.00	3.00	5.00
5	5.00	5.00	4.00	4.00	4.00	3.00	5.00
6	4.00	5.00	4.00	4.00	5.00	3.00	5.00
7	5.00	5.00	4.00	3.00	3.00	4.00	3.00
8	4.00	5.00	4.00	3.00	4.00	3.00	4.00
9	3.00	4.00	4.00	3.00	5.00	3.00	4.00
10	3.00	2.00	2.00	3.00	5.00	3.00	3.00
11	3.00	4.00	4.00	4.00	3.00	3.00	3.00
12	3.00	3.00	3.00	3.00	5.00	3.00	3.00
13	4.00	5.00	5.00	3.00	4.00	3.00	4.00
14	4.00	4.00	4.00	4.00	4.00	5.00	4.00
15	3.00	4.00	3.00	4.00	1.00	3.00	3.00
16	3.00	5.00	5.00	3.00	4.00	3.00	4.00
17	3.00	4.00	4.00	4.00	4.00	4.00	4.00
18	3.00	4.00	4.00	4.00	5.00	3.00	4.00

- 레스토랑 이용고객을 대상으로 레스토랑 이용에 관한 설문을 통해 자료를 수집하고, 분석을 위해 코딩한 후 SPSS에서 데이터 불러오기를 한다.

3) 3단계 : 군집화 변수의 표준화

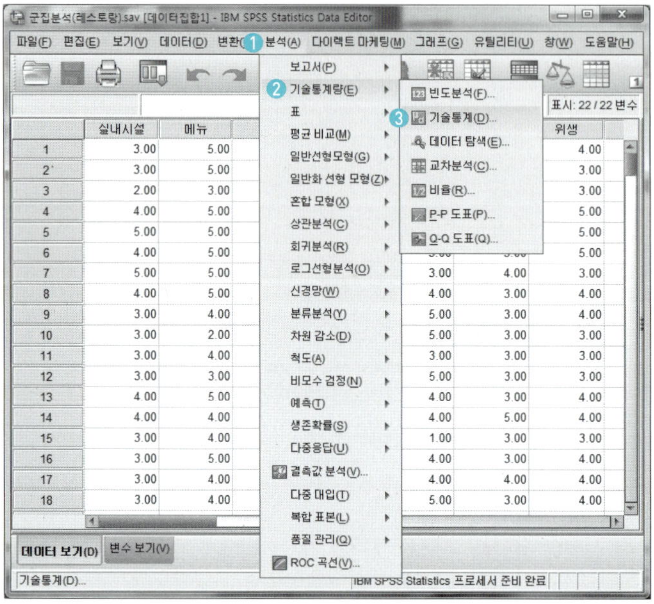

• 입력된 응답자료를 화면에 띄우고 메뉴에서 ❶ [분석] → ❷ [기술통계량] → ❸ [기술통계]를 선택한다.

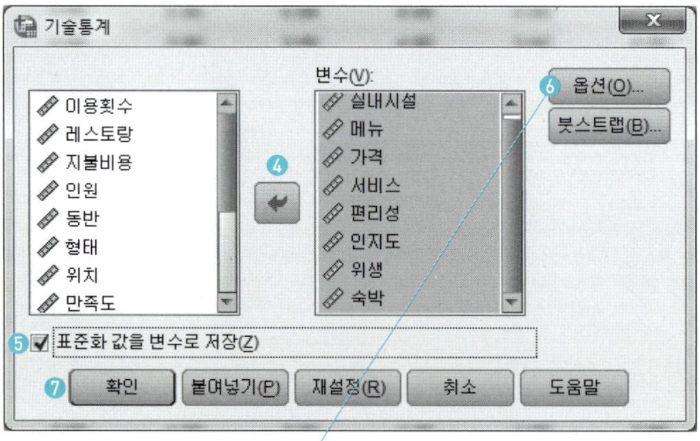

• [기술통계]창이 나타난다.
• 표준화시킬 변수를 선택하고 ❹ [➡] 버튼을 이용하여 [변수]란으로 옮긴다.
• 입력변수들의 표준화된 값을 새로운 변수로 저장하는 옵션인 ❺ [표준화값을 변수로 저장]을 선택한다.
• ❻ [옵션]을 클릭하면, 각각의 변수들의 기술통계량을 지정할 수 있다.

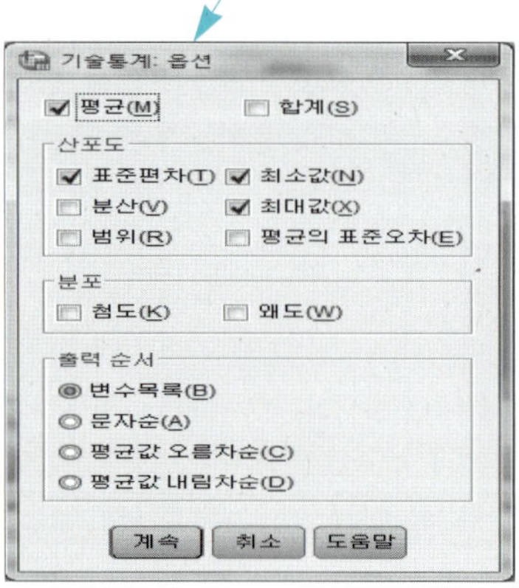

• [기술통계: 옵션]창에서 필요한 기술통계량을 선택한 후 [계속] 버튼을 클릭해서 [기술통계]창으로 되돌아간다.
• ❼ [확인] 버튼을 클릭해서 분석을 실행한다.

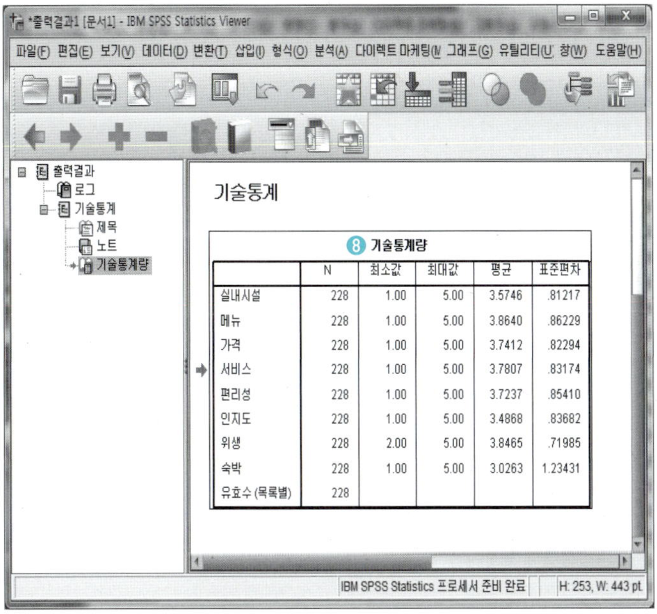

기술통계

⑧ 기술통계량

	N	최소값	최대값	평균	표준편차
실내시설	228	1.00	5.00	3.5746	.81217
메뉴	228	1.00	5.00	3.8640	.86229
가격	228	1.00	5.00	3.7412	.82294
서비스	228	1.00	5.00	3.7807	.83174
편리성	228	1.00	5.00	3.7237	.85410
인지도	228	1.00	5.00	3.4868	.83682
위생	228	2.00	5.00	3.8465	.71985
숙박	228	1.00	5.00	3.0263	1.23431
유효수 (목록별)	228				

• 선택한 변수들의 평균과 표준편차 그리고 최소값과 최대값 등의 기술통계량 값들이 ⑧ [기술통계량]표로 나타난다.

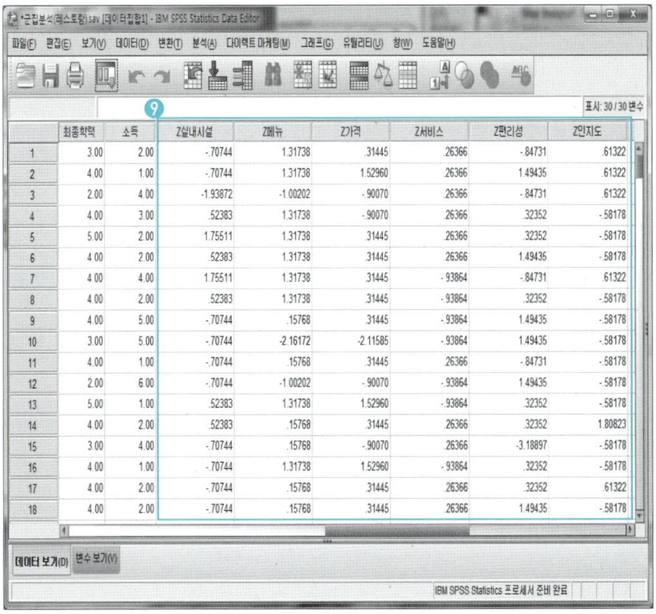

	최종학력	소득	Z실내시설	Z메뉴	Z가격	Z서비스	Z편리성	Z인지도
1	3.00	2.00	-.70744	1.31738	.31445	.26366	-.84731	.61322
2	4.00	1.00	-.70744	1.31738	1.52960	.26366	1.49435	.61322
3	2.00	4.00	-1.93872	-1.00202	-.90070	.26366	-.84731	.61322
4	4.00	3.00	.52383	1.31738	-.90070	.26366	.32352	-.58178
5	5.00	2.00	1.75511	1.31738	.31445	.26366	.32352	-.58178
6	4.00	2.00	.52383	1.31738	.31445	.26366	1.49435	-.58178
7	4.00	4.00	1.75511	1.31738	.31445	-.93864	-.84731	.61322
8	4.00	2.00	.52383	1.31738	.31445	-.93864	.32352	-.58178
9	4.00	5.00	-.70744	.15768	.31445	-.93864	1.49435	-.58178
10	3.00	5.00	-.70744	-2.16172	-2.11585	-.93864	1.49435	-.58178
11	4.00	1.00	-.70744	.15768	.31445	.26366	-.84731	-.58178
12	2.00	6.00	-.70744	-1.00202	-.90070	-.93864	1.49435	-.58178
13	5.00	1.00	.52383	1.31738	1.52960	-.93864	.32352	-.58178
14	4.00	2.00	.52383	.15768	.31445	.26366	.32352	1.80823
15	3.00	4.00	-.70744	.15768	-.90070	.26366	-3.18897	-.58178
16	4.00	1.00	-.70744	1.31738	1.52960	-.93864	.32352	-.58178
17	4.00	2.00	-.70744	.15768	.31445	.26366	.32352	.61322
18	4.00	2.00	-.70744	.15768	.31445	.26366	1.49435	-.58178

• [기술통계]의 창에서 [표준화값을 변수로 저장]을 지정한 결과, 입력된 변수들의 표준화된 Z값이 ⑨ 새로운 변수로 생성되었음을 [SPSS 데이터 편집기]창에서 확인할 수 있다.

4) 4단계 : 계층적 군집분석의 실행

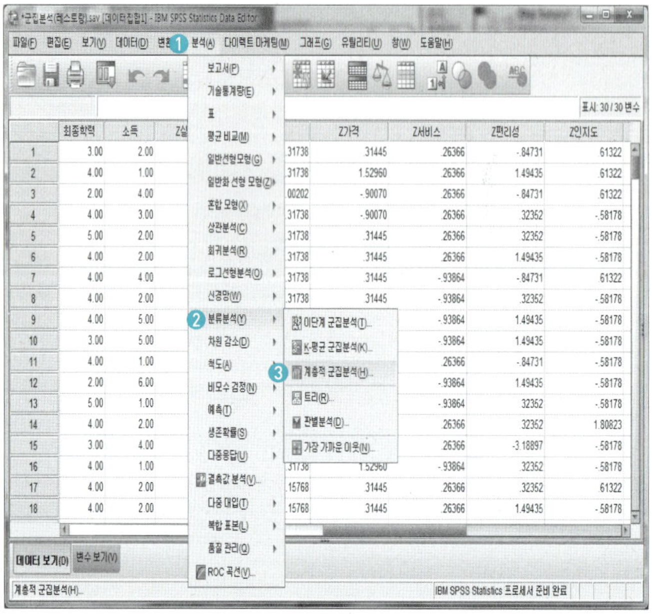

- 새롭게 생성된 8개의 변수들이 표준화된 값을 이용하여 계층적 군집분석을 실행한다.
- 탑 메뉴에서 ❶ [분석] → ❷ [분류분석] → ❸ [계층적 군집분석]을 선택한다.

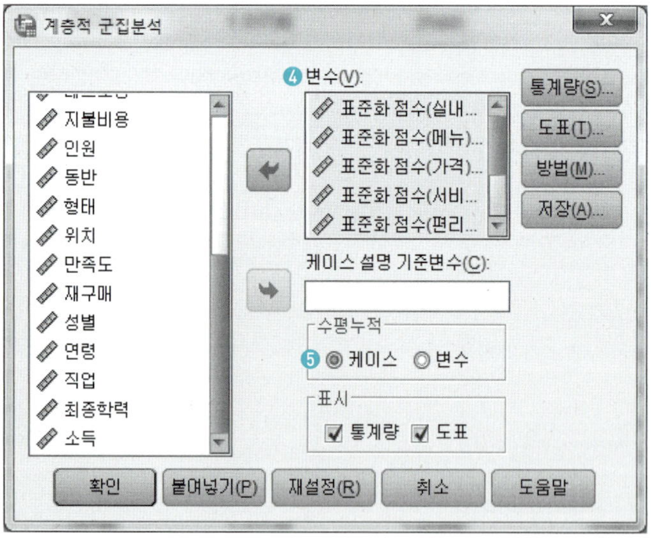

- [계층적 군집분석]창이 나타난다.
- [➡] 버튼을 이용해 군집분석에 사용될 8개의 변수를 ❹ [변수]란으로 옮긴다.
- ❺ 응답자 분류가 목적이므로 [군집]에 쓰일 기준으로 [케이스]를 선택한다.

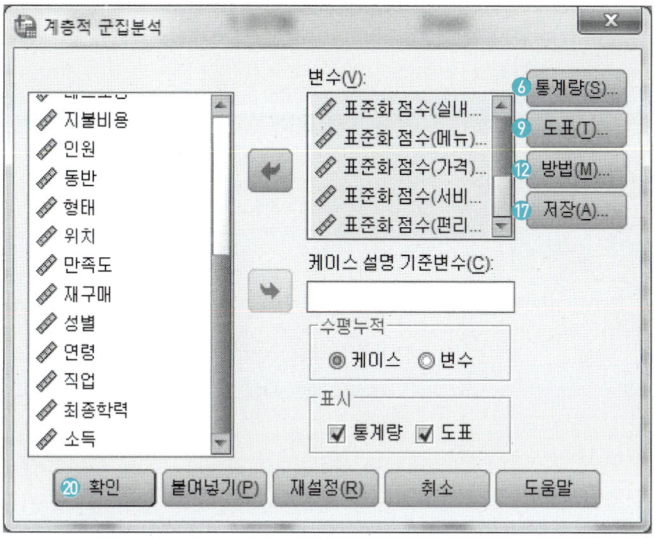

- ❻ [통계량], ❾ [도표], ⓬ [방법], ⓱ [저장] 버튼을 클릭하여 세부항목을 지정한다.

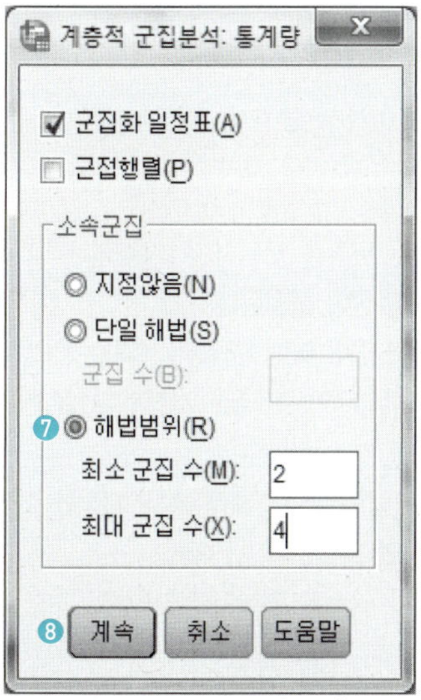

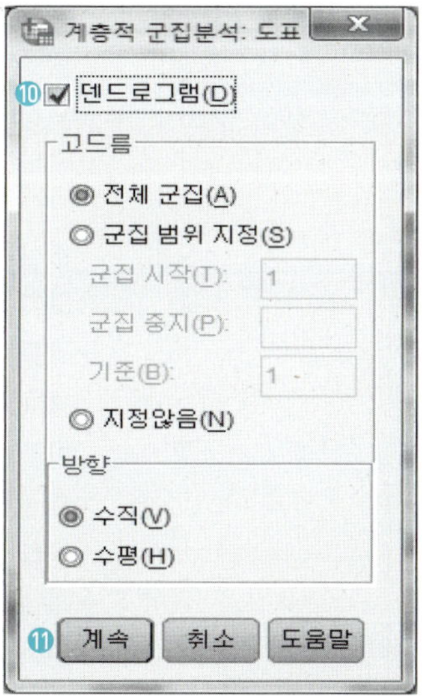

- ❻ [통계량] 버튼을 클릭하면 [계층적 군집분석: 통계량]창이 나타난다.
- 군집의 수를 몇 개로 해야 하는지 모르는 경우, 군집 개수의 범위를 주어 모든 경우에 대한 결과를 살펴볼 수 있다.
- ❼ 군집을 2개에서 4개 사이로 지정한다.
- ❽ [계속] 버튼을 클릭하여 [계층적 군집분석]창으로 되돌아간다.

- ❾ [도표] 버튼을 클릭하면 [계층적 군집분석: 도표]창이 나타난다.
- ❿ [덴드로그램]을 지정하면 덴드로그램의 결과를 얻을 수 있다.
- 덴드로그램은 응답자가 어떻게 군집화되는지 나뭇가지 형태로 보여주는 그래프이다.
- ⓫ [계속] 버튼을 클릭하여 [계층적 군집분석]창으로 되돌아간다.

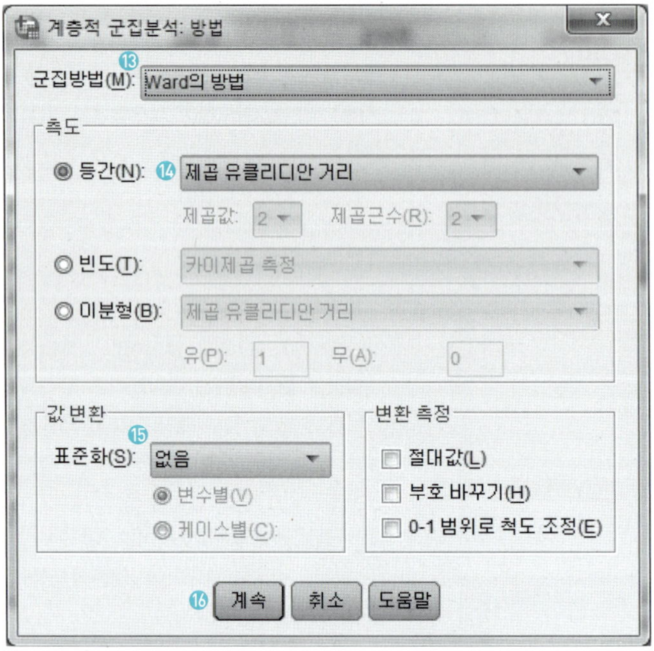

- ⑫ [방법] 버튼을 클릭하면 [방법]창이 생성된다.
- [군집방법]으로 ⑬ [Ward의 방법]을 선택한다.
- 군집방법으로는 [집단 간 연결], [집단 내 연결], [Ward의 방법] 등이 있다.
- 군집화할 때 거리를 산정하는 방법을 선택한다.
- 일반적으로 [등간]이 사용되며 [등간] 중에서도 ⑭ 제곱 유클리디안 거리를 사용한다.
- ⑮ 군집변수의 표준화 여부를 묻는 옵션으로, 이미 표준화한 변수이므로 선택하지 않는다.
- ⑯ [계속] 버튼을 클릭하여 [계층적 군집분석]창으로 되돌아간다.

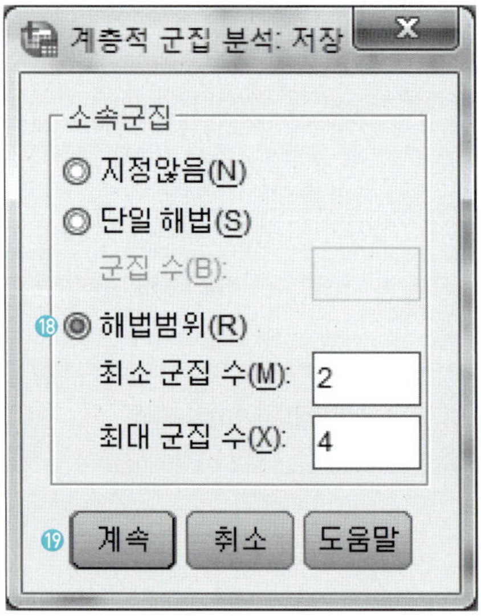

- ⑰ [저장] 버튼을 클릭하면 [계층적 군집분석: 저장]창이 생성된다.
- 어떤 응답자가 어떤 군집에 속하는지의 결과를 새로운 데이터로 저장하는 옵션이다.
- ⑱ [해법범위]를 [통계량]에서 지정했던 군집범위와 동일하게 지정한다.
- ⑲ [계속] 버튼을 클릭하여 [계층적 군집분석]창으로 되돌아간다.
- ⑳ [확인] 버튼을 클릭하면 군집분석결과가 나타난다.

1.3 분석결과 및 해석

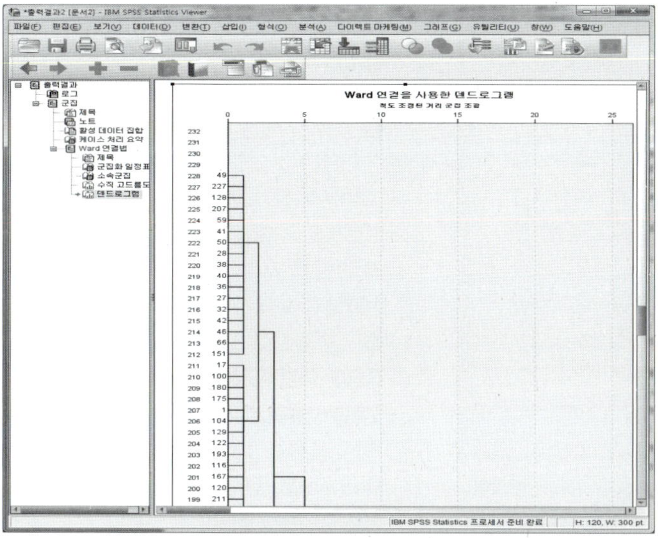

- 계층적 군집분석결과로 도출된 덴드로그램을 이용해서 가장 적절한 군집의 수를 파악할 수 있다.
- 군집의 수를 결정하는 다른 방법으로 새롭게 생성된 명목변수와 군집에 사용된 변수 간의 분산분석을 통해서 유의한 것만을 군집변수로 사용하는 과정을 거쳐서 최적의 군집수를 결정한다.
- 그러나 군집의 수를 결정하는 절대적인 기준은 없으며, 필요에 따라 연구자가 직관적으로 결정한다.

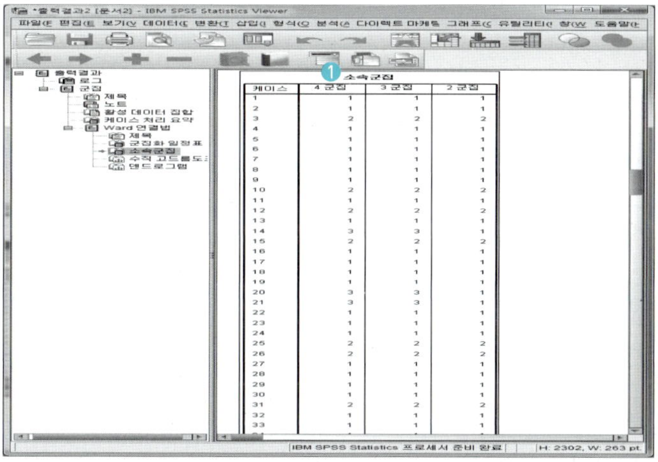

- ❶ 군집의 수가 4개일 경우와 군집의 수가 3개일 경우, 그리고 군집의 수가 2개일 경우에 각각의 응답자가 어느 군집에 속하는지를 나타낸다.

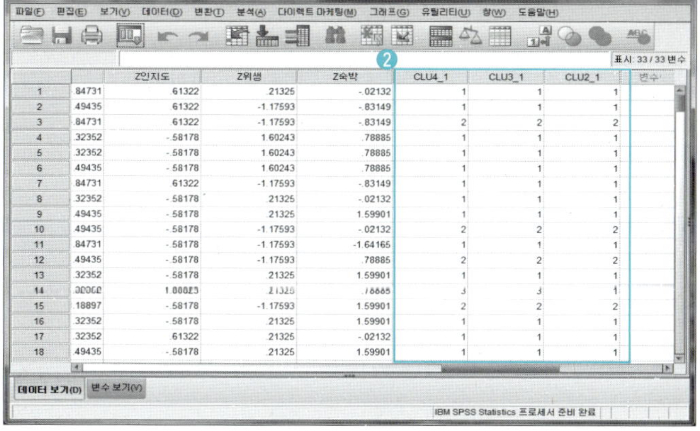

- [저장] 옵션에서 [해법범위]를 지정해 준 결과, ❶의 군집분석결과가 ❷ 새로운 변수로 데이터에 저장되었음을 알 수 있다.

1.4 군집별로 차이가 있는 유용한 프로필분석(교차분석 활용)

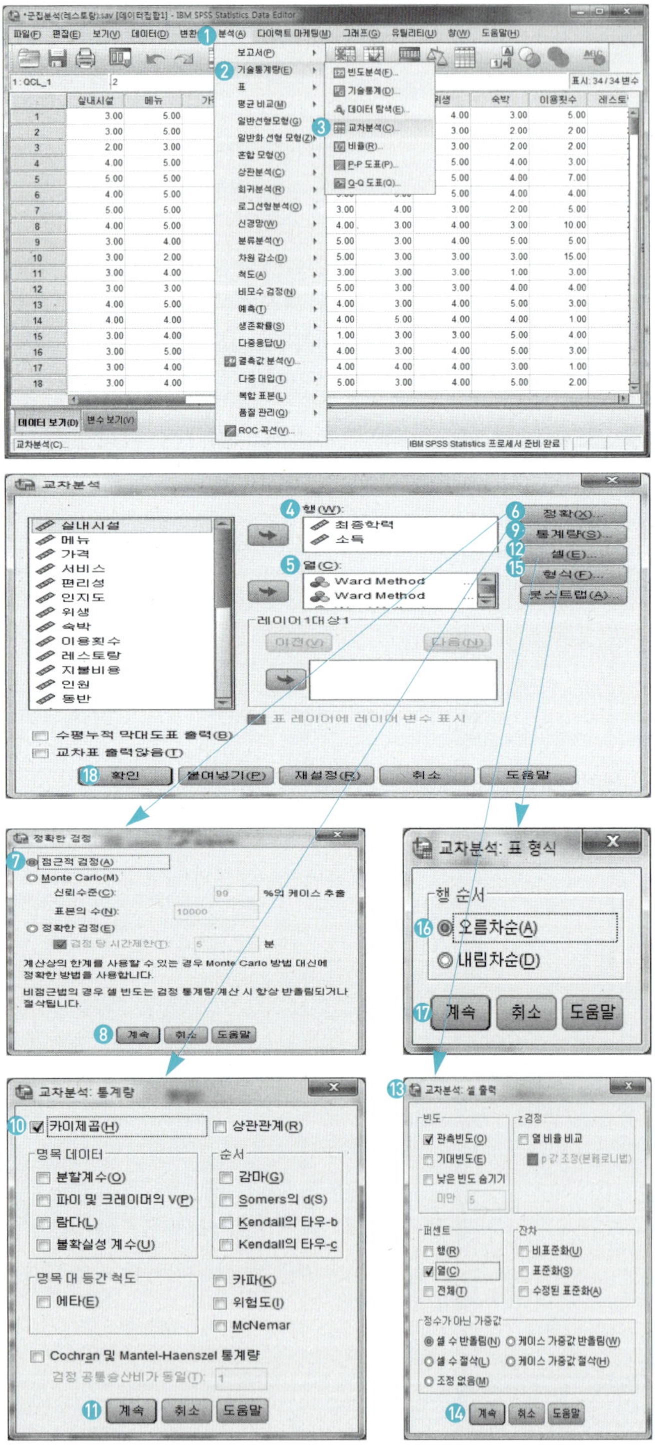

- 군집의 프로필을 추출하기 위해서는 탑 메뉴에서
- ❶ [분석] → ❷ [기술통계량] → ❸ [교차분석]을 선택한다.

- [교차분석]창이 생성된다.
- 프로필을 추출하기 위한 변수들 중에서 명목척도나 서열척도로 이루어진 변수들을 선택하고 보내기 버튼 [➡]을 이용하여 ❹ [행]란으로 옮긴다. 여기서는 3개의 집단에 대한 프로필을 추출하기로 한다.
- 군집분석결과로 새롭게 생성된 응답자가 속한 군집을 나타내는 변수인 [Ward Method]를 선택한 다음 [➡] 버튼을 이용하여 ❺ [열]란으로 옮긴다.

- [정확한 검정]에서 ❼ [점근적 검정]을 선택한다.
- ❽ [계속] 버튼을 클릭하여 [교차분석]창으로 되돌아간다.
- ❾ [통계량] 버튼을 클릭하면 [교차분석: 통계량]창이 나타난다.
- [통계량]으로는 명목척도로 측정된 두 변수 간의 상호연관성을 검정하는 ❿ [카이제곱]을 선택한다.
- ⓫ [계속] 버튼을 클릭하여 [교차분석]창으로 되돌아간다.
- ⓬ [셀] 버튼을 클릭하면 [교차분석: 셀 출력]창이 나타난다.
- ⓭ [교차분석: 셀 출력]창이 생성되면, [빈도]는 [관측빈도]를, [퍼센트] 출력은 [열]을 [점수가 아닌 가중값]으로 [셀 수 반올림]을 선택한다.
- ⓮ [계속] 버튼을 클릭하여 [교차분석]창으로 되돌아간다.
- ⓯ [형식] 버튼을 클릭하면 [교차분석: 표형식]창이 나타난다.
- 출력될 테이블의 형식이 오름차순인지 내림차순인지를 선택한다. 본 예에서는 ⓰ [오름차순]을 선택한다.
- ⓱ [계속] 버튼을 클릭하여 [교차분석]창으로 되돌아간다.
- ⓲ [확인] 버튼을 클릭해서 교차분석을 실행한다.

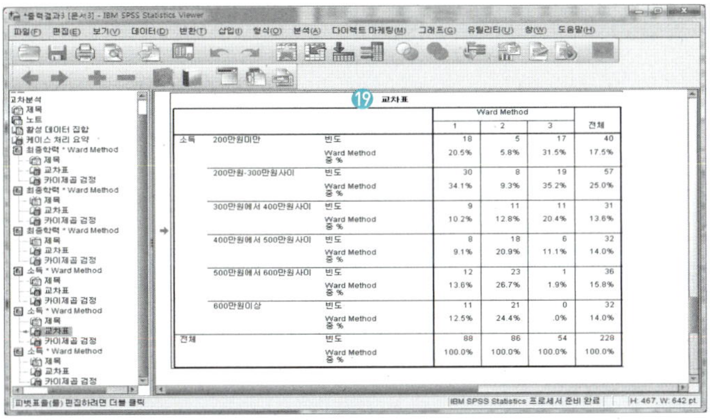

- 교차분석 결과 ⑲ [교차표]가 출력된다.
- 본 예제에서는 명목척도인 변수 10개를 사용하여 교차분석을 실시하였으며, 3개의 군집으로 나누어 프로필을 추출한 결과 피어슨 카이제곱값이 유의수준 0.05에서 유의한 변수는 모두 5개임을 알 수 있다.
- 그림은 소득이라는 변수와 군집 간의 교차분석을 실시한 결과를 보여주고 있다.

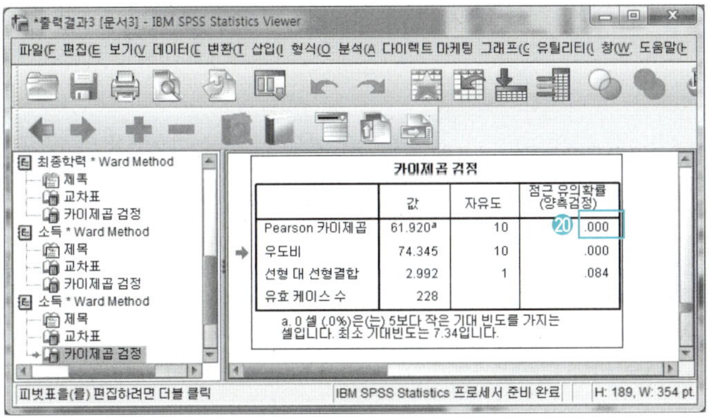

- ⑳ 유의수준 0.05에서 유의확률값이 '0.000'으로 통계적으로 유의하게 나타났다.
- 즉, 집단에 따라 [동반인원수]와 [동반자유형], [직업], [최종학력], [소득] 등에서 차이가 있음을 알 수 있다.

교차분석결과 주로 이용하는 레스토랑과 선호 레스토랑의 형태, 레스토랑의 위치, 성별, 이용연령은 군집 간에 차이가 없는 것으로 나타났으나, 레스토랑 동반인원과 동반자유형, 그리고 직업과 학력, 소득에 있어서는 군집별로 유의한 차이가 있는 것으로 나타났다. 이러한 자료를 군집별로 평균값을 구하여 정리하면, 다음과 같은 개별군집의 프로필을 구할 수 있다.

군집 1

- 전체 : 88개(N), 38.6%
- 특징
  - 동반인원 : 2~3인 65%, 3~4인 27%
  - 동반유형 : 가족 47%, 친구 및 직장관련 사람들 53%
  - 직업 : 전문/지유직 40%, 자영업 19%
  - 최종학력 : 전문대졸 이상 92%
  - 소득 : 300만원 미만 55%

군집 2

- 전체 : 86개(N), 37.7%
- 특징
  - 동반인원 : 2~3인 66%, 3~4인 28%
  - 동반유형 : 가족 33%, 친구 및 직장관련 사람들 67%
  - 직업 : 전문/지유직 34%, 사무/기술직 22%
  - 최종학력 : 전문대졸 이상 84%
  - 소득 : 400만원 이상 72%

군집 3

- 전체 : 54개(N), 23.7%
- 특징
  - 동반인원 : 2~3인 72%, 1인 이하 15%
  - 동반유형 : 친구 및 직장관련 사람들 94%
  - 직업 : 전문/자유직 30%, 시무/기술직, 지영업 30%
  - 최종학력 : 전문대졸 이상 98%
  - 소득 : 400만원 미만 87%

1.5 군집별로 차이가 있는 프로필분석(분산분석 활용)

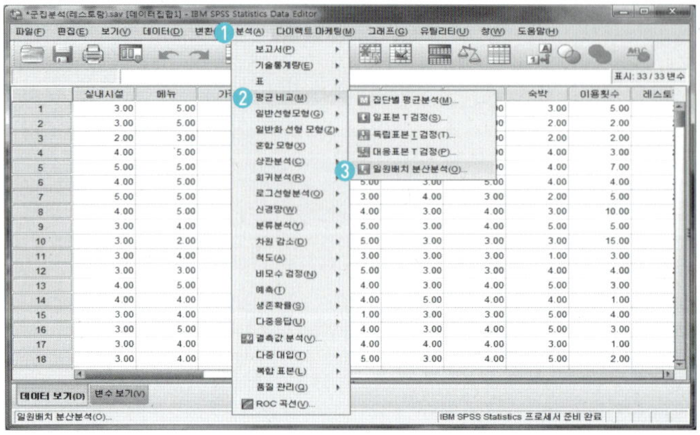

- 탑 메뉴에서 ❶ [분석] → ❷ [평균비교] → ❸ [일원배치 분산분석]을 선택한다.

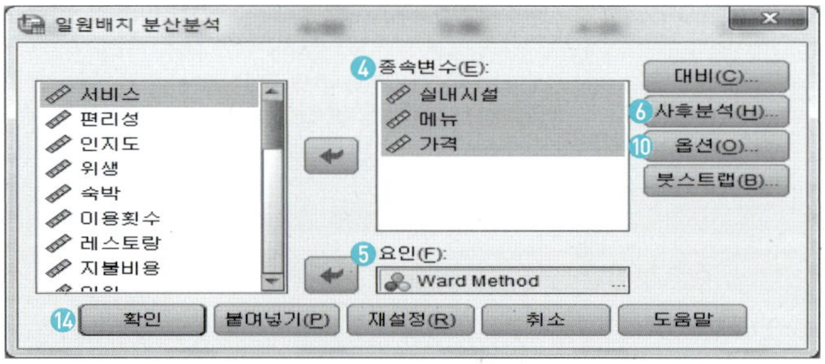

- 프로필을 추출하기 위한 변수들 중에서 등간척도나 비율척도로 이루어진 변수들을 선택한 다음, 버튼을 이용하여 ❹ [종속변수]란으로 옮긴다.
- 군집분석결과로 새롭게 생성된 변수로서, 응답자가 속한 군집을 나타내는 변수인 [Ward Method]를 선택하고 버튼을 이용하여 ❺ [요인]란으로 옮긴다.

- [일원배치 분산분석]창에서 ❻ [사후분석] 버튼을 클릭하면 [일원배치 분산분석: 사후분석-다중비교]창이 생성된다.
- 이것은 비교하고자 하는 군집이 2개 이상이면, 각각을 쌍으로 비교해서 군집 간의 평균차이를 분석하는 옵션이다.
- ❼ [등분산을 가정함]에서 대표적인 분석인 [LSD]와 [Duncan]을 클릭한다.
- ❽ 연구목적에 적합한 유의수준을 설정한다.
- ❾ [계속] 버튼을 클릭하여 [일원배치 분산분석]창으로 되돌아간다.
- [일원배치 분산분석]의 창에서 ❿ [옵션] 버튼을 클릭하면 [일원배치 분산분석: 옵션]창이 생성된다.
- ⓫ 각각의 군집에 대하여 간단히 요약된 기술통계량을 산출하기 위하여 [기술통계] 버튼을 선택한다.
- ⓬ 결측값을 처리하는 옵션으로 [분석별 결측값을 제외] 옵션을 지정한다.
- ⓭ [계속] 버튼을 클릭해서 [일원배치 분산분석]창으로 되돌아간다.
- ⓮ [확인] 버튼을 클릭해서 분산분석을 실행한다.

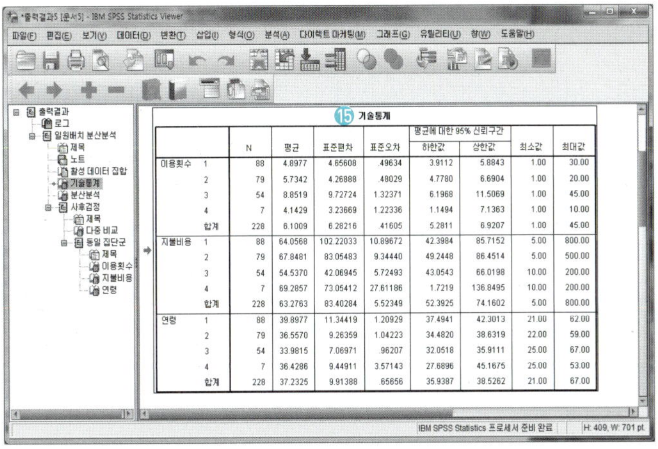

⑮ 기술통계

		N	평균	표준편차	표준오차	평균에 대한 95% 신뢰구간 하한값	평균에 대한 95% 신뢰구간 상한값	최소값	최대값
이용횟수	1	88	4.8977	4.65608	.49634	3.9112	5.8843	1.00	30.00
	2	79	5.7342	4.26888	.48029	4.7780	6.6904	1.00	20.00
	3	54	8.8519	9.72724	1.32371	6.1968	11.5069	1.00	45.00
	4	7	4.1429	3.23669	1.22336	1.1494	7.1363	1.00	10.00
	합계	228	6.1009	6.28216	.41605	5.2811	6.9207	1.00	45.00
지불비용	1	88	64.0568	102.22033	10.89672	42.3984	85.7152	5.00	800.00
	2	79	67.8481	83.05483	9.34440	49.2448	86.4514	5.00	500.00
	3	54	54.5370	42.06945	5.72493	43.0543	66.0198	10.00	200.00
	4	7	69.2857	73.05412	27.61186	1.7219	136.8495	10.00	200.00
	합계	228	63.2763	83.40284	5.52349	52.3925	74.1602	5.00	800.00
연령	1	88	39.8977	11.34419	1.20929	37.4941	42.3013	21.00	62.00
	2	79	36.5570	9.26359	1.04223	34.4820	38.6319	22.00	59.00
	3	54	33.9815	7.06971	.96207	32.0518	35.9111	25.00	67.00
	4	7	36.4286	9.44911	3.57143	27.6896	45.1675	25.00	53.00
	합계	228	37.2325	9.91388	.65656	35.9387	38.5262	21.00	67.00

• 집단별 군집화 변수의 평균, 표준편차, 표준오차, 최소값, 최대값 등 ⑮ [기술통계량]이 나타난다.

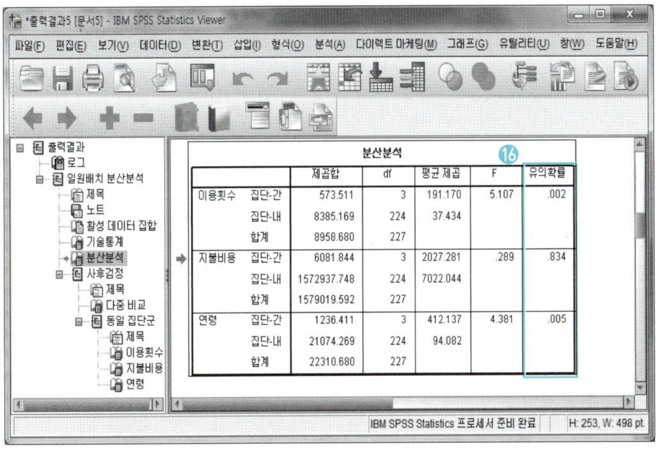

분산분석 ⑯

		제곱합	df	평균 제곱	F	유의확률
이용횟수	집단-간	573.511	3	191.170	5.107	.002
	집단-내	8385.169	224	37.434		
	합계	8958.680	227			
지불비용	집단-간	6081.844	3	2027.281	.289	.834
	집단-내	1572937.748	224	7022.044		
	합계	1579019.592	227			
연령	집단-간	1236.411	3	412.137	4.381	.005
	집단-내	21074.269	224	94.082		
	합계	22310.680	227			

• ⑯ 분산분석의 유의확률을 확인한 결과 [지불비용]을 제외하고, [이용횟수]와 [연령] 등 군집화 변수의 군집별 평균차이가 유의하게 나타남을 알 수 있다.

분산분석결과 유의수준 0.05에서 지불비용을 제외한 나머지 두 변수들이 통계적으로 유의하게 차이가 있는 것으로 나타났으며, 이러한 자료를 군집별로 평균값을 구하여 정리하면 다음과 같은 개별군집의 프로필을 구할 수 있다.

군집 1

- 전체 : 88개(N), 38.6%
- 특징
  - 나이 : 평균 40세
  - 1인당 지불비용 : 평균 약 6만 4천원
  - 월평균 레스토랑 이용횟수 : 4.9회

군집 2

- 전체 : 79개(N), 34.6%
- 특징
  - 나이 : 평균 37세
  - 1인당 지불비용 : 평균 6만 7천원
  - 월평균 레스토랑 이용횟수 : 5.8회

군집 3

- 전체 : 54개(N), 23.7%
- 특징
  - 나이 : 평균 34세
  - 1인당 지불비용 : 평균 5만 4천원
  - 월평균 레스토랑 이용횟수 : 8.8회

군집 4

- 전체 : 7개(N), 3.1%
- 특징
  - 나이 : 평균 37세
  - 1인당 지불비용 : 평균 6만 9천원
  - 월평균 레스토랑 이용횟수 : 4.1회

02 비계층적 군집분석

비계층적 군집분석은 구하고자 하는 군집의 수를 정한 상태에서 설정된 군집의 중심에 가장 가까운 개체를 하나씩 포함해 가는 방식으로 군집을 형성하는 방법이다. 비계층적 군집분석의 대표적인 방법으로 케이민즈 클러스터링(Kmeans clustering)이 있다. 이 방법은 분석자가 적절한 수의 군집수를 미리 정하고, 군집대상의 분포에 따라 군집의 초기값을 설정해 주면, 그 초기값에서 가장 가까운 거리에 있는 대상을 하나씩 더해 가는 식으로 군집화해 가는 방법이다.

2.1 비계층적 군집분석 사례

계층적 군집분석 사례에서 사용된 동일한 자료를 이용하여 비계층적 군집분석을 실시해 보기로 하자. 비계층적 군집분석은 분석자가 적절한 수의 군집수를 미리 정한 다음 그에 따라 군집화하는 방법이다. 또한 군집분석을 통하여 응답자들이 적절하게 군집화되면 교차분석과 분산분석을 이용해서 군집의 특성을 나타내는 프로필을 추출할 수 있다.

분석방법 JOB ANALYSIS

호텔 레스토랑을 찾는 고객들을 대상으로 레스토랑 이용요인에 관해 질문해서 얻은 응답자료를 바탕으로 군집분석을 실시하여 고객을 몇 개의 집단으로 구분한 다음 각 집단의 특성을 파악한 후 집단별로 그에 맞는 차별적인 마케팅전략을 세우고자 한다. 이러한 과정을 정리하면 다음과 같다.

① 레스토랑 이용고객을 대상으로 레스토랑 이용요인에 관한 자료 및 응답자의 인구통계학적 자료를 수집한다.
② 군집분석에 사용할 변수(군집화 변수)를 표준화한다.
③ 연구자의 판단이나 계층적 군집분석결과를 이용해서 적절한 집단수를 정한다.
④ 표준화된 입력자료를 이용해서 비계층적 군집분석을 실시한다.
⑤ 군집분석결과 생성된 집단별로 군집분석에 사용된 변수값들이 서로 차이가 있는지를 분산분석으로 분석해서 군집분석이 적절하게 이뤄졌는지 확인한다.
⑥ 집단별 군집화 변수에서의 차이와 인구통계학적 변수 등을 이용해서 집단별 프로필을 작성하여 마케팅활동에 활용한다.
※ 일반적으로 군집분석의 자료는 크기가 큰 경우가 많다. 따라서 이러한 경우 현실적으로 가장 많이 이용되는 군집분석방법은 군집분석자료로부터 소규모자료를 추출해서 계층적 군집분석한 다음, 그 결과를 분석해서 가장 적절한 수의 군집수를 결정한다. 다시 비계층적 군집분석방법에 의해 분석하여 그 수를 지정하는 것이다. 따라서 본 서에서는 계층적 군집분석방법을 먼저 실시하여 대략 몇 개의 집단으로 분류되는지 알아보고 다시 비계층적 군집분석을 실행하는 과정으로 설명하기로 한다.

2.2 분석절차

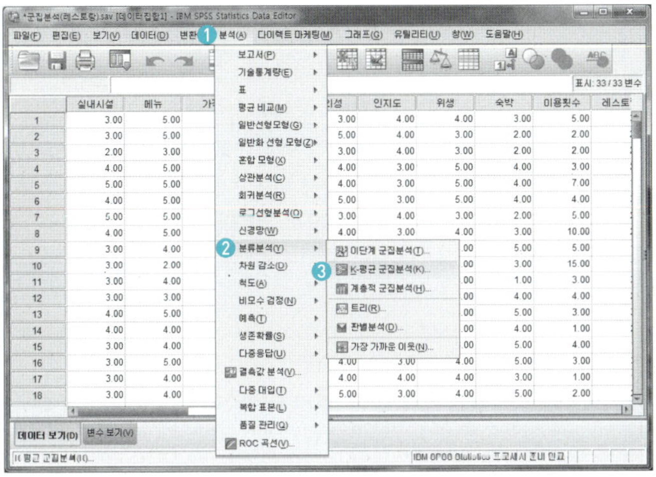

- 연구자의 판단이나 계층적 군집분석을 통해서 얻은 정보를 바탕으로 적당한 군집의 수를 정한 후, 비계층적 군집분석을 실행한다.
- 탑 메뉴에서 ❶ [분석] → ❷ [분류분석] → ❸ [K-평균 군집분석]을 선택한다.

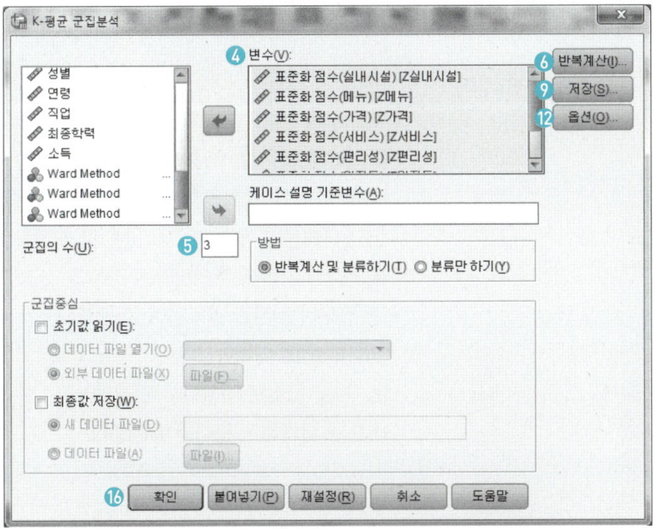

- [K-평균 군집분석]창이 생성된다.
- 군집분석에 사용할 군집화 변수를 [➡] 버튼을 이용하여 ❹ [변수]란으로 이동시킨다.
- [K-평균 군집분석]에서는 군집의 수를 미리 정해 주어야 한다. 계층적 군집분석에서 분석해 본 결과 군집의 수로 3개가 적당하다는 것을 파악했으므로, 군집의 수를 ❺와 같이 3개로 지정한다.

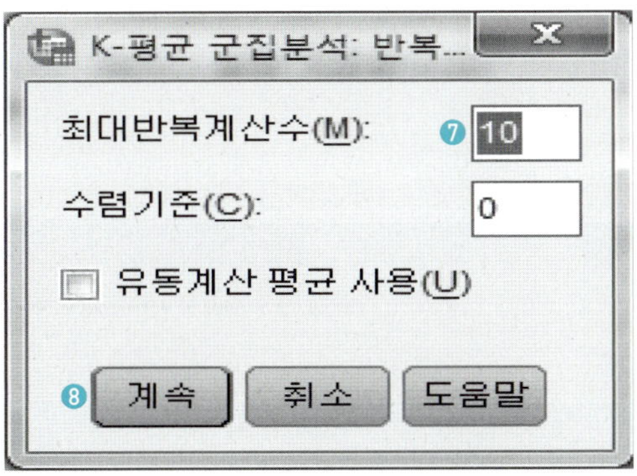

- [K-평균 군집분석]창에서 ❻ [반복계산] 버튼을 클릭하면 [K-평균 군집분석: 반복계산]창이 생성된다.
- ❼ 군집분석 시 반복계산의 횟수를 지정한다.
- ❽ [계속] 버튼을 클릭하여 [K-평균 군집분석]창으로 되돌아간다.

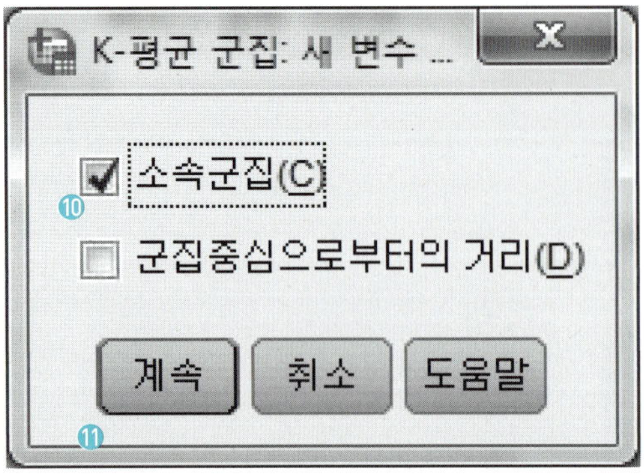

- [K-평균 군집분석]창에서 ⑨ [저장] 버튼을 클릭하면 [K-평균 군집분석: 새 변수로 저장]창이 생성된다.
- ⑩ [소속군집]을 선택함으로써 응답자가 속하는 군집을 나타내는 값이 입력창에 새로운 변수로 저장된다.
- ⑪ [계속] 버튼을 클릭하여 [K-평균 군집분석]창으로 되돌아간다.

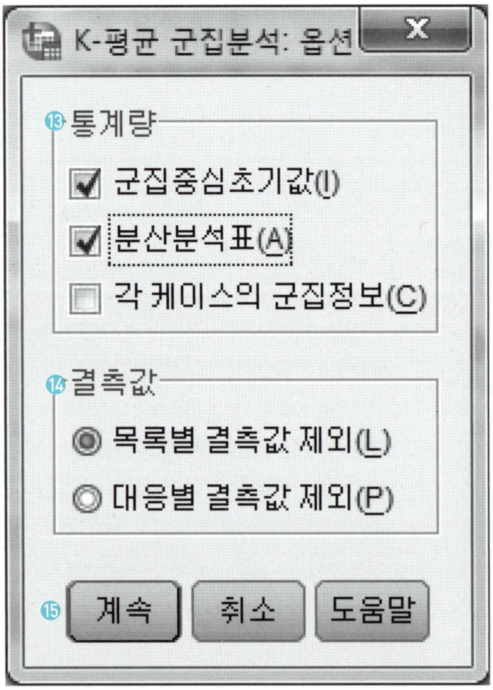

- [K-평균 군집분석]창에서 ⑫ [옵션] 버튼을 클릭하면 [K-평균 군집분석: 옵션] 창이 생성된다.
- ⑬ 군집화 변수에 대한 정보를 얻기 위해 [군집중심초기값]과 [분산분석표]를 선택한다.
- ⑭ [결측값]을 어떻게 처리할 것인가에 대해서 지정한다. [목록별 결측값 제외]는 결측값이 있는 응답자를 제외시키는 것이고, [대응별 결측값 제외]는 결측값을 제외하고 거리를 계산하라는 것이다.
- ⑮ [계속] 버튼을 클릭하여 [K-평균 군집분석]창으로 되돌아간다.
- [K-평균 군집분석]창에서 ⑯ [확인] 버튼을 클릭해서 분석을 실행한다.

2.3 분석결과 및 해석

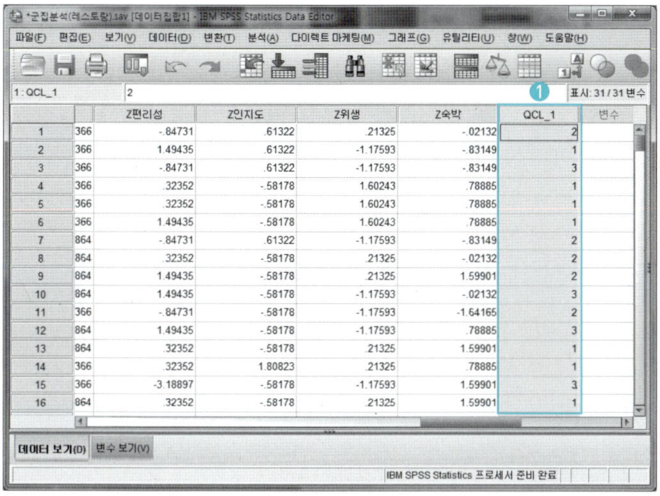

• ❶ 비계층적 군집분석결과 군집을 나타내는 새로운 변수가 데이터에 저장된다.

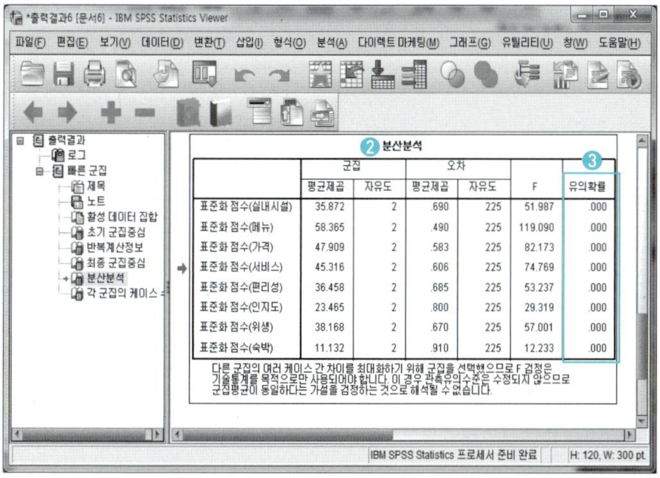

• ❷ 각각의 군집화 변수를 종속변수로 하고 새롭게 생성된 군집을 나타내는 명목척도의 변수를 독립변수로 하여 분산분석을 실시한 결과이다.
• 군집 간의 변수의 평균차이가 통계적으로 유의하게 나오면, 즉 분산분석결과가 유의하면 군집이 잘 분류되었다고 할 수 있다.
• ❸ 모든 변수에 대해서 분산분석결과가 통계적으로 유의하므로 적절하게 군집화 되었다고 할 수 있다.

2.4 군집별로 차이가 있는 유용한 프로필 추출(교차분석 활용)

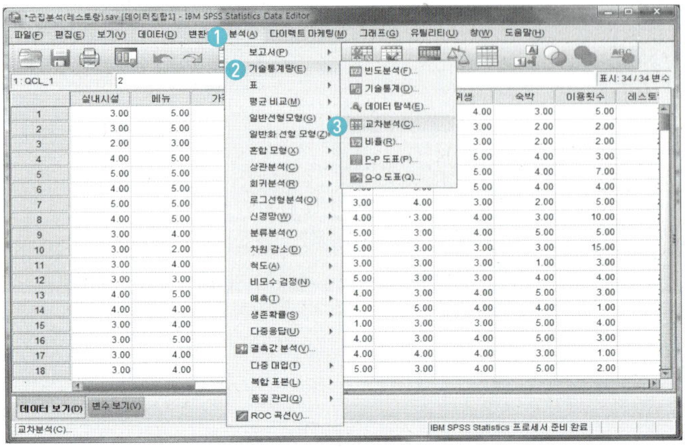

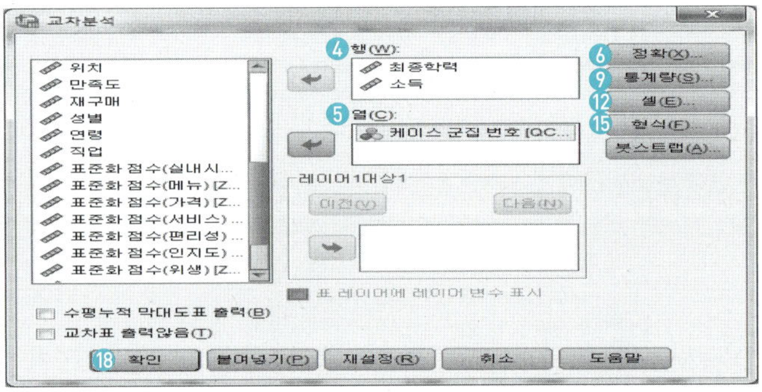

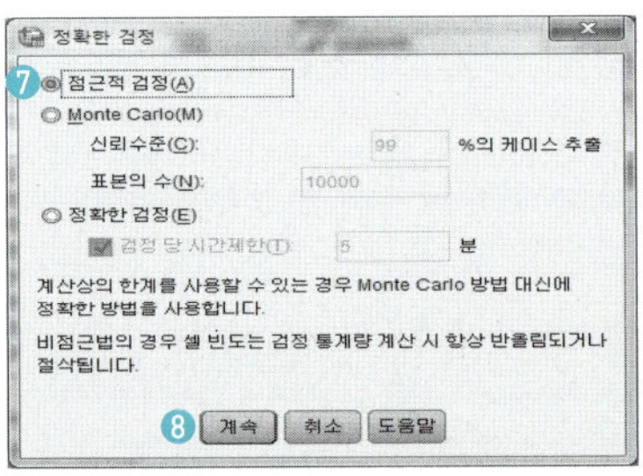

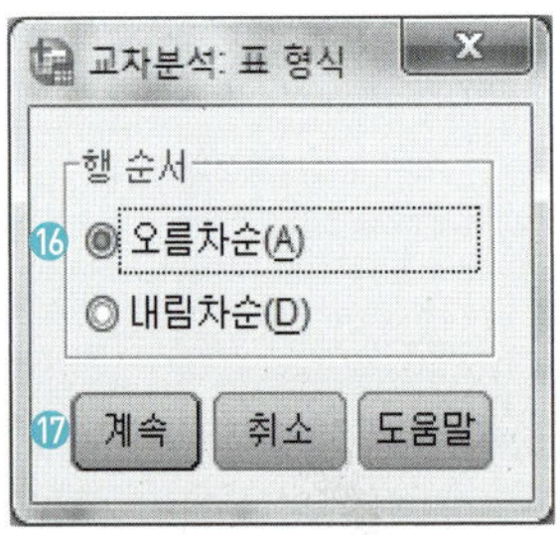

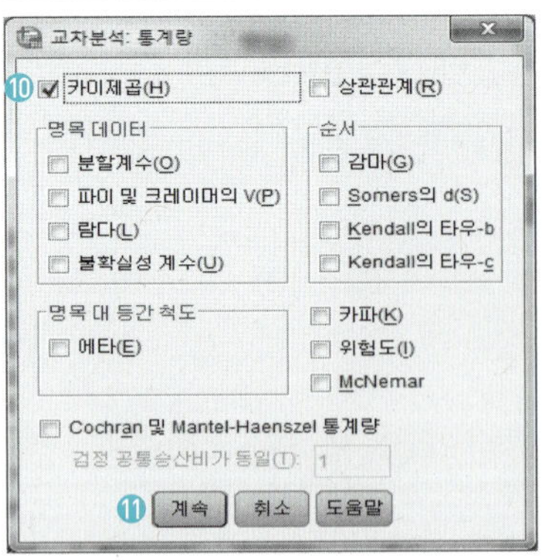

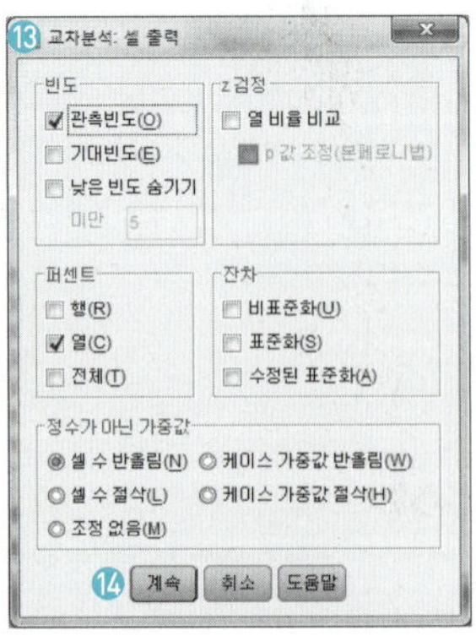

- 탑 메뉴에서
  ❶ [분석] → ❷ [기술통계량] →
  ❸ [교차분석]을 선택한다.

- [교차분석]창이 생성된다.
- 프로필을 추출하기 위한 변수들 중에서 명목척도나 서열척도로 이루어진 변수들을선택하고 ➡ 버튼을 이용하여 ❹ [행]란으로 옮긴다.
- 군집분석결과로 응답자가 속한 군집을 나타내는 새롭게 생성된 변수를 선택한 후 ➡ 버튼을 이용하여 ❺ [열]란으로 옮긴다.

- ❻ [정확한 검정]에서 ❼ [점근적 검정]을 선택한다.
- ❽ [계속] 버튼을 클릭하여 [교차분석]창으로 되돌아간다.
- ❾ [통계량] 버튼을 클릭하면 [교차분석: 통계량]창이 나타난다.
- [통계량]으로는 명목척도로 측정된 두 변수 간의 상호연관성을 검정하는 ❿ [카이제곱]을 선택한다.
- ⓫ [계속] 버튼을 클릭한다.
- ⓬ [셀] 버튼을 클릭하면 [교차분석: 셀 출력]창이 나타난다.
- ⓭ [교차분석: 셀 출력]창이 생성되면, [빈도]는 [관측빈도], [퍼센트]는 [열], [점수가 아닌 가중값]은 [셀 수 반올림]을 선택한다.
- ⓮ [계속] 버튼을 클릭한다.
- ⓯ [형식] 버튼을 클릭하면 [교차분석: 표 형식]창이 나타난다.
- 출력될 테이블의 형식이 오름차순인지 내림차순인지를 선택한다. 본 예에서는 ⓰ [오름차순]을 선택하였다.
- ⓱ [계속] 버튼을 클릭하여 [교차분석]창으로 되돌아간 뒤, ⓲ [확인] 버튼을 클릭해서 교차분석을 실행한다.

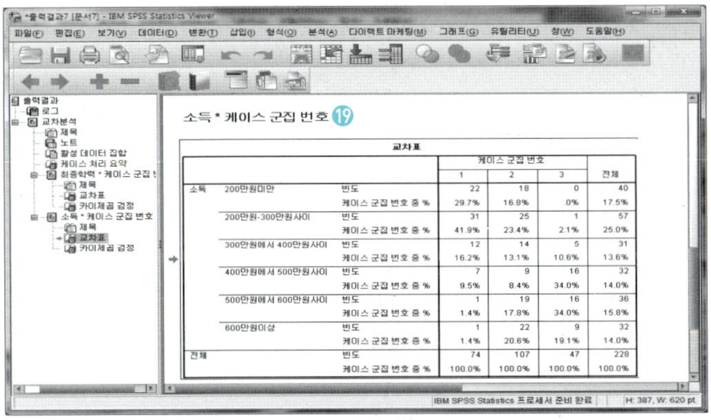

교차표

			케이스 군집 번호 1	2	3	전체
소득	200만원미만	빈도	22	18	0	40
		케이스 군집 번호 중 %	29.7%	16.8%	.0%	17.5%
	200만원-300만원사이	빈도	31	25	1	57
		케이스 군집 번호 중 %	41.9%	23.4%	2.1%	25.0%
	300만원에서 400만원사이	빈도	12	14	5	31
		케이스 군집 번호 중 %	16.2%	13.1%	10.6%	13.6%
	400만원에서 500만원사이	빈도	7	9	16	32
		케이스 군집 번호 중 %	9.5%	8.4%	34.0%	14.0%
	500만원에서 600만원사이	빈도	1	19	16	36
		케이스 군집 번호 중 %	1.4%	17.8%	34.0%	15.8%
	600만원이상	빈도	1	22	9	32
		케이스 군집 번호 중 %	1.4%	20.6%	19.1%	14.0%
전체		빈도	74	107	47	228
		케이스 군집 번호 중 %	100.0%	100.0%	100.0%	100.0%

• 교차분석결과 ⑲ 교차표가 출력된다.

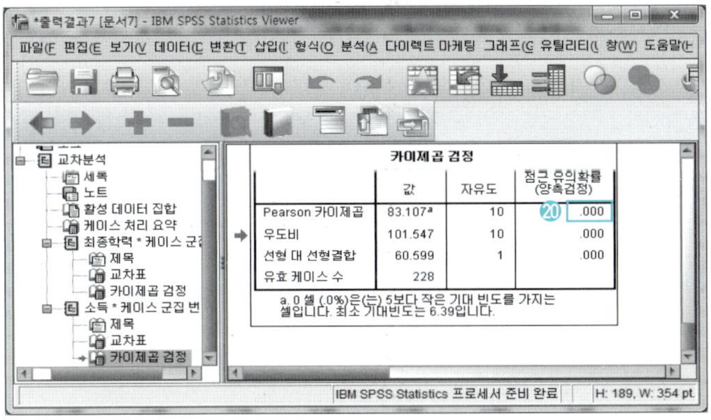

카이제곱 검정

	값	자유도	점근 유의확률 (양측검정)
Pearson 카이제곱	83.107ª	10	⑳ .000
우도비	101.547	10	.000
선형 대 선형결합	60.599	1	.000
유효 케이스 수	228		

a. 0 셀 (.0%)은(는) 5보다 작은 기대 빈도를 가지는 셀입니다. 최소 기대빈도는 6.39입니다.

• ⑳ 유의수준 0.05에서 유의확률값이 '0.00'으로 유의하게 나타났다. 즉, 집단에 따라 [최종학력]과 [소득]에서 통계적으로 유의한 차이가 있음을 알 수 있다.

교차분석결과 주로 이용하는 레스토랑과 선호 레스토랑 형태, 레스토랑 위치, 성별은 군집 간에 차이가 없는 것으로 나타났으나, 레스토랑 동반인원과 동반자유형, 그리고 소득과 학력에 있어서는 군집별로 유의한 차이가 있는 것으로 나타났다. 이러한 자료를 군집별로 평균값을 구하여 레포트 형식으로 정리하면, 개별군집의 프로필이 나오게 된다.

군집 1

- 전체 : 74개(N), 33%
- 특징
  - 학력 : 대학졸 60%, 대학원졸 20%
  - 수입 : 200만원 이상~300만원 미만 42%, 200만원 미만 30%
  - 동빈인원 : 2~3명 73%, 1명 15%
  - 동반자유형 : 친구 55%, 직장 38%

군집 2

- 전체 : 107개(N), 47%
- 특징
  - 학력 : 대학졸 43%, 전문대졸 35%
  - 수입 : 200만원 이상~300만원 23%, 600만원 이상 20.6%
  - 동빈인원 : 2~3명 64%, 3~4명 33%
  - 동반자유형 : 가족 46%, 직장 40%

군집 3

- 전체 : 47개(N), 20%
- 특징
  - 학력 : 전문대졸 43%, 대학졸 27%
  - 수입 : 400만원 이상~500만원 미만 34%, 500만원 이상~600만원 미만 34%
  - 동반인원 : 2~3명 66%, 3~4명 24%
  - 동반자유형 : 가족 38%, 친구 34%

2.5 군집별로 차이가 있는 유용한 프로필 추출(분산분석 활용)

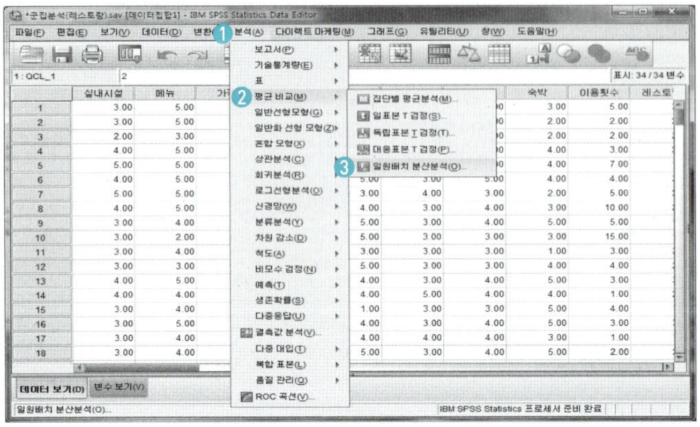

- 탑 메뉴에서 ❶ [분석] → ❷ [평균비교] → ❸ [일원배치 분산분석]을 선택한다.

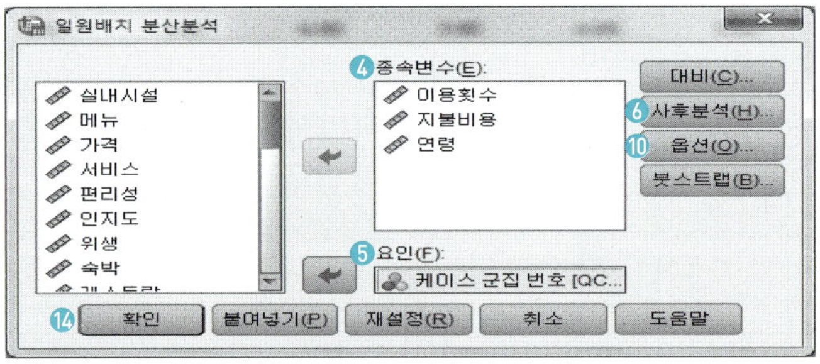

- 프로필을 추출하기 위한 변수들 중에서 등간척도나 비율척도로 이루어진 변수들을 선택한 다음 [➡] 버튼을 이용하여 ❹ [종속변수]란으로 옮긴다.
- 군집분석결과로 인하여 새롭게 생성된 변수로서 응답자가 속한 군집을 나타내는 변수를 선택하여 [➡] 버튼으로 ❺ [열]란으로 이동시킨다.

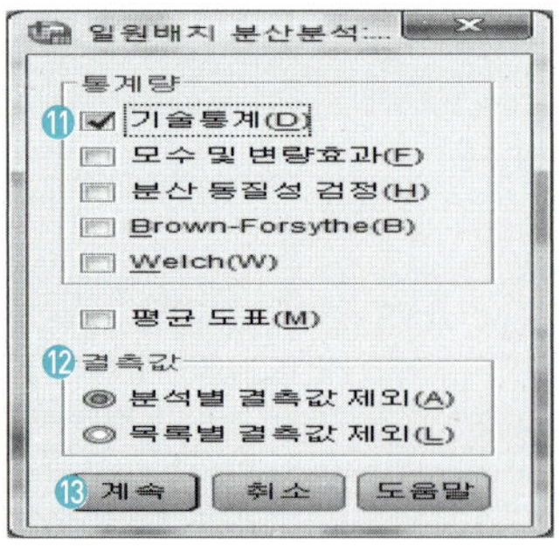

- [일원배치 분산분석]창에서 ❻ [사후분석] 버튼을 클릭하면 [일원배치 분산분석: 사후분석-다중비교]창이 생성된다.
- 이것은 비교하고자 하는 군집이 2개 이상이면, 각각을 쌍으로 비교해서 군집 간의 평균차이를 분석하는 옵션이다.
- ❼ [등분산을 가정함]에서 대표적인 분석인 [LSD]와 [Duncan]을 클릭한다.
- ❽ 연구목적에 적합한 유의수준을 설정한다.
- ❾ [계속] 버튼을 클릭하여 [일원배치 분산분석]창으로 되돌아간다.
- ❿ [일원배치 분산분석]의 창에서 [옵션] 버튼을 클릭하면 [일원배치 분산분석: 옵션]창이 생성된다.
- 각각의 군집에 대하여 간단히 요약된 기술통계량을 산출하기 위하여 ⓫ [기술통계] 버튼을 선택한다.
- ⓬ 결측값을 처리하는 옵션으로 [분석별 결측값을 제외] 옵션을 지정한다.
- ⓭ [계속] 버튼을 클릭해서 [일원배치 분산분석]창으로 돌아간다.
- ⓮ [확인] 버튼을 클릭해서 분산분석을 실행한다.

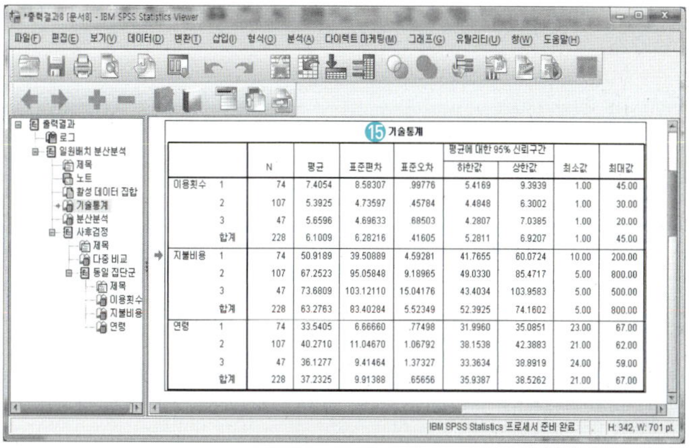

⑮ 기술통계

		N	평균	표준편차	표준오차	평균에 대한 95% 신뢰구간 하한값	평균에 대한 95% 신뢰구간 상한값	최소값	최대값
이용횟수	1	74	7.4054	8.58307	.99776	5.4169	9.3939	1.00	45.00
	2	107	5.3925	4.73597	.45784	4.4848	6.3002	1.00	30.00
	3	47	5.6596	4.69633	.68503	4.2807	7.0385	1.00	20.00
	합계	228	6.1009	6.28216	.41605	5.2811	6.9207	1.00	45.00
지불비용	1	74	50.9189	39.50889	4.59281	41.7655	60.0724	10.00	200.00
	2	107	67.2523	95.05848	9.18965	49.0330	85.4717	5.00	800.00
	3	47	73.6809	103.12110	15.04176	43.4034	103.9583	5.00	500.00
	합계	228	63.2763	83.40284	5.52349	52.3925	74.1602	5.00	800.00
연령	1	74	33.5405	6.66660	.77498	31.9960	35.0851	23.00	67.00
	2	107	40.2710	11.04670	1.06792	38.1538	42.3883	21.00	62.00
	3	47	36.1277	9.41464	1.37327	33.3634	38.8919	24.00	59.00
	합계	228	37.2325	9.91388	.65656	35.9387	38.5262	21.00	67.00

• 집단별 군집화 변수의 평균, 표준편차, 최소값, 최대값 등 ⑮ [기술통계량]값을 나타낸다.

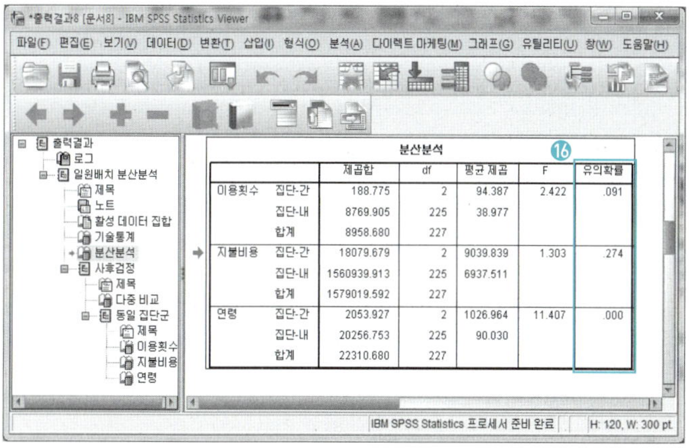

분산분석 ⑯

		제곱합	df	평균 제곱	F	유의확률
이용횟수	집단-간	188.775	2	94.387	2.422	.091
	집단-내	8769.905	225	38.977		
	합계	8958.680	227			
지불비용	집단-간	18079.679	2	9039.839	1.303	.274
	집단-내	1560939.913	225	6937.511		
	합계	1579019.592	227			
연령	집단-간	2053.927	2	1026.964	11.407	.000
	집단-내	20256.753	225	90.030		
	합계	22310.680	227			

• ⑯ 분산분석결과 [지불비용]과 [이용횟수]를 제외한 [연령]에서 군집별 평균 차이가 통계적으로 유의하게 나타남을 알 수 있다.

분산분석결과 유의수준 0.05에서 집단별로 연결에 있어서 유의한 차이가 있으며 이용횟수는 유의수준 0.1에서 통계적으로 유의한 것으로 나타났으나, 지불비용의 집단별 차이는 통계적으로 유의하지 않게 나타났다. 그러나 이 경우에도 연구자의 지불비용의 집단별 차이에 관심이 있으면 참고사항으로 활용할 수 있다.

군집 1

- 전체 : 74개(N), 33%
- 특징
  - 나이 : 평균 33세
  - 1인당 지불비용 : 평균 약 5만원
  - 월 평균 레스토랑 이용횟수 : 7.4회

군집 2

- 전체 : 107개(N), 47%
- 특징
  - 나이 : 평균 40세
  - 1인당 지불비용 : 평균 6만 7천원
  - 월 평균 레스토랑 이용횟수 : 5.3회

군집 3

- 전체 : 47개(N), 20%
- 특징
  - 나이 : 평균 36세
  - 1인당 지불비용 : 평균 7만 3천원
  - 월 평균 레스토랑 이용횟수 : 5.7회

2.6 전략 도출 및 보고서 작성

제목 슬라이드를 이용하여 전체 연구주제를 제시한다.

군집분석을 통해 도출된 군집별로 교차분석과 분산분석에서 유의하게 차이가 나는 변수들만을 중심으로 개별군집의 인구통계적 특성을 파악한다.

1. '호텔 레스토랑의 시장세분화에 관한 연구'로 연구주제를 정하였다.

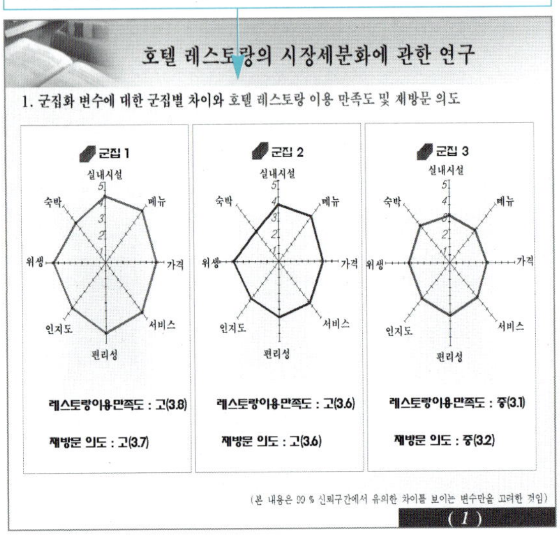

2. 군집화 변수가 각 군집에 따라서 어떻게 차이가 나는가에 따라 각 군집별로 실내시설, 메뉴, 가격, 서비스, 편리성, 인지도 등의 평균을 살펴보고 차이를 살펴보았다.

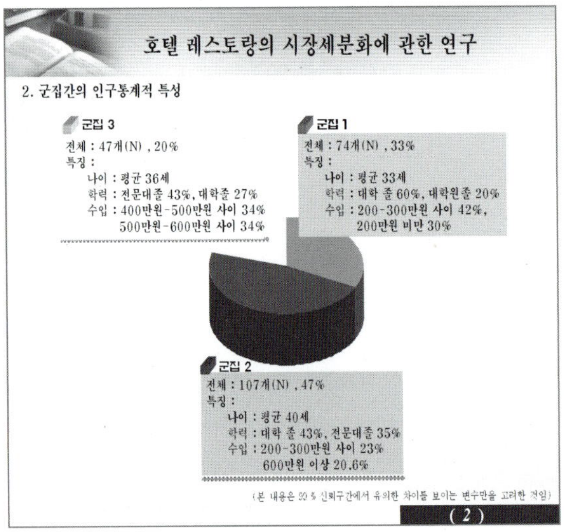

3. 군집별로 구분되는, 즉 통계적으로 유의한 차이가 있는 인구통계학적 특성을 살펴보았다.

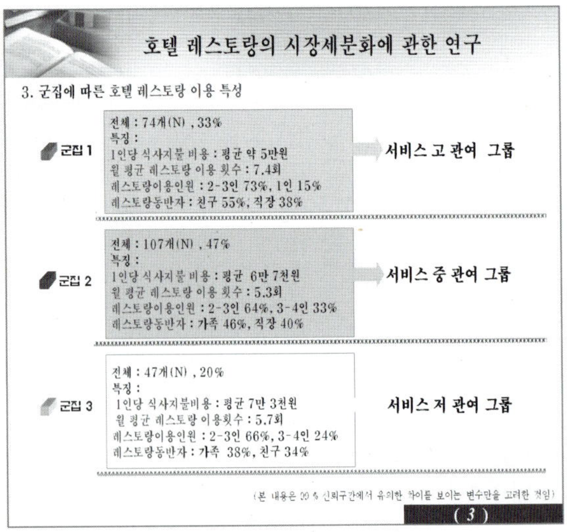

4. 군집별로 구분되는, 즉 통계적으로 유의한 차이가 있는 호텔 레스토랑 이용특성에 대하여 살펴보았다. 또한 (2), (3)을 종합하여 각 군집의 이름을 명명하였다.

1. 위의 군집결과를 살펴보면 군집화 변수(실내분위기, 메뉴 등의 8개 변수)에 대해 군집 간의 차이는 있으나 그 차이가 일률적으로 나타남을 알 수 있다. 예를 들어, 모든 군집화 변수에 대한 군집 1의 평균값은 군집 2나 군집 3의 평균값보다 크다. 또한 군집 2의 평균값들은 군집 3의 평균값들보다 대부분 크다. 따라서 절대적 평가만을 바탕으로는 군집 내에서 고객이 상대적으로 중요시하는 변수가 어느 것인지를 파악하기 어렵다.
2. 군집별로 군집화 변수에 대한 상대적 중요성을 파악하기 위해서는 각각의 응답자별로 8개 변수에 대한 평가합을 도출한 다음, 각각의 군집화 변수의 합에 대한 비중을 구하여 그 중요성 비율을 산출한다. 이렇게 함으로써 각각의 응답자별로 군집화 변수에 대한 상대적 중요성을 퍼센트(%)나 비율로 얻을 수 있다. 이렇게 구한 군집화 변수에 대한 상대적 중요성 비율을 새로운 군집화 변수로 사용하여 군집분석을 수행하면 상대적 중요성에 의한 군집효과를 살펴볼 수 있다.
3. 이와 같이 필요에 따라서 군집분석은 여러 각도에서 반복, 실행하여 현재 연구의 목적에 부합되는 가장 의미 있는 군집을 도출할 때까지 수행할 수도 있다.

군집의 이름은 군집화 변수를 고려하여 연구자가 적절히 정해야 한다.

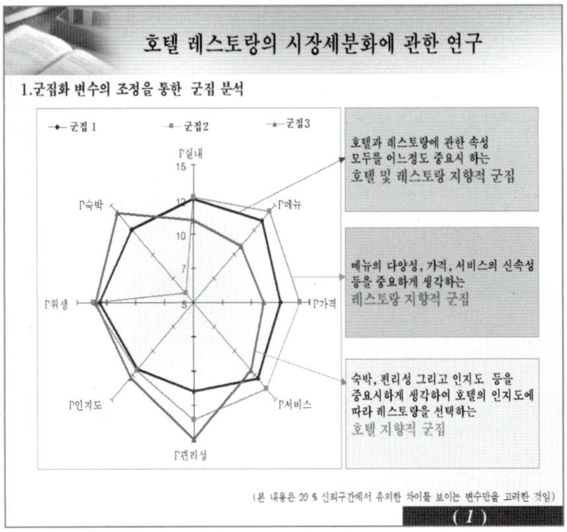

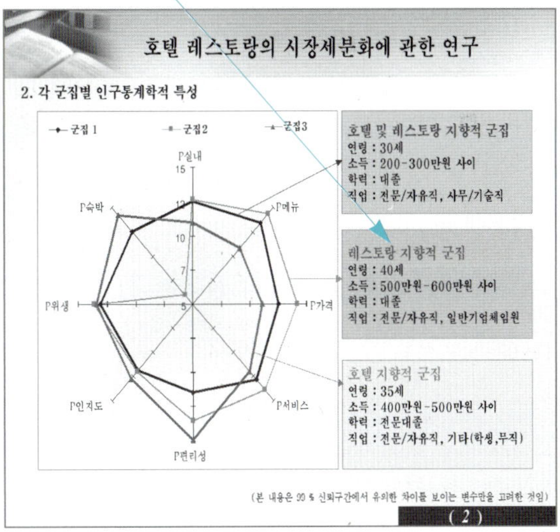

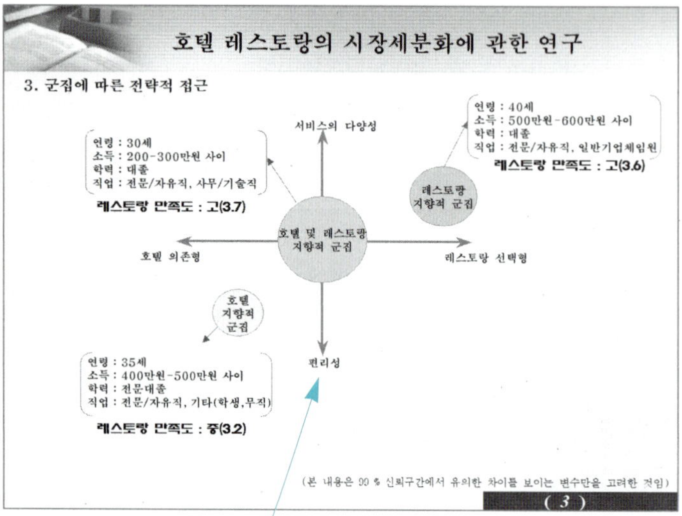

군집의 서로 다른 특성을 잘 파악할 수 있는 변수 2개를 선정한 다음 이들을 축으로 하는 그래프상에 각 군집들을 나타냈다.

1. 호텔 레스토랑을 찾는 고객들이 어느 요인들을 상대적으로 중요하게 생각하는지를 파악한 후, 이를 군집화 변수로 설정하여 군집분석을 수행한다.
2. 군집분석의 결과, 3개의 집단, 즉 숙박 및 편리성 그리고 인지도 등과 같은 호텔의 속성을 중요하게 생각하는 호텔지향적 군집과 메뉴의 다양성, 가격, 서비스의 신속성 등과 같은 레스토랑만의 특성을 중요하게 생각하는 레스토랑 지향적 군집, 그리고 호텔과 레스토랑에 관한 속성 모두를 어느 정도 중요시하는 호텔 및 레스토랑 지향적 군집으로 분류할 수 있다.
3. 이 중에 레스토랑 지향적인 군집은 평균 연령대가 40대 이상으로서 소득수준이 가장 높은 대졸 전문직 종사자의 집단이다. 반면에 가장 큰 집단인 호텔 및 레스토랑 지향적인 군집은 소득수준이 가장 낮고 평균 연령대가 30대인 고객들의 집단이다. 또한 호텔지향적인 군집은 이 두 집단의 중간 정도의 연령대 및 소득수준의 집단이다.

군집의 해석과 군집분석의 허와 실

1. 군집분석은 정답이 없다.
2. 군집분석은 결과를 해석하는 것보다 결과를 활용하는 것이 중요하다.
3. 군집분석의 보고서는 실제 현상과 결과를 적절히 반영하여 이해하기 쉽고 납득하기 쉽게 해야 한다.

엄밀히 말하면 군집분석은 통계학을 기반으로 하는 분석방법이 아니다. 일반적으로 군집분석은 군집 간의 거리를 산정하는 알고리즘과 군집분석 프로그램 내의 각종 옵션에 따라 결과가 서로 다를 수도 있다. 따라서 여러 번 군집분석을 수행해 본 결과를 이용하여 연구자가 원하는 방향과 유사한 결과를 도출할 수 있으면 된다.

군집의 특성이 잘 반영되고 적절한 개수로 분류되었다고 해도, 각각의 군집이 실제 현상을 반영하지 못하면 군집으로 아무런 의미가 없다. 따라서 현실세계에서 납득이 가능하고, 이해하기 쉬운 결과가 도출되어야 한다. 이러한 결과를 도출하기 위해 연구자는 적절한 군집화 변수를 선택해서 사용하는 것이 무엇보다도 중요하다.

군집이 잘 분류되었다 해도 그것이 어떠한 기준에 의해서 그렇게 되었는지 묻는다면 이에 대한 정확한 답을 제시해 주기는 어렵다. 또한 군집분석의 결과가 실제 현상과 다르게 나타나는 경우도 많다.

03 연습문제

연|습|문|제 EXERCISES

문제 1 A고등학교에 박진주 선생님은 반 학생들의 수학점수와 영어점수를 토대로 학생들을 3개의 집단으로 분류하여 각 수준에 맞는 교육방법을 연구해 보고자 한다. [10_1.sav] 자료를 이용하여 학생들을 3개의 집단으로 나누고 이들 집단 간에 어떠한 차이가 있는지 분석해 보시오.

문제 2 소비자보호원에서는 비타민음료회사와 영양음료회사의 소비자 신뢰도와 만족도 자료를 이용하여 각 집단을 어떻게 세분화하는 것이 효과적인지 살펴보기 위해 설문조사를 실시하였다. 설문결과 수집된 [10_2.sav] 자료를 이용하여 집단을 분류해 보시오.

Chapter **11**

요인분석
(Factor Analysis)

01 모바일 뱅킹 성공요인에 관한 요인분석

02 DSLR 제품의 중요 속성에 관한 요인분석

03 연습문제

저녁 무렵의 시

이수익

자신이 살고 있는 숲을 한 번도 떠나 본 적이
없는 새는 눈 감아도
그 숲의 사계四季를 알고
자신이 살고 있는 늪을 평생 떠나 본 적이
없는 물고기는 잠을 자는 동안에도
그 늪의 조류를 느낄 수 있다.
그러나, 새는
더 큰 숲의 이야기를 알지 못하고
물고기는 더 깊은 늪의 흐름을 헤아리지 못한다.
그러나, 또한
안다는 것은 무엇인가?
더 많이 안다고 하는 것은?
오늘은 하늘에
무덤을 만드는 새 한 마리
빠르게 해가 지는 쪽으로 떨어지고 있다.

Chapter 11

요인분석 (Factor Analysis)

요인분석은 변수들 간의 상호 연관성(공분산, 상관관계)을 분석해서 이들 간에 공통적으로 작용하고 있는 내재된 요인을 추출하여 전체자료를 대변할 수 있는 변수의 수를 줄이는 기법이다. 다시 말해서 요인분석은 연관상(상관관계)이 높은 변수(요인)들이 가지고 있는 공통성을 중심으로 하나의 동질적인 요인으로 묶어주는 분석방법이다. 따라서 요인분석을 이용하면, 여러 개의 변수형태로 주어진 많은 정보를 몇 개의 핵심적인 내재요인으로 축약하여 나타냄으로써 정보에 대한 이해와 추가분석을 용이하게 할 수 있다. 즉, 요인분석은 과다한 정보로 인한 문제를 해결해주고, 자료의 성격을 쉽게 파악할 수 있도록 도와주는 분석방법이다.

요인분석의 종류로는 우선 자료축소의 대상이 변수인지 응답자(케이스)인지에 따라 변수를 묶

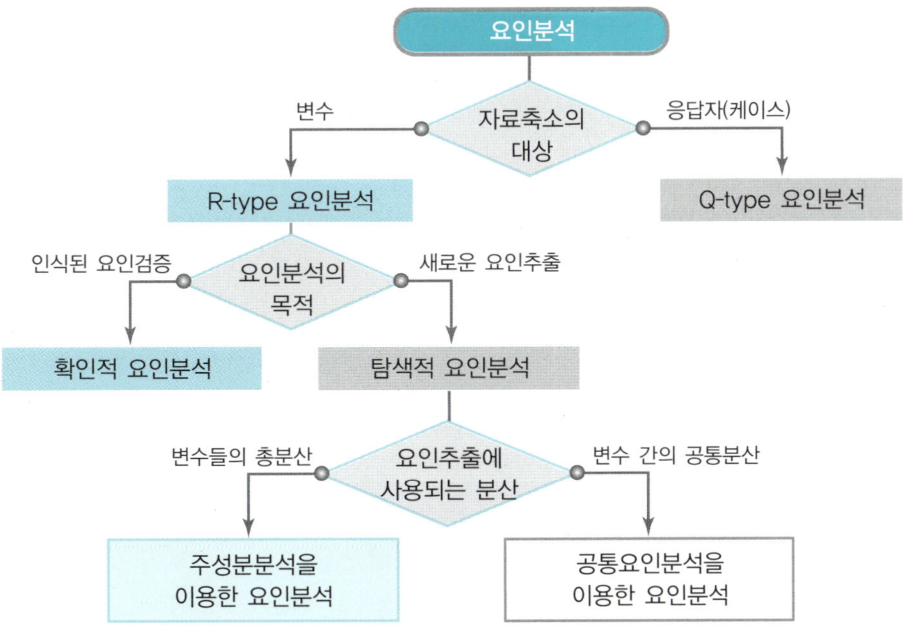

어주는 R-type과 응답자를 묶는 Q-type 요인분석이 있다. 그러나 일반적으로 요인분석이라 하면 대부분 R-type 요인분석을 말한다. 또한 R-type 요인분석은 요인분석을 실시하는 목적에 따라 확인적 요인분석과 탐색적 요인분석으로 분류된다. 확인적 요인분석(confirmatory factor analysis)은 연구자가 분석 전에 이미 개발된 연구모형이나 사전지식을 기반으로 추출할 요인의 수와 각 요인에 속할 변수들을 미리 확정한 다음 이렇게 정한 내용이 옳은지를 검증하기 위한 분석방법이다. 반면에, 탐색적 요인분석(exploratory factor analysis)은 특별한 사전지식이나 결정된 사항이 없는 상태에서 변수 간의 내재된 관계를 탐색적으로 찾아내는 분석방법이다. 또한 탐색적 요인분석은 요인을 추출하는 방법에 따라 주성분분석을 이용한 요인분석과 공통요인분석을 이용한 요인분석으로 나누어 볼 수 있다. 주성분분석은 요인분석에 사용되는 입력변수들의 분산 모두를, 즉 총분산을 이용한 분석이며, 공통요인분석은 적어도 2개 이상의 입력변수들이 공통적으로 가지고 있는 입력변수들 간의 공통분산만을 이용한 분석이다.

01 모바일 뱅킹 성공요인에 관한 요인분석

1.1 요인분석 사례 (1)

이동통신회사의 마케팅을 담당하고 있는 조 전무는 최근에 관심의 초점이 되고 있는 이동통신을 이용한 모바일 뱅킹(Mobile Banking)에 대하여 소비자의 인식과 모바일 뱅킹의 주요 성공요인이 무엇이 될 것인지 알고 싶어 한다.

또한 구체적으로 모바일 뱅킹의 어느 요인들이 소비자 만족도에 크게 영향을 미치는지를 파악하고자 한다. 이를 위하여 성능적인 측면과 은행서비스 측면에서 모바일 뱅킹에 대한 소비자들의 인식을 조사하고자 한다.

분석방법 JOB ANALYSIS

연구자는 모바일 뱅킹의 주요 성공요인을 알아보기 위하여 등간척도로 구성된 24개의 설문문항, 즉 24개의 변수를 선정하였다. 그러나 이렇게 많은 변수들을 개별적으로 고려하기보다는 몇 개의 핵심적인 공통요인만을 요인분석으로 추출해서 분석하는 것이 보다 효과적이다. 또한 요인분석으로도 추출된 요인들에 대한 신뢰성 검정이 필요하다. 신뢰성이 확보된 요인들은 추가적인 분석에 이용될 수 있으며 연구자는 이러한 분석결과를 바탕으로 효과적인 마케팅전략을 세울 수 있다.

① 모바일 뱅킹에 관한 소비자의 의견을 조사해서 기록한다. 이때 척도는 요인분석이 가능한 등간척도나 비율척도를 사용한다.
② 여러 개의 설문문항으로부터 핵심적인 몇 개의 요인들을 추출하기 위해 요인분석을 실행한 다음, 신뢰성 분석을 통해 요인의 신뢰성을 검정한다.
③ 추출된 요인들을 독립변수로 하고 모바일뱅킹의 전반적인 만족도를 종속변수로 하여 다중회귀분석을 실시한다.
④ 회귀분석 실시결과 도출된 표준화 계수를 통해 어느 요인이 소비자 만족도에 어느 정도 영향을 미치는지 비교 · 분석한다.

1.2 분석절차

1) 자료수집

모바일 뱅킹에 대한 소비자 인식을 조사하기 위한 설문문항들을 등간척도로 작성하였다.

1. 모바일 뱅킹에 관련된 여러 문항입니다. 각각의 문항에 대한 본인의 생각을 표시하여 주십시오.

	전혀 그렇지 않다 1	2	3	보통이다 4	5	6	매우 그렇다 7
1. 모바일 뱅킹 서비스에 대한 충분한 인식이 있어야 사용할 것이다.							
2. 모바일 뱅킹에 대한 적극적인 마케팅이 필요하다.							
3. 모바일 뱅킹의 유용성을 사용자들에게 알려주는 것이 중요하다.							
4. 모바일 뱅킹에 대한 별도의 사용자 교육이 필요하다.							
5. 모바일 뱅킹에서 경품, 할인혜택과 같은 인센티브 프로그램이 중요하다.							
6. 모바일 뱅킹은 영업시간 제한 없이 365일 24시간 서비스해야 한다.							
7. 모바일 뱅킹 가입절차가 현재보다 더 편리해져야 한다.							
8. 모바일 뱅킹은 현재보다 편리한 거래처리방법(패스워드 등)이 필요하다.							
9. 모바일 뱅킹은 현재보다 편리한 뱅킹 사이트 접속절차가 필요하다.							
10. 모바일 뱅킹은 현재보다 편리한 내비게이션(검색방식)이 필요하다.							
11. 모바일 뱅킹에서는 단순한 단말기 조작절차가 중요하다.							

	전혀 그렇지 않다 / 보통이다 / 매우 그렇다 1 2 3 4 5 6 7
12. 모바일 뱅킹은 보안이 강화되어야 한다.	|---|---|---|---|---|---|
13. 모바일 뱅킹에서는 거래자의 개인정보보호가 중요하다.	|---|---|---|---|---|---|
14. 모바일 뱅킹에서는 거래내역에 관한 비밀이 중요하다.	|---|---|---|---|---|---|
15. 모바일 뱅킹에서는 안전한 거래를 위한 시스템이 요구된다.	|---|---|---|---|---|---|
16. 모바일 뱅킹은 현재보다 더 빠른 접속속도가 필요하다.	|---|---|---|---|---|---|
17. 모바일 뱅킹은 현재보다 더 빠른 처리속도가 필요하다.	|---|---|---|---|---|---|
18. 모바일 뱅킹은 맞춤제공이 필요하다.	|---|---|---|---|---|---|
19. 모바일 뱅킹은 고객의 취향과 요구에 맞는 서비스와 정보제공이 요구된다.	|---|---|---|---|---|---|
20. 인터넷뱅킹과 같이 모바일 뱅킹에서도 개인자산관리서비스가 필요하다.	|---|---|---|---|---|---|
21. 모바일 뱅킹은 거래지점이 가까이 있는 은행의 위치를 알 수 있어야 한다.	|---|---|---|---|---|---|
22. 모바일 결제시스템 도입이 필요하다.	|---|---|---|---|---|---|
23. 신용카드와 현금카드기능이 모두 모바일 기기로 통합되어야 한다.	|---|---|---|---|---|---|
24. 할인제도인 마일리지카드나 포인트카드 같은 서비스도 제공되어야 한다.	|---|---|---|---|---|---|

2. 귀하께서는 현재의 모바일 뱅킹 서비스에 대해서 어느 정도 만족하십니까 ? (　　　)

전혀 만족하지 않는다　　보통이다　　매우 만족한다

|---|---|---|---|---|---|

1　2　3　4　5　6　7

2) 분석자료 준비

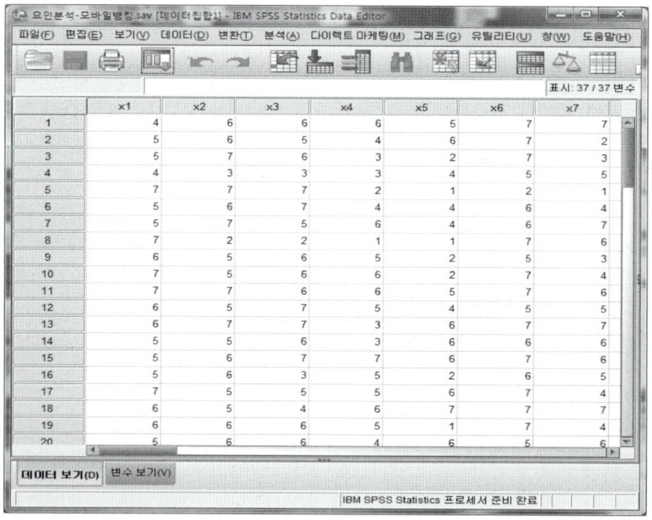

• 설문조사를 통해 수집한 자료를 엑셀에 코딩한 후 SPSS에서 데이터 불러오기를 실시한다.

3) 요인분석의 실행

- 입력된 응답자료를 화면에 띄우고 탑 메뉴에서 ❶ [분석] → ❷ [차원 감소] → ❸ [요인분석]을 선택한다.

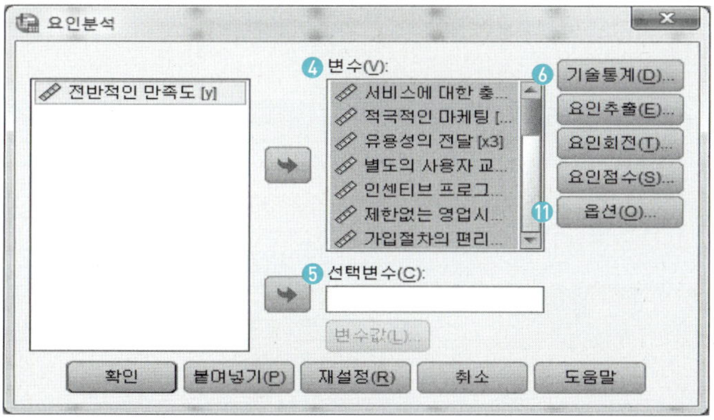

- [요인분석]창이 생성된다.
- ❹ 요인분석에 사용할 변수들을 왼쪽 란에서 선택한 후 [➜] 버튼을 이용하여 [변수]란으로 옮긴다.
- ❺ 전체자료를 모두 사용하지 않고 일부 레코드만 사용하고자 할 경우에 일부 자료만 선택하여 분석한다.
- ❻ [기술통계] 버튼을 클릭하면 [요인분석: 기술통계]창이 생성된다.

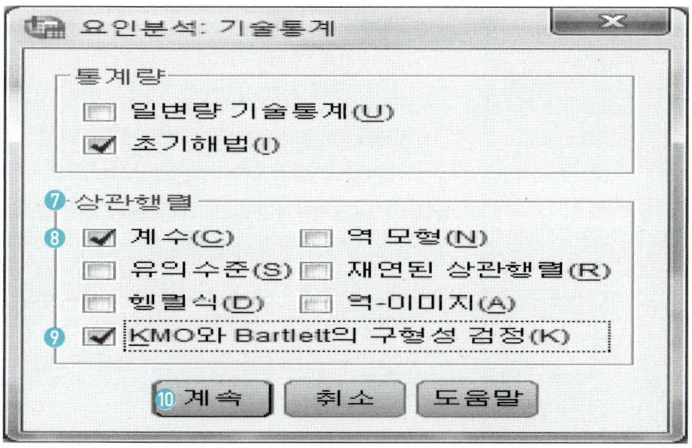

- ❼ [상관행렬]란에서 ❽ [상관계수]와 ❾ [KMO와 Bartlett의 구형성 검정]을 선택한다.
- ❿ [계속] 버튼을 클릭해서 [요인분석]창으로 되돌아간다.

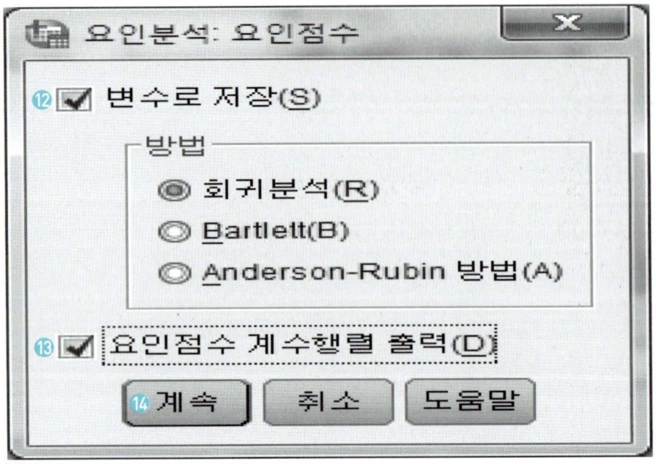

- ⑪ [요인점수] 버튼을 클릭하면 [요인분석: 요인점수]창이 생성된다.
- ⑫ [변수로 저장]은 추출된 요인들의 요인점수를 변수들로 저장한다.
- 점수를 산출하는 방법으로는 [회귀분석]이 일반적으로 이용된다.
- ⑬ [요인점수 계수행렬 출력]을 선택해서 요인점수추출에 사용된 식의 계수값들을 출력한다.
- ⑭ [계속] 버튼을 클릭해서 [요인분석]창으로 이동한다.

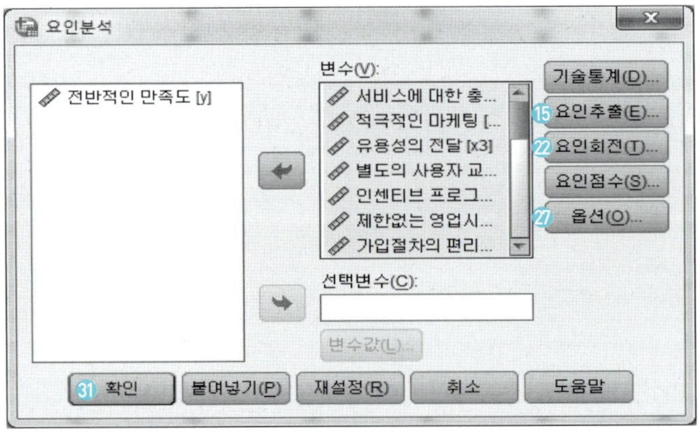

- ⑮ [요인추출] 버튼을 클릭하면 [요인분석: 요인추출]창이 생성된다.

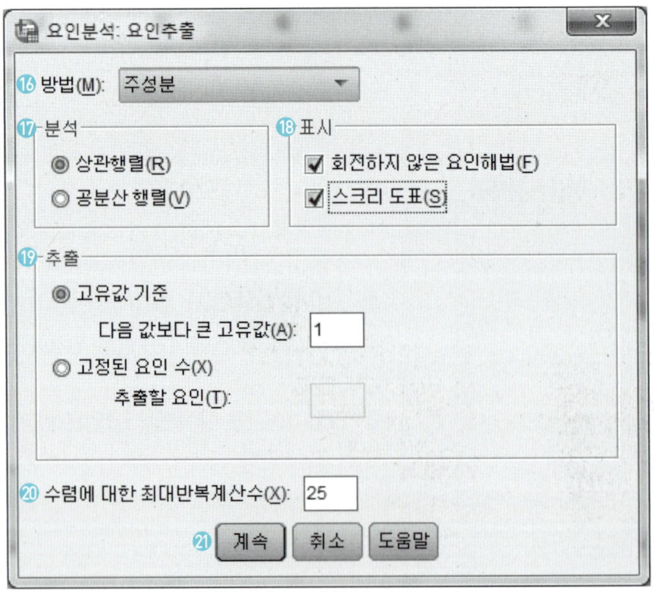

- ⑯ [방법]은 요인추출을 위한 방법으로 [주성분]을 선택한다.
- ⑰ [분석]은 [상관행렬]을 선택한다.
- ⑱ [표시]는 [회전하지 않은 요인해법]과 [스크리 도표]를 지정한다.
- ⑲ [추출]에서는 추출할 요인수에 관한 옵션으로 [요인의 수]를 직접 정하거나 고유값(eigenvalue)이 어느 정도 이상인 요인을 추출할 것인지 선택할 수 있다.
- 본 예에서는 [고유값 기준]으로 고유값이 1 이상인 요인을 추출하도록 한다.
- ⑳ [수렴에 대한 최대반복계산수]를 설정한다. 본 예에서는 25로 한다.
- ㉑ [계속] 버튼을 클릭해서 [요인분석]창으로 돌아간다.

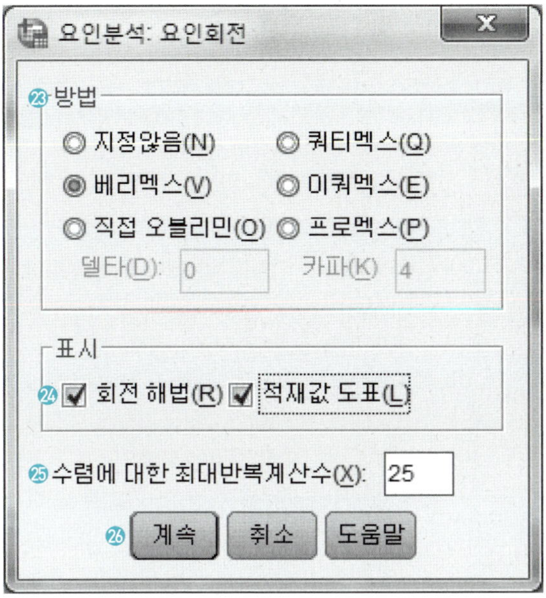

- ㉒ [요인회전] 버튼을 클릭하면 [요인분석: 요인회전]창이 생성된다.
- ㉓ [방법]에서는 요인추출 후 회전하는 방법을 지정한다.
- 직각회전방법으로 [쿼터멕스]와 [베리멕스] 그리고 [이쿼멕스]가 있고, 비직각회전 방법으로 [직접오블리민]과 [프로멕스]가 있다.
- 일반적으로 직각회전방법인 베리멕스가 가장 많이 사용된다.
- ㉔ [표시]에서 [회전해법]과 [적재값 도표]를 지정한다.
- ㉕ [수렴에 대한 최대반복계산수]를 25로 설정한다.
- ㉖ [계속] 버튼을 클릭해서 [요인분석]창으로 이동한다.

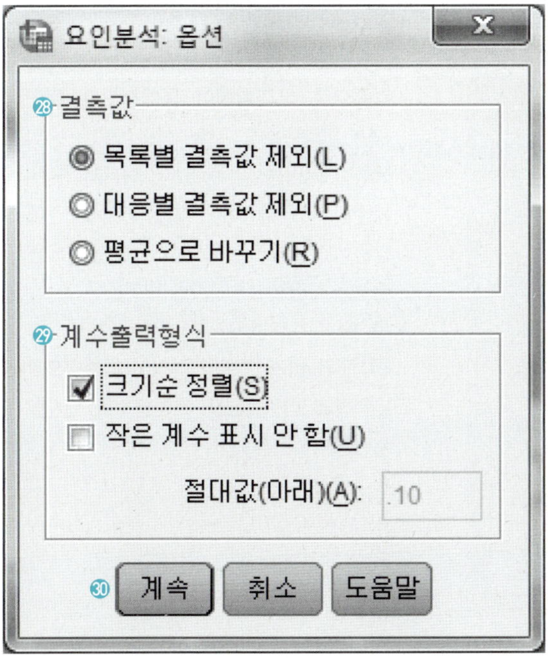

- ㉗ [옵션] 버튼을 클릭하면 [요인분석: 옵션]창이 생성된다.
- ㉘ [결측값]에서는 결측값이 있는 레코드를 제거하거나, 그 변수 자체를 사용하지 않거나, 결측값을 변수 전체의 평균으로 바꾸어 사용할 수 있는 요인을 정한다. 본 예에서는 [목록별 결측값 제외]를 선택한다.
- ㉙ [계수출력형식]에서는 요인적재량을 크기 순으로 정렬하거나, 특정값보다 작은 값을 나타내지 않을 수 있다.
- ㉚ [계속] 버튼을 클릭해서 [요인분석]창으로 이동한다.
- ㉛ [확인] 버튼을 클릭해서 [요인분석]을 실행한다.

1.3 분석결과 및 해석

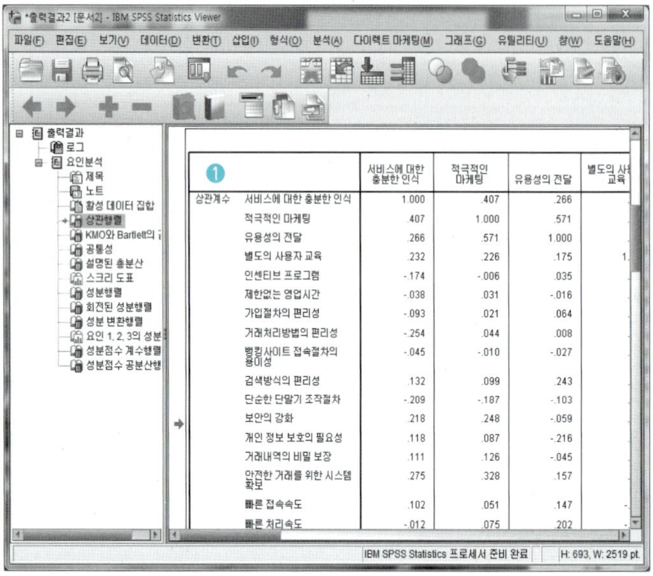

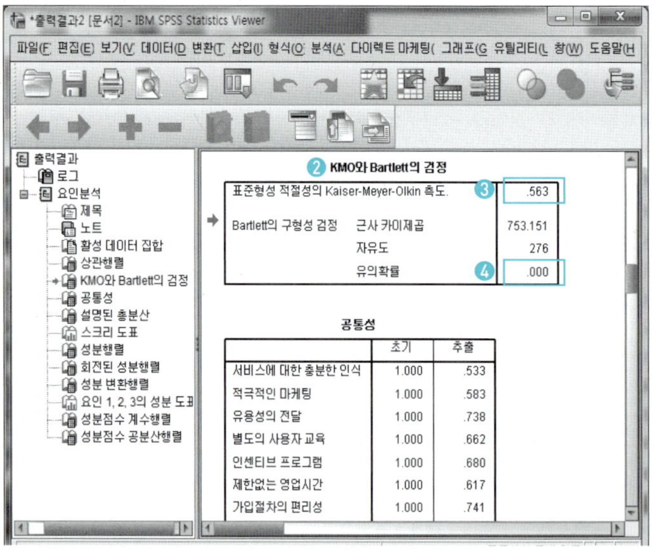

- [요인분석: 기술통계]창에서 [상관행렬]의 [상관계수]를 지정한 결과, 입력변수들 간의 ❶ 상관계수행렬이 출력된다.
- [요인분석: 기술통계]창에서 [상관행렬]의 [KMO와 Bartlett의 구형성 검정]을 지정한 결과, ❷ 검정결과가 출력된다.
- KMO(Kaiser-Meyer-Olkin)값은 입력변수들 간의 상관관계 정도를 나타내는 값으로, 일반적으로 0.5 이상이면 요인분석을 실시할 수 있다.
- Bartlett의 구형성 검정은 '상관행렬은 단위행렬이 아니다'라는 연구가설에 대한 검증으로 유의확률이 통계적으로 유의하면 입력변수들 간의 상관행렬은 단위행렬이 아님을 알 수 있다. 여기서 '단위행렬이 아니다'라는 말은 변수들 간에 연관성이 어느 정도 있기 때문에 요인분석을 수행할 수 있음을 의미한다.
- ❸ KMO측도가 0.5 이상이 나왔고, ❹ Bartlett의 구형성 검정이 통계적으로 유의하게 나왔으므로 요인분석을 실시할 수 있다.

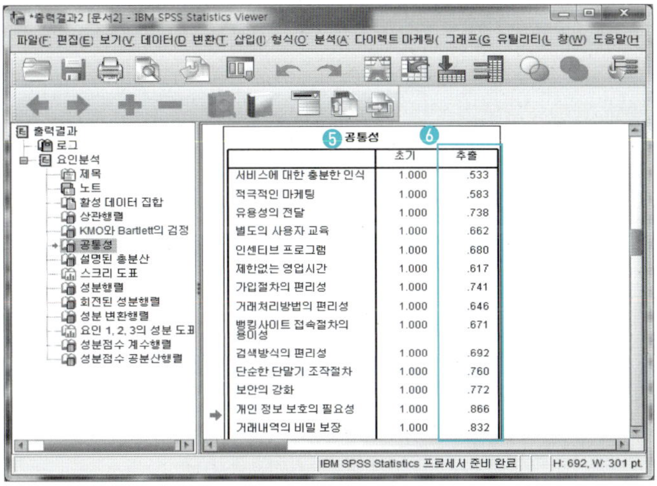

⑤ 공통성 ⑥

	초기	추출
서비스에 대한 충분한 인식	1.000	.533
적극적인 마케팅	1.000	.583
유용성의 전달	1.000	.738
별도의 사용자 교육	1.000	.662
인센티브 프로그램	1.000	.680
제한없는 영업시간	1.000	.617
가입절차의 편리성	1.000	.741
거래처리방법의 편리성	1.000	.646
뱅킹사이트 접속절차의 용이성	1.000	.671
검색방식의 편리성	1.000	.692
단순한 단말기 조작절차	1.000	.760
보안의 강화	1.000	.772
개인 정보 보호의 필요성	1.000	.866
거래내역의 비밀 보장	1.000	.832

- ⑤ [공통성(communality)]은 추출된 요인들에 의해서 설명되는 변수의 분산을 나타낸다. 일반적으로 [공통성]이 0.5 이상이면 그 변수의 분산이 추출된 요인들에 의하여 어느 정도 설명된 것으로 판단할 수 있다.
- ⑥ 분석결과 모든 변수의 [공통성]이 0.5 이상임을 알 수 있다.

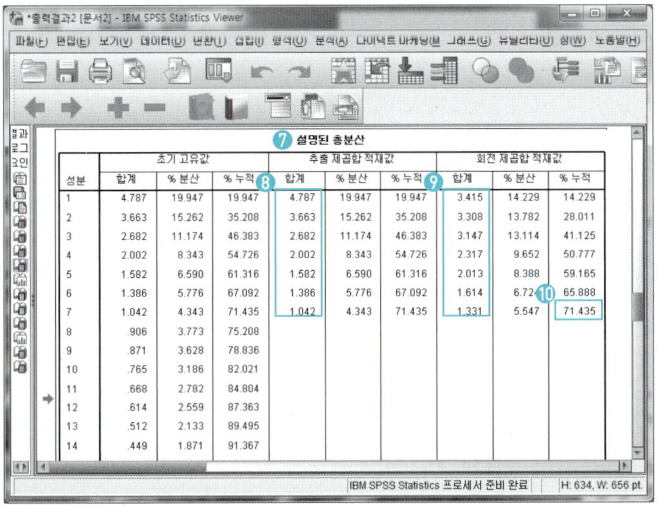

⑦ 설명된 총분산

성분	초기 고유값			추출 제곱합 적재값			회전 제곱합 적재값		
	합계	% 분산	% 누적 ⑧	합계	% 분산	% 누적 ⑨	합계	% 분산	% 누적
1	4.787	19.947	19.947	4.787	19.947	19.947	3.415	14.229	14.229
2	3.663	15.262	35.208	3.663	15.262	35.208	3.308	13.782	28.011
3	2.682	11.174	46.383	2.682	11.174	46.383	3.147	13.114	41.125
4	2.002	8.343	54.726	2.002	8.343	54.726	2.317	9.652	50.777
5	1.582	6.590	61.316	1.582	6.590	61.316	2.013	8.388	59.165
6	1.386	5.776	67.092	1.386	5.776	67.092	1.614	6.72[illegible] ⑩	65.888
7	1.042	4.343	71.435	1.042	4.343	71.435	1.331	5.547	71.435
8	.906	3.773	75.208						
9	.871	3.628	78.836						
10	.765	3.186	82.021						
11	.668	2.782	84.804						
12	.614	2.559	87.363						
13	.512	2.133	89.495						
14	.449	1.871	91.367						

- ⑦ [설명된 총분산]은 추출된 요인들이 변수를 가지고 있는 분산을 어느 정도 설명하는지 나타낸다.
- 고유값(eigenvalue)은 한 요인이 몇 개 변수들이 가지고 있는 양의 분산을 설명하고 있는가를 나타내는 값이다.
- 고유값(eigenvalue)이 1 이상인 요인 7개가 추출되었다.
- 추출된 각 요인이 가지고 있는 고유값으로서 ⑧ 회전 전의 고유값과 ⑨ 회전 후의 고유값들이다.
- ⑩ 추출된 7개의 요인이 전체 입력변수들이 가지는 총분산을 어느 정도 설명하는지를 나타내는 값으로 본 예의 경우 71% 정도 설명하고 있음을 알 수 있다.

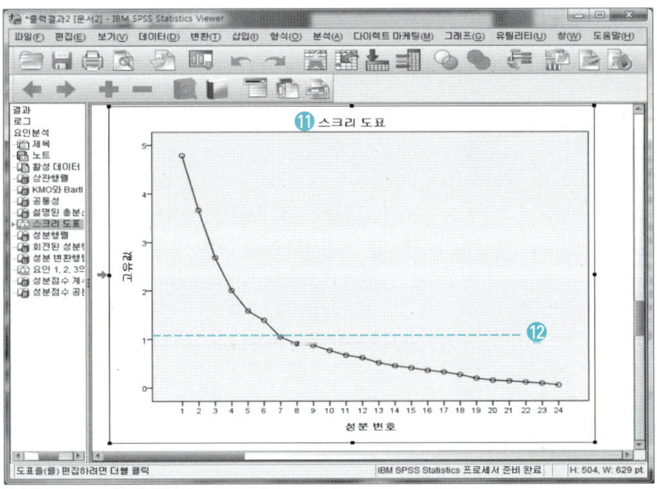

- [요인분석: 요인추출]창에서 [출력]에서 [스크리 도표]를 지정한 결과, ⑪ 스크리 도표가 출력된다.
- [스크리 도표]는 추출된 각 요인의 고유값을 큰 값으로부터 작은 값에 이르기까지 그 크기를 시각적으로 나타낸 것이다.
- 일반적으로 고유값이 1보다 큰 지점에서 잘라 요인수를 결정한다.
- ⑫ 이러한 기준을 가지고 [스크리 도표]를 보면 7개 정도의 요인을 추출하는 것이 적당하다는 것을 알 수 있다.

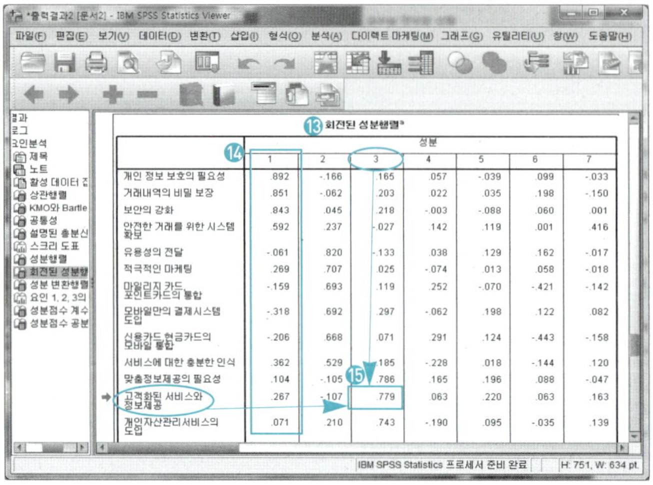

• [요인분석: 요인회전]창에서 [방법]의 [베리멕스]를 지정한 결과, ⑬ [회전된 성분행렬]이 출력된다.
• ⑭ 요인적재량(factor loading)을 나타낸다. 요인적재량은 도출된 요인과 각각의 변수와의 상관계수이다.
• ⑮ 예를 들어 추출된 [요인 3]과 [고객화된 서비스와 정보제공]변수와의 상관계수인 요인적재량은 0.779임을 알 수 있다.

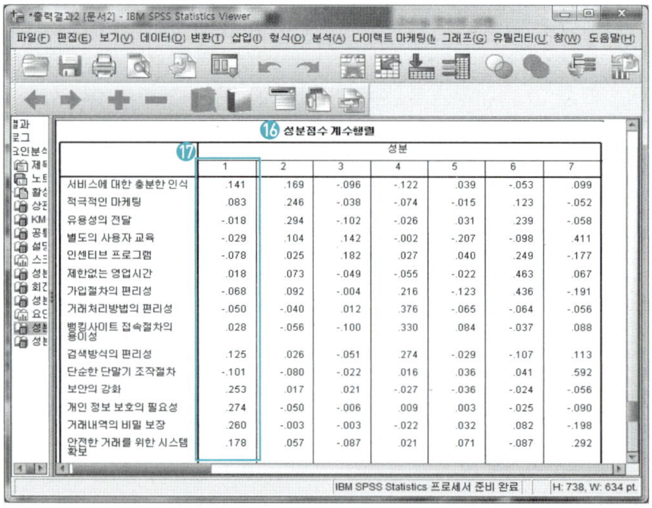

• [요인분석: 요인점수]창에서 [방법]의 [회귀분석]을 지정하고, [요인점수 계수행렬 출력]을 지정한 결과, 회귀분석으로 추출된 ⑯ 성분점수 계수행렬이 출력된다.
• 요인점수는 성분(요인)점수 계수행렬에서 제시된 ⑰ 계수들과 실제 응답자가 응답한 값을 표준화한 입력변수 Z값을 곱하고, 그 값들을 모두 더하여 구할 수 있다.

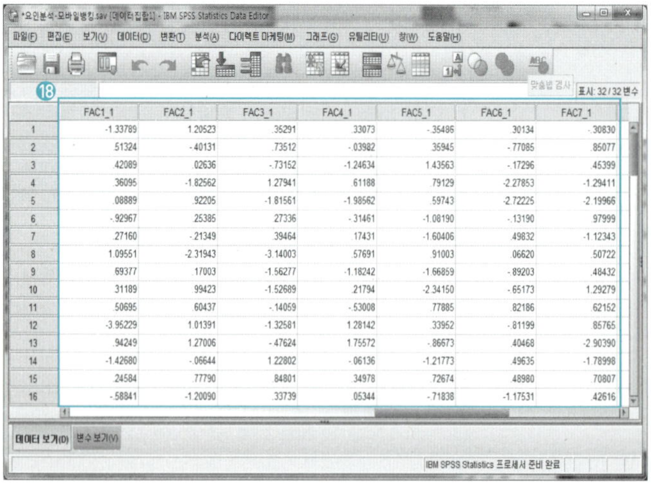

• [요인분석: 요인점수]창에서 [변수로 저장]을 지정한 결과, ⑱ 7개의 요인점수가 새로운 변수로 저장되었다.

요인분석을 실행한 후 SPSS 결과물을 엑셀로 정리하여 해석하였다.

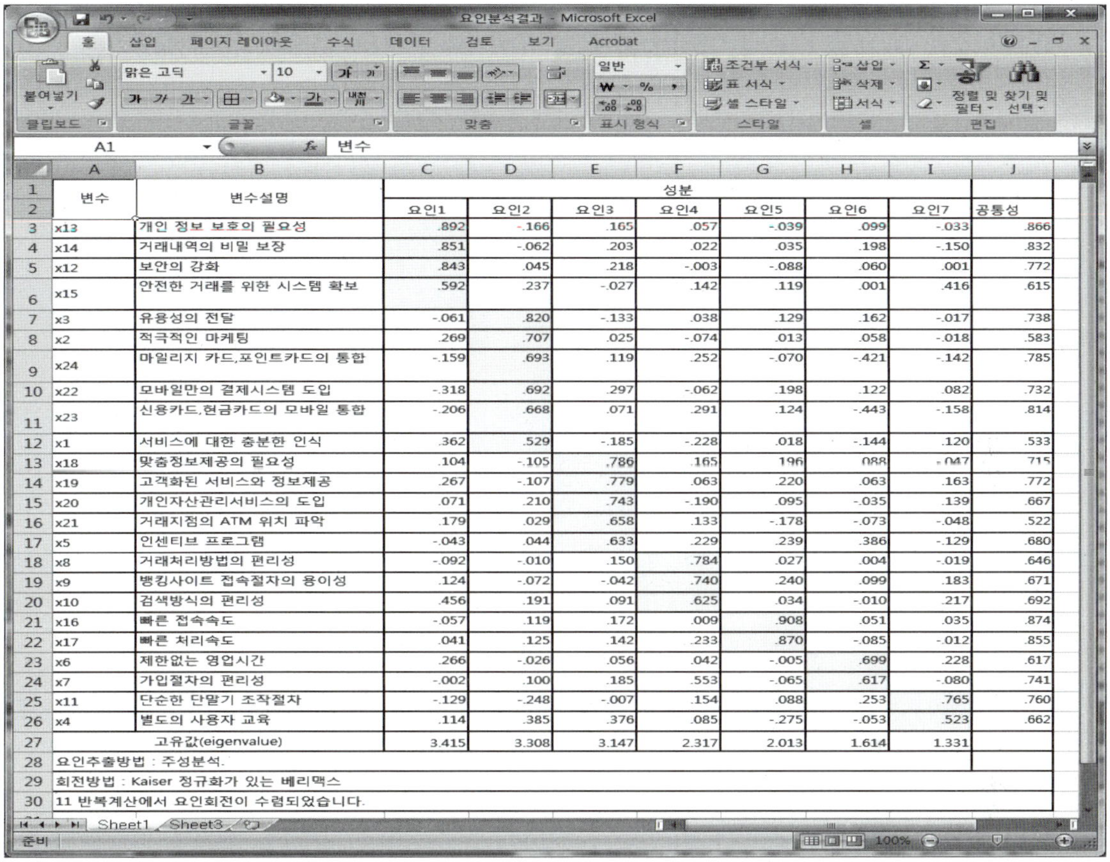

변수	변수설명	성분							
		요인1	요인2	요인3	요인4	요인5	요인6	요인7	공통성
x13	개인 정보 보호의 필요성	.892	-.166	.165	.057	-.039	.099	-.033	.866
x14	거래내역의 비밀 보장	.851	-.062	.203	.022	.035	.198	-.150	.832
x12	보안의 강화	.843	.045	.218	-.003	-.088	.060	.001	.772
x15	안전한 거래를 위한 시스템 확보	.592	.237	-.027	.142	.119	.001	.416	.615
x3	유용성의 전달	-.061	.820	-.133	.038	.129	.162	-.017	.738
x2	적극적인 마케팅	.269	.707	.025	-.074	.013	.058	-.018	.583
x24	마일리지 카드,포인트카드의 통합	-.159	.693	.119	.252	-.070	-.421	-.142	.785
x22	모바일만의 결제시스템 도입	-.318	.692	.297	-.062	.198	.122	.082	.732
x23	신용카드,현금카드의 모바일 통합	-.206	.668	.071	.291	.124	-.443	-.158	.814
x1	서비스에 대한 충분한 인식	.362	.529	-.185	-.228	.018	-.144	.120	.533
x18	맞춤정보제공의 필요성	.104	-.105	.786	.165	.196	.088	-.047	.715
x19	고객화된 서비스와 정보제공	.267	-.107	.779	.063	.220	.063	.163	.772
x20	개인자산관리서비스의 도입	.071	.210	.743	-.190	.095	-.035	.139	.667
x21	거래지점의 ATM 위치 파악	.179	.029	.658	.133	-.178	-.073	-.048	.522
x5	인센티브 프로그램	-.043	.044	.633	.229	.239	.386	-.129	.680
x8	거래처리방법의 편리성	-.092	-.010	.150	.784	.027	.004	-.019	.646
x9	뱅킹사이트 접속절차의 용이성	.124	-.072	-.042	.740	.240	.099	.183	.671
x10	검색방식의 편리성	.456	.191	.091	.625	.034	-.010	.217	.692
x16	빠른 접속속도	-.057	.119	.172	.009	.908	.051	.035	.874
x17	빠른 처리속도	.041	.125	.142	.233	.870	-.085	-.012	.855
x6	제한없는 영업시간	.266	-.026	.056	.042	-.005	.699	.228	.617
x7	가입절차의 편리성	-.002	.100	.185	.553	-.065	.617	-.080	.741
x11	단순한 단말기 조작절차	-.129	-.248	-.007	.154	.088	.253	.765	.760
x4	별도의 사용자 교육	.114	.385	.376	.085	-.275	-.053	.523	.662
고유값(eigenvalue)		3.415	3.308	3.147	2.317	2.013	1.614	1.331	

요인추출방법 : 주성분석.
회전방법 : Kaiser 정규화가 있는 베리맥스
11 반복계산에서 요인회전이 수렴되었습니다.

	⑲	
요인 1	보안문제요인	X12, X13, X14, X15
요인 2	고객화요인	X1, X2, X3, X4, X22, X23, X24
요인 3	은행업무요인	X5, X18, X19, X20, X21
요인 4	마케팅요인	X7, X8, X9, X10
요인 5	처리속도요인	X16, X17
요인 6	서비스확대요인	X6, X11
요인 7	서비스교육요인	X4, X11

• [회전된 성분행렬]을 엑셀로 정리한 후, 각 요인에 할당된 변수들의 특성들을 고려하여 ⑲ 적당한 요인명을 결정한다.

1.4 추가적인 분석

1) 요인에 속한 입력변수들의 신뢰도분석

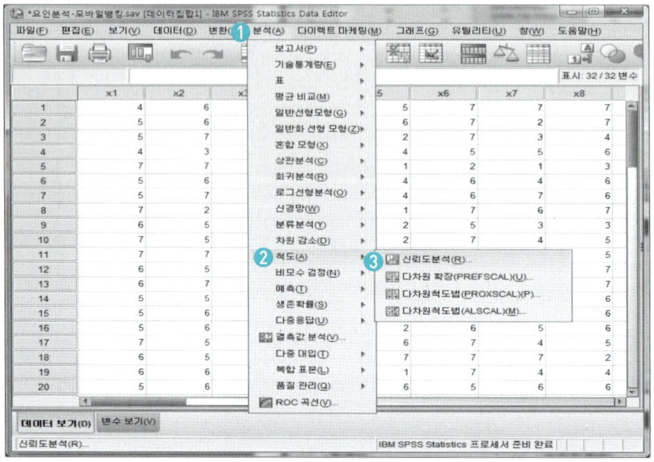

- 추출된 7개 요인을 대상으로 신뢰성분석을 각각 실시한다.
- 입력된 응답자료를 화면에 띄우고 탑 메뉴에서 ❶ [분석] → ❷ [척도] → ❸ [신뢰도분석]을 선택한다.

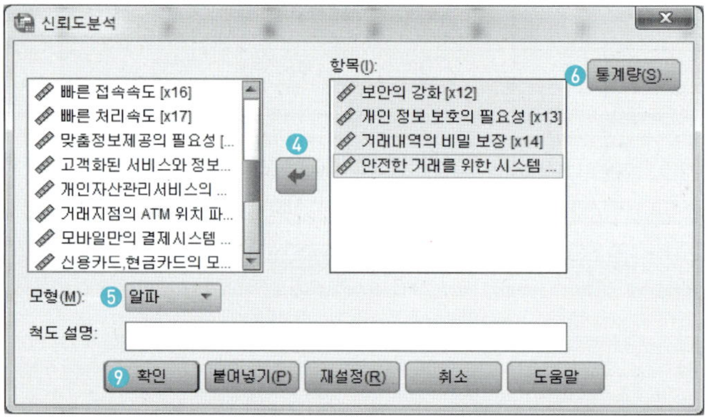

- [신뢰도분석]창이 생성된다.
- ❹ 각각의 요인에 할당된 변수들을 선택한 다음 [➜] 버튼을 이용하여 [항목]란으로 옮긴다.
- ❺ [모형]에서 크롬바하 알파값을 의미하는 [알파]를 지정해 한 요인에 할당된 변수들이 그 요인을 대표할 수 있는지 신뢰성분석으로 알아본다.

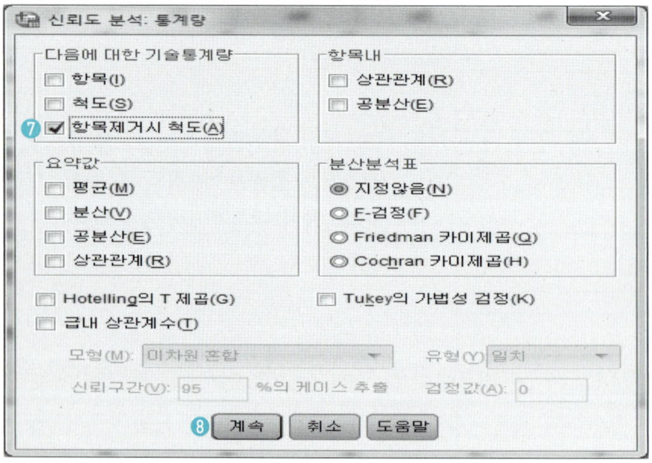

- ❻ [통계량]을 선택하면 [신뢰도분석: 통계량]창이 생성된다.
- ❼ [다음에 대한 기술통계량]에서 [문항제거 시 척도]를 지정하면 요인에 속한 변수 중 특정 변수를 제거함으로써, 크롬바하 알파값이 어느 정도 상승하는지 파악할 수 있다.
- ❽ [계속] 버튼을 클릭해서 [신뢰도분석]창으로 되돌아간다.
- ❾ [확인] 버튼을 클릭해서 [신뢰도분석]을 실행한다.

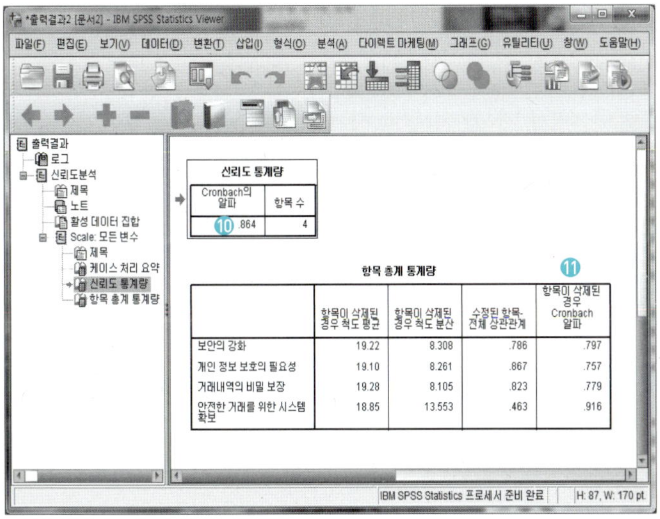

- 보안문제요인(요인 1)에 대한 신뢰도분석 결과를 살펴보면, 요인에 속한 모든 변수를 사용하였을 경우 크롬바하 알파값이 ⑩ 0.864가 나온다.
- ⑪ 특정 변수를 제거하고 나머지 변수들로 신뢰도분석을 실시할 때의 크롬바하 알파값을 나타낸다. 본 예의 경우 변수 X15를 제거할 경우 크롬바하 알파값이 0.916으로 증가함을 알 수 있다.

요인 1	보안문제요인	X12, X13, X14, X15
요인 2	고객화요인	X1, X2, X3, X4, X22, X23, X24
요인 3	은행업무요인	X5, X18, X19, X20, X21
요인 4	마케팅요인	X7, X8, X9, X10
요인 5	처리속도요인	X16, X17
⑫ 요인 6	서비스확대요인	X6, X11
요인 7	서비스교육요인	X4, X11

- 사회과학분야의 분석에서는 크롬바하 알파값이 0.6 이상이면 그 요인은 신뢰성 있는 변수들로 구성되어 있다고 간주할 수 있다.
- ⑫ [서비스확대요인]의 크롬바하 알파값이 0.406이고, [서비스교육요인]이 0.135로 0.6보다 작으므로 [서비스확대요인], [서비스교육요인]은 추출된 요인에서 제외시킨다.

추가적인 분석을 위하여 요인값으로 요인분석에서 도출한 요인점수를 사용할 것인지, 아니면 신뢰성분석을 통해서 얻은 결과를 바탕으로 각 요인에 속한 변수들의 평균값을 사용할 것인지에 대한 판단은 연구자가 연구목적과 성격 그리고 실제적인 활용상의 효과성을 충분히 고려하여 판단해서 정해야 한다.

본 사례에서는 각 요인에 속한 변수들의 평균값을 요인점수로 사용하도록 한다. 그러나 요인분석에서 추출된 7가지 요인 중 서비스확대요인과 서비스교육요인은 크롬바하 알파값이 0.6 이하인 0.406과 0.135로 나타났다. 따라서 하나의 요인으로서 신뢰성이 떨어지는 서비스확대요인과 서비스교육요인은 최종적으로 추출된 요인집단에서 제외시키고, 나머지 5가지 요인들만을 이용해서 추출된 요인들이 응답자들의 모바일 뱅킹에 대한 전반적인 만족도에 어느 정도 영향을 미치고 있는가를 파악하도록 한다. 이를 위해서 먼저 각 요인에 속한 변수들의 평균값을 구하여 이들을 요인값으로 하고, 요인값들을 독립변수로 하고 만족도값을 종속변수로 하는 회귀분석을 실시해서 각 요인들이 만족도에 미치는 영향을 분석한다.

2) 요인에 속한 입력변수들의 평균값 산출

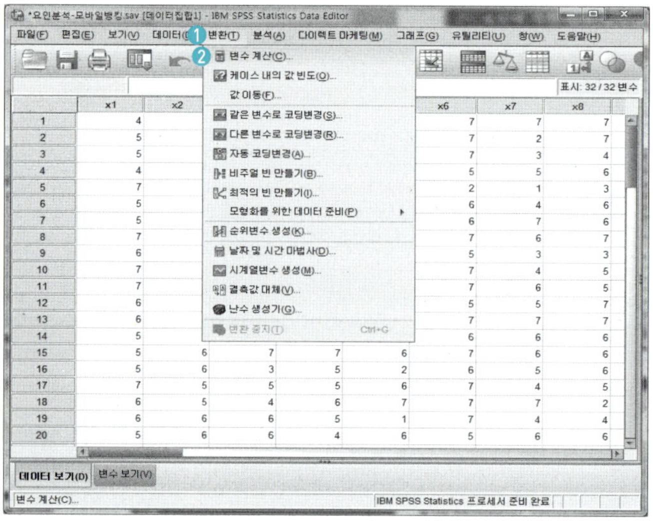

- 각 요인의 평균값을 계산하기 위해 탑 메뉴에서 ❶ [변환] → ❷ [변수계산]을 선택한다.

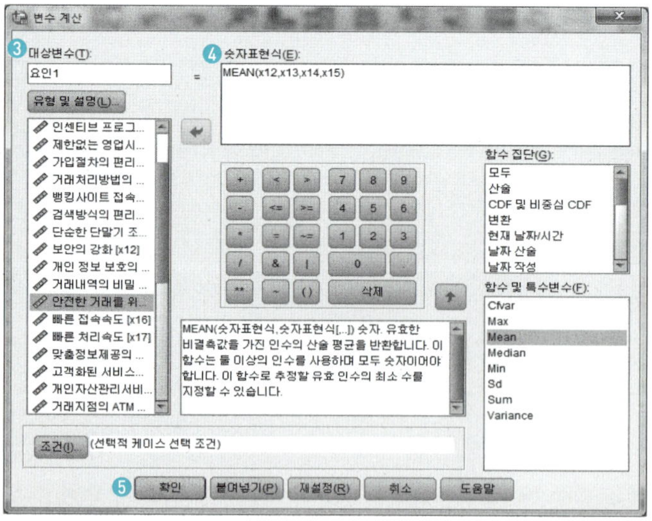

- [변수계산]창이 생성된다.
- ❸ [대상변수]에 평균값으로 새로이 생성할 요인명을 정하여 입력한다.
- ❹ [숫자표현형식]항에 변수 x12, x13, x14, x15의 평균값을 구하는 수식을 입력한다.
- ❺ [확인] 버튼을 클릭하여 '요인 1'이라는 변수를 새로 생성한다.
- ❸ ❹ ❺의 과정을 5번 반복하여 [요인 1], [요인 2], [요인 3], [요인 4], [요인 5]를 만들 수 있다.

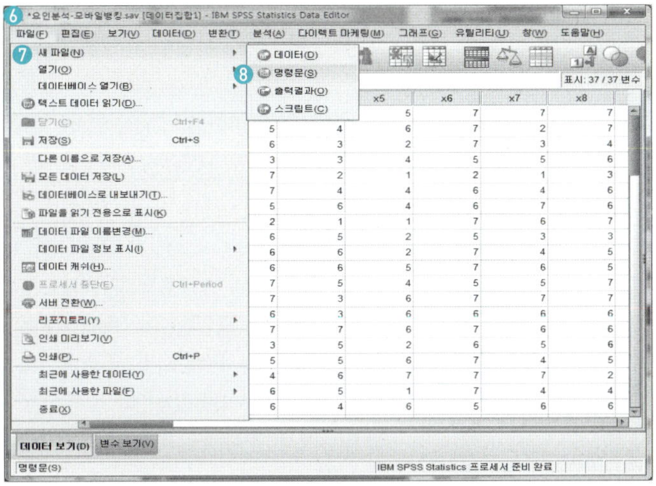

• ❻ [파일]에서 ❼ [새 파일], ❽ [명령문]을 클릭하여 Syntax를 이용하는 명령문 편집기창을 띄운다.

• Syntax로 명령문을 작성하여 파일로 저장해 두면 보다 간편한 작업이 가능하다.

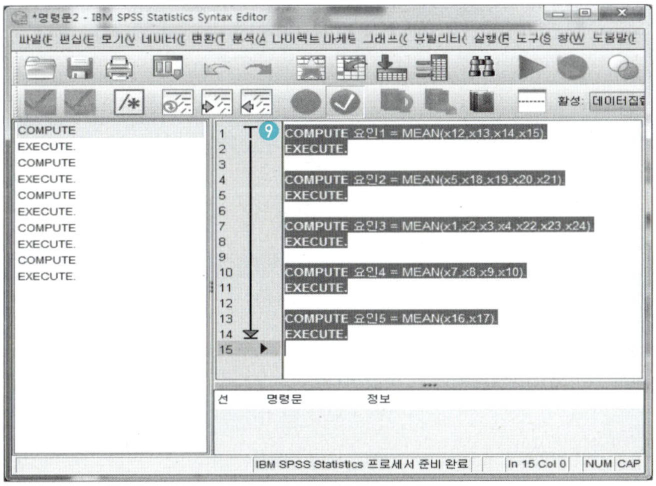

• 이 명령문들을 복사한 다음 수정이 필요한 부분을 수정해서 ❾와 같은 명령문을 만든다.

• 명령문이 끝날 때에는 반드시 .(마침표)를 찍어야 실행이 된다.

• [Syntax1-SPSS 명령문 편집기]창에 있는 명령문을 수행하기 위해서는 실행하려는 명령문을 블록으로 씌운 후 ▶ 버튼을 이용하여 실행한다.

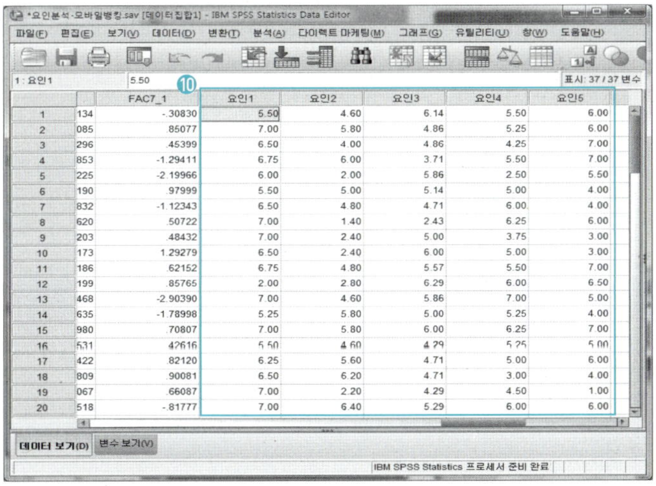

• [변수계산]의 결과로, 각 요인에 속한 변수들의 평균값으로 ❿ 새로운 변수들이 생성되었음을 알 수 있다.

3) 회귀분석의 실행

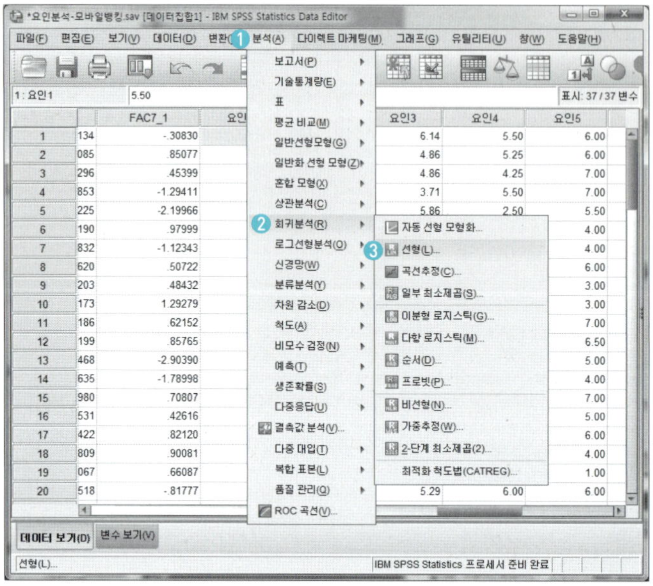

- 각 요인에 속한 변수들의 평균값으로 새롭게 생성된 요인점수를 독립변수로 하고 [전반적인 만족도]를 종속변수로 사용하여 회귀분석을 실시한다.
- 탑 메뉴에서 [분석] → [회귀분석] → [선형]을 선택한다.

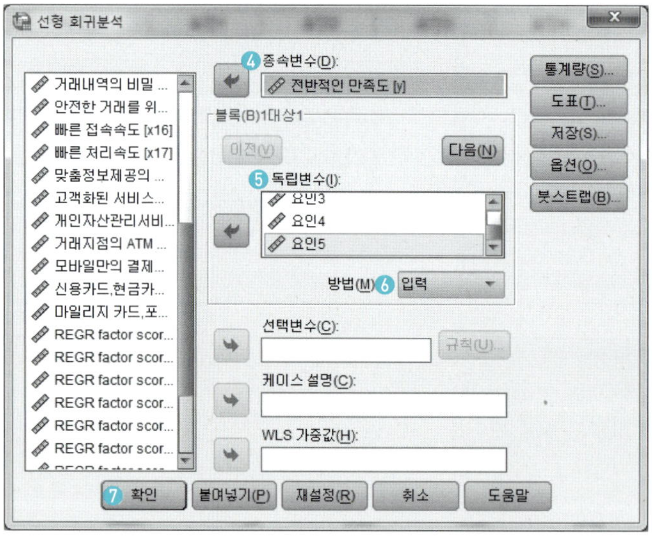

- [선형회귀분석]창이 생성된다.
- ❹ 버튼을 이용하여 [전반적인 만족도]를 [종속변수]란으로 이동시키고, ❺ 새롭게 생성된 요인 5가지를 [독립변수]란으로 이동한다.
- ❻ 독립변수를 선택하는 방법으로 독립변수란에 있는 모든 변수들을 사용하고자 하는 경우에는 [방법]에서 [입력]을 선택한다.
- ❼ [확인] 버튼을 클릭해서 회귀분석을 실행한다.

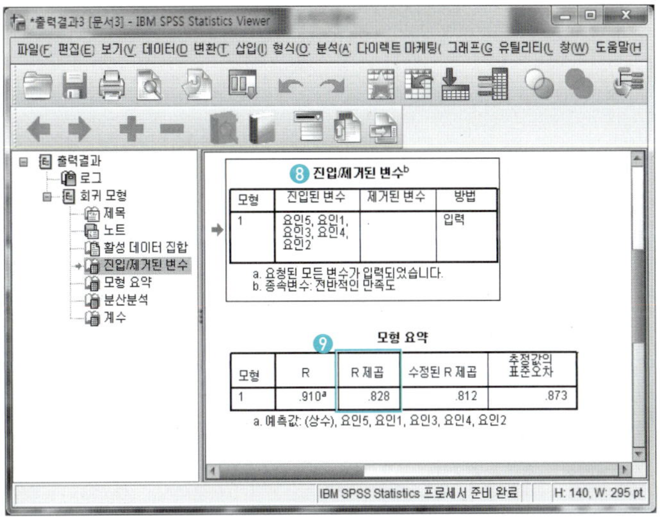

❽ 진입/제거된 변수[b]

모형	진입된 변수	제거된 변수	방법
1	요인5, 요인1, 요인3, 요인4, 요인2	.	입력

a. 요청된 모든 변수가 입력되었습니다.
b. 종속변수: 전반적인 만족도

❾ 모형 요약

모형	R	R 제곱	수정된 R 제곱	추정값의 표준오차
1	.910[a]	.828	.812	.873

a. 예측값: (상수), 요인5, 요인1, 요인3, 요인4, 요인2

- ❽ 지정한 독립변수를 모두 사용하여 [입력]방식으로 회귀분석이 수행되었음을 나타낸다.
- ❾ 결정계수 R^2값이 0.828이므로, 도출된 회귀식은 설명력이 높은 모형임을 알 수 있다.

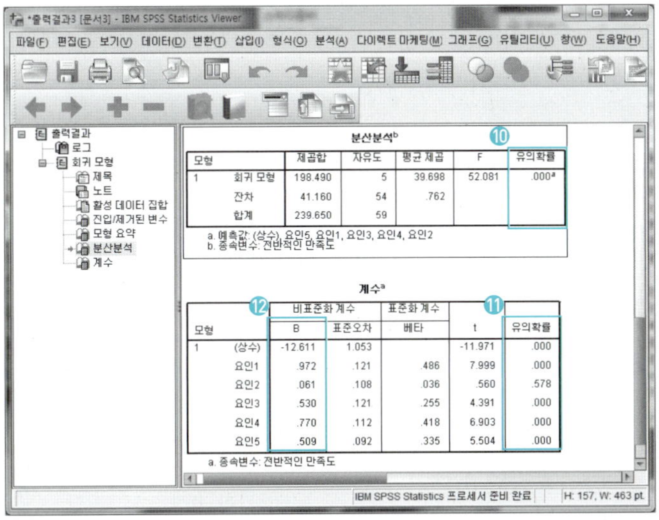

분산분석[b] ❿

모형		제곱합	자유도	평균 제곱	F	유의확률
1	회귀 모형	198.490	5	39.698	52.081	.000[a]
	잔차	41.160	54	.762		
	합계	239.650	59			

a. 예측값: (상수), 요인5, 요인1, 요인3, 요인4, 요인2
b. 종속변수: 전반적인 만족도

계수[a]

모형		비표준화 계수 ⓬		표준화 계수	⓫	
		B	표준오차	베타	t	유의확률
1	(상수)	-12.611	1.053		-11.971	.000
	요인1	.972	.121	.486	7.999	.000
	요인2	.061	.108	.036	.560	.578
	요인3	.530	.121	.255	4.391	.000
	요인4	.770	.112	.418	6.903	.000
	요인5	.509	.092	.335	5.504	.000

a. 종속변수: 전반적인 만족도

- ❿ 모형의 적합성을 검정하는 데 사용하는 통계량 F값이 52.081로서 유의수준 0.01에서 유의하게 나타난다. 따라서 도출된 회귀식은 통계적으로 유의함을 알 수 있다.
- ⓫ 요인 2 [은행업무요인]을 제외한 나머지 독립변수들은 모두 통계적으로 유의한 것으로 나타났다.
- ⓬ 독립변수들의 회귀계수를 나타내는 값으로 모든 요인들이 만족도에 긍정적인 영향을 미치고 있음을 알 수 있다.

회귀분석결과 회귀모형의 설명력은 82.8%이며, 유의수준 0.01에서 통계적으로 유의한 것으로 나타났다. 그리고 모든 요인들이 종속변수인 만족도에 긍정적인 영향을 미치는 것으로 나타났으나, 요인 2 '은행업무요인'이 만족도에 미치는 영향은 통계적으로 유의하지 않게 나타났다. 따라서 '은행업무요인'은 모바일 뱅킹의 전반적인 만족도에 크게 영향을 미치지 않는 것으로 판단할 수 있다.

이렇게 도출된 회귀계수를 이용하여 회귀식을 완성하면 '모바일 뱅킹의 전반적인 만족도 = 0.972 × 보안문제요인 + 0.530 × 고객화요인 + 0.770 × 마케팅요인 + 0.509 × 처리속도요인 − 12.611'이 된다. 또한 표준화된 회귀계수를 이용하여 각각의 독립변수가 모바일 뱅킹의 전반적인 만족도에 미치는 영향력을 백분율로 나타내면 보안문제요인은 약 33%를 차지하고, 고객화요인은 약 17%를 차지하며, 마케팅요인은 약 28%를 차지하고, 처리속도요인은 약 22%를 차지함을 알 수 있다.

1.5 전략의 도출 및 보고서 작성

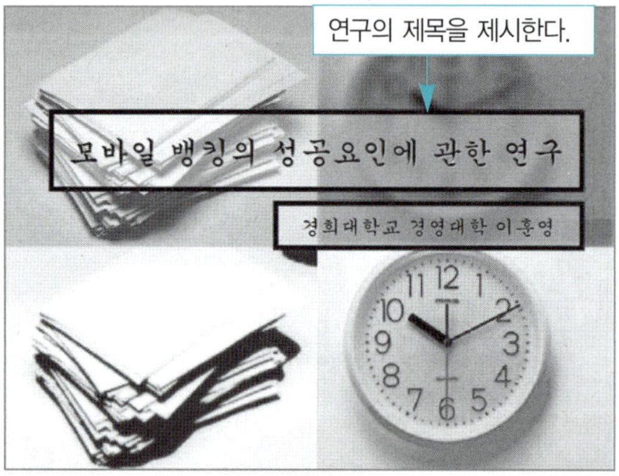

1. 연구목적과 연구주제를 제시한다.
   '모바일 뱅킹의 성공요인에 관한 연구'를 연구주제로 설정했다.

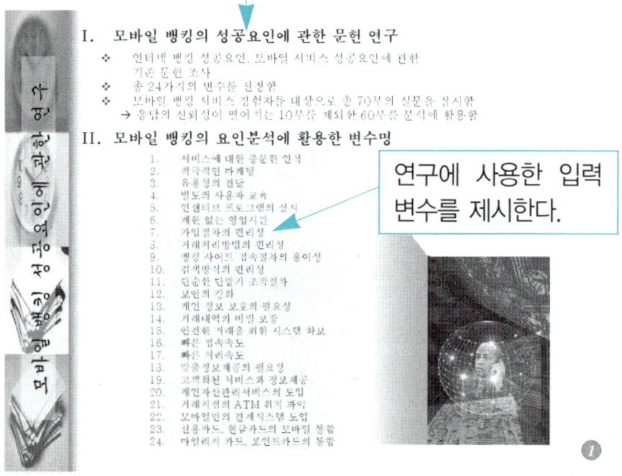

2. 연구에서 사용된 설문조사방법 및 절차에 대하여 간략하게 설명하고 요인분석에 쓰인 입력변수들을 제시한다.

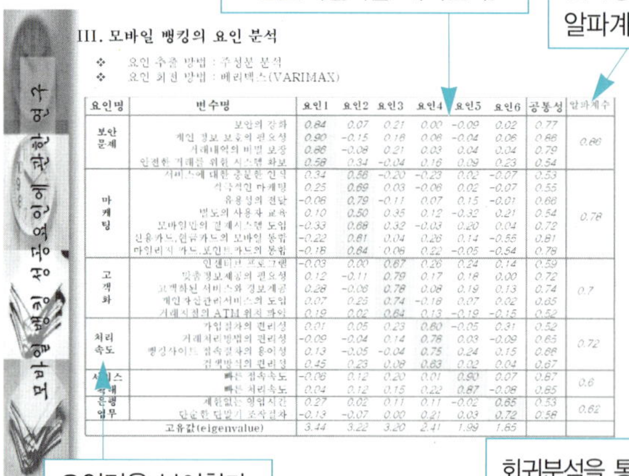

요인명	변수명	요인1	요인2	요인3	요인4	요인5	요인6	공통성	알파계수
보안문제	보안의 강화	0.84	0.07	0.21	0.00	-0.09	0.02	0.77	0.66
	개인 정보 보호의 필요성	0.90	-0.15	0.16	0.06	-0.04	0.06	0.86	
	거래내역의 비밀 보장	0.86	-0.08	0.21	0.03	0.04	0.04	0.79	
	안전한 거래를 위한 시스템 확보	0.58	0.34	-0.04	0.16	0.09	0.23	0.54	
마케팅	서비스에 대한 충분한 인식	0.34	0.56	-0.20	-0.23	0.02	-0.07	0.53	0.78
	적극적인 마케팅	0.25	0.69	0.03	-0.06	0.02	-0.07	0.55	
	유용성의 전달	-0.06	0.79	-0.11	0.07	0.15	-0.01	0.66	
	별도의 사용자 교육	0.10	0.50	0.35	0.12	-0.32	0.21	0.54	
	모바일만의 결제시스템 도입	-0.33	0.68	0.32	-0.03	0.20	0.04	0.72	
	신용카드, 현금카드의 모바일 통합	-0.22	0.81	0.04	0.26	0.14	-0.55	0.81	
	마일리지 카드, 포인트카드의 통합	-0.18	0.64	0.06	0.22	-0.05	-0.54	0.78	
고객화	인센티브 프로그램	-0.03	0.00	0.67	0.26	0.24	0.14	0.59	0.7
	맞춤정보제공의 필요성	0.12	-0.11	0.79	0.17	0.18	0.00	0.72	
	고객화된 서비스와 정보제공	0.28	-0.06	0.78	0.08	0.19	0.13	0.74	
	개인자산관리서비스의 도입	0.07	0.25	0.74	-0.18	0.07	0.02	0.65	
	거래지점의 ATM 위치 파악	0.19	0.02	0.64	0.13	-0.19	-0.15	0.52	
처리속도	가입절차의 편리성	0.01	0.05	0.23	0.60	-0.05	0.31	0.52	0.72
	거래처리방법의 편리성	-0.09	-0.04	0.14	0.76	0.03	-0.09	0.65	
	뱅킹사이트 접속절차의 용이성	0.13	-0.05	-0.04	0.75	0.24	0.15	0.66	
	검색방식의 편리성	0.45	0.23	0.08	0.63	0.02	0.04	0.67	
서비스확대	빠른 접속속도	-0.06	0.12	0.20	0.01	0.90	0.07	0.87	0.6
	빠른 처리속도	0.04	0.12	0.15	0.22	0.87	-0.08	0.85	
은행업무	제한없는 영업시간	0.27	0.02	0.11	0.11	-0.02	0.65	0.53	0.62
	단순한 단말기 조작절차	-0.13	-0.07	0.00	0.21	0.03	0.72	0.56	
	고유값(eigenvalue)	3.44	3.22	3.20	2.41	1.99	1.65		

3. 요인분석결과를 제시하여 입력변수들이 요인으로 적절히 묶인 것을 나타냈다. 또한 요인명을 부여함으로써 어떠한 변수가 어떤 요인으로 분류되었는지를 알 수 있다.

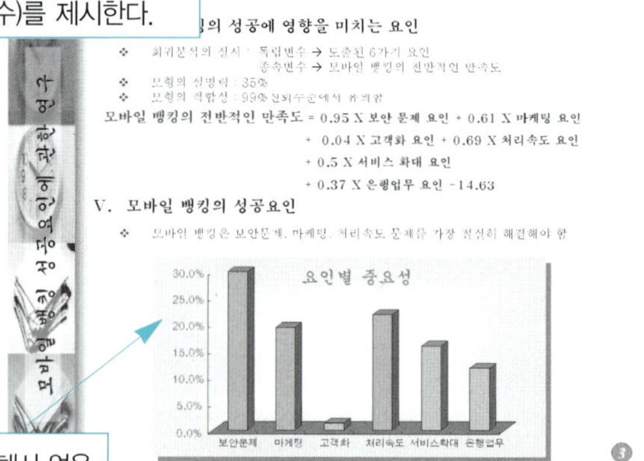

4. 전반적인 만족도를 종속변수로 하고, 추출된 요인들을 독립변수로 하여 도출된 회귀식을 제시한다. 또한 회귀분석결과로 얻은 회귀계수의 크기로 각 요인의 중요성을 파악하여 모바일 뱅킹 서비스의 성공에 핵심적인 요인이 무엇인지를 살펴보았다.

02 DSLR 제품의 중요 속성에 관한 요인분석

2.1 요인분석 사례 (2)

DSLR시장에서의 경쟁관계를 분석하기 위하여 시장에 있는 8가지 DSLR 제품의 브랜드를 평가하고자 한다. 이를 위하여 DSLR 제품을 평가하는 데에 있어 중요한 13가지 속성을 파악하여 소비자로 하여금 자신이 주로 사용하는 제품의 브랜드를 이들 13가지 평가속성에 대하여 평가하도록 하였다. 본 연구에서는 이들 13가지 속성을 이용하여 요인분석을 실시하고, 그 결과를 이용하여 8개 제품 브랜들 간의 경쟁관계를 포지셔닝 맵을 이용하여 분석하고자 한다.

분석방법 JOB ANALYSIS

연구자는 DSLR시장에서의 경쟁관계를 분석하기 위해 설문항목 13가지를 선정했다. 이 13가지 변수에 대해서 요인분석을 실시한 후 가장 중요한 요인들을 이용해서 소비자가 생각하는 8개 브랜드의 대한 포지셔닝 맵을 그리는 것이 문제의 포인트이다. 또한 요인분석을 실시한 후에는 신뢰성 검정을 통해 생성된 요인들을 구성하고 있는 변수들이 일관성이 있는지 검정한다.
이렇게 추출된 요인들을 가지고 분산분석을 실시하여, 고객들이 각 브랜드별 DSLR 제품에 대한 평가를 어떻게 하고 있는지 알아낼 수 있다. 또한 SPSS결과물을 엑셀로 정리한 후 DSLR 제품의 브랜드별 요인점수의 평균을 이용하면 2차원상에 DSLR 제품의 브랜드별 경쟁관계에 관한 포지셔닝 맵을 그릴 수 있다.
이를 정리하면 다음과 같다.

① 설문지의 척도가 모두 등간척도이므로 요인분석이 가능하다.
② 설문항목들을 핵심적인 몇 개의 요인으로 묶어주기 위해 요인분석을 실행한다. 요인분석 후 적절한 변수들에 의해 요인이 생성되었는지를 신뢰도분석을 통해 요인의 신뢰성을 검정한다.
③ 추출된 요인 중 어떤 요인의 평균값(요인점수)이 DSLR 브랜드별로 차이가 있는가를 알아보기 위해 분산분석을 실시한다.
④ 분석결과를 엑셀로 정리한 후 브랜드별 요인점수의 평균을 이용해서 2차원 그래프, 즉 브랜드별 경쟁관계에 대한 포지셔닝 맵을 도출한다.

2.2 분석절차

1) 자료수집

DSLR 제품평가에 중요한 13가지 속성을 파악하기 위해 소비자로 하여금 자신이 주로 사용하는 제품의 브랜드를 이들 13가지 평가속성에 대하여 평가하도록 설문항목을 등간척도로 작성하였다.

1. 귀하의 DSLR 선택요인에 관한 질문입니다.

1) 귀하께서 가장 많이 사용하시는 DSLR은 어느 회사 제품입니까?( )

① A사 ② B사 ③ C사 ④ D사 ⑤ E사 ⑥ F사 ⑦ G사 ⑧ H사

2) 위의 문항에서 선정한 DSLR 제품의 브랜드를 다음 항목에 대하여 평가해 주십시오.

항목	매우 그렇지 않다 ― 보통이다 ― 매우 그렇다
1. 매우 가격이 저렴하다.	|---|---|---|---|---|---|---|---|
2. 다양한 이벤트를 제공한다.	|---|---|---|---|---|---|---|---|
3. DSLR 디자인이 다양하다.	|---|---|---|---|---|---|---|---|
4. A/S가 신속히 이루어진다.	|---|---|---|---|---|---|---|---|
5. 언제 어디서든 쉽게 DSLR을 구매할 수 있다.	|---|---|---|---|---|---|---|---|
6. 다양한 방법으로 DSLR을 구매할 수 있다.	|---|---|---|---|---|---|---|---|
7. 쉽게 파손되지 않는다.	|---|---|---|---|---|---|---|---|
8. 촬영화질이 보장된다.	|---|---|---|---|---|---|---|---|
9. 다양한 교체렌즈가 적절히 출시된다.	|---|---|---|---|---|---|---|---|
10. 판매, 유통하는 기업의 이미지가 좋다.	|---|---|---|---|---|---|---|---|
11. DSLR 제품 자체의 이미지가 좋다.	|---|---|---|---|---|---|---|---|
12. DSLR 제품의 색상이 탁월하다.	|---|---|---|---|---|---|---|---|
13. DSLR 제품의 무게가 가볍다.	|---|---|---|---|---|---|---|---|

2. 귀하의 인구통계학적 질문문항입니다.

1) 귀하의 성별은 어떻게 되십니까? (e1)

① 남자 ② 여자

2) 귀하의 연령은 어떻게 되십니까?

만 (e2)세

3) 귀하는 현재 어떤 일을 하고 계십니까? (e3)

① 전문/자유직 ② 경영/관리직
③ 사무/기술직 ④ 판매/서비스직
⑤ 기능/숙련직 ⑥ 자영업 ⑦ 농/어업/광업
⑧ 가정주부 ⑨ 학생 ⑩ 무직

4) 귀하의 최종학력은 어떻게 되십니까? (e4)

① 중졸 이하 ② 고졸 ③ 전문대졸
④ 대학졸 ⑤ 대학원졸 이상

5) 귀하는 기혼이십니까 ? 미혼이십니까? (e5)

① 미혼 ② 기혼

6) 귀하는 현재 컴퓨터를 소유하고 계십니까?(e6)

① 예 ② 아니오

7) 귀댁의 한 달 평균 가계소득은 어떻게 되십니까? (보너스 등 모두 포함한다) (e7)

① 100만원 이하 ② 150만원에서 200만원 사이
③ 200만원에서 250만원 사이
④ 200만원에서 300만원 사이
⑤ 300만원 이상

8) 귀하의 거주지역은 어디입니까? (e8)

① 강남 ② 강북 ③ 강동
④ 강서 ⑤ 경기 및 인천

9) 귀하는 DSLR카메라의 기능을 조작할 수 있으십니까? (e9)

① 예 ② 아니오

바쁘신 와중에 설문에 응답해 주셔서 대단히 감사합니다.

2) 분석자료 준비

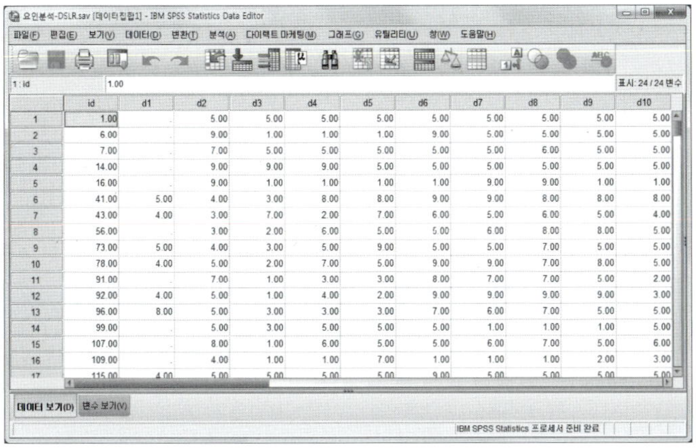

• 설문조사를 통하여 받은 자료를 엑셀에 코딩한 후 SPSS에서 데이터 불러오기를 하였다.

3) 요인분석 실행

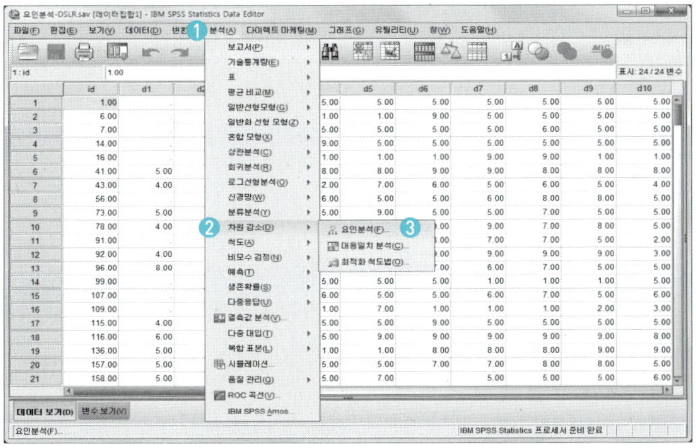

• 입력된 응답자료를 화면에 띄우고 탑 메뉴에서 ❶ [분석] → ❷ [차원 감소] → ❸ [요인분석]을 선택한다.

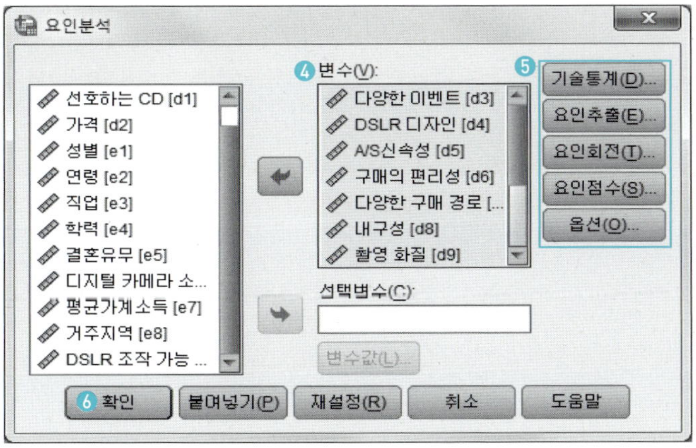

• [요인분석]창이 생성된다.
• ❹ 요인분석에 사용할 변수들을 선택한 후 버튼을 이용하여 [변수]란으로 옮긴다.
• ❺ [기술통계]를 분석의 목적에 맞게 지정한다.
• ❻ [확인]을 클릭해서 [요인분석]을 실행한다.

2.3 분석결과 및 해석

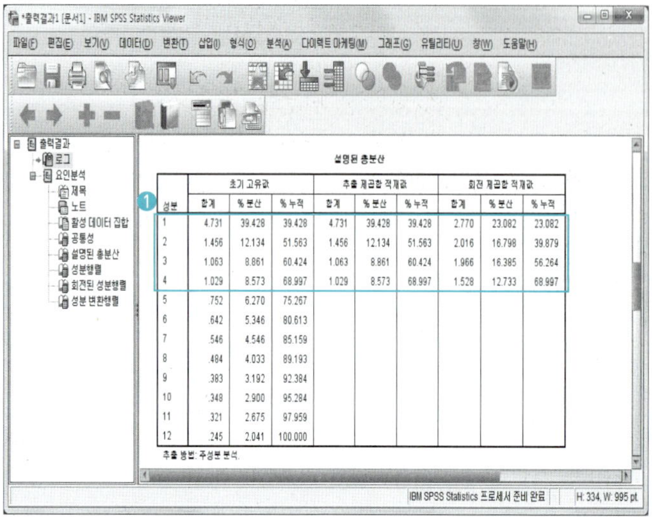

설명된 총분산

성분	초기 고유값			추출 제곱합 적재값			회전 제곱합 적재값		
	합계	% 분산	% 누적	합계	% 분산	% 누적	합계	% 분산	% 누적
1	4.731	39.428	39.428	4.731	39.428	39.428	2.770	23.082	23.082
2	1.456	12.134	51.563	1.456	12.134	51.563	2.016	16.798	39.879
3	1.063	8.861	60.424	1.063	8.861	60.424	1.966	16.385	56.264
4	1.029	8.573	68.997	1.029	8.573	68.997	1.528	12.733	68.997
5	.752	6.270	75.267						
6	.642	5.346	80.613						
7	.546	4.546	85.159						
8	.484	4.033	89.193						
9	.383	3.192	92.384						
10	.348	2.900	95.284						
11	.321	2.675	97.959						
12	.245	2.041	100.000						

추출 방법: 주성분 분석.

- ❶ 고유값(eigenvalue)이 1 이상인 요인이 4개이므로 요인을 4개 정도 만들 수 있다.

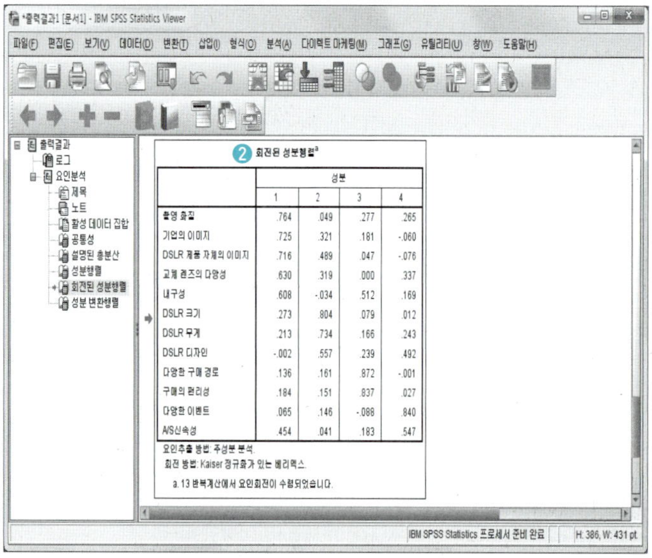

회전된 성분행렬[a]

	성분			
	1	2	3	4
촬영 화질	.764	.049	.277	.265
기업의 이미지	.725	.321	.181	-.060
DSLR 제품 자체의 이미지	.716	.489	.047	-.076
교체 렌즈의 다양성	.630	.319	.000	.337
내구성	.608	-.034	.512	.169
DSLR 크기	.273	.804	.079	.012
DSLR 무게	.213	.734	.166	.243
DSLR 디자인	-.002	.557	.239	.492
다양한 구매 경로	.136	.161	.872	-.001
구매의 편리성	.184	.151	.837	.027
다양한 이벤트	.065	.146	-.088	.840
A/S신속성	.454	.041	.183	.547

요인추출 방법: 주성분 분석.
회전 방법: Kaiser 정규화가 있는 베리맥스.
a. 13 반복계산에서 요인회전이 수렴되었습니다.

- ❷ 요인과 입력변수 간의 상관계수값인 요인적재량(factor loading)을 통해서 어떤 변수가 어떤 요인에 속할지 알 수 있다.

요인분석을 실행한 후 SPSS 결과물 중 '회전된 성분행렬' 을 엑셀로 정리하였다.

요인명	변수명	요인 1	요인 2	요인 3	요인 4	공통성
성능, 이미지요인	촬영화질	0.76	0.05	0.28	0.27	0.73
	기업의 이미지	0.73	0.32	0.18	−0.06	0.67
	DSLR 제품 자체의 이미지	0.72	0.49	0.05	−0.08	0.76
	교체렌즈의 다양성	0.63	0.32	0.00	0.34	0.61
	내구성	0.61	−0.04	0.51	0.17	0.66
디자인요인	DSLR 크기	0.27	0.80	0.08	0.01	0.73
	DSLR 무게	0.21	0.73	0.17	0.24	0.67
	DSLR 디자인	0.00	0.56	0.24	0.49	0.61
유통요인	다양한 구매경로	0.14	0.16	0.87	0.00	0.81
	구매의 편리성	0.18	0.15	0.84	0.03	0.76
서비스요인	다양한 이벤트	0.07	0.15	−0.09	0.84	0.74
	A/S 신속성	0.45	0.04	0.18	0.55	0.54
고유값(eigenvalue)		2.77	2.01	1.97	1.53	

2.4 요인점수 산출 및 경쟁관계분석

1) 분산분석으로 브랜드별로 차이가 있는 요인색출

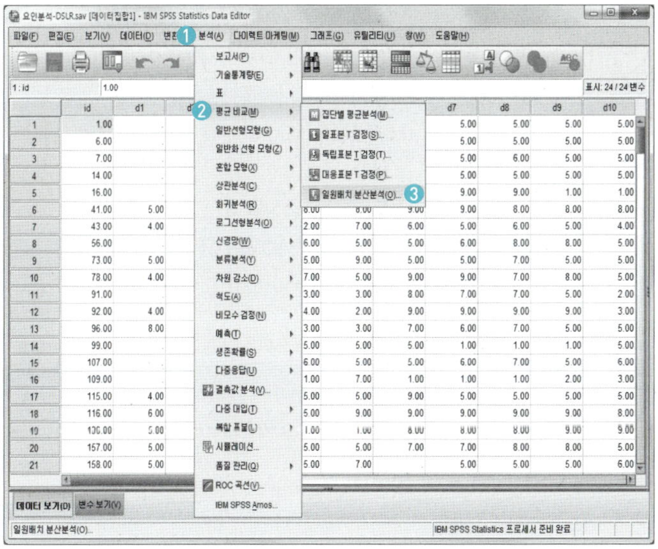

- 요인분석을 통해서 추출된 4개의 요인 중 어떤 요인의 평균값(요인점수)이 DSLR 브랜드별로 차이가 있는가를 알아보기 위하여 분산분석을 실시한다.
- 탑 메뉴에서 ❶ [분석] → ❷ [평균비교] → ❸ [일원배치 분산분석]을 선택한다.

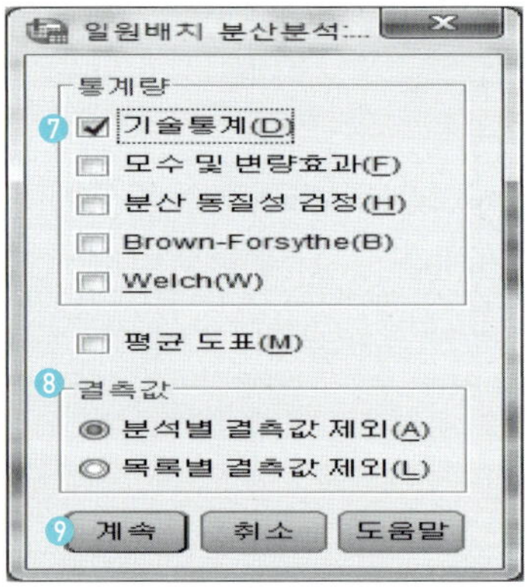

- [일원배치 분산분석]창이 생성된다.
- ④ 도출된 요인점수를 [➡] 버튼을 이용하여 [종속변수]란으로 이동하고 집단을 구분하는 ⑤ [요인분석]란에 제품의 브랜드를 나타내는 [선호하는 DSLR]을 이동시킨다.
- ⑥ [옵션]을 선택하면 [일원배치 분산분석: 옵션]창이 생성된다.
- ⑦ [기술통계]를 지정하여 분산분석결과에 대한 평균값을 출력하도록 한다.
- [결측값]은 [분석별 결측값 제외]를 선택하고, ⑨ [계속] 버튼을 클릭해서 [일원배치 분산분석]창으로 되돌아간다.
- ⑩ [확인] 버튼을 클릭한다.

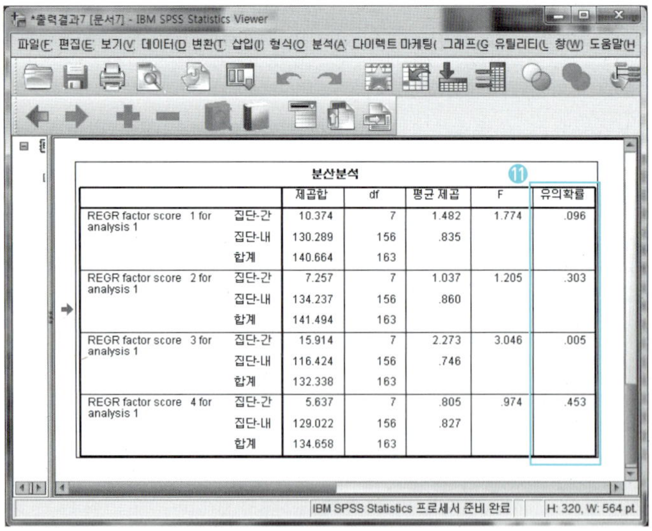

분산분석

		제곱합	df	평균 제곱	F	유의확률
REGR factor score 1 for analysis 1	집단-간	10.374	7	1.482	1.774	.096
	집단-내	130.289	156	.835		
	합계	140.664	163			
REGR factor score 2 for analysis 1	집단-간	7.257	7	1.037	1.205	.303
	집단-내	134.237	156	.860		
	합계	141.494	163			
REGR factor score 3 for analysis 1	집단-간	15.914	7	2.273	3.046	.005
	집단-내	116.424	156	.746		
	합계	132.338	163			
REGR factor score 4 for analysis 1	집단-간	5.637	7	.805	.974	.453
	집단-내	129.022	156	.827		
	합계	134.658	163			

- ⑪ 분석결과 요인 2(디자인요인)와 요인 4(서비스요인)는 DSLR 브랜드에 따라 평균차이가 없고, 요인 1(성능, 이미지요인)과 요인 3(유통요인)만이 유의수준 0.01에서 DSLR 브랜드에 따라 요인점수(평균)차이가 있는 것으로 나타난다.
- 평균차이 검정을 하는 이유는 유의한 평균차이를 보이는 요인이 경쟁관계를 나타내기 용이하고 또한 의미 있기 때문이다.

2) 평균 요인점수를 이용한 그래프 작성

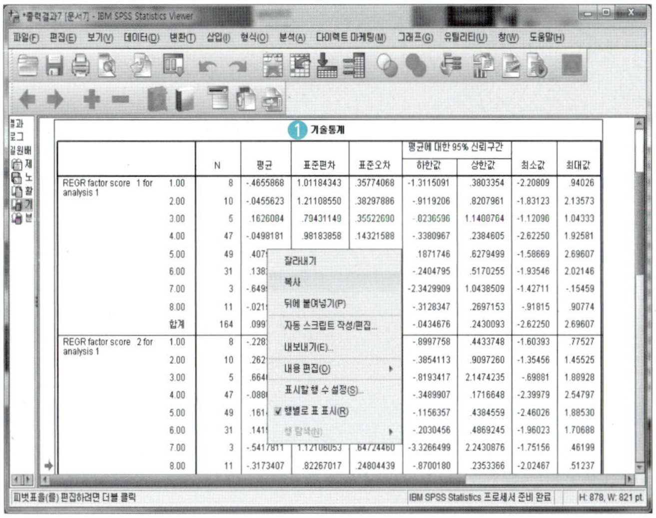

• 분석결과 출력된 ❶ [기술통계] 출력물 위에 마우스를 올려둔 상태에서 오른쪽 버튼을 클릭해서 나타난 메뉴에서 [복사]를 선택한다.

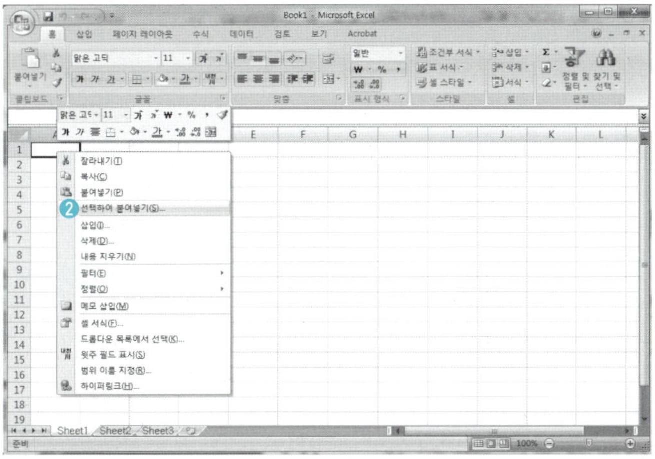

• 새로운 엑셀시트를 열고, 마우스를 올려놓은 상태에서 오른쪽 버튼을 클릭해서 나타난 메뉴에서 ❷ [선택하여 붙여넣기]를 선택한다.

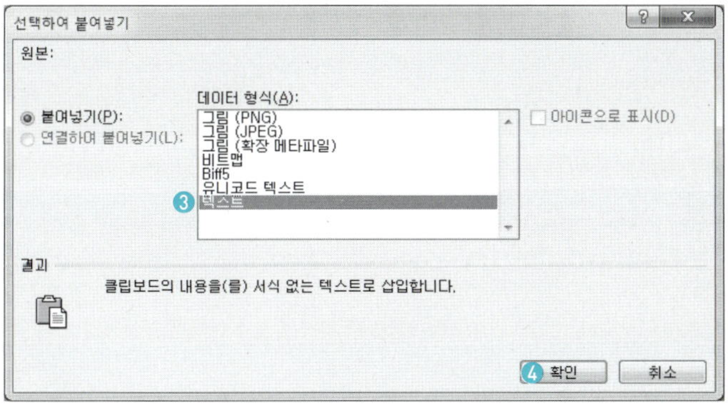

• ❸ [데이터 형식]란에서 [텍스트]를 선택한다.
• ❹ [확인]을 클릭한다.

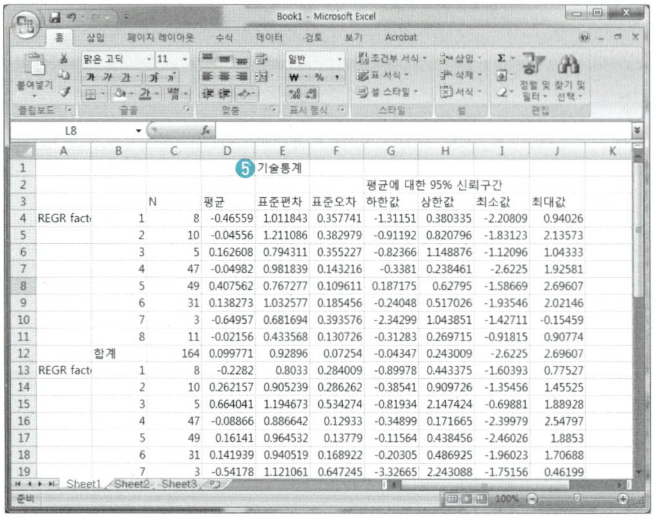

			5 기술통계			평균에 대한 95% 신뢰구간			
		N	평균	표준편차	표준오차	하한값	상한값	최소값	최대값
REGR fact	1	8	-0.46559	1.011843	0.357741	-1.31151	0.380335	-2.20809	0.94026
	2	10	-0.04556	1.211086	0.382979	-0.91192	0.820796	-1.83123	2.13573
	3	5	0.162608	0.794311	0.355227	-0.82366	1.148876	-1.12096	1.04333
	4	47	-0.04982	0.981839	0.143216	-0.3381	0.238461	-2.6225	1.92581
	5	49	0.407562	0.767277	0.109611	0.187175	0.62795	-1.58669	2.69607
	6	31	0.138273	1.032577	0.185456	-0.24048	0.517026	-1.93546	2.02146
	7	3	-0.64957	0.681694	0.393576	-2.34299	1.043851	-1.42711	-0.15459
	8	11	-0.02156	0.433568	0.130726	-0.31283	0.269715	-0.91815	0.90774
	합계	164	0.099771	0.92896	0.07254	-0.04347	0.243009	-2.6225	2.69607
REGR fact	1	8	-0.2282	0.8033	0.284009	-0.89978	0.443375	-1.60393	0.77527
	2	10	0.262157	0.905239	0.286262	-0.38541	0.909726	-1.35456	1.45525
	3	5	0.664041	1.194673	0.534274	-0.81934	2.147424	-0.69881	1.88928
	4	47	-0.08866	0.886642	0.12933	-0.34899	0.171665	-2.39979	2.54797
	5	49	0.16141	0.964532	0.13779	-0.11564	0.438456	-2.46026	1.8853
	6	31	0.141939	0.940519	0.168922	-0.20305	0.486925	-1.96023	1.70688
	7	3	-0.54178	1.121061	0.647245	-3.32665	2.243088	-1.75156	0.46199

- SPSS의 [기술통계]결과물표가
  5 엑셀에 도표형태로 입력되었다.

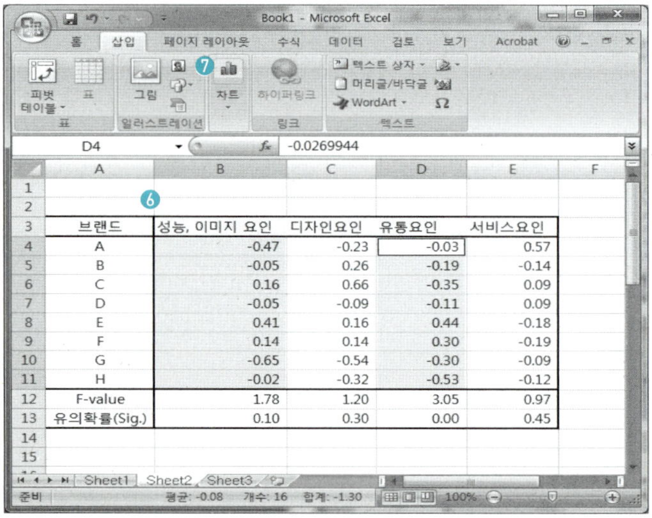

브랜드	성능, 이미지 요인	디자인요인	유통요인	서비스요인
A	-0.47	-0.23	-0.03	0.57
B	-0.05	0.26	-0.19	-0.14
C	0.16	0.66	-0.35	0.09
D	-0.05	-0.09	-0.11	0.09
E	0.41	0.16	0.44	-0.18
F	0.14	0.14	0.30	-0.19
G	-0.65	-0.54	-0.30	-0.09
H	-0.02	-0.32	-0.53	-0.12
F-value	1.78	1.20	3.05	0.97
유의확률(Sig.)	0.10	0.30	0.00	0.45

- 6 브랜드별 각 요인 평균값들을 교차표 형태로 정리한다.
- 엑셀로 옮긴 DSLR 제품 브랜드별 요인점수의 평균을 이용하여 브랜드들을 2차원상의 그래프로 나타낼 수 있다
- 분산분석결과 평균차이가 유의하게 나타난 [성능, 이미지요인]과 [유통요인]을 선택하기 위해 키보드의 Ctrl 버튼을 누른 상태에서 마우스 왼쪽 버튼을 클릭해서 왼쪽 그림과 같이 지정한다.
- 7 [차트마법사] 로고를 클릭해서 활성화한다.

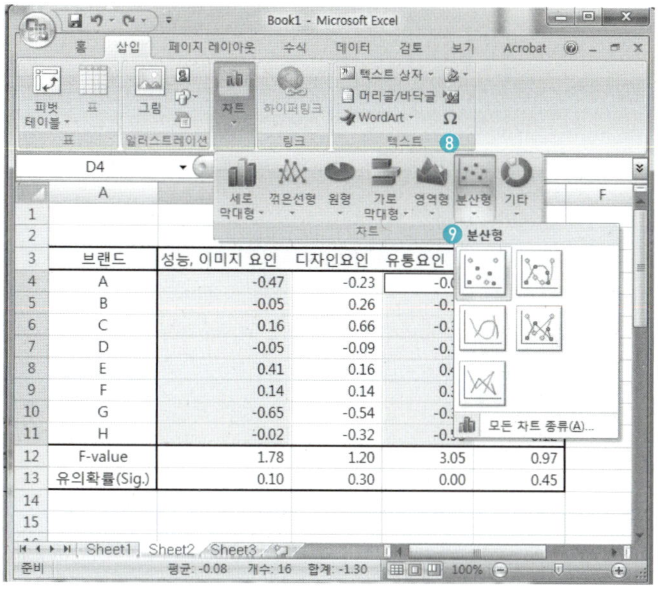

• 차트 [표준종류] 중에서 ❽ [분산형]을 선택하고 ❾ [산점도] 버튼을 클릭하면, 다음 그림과 같은 그래프를 나타낼 수 있다.

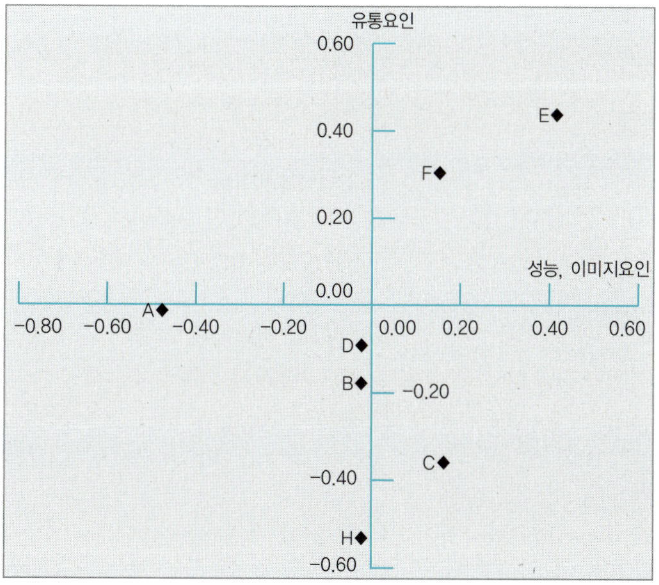

• [성능, 이미지요인]을 X축으로 하고, [유통요인]을 Y축으로 하여, 각각의 DSLR 제품 브랜드를 그래프상에 나타낸다.
• 그래프상의 좌표점에 해당하는 브랜드명을 넣어 주면 경쟁관계를 파악할 수 있는 포지셔닝 맵이 완성된다.

이와 같은 방법으로 요인점수가 브랜드별로 차이가 있는 2개 요인씩 묶어서 포지셔닝 맵들을 그릴 수 있다. 예를 들어, 본 사례의 경우 요인의 수가 4개이므로 $_4C_2$ = 6개의 맵을 그릴 수 있다. 그러나 평균치이기 브렌드별로 통계적으로 유의하지 않게 나타난 요인들은 반드시 맵으로 경쟁관계를 나타낼 필요가 없다고 할 수 있다. 따라서 연구목적에 따라 연구자가 파악하기를 원하는 중요한 요인들만을 중심으로 포지셔닝 맵을 그려서 분석하는 것이 바람직하다.

03 연습문제

연|습|문|제 EXERCISES

최근 외식산업은 다양한 브랜드의 패밀리 레스토랑들이 시장에 진출함에 따라 경쟁이 가속화되고 있다. A패밀리 레스토랑에서는 경쟁에 이기기 위해서는 자사의 이미지가 어떠한지 알아볼 필요성이 있다고 판단하여 패밀리 레스토랑을 이용하는 고객들을 대상으로 설문조사를 실시하여 자료를 수집하였다.

문제 1 [11_1.sav]자료를 이용해서 요인분석을 실시하고, 추출된 요인의 신뢰성을 신뢰도분석을 통해 검증해 보시오.

문제 2 [11_1.sav]자료를 이용하여 추출된 요인을 이용해서 패밀리 레스토랑별 경쟁관계를 나타내는 포지셔닝 맵을 작성하고 분석해 보시오.

Chapter 12

상표전환행렬 (Brand Switching)

진달래

고은

보아라 새벽마다
어금니를 갈아
가난이나
짓밟혀 다진 흙 캐어 먹고
우리 겨레의 오랜 삶은 이루어졌지만
그것이 여기 진달래 피어서
눈 못 뜨고 마른 하늘 조차 흐득흐득 우는구나.

Chapter 12

상표전환행렬 (Brand Switching)

자사 브랜드의 향후 시장점유율을 예측하는 데에 사용되는 대표적인 방법 중의 하나는 상표전환행렬을 이용해서 분석하는 방법이 있다. 상표전환행렬이란 고객들이 과거, 바로 전에 구매한 상표와 현재, 다시 구매한 상표를 비교해서 선호하는 상표를 바꾸거나 유지한 고객수, 즉 고객빈도를 나타내는 일종의 빈도표이다. 상표전환행렬을 분석하면 고객의 상표충성도를 비롯해서 각 상표의 향후 시장점유율 변화에 대하여 분석하고 예측할 수 있다. 또한 이러한 예측을 바탕으로 장 · 단기적인 시장의 경쟁구도를 파악할 수 있다.

01 상표전환행렬을 이용한 향후 시장점유율 예측

1.1 상표전환행렬 사례

S사에서는 최근 노트북 컴퓨터 기술의 급속한 발달과 가격인하로 인한 수요증대 및 그에 따른 경쟁이 치열해짐에 따라 경쟁우위를 확보하기 위한 마케팅전략을 세우려고 한다. 특히 기술이 발달함에 따라 소비자의 상표에 대한 충성도가 미약해지고 상표전환이 빈번해지고 있다. 이러한 상황을 고려해서 우선 노트북 컴퓨터의 상표전환행렬을 이용하여 자사에 대한 고객의 상표충성도와 향후 시장점유율의 변화에 대해 알아보고자 한다.

분석방법 JOB ANALYSIS

상표전환행렬을 이용해서 향후 시장점유율 및 경쟁관계를 예측하기 위해서는 우선 소비자들에게 질문을 하거나 조사해서 얻은 자료를 가지고 상표전환빈도행렬을 구하여 상표전환확률행렬을 도출한다. 현재의 시장점유율과 도출된 상표전환확률표를 이용하여 향후 시장점유율을 예측할 수 있으며 이러한 분석방법과 절차는 다음과 같다.

① 노트북 컴퓨터를 사용하는 사람들을 대상으로 현재 사용하고 있는 노트북 브랜드와 향후에 다시 구매 시 선택하고자 하는 노트북 브랜드를 조사하여 노트북 컴퓨터 브랜드 간의 상표전환빈도행렬을 작성한다.

② 상표전환빈도행렬을 이용해서 상표전환확률행렬을 도출한다.

③ 현재 사용하고 있는 개별 브랜드의 비율을 산출하여 각 브랜드의 현재 시장점유율을 파악한다.

④ 현재의 시장점유율 행에 도출한 상표전환확률표를 곱하여 향후 1기의 시장점유율을 파악한다.

⑤ 향후 t기의 시장점유율은 현재 시장점유율 행과 향후 t기의 상표전환행렬을 곱하여 시장점유율을 예측한다.

※여기서 기수 n은 다음에 t번째로 노트북 컴퓨터를 구매하는 기회를 의미한다.

※또한 n기의 상표전환행렬은 처음에 도출한 상표전환확률행렬을 n번 곱하여 구할 수 있다.

1.2 분석절차

1) 자료수집

다음은 노트북 시장의 향후 시장점유율 및 경쟁관계를 분석하기 위한 설문입니다.

1. 현재 귀하께서 사용하고 계시는 노트북의 브랜드는 무엇입니까? ( )

   ① H사 ② S사 ③ L사

2. 향후에 노트북컴퓨터를 다시 구매하고자 하는 경우에는 다음 중 어느 브랜드의 컴퓨터를 구입하시겠습니까? ( )

   ① H사 ② S사 ③ L사

2) 분석자료 준비

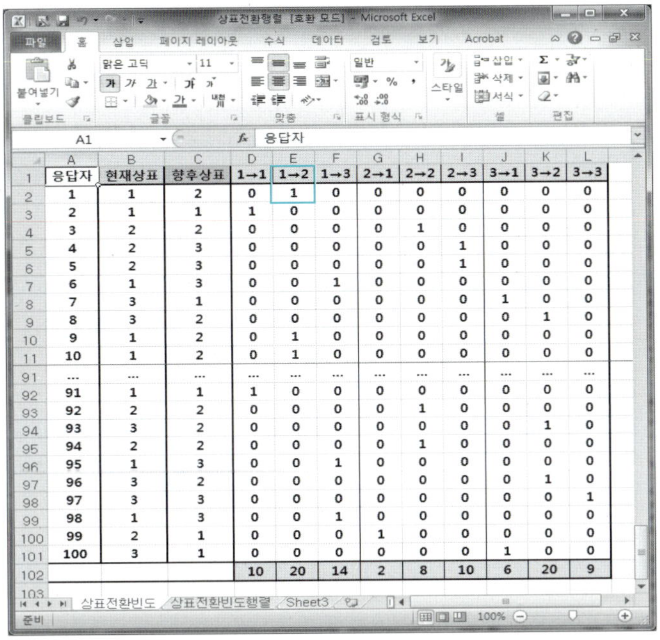

	응답자	현재상표	향후상표	1→1	1→2	1→3	2→1	2→2	2→3	3→1	3→2	3→3
2	1	1	2	0	1	0	0	0	0	0	0	0
3	2	1	1	1	0	0	0	0	0	0	0	0
4	3	2	2	0	0	0	0	1	0	0	0	0
5	4	2	3	0	0	0	0	0	1	0	0	0
6	5	2	3	0	0	0	0	0	1	0	0	0
7	6	1	3	0	0	1	0	0	0	0	0	0
8	7	3	1	0	0	0	0	0	0	1	0	0
9	8	3	2	0	0	0	0	0	0	0	1	0
10	9	1	2	0	1	0	0	0	0	0	0	0
11	10	1	2	0	1	0	0	0	0	0	0	0
91	...	...	...	...	...	...	...	...	...	...	...	...
92	91	1	1	1	0	0	0	0	0	0	0	0
93	92	2	2	0	0	0	0	1	0	0	0	0
94	93	3	2	0	0	0	0	0	0	0	1	0
95	94	2	2	0	0	0	0	1	0	0	0	0
96	95	1	3	0	0	1	0	0	0	0	0	0
97	96	3	2	0	0	0	0	0	0	0	1	0
98	97	3	3	0	0	0	0	0	0	0	0	1
99	98	1	3	0	0	1	0	0	0	0	0	0
100	99	2	1	0	0	0	1	0	0	0	0	0
101	100	3	1	0	0	0	0	0	0	1	0	0
102				10	20	14	2	8	10	6	20	9

- 100명의 소비자들을 대상으로 현재 사용하고 있는 노트북 브랜드와 향후 사용하고자 하는 노트북 브랜드를 조사하여 엑셀에 입력하였다.
- 1번 응답자는 현재 H사를 이용하고 있으나 향후에는 S사를 노트북을 구매하려는 소비자이다.

3) 상표전환빈도행렬을 이용한 현재의 시장점유율과 상표전환확률 도출

고객수

■ 상표전환빈도행렬

		다음 기에 선택할 상표			❶	
		H사	S사	L사	합계	현재 시장점유율
현재	H사	10	20	15	45	0.45
	S사	2	8	10	20	0.20
	L사	6	20	9	35	0.35

■ 상표전환확률표 ❷

		다음 기에 선택할 상표		
		H사	S사	L사
현재	H사	0.22	0.44	0.33
	S사	0.10	0.40	0.50
	L사	0.17	0.57	0.26

■ 현재 H사 컴퓨터 상표를 사용하는 고객이 향후에는 S사 컴퓨터 상품으로 전환할 확률

$$= \frac{\text{현재 H사 컴퓨터 제품을 사용하나 다음에 S사 컴퓨터 제품을 구입하고자 하는 고객수}}{\text{현재 H사 컴퓨터 제품을 사용하고 있는 고객수}} = \frac{20}{45} = 0.44$$

■ 현재 시장점유율행(M_0) = [0.45 0.20 0.35] (H사 S사 L사)

$$P^1 = \begin{array}{c} \text{H사} \\ \text{S사} \\ \text{L사} \end{array} \begin{bmatrix} 0.22 & 0.44 & 0.33 \\ 0.10 & 0.40 & 0.50 \\ 0.17 & 0.57 & 0.26 \end{bmatrix}$$ (열: H사 S사 L사)

❸ ■ 향후 1기의 노트북 컴퓨터 브랜드별 시장점유율(M_1) = $M_0 \times P^1$ = [0.18 0.48 0.34]

- 수집된 자료를 이용해서 [상표전환빈도행렬표]를 작성하고 ❶ 현재의 [시장점유율]과 ❷ [상표전환확률표(행렬)]를 도출한다.

※ [시장점유율]은 현재 브랜드의 합계를 응답자수인 100으로 나누어 구한다.

※ [상표전환확률]은 다음 기회에 각 회사를 선택하는 빈도수를 현재 브랜드를 사용하는 응답자의 합계를 나누어 구한다.

- ❸은 향후 1기의 노트북 브랜드별 시장점유율을 구한 결과이다. 향후 1기에는 H사 18%, S사 48%, L사 34%의 시장점유율을 보일 것으로 예측된다.
- 향후 1기의 시장점유율은 [현재의 시장점유율행]에 [상표전환확률표(행렬)]를 곱해서 구한다.

4) 현재의 시장점유율과 향후 t기 후의 상표전환행렬을 이용한 향후 t기의 시장점유율 예측

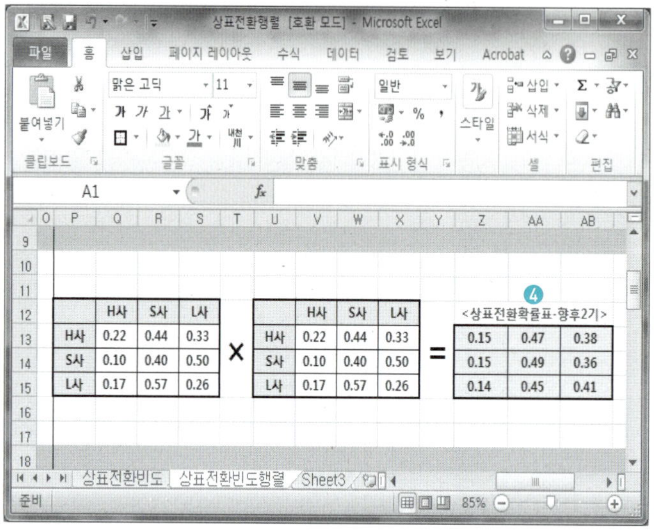

- 향후 2기의 노트북 브랜드별 시장점유율을 구하는 절차를 엑셀에서 나타낸 그림이다. 우선 향후 2기의 시장점유율을 예측해 보자.
- 먼저 향후 2기 상표전환확률행렬은 앞서 구한 향후 1기의 상표전환확률행렬을 제곱해서 구할 수 있다.
- 우선 확률값이 도출될 블록을 미리 지정해야 한다.
- 행렬[3×3]×행렬[3×3]은 [3×3]행렬이 도출되므로 ④ Z13셀부터 AB15셀까지 블록을 지정한 상태에서 Z13셀에 엑셀 함수식[=MMULT(Q13:S15, V13:×15)]을 직접 입력한다.
- Shift키와 Ctrl키를 동시에 누른 상태에서 Enter키를 누르면 그림과 같이 향후 2기의 상표전환확률이 도출된다.
- 도출된 향후 2기의 상표전환확률표를 아래 그림과 같이 [G14:I16]으로 복사한다.

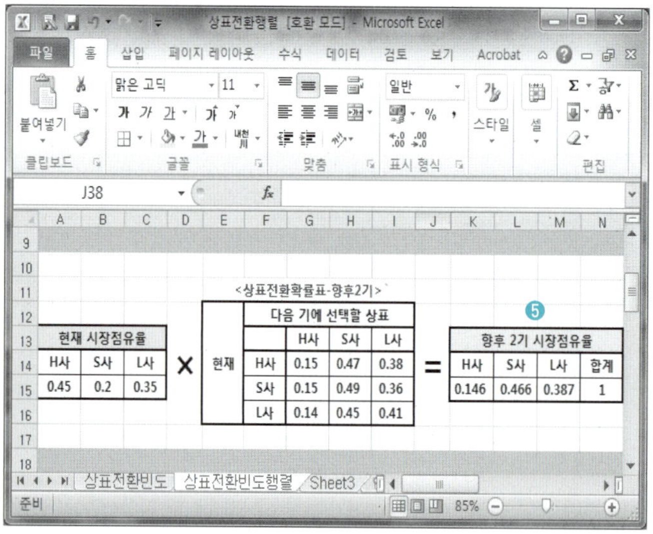

- 현재의 시장점유율행과 향후 2기의 상표전환확률 행렬을 곱하여 향후 2기의 시장점유율을 추정할 수 있다.
- 현재 각 회사별 시장점유율과 향후 2기 상표전환확률을 서로 곱하기 위해 K15셀부터 M15셀까지 블록을 지정한 상태에서 K15셀에 엑셀함수식[=MMULT(A15:C15, G14:I16)]을 직접 입력한다.
- Shift키와 Ctrl키를 동시에 누른 상태에서 Enter키를 누르면 ⑤와 같이 향후 2기의 각 상표별 시장점유율이 도출된다.
- 향후 2기에 H사는 약 14.6%, S사는 46.6%, L사는 38.7%의 시장점유율을 차지할 것으로 예측된다.

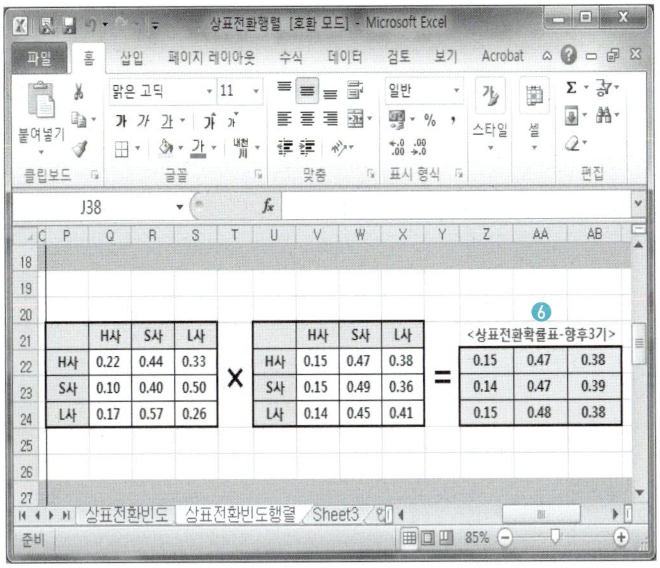

- 다음은 향후 3기의 노트북 브랜드별 시장 점유율을 구하는 절차를 엑셀에서 살펴보자.
- 먼저 향후 3기에 소비자들이 상표를 전환할 확률표를 구하기 위해 앞에서 구한 향후 1기와 2기의 상표전환확률을 곱한다.
- ❻ Z22셀부터 AB24셀까지 블록을 지정한 상태에서 Z22셀에 엑셀함수식 [=MMULT(Q22:S24, V22:×24)]을 직접 입력한다.
- Shift키와 Ctrl키를 동시에 누른 상태에서 Enter키를 누르면 그림과 같이 향후 3기의 상표전환확률표가 도출된다.
- 도출된 향후 3기의 상표전환확률표를 아래 그림과 같이 [G23:I25]로 복사한다.

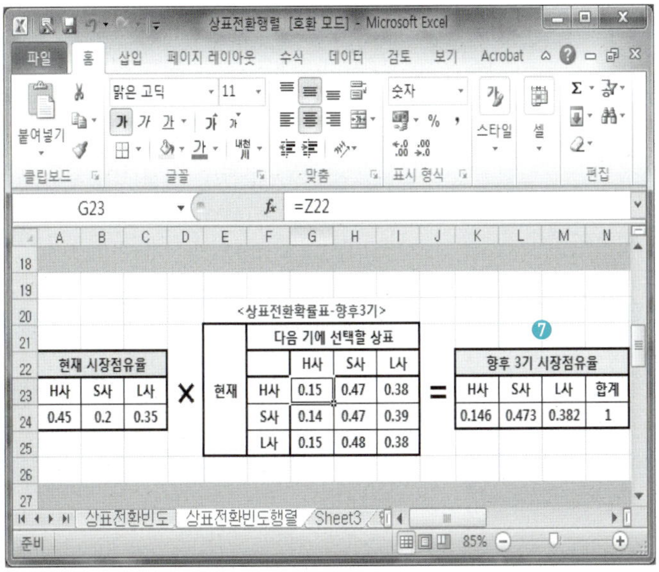

- 상품전환빈도행렬표에 의해서 구한 현재 각 회사별 시장점유율과 향후 3기 상표전환확률을 서로 곱하기 위해 K24셀부터 M24셀까지 블록을 지정한 상태에서 K24셀에 엑셀함수식[=MMULT(A24:C24, G23:I25)]을 직접 입력한다.
- Shift키와 Ctrl키를 동시에 누른 상태에서 Enter키를 누르면 ❼과 같이 현재 시장점유율과 향후 3기의 각 상표별 시장점유율이 도출된다.
- 향후 3기에 H사는 약 14.6%, S사는 47.3%, L사는 38.2%의 시장점유율을 차지할 것으로 예측된다.

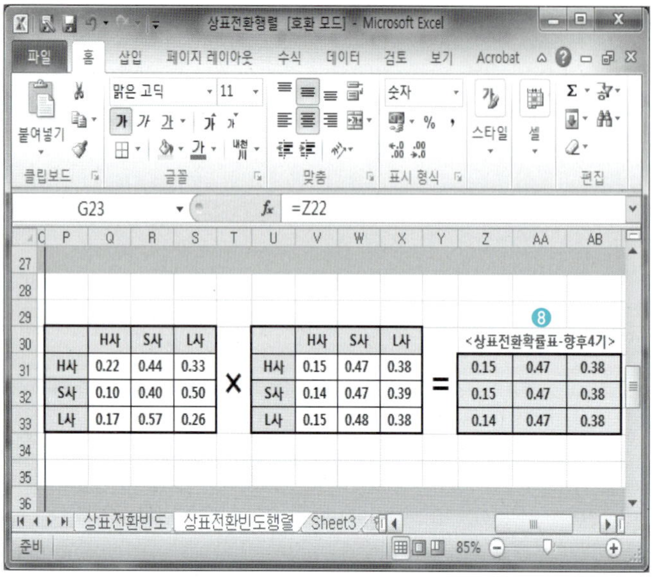

- 다음은 향후 4기의 노트북 브랜드별 시장 점유율을 구하는 절차를 엑셀에서 살펴보자.
- 먼저 향후 4기에 소비자들이 상표를 전환할 확률표를 구하기 위해 앞에서 구한 향후 1기와 3기의 상표전환확률을 곱한다.
- ⑧ Z31셀부터 AB33셀까지 블록을 지정한 상태에서 Z31셀에 엑셀함수식 [=MMULT(Q31:S33, V31:X33)]을 직접 입력한다.
- Shift키와 Ctrl키를 동시에 누른 상태에서 Enter키를 누르면 그림과 같이 향후 4기의 상표전환확률표가 도출된다.
- 도출된 향후 4기의 상표전환확률표를 아래 그림과 같이 [G32:I34]로 복사한다.

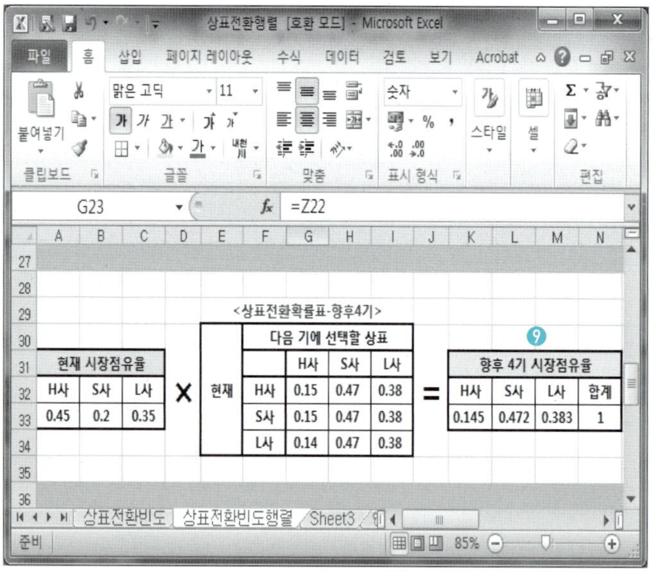

- 상품전환빈도행렬표에 의해서 구한 현재 각 회사별 시장점유율과 향후 3기 상표 전환확률을 서로 곱하기 위해 K33셀부터 M33셀까지 블록을 지정한 상태에서 K33셀에 엑셀함수식[=MMULT (A33:C33, G32:I34)]을 직접 입력한다.
- Shift키와 Ctrl키를 동시에 누른 상태에서 Enter키를 누르면 ⑨와 같이 현재 시장 점유율과 향후 4기의 각 상표별 시장 점유율이 도출된다.
- 향후 4기에 H사는 약 14.5%, S사는 47.2%, L사는 38.3%의 시장점유율을 차지할 것으로 예측된다.

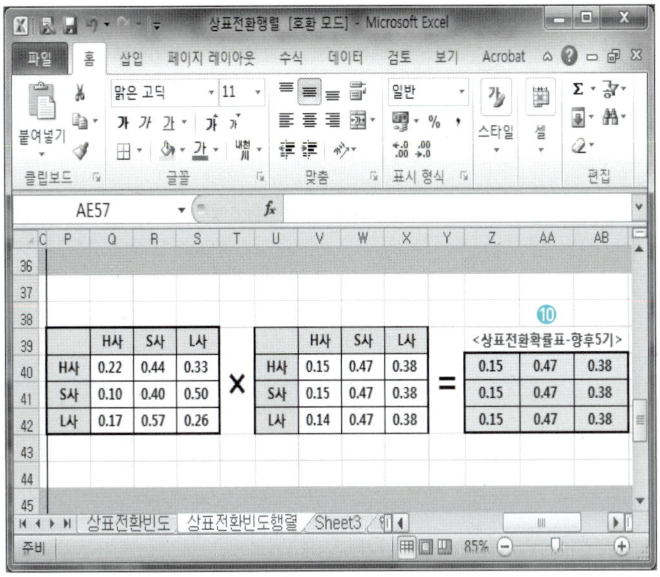

- 다음은 향후 5기의 노트북 브랜드별 시장 점유율을 구하는 절차를 엑셀에서 살펴 보자.
- 먼저 향후 5기에 소비자들이 상표를 전환할 확률표를 구하기 위해 앞에서 구한 향후 1기와 4기의 상표전환확률을 곱한다.
- ⑩ Z40셀부터 AB42셀까지 블록을 지정한 상태에서 Z40셀에 엑셀함수식 [=MMULT(Q40:S42, V40:X42)]을 직접 입력한다.
- Shift키와 Ctrl키를 동시에 누른 상태에서 Enter키를 누르면 그림과 같이 향후 5기의 상표전환확률표가 도출된다.
- 도출된 향후 5기의 상표전환확률표를 아래 그림과 같이 [G41:I43]로 복사한다.

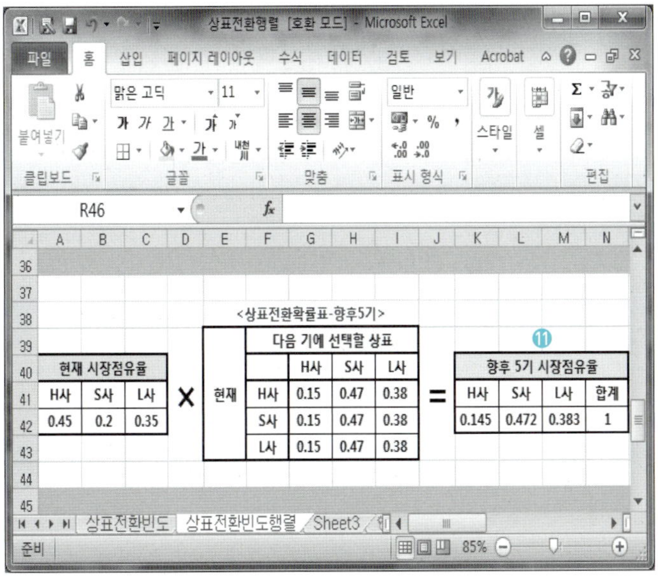

- 상품전환빈도행렬표에 의해서 구한 현재 각 회사별 시장점유율과 향후 3기 상표 전환확률을 서로 곱하기 위해 K42셀부터 M42셀까지 블록을 지정한 상태에서 K42 셀에 엑셀함수식[=MMULT(A42:C42, G41:I43)]을 직접 입력한다.
- Shift키와 Ctrl키를 동시에 누른 상태에서 Enter키를 누르면 ⑪과 같이 현재 시장 점유율과 향후 5기의 각 상표별 시장점유율이 도출된다.
- 향후 5기에 H사는 약 14.5%, S사는 47.2%, L사는 38.3%의 시장점유율을 차지할 것으로 예측된다.

1.3 분석결과 및 해석

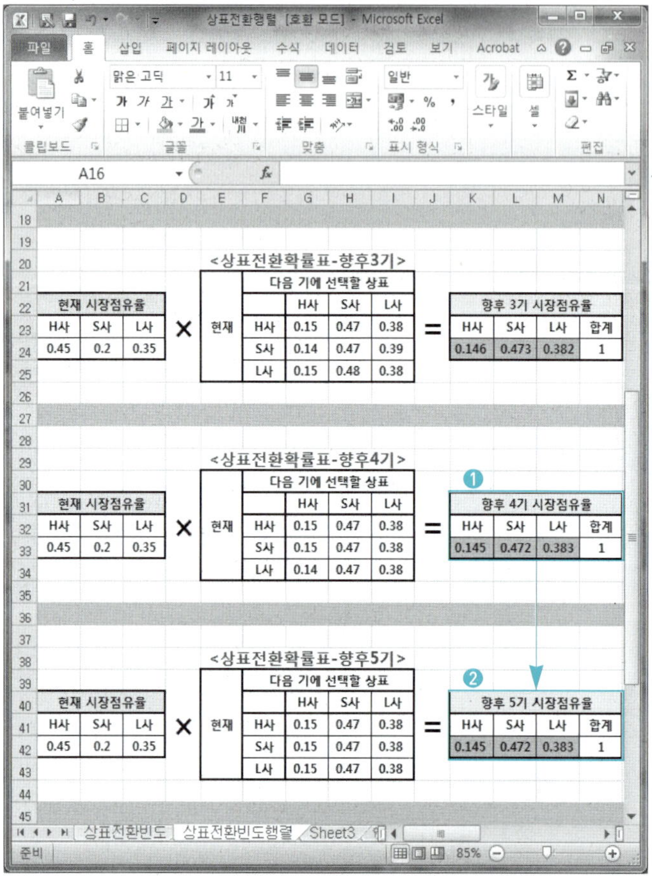

- 위의 과정을 거쳐 구한 향후 5기까지의 각 상표별 시장점유율을 예측한 결과이다.
- ❶ 향후 4기 때부터 시장점유율의 변화가 없는 것을 알 수 있다.
  ※ 기수가 증가해도 변화 없이 일정한 값들을 갖는 행렬을 안정된 상태의 행렬(steady state matrix)이라고 하며, 장기적으로 미래의 시장점유율은 안정된 상태의 행렬에 따라 결정된다.
- ❷ 분석결과 향후 H사는 약 14.5%, S사는 47.2%, L사는 38.3%의 시장점유율을 보일 것으로 판단된다.

02 연습문제

연|습|문|제 EXERCISES

문제 1 신상품 맥주를 개발하려는 H사에서는 자사 브랜드의 경쟁력(power)을 파악하기 위해 설문조사를 실시하였다. 맥주를 즐겨 마시는 일반고객을 대상으로 [12_1.sav]와 같은 자료를 수집하였다면 향후 H사의 브랜드 경쟁력이 어떻게 변화될 것인지 예측해 보시오.

Chapter 13

신상품 확산모형 (Diffusion Model)

01 바스(BASS)모형

첫눈 오는 날

곽재구

사랑하는
마음이 깊어지면
하늘의 별을
몇 섬이고 따올 수 있지

노래하는
마음이 깊어지면
새들이 꾸는 겨울꿈 같은 건
신비하지도 않아

첫눈 오는 날
당산 전철역 오르는 계단 위에 서서
하늘을 바라보는 사람들
가슴 속에 촛불 하나씩 켜들고
허공 속으로 지친 발걸음 옮기는 사람들

사랑하는
마음이 깊어지면
다닥다닥 뒤엉긴 이웃들의 슬픔 새로
순금빛 강물 하나 흐른다네

노래하는
마음이 깊어지면
이 세상 모든 고통의 알몸들이
사과꽃 향기를 날린다네

Chapter 13

신상품 확산모형 (Diffusion Model)

신제품, 신기술, 신서비스와 같은 혁신(innovation)은 시간이 지나감에 따라 매스미디어와 구전(word of mouth)이라는 의사소통경로를 거쳐 전파된다. 확산모형은 이러한 혁신에 대한 수요가 시장에 빠져나가는 과정을 예측하는 모형이다.

일반적으로 신제품 도입 초기에는 확산속도가 빨라지다가 일정시점 이후부터 감속하여 안정화된 상태에 도달함으로써 총수요는 S자 모양을 띠고 있다.

01 바스(BASS)모형

상품을 구매하는 구매자는 혁신구매자와 모방구매자로 분류할 수 있다. 혁신구매자는 신상품이 출시되었을 경우, 먼저 사용해 보고, 다른 사람에게 상품을 추천하는 구매자를 의미한다. 반면에 모방구매자는 어느 정도 상품이 성숙기에 도달하였을 경우, 남을 따라서 구매하는 구매자를 의미한다. 확산모형은 이러한 구매자들의 구매성향을 고려해서 신상품이 어떻게 확산되어 가는가를 예측하는 모형이다.

1.1 바스모형의 사례

SK텔레콤에서는 도입 초기부터 1997년까지 매년 발생한 신규가입자수에 대한 수요자료를 이용하여 앞으로의 이동전화 수요를 예측하고자 한다.

분석방법 JOB ANALYSIS

신상품 도입 초기의 판매량과 예상되는 잠재수요를 알고 있으면, 바스모형을 적용하여 혁신계수와 모방계수를 추정하고, 이를 이용하여 점진적으로 확산되어 가는 미래수요를 예측할 수 있다.
우선 1997년까지의 자료를 이용하여 회귀분석을 통해 혁신계수와 모방계수를 추정한 다음 이들을 이용해서 앞으로의 수요확산을 예측할 수 있다. 물론 이동전화 전체 가입자수를 이용하여 모형을 개발해야 하지만 본 예는 1997년도에 예상한 것으로 SK에 국한된 자료만을 사용하였기 때문에 SK텔레콤이 확보할 수 있는 전체 잠재고객의 수를 800만 명으로 가정한 상태에서 모형을 구축한다. 이를 정리하면 다음과 같다.

① S휴대폰회사의 자료를 엑셀에 정리하여 바스모형에 적용할 수 있도록 데이터를 만든다.
② 데이터가 만들어지면 SPSS의 회귀분석을 이용하여 혁신계수와 모방계수를 구한다.
③ 유의확률을 확인하여 통계적으로 유의한 변수만을 추출하여 바스모형을 구축한다.
④ 구축된 모형을 통하여 미래의 잠재적 수요를 예측한다.

1.2 분석절차

1) 분석자료 준비

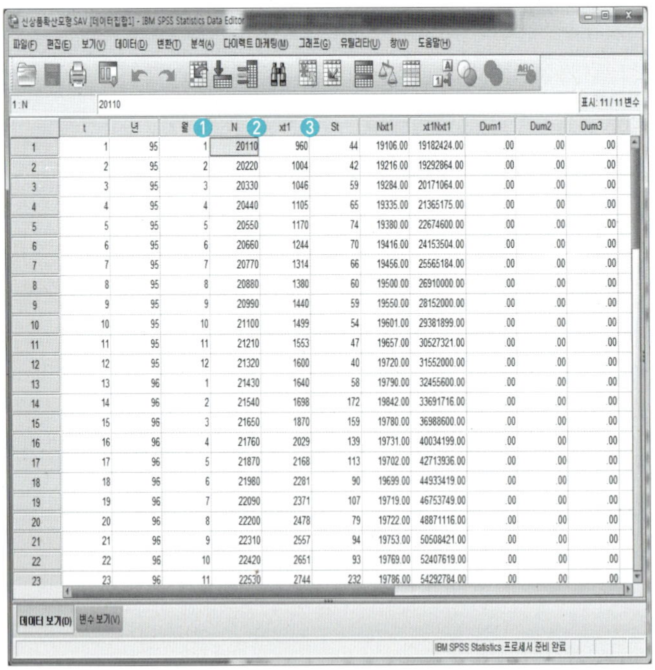

1995년 1월부터 1999년 7월까지의 월별 가입자 자료 사용

- ❶ N(t) : t시점의 잠재(포화) 가입자수
- ❷ x(t–1) : 전기(前期)인 (t–1)기까지의 누적 가입자수
- ❸ S(t) : t시점에 새로 가입한 순증가 가입자수
  ※ SPSS에서 변수이름은 특수문자가 허용이 안 되므로 그림과 같이 변수이름을 명명했다.
- Horsky & Simon의 모형에 단말기보조금 지급에 관한 내용과 IMF의 영향을 Dummy 변수로 만들어 모형을 추정한다.

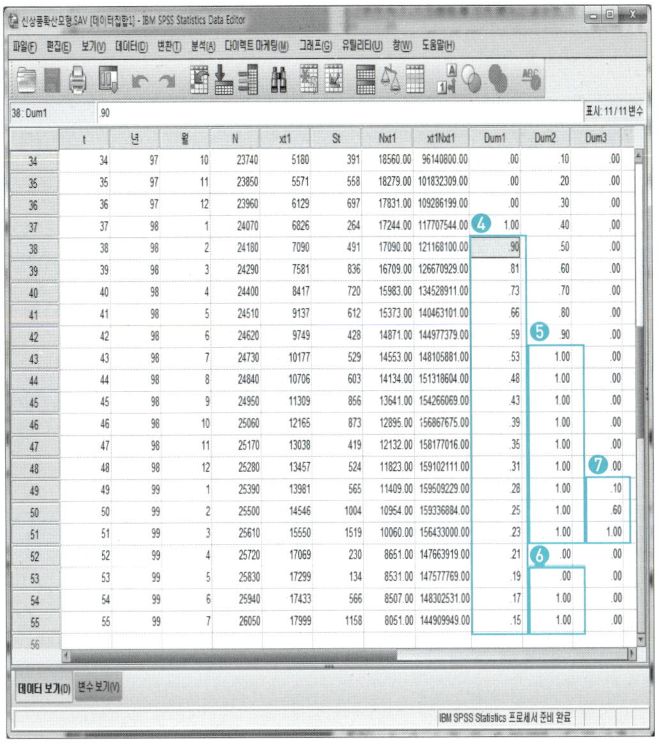

- ❹ Dummy 1은 IMF가 시작된 1998년 1월을 기준으로 시간이 지남에 따라 점차 그 영향을 극복해 가는 것으로 변수의 값을 입력한다.
- IMF 직후인 1998년 1월 더미변수값을 1로 하고 그 이후로는 매월 점진적으로 작아지는 것으로 하여 (1−0.1)×(IMF 이후 월수)로 하였다.
- ❺ Dummy 2는 단말기보조금이 지급되기 시작한 1997년 10월 0.1을 시작으로 1이 될 때까지 0.1씩 증가시켜 1이 된 후에는 단말기보조가 중단되는 1999년 3월까지 1로 그 이후는 0으로 한다.
- ❻ 단말기보조금 지급이 재개된 1999년 6월부터 수요증가를 반영하기 위해 1999년 6월 이전을 0으로 하고 이후부터는 1로 한다.
- ❼ Dummy 3은 1999년 4월부터 단말기 보조금이 중단된다는 발표로 수요가 급증함을 반영하기 위해 1999년 1월은 0.1로 1999년 2월은 0.6으로 그리고 마지막 달인 1999년 3월에는 1로 하였다.

2) 2단계 : 회귀분석의 실행

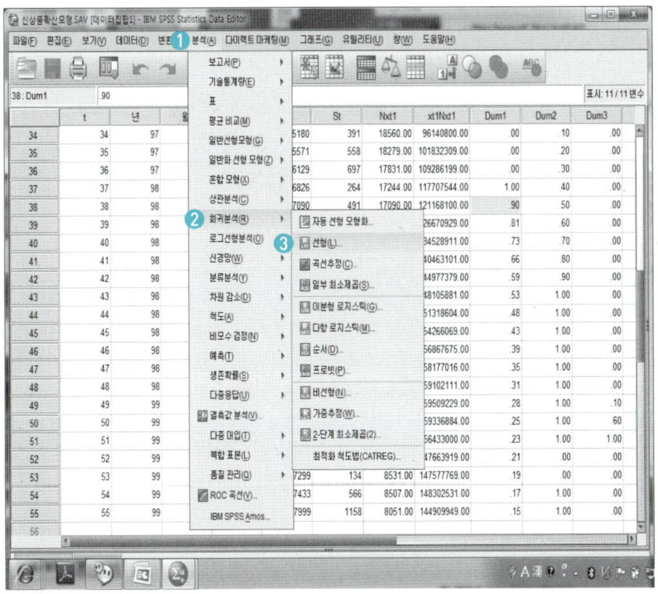

- 회귀분석을 실행하기 위해 탑 메뉴에서 ❶ [분석] → ❷ [회귀분석] → ❸ [선형]을 선택한다.

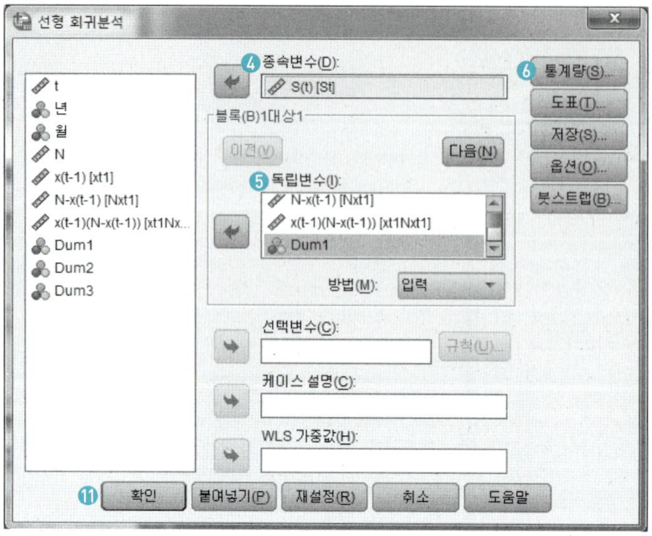

• [선형회귀분석]창이 생성된다.

• ❹ 종속변수에 S(t)를 ❺ 독립변수에 [(N−x(t−1), x(t−1){N−x(t−1)}, Dum1, Dum2, Dum3]을 선택하고 ➡ 버튼을 이용하여 [독립변수]란으로 이동시킨다.

• ❻ 다음 [통계량] 버튼을 클릭한다.

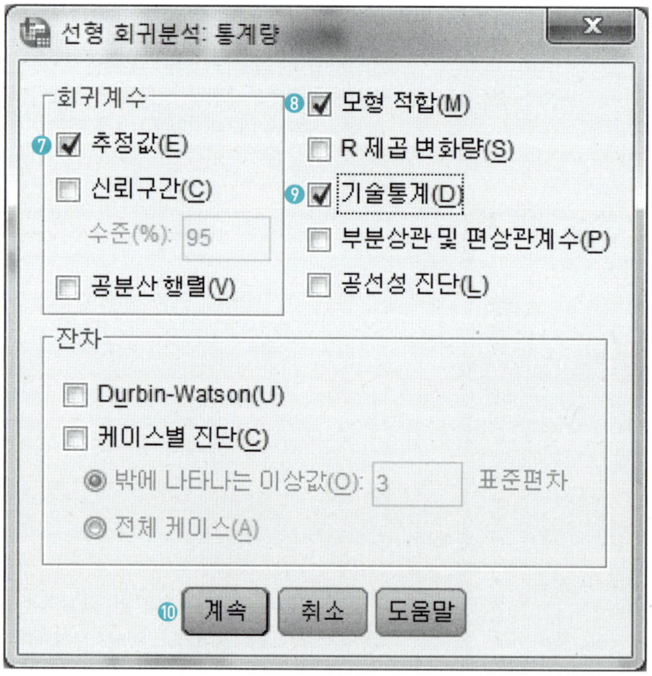

• [선형회귀분석: 통계량]창이 나타나면,

• [회귀계수]에서 ❼ 추정값과 ❽ [모형 적합], ❾ [기술통계]를 선택한 후 ❿ [계속] 버튼을 눌러 [선형회귀분석] 창으로 돌아간다.

• [선형회귀분석]창에서 ⓫ [확인] 버튼을 클릭해 분석을 실행한다.

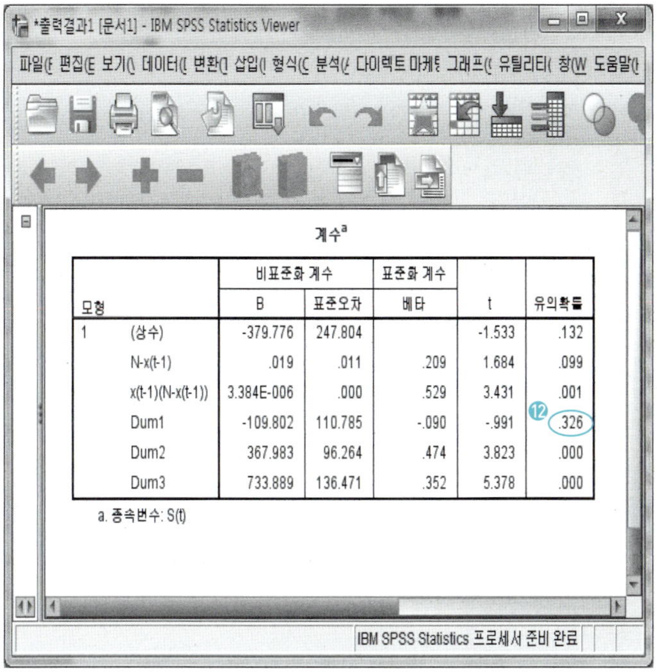

계수[a]

모형		비표준화 계수 B	비표준화 계수 표준오차	표준화 계수 베타	t	유의확률
1	(상수)	-379.776	247.804		-1.533	.132
	N-x(t-1)	.019	.011	.209	1.684	.099
	x(t-1)(N-x(t-1))	3.384E-006	.000	.529	3.431	.001
	Dum1	-109.802	110.785	-.090	-.991	.326
	Dum2	367.983	96.264	.474	3.823	.000
	Dum3	733.889	136.471	.352	5.378	.000

a. 종속변수: S(t)

• ⑫ 회귀분석결과 더미변수로 사용된 독립변수 [Dum1]이 유의수준 0.05에서 통계적으로 유의하지 않게 나왔으므로 이 변수를 제거한 후 다시 회귀분석을 실시한다.

3) 유의하지 않은 독립변수를 제거한 회귀분석 재실행

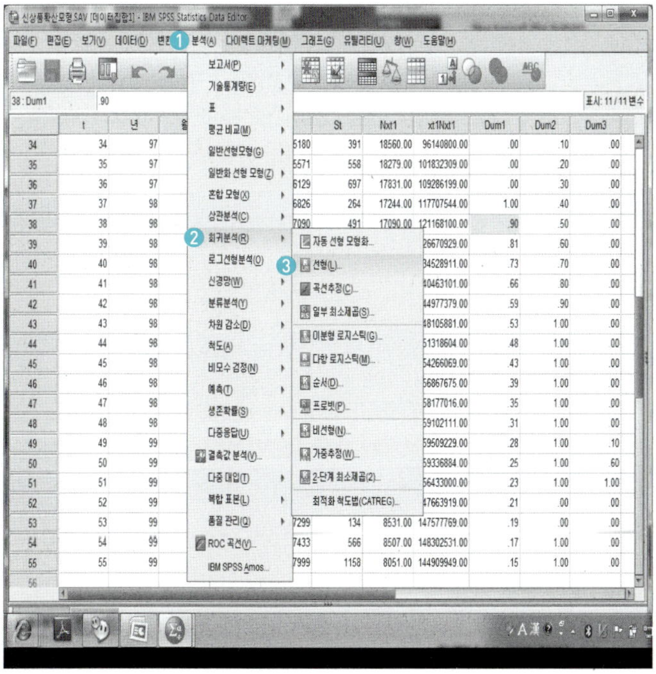

• 다시 회귀분석을 실행하기 위해 탑 메뉴에서 ❶ [분석] → ❷ [회귀분석] → ❸ [선형]을 선택한다.

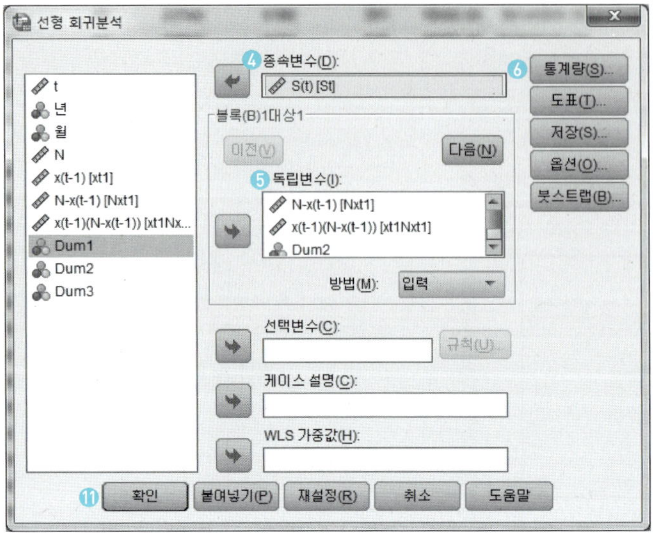

- [선도표회귀모형]창이 생성된다.
- ④ 종속변수에 S(t)를 ⑤ 독립변수로 [(N−x(t−1), x(t−1){N−x(t−1)}, Dum2, Dum3]을 선택하고 [➡] 버튼을 이용하여 [독립변수]란으로 이동시킨다.
- ⑥ [통계량] 버튼을 클릭한다.

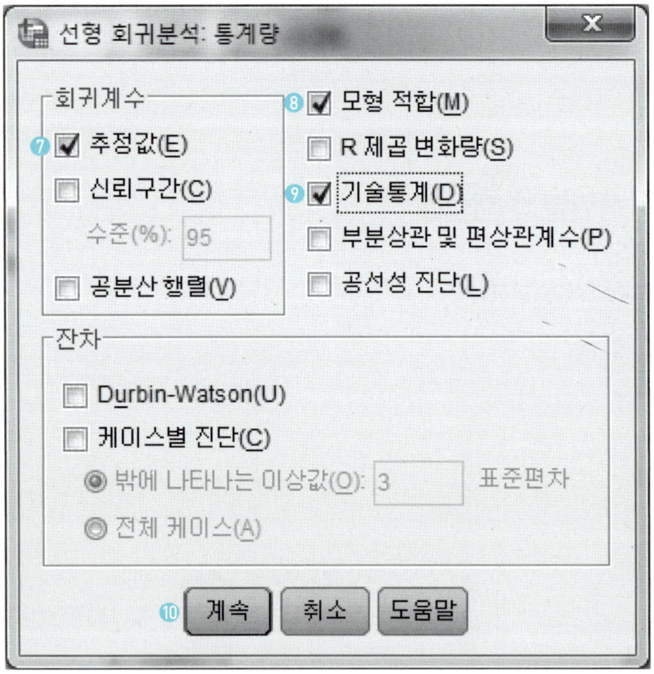

- [선형회귀분석: 통계량]창이 나타나면,
- ⑦ [추정값], ⑧ [모형적합], ⑨ [기술통계]를 선택한 후 ⑩ 계속을 클릭해 [선도표회귀모형]창으로 돌아간다.
- ⑪ [선형회귀분석]창에서 [확인] 버튼을 클릭해 분석을 실행한다.

1.3 분석결과 및 해석

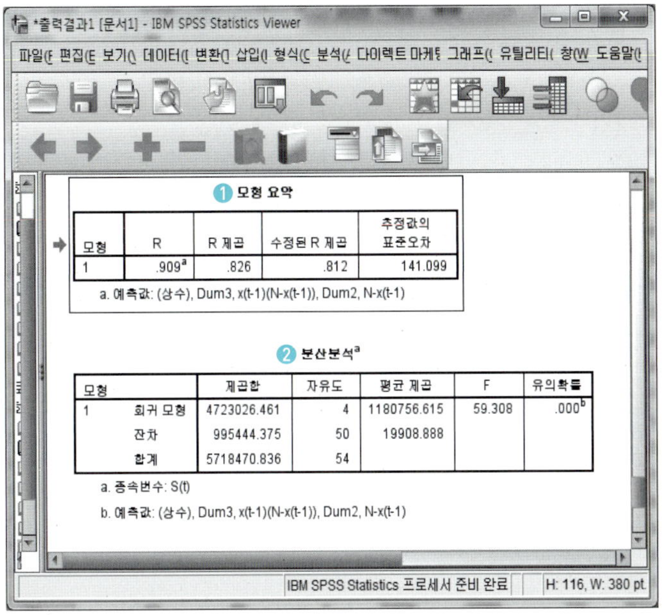

❶ 모형 요약

모형	R	R 제곱	수정된 R 제곱	추정값의 표준오차
1	.909[a]	.826	.812	141.099

a. 예측값: (상수), Dum3, x(t-1)(N-x(t-1)), Dum2, N-x(t-1)

❷ 분산분석[a]

모형		제곱합	자유도	평균 제곱	F	유의확률
1	회귀 모형	4723026.461	4	1180756.615	59.308	.000[b]
	잔차	995444.375	50	19908.888		
	합계	5718470.836	54			

a. 종속변수: S(t)

b. 예측값: (상수), Dum3, x(t-1)(N-x(t-1)), Dum2, N-x(t-1)

- ❶ 회귀분석결과 회귀식의 설명력을 나타내는 결정계수(R^2)가 0.826으로 추정됨으로써 회귀식이 종속변수 분산을 약 83% 정도 설명하고 있음을 알 수 있다.
- ❷ 모형의 적합성은 99% 유의수준에서 유의함을 알 수 있다.

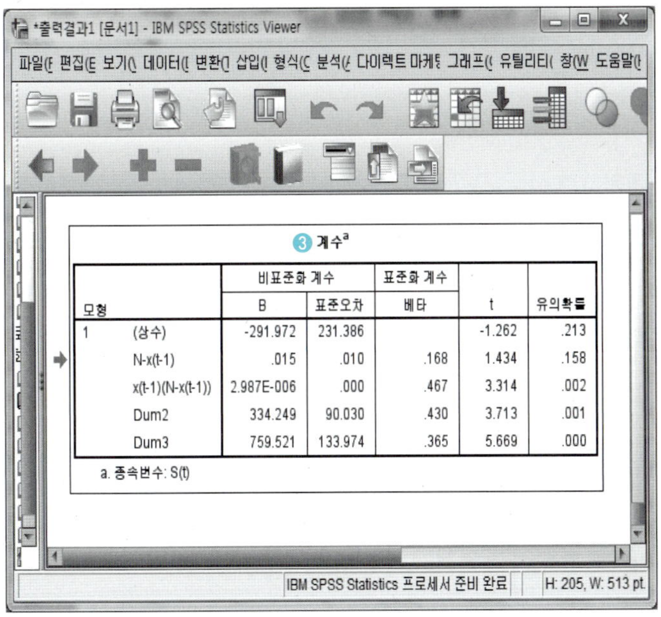

❸ 계수[a]

모형		비표준화 계수 B	비표준화 계수 표준오차	표준화 계수 베타	t	유의확률
1	(상수)	-291.972	231.386		-1.262	.213
	N-x(t-1)	.015	.010	.168	1.434	.158
	x(t-1)(N-x(t-1))	2.987E-006	.000	.467	3.314	.002
	Dum2	334.249	90.030	.430	3.713	.001
	Dum3	759.521	133.974	.365	5.669	.000

a. 종속변수: S(t)

- ❸ 결과표에 나온 비표준화 계수를 이용해서 회귀모형을 도출할 수 있다.

1.4 확산모형 도출

Bass Model

$$※\hat{S}(t) = a[N - X(t-1)] + b[X(t-1)(N - X(t-1))] + \text{Dum1} + \text{Dum2} + \text{Dum3}$$

– 혁신구매자 및 모방구매자의 영향력을 함께 고려함

- a = 혁신계수
- b = 모방계수
- $X(t-1)$: $(t-1)$시점까지의 누적 판매량
- $N(t)$: t시점에서의 잠정 구매자수

– IMF 영향을 고려한 Dum1이 이동전화시장에 부의 영향을 미치리라는 가정과는 달리 계수값이 통계적으로 유의하지 못하기 때문에 Dum1은 모형에서 제외시켰다.

$$※\hat{S}(t) = -291.972 + 0.0149 \times [N - X(t-1)] + 0.000002987[X(t-1) \times (N - X(t-1))] + 334.249 \times \text{Dum2} + 759.521 \times \text{Dum3}$$

1.5 추정된 확산모형 그래프

1) 바스모형을 이용한 SK텔레콤의 신규가입자 예측

■ $\hat{S}(t)$: 순증가 가입자수
(단위 : 1,000명)

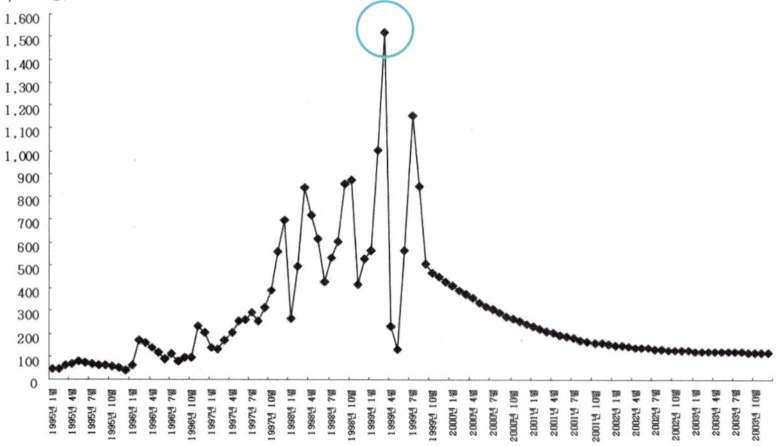

■ $※S(t) = -291.972 + 0.0149 \times [N - X(t-1)] + 0.000002987[X(t-1) \times (N - X(t-1))] + 334.249 \times \text{Dum2} + 759.521 \times \text{Dum3}$

- $\hat{S}(t)$는 t시점에서 추가적으로 가입한 가입자수를 의미한다.
- 추정된 그래프에서 보듯이 수요의 최고 정점시기는 1999년으로 추정된다.
- 그래프상에서 1999년 이후 급격히 감소하는 것은 전체 잠재고객의 수를 800만 명으로 고정시켰기 때문이다.

2) 바스모형을 이용한 SK텔레콤의 예측수요

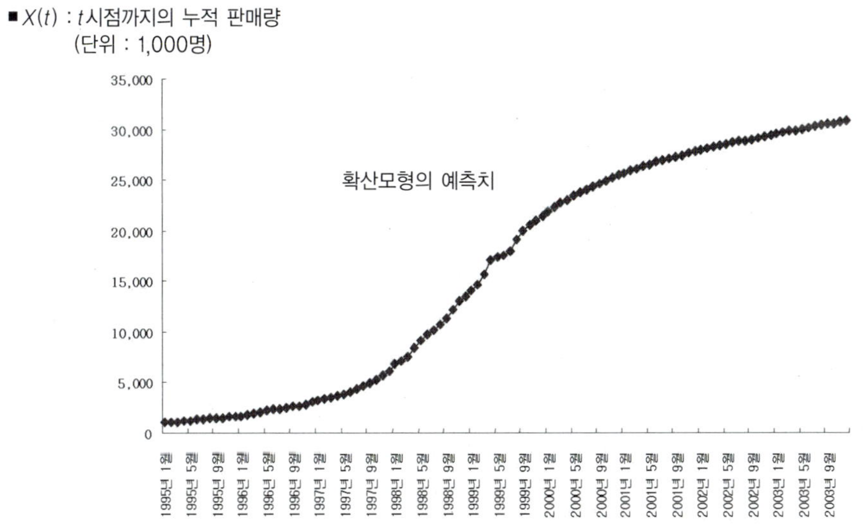

- SK텔레콤의 실제수요와 개발된 모형에서 예측한 수요를 비교하여 나타낸 그래프이다.
- 모형의 예측값은 실제수요와 거의 비슷하나, 1999년 실제수요가 갑자기 증가한 것을 볼 수 있다. 그 이유는 SK텔레콤의 011과 신세기 이동통신의 017이 합병함으로써 017 가입자의 수가 포함되었기 때문이다.

■ 찾아보기

저자 – 이 훈 영

이훈영 교수는 현재 경희대학교 경영대학의 경영학부 교수로 재직하고 있다. 이 교수는 한국외국어대학교 영어과를 졸업하고 미국 일리노이대학교(University of Illinois, Urbana)에서 경영학 석사학위를 받았고, 미국 펜실베니아대학교(University of Pennsylvania) 와튼경영대학(Wharton School)에서 경영학 박사학위를 취득하였다.

귀국 후 삼성금융연구소 수석연구원으로 근무했으며, ㈜한국기업평가 및 ㈜한국채권평가의 사외이사를 역임하였고, Wharton School SEI Center의 Senior Fellow로 활동하였다. 또한 한국마케팅학회 상임이사, CRM협의회 부회장, 한국유통학회 이사, 한국데이터베이스학회 이사, 한국CRM학회 상임이사와 서비스마케팅학회 부회장을 역임하였다. 학내에서는 경희사이버대학교에 외식농수산경영학과를 개설하여 초대 학과장을 역임하였고, 현재 경희대학교 마케팅공학연구센터의 센터장직을 맡고 있다. 주요 연구분야는 인터넷과 정보기술을 이용한 e-마케팅, 마케팅 모델과 마케팅 리서치, 그리고 기업 및 개인신용평가, 금융서비스마케팅, 의료서비스마케팅 및 CRM 등으로 국내외 저명 학술지에 70여 편의 우수한 논문을 발표하였다. 저서로는 무역경영사의 「이훈영교수의 e-마케팅플러스」와 도서출판 청람의 「이훈영교수의 통계학」, 「이훈영교수의 마케팅조사론」, 「이훈영교수의 마케팅」, 「이훈영교수의 의료서비스마케팅」, 「외식산업마케팅」이 있다.

이훈영교수의 SPSS를 이용한 데이터분석(제2판)

2006년 11월 5일 1판 1쇄 발행
2019년 2월 20일 2판 4쇄 발행

저 자 | 이훈영
발 행 인 | 이수영
발 행 처 | 도서출판 청람
서울시 마포구 독막로 288(대흥동, 세양상가 109호)
전 화 | 02)3272-2601~2
팩 스 | 02)3272-2603
이 메 일 | crbooks@daum.net
홈페이지 | www.crbooks.co.kr
등 록 | 2000년 8월 26일 제6-0509호

ISBN 978-89-5972-358-4 93320 정가 26,000원